Britisch-Nordamerika von den ersten Koloniegründungen bis zum Ende des Siebenjährigen Krieges (1607–1763)

Von Mark Häberlein

Entstehung und Konsolidierung der amerikanischen Republik (1763–1800)

Von Mark Häberlein

Die USA im 19. Jahrhundert

Von Michael Wala

Die USA im 20. und 21. Jahrhundert

Von Philipp Gassert

Einleitung

Hat Amerika überhaupt eine Geschichte? In dieser immer wieder zu hörenden Frage klingt nicht allein ein alter Überlegenheitsdünkel der Alten gegenüber der Neuen Welt an. Auch Amerikaner und Amerikanerinnen äußern sich nicht selten in diesem Sinne. Die Annahme der Geschichtslosigkeit Amerikas ist bis heute ein wichtiger Topos nicht nur im europäischen Antiamerikanismus, sondern auch im amerikanischen Selbstverständnis.

Amerika hat sich, bei aller historischen Kontinuität, seit seinen frühesten Anfängen immer auch wieder neu erfunden. Schon die ersten Kolonisationsversuche im 17. Jahrhundert standen unter dem Eindruck eines Neuanfangs auf historisch unbelastetem Boden. Dieses Bewusstsein, das schon bei der ersten Besiedelung Virginias vor genau vierhundert Jahren latent vorhanden war, wurde von den 1620 mit der »Mayflower« in New Plymouth eintreffenden *Pilgrim Fathers* erstmals explizit formuliert. Diese und andere religiös motivierte Kolonisten hofften, in Nordamerika von verderblichen weltlichen Einflüssen freie Gemeinschaften zu begründen. Auch für die Generation der Revolutionäre des späten 18. Jahrhunderts schien der Neuanfang nach der Lösung von England durch das göttliche und das natürliche Recht legitimiert. Im 19. Jahrhundert strebten Pioniere und Siedler in den Westen, nicht nur um sich einen vermeintlich jungfräulichen Kontinent untertan zu machen, sondern auch, weil sie glaubten, dort eine zivilisatorische Mission der Freiheit zu erfüllen. Viele der großen politischen Initiativen des 20. Jahrhunderts wurden unabhängig von der politischen Couleur ihrer Protagonisten von einer Rhetorik des Neuanfangs, nicht von der Rückkehr zu alten Gewissheiten geprägt: Auf Wilsons »New Freedom« folgte Roosevelts »New Deal«, später Kennedys »New Frontier« und Nixons »New Federalism«, bis hin zum »neuen Bund«, den die Republikaner 1994 im »Contract with America« schlossen. Noch heute kündet von jeder Dollarnote stolz der Wahlspruch vom »Novus Ordo Seclorum«.

Als Staatswesen blicken die 1776 begründeten USA als die zweitälteste Republik der Welt auf eine deutlich längere Kontinuität als die meisten Staaten des alten Europa zurück. Viele Europäer wurden sich als Nationen ihrer selbst erst im 19. Jahrhundert bewusst. Die USA konnten zu diesem Zeitpunkt schon auf eine lange und wechselvolle Geschichte zurückblicken. Auch hat Amerika wie kein zweites Land der Weltgeschichte des vergangenen Jahrhunderts seinen Stempel aufgedrückt. Es ist die bedeutendste kulturelle, wirtschaftliche und politische Macht der Gegenwart. Wenn europäischen Beobachtern vieles an Amerika nach wie vor neuartig, jedenfalls anders, irritierend, unverständlich und historisch wenig tief gründend erscheint, so mag dies auch damit zusammenhängen, dass die Kenntnis der amerikanischen Geschichte in Deutschland und Europa sehr lückenhaft ist. Zu einem breiteren historischen Verständnis der USA beizutragen ist daher auch das wichtigste Anliegen dieses Bandes.

Zweifellos gibt Amerika europäischen Beobachtern viele Fragen auf: Warum zum Beispiel ist Amerika anders, wo es doch ursprünglich aus europäischen Kolonien hervorgegangen ist und bis weit in die zweite Hälfte des 20. Jahrhunderts hinein überwiegend europäische Einwanderer dort siedelten, die ihre Gebräuche, Sitten, Sprachen und Kulturen aus der alten Welt mitgebracht hatten? Wie kommt es, dass ein ethnisch, kulturell und »rassisch« so heterogenes Land wie die USA zugleich ein so intensives Zusammengehörigkeitsgefühl, ja überbordenden Nationalstolz zu entwickeln vermag? Warum spielt trotz strikter Trennung von Kirche und Staat die Religion im öffentlichen Leben und im Selbstverständnis Amerikas eine so auffällige Rolle? Warum scheinen viele Amerikaner eine instinktive Abneigung gegen den Staat zu hegen und bauen, stärker als die meisten ihrer europäischen Zeitgenossen, auf die Kräfte des Marktes? Warum konnte in Amerika die Demokratie so frühzeitig Wurzeln schlagen? Und warum währte die legale Diskriminierung von Minderheiten dennoch bis in die 1960er Jahre und darüber hinaus fort? Warum sind andererseits die Amerikaner im 20. Jahrhundert nicht in gleichem Maße wie die Europäer totalitären Anfechtungen erlegen? Warum sind in Amerika die parteipolitischen Konflikte so heftig, während die Parteiprogramme und die Politiker so austauschbar wirken? Warum ist Amerika die Wiege der modernen Umweltbewegung und hat dennoch den weltweit höchsten Pro-Kopf-Verbrauch an Primärenergie? Warum erscheint die Kultur Amerikas vielen Europäern »flach« und strahlt dennoch, nicht nur in der Populärkultur, so weit aus? Warum haben die Regierungen in Washington immer wieder zu kriegerischen Mitteln gegriffen, um die nationalen Interessen der USA in der Welt, Freiheit und Demokratie zu verwirklichen?

Sich derartigen Fragen historisch anzunähern heißt zunächst einmal: Amerikas Geschichte nach ihren eigenen Maßstäben zu messen. In diesem Sinne will dieser Band *historische* Orientierung bieten, indem er die Geschichte der Vereinigten Staaten von Amerika, von ihren Wurzeln in den britischen Kolonien Nordamerikas bis zur Gegenwart, aus ihren kulturellen, gesellschaftlichen und politischen Zusammenhängen heraus verständlich macht. Zweifellos kann ein knapper geschichtlicher Abriss nicht alles erklären. Er hat auch nicht für jedes Gegenwartsinteresse die passende historische Antwort parat, auch weil sich Geschichte in ihrer Andersartigkeit allzu präsentistischen Fragestellungen meist entzieht. Vieles aber wird demjenigen besser einsichtig und verständlich, der sich die Geschichte der USA vergegenwärtigt. Deshalb wird in diesem Band auf eine ausführliche Darstellung der frühen Zeit vor und während der Amerikanischen Revolution großer Wert gelegt, als sich die ersten Siedler auf dem nordamerikanischen Kontinent mehr oder weniger bewusst auf ein Experiment einließen, von dem noch nicht absehbar war, wohin es führen würde. Durch die Revolution und die Verfassung von 1787 wurde dann ein politisches System geschaffen, das durch alle historischen Wechselfälle hindurch in seinen Grundzügen noch heute funktioniert.

Seit dem ersten Drittel des 19. Jahrhunderts gestaltete sich die Republik, deren elitäre Gründerväter noch stark von europäischen Werten und Ideen geprägt worden waren, zunehmend demokratisch aus. Unbeschadet der Diskriminierung wichtiger Teile der Bevölkerung (worin sich Amerika von europäischen Imperien keineswegs unterschied) war schon in der ersten Hälfte des 19. Jahrhunderts zwischen Atlantik und Pazifik eine deutlich höhere politische Partizipation möglich als in Europa. Gerade weil die moderne (Massen-)Demokratie in den USA ihre erste Ausprägung fand, hob sich das Land in seiner politischen und kulturellen Praxis bald scharf von der übrigen Welt ab. Nach dem Urteil früher europäischer Beobachter, etwa des vielzitierten französischen Grafen Alexis de Tocqueville, waren die USA das Land der Zukunft, das den übrigen Nationen den Weg wies. Just an diesem Punkt begannen sich die USA sehr bewusst von Europa abzunabeln, zu dem sie außenpolitisch Distanz hielten und dem gegenüber sie ihre kulturelle Eigenständigkeit betonten. Das ethnisch heterogene »globale Dorf« USA amerikanisierte sich. Dann, zu Beginn des 20. Jahrhunderts, drehte sich die Hauptrichtung der Einflussströme. Nun amerikanisierte sich die Welt, begann Amerikas kulturelle, wirtschaftliche und politische Macht über seine Grenzen hinaus zu strahlen. Die Teile dieses Bandes, die sich mit dem 20. Jahrhundert beschäftigen, widmen daher den Sphären jenseits von Politik und Außenpolitik mehr Raum als üblich. Seit sich um 1900 in New York und Chicago mit den ersten Wolkenkratzern und Hochbahnen eine moderne urbane Formensprache ausprägte und neue Massenmedien wie der Film die Konsumgewohnheiten und Wahrnehmungsweisen dramatisch veränderten, steht Amerika für die Leitkultur des 20. Jahrhunderts. Ungeachtet der wachsenden Bedeutung Asiens und insbesondere Chinas besitzen die USA diese Leitfunktion auch in der neuen, sich seit den 1960er Jahren formierenden postmodernen Gesellschaft. Wenn nicht alle Anzeichen trügen, wird sich daran grundsätzlich auch im 21. Jahrhundert nichts ändern.

Die Autoren dieses Bandes sind vielen Personen zu Dank verpflichtet. Die erste Initiative für dieses Buch wurde von Hans-Jürgen Grabbe (Halle) ergriffen, dem wir für sein Vertrauen herzlich danken. Philipp Gassert möchte Frank Beyersdorf, Holger Klitzing und Wilfried Mausbach (alle Heidelberg) sowie für die Neuauflage 2018 Philipp Scherzer (Mannheim) für Anregungen und Korrekturvorschläge danken. Michael Wala dankt insbesondere Lucie-Patrizia Arndt und Jens Wegener von der Ruhr-Universität Bochum für die hilfreiche Unterstützung. Wir hoffen, unseren Lesern einen Einblick in die vielfältige und faszinierende Geschichte der Vereinigten Staaten zu geben, der zur weiteren Beschäftigung mit unserem Nachbarn jenseits des Atlantiks anregen wird.

Philipp Gassert
Mark Häberlein
Michael Wala

Britisch-Nordamerika von den ersten Koloniegründungen bis zum Ende des Siebenjährigen Krieges

(1607–1763)

Von Mark Häberlein

Epochenüberblick

Seit dem frühen 17. Jahrhundert entstanden in verschiedenen Regionen Nordamerikas sehr unterschiedliche englische Siedlungskolonien. Standen bei der Gründung Virginias (1607) Wirtschafts- und Handelsinteressen im Vordergrund, so versuchten englische Puritaner mit der Gründung der Neuengland-Kolonien New Plymouth (1620) und Massachusetts Bay (1629) auch religiöse Ideale zu verwirklichen. Nach einer äußerst schwierigen Anfangsphase konsolidierte sich die Gesellschaft Virginias seit den zwanziger Jahren des 17. Jahrhunderts infolge einer starken Einwanderung, der Einführung des lukrativen Tabakanbaus und des Aufbaus eines funktionierenden Regierungs- und Verwaltungssystems. Bereits seit 1619 verfügten die Siedler Virginias über die erste gewählte Repräsentativversammlung Nordamerikas. Indessen erlebte Neuengland mit der Zuwanderung von etwa 20 000 Menschen (*Great Migration* 1629–1642) einen raschen Bevölkerungsanstieg. Siedlungsweise, Wirtschaft, Bildungs- und Rechtssystem waren stark von den religiösen Prinzipien der Puritaner beeinflusst. Während in der relativ egalitären Gesellschaft Neuenglands Familienfarmer die dominante Gruppe stellten, wurde Virginia bereits frühzeitig von einer Elite großer Plantagenbesitzer beherrscht. Mit der Gründung Marylands als Eigentümerkolonie der katholischen Adelsfamilie Calvert (1634) und Rhode Islands durch nonkonformistische Puritaner (1636/44) differenzierte sich das englische Kolonialreich in Nordamerika weiter aus. Im Gebiet der Flüsse Hudson und Delaware machten niederländische und schwedische Kolonialbestrebungen den Engländern Konkurrenz.

Sowohl in Virginia als auch in Neuengland mündeten das europäische Überlegenheitsgefühl gegenüber den indianischen Ureinwohnern, der Landhunger der Siedler und kulturelle Missverständnisse in kriegerische Auseinandersetzungen, die zusammen mit aus Europa eingeschleppten Krankheiten die indianische Bevölkerung an der Ostküste binnen weniger Jahrzehnte stark dezimierten. Der Ausbruch des englischen Bürgerkriegs 1641 führte zu einer jahrelangen Vernachlässigung der nordamerikanischen Kolonien durch das Mutterland, doch zeigte die Verabschiedung der ersten Navigationsakte durch das englische Parlament im Jahre 1651 – inmitten der republikanischen Periode unter Cromwell – ein neu erwachtes Interesse Englands an seinen überseeischen Kolonien an. Künftig sollten ausländische, vor allem niederländische, Zwischenhändler ausgeschaltet und die Kolonien den merkantilistischen Interessen des Mutterlandes untergeordnet werden. Diese Ziele ließen sich allerdings nur in begrenztem Umfang verwirklichen.

Im Zeitraum zwischen der Restauration der Stuart-Monarchie im Jahre 1660 und dem Regierungsantritt des Hannoveraners Georg I. 1714 überließ die englische Krone die Gründung neuer Kolonien weiterhin Einzelpersonen bzw. Personengruppen; auf diese Weise entstanden Carolina (1663), New Jersey (1665) und Pennsylvania (1681), während die niederländische Kolonie am Hudson-Fluss 1664 erobert und in New York umbenannt wurde.

Darüber hinaus bemühte sich das englische Parlament durch eine Reihe von Handels- und Schifffahrtsgesetzen, die zwischen 1660 und 1673 verabschiedet wurden, um die Regelung der kommerziellen Beziehungen zwischen Kolonien und Mutterland. Weitergehende Bestrebungen in Richtung einer stärkeren Kontrolle der inneren Angelegenheiten der Kolonien scheiterten indessen mit der *Glorious Revolution* von 1688, die nicht nur in England zur Abdankung des Stuart-Königs Jakob II. führte, sondern auch in Massachusetts, Maryland und New York Unruhen auslöste. Das folgende Vierteljahrhundert (1689–1713) stand im Zeichen der englisch-französischen Auseinandersetzungen um die Vorherrschaft auf dem nordamerikanischen Kontinent, in denen sich beide Seiten auf indianische Bündnispartner stützten. In sozialer und wirtschaftlicher Hinsicht waren die Jahre zwischen 1660 und 1713 von einem starken Bevölkerungswachstum, einem Aufschwung von Handel und agrarischer Exportproduktion und der Umstellung der Pflanzer in den südlichen Kolonien auf den Einsatz von Sklaven geprägt. Trotz einer langfristig positiven Wirtschaftsentwicklung traten in den Kolonien auch soziale Spannungen zutage, die unter anderem in einem Aufstand in Virginia (1676) und den Hexenverfolgungen in Salem (Massachusetts) (1692) zum Ausdruck kamen.

Im 18. Jahrhundert hielt das demographische und wirtschaftliche Wachstum der Kolonien an, und Nordamerika wurde zunehmend in den atlantischen Wirtschaftsraum integriert. Die Kolonisten importierten große Mengen englischer Konsumgüter, während sie Tabak, Reis, Indigo, Getreide, Fisch und Holzprodukte nach Großbritannien und Irland, den karibischen Inseln und Südeuropa exportierten. In den südlichen Kolonien Maryland, Virginia, Nord- und Süd-Carolina, zu denen 1732 noch die Neugründung Georgia hinzukam, breitete sich die auf Sklavenarbeit basierende Plantagenwirtschaft weiter aus. Der

Besitz von Land und Sklaven wurde zur wichtigsten Voraussetzung für wirtschaftlichen Erfolg und soziale Distinktion. Trotz großer Unterschiede zwischen den einzelnen Kolonien und Regionen führte die Orientierung der Kolonisten an den sozialen und kulturellen Leitbildern des Mutterlandes zu einer zunehmenden »Anglisierung« der Kolonien als Basis einer gemeinsamen Identität.

Im politischen Bereich hatte sich bereits um 1700 in praktisch allen Kolonien ein Repräsentativsystem durchgesetzt. Die freien männlichen Grundeigentümer (*freeholder*) wählten ihre eigenen Vertreter in die Abgeordnetenhäuser, und diese *assemblies* sicherten sich sowohl das Gesetzesinitiativrecht als auch das Budgetrecht; über Letzteres konnten sie auch beträchtlichen Druck auf die königlichen Gouverneure ausüben, da sie deren Gehälter kontrollierten. Die Abgeordneten in den Kolonialparlamenten fühlten sich in der Regel englischen Whig-Traditionen verpflichtet. Obwohl in den Kolonien wesentlich mehr erwachsene Männer am Wahlrecht teilhatten als in Großbritannien und die Bindungen zwischen Wählern und Abgeordneten enger waren, trug die Politik in den Kolonien vor 1763 auch oligarchische Züge. Die Abgeordnetenhäuser wurden von Angehörigen der Oberschichten – Kaufleuten, Anwälten, großen Pflanzern – beherrscht, zwischen denen vielfältige verwandtschaftliche Beziehungen bestanden.

Die gemeinsame Erfahrungswelt der Kolonisten wurde auch durch die um 1740 einsetzende religiöse Erweckungsbewegung und den von 1754 bis 1763 andauernden englisch-französischen Kolonialkrieg stark geprägt. Seit etwa 1740 fanden George Whitefield und andere Wanderprediger, die mit großem rhetorischen Geschick und ausgeprägtem Geschäftssinn eine Botschaft der religiösen Erneuerung vermittelten, in den meisten Kolonien und bei unterschiedlichen protestantischen Gruppen Anhänger und lösten heftige publizistische Debatten zwischen Befürwortern und Gegnern der Erweckungsbewegung aus, die auch eine breitere koloniale Öffentlichkeit erreichten. Das *Great Awakening* wurde von konservativen Predigern und Laien als Bedrohung traditioneller Autoritätsverhältnisse angesehen und führte zur Spaltung mehrerer Religionsgemeinschaften. Am Krieg gegen die Franzosen und die mit ihnen verbündeten indianischen Stämme beteiligten sich die Kolonisten in größerem Umfang als an früheren Kolonialkriegen mit eigenen Truppenkontingenten und erheblichen Finanzmitteln. Die Auffassung vieler Kolonisten, dass die Amerikaner dadurch einen wesentlichen Beitrag zum Sieg über Frankreich geleistet hätten, wurde von den meisten britischen Politikern und Offizieren jedoch nicht geteilt. Zu Beginn des Krieges legte der prominente Kolonialpolitiker, Publizist, Erfinder und Philanthrop Benjamin Franklin auf der Konferenz von Albany auch erstmals einen Plan für einen engeren politischen Zusammenschluss der Kolonien vor, der allerdings seiner Zeit um einige Jahre voraus war.

1607	Die Londoner Virginia Company gründet an der Chesapeake-Bucht die Siedlung Jamestown.
1620	Die *Pilgrim Fathers* überqueren auf der »Mayflower« den Atlantik und gründen Plymouth Colony.
1626	Niederländer gründen auf der Insel Manhattan die Siedlung Neu-Amsterdam.
1629	Die Massachusetts Bay Company erlangt eine königliche Charter für eine Kolonie in Nordamerika.
1634	Beginn der europäischen Kolonisation Marylands.
1636	Der aus Massachusetts verbannte Geistliche Roger Williams und seine Anhänger gründen die erste Siedlung in der späteren Kolonie Rhode Island.
1641	Beginn des Bürgerkriegs in England.
1651	Das englische Parlament verabschiedet die erste Navigationsakte.

1660	Restauration der Monarchie in England.
1660–1673	Handels- und Schifffahrtsgesetze des englischen Parlaments.
1663	Königliche Charter für die Gründung der Kolonie Carolina.
1664	Eine englische Flotte nimmt die niederländische Kolonie am Hudson-Fluss ein, die in New York umbenannt wird.
1675/76	»King Philip's War« in Neuengland.
1676	»Bacon's Rebellion« in Virgina.
1681	Der Quäker William Penn erhält eine Charter zur Gründung der Kolonie Pennsylvania.
1689	Die Nachricht von der *Glorious Revolution* in England führt zu Unruhen in Massachusetts, New York und Maryland.
1692/93	Salemer Hexenprozesse.
1696	Einsetzung des Board of Trade and Plantations in London.
1713	Der Friede von Utrecht beendet jahrzehntelange französisch-englische Auseinandersetzungen in Nordamerika.
1732	Gründung der Kolonie Georgia.
1739	Der Erweckungsprediger George Whitefield kommt erstmals nach Amerika.
1754	Kongress von Albany; Ausbruch des Siebenjährigen Krieges in Nordamerika.
1763	Im Frieden von Paris tritt Frankreich Kanada an Großbritannien und Louisiana an Spanien ab und scheidet damit als Kolonialmacht in Nordamerika aus.

Englische Kolonien in der Neuen Welt (1607–1660)

Obwohl europäische Seefahrer, Händler, Fischer und Kolonialunternehmer im 16. Jahrhundert immer wieder die Küsten Nordamerikas angesteuert hatten, war es – mit

Ausnahme eines kleinen spanischen Stützpunktes in Florida – nicht zur Gründung dauerhafter Kolonien gekommen. Nachdem John Cabot (1497) in englischem und Giovanni da Verrazzano (1524) in französischem Auftrag Teile der nordamerikanischen Küsten erkundet hatten, unternahm Jacques Cartier zwischen 1534 und 1543 drei Reisen an die kanadische Atlantikküste und in das Tal des St.-Lorenz-Stroms. Ein französischer Siedlungsversuch am St. Lorenz in den Jahren 1541–1543 scheiterte jedoch ebenso wie Projekte zur Ansiedlung französischer Hugenotten in Florida (1562–1565) und mehrere englische Kolonisationsunternehmen während der Regierungszeit von Königin Elisabeth I. (1558–1603). Englische Adlige und Gelehrte wie Humphrey Gilbert, Walter Raleigh und die beiden Richard Hakluyts propagierten seit den siebziger Jahren des 16. Jahrhunderts die Gründung von Siedlungskolonien als Stützpunkte für den Asienhandel – der Glaube an die Existenz einer Nordwestpassage nach Asien war damals weit verbreitet – und militärische Bollwerke gegen die spanische Macht in Amerika. Außerdem gedachten sie England unabhängiger von Importen aus anderen europäischen Ländern zu machen und das Problem des Anwachsens der pauperisierten Unterschichten durch den Transport mittelloser Personen nach Übersee zu entschärfen.

Das ambitionierteste dieser Kolonialprojekte war die Gründung einer Siedlungskolonie auf der Insel Roanoke vor der Küste North Carolinas unter der Ägide Walter Raleighs im Jahre 1585. Die Konzentration der Siedler auf die Suche nach Edelmetallen, Konflikte mit den Indianern und das Ausbleiben von Nachschub infolge der Bedrohung Englands durch die spanische Armada (1588) führten jedoch zum Scheitern dieses Vorhabens. Versorgungsschiffe, die im Jahre 1590 Roanoke erreichten, fanden dort von den über hundert Siedlern keine Spur mehr vor, und das Schicksal der Kolonisten gibt der Forschung bis heute Rätsel auf. Insgesamt krankten die Kolonialunternehmungen der elisabethanischen Ära daran, dass Seefahrer, Kolonisten und Investoren schnelle Profite anstrebten und langfristige wirtschaftliche Ziele darüber vernachlässigten. Die Bedeutung dieser Entdeckungsfahrten, Kolonialprojekte und Siedlungsversuche liegt vor allem darin, dass sie Nordamerika allmählich in das Bewusstsein von europäischen Adligen, Kronbeamten und Kaufleuten rückten und damit wichtige Voraussetzungen für die Entstehung erfolgreicher Kolonien im 17. Jahrhundert schufen. Die regelmäßigen Kontakte französischer und englischer Händler und Fischer mit der indianischen Bevölkerung der nordamerikanischen Ostküste, die bereits im 16. Jahrhundert zu einer deutlichen Intensivierung des indianischen Pelzhandels führten, hielten ebenfalls das europäische Interesse an diesem Teil der Neuen Welt wach.

Auf diesen Grundlagen konnten Kaufmannsgruppen aus London, Plymouth und Bristol aufbauen, als sie sich nach dem Ende des englisch-spanischen Seekrieges der elisabethanischen Ära 1606 zu einer Handels- und Kolonialgesellschaft, der Virginia Company, zusammenschlossen. Führende Mitglieder der Gesellschaft verfügten bereits über Erfahrungen mit überseeischen Unternehmungen, zum Beispiel im Levante- und Ostindienhandel. Eine königliche Charter teilte der Londoner Gruppe den zwischen dem 34. und 41. Breitengrad (etwa zwischen Cape Fear im heutigen Bundesstaat North Carolina und der Bucht von New York) gelegenen Teil Nordamerikas, der Gruppe aus den westlichen Hafenstädten die Region zwischen dem 38. und 45. Breitengrad (vom Potomac-Fluss bis zum heutigen Bundesstaat Maine) zu. Der Bereich, in dem sich die Ansprüche beider Gruppen überschnitten, sollte zunächst von der Besiedlung ausgenommen bleiben. König Jakob I. ordnete zudem an, dass die Kolonisten die Indianer gut behandeln und sie »zivilisieren« sollten. Die Werbeschriften, die die Virginia Company verbreiten ließ, beteuerten ebenfalls die Absicht, den Indianern das Chris-

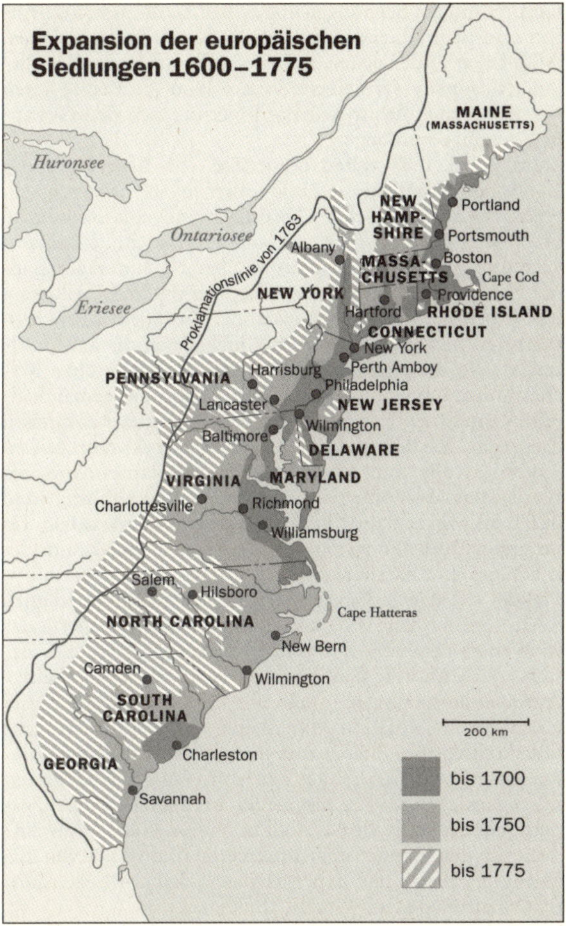
Expansion der europäischen Siedlungen 1600–1775
MAINE (MASSACHUSETTS)
Huronsee
Ontariosee
Eriesee
Proklamationslinie von 1763
NEW HAMPSHIRE
Portland
Portsmouth
Albany
MASSACHUSETTS
Boston
Cape Cod
NEW YORK
Providence
Hartford
RHODE ISLAND
CONNECTICUT
New York
Harrisburg
Perth Amboy
PENNSYLVANIA
Philadelphia
Lancaster
NEW JERSEY
Wilmington
Baltimore
DELAWARE
VIRGINIA
MARYLAND
Charlottesville
Richmond
Williamsburg
Salem
Hilsboro
Cape Hatteras
NORTH CAROLINA
New Bern
Camden
Wilmington
SOUTH CAROLINA
200 km
Charleston
GEORGIA
Savannah
bis 1700
bis 1750
bis 1775

tentum und die Segnungen englischer Zivilisation zu bringen und in friedlicher Nachbarschaft mit ihnen zu leben. Alles Land in der neuen Kolonie sollte im Besitz der Virginia Company verbleiben, doch sollten die Bediensteten der Kompanie ebenso wie die Investoren an den Gewinnen beteiligt werden.

Im April 1607 trafen die ersten 105 Kolonisten der Londoner Kompanie – 35 Gentlemen, 40 Soldaten, ein Arzt, ein anglikanischer Geistlicher und eine Reihe von Handwerkern und Arbeitern – in Virginia ein. Insgesamt verfügten nur wenige Kolonisten über die zum Aufbau einer Siedlung in der Neuen Welt benötigten Fähigkeiten, und Farmer fehlten sogar gänzlich. Zu einem beträchtlichen Teil handelte es sich um Glücksritter, die auf Goldfunde oder die Eroberung eines großen indianischen Reiches hofften. Folgerichtig war der Aufbau der neuen Siedlung Jamestown von enormen Schwierigkeiten begleitet. Zahlreiche Siedler erkrankten bereits nach kurzer Zeit an Typhus, Ruhr und Malaria. Die Lage Jamestowns am Rande eines Sumpfgebiets erwies sich als ungünstig, und das Trinkwasser wurde in den Sommermonaten salzig. Da im ersten Jahr nur wenige Felder gerodet und kaum Getreide gesät wurde, vermochte die Siedlung nur durch den Handel mit den Indianern zu bestehen. Obwohl lediglich 35 Kolonisten den ersten Winter überlebten, sicherte das Eintreffen neuer Siedler im folgenden Jahr den Fortbestand Jamestowns. Ein weiteres Problem waren heftige Auseinandersetzungen unter den Kolonisten. In dieser chaotischen Situation übernahm der charismatische Glücksritter John Smith energisch die Leitung der Kolonie. Smith organisierte den Bau von Häusern und Verteidigungsanlagen, zwang die Siedler, Mais anzupflanzen, experimentierte mit der Produktion von Glas, Pech und Teer für den Export und unternahm eine Reihe von Erkundungsfahrten, auf denen er den Indianern Lebensmittel abkaufte oder mit Gewalt abnahm.

Ohne es zu wissen, hatten die Engländer Jamestown in einem Gebiet gegründet, das bereits dicht von Indianern besiedelt war. Nach neueren Schätzungen lebten um 1600 etwa 30 000 Algonkin-Indianer im Bereich der Chesapeake-Bucht. Rund dreißig Stämme mit bis zu 14 000 Mitgliedern gehörten einer Konföderation unter dem Häuptling Powhatan an. Sie ernährten sich von extensiver Landwirtschaft, Jagd und Fischfang. Die dichte Bewaldung und die primitiven Rodungstechniken begrenzten den Umfang des Anbaus und damit die Ernährungsgrundlage. Durch Brandrodungen der Indianer waren zahlreiche freie Flächen in den Wäldern entstanden, die von Europäern als parkartige Landschaften beschrieben wurden. Damit hatten die Indianer unfreiwillig eine wichtige Voraussetzung für die koloniale Landwirtschaft der Europäer geschaffen. Die Indianer an der Chesapeake-Bucht wohnten in umzäunten Dörfern, in denen Häuptlingsräte regierten. Die Abhängigkeit von indianischen Lebensmittellieferungen, der Frauenmangel und die instabile Führungsstruktur der neuen Kolonie, die hohe Sterblichkeit unter den Siedlern und das schiere Zahlenverhältnis nötigten die Engländer in den ersten Jahren zu Kompromissen mit den Ureinwohnern. Bereits 1609 hatten sich die Beziehungen infolge einer Serie gegenseitiger Übergriffe allerdings so weit verschlechtert, dass die Powhatan-Konföderation Jamestown angriff, eine Reihe von Kolonisten tötete und ihre Felder zerstörte. Im Winter 1609/10 wurden die Engländer von einer katastrophalen Hungersnot heimgesucht. Innerhalb von sechs Monaten sank die Zahl der englischen Siedler von rund fünfhundert auf sechzig. Einmal mehr sicherte nur die Ankunft neuer Siedler unter der Führung des neuen Gouverneurs de la Warr im Jahre 1610 den Fortbestand Jamestowns.

Die Londoner Virginia-Kompanie reorganisierte indessen angesichts der großen Startschwierigkeiten die Verwaltung der Kolonie und hatte zu diesem Zweck 1609 eine neue königliche Charter erlangt. Am Ort sollte künftig ein mit weitreichenden Vollmachten ausgestatteter Gouverneur die Interessen der Gesellschaft vertreten, und zeitweise wurde Virginia de facto unter Kriegsrecht verwaltet. Alle Siedler waren zur Arbeit und zum täglichen Gottesdienstbesuch verpflichtet, und eine Reihe von Vergehen wie Blasphemie, Unzucht oder Auflehnung gegen die Kompanie oder ihre Vertreter wurde mit drakonischen Strafen geahndet. Tatsächlich machte die Kolonie in den folgenden Jahren durch das Eintreffen weiterer Siedler, einen Waffenstillstand mit den Indianern und die Verbesserung der Ernährungslage Fortschritte. Vor allem wurde mit dem Tabak ein lukratives Exportprodukt entdeckt. Der Durchbruch gelang, als der Pflanzer John Rolfe die westindische Tabakpflanze nach Virginia einführte. Im Jahre 1614 konnte Rolfe erstmals eine Ladung Tabak nach England senden, und drei Jahre später wurden bereits 20 000 Pfund aus Virginia exportiert. Die Virginia Company initiierte 1618/19 weitere Reformen: Der Grundsatz, dass alles Land Gemeineigentum der Gesellschaft sei, wurde aufgegeben und durch das sogenannte *Headright*-System ersetzt, das die Landzuteilung an Aktionäre und Siedler regelte. Damit war ein entscheidender Schritt in Richtung Privateigentum getan. Darüber hinaus wurden den Amtsinhabern der Kolonie bestimmte Mengen an Land und Arbeitskräften zugebilligt. Eine weitere Neuerung war die Einrichtung einer von den männlichen Siedlern gewählten Assembly, die 1619 neben Gouverneur und Council trat und die erste Repräsentativversammlung auf nordamerikanischem Boden darstellte.

Die Virginia Company sandte zwischen 1618 und 1623 über viertausend Kolonisten nach Virginia, zumeist als Pächter und unfreie Dienstknechte (*indentured servants*). Insgesamt kamen während des 17. Jahrhunderts schätzungsweise 70 bis 80 Prozent aller weißen Einwanderer als unfreie Arbeiter an die Chesapeake-Bucht. Diese Kontraktarbeiter, die ihre Überfahrt nach Amerika nicht selbst bezahlten und daher vertraglich verpflichtet waren, bis zu sieben Jahre unentgeltlich für einen Dienstherrn zu arbeiten, waren meist zwischen 15 und 24 Jahre alt und männlichen Geschlechts. Sie rekrutierten sich vorwiegend aus den englischen Mittel- und Unterschichten der Farmer, Handwerker und ungelernten Arbeiter und stammten aus dem Einzugsgebiet der großen Hafenstädte, vor allem Londons und Bristols. Nach Ablauf ihrer Dienstzeit erlangten sie ihre persönliche Freiheit und damit die Möglichkeit, selbst Landbesitz zu erwerben. Aufgrund der hohen Sterblichkeit und der schwierigen Lebensbedingungen im frühen Virginia erreichte jedoch nur eine Minderheit dieses Ziel.

Die Anstrengungen der Virginia Company zur Besiedlung der Kolonie erlitten mit dem sogenannten Indianermassaker vom 22. März 1622 einen schweren Rückschlag. Die Ermordung eines indianischen Häuptlings bildete für die Powhatan-Konföderation den Anlass für eine konzertierte Serie von Überraschungsangriffen auf die englischen Siedlungen, der 347 Kolonisten – ein Viertel der damaligen Bevölkerung Virginias – zum Opfer fielen. Nach diesem Massaker entzog König Jakob I. der durch finanzielle Verluste, interne Streitigkeiten und Korruptionsvorwürfe ohnehin angeschlagenen Virginia Company 1624 die Charter und stellte die Kolonie direkt unter königliche Aufsicht. Durch die Verleihung eines Monopols für den Tabakimport nach England stärkte der König zugleich die wirtschaftliche Position Virginias. Die Engländer rächten sich für das Massaker mit einer Reihe von Vergeltungsaktionen, in deren Verlauf sie systematisch indianische Dörfer zerstörten. Eine 1624/25 vorgenommene Volkszählung ergab, dass damals 1218 Personen in der Kolonie lebten. Die Tatsache, dass seit 1607 über siebentausend Menschen ins Land gekommen waren, verdeutlicht die hohe Sterblichkeit, die Virginia infolge von Epidemien, ungünstiger klimatischer Bedingungen, Mangel- und Fehlernährung und der psychischen Probleme des Lebens in einem isolierten, in seiner Existenz bedrohten Außenposten plagte.

Um 1625 waren über 75 Prozent der Virginier männlich und jünger als dreißig Jahre, und fast 90 Prozent waren in Europa geboren. Nur eine Minderheit der erwachsenen Kolonisten war verheiratet und mehr als drei Fünftel der Ehepaare kinderlos; lediglich 25 Familien hatten zwei und mehr Kinder. Die Zahlen machen deutlich, dass sich stabile Familien- und Verwandtschaftsstrukturen in der neuen Kolonie nur langsam ausbildeten. Bei etwa 40 Prozent der Kolonisten handelte es sich um unfreie Dienstknechte und -mägde, welche zu einem großen Teil für Männer arbeiteten, die wichtige Posten in der Virginia Company bekleideten oder geschäftlich eng mit ihr verbunden waren. In dieser Gruppe von Männern ist der Kern der späteren kolonialen Elite zu erkennen. In den zwanziger Jahren des 17. Jahrhunderts war Land in Virginia billig, während der Tabak in England hohe Preise erzielte. Unter diesen Bedingungen war die Verfügbarkeit über Arbeitskräfte von entscheidender Bedeutung, um durch die Produktion größerer Mengen an Tabak vom Exportboom zu profitieren. Das hervorstechende Merkmal der Gesellschaft Virginias war bereits zu dieser Zeit der soziale Gegensatz zwischen einer relativ kleinen Gruppe, die durch rücksichtslose Ausbeutung ihrer Arbeitskräfte und die Kontrolle der Versorgung der Kolonie beträchtliche Vermögen erwirtschaften konnte, und der Masse armer Pächter und unfreier Dienstknechte.

Nach den schwierigen, bisweilen chaotischen Anfangsjahren zeichnete sich um 1630 eine administrative und gesellschaftliche Stabilisierung Virginias ab, und in den folgenden Jahrzehnten machte die Kolonie große Fortschritte in Richtung einer geordneten und prosperierenden Gesellschaft. Wesentliche Faktoren dieses Prozesses waren ein anhaltendes Bevölkerungswachstum, die Verdichtung sozialer Beziehungen und die Bildung funktionierender Institutionen der Verwaltung und Rechtsprechung. Die englische Bevölkerung Virginias stieg infolge einer starken Einwanderung zwischen 1624 und 1660 von rund 1200 auf etwa 25 000 Personen an. Bei der Mehrzahl der Einwanderer handelte es sich nach wie vor um *indentured servants*, von denen in manchen Jahren über 1500 in der Kolonie eintrafen. Daneben ließen sich zunehmend auch Angehörige der höheren Schichten der englischen Gesellschaft in der Kolonie nieder. Die Wanderungsmotive der freien Einwanderer waren vielfältig, doch handelte es sich bei ihnen wie bei den Dienstknechten überwiegend um jüngere Männer. Sie waren nur selten Farmer, sondern entstammten der Gentry oder kamen aus kaufmännischen und handwerklichen Berufen. Virginische Pflanzer und Kaufleute pflegten durch Korrespondenzen und Reisen ihre verwandtschaftlichen und geschäftlichen Beziehungen zu England und hielten damit die transatlantischen Bindungen zwischen Kolonie und Mutterland lebendig.

Die Indianer Virginias unternahmen 1644 nochmals einen Versuch, die europäischen Eindringlinge loszuwerden, und einem neuerlichen Überraschungsangriff fielen fünfhundert Siedler zum Opfer. Die Virginier reagierten darauf mit massiven Vergeltungsaktionen und zerschlugen die Powhatan-Konföderation nun vollständig. Die Sterblichkeit der weißen Virginier sank in der Folgezeit allmählich, obwohl Krankheiten wie Malaria nach wie vor ein großes Problem darstellten und die Mortalitätsrate unter Neuankömmlingen weiterhin hoch blieb. Mit dem demographischen Wachstum ging ein wirtschaftlicher Expansionsprozess einher. Tabak blieb trotz sinkender Preise das wichtigste Anbauprodukt: 1663 wurden im Hafen von London über sieben Millionen Pfund, 1672 sogar zehneinhalb Millionen Pfund Virginia-Tabak registriert. Daneben begann seit Mitte des 17. Jahrhunderts auch die Viehzucht eine größere Rolle zu spielen; Vieh wurde unter anderem nach

Barbados exportiert. Eine echte wirtschaftliche Diversifizierung blieb jedoch aus, und den ehrgeizigen Plänen einiger Gouverneure, die Virginier von der Monokultur abzubringen und durch Produktionsbeschränkungen die Tabakpreise anzuheben, war kein Erfolg beschieden. Da die Tabakpflanze die Böden rasch auslaugte und der geerntete Tabak leicht auf dem Wasserweg abtransportiert werden konnte, sahen die Virginier keine Notwendigkeit, kompakte Siedlungen anzulegen. Stattdessen dehnten sich ihre Farmen und Plantagen immer weiter entlang der Flussläufe aus, wodurch eine für die Chesapeake-Bucht charakteristische Streusiedlungsweise entstand.

Das zuvor relativ unübersichtliche Gerichtssystem wurde 1634 durch die Einteilung der Kolonie in *counties* nach englischem Vorbild und die Einrichtung von *county courts* grundlegend reformiert. Fortan bildeten diese Gerichte die zentralen Institutionen der lokalen Rechtsprechung und Verwaltung. Neben kleineren Zivil- und Strafsachen waren sie für die Steuereintreibung, die Abhaltung von Assembly-Wahlen, die Waisenfürsorge, die Instandhaltung von Verkehrswegen und die Registrierung von Testamenten und Verträgen zuständig. Aufgrund der relativ schwachen Position der anglikanischen Kirche in Virginia gingen zahlreiche Funktionen, die in England die Kirche ausübte, auf die *county courts* über. Mit der räumlichen Ausdehnung der Kolonie und der Verlagerung von Kompetenzen auf die County-Gerichte bildete das Amt des Friedensrichters (*justice of the peace*) zunehmend den Ausgangspunkt für gesellschaftlichen Einfluss und politische Macht. Gouverneur und Gouverneursrat entwickelten sich indessen bis Mitte des 17. Jahrhunderts zum Appellationsgericht (*quarter court*) und urteilten in größeren Strafsachen. Die Assembly wurde zum reinen Gesetzgebungsorgan und errang eine Reihe wichtiger Privilegien: das Recht, selber über die Qualifikation ihrer Mitglieder zu entscheiden, das Besteuerungsrecht, ein Aufsichtsrecht über das Budget und die Aufsicht über die County-Gerichte. Die Gesetzgebung tendierte insgesamt dazu, das komplizierte englische Rechtssystem im Hinblick auf die kolonialen Gegebenheiten zu vereinfachen. Durch Heiratsbeziehungen zwischen den großen Pflanzerfamilien entwickelte sich eine koloniale Elite, doch wirkte der bisweilen erbittert geführte Wettstreit um politischen Einfluss und ökonomische Vorteile dem Zusammenhalt dieser Elite entgegen. Es kennzeichnet jedoch die relative politische und soziale Stabilität Virginias um die Mitte des 17. Jahrhunderts, dass die inneren Auseinandersetzungen, die England während des Bürgerkriegs und des Protektorats von Oliver Cromwell erschütterten, auf die Kolonie kaum Auswirkungen hatten.

Bereits 1619 hatte ein niederländisches Schiff die ersten afrikanischen Sklaven nach Jamestown gebracht, doch noch um 1650 war die schwarze Bevölkerung Virginias mit etwa fünfhundert Personen zahlenmäßig recht klein. Neben Sklaven gab es schwarze *indentured servants* und freie Afroamerikaner, und einige Sklaven erlangten um die Mitte des 17. Jahrhunderts noch die Freiheit, erwarben Landbesitz und klagten erfolgreich gegen weiße Virginier vor Gericht. Auch wenn die Sklaverei in Virginia bereits frühzeitig Fuß fasste, war die Verfestigung dieser Institution ein langwieriger Prozess, und weiße Dienstknechte blieben bis zum Ende des Jahrhunderts das wichtigste Reservoir unfreier Arbeitskräfte.

Im nördlichen Teil der Chesapeake-Bucht entstand seit 1634 unter anderen Vorzeichen eine weitere Kolonie, die den Namen Maryland erhielt. Während Virginia zunächst im Besitz einer vom König privilegierten Handelsgesellschaft war, gehört Maryland zum Typ der Eigentümerkolonie, das heißt, sie war Besitz einer Familie, der Calverts (Lords of Baltimore), denen eine königliche Charter weitreichende Prärogativrechte einräumte. Die katholischen Calverts sahen Maryland als Zufluchtsort für in England verfolgte Glaubensgenossen an; nicht weniger wichtig dürfte für sie jedoch das Motiv gewesen sein, sich durch die Gründung einer Siedlungskolonie eine feste Einkommensquelle zu sichern. Die ersten Siedler Marylands vermieden einige der Fehler, die in den Anfangsjahren Virginias zu enormen Schwierigkeiten geführt hatten. Sie bauten von Beginn an genügend Getreide und Gemüse zur Selbstversorgung an und übernahmen den in Virginia schon erfolgreich etablierten Tabakanbau. Bereits 1635 trat in Maryland erstmals eine Assembly als Organ aller freien Einwohner zusammen, die sich in der Folgezeit zur repräsentativen Körperschaft weiterentwickelte. Im Jahre 1649 verabschiedete diese Assembly den *Act Concerning Religion*, ein Toleranzgesetz, das allen Christen ungehinderte Religionsausübung garantierte, aber auch schwere Strafen für Blasphemie vorsah. Die Hoffnung, dass damit die religiösen Spannungen zwischen Puritanern und Katholiken in der Kolonie entschärft würden, erfüllte sich jedoch nicht, und Maryland wurde während des englischen Bürgerkrieges von heftigen inneren Konflikten erschüttert: 1645 und 1654 übernahmen Puritaner aus England bzw. aus dem benachbarten Virginia vorübergehend die Macht in der Kolonie, doch konnten die Eigentümer in beiden Fällen schließlich ihre Autorität behaupten.

Nach den Plänen der Calverts sollte in Maryland eine hierarchische Feudalgesellschaft entstehen. Zentren der neuen Ordnung sollten die sogenannten *manors* bilden, feudale Landsitze mit abhängigen Pächtern und eigener Gerichtsbarkeit. Der Eigentümer stellte allen Investoren, die mindestens fünf Arbeiter in die Kolonie transportierten, tausend Acres (rund vierhundert Hektar) Land zur Bildung eines solchen *manor* in Aussicht. Aufgrund der geringen Investitionsbereitschaft von Adel und Gentry entstanden jedoch nur wenige *manors*, und ihr sozialer Einfluss blieb gering. Da die Besitzer dieser *manors* häufig hohe Ämter in der Kolonie bekleideten, ist hier jedoch der

Kern einer kolonialen Elite auszumachen. Indessen entwickelte sich auch Maryland vorrangig zu einem Land der mittleren und kleineren Pflanzer. Wie in Virginia bildete das *Headright*-System eine wichtige Grundlage für die Besiedlung des Landes. Jeder Mann, der seine Überfahrt selbst bezahlte, erhielt Land für sich selbst, seine Familie und jeden Dienstboten, dessen Reisekosten er bestritt. Dem Eigentümer der Kolonie stand von diesem Land ein jährlicher Zins (*quitrent*) zu. Im Jahre 1660 zählte Maryland etwa 2500 europäische Einwohner.

Wie das benachbarte Virginia war Maryland um die Mitte des 17. Jahrhunderts eine Gesellschaft mit beträchtlicher sozialer Mobilität. Die zunächst günstigen Voraussetzungen für den sozialen Aufstieg ehemaliger *indentured servants* verschlechterten sich aber nach 1660 infolge des Bevölkerungswachstums, sinkender Tabak- und steigender Landpreise. Insgesamt waren die beiden Chesapeake-Kolonien in der zweiten Hälfte des 17. Jahrhunderts stabile Gemeinwesen mit ausgeprägter sozio-ökonomischer Schichtung. Die einseitige Fixierung Virginias und Marylands auf den Tabakanbau erwies sich allerdings langfristig als Handicap. Sie machte die Wirtschaft für Preisschwankungen und Absatzkrisen dieses Produkts anfällig, förderte die extensive Bodennutzung und die Streusiedlungsweise und sorgte dafür, dass der Bedarf an unfreien Arbeitskräften hoch blieb. Nach 1660 deckten die Pflanzer ihren Arbeitskräftebedarf zunehmend durch die Einfuhr afrikanischer Sklaven.

Die 1620 bzw. 1629 an der Küste Neuenglands gegründeten Kolonien New Plymouth und Massachusetts Bay wiesen gegenüber Virginia und Maryland erhebliche Unterschiede auf. Zwar spielten bei ihrer Gründung Handelsinteressen ebenfalls eine Rolle, doch kam hier auch religiösen Motiven zentrale Bedeutung zu, da es sich bei einem großen Teil der frühen Investoren und Siedler um Puritaner handelte – Angehörige einer Erneuerungsbewegung innerhalb der anglikanischen Kirche, die seit Mitte des 16. Jahrhunderts die Reformation fortzuführen und zu vollenden suchte. In der elisabethanischen Ära war der Puritanismus zunächst vorwiegend eine theologische Bewegung an den Universitäten Oxford und Cambridge. Gegen Ende des 16. Jahrhunderts formierte sich daneben eine alle sozialen Schichten umfassende puritanische Laienbewegung. Die Puritaner kritisierten die Verweltlichung und die Ämterhäufung innerhalb der englischen Staatskirche, die Macht der Bischöfe, die Liturgie und das pompöse Zeremoniell des Gottesdienstes. Dagegen setzten sie Forderungen nach erbaulichen Predigten auf der Grundlage der Bibel, Einhaltung der biblischen Gebote im Alltag und einem gottgefälligen Leben. Sie bekämpften weltliche Vergnügungen wie Gasthäuser, Theater und Tanzfeste und unnötigen Prunk in der Kirche wie im privaten Bereich. Nach dem Vorbild des Urchristentums strebten sie eine weitgehende Autonomie der Kirchengemeinden an. In den Gemeinden sollte eine strenge Kirchenzucht herrschen; Übertretungen der biblischen Gebote wurden mit dem Ausschluss aus der Gemeinschaft geahndet. Darüber hinaus versuchten die Puritaner, christliche Tugenden im Berufsleben umzusetzen, und sahen wirtschaftlichen Erfolg als Zeichen göttlicher Gnade an. Zentrale Bedeutung hatte die Vorstellung, dass Gott einen Bund (*covenant*) mit den Gläubigen geschlossen habe, der ihnen Gnade und Erlösung in Aussicht stellte. Die Kirchenpolitik des seit 1603 regierenden englischen Königs Jakob I., der sich als Herrscher von Gottes Gnaden sah und rigoros an der Einheit der englischen Staatskirche festhielt, zwang zahlreiche Puritaner ins Exil oder in die innere Emigration.

Während die Mehrzahl der Puritaner auf eine innere Erneuerung der anglikanischen Kirche setzte, sah eine Minderheit die Staatskirche bereits als unheilbar korrumpiert an und sprach sich für eine völlige Trennung aus. In diesem separatistischen Puritanismus liegen die Wurzeln der *Pilgrim Fathers*, die 1620 in Neuengland die Kolonie New Plymouth gründeten. Die Pilgrims gingen auf eine etwa hundert Mitglieder zählende, vor allem aus Pächtern und Handwerkern bestehende Separatistengemeinde zurück, die sich 1606 in Scrooby (Nottinghamshire) gebildet hatte. Nach der Verhaftung eines führenden Mitglieds entschlossen sich der Pastor John Robinson und etwa die Hälfte der Gemeinde zur Auswanderung nach Holland. Trotz religiöser Toleranz im holländischen Leiden war die Gruppe mit ihrer Exilsituation und dem als zu weltlich empfundenen Lebensstil der holländischen Gesellschaft unzufrieden und erlangte 1620 ein Patent der Londoner Virginia Company für eine Siedlung in Nordamerika. Das Vorhaben wurde von puritanischen Kaufleuten in London unterstützt. Im September 1620 stach das Schiff »Mayflower« mit 102 Personen, von denen allerdings nur eine Minderheit den Pilgrims angehörte, von Plymouth aus in See. Nach einer 65-tägigen Überfahrt erreichte die »Mayflower« im November 1620 Cape Cod.

Noch an Bord des Schiffes hatte die Mehrzahl der Passagiere den *Mayflower Compact* unterzeichnet, der den Zusammenschluss der Kolonisten zu einer politischen Gemeinschaft erklärte und die Verabschiedung von Gesetzen zum allgemeinen Besten der Kolonie vorsah. Im Dezember 1620 wurde in der Bucht von New Plymouth mit dem Bau einer Siedlung begonnen. Während des ersten Winters starb die Hälfte der Kolonisten, doch in der Folgezeit erwies sich die Ansiedlung dank eines hohen Familienanteils unter den ersten Einwanderern, ausreichenden Ernten und Handelsbeziehungen zu den Indianern, die bereits vor dem Eintreffen der Pilgrims durch eine vermutlich von französischen Händlern eingeschleppte Epidemie dezimiert worden waren, als überlebensfähig. Seit Mitte der 1620er Jahre handelten die Pilgrims zunächst Getreide, dann größere Mengen an Muschelperlen (Wampum), die von der Südküste Neuenglands und Long Island kamen, mit Indianerstämmen der Region gegen Pelze ein. Der Rückgang der Indianerbevölkerung und der Zustrom an Siedlern höhlten die Stellung von New Plymouth im Pelzhandel seit Ende der 1620er Jahre jedoch rasch aus.

Trotz geringer Einwanderung wuchs die Kolonie in der Folgezeit langsam an. Um 1630 zählte sie dreihundert bis vierhundert Personen, im Jahre 1660 rund dreitausend Personen, die sich vorwiegend von der Landwirtschaft, die aufgrund des Klimas und der Bodenqualität nur geringe Überschüsse abwarf, und vom Fischfang ernährten. Ähnlich wie in Jamestown wurde das Prinzip, dass alles Land Gemeineigentum der Anteilseigner war, nach einigen Jahren aufgegeben und den Kolonisten Land zur privaten Bewirtschaftung zugeteilt. In der Folgezeit ließen sich auch stärker weltlich orientierte Gruppen englischer Siedler in der Gegend nieder, deren Lebensweise zu Konflikten mit den Pilgrims wie auch mit den Indianern führte. New Plymouth wurde zunächst von einem Gouverneur und seinen *assistants* regiert, die zusammen mit den freien männlichen Einwohnern den *General Court* bildeten, der legislative, exekutive und judikative Funktionen vereinte. Seit 1638 wurden zwei Abgeordnete aus jeder Gemeinde in den General Court entsandt, so dass sich ein Repräsentativsystem ausbildete.

Trotz des Stellenwerts, den die Pilgrim Fathers und die »Mayflower« im amerikanischen Geschichtsbewusstsein einnehmen, wurde eine andere Koloniegründung für die Formierung der neuenglischen Gesellschaft wichtiger: Massachusetts Bay. Betrieben wurde dieses Kolonialprojekt von einer Handelsgesellschaft, der Massachusetts Bay Company, die 1629 eine königliche Charter erhielt. Zwölf puritanische Gesellschafter entschlossen sich selbst zur Auswanderung in die geplante Kolonie und vereinbarten mit den übrigen Teilhabern im *Cambridge Agreement* vom August 1629, dass die Charter nach Amerika überführt und die Gesellschaft von der Neuen Welt aus geleitet werden sollte. Dadurch besaß Massachusetts Bay von Anfang an ein tatkräftiges, religiös motiviertes Führungspersonal. Im Jahre 1630 segelten zwölf Schiffe mit rund neunhundert Siedlern nach der neuen Kolonie; ihnen folgten im Zuge der sogenannten *Great Migration* bis 1642 weitere 20 000 bis 25 000 Einwanderer. Der erste Gouverneur war John Winthrop, ein Rechtsanwalt und wohlhabender Landbesitzer aus Suffolk, den neben seiner puritanischen Gesinnung offenbar auch hohe Schulden zur Auswanderung veranlassten. Winthrop und andere puritanische Führer sahen sich selbst als Akteure in dem großen historischen Drama der Rettung des Volkes Gottes vor der Korruption und dem moralischen Verfall Englands. Ihre Übersiedlung nach Amerika begriffen sie als Vorstoß in eine feindliche und bedrohliche Wildnis.

Bei der *Great Migration* handelte es sich vorwiegend um eine Auswanderung von Familienverbänden und Personen aus den mittleren Rängen der englischen Gesellschaft, deren Entscheidung zur Übersiedlung nach Neuengland häufig religiös motiviert war. Eine wichtige Ursache war die Kirchenpolitik Karls I. und des Erzbischofs William Laud in den 1630er Jahren. Der König und der Bischof beabsichtigten, die Einheit der englischen Staatskirche wiederherzustellen, und versuchten durch Visitationen, Bücherzensur, Konfiskationen, Ausweisungen und Verhaftungen die Puritaner zum Nachgeben zu zwingen. Die rigorose anglikanische Kirchenpolitik war ihrerseits Teil eines umfassenden Programms der englischen Krone zum Ausbau ihrer Machtstellung. Zentralisierungsmaßnahmen in der Steuer- und Finanzpolitik sowie im Armen- und Militärwesen stießen bei der englischen Bevölkerung auf Widerstand, da sich in Stadt- und Landgemeinden über Jahrhunderte hinweg eine weitgehende Selbstverwaltung und ein Bewusstsein lokaler Autonomie entwickelt hatten. Durch die Auswanderung nach Neuengland konnten die Teilnehmer der *Great Migration* diese Tradition lokaler Autonomie bewahren und sich dem Zugriff des Staates entziehen. Die meisten Auswanderer kamen zudem aus dem englischen Südosten, aus den Grafschaften East Anglia und Kent sowie aus dem Raum London. Neben Farmern wanderten auch zahlreiche Handwerker aus, vor allem aus den Zentren der englischen Wolltuchherstellung wie Norwich und Canterbury. Bei der Migration nach Massachusetts Bay spielten also auch ökonomische Motive eine Rolle.

Aufgrund eines starken Bevölkerungswachstums hatte Neuengland um 1660 bereits 55 000 bis 60 000 Einwohner und damit mehr als doppelt so viele wie die Chesapeake-Region. Historisch-demographische Untersuchungen haben gezeigt, dass die Menschen im Neuengland des 17. Jahrhunderts zumeist früher heirateten, größere Familien hatten und länger lebten als im damaligen Westeuropa. Das Durchschnittsalter bei der Erstheirat betrug um die Jahrhundertmitte 24 bis 26 Jahre bei Männern und 19 bis 20 Jahre bei Frauen. Das jugendliche Heiratsalter der Frauen korrespondierte mit hohen Geburtenzahlen. Frauen, die vor 1650 in Neuengland geboren wurden, brachten durchschnittlich sieben Kinder zur Welt; viele von ihnen hatten zehn oder mehr Kinder. Aufgrund einer niedrigen Kinder- und Säuglingssterblichkeit, hoher Geburtenraten und einer hohen Lebenserwartung wuchs die Bevölkerung auch weiterhin rasch an, nachdem die *Great Migration* um 1642 zu Ende gegangen war.

Das Leben im puritanischen Neuengland war von Kommunalismus, Patriarchalismus und sozialer Kontrolle geprägt. In den 1630er Jahren begann der General Court als oberstes Regierungsorgan von Massachusetts Bay, Land an Gemeinden (*towns*) als korporative Einheiten anstatt an Individuen zu vergeben. Der Gründung einer neuen Siedlung ging in der Regel eine entsprechende Petition einer Gruppe von etwa 30 bis 40 Personen voraus. Der General Court entschied daraufhin über die Landzuteilung an die neue Gemeinde. Die Organisation der Gemeinde und die Verteilung des Landes an einzelne Personen nahmen indessen die Siedler selbst vor. Die Bewohner einer Town besaßen ihr Land zumeist als freies Eigentum (*freeholds*). Da die Anlage einer Gemeinde besondere Fähigkeiten erforderte und mit erheblichen Kosten für Landvermessung, Rodungsarbeiten, die Anlage von Wegen und Brücken und den Bau des Versammlungshauses verbunden war, übernahmen dabei wohlhabende Kolonisten häufig eine Führungsrolle, die über das nötige Kapital verfügten und sich an der Gründung neuer Gemeinden bisweilen auch in spekulativer Absicht beteiligten.

Mit der Gründung einer Town ging der Abschluss eines Bundes (*covenant*) zwischen den ersten Siedlern einher, in dem sich diese über gemeinsame religiöse und politische Ziele verständigten. Bei der Verteilung des Gemeindelandes wurde auf den sozialen Status der Siedler ebenso Rücksicht genommen wie auf den Landbedarf ärmerer Gemeindemitglieder für den Unterhalt ihrer Familien. In den frühen Neuengland-Gemeinden gab es demnach durchaus Besitzunterschiede, doch waren diese weit weniger scharf ausgeprägt als in englischen Landgemeinden. In der Anfangsphase der Besiedlung wurde in der Regel nur ein Teil des Landes an Siedler verteilt, während der größere Teil als kommunale Landreserve in Gemeindebesitz verblieb. Erst wenn die Bevölkerung weiter angewachsen war, wurden erneut Landzuteilungen vorgenommen. Das Recht auf unverteiltes Land blieb jedoch zumeist auf die ersten Landeigentümer und deren Familien beschränkt. Die neuenglischen Gemeinden tendierten also dazu, sich frühzeitig abzuschließen. Im System der Landverteilung manifestierte sich die kommunale Orientierung der neuenglischen Kolonisten: individuelle Interessen und Gemeindeinteressen wurden sorgfältig gegeneinander ausbalanciert.

Die Wirtschaft Neuenglands war vorwiegend agrarisch

geprägt, und die Region wies eine weniger differenzierte Gewerbestruktur auf als das Mutterland. Viele spezialisierte Handwerker übten ihren Beruf nur noch als Teilzeitgewerbe oder überhaupt nicht mehr aus und widmeten sich vorwiegend der Landwirtschaft. Obwohl viele Auswanderer in England in der Tuchherstellung tätig gewesen waren, entwickelte sich in Neuengland keine lebensfähige Tuchproduktion. Die Agrarwirtschaft warf nur bescheidene Überschüsse ab, doch erreichte die große Mehrzahl der Neuengländer der ersten und zweiten Generation ihre wichtigsten ökonomischen Ziele: Landbesitz, wirtschaftliche Unabhängigkeit und bescheidenen Wohlstand. Darüber hinaus begannen Bostoner und Salemer Kaufleute bereits in den 1630er Jahren, Vieh, Fleisch und Getreide nach den englischen Karibikinseln zu exportieren, und um die Mitte des 17. Jahrhunderts entwickelten sich regelmäßige Handelsbeziehungen in die Karibik, nach den Azoren und Madeira (wo Fisch, Getreide und Holzprodukte gegen Wein eingehandelt wurden) und nach Südeuropa. Vor allem kleinere Schiffe, die ein breites Sortiment an Handelsgütern mit sich führten, konnten flexibel auf neue Marktchancen reagieren. Der Fernhandel förderte wiederum den Schiffbau, der sich zu einem wichtigen Gewerbezweig in den Küstenstädten entwickelte. Hier entstand auch eine Fisch- und Walfangflotte. In den Export gelangten ferner Schiffsmasten, Holzfässer, Pech und Teer.

In den Neuengland-Gemeinden war das aktive Mitspracherecht in kommunalen Angelegenheiten einschließlich des Wahlrechts zunächst an die Vollmitgliedschaft in der Kirchengemeinde gebunden; kirchliche und politische Gemeinde fielen im Idealfall zusammen. Zentrales Organ der Lokalverwaltung war das *town meeting*, in dem die männlichen Landeigentümer über alle wichtigen örtlichen Angelegenheiten berieten und abstimmten. Eine Reihe von Verwaltungsaufgaben wurde daneben einem vom *town meeting* gewählten Ausschuss, den *selectmen*, übertragen.

Voraussetzung für die Aufnahme in die Kirchengemeinde und damit auch für die Teilnahme am *town meeting* war der Nachweis eines Bekehrungserlebnisses als Beweis dafür, dass der Gläubige an der Gnade Gottes teilhatte. Die Kinder von Kirchenmitgliedern konnten zwar getauft werden, wurden aber erst zum Abendmahl zugelassen, wenn sie selbst ein Bekehrungserlebnis nachweisen konnten. Die Verbindung von Kirchengemeinde und Bürgergemeinde, die mit einer engen Kooperation zwischen den puritanischen Geistlichen und den führenden Laienmitgliedern einherging, ermöglichte überdies eine strenge Kontrolle des sittlichen Verhaltens der Einwohner, bildete aber auch den Anlass für interne Konflikte.

Die weitgehende politische Autonomie der Towns prägte auch das Regierungssystem von Massachusetts Bay. Seit 1634 wählte jede Gemeinde ihre eigenen Vertreter zum General Court, und wie in den Chesapeake-Kolonien und New Plymouth entwickelte sich ein Repräsentativsystem auf der Grundlage einer breiten Partizipation der männlichen *freeholder*. König Karl I. unternahm zwar 1637 einen Versuch, Massachusetts Bay direkt der königlichen Kontrolle zu unterstellen, doch verhinderte der wenige Jahre später in England ausbrechende Bürgerkrieg die Stärkung der königlichen Gewalt. Durch einen 1641 verfassten Gesetzeskatalog (*Body of Liberties*), der 1648 erweitert wurde, unterstrich der General Court von Massachusetts seine gesetzgeberische Kompetenz. Das Regelwerk verband unter anderem Prinzipien des englischen *Common Law* mit den mosaischen Gesetzen des Alten Testaments.

Das Bemühen der geistlichen und weltlichen Autoritäten, in Massachusetts Bay ein puritanisches Gemeinwesen zu errichten, führte bereits nach wenigen Jahren zu Auseinandersetzungen mit religiösen Abweichlern. Der puritanische Geistliche von Salem, Roger Williams, sprach sich seit 1634 für eine völlige Lösung von der anglikanischen

Kirche sowie für die Trennung von Staat und Kirche in der Kolonie aus. Nach Williams' Vorstellungen sollte sich die weltliche Autorität der Regierenden nur über die äußeren Angelegenheiten der Menschen, nicht aber über ihr Gewissen erstrecken. Außerdem kritisierte er das Vorgehen der Kolonisten gegen die Indianer. Die Führer von Massachusetts Bay, die Williams' Kritik als Gefahr für die religiöse und soziale Stabilität der Kolonie ansahen, reagierten 1635 mit der Verbannung des Geistlichen. Williams und seine Anhänger siedelten daraufhin in die spätere Kolonie Rhode Island um und gründeten dort 1636 die Gemeinde Providence. Eine weitere Herausforderung für die puritanische Elite stellten die Aktivitäten der Kaufmannsfrau und siebenfachen Mutter Anne Hutchinson dar, die in ihrem Haus private Gebetsversammlungen abhielt, auf denen sie puritanische Geistliche kritisierte und die Auffassung vertrat, dass Gott sich jedem Gläubigen direkt, also ohne den Umweg über geistliche Vermittler, offenbarte. Hutchinson, die damit auch den Patriarchalismus der Puritaner und ihre Überzeugung von der fundamentalen Ungleichheit der Geschlechter in Frage stellte, wurde wegen Häresie vor Gericht gestellt und trotz ihrer eloquenten Verteidigung ihrer Auffassungen 1637 verbannt. Sie folgte Roger Williams ins Exil und gründete mit ihren Anhängern die Gemeinde Portsmouth. Eine weitere Gruppe religiöser Dissidenten aus Massachusetts Bay legte den Ort Newport an. Im Jahre 1644 erlangten diese Gemeinden vom damals von Puritanern beherrschten englischen Parlament eine Charter für eine eigene Kolonie, in der es im Gegensatz zu Massachusetts Bay keine privilegierte Kirche gab und die Gemeinden noch größere Autonomie genossen als im übrigen Neuengland.

Mit dem Bevölkerungswachstum in Massachusetts Bay ging die Anlage immer neuer Gemeinden einher, und die Siedlungen der Puritaner dehnten sich nach Norden in den südlichen Teil von New Hampshire sowie nach Süden ins Tal des Connecticut-Flusses und nach Long Island aus. Diese Expansion führte zu Konflikten mit den lokalen Indianerstämmen. Wie die Europäer in anderen Teilen Nordamerikas fühlten sich die Puritaner Neuenglands den Indianern in religiöser und zivilisatorischer Hinsicht überlegen und sahen es als ihren Auftrag an, sich das Land untertan zu machen. Nach Ansicht vieler Puritaner hatten die Indianer kein Recht auf das Land, das sie bewohnten, weil sie es nicht bebauten – ein Irrtum, der von dem Unverständnis der Europäer für indianische Methoden der Landnutzung herrührte. Als puritanische Siedler ins Connecticut-Tal vordrangen, stießen sie auf den Widerstand der dort ansässigen Pequot-Indianer. Nach Übergriffen der Pequot auf weiße Händler und Siedler massakrierten neuenglische Milizionäre und verbündete Indianer 1637 in einem Überraschungsangriff fünfhundert Männer, Frauen und Kinder und verkauften die Überlebenden teilweise als Sklaven nach Westindien. Allerdings gab es auch ernsthafte Bemühungen um die Missionierung der Indianer. Der Geistliche John Eliot übersetzte die Bibel in die Algonkin-Sprache und sammelte in den 1640er Jahren Indianer in Missionsdörfern, wo sie zu guten Puritanern erzogen werden sollten. Obwohl um die Mitte des 17. Jahrhunderts über tausend dieser *Praying Indians* in vierzehn Missionsdörfern in Massachusetts lebten, hatten die Puritaner insgesamt nur geringe Bekehrungserfolge, und christianisierte Indianer fanden vielfältige Mittel und Wege, die Religion der weißen Kolonisten ihren eigenen kulturellen Traditionen anzupassen.

Ungeachtet der einflussreichen Stellung der Geistlichen, der Gründung von Harvard College als Bildungsstätte für den Pfarrernachwuchs (1636) und der weiten Verbreitung von puritanischer Erbauungsliteratur hielten sich in Neuengland auch populäre religiöse Vorstellungen, spielten Magie und Astrologie, der Glaube an übernatürliche Erscheinungen und die Furcht vor Dämonen und teuflischen Mächten in der Vorstellungswelt der Kolonisten eine große Rolle. Dieses magische Weltbild bildete auch den Nährboden für die Verbreitung des Hexenglaubens. Zudem stellte sich nach 1650 erneut das Problem der religiösen Einheit der Kolonie, da Quäker und Baptisten die geistlichen und weltlichen Autoritäten öffentlich herausforderten. Vor allem Quäker gerieten wiederholt mit den Behörden in Konflikt, und vier ihrer Mitglieder wurden in Massachusetts hingerichtet. Noch schwerer wog ein Konflikt, der 1662 innerhalb der kongregationalistischen Kirche wegen des sogenannten *halfway covenant* ausbrach. Da immer mehr Kinder geboren wurden, deren Eltern nicht über die volle Kirchenmitgliedschaft verfügten und die daher aus der Gemeinde ausgeschlossen waren, einigte sich die Synode der kongregationalistischen Geistlichen 1662 in Cambridge, die Kinder von getauften Eltern ebenfalls zur Taufe zuzulassen, wenn Letztere einen tadelfreien Lebenswandel führten. Diese Entscheidung stieß auf den Widerstand zahlreicher Laienmitglieder und drohte die kongregationalistische Kirche zu spalten.

Dessen ungeachtet lassen sich die Neuengland-Kolonien um 1660 insgesamt als stabile koloniale Gesellschaften charakterisieren, in denen die Mehrzahl der Siedler ihre Hoffnungen auf wirtschaftliche Unabhängigkeit und bescheidenen Wohlstand realisieren konnte. Die einzelnen Gemeinden genossen ein hohes Maß an Selbständigkeit, und die Abgeordneten der Towns waren an der Regierung der Kolonien maßgeblich beteiligt. Dass die Utopie einer puritanischen Mustergesellschaft, die viele Teilnehmer der *Great Migration* motiviert hatte, in den folgenden Generationen ihre Anziehungskraft allmählich verlor, ist neben dem allmählichen Aussterben der Gründergeneration wohl auch darauf zurückzuführen, dass der rigide Puritanismus der Elite von Massachusetts Bay keine Toleranz gegenüber Abweichlern zeigte, die Gläubigen beträchtlichem psychologischen Druck aussetzte und sie mit einer strengen Sittenzucht konfrontierte.

In dem weitläufigen Gebiet zwischen Neuengland und der Chesapeake-Bucht hatten bis zur Mitte des 17. Jahrhunderts zwei weitere Kolonialmächte Fuß gefasst: die niederländische Westindische Compagnie (WIC) im Hudsontal und Schweden am Delaware-Fluss. Das niederländische Interesse an Nordamerika ging auf eine Erkundungsfahrt zurück, die der englische Seefahrer Henry Hudson 1609 in holländischem Auftrag auf dem nach ihm benannten Fluss unternommen hatte. Nach der Gründung der WIC im Jahre 1621 lagen Verwaltung und kommerzielle Nutzung des Gebietes am Hudson in den Händen einer privilegierten Handelsgesellschaft. Die WIC entsandte seit 1623 einige hundert Siedler in die Neu-Niederland genannte Kolonie und gründete die Stützpunkte Fort Oranje an der Stelle der heutigen Stadt Albany (1624) und Neu-Amsterdam auf der Insel Manhattan (1626). Innerhalb der Gesamtstrategie der WIC blieb Neu-Niederland gegenüber Brasilien und der Karibik allerdings ein Nebenschauplatz, und in der dünn besiedelten Kolonie entwickelte sich der Pelzhandel mit den zum Irokesenbund gehörenden Mohawk-Indianern rasch zum wichtigsten Erwerbszweig. Während die Kolonie am Hudson-Fluss für die WIC infolge der hohen Verwaltungskosten und kriegerischer Auseinandersetzungen mit Algonkin-Indianern (1641–1645) ein Verlustgeschäft war, verstanden es private Kaufleute, aus dem Pelzgeschäft und dem Handel mit benachbarten englischen Kolonien, vor allem mit Virginia und Maryland, Gewinne zu ziehen.

Eben dieser niederländische Zwischenhandel mit den englischen Kolonien war für das Londoner Parlament der Anlass, während der republikanischen Periode nach der Hinrichtung des Königs Karl I. im Jahre 1651 die erste sogenannte Navigationsakte zu verabschieden. Danach durften alle Güter, die aus Amerika, Afrika oder Asien nach

England importiert wurden, künftig nur noch in Schiffen befördert werden, die sich in englischem Besitz befanden und mit Engländern bemannt waren. Ferner mussten Güter, die nach den Kolonien exportiert wurden, entweder in englischen Schiffen oder in Schiffen aus dem Ursprungsland der Güter befördert werden. Mit diesem Gesetz machte England erstmals seinen Anspruch auf die Regulierung des Kolonialhandels im Interesse des Mutterlandes deutlich. Die tatsächliche Ausschaltung der niederländischen Konkurrenz war allerdings ein langwieriger Prozess: nordamerikanische Händler und Pflanzer trieben selbst nach der englischen Eroberung Neu-Niederlands (1664) noch jahrzehntelang einen schwungvollen Handel mit Amsterdam und den niederländischen Kolonien im karibischen Raum, insbesondere mit Curaçao und Surinam.

Trotz des deutlichen demographischen Übergewichts der englischen Kolonien war Neu-Niederland unter seinem ebenso tatkräftigen wie autoritären Generalgouverneur Pieter Stuyvesant um 1660 ein nicht zu unterschätzender Machtfaktor in Nordamerika. Die europäische Bevölkerung stieg infolge einer beträchtlichen Einwanderung zwischen 1645 und 1664 von rund 2500 auf etwa 9000 an, die Allianz der Niederländer mit den Mohawks kontrollierte einen gewichtigen Teil des nordamerikanischen Pelzhandels, und für einige Jahre war die Kolonie auch ein Zentrum des afrikanischen Sklavenhandels auf dem Kontinent. Im Jahre 1655 nahmen die Niederländer zudem den 1638 errichteten schwedischen Stützpunkt am Delaware-Fluss ein. Rivalisierende Handels- und Siedlungsinteressen auf Long Island und im Connecticut-Tal hatten die Neuengland-Kolonien und Neu-Niederland bereits während des ersten englisch-holländischen Seekriegs (1652–1654) an den Rand einer militärischen Auseinandersetzung geführt, und es war nur noch eine Frage der Zeit, bis dieser Konflikt in seine entscheidende Phase treten sollte.

Die englischen Kolonien in Nordamerika (1660–1714)

Das halbe Jahrhundert zwischen der Restauration der Stuart-Monarchie in England im Jahre 1660 und dem Frieden von Utrecht, der 1713 den in Europa wie in Übersee geführten Spanischen Erbfolgekrieg beendete, war in Nordamerika von mehreren Entwicklungen geprägt: einer Reihe weiterer englischer Koloniegründungen; verstärkten englischen Bemühungen um die Regulierung des kolonialen Handels und eine einheitliche Verwaltung der Kolonien; demographischen, ökonomischen und geographischen Expansionsprozessen, die allerdings auch von inneren Spannungen und Konflikten überlagert wurden; und den von 1689 bis 1713 fast ohne Unterbrechung andauernden französisch-englischen Auseinandersetzungen um die Vorherrschaft auf dem Kontinent.

Wie bereits in der ersten Jahrhunderthälfte überließ die englische Krone auch nach 1660 die Gründung neuer Kolonien der Initiative von Einzelpersonen bzw. Personengruppen. Zwei große Abschnitte der Ostküste Nordamerikas rückten nunmehr in den Mittelpunkt des kolonisatorischen Interesses: die Region südlich der Chesapeake Bay und das Gebiet zwischen des Mündung des Connecticut-Flusses und dem Delaware, das bislang den Niederländern und Schweden überlassen worden war. Im Jahre 1663 stellte König Karl II. einer Gruppe von acht Personen, unter denen sich sechs prominente Adlige seines Hofes befanden, ein Privileg zur Gründung einer Kolonie zwischen dem 36. Breitengrad und der Nordgrenze Spanisch-Floridas aus, die den Namen Carolina erhielt. Während die erste Verfassung Carolinas, die *Concessions and Agreements* von 1665, den Siedlern Gewissensfreiheit und weitgehende Selbstregierung zusagte sowie die Möglichkeit des Landerwerbs nach dem in Virginia und Maryland praktizierten *Headright*-System in Aussicht stellte, entwarf die revidierte Verfassung von 1669, für die Anthony Ashley Cooper, der erste Earl of Shaftesbury, verantwortlich zeichnete (und an der möglicherweise sein Sekretär John Locke mitwirkte), ein ständisch-aristokratisches Herrschafts- und Gesellschaftsmodell. Die soziale und politische Elite Carolinas sollte künftig eine Schicht von Adligen bilden, die große Latifundien zur Bewirtschaftung mit Pächtern und Sklaven zugeteilt erhalten sollten; die Möglichkeiten der Mitwirkung der einfachen Farmer und Pflanzer an der Kolonialregierung sollten demgegenüber stark eingeschränkt werden. Dieses Verfassungsmodell ging völlig an der kolonialen Realität vorbei und provozierte den Widerstand der Kolonisten. Bis 1700 wurde es wieder außer Kraft gesetzt, und im Norden und Süden Carolinas bildeten sich separate Repräsentativversammlungen, obwohl die Kolonie erst 1712 offiziell geteilt wurde. Die frühen Siedler, die zumeist aus Virginia sowie von den britischen Inseln Barbados und Bermuda kamen, betätigten sich zunächst vor allem im Getreide- und Tabakanbau, in der Viehzucht sowie im Handel mit Holz und Tierhäuten. Gegen Ende des 17. Jahrhunderts wurde mit dem Anbau von Reis auf großen Plantagen ein lohnendes Exportprodukt gefunden, das in der Folgezeit für die Wirtschaft im südlichen Teil Carolinas überragende Bedeutung erlangte.

Den zweiten Schwerpunkt der englischen Kolonisation in Nordamerika bildete nach 1660 die mittelatlantische Region zwischen Connecticut und Maryland. Im Jahre 1664 nahm eine englische Flotte die niederländische Kolonie am Hudson-Fluss ein, die Eigentum des Herzogs von York (des späteren Königs Jakob II.) wurde und den Namen New York erhielt. Im Kapitulationsabkommen sicherten die neuen Machthaber der niederländischen Bevölkerung religiöse Toleranz und die Beibehaltung des niederländischen Erbrechts zu. Das Strafrecht und die Lokalverwaltung wurden den Verhältnissen in Neuengland angepasst, doch erhielt New York zunächst keine Repräsentativversammlung, was den Protest englischer und niederländischer Siedler hervorrief. Nachdem eine niederländische Rückeroberung New Yorks im dritten englisch-niederländischen Seekrieg 1673 Episode geblieben war, da die Generalstaaten im folgenden Jahr endgültig auf die Kolonie am Hudson-Fluss verzichteten, trat 1683 erstmals eine gewählte Assembly zusammen. Zwei Jahre später wurden die Grundrechte der Kolonisten in einer *Charter of Liberties* festgeschrieben. In wirtschaftlicher Hinsicht förderten die Engländer wie zuvor die Niederländer die Bildung von Großgrundbesitz im Hudsontal und knüpften an die engen Handelsbeziehungen der Niederländer zu den Stämmen des Irokesenbundes sowie zu den Chesapeake-Kolonien und den westindischen Inseln an. Der New Yorker Gouverneur Edmund Andros begründete 1674 mit den „Fünf Nationen" der Irokesen (Mohawk, Oneida, Onondaga, Cayuga, Seneca) die sogenannte *Covenant Chain*, ein Friedens- und Freundschaftsbündnis, das in den folgenden Jahrzehnten erhebliche diplomatische, militärische und handelspolitische Bedeutung im Nordosten Nordamerikas erlangte und immer wieder erneuert wurde. Noch um das Jahr 1700 waren New York City und vor allem das Pelzhandelszentrum Albany stark niederländisch geprägt; die niederländischstämmigen Händler in Albany bildeten ein entscheidendes Bindeglied zwischen der Kolonie und den Irokesen.

Ein Jahr nach der Eroberung New Yorks verlieh der Herzog von York einen Teil seiner neuen Kolonie an die beiden Adligen Sir George Carteret und John Lord Berkeley, die auch zum Kreis der Eigentümer Carolinas gehörten. Ähnlich wie in Carolina sicherten die Eigentümer den Siedlern Gewissensfreiheit, eine Repräsentativverfassung und die Möglichkeit freien Landerwerbs zu. Aus diesem Patent entwickelte sich New Jersey, das in der Folgezeit mehrere Besitzwechsel erlebte, ehe es 1702 unter die Verwaltung der Krone gestellt wurde. Im Jahre 1681 schließlich erhielt der Quäker William Penn, der in den 1670er Jahren bereits an der Kolonisation New Jerseys beteiligt war, eine Charter für eine eigene Kolonie am Delaware-Fluss, die nach Penns Willen ein »heiliges Experiment« der Toleranz und gesellschaftlichen Harmonie sowie eine Zufluchtsstätte für in Europa verfolgte Glaubensgenossen, zugleich aber für ihren Eigentümer und seine Familie auch eine lukrative Einkommensquelle werden sollte. Im Gegensatz zu anderen Koloniegründern war Penn auch um ein gutes Verhältnis zu den im Bereich seiner Kolonie lebenden Delaware-Indianern bemüht. Die 1682 von Penn eingeführte Verfassung gab dem Gouverneur und seinem Rat, in dem die Elite der neuen Kolonie vertreten war, umfassende Befugnisse, während sich die von den Siedlern gewählte Assembly zunächst auf die Zustimmung zu Gesetzesvorschlägen beschränken musste. Bis 1702 sicherten sich die Kolonisten jedoch auch das Gesetzesinitiativrecht. Obwohl die neue Kolonie Pennsylvania nicht alle Hoffnungen ihres Gründers erfüllte – nicht zuletzt weil viele Siedler sich weigerten, Grundzins an ihn zu bezahlen –, erlebte Pennsylvania infolge der liberalen Religions- und Landvergabepolitik einen raschen wirtschaftlichen Aufschwung und zog bis 1685 bereits rund achttausend Einwanderer unterschiedlicher religiöser Couleur an. Darunter befanden sich bereits 1683 auch die ersten Mennoniten und Quäker aus dem Rheinland. Um 1700 lebten in Pennsylvania etwa 15 000 Europäer, ein Drittel davon in der von Penn am Delaware-Fluss angelegten Hauptstadt Philadelphia (›Bruderliebe‹), die sich rasch zu einem wichtigen kommerziellen Zentrum entwickelte. Überhaupt wurde die ethnische und religiöse Vielfalt der Bewohner zu einem hervorstechenden Merkmal der mittelatlantischen Region. Während New York von einem Dualismus zwischen niederländischen Kolonisten und englischen Siedlern geprägt war, beflügelte die weitgehende Gewissensfreiheit in New Jersey die Zuwanderung von Puritanern aus Neuengland, niederländisch-reformierten Siedlern aus New York, Quäkern und schottischen Calvinisten.

Die englische Politik gegenüber diesen geographisch, wirtschaftlich, sozial und religiös ausgesprochen heterogenen Kolonien in Nordamerika beschränkte sich nach 1660 zunächst weiterhin auf Maßnahmen zur Regulierung des Außenhandels. Die 1651 vom republikanischen Parlament verabschiedete Navigationsakte wurde mit der Restauration der Stuart-Monarchie zwar zunächst hinfällig, aber umgehend wieder in Kraft gesetzt. Künftig durften nur noch Schiffe, die Engländern gehörten und überwiegend mit englischen Untertanen bemannt waren, die kolonialen Häfen anlaufen. Güter wie Tabak, Zucker, Baumwolle und Indigo (*enumerated goods*) mussten grundsätzlich erst nach England gebracht und dort verzollt werden, ehe sie in Drittländer reexportiert werden konnten. Dem Handelsgesetz von 1663 zufolge mussten auch alle für die Kolonien bestimmten Handelswaren zuerst in englischen Häfen verzollt werden. Seit 1673 war auch der Handel zwischen den Kolonien zollpflichtig; zu diesem Zweck wurden erstmals Zollbeamte direkt in den Kolonien stationiert. Letztere Maßnahme zielte in erster Linie auf den immer wichtiger werdenden Handel der Neuengland-Kolonien mit den westindischen Inseln ab. Diese Handels- und Schifffahrtsgesetze gaben über ein Jahrhundert lang die Rahmenbedingungen für die wirtschaftlichen Beziehungen der nordamerikanischen Kolonien zum Mutterland vor, konnten einen regen Schmuggelhandel der Kolonisten allerdings nicht verhindern.

Nach dem Regierungsantritt Karls II. 1660 fehlten der Krone zunächst die Machtmittel, ihren Einfluss auch auf die inneren Angelegenheiten der Kolonien auszudehnen. Die relativ geringe Macht des Königs über seine amerikanischen Untertanen wird am Beispiel der puritanischen Kolonie Massachusetts Bay besonders deutlich, die sich wiederholt königlichen Forderungen nach Anerkennung des neuen Herrschers und Unterordnung unter seine Herrschaftsgewalt demonstrativ verweigerte. Erst seit 1675 unternahm die Krone verstärkte Anstrengungen, ihre Autorität in den Kolonien zu festigen. Karl II. ernannte ein Unterkomitee des Kronrats (*Privy Council*), die sogenannten *Lords of Trade and Plantations*, als Kontrollorgan für die Kolonien und schickte einen Sondergesandten nach Neuengland, dem Massachusetts Bay allerdings die Kooperation verweigerte. Auch der seit 1676 in Neuengland tätige königliche Zollbeamte Edward Randolph wurde systematisch boykottiert: die 34 Schiffe, die er wegen Verstößen gegen die Navigationsgesetze festhalten ließ, wurden von den kolonialen Behörden ausnahmslos wieder freigegeben. Daher wurde 1683 in England ein Verfahren zur Annullierung der Charter von Massachusetts Bay eingeleitet, und im folgenden Jahr hob ein königliches Gericht, der Court of King's Bench, den Privilegienbrief der Kolonie tatsächlich auf. Nach dem Regierungsantritt Jakobs II., der 1685 seinem Bruder auf den Thron folgte und nach dem Vorbild des französischen Absolutismus die Stärkung der Zentralgewalt und die Ausweitung der Prärogativrechte des Königs anstrebte, wurden New Hampshire, Massachusetts Bay und New Plymouth zu einer einzigen Verwaltungseinheit, dem *Dominion of New England*, vereinigt. Die Assemblies wurden aufgelöst, und alle Regierungsgewalt ging auf einen Gouverneur und einen Rat über. Bis 1688 wurden auch Connecticut, Rhode Island, New York und New Jersey dem Dominion of New England einverleibt. Der neue Gouverneur Edmund Andros, der bereits in New York Erfahrungen in der Kolonialverwaltung gesammelt hatte, ging 1687 mit Härte gegen Steuerproteste mehrerer Neuengland-Gemeinden vor, stärkte die Rechte der anglikanischen Kirche und führte eine Reihe von Änderungen im Gerichts- und Verwaltungssystem durch. Verstöße gegen die Handelsgesetze wurden den kolonialen Gerichten entzogen und sollten künftig vor englischen Admiralitätsgerichten verhandelt werden. Im März 1688 schließlich wurden die *town meetings*, die wichtigsten Organe der neuenglischen Lokalverwaltung, auf eine Versammlung pro Jahr und die Amtszeiten der lokalen Amtsträger auf maximal zwei Jahre begrenzt. Innerhalb weniger Jahre wurde so das System der Selbstverwaltung in Neuengland weitgehend zurückgedrängt.

Eine entscheidende Wendung zugunsten der Kolonien bedeutete jedoch 1688/89 die sogenannte *Glorious Revolution* in England, die zum Sturz Jakobs II. führte. Für Massachusetts stellte die Thronbesteigung Wilhelms III. in England die Chance dar, die unter Jakob eingeführten Reformen rückgängig zu machen und die frühere Autonomie wiederzuerlangen. Nach dem Eintreffen der Meldungen über die *Glorious Revolution* verbreiteten sich in der Kolonie Gerüchte, dass der von Jakob eingesetzte Gouverneur Andros gemeinsam mit den Franzosen und Indianern einen Angriff auf die Puritaner vorbereite. Die Gefangennahme des Kapitäns eines Kriegsschiffs durch die Miliz in der Nähe von Boston gab das Signal für eine Erhebung der Bevölkerung und die Verhaftung des verhassten Zolleinnehmers Randolph und des Gouverneurs Andros. Nun übernahm die puritanische Elite wieder die Kontrolle und stellte das Repräsentativsystem von Massachusetts, den General Court, provisorisch wieder her. Massachusetts, Connecticut und Rhode Island proklamierten ihre Treue gegenüber Wilhelm und Maria als neuen englischen Souveränen und baten um die Erneuerung ihrer Privilegienbriefe. Nach intensiver Lobbyistentätigkeit in London erhielt Massachusetts 1691 eine neue Charter, die einen Kompromiss zwischen den Interessen der Krone und den Autonomiewünschen der Kolonie darstellte. In Abweichung von der alten Charter von 1629 erhielt die Kolonie nun einen vom König ernannten Gouverneur, der ein Vetorecht gegenüber Gesetzen der Assembly besaß. Allen protestantischen Kolonisten wurde Gewissensfreiheit garantiert, und der Privy Council in London fungierte fortan als Appellationsinstanz für die kolonialen Gerichte. Auf der anderen Seite wurden die Rechte der Gemeinden und die Landtitel der Kolonisten in vollem Umfang wiederhergestellt, und der Gouverneursrat wurde künftig von der Assembly gewählt. Außerdem wurde die kleine Kolonie New Plymouth nun Massachusetts einverleibt. Die Privilegienbriefe von Connecticut und Rhode Island wurden sogar vollständig wiederhergestellt. Der großangelegte Versuch, Neuengland direkter königlicher Kontrolle zu unterstellen, war damit weitgehend gescheitert.

Die *Glorious Revolution* erfasste auch die Kolonien Maryland und New York, wo sich antikatholische Ressentiments und die Furcht vor indianischen Übergriffen mit sozialen und in New York auch ethnischen Spannungen vermischten. In Maryland richtete sich die Unzufriedenheit der protestantischen Bevölkerungsmehrheit primär gegen den katholischen Eigentümer, Lord Baltimore. Die Kolonisten klagten über die Ämterpatronage des Eigentümers, über die Bevorzugung von Katholiken bei Landzuteilungen und in der Kirchenpolitik sowie über hohe Abgaben. Baltimore versuchte der Opposition zu begegnen, indem er Eigentumsschranken für das Wahlrecht durchsetzte, die landlose *freemen* von der politischen Mitwirkung ausschlossen. Die Opposition konzentrierte sich zunehmend in der Assembly, die für die Kolonisten die Rechte englischer Bürger einforderte, während Baltimore auf seiner unumschränkten Souveränität als Eigentümer beharrte. Als Baltimore nach dem Eintreffen der Nachrichten von der *Glorious Revolution* mit der Anerkennung des neuen Königs zögerte und der Gouverneursrat überdies 1689 anordnete, dass alle Waffen aus öffentlichem Besitz zur Inspektion und Überholung zu bringen waren, schlug die Furcht vor einer katholischen Verschwörung und einem möglichen Bündnis von Katholiken und Indianern in eine bewaffnete Rebellion um. Führende protestantische Oppositionelle übernahmen die Macht, bildeten wie in Massachusetts eine provisorische Regierung und leiteten eine Untersuchung der angeblichen Verschwörung ein. Zwei Vertreter der Rebellen reisten 1690 mit den Beschwerden gegen Baltimore im Gepäck nach London und erreichten, dass Maryland der Regierungsgewalt des Eigentümers entzogen und königlicher Verwaltung unterstellt wurde.

In New York hatte sich die latente Unzufriedenheit der kleineren Händler, Handwerker und Farmer über die Dominanz der englisch-niederländischen Kaufmannselite noch gesteigert, als Jakob II. 1686 die erst drei Jahre zuvor eingeführte Assembly aufhob, die *Charter of Liberties* für ungültig erklärte und New York dem Dominion of New England einverleibte. Zudem wurden Grundzinse auf Landbesitz erhoben, die von der aufgelösten Assembly bewilligten Steuern beibehalten und New York City zum Monopolhafen erklärt. Das Eintreffen von Nachrichten über die *Glorious Revolution* in England und den anschließenden Aufstand in Boston führte zur Absetzung königlicher Beamter auf Long Island, und die Kaufleute verweigerten die Bezahlung von Zöllen. Als der stellvertretende Gouverneur Francis Nicholson, der loyal zu König Jakob hielt, gegen die einsetzende Rebellion vorgehen wollte, bildeten die Milizoffiziere unter der Führung des wohlhabenden Kaufmanns Jacob Leisler, der als Sohn eines reformierten Pastors in Frankfurt am Main geboren wurde, ein Sicherheitskommando, besetzten das Fort von New York City und gaben Anfang Juni eine Treueerklärung für die neuen Regenten Wilhelm und Maria ab. Gouverneur Nicholson flüchtete nach England. Der orthodoxe Calvinist Leisler sah sich selbst offenbar vor allem als Verteidiger der protestantischen Religion in New York. Dabei vermochte er einen Großteil der Farmer, Handwerker und kleineren Händler auf seine Seite zu bringen, während sich die Großkaufleute, die Geistlichkeit und der überwiegende Teil der anglophonen Bevölkerung seiner Bewegung fernhielten.

Als Ende 1689 Instruktionen aus London für den geflohenen Gouverneur Nicholson eintrafen, interpretierte Leisler diese als Legitimationsgrundlage für sein eigenes Handeln; er bildete die Verwaltung um und ließ zwei seiner heftigsten Gegner inhaftieren. Sein Ansehen sank, als zwei Milizexpeditionen New Yorks gegen die Franzosen und die mit ihnen verbündeten Indianer scheiterten. Den entscheidenden Fehler beging Leisler jedoch, als er den 1691 eintreffenden englischen Truppen den Zugang zum Fort verweigerte und die Anerkennung des neuen königlichen Gouverneurs hinauszögerte. Nach schweren Anschuldigungen seiner Gegner wurden Leisler und sein Schwiegersohn und enger Vertrauter Jacob Milborne als Hochverräter verurteilt und hingerichtet. Diese Todesurteile polarisierten die New Yorker Bevölkerung über Jahre hinweg. Leislers Anhänger stilisierten die beiden Hingerichteten zu Märtyrern und erreichten ein Jahrzehnt später sogar die Aufhebung der Urteile.

Obwohl die Bemühungen der Krone um eine stärkere Zentralisierung und Kontrolle ihres Kolonialreichs durch die *Glorious Revolution* einen Rückschlag erlitten, knüpfte Wilhelm III. in mancher Hinsicht an die Kolonialpolitik der Stuarts an. Maryland und New York wurden 1691 Kronkolonien, während die königliche Kontrolle über Massachusetts gestärkt wurde. Führende Kolonialpolitiker und -beamte der Stuartzeit setzten ihre Karrieren auch unter dem neuen König fort. Im Jahre 1696 schuf Wilhelm zudem eine neue Behörde, das achtköpfige *Board of Trade*, mit dem Mandat, den Handels- und Navigationsgesetzen

Geltung zu verschaffen sowie alle aus den Kolonien eingehenden Berichte und Gesetzesvorlagen zu sichten und mit entsprechenden Empfehlungen versehen an den Privy Council weiterzuleiten. Im gleichen Jahr gab das englische Parlament den Zollbeamten größere Vollmachten, gegen Schmuggler und Zollbetrüger vorzugehen, und in mehreren Kolonien wurden königliche Vizeadmiralitätsgerichte eingesetzt.

In demographischer und wirtschaftlicher Hinsicht stellte das halbe Jahrhundert zwischen 1660 und 1713 eine Wachstumsphase dar. Die europäische Bevölkerung Neuenglands lag um 1690 infolge einer starken natürlichen Bevölkerungsvermehrung bereits bei rund 80 000 Einwohnern. In den mittelatlantischen Kolonien New York, New Jersey und Pennsylvania stieg die weiße Bevölkerung zwischen 1660 und 1690 von weniger als 5000 auf über 32 000 an, während sich die schwarze Bevölkerung von etwa 600 auf annähernd 2500 vervierfachte. In den südlichen Kolonien Maryland, Virginia und Carolina schließlich nahm die weiße Bevölkerung zwischen 1660 und 1690 von knapp 35 000 auf über 75 000 zu, während die Zahl der Schwarzen sich im gleichen Zeitraum von weniger als 2000 auf über 13 000 erhöhte. Der Anteil der Afroamerikaner an der Bevölkerung der südlichen Kolonien stieg damit von etwa fünf auf über 17 Prozent. In Virginia verzehnfachte sich die schwarze Bevölkerung zwischen 1660 und 1690.

Diese Zahlen deuten bereits an, dass in das spätere 17. Jahrhundert der Übergang von einer mit weißen Arbeitskräften betriebenen Agrarwirtschaft zu einer Plantagenwirtschaft auf der Basis von Sklavenarbeit in den südlichen Kolonien fällt. Wichtige Gründe für die zunehmenden Sklavenimporte aus Afrika waren veränderte Bedingungen auf dem englischen Arbeitsmarkt, die zu einem Rückgang des Angebots an europäischen Kontraktarbeitern führten, die Furcht der Pflanzer vor sozialen Unruhen ehemaliger Dienstknechte und die Ausweitung des atlantischen Sklavenhandels. Die Tabakproduzenten Maryland und Virginia waren gegen Ende des 17. Jahrhunderts in kommerzieller Hinsicht die wichtigsten englischen Besitzungen in Nordamerika, und die Engländer hatten aufgrund eines weit verbreiteten, kaum hinterfragten Überlegenheitsgefühls gegenüber Völkern anderer Hautfarbe keine moralischen Bedenken gegen die Versklavung von Afrikanern.

Bevölkerungswachstum und wirtschaftliche Expansion führten sowohl zu Konflikten mit Indianern, deren Jagd- und Siedlungsgebiete durch die Ausdehnung weißer Siedlungen bedroht wurden, als auch zu sozialen Spannungen innerhalb der Kolonien, die zum Teil bereits vor der *Glorious Revolution* zutage traten. In Neuengland erhob sich 1675 ein Bündnis indianischer Stämme unter dem Wampanoag-Häuptling Metacom (King Philip) gegen die Weißen, die sie immer weiter zurückdrängten, zerstörte zwölf Gemeinden und tötete fast zweitausend Kolonisten. Diese verheerenden Angriffe beantworteten die Neuengländer mit massiven Vergeltungsaktionen, denen schätzungsweise 4000 der ungefähr 12000 damals noch in Neuengland lebenden Indianer zum Opfer fielen. Der als »King Philip's War« bezeichnete, von beiden Seiten mit großer Brutalität ausgetragene Konflikt nährte aber auch die Selbstzweifel vieler puritanischer Geistlicher und Gemeindelaien. Der Indianerkrieg wurde als göttliche Prüfung und das Überleben der Kolonien als Aufforderung zu größerer Glaubensstärke gewertet. Puritanische Prediger entwickelten die Predigtform der Jeremiade, in der sie den Niedergang religiöser und moralischer Werte, der angeblich mit dem allmählichen Aussterben der neuenglischen Gründergeneration einherging, beklagten und ihre Zuhörer zu Besinnung und Umkehr aufforderten.

In Virginia mündeten Spannungen zwischen der sozialen und politischen Elite und der ärmeren weißen Bevölkerung im Hinterland 1676 in einen Aufstand, der nach seinem Anführer Nathaniel Bacon als »Bacon's Rebellion« bezeichnet wird. Niedrige Tabakpreise, verbreitete Landspekulation, die Vorteile der großen Pflanzer bei der Vermarktung ihres Produkts und ein ungerechtes Steuersystem hatten die Aussichten ehemaliger Dienstknechte und armer Einwanderer auf Landerwerb und ökonomische Selbständigkeit seit der Jahrhundertmitte erheblich geschmälert. Den unmittelbaren Anlass für das Umschlagen der latenten Unzufriedenheit in offenen Aufruhr bildete auch hier ein Grenzkonflikt mit Indianerstämmen. Während die Siedler im Westen der Kolonie Vergeltungsmaßnahmen gegen die Indianer forderten, war der Gouverneur Berkeley um einen Ausgleich mit den Stämmen bemüht. In dieser Situation setzte sich Nathaniel Bacon – ein junger und ziemlich wohlhabender Mann, der erst vor kurzem ins Land gekommen und vom Gouverneur gleich in den Rat der Kolonie geholt worden war – an die Spitze von Miliztruppen und initiierte auf eigene Faust einen blutigen Indianerfeldzug. Der daraus resultierende Konflikt zwischen Bacon und Gouverneur Berkeley eskalierte bis hin zu Plünderungszügen von Bacons Anhängern gegen die Gefolgsleute Berkeleys und der zeitweiligen Flucht des Gouverneurs aus Jamestown. Der Tod des Anführers im Oktober 1676 und englische Interventionstruppen beendeten die Rebellion und stellten die Ordnung in der Kolonie wieder her. Obwohl die Lage der armen weißen Siedler einen wichtigen Nährboden für Bacons Aktionen abgegeben hatte, handelte es sich insgesamt eher um eine persönliche Fehde als um einen sozialen Konflikt. Bacon und seine Anhänger legten kein Reformprogramm vor und formulierten keine weiterreichenden sozialen und politischen Ziele.

In Salem, der wichtigsten Handelsstadt in Massachusetts nach Boston, führten soziale Spannungen und innergemeindliche Konflikte in Verbindung mit einer allgemeinen Krisenstimmung und einem weitverbreiteten Glauben an die Macht des Satans und das Wirken magischer Kräfte im Alltag 1692/93 zu einer regelrechten Hexenhysterie. Hexenverfolgungen hatte es in Neuengland zwar bereits um die Mitte des 17. Jahrhunderts gegeben, doch stellten diese einen eher peripheren Ausläufer der großen Verfolgungswellen im zeitgenössischen Europa dar. Da die Zahl der Hexenprozesse in Neuengland zudem nach 1670 rückläufig war, kam der große Ausbruch des Hexenwahns in Salem 1692 eher überraschend. Im Februar 1692 bekamen eine Tochter und eine Nichte des örtlichen Geistlichen Samuel Parris plötzlich Anfälle. Es stellte sich heraus, dass die beiden Mädchen engen Umgang mit dem Sklavenmädchen Tituba gehabt hatten, die ihnen durch magische Praktiken, die sie offenbar bei karibischen Sklaven gelernt hatte, die Zukunft vorhersagen wollte. Bald darauf erlitten weitere Mädchen ähnliche Anfälle, und die Bezichtigungen zogen immer weitere Kreise. Bis Mai 1692 wurden bereits zwei Dutzend Personen, darunter Angehörige prominenter ortsansässiger Familien, angeklagt. Die Rolle junger Mädchen bei der Auslösung der Hexenhysterie wurde von einigen Interpreten mit dem repressiven Charakter der puritanischen Erziehung in Neuengland in Zusammenhang gebracht. Der Gouverneur von Massachusetts, Sir William Phips, setzte schließlich ein Sondergericht zur Behandlung der Hexereifälle ein, vor dem bis Oktober 1692 über hundert Personen angeklagt worden waren; fünfzig von ihnen hatten ihre angebliche Schuld gestanden, 26 waren verurteilt und 19 hingerichtet worden. Der Verfolgungseifer erlahmte jedoch, als sich die Beschuldigungen gegen Personen aus der kolonialen Führungsschicht zu richten begannen und prominente Geistliche die Beweiskraft der von den Mädchen behaupteten Erscheinungen anzweifelten sowie die Prozessführung kritisierten. Anfang 1693 weigerte sich das Gericht, weitere Verfahren zu eröffnen.

Spielte bei der Gründung der englischen Kolonien zu Beginn des 17. Jahrhunderts noch die Feindschaft Englands mit Spanien eine große Rolle, so zeichnete sich gegen Ende des Jahrhunderts auf dem nordamerikanischen Kontinent ein struktureller Gegensatz zwischen England und Frankreich ab. Frankreich hatte seit 1608 von seinen Siedlungen im St.-Lorenz-Tal aus ein weitgespanntes System des Pelzhandels mit den Huronen und verschiedenen Algonkin-Stämmen aufgebaut, und die territoriale Expansion beider Kolonialreiche, fortgesetzte Rivalitäten im Pelzhandel und der Antagonismus zwischen Ludwig XIV. und Wilhelm von Oranien in Europa mündeten schließlich in jahrelange bewaffnete Auseinandersetzungen. Die Koalitionskriege gegen Ludwig XIV. in Europa (Pfälzischer Erbfolgekrieg 1689–1697, Spanischer Erbfolgekrieg 1701–1713) wurden auch in Nordamerika ausgetragen, wobei beide Seiten auch auf die Unterstützung verbündeter Indianerstämme zurückgriffen. Die Engländer stützten sich vor allem auf das 1674 von mehreren Kolonien unter der Führung New Yorks und dem Irokesenbund ins Leben gerufene Bündnissystem der *Covenant Chain*, während die Franzosen eine Allianz mit Algonkin-Indianern geschmiedet hatten, die vor den Irokesen ins Gebiet der Großen Seen geflohen waren und sich dort neu formiert hatten. Trotz einer wesentlich geringeren Bevölkerung gelang es Neufrankreich dank dieser Allianz, einen 1690 von Massachusetts initiierten Angriff auf Port-Royal und Quebec abzuwehren und 1701 die Dauerfeindschaft mit dem Bund der Irokesen im Vertrag von Montreal beizulegen. Im 18. Jahrhundert versuchte der Irokesenbund, einen Neutralitätskurs zwischen den Kolonialmächten England und Frankreich zu steuern und dadurch sein diplomatisches Gewicht und seine kulturelle Identität zu bewahren. Auf englischer Seite steuerten die Neuengland-Kolonien und New York die weitaus größten menschlichen und materiellen Ressourcen zu den kolonialen Auseinandersetzungen mit Frankreich bei, während sich die pazifistischen Quäker Pennsylvanias aus kriegerischen Aktivitäten herauszuhalten versuchten und die südlichen Kolonien nur begrenzte Militäraktionen gegen Spanisch-Florida durchführten. Im Frieden von Utrecht (1713) musste Frankreich zwar seine Ansprüche auf das wegen seiner reichen Fanggründe besonders für die neuenglische Fischerei wichtige Neufundland und die Halbinsel Acadie (das heutige Nova Scotia) aufgeben, behauptete ansonsten aber seine Besitzungen in Nordamerika.

Britisch-Nordamerika vom Regierungsantritt Georgs I. bis zum Ende des Siebenjährigen Krieges (1714–1763)

Die englischen Kolonien, die im 17. Jahrhundert in Nordamerika entstanden, waren aus sehr unterschiedlichen Motiven heraus gegründet worden und wiesen hinsichtlich des Umfangs und Charakters der Einwanderung, der ethnischen und religiösen Zusammensetzung sowie der Wirtschafts- und Gesellschaftsstruktur erhebliche Differenzen auf. Obwohl jede der Kolonien ihre spezifischen Eigenheiten hatte, lassen sich insgesamt drei große Regionen unterscheiden: erstens die ursprünglich von puritanischen Siedlern geprägten Neuengland-Kolonien Massachusetts, New Hampshire, Connecticut und Rhode Island im Nordosten; zweitens die mittelatlantischen Kolonien New York, New Jersey, Pennsylvania und Delaware, die im 18. Jahrhundert einen Großteil der europäischen Einwanderung absorbierten und durch das Nebeneinander einer Vielzahl ethnischer und religiöser Gruppen geprägt waren; drittens schließlich die südlichen Kolonien Maryland, Virginia, Nord- und Süd-Carolina, in denen die mit

Sklavenarbeit betriebene Plantagenökonomie den wichtigsten Wirtschaftszweig darstellte. Diese regionalen Besonderheiten wurden im Verlauf des 18. Jahrhunderts allerdings auch von Entwicklungen überlagert, die Britisch-Nordamerika insgesamt betrafen und die verschiedenen Regionen einander näherbrachten.

In Neuengland setzten demographische, soziale und ökonomische Veränderungen das Gesellschaftsmodell der Puritaner einer Belastungsprobe aus und zwangen die Kolonisten zu einer Reihe von Anpassungen. Obwohl Neuengland im 18. Jahrhundert kaum noch eine Einwanderungsregion war, wuchs die Bevölkerung auf natürlichem Wege weiter stark an. Um 1700 lebten etwa 91 000 Weiße und 1700 Schwarze in Neuengland. Bis 1760 hatte sich die Zahl der weißen Kolonisten auf etwa 437 000, die der Afroamerikaner auf 12 700 erhöht. Afroamerikaner machten zwar nur zwei bis drei Prozent der Gesamtbevölkerung aus, doch lag ihr Anteil in manchen Regionen deutlich höher. Dies gilt besonders für die kleine Kolonie Rhode Island: Nicht weniger als achtzehn Prozent der Bewohner der Stadt Newport waren Schwarze, und auf großen Landgütern im Narragansett-Tal waren bis zu zwanzig Sklaven tätig. Gegenüber dem 17. Jahrhundert hatte sich das demographische Wachstum Neuenglands im 18. Jahrhundert ein wenig verlangsamt, da die Sterblichkeit vor allem in der dichter besiedelten Küstenregion anstieg und die Lebenserwartung sich etwas verringerte. Unvermindert hohe Geburtenzahlen – Frauen in Neuengland brachten durchschnittlich sieben Kinder zur Welt – sorgten jedoch für einen deutlichen Geburtenüberschuss.

Dieses Bevölkerungswachstum bedeutete, dass die Nachfrage nach Ackerland stetig anstieg und Veränderungen in der Agrarwirtschaft nach sich zog. Während im 17. Jahrhundert eine extensive, wenig differenzierte und weitgehend auf den Anbau von Feldfrüchten konzentrierte

Landwirtschaft vorherrschte, führten Bevölkerungswachstum und Landverknappung zusammen mit der wirtschaftlichen Verflechtung von Stadt und Land und der stärkeren Einbindung Neuenglands in die atlantische Wirtschaft zu lokaler und regionaler Spezialisierung, einer zunehmenden Kommerzialisierung der Landwirtschaft und einer wachsenden Bedeutung der Vieh- und Milchwirtschaft. An einzelnen Orten entwickelten sich im 18. Jahrhundert lokale Sonderkulturen wie der Flachsanbau, und einige Agrarreformer propagierten die Einführung landwirtschaftlicher Innovationen, wie sie in England bereits seit dem 17. Jahrhundert erprobt worden waren (Düngung der Felder, Anbau neuer Futterpflanzen, Rotation der Feldfrüchte).

Die Veränderungen auf dem Agrarsektor blieben nicht ohne Einfluss auf die Familienstrukturen und den sozialen Zusammenhalt der Gemeinden. Da es den Farmern vielerorts angesichts der zunehmenden Landverknappung nicht mehr möglich war, alle Nachkommen mit ausreichend Land auszustatten, bevorzugten sie in ihren Erbregelungen häufig den ältesten Sohn, während jüngere Geschwister nach Westen oder Norden abwanderten. Zwischen 1713 und 1763 wurden in New Hampshire, Maine und in den westlichen Teilen von Massachusetts und Connecticut über hundert neue Gemeinden gegründet, in denen sich vor allem junge Erwachsene, häufig ledige Männer und Frauen, niederließen. Diese Abwanderung jüngerer Söhne und Töchter schwächte die patriarchalischen Familienstrukturen, die sich in den neuenglischen Towns im 17. Jahrhundert herausgebildet hatten.

Mit der Intensivierung und Spezialisierung der Agrarwirtschaft ging auch eine Diversifizierung auf dem gewerblichen Sektor einher. Der Schiffbau expandierte, und die geographische Ausdehnung der Kolonien zog einen Ausbau des Straßennetzes nach sich. In Küstengemeinden bildeten Fisch- und Walfang neben der Landwirtschaft das Rückgrat der Wirtschaft. In New Hampshire und Maine entstand eine bedeutende Holzindustrie, das Tal des Connecticut-Flusses und Teile von Massachusetts entwickelten sich zum »Getreidekorb« Neuenglands, und im Narragansett-Tal Rhode Islands etablierten sich die Pferdezucht und die Milchwirtschaft als besonders lukrative Wirtschaftszweige. Am weitesten schritt die handwerkliche und gewerbliche Spezialisierung in den Küstenstädten voran. Boston, die wichtigste Hafenstadt Neuenglands, zählte um 1700 etwa 7000 Einwohner; bis 1740 stieg die Einwohnerzahl auf etwa 17000, stagnierte dann aber. Newport in Rhode Island entwickelte sich zum zweiten bedeutenden städtischen Zentrum an der Küste, während eine Reihe weiterer Gemeinden zu sekundären Zentren aufstiegen.

Die Küstenstädte wiesen bereits zu Beginn des 18. Jahrhunderts eine ausgeprägte Vermögenshierarchie auf, und im Verlauf des Jahrhunderts nahm die Besitzkonzentration auch in den Landgemeinden zu. Allerdings blieben die Aussichten auf sozialen Aufstieg, soweit sie den Erwerb einer Farm und die Etablierung als unabhängiger Landbesitzer betrafen, relativ gut. Um die Mitte des 18. Jahrhunderts gab es in den Neuengland-Gemeinden zwar eine beträchtliche Schicht landloser Arbeiter, doch bei den meisten von ihnen handelte es sich um ledige junge Menschen, die im Lauf ihres Lebens ihr Ziel wirtschaftlicher Unabhängigkeit und eines bescheidenen Wohlstands erreichten. In den größeren Neuengland-Gemeinden wurde die Armenfürsorge im Laufe des 18. Jahrhunderts zwar zunehmend wichtiger, doch war für die meisten Betroffenen Armut ein temporäres Problem. Nur eine Minderheit der mittellosen Alten, Witwen und körperlich oder geistig Behinderten war dauerhaft auf Armenunterstützung angewiesen. Lediglich in der stagnierenden Metropole Boston scheint das Armutsproblem um die Mitte des 18. Jahrhunderts größere Ausmaße angenommen zu haben.

Ein wichtiges Kennzeichen der neuenglischen Gesellschaft des 18. Jahrhunderts war die fortschreitende Kommerzialisierung. Selbst entlegene Landgemeinden waren in Handels- und Marktbeziehungen eingebunden, und zwischen Stadt und Land fand ein reger Austausch statt. Während die Farmer ihre agrarischen Überschüsse auf dem städtischen Markt absetzten, erreichten die in der Stadt produzierten und die aus Übersee (vor allem aus Großbritannien) importierten Güter zahlreiche ländliche Haushalte. Die Landgemeinde Neuenglands war von einem dichten Netz lokaler Markt- und Austauschbeziehungen durchzogen. Dass die im 17. Jahrhundert noch stark kommunalistisch, religiös und patriarchalisch geprägte, an Konsens und Gemeinwohl orientierte neuenglische Gesellschaft nach 1700 zunehmend individualistische, an weltlichem Erfolg und Prestige orientierte Züge annahm, zeigen unter anderem die deutliche Zunahme der Zivilklagen vor Gericht, insbesondere wegen Schuldforderungen, ein Ansehensverlust der Geistlichkeit und ein neuer »repräsentativer« Lebensstil der kolonialen Elite.

In den Jahren 1768 bis 1772 exportierte Neuengland Waren im Wert von 440000 Pfund Sterling. Das wichtigste Exportprodukt war Fisch mit 35 Prozent des Exportvolumens, während Vieh und Fleisch 22 Prozent, Holzprodukte 15 Prozent, Walfangprodukte 14 Prozent, Pottasche und Getreide je fünf Prozent und Rum, der aus westindischer Melasse gewonnen wurde, vier Prozent der Exporte ausmachten. 63 Prozent der Ausfuhren gingen nach den westindischen Inseln, weitere 19 Prozent nach Großbritannien und Irland, 15 Prozent nach Südeuropa (wo Stockfisch aus Neuengland als Fastenspeise gefragt war) und drei bis vier Prozent – ganz überwiegend Rum – nach Afrika. Im Gegensatz zu anderen Kolonialregionen, die sich auf die Produktion von ein oder zwei Exportgütern wie Zucker, Tabak oder Reis spezialisierten, war der Außenhandel Neuenglands durch die Vielfalt der Waren und Märkte geprägt. Daneben zeichnete er sich durch ein hohes Maß an Kontinuität aus: zwischen der Mitte des 17. Jahrhunderts und der Zeit um 1770 hatten sich weder die Produktpalette noch die Struktur der Absatzmärkte wesentlich verändert.

Obwohl die Beteiligung an *town meetings* und damit an der lokalen Selbstverwaltung allen Landbesitzern und damit der großen Mehrheit der erwachsenen Männer offen stand, können die Neuengland-Kolonien im 18. Jahrhundert nicht als demokratische Gemeinwesen angesehen werden. Viele Gemeinden wurden über Jahrzehnte hinweg von einer oligarchischen politischen Führungselite regiert, die sich aus einigen wenigen Familien, manchmal auch nur aus einer einzigen, rekrutierte. Bei Wahlen auf lokaler Ebene wie auf Provinzebene wurden die Amtsinhaber in der Regel in ihren Funktionen bestätigt. Die Wahl prominenter und angesehener Männer in politische Ämter entsprach der allgemein verbreiteten Vorstellung, dass bedeutende Ämter nur von Personen ausgeübt werden sollten, die durch ihre Herkunft, ihre Bildung, ihren wirtschaftlichen Erfolg und ihr soziales Ansehen als besonders befähigt dazu erschienen. Vor allem in größeren Gemeinden und auf überlokaler Ebene bildeten Wohlstand, Prestige, Bildung, Fähigkeiten und familiärer Hintergrund wesentliche Voraussetzungen für eine politische Karriere in einem System, das sowohl von egalitären und konsensorientierten als auch von hierarchischen und sozialkonservativen Normen geprägt war.

Wie die Neuengland-Kolonien verzeichnete auch die mittelatlantische Region zwischen dem Beginn des 18. Jahrhunderts und der Zeit der Amerikanischen Revolution ein eindrucksvolles demographisches Wachstum. Von etwa 63 000 Einwohnern im Jahre 1710 wuchs die Bevölkerung der vier Kolonien New York, New Jersey, Pennsylvania und Delaware auf über 200 000 im Jahre 1740 und über 550 000 im Jahre 1770. Innerhalb von sechs Jahrzehnten hatte sich die Bevölkerung der Region damit mehr als verachtfacht. Um 1770 zählte Pennsylvania etwa 240000, New York über 160000, New Jersey knapp 120000 und Delaware rund 35000 Einwohner. Eine wichtige Voraussetzung dieses Bevölkerungswachstums waren wie in Neuengland die vergleichsweise günstigen Lebensbedingungen – ein niedriges Heiratsalter, eine relativ geringe Säuglings- und Kleinkindersterblichkeit und eine entsprechend hohe Lebenserwartung, vor allem in ländlichen Regionen.

Im Gegensatz zu Neuengland erlebten die mittelatlantischen Kolonien, und hier insbesondere Pennsylvania, im 18. Jahrhundert auch eine starke Einwanderung, die nicht nur das demographische Wachstum der Region verstärkte, sondern auch die ethnische Zusammensetzung von Grund auf veränderte. Zwischen 1700 und 1775 kamen nach neueren Schätzungen etwa 111000 deutsche Einwanderer nach Britisch-Nordamerika, von denen über 80000 im Hafen von Philadelphia an Land gingen. Die Zahl der nord- und südirischen Einwanderer, die zwischen 1730 und 1774 nach Pennsylvania und Delaware kamen, wird auf 40000 bis 50000 beziffert. Infolge dieser Einwanderung entwickelte sich in Pennsylvania ein ethnisches Mosaik aus deutschsprachigen, englischen und iro-schottischen Bevölkerungsgruppen. In New York und New Jersey stellte die englischstämmige Bevölkerung zwar die Mehrheit, doch waren signifikante Minderheiten niederländischen, deutschen, irischen, schottischen und hugenottischen Ursprungs.

Mit der deutschen Einwanderung kam erstmals eine große kontinentaleuropäische Bevölkerungsgruppe nach Britisch-Nordamerika. Die meisten deutschen Einwanderer stammten aus protestantischen Territorien im Südwesten des Heiligen Römischen Reiches: aus Württemberg, der Pfalz, Baden, kleinen Territorien im Kraichgau sowie aus hessischen und fränkischen Gebieten. Daneben stellten die deutschsprachigen Kantone der Schweiz größere

Auswandererkontingente. Als Gründe für die starke Auswanderung aus diesem Raum, die nicht nur nach Nordamerika, sondern in noch größerem Umfang auch nach Ost- und Südosteuropa führte, lassen sich einerseits ungünstige Lebensbedingungen in den Herkunftsgebieten anführen: fortschreitende Besitzzersplitterung und Landverknappung, hohe Steuer-, Fron- und Abgabenlasten, die Schädigung der Felder durch die herrschaftliche Jagd und Einschränkungen der Waldnutzungsrechte. Neben diese als *Push*-Faktoren bezeichneten Auswanderungsgründe traten sogenannte *Pull*-Faktoren: die Werbung für Nordamerika durch Pamphlete, Flugblätter und professionelle Auswanderungsagenten. Der Südwesten Deutschlands stellte aufgrund seiner Nähe zum Rhein als wichtigstem Transportweg in die niederländischen Auswanderungshäfen ein günstig gelegenes Rekrutierungsgebiet dar. Schließlich war die geographische Mobilität hier aufgrund der durch die Kriege des 17. Jahrhunderts ausgelösten Migrationsbewegungen sowie aufgrund saisonaler und permanenter Arbeitskräftewanderungen ohnehin hoch. Das Motiv religiöser Verfolgung war zwar für die Angehörigen täuferischer und radikal-pietistischer Gruppen von Belang, nicht aber für die Mitglieder der lutherischen und reformierten Kirchen, die das Gros der deutschen Amerikaauswanderer vor 1800 bildeten. Die deutsche Auswanderung nach Pennsylvania war, im Gegensatz zur englischen Migration in die Chesapeake-Kolonien, primär eine Familienwanderung, und häufig zogen größere Familienverbände oder Gruppen aus dem gleichen Dorf gemeinsam weg. Daneben kam es auch zu Kettenwanderungen, das heißt, Auswanderer folgten den Spuren von Verwandten und ehemaligen Nachbarn, die bereits vor ihnen den Weg über den Atlantik gefunden und sich in der Neuen Welt etabliert hatten.

In größerem Umfang setzte die südwestdeutsche Auswanderung nach Britisch-Nordamerika in den 1720er Jahren ein. Sie verstärkte sich in den dreißiger und vierziger Jahren und erreichte von 1749 bis 1754, als über 30000 Menschen das Heilige Römische Reich in Richtung Nordamerika verließen, ihren Höhepunkt. Der Ausbruch des Siebenjährigen Krieges beendete diesen Massenexodus abrupt, und nach dem Friedensschluss 1763 bewegte sich die transatlantische Migration in wesentlich kleineren Dimensionen. Die überwiegende Mehrheit der deutschen Amerikaauswanderer verließ die Alte Welt über den Hafen von Rotterdam. Die dortigen Reeder, die mit Kaufleuten in London und Philadelphia zusammenarbeiteten, hatten seit den 1720er Jahren die nötige Infrastruktur für den Transport von Zehntausenden von Mitteleuropäern in die Neue Welt geschaffen. Da schätzungsweise ein Drittel bis die Hälfte der deutschen Auswanderer nicht über die Mittel verfügte, die Überfahrt nach Philadelphia selbst zu bezahlen, entwickelte sich eine Sonderform der Dienstknechtschaft, das *Redemptioner*-System. Im Gegensatz zur *indentured servitude*, wie sie für englische Auswanderer seit dem 17. Jahrhundert gebräuchlich war, sah das *Redemptioner*-System keine festen Verträge zwischen Passagier und Schiffseigner vor Antritt der Fahrt vor. Vielmehr erhielt der *redemptioner* nach der Ankunft im Zielhafen eine Frist von zumeist zwei Wochen, um das Geld für seine Überfahrt aufzubringen. Konnte er nach dieser Frist nicht bezahlen, so wurde seine Arbeitskraft an einen Dienstherrn zu Bedingungen, die vor Ort ausgehandelt wurden, verkauft. Im Vergleich zur *indentured servitude* war das *Redemptioner*-System flexibler, barg für die Migranten aber auch ein höheres Risiko.

In Pennsylvania und den Nachbarkolonien ließen sich deutschsprachige und iro-schottische Einwanderer zumeist auf verstreut liegenden Familienfarmen nieder, bevorzugten dabei aber Siedlungsgebiete, in denen sich bereits Verwandte oder andere Angehörige derselben ethnischen Gruppe niedergelassen hatten. Auch wenn es nicht zur Ausbildung kompakter Dörfer wie in Teilen Neuenglands kam, waren diese Einwanderer durchaus nicht nur individualistisch und an materiellem Erfolg orientiert. Die durch verwandtschaftliche und landsmannschaftliche Beziehungen geprägte Nachbarschaft, die *township* als Institution der Lokalverwaltung mit Aufgaben im Straßenbau, der Armenfürsorge und der Erhaltung öffentlicher Ordnung, sowie die Kirchengemeinde als Kristallisationspunkt ethnisch-religiöser Identität bildeten die sich gegenseitig überlappenden Zentren lokaler Gemeinschaften.

Die radikal-pietistischen und täuferischen Gruppen, die im 18. Jahrhundert aus Deutschland und der Schweiz nach Pennsylvania auswanderten, profitierten besonders von der religiösen Freiheit der Kolonie und bewahrten ein hohes Maß an innerem Zusammenhalt. Aber auch die lutherische und die reformierte Kirche, denen die meisten deutschsprachigen Einwanderer angehörten, verloren in diesem Kontext allmählich den Charakter europäischer Obrigkeitskirchen und wandelten sich zu Gemeindekirchen, die auf dem freiwilligen Zusammenschluss von Laien beruhten. Der Pfarrer, der in Europa ein verlängerter Arm der Obrigkeit gewesen war, sah sich nun auf die Zustimmung seiner Gemeindemitglieder angewiesen. Diese starke Stellung der Gemeindelaien führte zwar zu zahlreichen Konflikten, doch vermittelte die Kirchengemeinde den lutherischen und reformierten Einwanderern auch ein Gefühl der Zusammengehörigkeit, und viele deutschsprachige Siedler sammelten in der Organisation und Verwaltung der Kirchengemeinden wichtige Erfahrungen mit den Prinzipien der Selbstregierung. Der lutherische Pfarrer Heinrich Melchior Mühlenberg, der seit 1742 in Pennsylvania wirkte, verstand es, die europäische kirchliche Tradition den nordamerikanischen Verhältnissen anzupassen, und trug damit maßgeblich zur Organisation der lutherischen Kirche in der Neuen Welt bei. Insgesamt waren das Fehlen einer staatlich privilegierten kirchlichen Ordnung und das ethnisch-religiöse Mosaik der mittelatlantischen Kolonien wesentliche Voraussetzungen für die Genese einer pluralistischen Gesellschaft.

In der ersten Hälfte des 18. Jahrhunderts war der Erwerb von Grundbesitz im Hinterland von Philadelphia aufgrund niedriger Landpreise relativ leicht, die große Mehrzahl der Farmen war freies Eigentum ihrer Besitzer. Mit dem Bevölkerungswachstum und steigenden Landpreisen wurde der Erwerb eigener Farmen seit der Jahrhundertmitte gerade für ärmere Einwanderer allerdings zunehmend schwieriger, und die Zahl der Pächter und landlosen Arbeiter nahm zu. In New York und New Jersey, aber auch im östlichen Teil Pennsylvanias wurde ein beträchtlicher Teil der Farmen von Pächtern bewirtschaftet. Obwohl die meisten Farmer in den mittelatlantischen Kolonien extensiv wirtschafteten und abgesehen vom unmittelbaren Umland Philadelphias kaum spezialisiert waren, produzierten sie auf den sehr ertragreichen Böden über den Eigenbedarf hinaus Überschüsse von bis zu vierzig Prozent. Die Vermarktung der Getreideproduktion entwickelte sich zum Motor des Außenhandels der mittelatlantischen Kolonien. Um 1770 machten Getreideprodukte über 72 Prozent der Exporte aus der Region aus. 47 Prozent dieser Exporte gingen nach den westindischen Inseln, 46 Prozent nach Südeuropa, wo die Nachfrage nach amerikanischem Getreide nach 1730 stark anwuchs, und sechs Prozent nach Großbritannien und Irland. Daneben exportierten die mittelatlantischen Kolonien Flachs, der sieben Prozent der Ausfuhren ausmachte und fast ausschließlich nach Irland ging, sowie Vieh und Fleischprodukte, die vor allem nach Westindien verkauft wurden.

Demographisches und wirtschaftliches Wachstum förderten das Anwachsen der Küstenstädte und die Urbanisierung des Hinterlandes. Um 1774 zählte Philadelphia rund 30 000, New York City rund 25 000 Einwohner. Die Entwicklung der beiden Städte zu den führenden Metropolen auf dem nordamerikanischen Kontinent resultierte aus ihrer Funktion als Verbindung zwischen einem zunehmend enger verflochtenen atlantischen Wirtschaftsraum und einem expandierenden agrarischen Hinterland. In beiden Städten entwickelte sich eine breite und dynamische Kaufmannsschicht, die die Agrarüberschüsse der mittelatlantischen Farmer vermarktete und europäische, vor allem englische Handelswaren importierte. Der Wert der jährlichen Importe aus Großbritannien stieg von knapp 100000 Pfund Sterling in den 1720er auf 700000 Pfund in den 1760er Jahren. Die Vermarktung ihrer Überschüsse brachte auch der Landbevölkerung steigenden Wohlstand. Wie in den Hafenstädten Neuenglands stimulierte auch in New York City und Philadelphia der Überseehandel eine florierende Schiffbauindustrie.

Die reichen Überseekaufleute, landbesitzenden Gentlemen und hohen Regierungsbeamten, die an der Spitze der sozialen Hierarchie in den Küstenmetropolen standen, eiferten dem Lebensstil und kulturellen Leitbild der englischen Gentry nach. Der Prototyp des reichen Philanthropen mit umfassenden gelehrten und politischen Interessen war Benjamin Franklin, der in den 1720er Jahren als armer Buchdruckergeselle aus Boston in das dynamischere Philadelphia gekommen war und sich dort aus bescheidenen Verhältnissen zu Vermögen, Ansehen und Einfluss emporgearbeitet hatte. Franklin initiierte in Philadelphia eine Reihe gemeinnütziger Projekte, die von der Einrichtung einer Straßenbeleuchtung und freiwilligen Feuerwehr bis zur Gründung der Bibliotheksgesellschaft, des College of Philadelphia und der American Philosophical Society reichten. Mit seiner Autobiographie hat Franklin viel zum Mythos des amerikanischen *self-made man* beigetragen, der es dank seiner Energie, Einsatzbereitschaft und Disziplin aus eigener Kraft zu Ruhm und Reichtum bringt.

Neben weißen Dienstknechten, deren Unfreiheit zeitlich befristet war, beschäftigten wohlhabende Personen in den mittelatlantischen Kolonien auch eine beträchtliche Anzahl schwarzer Sklaven. Die afroamerikanische Bevölkerung der Region stieg von etwas mehr als 6000 im Jahre 1710 auf annähernd 35000 im Jahre 1770 an. In den Metropolen Philadelphia und insbesondere New York City, wo Sklaven um 1750 dreißig Prozent der Arbeitskräfte stellten, spielte die Sklaverei eine beträchtliche Rolle, und beide Städte waren auch am atlantischen Sklavenhandel beteiligt. Sklaven übten ein breites Spektrum von Tätigkeiten aus: sie arbeiteten als Seeleute, Dockarbeiter, Handwerker, Fuhrleute, Holzfäller, Farmarbeiter und als Dienstboten in den Haushalten der kolonialen Oberschicht. Neben der ökonomischen hatte der Besitz von Sklaven vor allem eine soziale Funktion als Statussymbol für wohlhabende Kolonisten. Die Quäker engagierten sich zwar bereits seit der Mitte des 18. Jahrhunderts verstärkt gegen die Sklaverei in Pennsylvania, doch erst die Amerikanische Revolution bremste die weitere Ausdehnung der Institution und leitete die Phase der Sklavenemanzipation ein.

In politischer Hinsicht war New York im 18. Jahrhundert einerseits von der oligarchischen Herrschaft einer sozialen Elite von Großkaufleuten und Landbesitzern geprägt, andererseits von heftigen Parteikämpfen zwischen einzelnen Gruppen innerhalb dieser Oligarchie. Dabei beriefen sich die konkurrierenden Gruppen auf die Whig-Tradition der englischen Politik: sie sahen sich selbst als Verteidiger und Bewahrer der Rechte und Freiheiten englischer Bürger und kritisierten vehement die Korruption und Patronage der Regierenden, solange sie sich in der Opposition befanden, arbeiteten aber durchaus mit dem königlichen Gouverneur zusammen, wenn sie selbst die Mehrheit in der Assembly stellten. In Pennsylvania wurde das Abgeordnetenhaus jahrzehntelang nahezu unangefochten von einer Fraktion dominiert, die als Quäker-Partei bezeichnet wird, weil sie sich aus Angehörigen dieser

Religionsgemeinschaft und deren politischen Verbündeten rekrutierte. Die politische Dominanz der Quäker ist nicht nur deswegen bemerkenswert, weil die Religionsgemeinschaft im Pennsylvania des 18. Jahrhunderts nur noch eine Minderheit der Bevölkerung stellte, sondern auch, weil die Quäker aufgrund ihres Pazifismus militärische Maßnahmen strikt ablehnten, was im Kriegsfall unweigerlich zu Komplikationen führen musste. Die Mehrzahl der deutschen Einwanderer, soweit sie die englische Staatsbürgerschaft erworben hatten und dadurch wahlberechtigt waren, unterstützte loyal diese Quäkerfraktion, da sie die Quäker als Garanten religiöser Toleranz, politischer Freiheit und niedriger Steuern ansahen. Zudem vertrat der lange Zeit einzige deutschsprachige Drucker in Pennsylvania, Christoph Saur, der seit 1739 in Germantown eine Zeitung herausgab, nach Kräften die Sache der Quäker-Partei. Nicht zuletzt begünstigte auch die Wahlkreiseinteilung, die den tatsächlichen demographischen Verhältnissen in keiner Weise entsprach, die politische Stellung der Quäker. Die älteren Counties im Osten, in denen der größte Teil der Quäker lebte, waren in der Assembly überrepräsentiert, die neueren Counties im Westen, in denen sich die deutschen und iro-schottischen Einwanderer konzentrierten, hingegen drastisch unterrepräsentiert. Als Gegengewicht zu dieser Quäker-Fraktion entwickelte sich eine *Proprietary Party* aus Parteigängern der Kolonieeigentümer (die Nachfahren William Penns hatten den Quäkern den Rücken gekehrt). Diese Eigentümerpartei versuchte mehrmals, kriegerische Auseinandersetzungen zwischen England, Spanien und Frankreich auf dem nordamerikanischen Kontinent zu instrumentalisieren, um die Quäker aus ihrer Mehrheitsposition zu verdrängen, was ihr aber zumindest bis in die 1760er Jahre hinein nicht gelang.

Auch wenn die Sklaverei weder in Neuengland noch in den mittelatlantischen Kolonien unbekannt war, fand sie in den südlichen Kolonien – Maryland, Virginia, Nord- und Süd-Carolina und (seit 1732) Georgia – ihre stärkste Ausprägung und entwickelte sich zum Rückgrat einer florierenden Plantagenwirtschaft. Die Chesapeake-Kolonien Maryland und Virginia importierten zwischen 1690 und 1770 etwa 100 000 afrikanische Sklaven. Zudem vermehrte sich die Sklavenbevölkerung seit dem zweiten Viertel des 18. Jahrhunderts auch auf natürlichem Wege, was mit dem allmählichen Anwachsen der kreolischen, das heißt in Amerika geborenen afrikanischen Bevölkerung zusammenhing. Unter der weißen Bevölkerung der Chesapeake-Kolonien begann Ende des 17. Jahrhunderts der Anteil der in Amerika Geborenen den Anteil der Einwanderer zu übertreffen. In Maryland lag das durchschnittliche Heiratsalter der Frauen in der ersten Hälfte des 18. Jahrhunderts bei achtzehn bis neunzehn Jahren, die durchschnittliche Kinderzahl bei sieben bis acht. Während die Einwanderung aus Europa im 18. Jahrhundert nur noch eine geringe Rolle spielte, sorgten die Importe afrikanischer Sklaven, das natürliche demographische Wachstum und die Zuwanderung aus Kolonien wie Pennsylvania in das Hinterland von Maryland und Virginia für einen kräftigen Bevölkerungszuwachs. Um 1700 zählte Virginia etwa 42 000 Weiße und 16 000 Schwarze, während in Maryland 26 000 Weiße und 3000 Schwarze lebten. Bis 1770 stieg in Virginia die Zahl der Weißen auf fast 260 000, die der Schwarzen auf annähernd 190 000; in Maryland stieg sie auf annähernd 140 000 Weiße und 64 000 Afroamerikaner. Der Anteil der Afroamerikaner an der Bevölkerung der Chesapeake-Kolonien stieg zwischen 1720 und 1760 von 25 auf 40 Prozent.

Da die Wirtschaft Marylands und Virginias auch im 18. Jahrhundert weitgehend auf den Tabakanbau ausgerichtet blieb – zwischen 1726 und 1775 stiegen die Tabakexporte von rund dreißig Millionen auf über hundert Millionen Pfund im Jahr –, war der Besitz von Land und Sklaven die wichtigste Voraussetzung für ökonomischen Erfolg. Die großen Pflanzer, die über mehrere hundert Hektar Land und mindestens zehn Sklaven verfügten, bildeten zwar nur eine kleine Minderheit der Landbesitzer, kontrollierten jedoch einen großen Teil des Vermögens der Kolonien und bekleideten die wichtigsten Ämter. Unterhalb dieser Elite der großen Pflanzer rangierte eine große Zahl mittlerer und kleiner Pflanzer, die weniger als hundert Hektar Land mit bis zu fünf Sklaven bewirtschafteten. In der sozialen Hierarchie standen diese kleineren Pflanzer noch über den Landpächtern und den landlosen Weißen: etwa ein Drittel der weißen Bevölkerung verfügte weder über Land noch über Sklaven. Die Oberschicht der großen Pflanzer, die über regelrechte Imperien herrschten, und die große Zahl der Familienfarmer, die den Tabak mit Hilfe von ein oder zwei Sklaven anbauten, unterschieden sich zwar hinsichtlich ihrer ökonomischen Möglichkeiten und ihres sozialen Prestiges ganz erheblich, doch beruhte ihr Einkommen letztlich auf der gleichen ökonomischen Grundlage.

Der Tabakanbau, auf dem die Exportwirtschaft der Chesapeake-Region beruhte, war mit schwerwiegenden Problemen behaftet. Aufgrund permanenter Überproduktion waren die Tabakpreise zu Beginn des 18. Jahrhunderts extrem niedrig, und die Verkaufserlöse deckten kaum die Betriebskosten. Seit 1715 begannen die Preise zwar zu steigen, doch war der europäische Markt rasch gesättigt, was bis zur Mitte des 18. Jahrhunderts regelmäßig wiederkehrende Preiseinbrüche und Überproduktionskrisen zur Folge hatte. Um den Preisverfall auszugleichen, steigerten die Pflanzer die Produktion, was letztlich die Preise noch weiter drückte. Gouverneure und Abgeordnetenhäuser unternahmen mehrere Versuche, dieser Entwicklung durch Anbaubeschränkungen und Qualitätskontrollen zu begegnen. Um die Qualität des exportierten Tabaks und damit auch die Preise zu erhöhen, verabschiedeten Virginia 1730 und Maryland nach 1740 Inspektionsgesetze, die eine Prüfung der Tabakernte durch staatliche Inspektoren und die Vernichtung minderwertigen Krauts vorsahen. Diese Gesetze legten jedoch einen grundlegenden Interessengegensatz zwischen den großen und den kleineren Pflanzern offen: während eine Produktionsbeschränkung und Qualitätskontrolle den großen Pflanzern zugute kam, war für die kleineren Produzenten die Vermarktung ihrer gesamten Ernte – deren Qualität ohnehin meist schlechter war als die ihrer großen Konkurrenten – überlebenswichtig. Daher löste Virginias Inspektionsgesetz Unruhen aus, in denen Gruppen aufgebrachter Kleinproduzenten Lagerhäuser niederbrannten, und viele Pflanzer versuchten das Gesetz zu umgehen oder die Inspektoren zu täuschen.

Zudem laugte die Tabakpflanze die Böden stark aus, und ertragreiches Tabakland wurde in den älteren Siedlungsgebieten an der Chesapeake-Bucht, der sogenannten *Tidewater*-Region, knapp, so dass sich der Tabakanbau immer weiter in das Hinterland, die Piedmont-Region, ausdehnte und um 1770 das Allegheny-Gebirge erreicht hatte. Der hohe Landbedarf, der eine Folgeerscheinung der Tabakproduktion war, förderte die Landspekulation im Westen. Die Abwanderung aus den älteren Siedlungsgebieten, deren Böden bereits am längsten bewirtschaftet wurden, war unter den Landlosen und Landarmen am stärksten. Angesichts sinkender ökonomischer Chancen in den küstennahen Gebieten fungierte das Hinterland des Piedmont auch als »Sicherheitsventil«. Eine andere Möglichkeit, den Strukturproblemen der Tabakproduktion zu begegnen, lag in der Diversifizierung der Produktion. In Teilen Marylands und Virginias gingen Tabakfarmer zum Anbau von Getreide über und erwirtschafteten beträchtliche Überschüsse für den Export. Zwischen 1735 und 1775 entfiel ein Viertel der Ausfuhren auf Getreide. Daneben entwickelte sich wie in Pennsylvania und New

Jersey eine florierende Eisenproduktion. Der Investitionsbedarf der Pflanzer, aber auch ihr Bedürfnis, englische Luxusgüter zu erwerben, führte seit Mitte des 18. Jahrhunderts zu einem zunehmenden Verschuldungsproblem. Im Jahre 1757 schuldeten die Pflanzer Marylands und Virginias britischen Kaufleuten (insbesondere Glasgower Firmen) bereits eine Million Pfund Sterling, und bis 1776 war diese Schuldenlast auf über zwei Millionen Pfund angewachsen. Da die großen Plantagenbesitzer ihrerseits ihren weniger bemittelten Nachbarn Geld liehen, entstanden regelrechte Verschuldungsketten. Im Falle einer Finanzkrise in Großbritannien, wie sie 1772 eintrat, konnte diese Verschuldung zur Zahlungsunfähigkeit zahlreicher Pflanzer führen.

Da die Urbanisierung in der Chesapeake-Region erst spät einsetzte und auch im 18. Jahrhundert kaum größere Siedlungen entstanden, entwickelten sich die Herrensitze der großen Pflanzer, die Kirchen, die Gerichte und die Wirtshäuser zu lokalen Zentren des Austauschs und der Geselligkeit, und an all diesen Orten verstand es die Pflanzerelite, ihre gesellschaftliche Dominanz wirkungsvoll zu inszenieren. Die großen Pflanzer spielten eine Führungsrolle in der anglikanischen Kirchengemeinde, die schon in der Sitzordnung zum Ausdruck kam; sie dominierten als Friedensrichter die Rechtsprechung in den County-Gerichten, deren Gerichtstage stark ritualisiert waren. Sie konnten an Wahltagen auf die Ehrerbietung der weniger Wohlhabenden und Angesehenen rechnen und belohnten ihre Anhängerschaft mit großzügigen Mengen an Branntwein, der kostenlos an die Wähler ausgeschenkt wurde. Die Ämter des Sheriffs, des Friedensrichters und der Kirchenvorsteher sowie die Sitze im Abgeordnetenhaus waren fest in der Hand der Pflanzerelite. Männer, die um 1750 in Maryland zu Abgeordneten gewählt wurden, besaßen im Durchschnitt zehn bis zwölf Sklaven und über fünfhundert Hektar Land. Wettstreit und Konkurrenz wurden bevorzugt in ritualisierter Form ausgetragen. Die Pflanzergesellschaft zeigte eine ausgeprägte Vorliebe für Pferderennen und Hahnenkämpfe, Glücksspiele und Tanzveranstaltungen und nicht zuletzt für politische Debatten – also für unterschiedliche Möglichkeiten, sich untereinander zu messen, ohne dabei Leib und Leben aufs Spiel zu setzen. Solche rituellen Wettkämpfe trugen offenbar erheblich dazu bei, den Zusammenhalt dieser Gesellschaft zu festigen.

Die Dominanz der großen Pflanzer beruhte aber nicht nur auf ihrem Besitz an Land und Sklaven, sondern auch auf ihrem am Vorbild der englischen Gentry orientierten Lebens- und Repräsentationsstil und der Kultivierung von Werten wie Gemeinsinn und Gastfreundschaft. In einer Gesellschaft, in der viele Pflanzer kaum lesen und schreiben konnten, wurde für die Elite auch Bildung und Gelehrsamkeit zu einem wichtigen Faktor sozialer Distinktion. Die Söhne der reichen Pflanzer wurden zur Ausbildung auf das 1693 gegründete College of William and Mary in Williamsburg, nach Harvard, Yale, das College of New Jersey in Princeton oder an englische und schottische Universitäten geschickt. Wie die Oberschichten Neuenglands und der mittelatlantischen Kolonien importierten reiche Pflanzer Bücher und Zeitschriften aus England und korrespondierten mit britischen Intellektuellen. Die Zeitungen der Region richteten sich ebenso an die Oberschicht wie exklusive Dinner-Clubs, etwa der 1744 in Marylands Hauptstadt Annapolis gegründete *Tuesday Club*.

Die kreolische Pflanzerelite des 18. Jahrhunderts war untereinander durch ein Netz von Heiratsverbindungen verflochten, und die Mitgliedschaft in diesem erlauchten Kreis von Familien wurde zu einem quasi-erblichen Privileg. Fast die Hälfte der zwischen 1725 und 1773 in die Assembly von Maryland gewählten Abgeordneten waren Männer, deren Väter bereits in der Assembly saßen, und nahezu ein Viertel waren mit der Tochter eines Abgeordneten verheiratet. Pflanzer wie Robert »King« Carter, der um 1730 der größte Sklavenbesitzer und vermutlich der reichste Mann Virginias war, begründeten durch eine planmäßige und geschickte Heiratspolitik regelrechte Dynastien. Gegenüber ihren Frauen, Kindern, Angestellten und Sklaven kultivierten die großen Pflanzer ein patriarchalisches Selbstverständnis.

Die schwarzen Sklaven, die zwischen 1700 und 1770 zu Zehntausenden nach Maryland und Virginia verfrachtet wurden, stammten aus unterschiedlichen westafrikanischen Gesellschaften mit jeweils verschiedenen Sprachen, kulturellen Traditionen und Verwandtschaftssystemen. Die Führung eines eigenständigen Familien- und Gemeindelebens und die Herausbildung einer eigenen Kultur wurde den Sklaven nicht nur durch das Fehlen gemeinsamer kultureller Wurzeln erschwert, sondern auch durch die monotone Arbeit auf den Tabakfeldern, die hohe Sterblichkeit im ersten Jahr nach der Ankunft in Amerika (die bei rund 25 Prozent lag), das ungleiche Geschlechterverhältnis und die Tatsache, dass auf den meisten Farmen und kleineren Plantagen nur wenige Sklaven lebten. Zusammenkünfte von Sklaven oder gar die Bildung eigener Gemeinden außerhalb der Plantagen wurden von den weißen Pflanzern aus Angst vor Unruhen und Revolten nicht toleriert. Um die Jahrhundertmitte verbesserten sich aufgrund des höheren Anteils von in Amerika geborenen Sklaven, einer steigenden Bevölkerungsdichte und der zunehmenden Größe der Sklavenquartiere auch die Möglichkeiten der Afroamerikaner, eigene Gemeinschaftsstrukturen auszubilden. Aufgrund eines ausgeglicheneren Geschlechterverhältnisses konnten die meisten Sklaven heiraten, und in den größeren Sklavenquartieren bildete sich ein Netz von Verwandtschaftsbeziehungen. In den Quartieren genossen die Sklaven ein gewisses Maß an wirtschaftlicher Autonomie, bauten Gemüse für den Eigenbedarf und den Verkauf an und hielten eigene Nutztiere. Während zu Beginn des 18. Jahrhunderts noch fast alle Sklaven auf den Tabakfeldern arbeiteten, erhielten nach der Jahrhundertmitte mehr und mehr Sklaven eine handwerkliche Ausbildung oder wurden als Hauspersonal eingesetzt. Gegenseitige Besuche an Sonn- und Feiertagen und gemeinsame Feste führten zur Entstehung eines plantagenübergreifenden Netzwerks von Sozialbeziehungen, das ihre weißen Herren nur teilweise kontrollieren konnten. Unter den Bedingungen der Sklaverei gelang es somit den Schwarzen in Maryland und Virginia, eigene Institutionen aufzubauen und aus Elementen westafrikanischer Tradition und der Kultur ihrer weißen Herren eine eigenständige afroamerikanische Kultur zu formen, die sich etwa in der Bedeutung weitläufiger verwandtschaftlicher Beziehungen, in der Verbindung von christlicher Religion mit afrikanischen kultischen Bräuchen und magischen Praktiken oder in der aus europäischen wie afrikanischen Quellen gespeisten afroamerikanischen Musiktradition manifestierte.

Die Beziehungen zwischen weißen Herren und schwarzen Sklaven waren einerseits von engen und häufigen Kontakten im Arbeitsalltag, andererseits von gegenseitiger Abneigung, Misstrauen und dem Wunsch nach Abgrenzung geprägt. Viele Pflanzer nahmen gegenüber ihren Sklaven zwar eine patriarchalische Haltung ein und gestatteten ihnen ein gewisses Maß an Autonomie in den Sklavenquartieren, doch verfügten sie auch stets über die Möglichkeit, ihre absolute Autorität gegenüber ihren schwarzen Arbeitskräften zu demonstrieren und durchzusetzen. Sie konnten Sklaven wegen geringer oder auch nur vermeintlicher Vergehen auspeitschen, ihnen willkürlich Privilegien entziehen, Mitglieder einer Familie oder Verwandte durch Verkauf, Erbteilung oder die Anlage neuer Plantagen voneinander trennen. Während offener Widerstand von Sklaven gegen ihre Herren selten war und die Schwarzen gegenüber ihren weißen Herren zumindest eine Fassade der Ehrerbietung und Unterwürfigkeit aufrechterhielten, demonstrierten sie durch Arbeitsverweigerung, Kleindiebstähle oder Flucht ihre Unzufriedenheit mit ihren Lebensumständen.

Unter den südlich von Virginia gelegenen Kolonien wies North Carolina hinsichtlich der geographischen Gegebenheiten, der Wirtschafts- und Gesellschaftsstruktur zahlreiche Ähnlichkeiten mit Virginia auf. Zu Beginn des 18. Jahrhunderts war North Carolina mit gut 10000 weißen und wenigen hundert schwarzen Einwohnern ein nur dünn besiedeltes Gebiet, das sich zudem 1712 in einem Indianerkrieg gegen die Tuscaroras behaupten musste. In den folgenden Jahrzehnten jedoch beschleunigte sich – nicht zuletzt aufgrund einer starken Zuwanderung aus Pennsylvania, Maryland und Virginia – das Bevölkerungswachstum, und um 1770 zählte die Kolonie über 127000 Weiße und fast 70000 Sklaven. Wie Virginia produzierte North Carolina Tabak und Getreide für den Export; die wichtigsten Ausfuhrgüter waren jedoch Holzprodukte sowie Pech und Teer für den Bedarf der Schifffahrt.

Eine andere Wirtschafts- und Gesellschaftsstruktur entwickelte sich in der Tiefebene South Carolinas. Die Voraussetzung für den großen wirtschaftlichen Aufschwung dieser Kolonie bildete die Einführung des Reisanbaus, zu der schwarze Sklaven, die bereits in Westafrika Reis kultiviert hatten, aufgrund ihrer Kenntnisse möglicherweise entscheidend beitrugen. Die Reisproduktion dehnte sich in den Jahrzehnten vor der Amerikanischen Revolution gewaltig aus, und in den Jahren 1768 bis 1772 entfiel über die Hälfte der Ausfuhren auf dieses Produkt. Zwei Drittel der Reisexporte gingen nach Großbritannien, jeweils ein Sechstel nach Südeuropa und Westindien. Als zweites wichtiges Exportprodukt kam nach 1740 der Farbstoff Indigo hinzu, der um 1770 ein Fünftel der Ausfuhren ausmachte. Daneben exportierte South Carolina größere Mengen an Hirschfellen, die von indianischen Stämmen wie den Creeks, Choctaws oder Cherokees eingehandelt wurden.

Das feuchte, sumpfige Tiefland South Carolinas war auch eine Brutstätte für Krankheiten wie Malaria, so dass die Sterblichkeit bis zur Mitte des 18. Jahrhunderts sehr hoch blieb und das Bevölkerungswachstum vor allem aus einer starken Einwanderung herrührte. Im Gegensatz zu Maryland und Virginia herrschten im Tiefland South Carolinas große Plantagenbetriebe vor, da sich Reis auf ausgedehnten Plantagen effizienter und kostengünstiger produzieren ließ. Ein weiterer wesentlicher Unterschied zur Chesapeake-Region bestand darin, dass die großen Pflanzer nicht auf ihren Plantagen, sondern bevorzugt in der Küstenstadt Charleston lebten und die Plantagen von Verwaltern und Aufsehern führen ließen. In Charleston arbeiteten zahlreiche schwarze Sklaven als Hausbedienstete, Handwerker, Hafenarbeiter, Seeleute und Fuhrmänner. Aufgrund der Ausdehnung der Plantagensklaverei entwickelte sich South Carolina im 18. Jahrhundert zur ersten Kolonie Britisch-Nordamerikas mit einer schwarzen Bevölkerungsmehrheit. Um 1710 waren die damals knapp 7000 Weißen gegenüber den etwas mehr als 4000 Schwarzen noch in der Mehrheit, doch im Jahre 1740 bildeten die 15000 Weißen nur noch ein Drittel, die 30000 Schwarzen – fast ausschließlich Sklaven – zwei Drittel der Bevölkerung. Um 1770 zählte South Carolina annähernd 50000 Weiße und über 75000 Schwarze. In einigen Gebieten des Tieflands stellten Schwarze bis zu 90 Prozent der Einwohner.

Auf den Reisplantagen South Carolinas übertraf die Zahl importierter Afrikaner bis etwa 1770 diejenige der kreolischen Sklaven, die Zahl der männlichen Arbeitskräfte überstieg die der weiblichen bei weitem, und die Sklaven arbeiteten in großen Gruppen (*work gangs*) von oftmals über fünfzig Personen. Die Arbeits- und Lebensbedingungen waren ungleich härter als auf den Tabakfeldern

Virginias, und mit der sogenannten Stono-Rebellion von 1739 erlebte South Carolina auch den größten und blutigsten Sklavenaufstand, der sich im 18. Jahrhundert in Britisch-Nordamerika ereignete. An einem Tag im September 1739 bewaffneten sich etwa zwanzig Sklaven, die vermutlich mehrheitlich aus Angola stammten, am Stono River, brannten eine Reihe von Häusern der Weißen nieder und töteten die Bewohner. Eine Reihe weiterer Sklaven schloss sich – zwangsweise oder freiwillig – den Aufständischen an, so dass deren Zahl auf fünfzig bis sechzig anstieg. Nachdem sie über zehn Meilen weit marschiert waren, ohne auf nennenswerten Widerstand zu stoßen, wurden die Rebellen schließlich auf einem offenen Feld von einer bewaffneten Truppe weißer Pflanzer gestellt und die meisten niedergeschossen oder gefangen genommen. Weiße Pflanzer und Milizionäre machten anschließend tagelang Jagd auf flüchtige Mitverschwörer, und die Assembly South Carolinas verabschiedete 1740 einen *Negro Act*, der eine strengere Kontrolle der Sklaven und drakonische Strafen für eine Reihe von Gesetzesübertretungen vorsah. Die Stono-Rebellion, die etwa sechzig Menschen – darunter mehr als zwanzig Weißen – das Leben kostete, zeigt einerseits, welches Potential an Hass und Gewaltbereitschaft die Plantagensklaverei in den südlichen Kolonien heraufbeschwören konnte. Auf der anderen Seite demonstriert die rasche Niederschlagung des größten Sklavenaufstands des 18. Jahrhunderts aber auch, dass das Regime der weißen Pflanzer fest im Sattel saß.

Aufgrund der hohen Profitabilität des Reisanbaus genoss die weiße Bevölkerung South Carolinas und insbesondere der Hauptstadt Charleston, die um 1770 über 10 000 Einwohner zählte, den höchsten Lebensstandard in Britisch-Nordamerika. Der mondäne, luxuriöse und elegante Lebensstil der Sklaven besitzenden Oberschicht, die eine Bibliotheksgesellschaft und eine Reihe wohltätiger Organisationen ins Leben rief, Theater, Konzerte und

Pferderennbahnen besuchte und sich in exklusiven Bruderschaften und Dinner-Clubs traf, stellte denjenigen der Eliten Virginias, Philadelphias und New Yorks noch in den Schatten und kam dem Lebensstil der Oberschicht in englischen Provinzstädten nahe. Eine Minderheit der reichen Plantagenbesitzer kehrte der Kolonie sogar ganz den Rücken und zog nach London. Um die Mitte des 18. Jahrhunderts bildete die eng verflochtene Oberschicht aus großen Pflanzern, Kaufleuten und Anwälten zugleich eine stabile politische Führungsschicht, die das Abgeordnetenhaus der Kolonie genauso dominierte wie die Gentry Virginias. Das englische Country-Ideal des tugendhaften, um das öffentliche Wohl besorgten Landbesitzers spielte in der vorrevolutionären politischen Kultur South Carolinas eine zentrale Rolle. Obwohl – oder gerade weil – sie selbst Dutzende von Sklaven hielten, waren die Weißen South Carolinas stets um die eigene Freiheit besorgt. Die Herrschaft wirtschaftlich unabhängiger, um das öffentliche Wohl besorgter Männer sowie die britische Verfassung, die die Macht der politischen Institutionen beschränkte, galten als wichtigste Garanten der Freiheit der weißen Kolonisten. Zudem war die politische Elite um die Mitte des 18. Jahrhunderts sehr um Geschlossenheit und Harmonie bemüht. Dieses Streben nach Einigkeit hing nicht nur mit der traditionellen Abneigung gegen Parteiungen und Faktionen in der anglo-amerikanischen politischen Kultur zusammen, sondern auch mit dem weit verbreiteten Gefühl, dass South Carolina in besonderem Maße von äußeren und inneren Feinden – den Spaniern in Florida, den Franzosen in Louisiana, den relativ starken indianischen Stämmen an der Westgrenze und der schwarzen Bevölkerungsmehrheit in der Kolonie selbst – bedroht war.

Eine Besonderheit stellte schließlich die Entwicklung Georgias dar, der jüngsten und südlichsten der dreizehn Kolonien Britisch-Nordamerikas. Georgia war 1732 aus philanthropischen, merkantilistischen und militärischen

Erwägungen heraus gegründet worden. Die Kolonie sollte als eine Art Puffer zwischen dem spanischen Florida und der Sklavenkolonie South Carolina fungieren und von armen englischen Protestanten und entlassenen Sträflingen besiedelt werden, die hier im Interesse des Mutterlandes Seidenraupen züchten und Südfrüchte anbauen sollten. Die Sklaverei, Großgrundbesitz und Alkoholkonsum waren verboten. Die Leitung der Kolonie sollte zunächst 21 Jahre lang bei einem Gremium von Treuhändern (*trustees*) liegen, unter denen der Offizier James Oglethorpe eine Führungsrolle spielte, und anschließend an die Krone übergehen. Das Projekt wurde bis 1752 vom Londoner Parlament mit großen Summen unterstützt, doch kam die Kolonie wirtschaftlich auf keinen grünen Zweig. Die Kolonisten forderten vehement die Zulassung der Sklaverei, da in dem heißen und feuchten Klima angeblich nur Schwarze in der Lage waren, die Feldarbeit zu verrichten, und aus dem benachbarten South Carolina wurden zahlreiche Sklaven illegal eingeschmuggelt. Nachdem das Verbot der Sklaverei 1752 auch formell aufgehoben wurde, entwickelte sich Georgia rasch zu einer Plantagenkolonie nach dem Muster South Carolinas. Um 1770 standen den damals knapp 13 000 weißen Kolonisten bereits über 10 000 schwarze Sklaven gegenüber. Nach dem Vorbild Charlestons entwickelte sich die Hafenstadt Savannah zum gesellschaftlichen und kulturellen Zentrum der Pflanzerelite.

Wie in der mittelatlantischen Region nahm auch in den südlichen Kolonien die ethnische und religiöse Vielfalt der Bevölkerung im Laufe des 18. Jahrhunderts zu. Deutsche und iro-schottische Siedler zogen von Pennsylvania aus in das westliche Maryland, das Shenandoah-Tal Virginias und die Piedmont-Region North Carolinas, so dass diese Gebiete mit ihrer Dominanz von Familienfarmen, ihrem ethnisch-religiösen Mosaik und der relativ geringen Bedeutung der Sklavenarbeit eher den mittelatlantischen Kolonien ähnelten als der *Tidewater*-Region Virginias oder der Tiefebene South Carolinas. Die Mährische Brüdergemeine, eine pietistische Gruppe deutscher Einwanderer, gründete kurz nach 1750 in North Carolina die Gemeinde Salem, die neben Bethlehem in Pennsylvania ihr zweites Zentrum in Nordamerika wurde. Kleinere Gruppen von deutschen und Schweizer Siedlern wanderten über den Hafen von Charleston nach South Carolina ein und errichteten Siedlungen in zum Teil recht abgelegenen Gebieten des Hinterlands. In Georgia schließlich gründeten Salzburger Protestanten in den 1730er Jahren am Savannah River die Siedlung Ebenezer, die jedoch wie andere Siedlungen im Tiefland der südlichen Kolonien unter einer hohen Sterblichkeit litt und auf die Unterstützung kirchlicher Institutionen in Europa angewiesen war.

Die gravierenden Unterschiede zwischen den einzelnen Kolonien und Regionen Britisch-Nordamerikas waren auch Zeitgenossen durchaus bewusst. Benjamin Franklin schrieb im Jahre 1760, die nordamerikanischen Kolonien würden nicht nur von verschiedenen Gouverneuren regiert, sondern hätten auch unterschiedliche Regierungsformen, Gesetze und Interessen, und einige auch unterschiedliche religiöse Überzeugungen und Bräuche. Dennoch lassen sich Gemeinsamkeiten feststellen. Alle Regionen des britischen Empire in Nordamerika erlebten ein beträchtliches demographisches und wirtschaftliches Wachstum, alle durchliefen einen Prozess der geographischen Expansion und sozio-ökonomischen Differenzierung. Im politischen Bereich hatte sich in praktisch allen Kolonien ein Repräsentativsystem durchgesetzt, das von einem Dualismus zwischen den vom König ernannten Gouverneuren, dem Gouverneursräte zur Seite standen, und von den männlichen Grundeigentümern gewählten Abgeordnetenhäusern geprägt war. Nur in Connecticut und Rhode Island wurden auch die Gouverneure gewählt.

Die Assemblies konnten sich sowohl das Gesetzesinitiativrecht als auch das Steuerbewilligungs- und das Budgetrecht sichern, und mit Letzterem verfügten sie auch über ein wichtiges Druckmittel gegenüber den Gouverneuren, da sie deren Gehälter kontrollieren konnten. In den Kolonien waren wesentlich mehr erwachsene Männer wahlberechtigt als in Großbritannien – der Anteil der Wahlberechtigten wird um die Mitte des 18. Jahrhunderts auf 50 bis 80 Prozent geschätzt –, und die Bindungen zwischen den Wählern und ihren Abgeordneten waren viel enger als im Mutterland. Dennoch trug die Politik in den Kolonien vor 1763 auch oligarchische Züge. Die Abgeordnetenhäuser wurden von Angehörigen der Oberschichten – Kaufleuten, Anwälten, großen Pflanzern – beherrscht, zwischen denen vielfältige verwandtschaftliche Beziehungen bestanden. An ihrer Spitze standen manchmal jahrzehntelang mächtige *speaker* wie David Lloyd in Pennsylvania und John Robinson in Virginia, die ein starkes Gegengewicht gegen die jeweils amtierenden Gouverneure bildeten. Während einige Abgeordnetenhäuser, etwa in New York, von heftigen Auseinandersetzungen zwischen konkurrierenden politischen Gruppen und Parteiungen geprägt waren, waren andere wie in South Carolina stärker um Konsens und Harmonie bemüht. Trotz der oligarchischen Struktur der Assemblies brachten Wahlen sowie Debatten in Zeitungen, die seit dem frühen 18. Jahrhundert in allen größeren Städten erschienen (Boston 1704, Philadelphia 1719, New York 1725, Charleston 1732), und Flugschriften auch ein populäres Element in die koloniale Politik.

Darüber hinaus hat der amerikanische Kolonialhistoriker Jack P. Greene einen Konvergenzprozess konstatiert, das heißt eine allmähliche Annäherung der sozialen, wirtschaftlichen und politischen Strukturen. Während sich in Neuengland der ursprünglich starke kommunale Zusammenhalt allmählich lockerte, die patriarchalische puritanische Familie ihre Integrationskraft teilweise verlor und die religiöse Einheitlichkeit der Region sich aufzulösen begann, bildeten sich in den südlichen Kolonien zunehmend stabile Familienstrukturen und Verwandtschaftsnetze heraus, und der gesellschaftliche Zusammenhalt verfestigte sich. Trotz der Ausbreitung der Sklaverei waren sich Neuengland und die südlichen Kolonien um 1760 in vieler Hinsicht wesentlich ähnlicher als hundert Jahre zuvor. Dieser Konvergenzprozess lässt sich sowohl auf das gemeinsame britische Erbe der meisten Kolonisten zurückführen als auch auf Gemeinsamkeiten ihrer Erfahrungswelt. Das wirtschaftliche Wachstum Britisch-Nordamerikas und seine Einbindung in den atlantischen Wirtschaftsraum gehören zweifellos zu den wichtigsten Faktoren eines sozio-kulturellen Prozesses, den man als »Anglisierung« bezeichnet hat. Zwischen 1650 und 1770 wuchs die Wirtschaft Britisch-Nordamerikas jährlich absolut um 3,2 Prozent und pro Kopf um 0,6 Prozent. Im Jahre 1774 lag das Pro-Kopf-Vermögen der Bevölkerung bei 60 Pfund Sterling – wahrscheinlich niedriger als zur gleichen Zeit in Großbritannien, aber angesichts der Tatsache, dass Besitz in Großbritannien ungleicher verteilt war als in den Kolonien, ist davon auszugehen, dass der Lebensstandard der großen Mehrheit der freien Bevölkerung höher als im Mutterland und möglicherweise der höchste in der damaligen westlichen Welt war. Das Pro-Kopf-Vermögen lag in Neuengland mit 33 Pfund am niedrigsten, in den mittelatlantischen Kolonien bei 51 Pfund und im Süden mit 132 Pfund weitaus am höchsten – dies unterstreicht, dass der Besitz von Land und Sklaven damals die wichtigste Voraussetzung für die Akkumulation größerer Vermögen darstellte. Am Vorabend der Amerikanischen Revolution produzierten alle Regionen Britisch-Nordamerikas in großem Umfang Güter für den Export. Die Ausfuhren beliefen sich in den Jahren 1768 bis 1772 auf rund 2,85 Millionen Pfund, von denen fast 1,2 Millionen (42 Prozent) auf die Chesapeake-Kolonien entfielen, während der Anteil des tiefen Südens an den Exporten bei 21 Prozent, derjenige der mittelatlantischen Region bei 20 Prozent und der Neuenglands bei 17 Prozent lag. Tabak war vor Getreide, Reis, Fisch und Indigo das wichtigste Exportprodukt.

Ein entscheidender Motor des Wirtschaftswachstums und des steigenden Lebensstandards war die Nachfrage nach nordamerikanischen Produkten in Großbritannien und Irland, Südeuropa und auf den karibischen Inseln. Ihre Ausfuhren und ihr zunehmender Wohlstand ermöglichten den Amerikanern zugleich den Import immer größerer Mengen an europäischen – vor allem britischen – Waren. Zwischen 1768 und 1772 lagen die Importe der Kolonien mit über 4,2 Millionen Pfund um fast 50 Prozent höher als die Exporte. Die mittelatlantischen Kolonien und Neuengland hatten gegenüber England ein erhebliches Handelsbilanzdefizit, das aber vermutlich zum großen Teil durch »unsichtbare Gewinne« im Frachtverkehr ausgeglichen wurde. In dem Strom englischer Waren, der in die Kolonien floss, spiegeln sich nicht nur die Prosperität und die hohe Kaufkraft der Kolonisten wider, sondern es handelte sich dabei auch um einen kulturellen Wandlungsprozess von fundamentaler Bedeutung. In England hatte bereits in den ersten Jahrzehnten des 18. Jahrhunderts ein Prozess eingesetzt, den Historiker als »Konsumrevolution« bezeichnen. Kennzeichen dieser »Konsumrevolution« waren die vermehrte Produktion von Gebrauchsgütern für überregionale Märkte, der Einsatz von Werbung, die Entstehung von Einzelhandelsgeschäften mit Schaufenstern in den Städten, ein schwunghafter Hausierhandel auf dem Lande sowie die Tatsache, dass Kolonialwaren wie Zucker und Tee sich von Luxusgütern für den Konsum einer kleinen Elite zu Massengütern wandelten. Einkaufsmöglichkeiten waren für die Bevölkerung nun nicht mehr auf die an bestimmten Tagen stattfindenden Jahrmärkte beschränkt, sondern bestanden das ganze Jahr über. Die Werbung weckte neue Bedürfnisse, und die Konsumenten konnten in zuvor nicht gekanntem Maße zwischen Produkten auswählen. Zugleich fand eine Standardisierung des Konsumverhaltens statt. Lokale und regionale Variationen und Traditionen in der Herstellung von Kleidung und Gebrauchsgegenständen wichen allmählich neuen Massengütern wie dem von Josiah Wedgwood produzierten und überregional vermarkteten Geschirr. Da immer breitere Bevölkerungskreise am Konsum teilhatten, sah sich die gesellschaftliche Elite ihrerseits genötigt, ihre soziale Distinktion durch noch ausgiebigeren und ostentativeren Luxuskonsum zu unterstreichen.

Spätestens um 1740 hatte die »Konsumrevolution« auch die Kolonien erreicht. Während sich Zeitungsanzeigen von Kaufleuten und Ladenbesitzern zuvor in der Regel auf etwa ein Dutzend Waren beschränkten, wurde in den sechziger und siebziger Jahren des 18. Jahrhunderts bereits für Hunderte von verschiedenen Importwaren geworben. Überall im Hinterland der Kolonien entstanden neue Ladengeschäfte, und Scharen von reisenden Händlern waren unterwegs, um die neuesten englischen Waren feilzubieten. Die Vertreter von Glasgower Handelshäusern, die mit ihren Läden und Lagerhäusern und ihren Krediten an Farmer und Pflanzer einen wesentlichen Beitrag zur Erschließung des Hinterlandes von Virginia leisteten, sind ein besonders augenfälliges Beispiel für die kommerzielle Durchdringung des ländlichen Nordamerika, doch der gleiche Prozess spielte sich in ähnlicher Form von New Hampshire bis Georgia ab. Damit wurden selbst entlegene Regionen nahe der Siedlungsgrenze in den atlantischen Wirtschaftsraum einbezogen. Die großzügige Gewährung von Kredit, die Konkurrenz zwischen englischen, schottischen und amerikanischen Kaufleuten und die kommerzielle Erschließung des Hinterlandes machten britische Waren für immer mehr amerikanische Konsumenten erschwinglich. Zugleich blieb der Konsum bestimmter Waren ein Statussymbol der Eliten. Um den Lebensstil der Eliten in den britischen Metropolen nachzuahmen, importierten die kolonialen Kaufleute, Anwälte und Pflanzer europäische Möbel, Bilder und Teppiche, Bücher und Zeitschriften, Porzellan-, Kristall- und Silberwaren, Weine und Kleidung nach der neuesten Mode (die aber wahrscheinlich schon wieder passé war, ehe sie die Kolonien erreichte). Die von der Elite wie von der Masse der Kolonisten konsumierten britischen Importgüter standardisierten damit auch die materielle Kultur und machten Britisch-Nordamerika im Laufe des 18. Jahrhunderts immer »englischer«.

Neben diesen Prozessen der Kommerzialisierung und der wirtschaftlichen und kulturellen Integration der angloamerikanischen Welt trug um die Mitte des 18. Jahrhunderts auch die als *First Great Awakening* bezeichnete religiöse Erweckungsbewegung zu einer gemeinsamen Identität der Kolonisten bei. Kirche und Religion spielten im Leben vieler – vielleicht der meisten – Kolonisten eine große Rolle, und religiöse Themen und Streitfragen beherrschten insbesondere auf dem Höhepunkt des *Great Awakening* in den 1740er Jahren die Publizistik und die öffentliche Diskussion. Auslöser der Bewegung war die Ankunft des jungen anglikanischen Wanderpredigers George Whitefield in Amerika im Jahre 1739. Whitefield hielt Predigten unter freiem Himmel, in denen er die Menschen in einer bildhaften, stark an die Emotionen appellierenden Sprache zur Erkenntnis ihrer eigenen Sündhaftigkeit, zu Buße, Umkehr und der Führung eines gottgefälligen Lebens aufforderte und die einen gewaltigen Zulauf erfuhren. Das Auftreten eines solchen Erweckungspredigers war prinzipiell nichts Neues, denn bereits vor 1730 hatten der aus Westfalen stammende Pastor Theodorus Jacobus Frelinghuysen unter den niederländisch-reformierten und die Brüder William, John und Gilbert Tennent unter den schottisch-presbyterianischen Siedlern in New Jersey lokale Erweckungsbewegungen angeführt, und 1734/35 hatte der wortgewaltige kongregationalistische Pfarrer Jonathan Edwards, der als größter Literat und originellster Denker gilt, den Neuengland im 18. Jahrhundert hervorgebracht hat, in Massachusetts ebenfalls ein religiöses *revival* initiiert. Insbesondere in Neuengland hatten die scheinbare Verweltlichung und der zunehmende Materialismus einer Gesellschaft, in deren Gründungsgeschichte religiöse Ideale eine große Rolle gespielt hatten, immer wieder den Ruf nach einer Rückkehr zu den spirituellen und kommunalistischen Werten der Gründergeneration laut werden lassen.

Neu an George Whitefields Predigtreisen durch Amerika zwischen 1739 und 1745 war hingegen, dass der Prediger bislang isolierte *revivals* in einer kolonienübergreifenden Bewegung zusammenführte, die auch ethnische und religiöse Grenzen überschritt. Whitefield besuchte alle Kolonien von New Hampshire bis Georgia, predigte zu englischen, schottischen, irischen, deutschen und niederländischen Siedlern und kümmerte sich wenig um konfessionelle Unterschiede. Neu waren auch die Zuhörerzahlen, die seine Predigten mobilisierten: zeitgenössische Quellen berichten, dass Whitefield regelmäßig vor Tausenden, wenn nicht Zehntausenden von Zuhörern predigte. In Whitefields Gefolge trat eine Reihe von Erweckungspredigern auf, die seine Botschaft weitertrugen und die Bewegung am Leben erhielten, während Whitefield selbst weiter durch die britisch-atlantische Welt reiste. Hervorzuheben sind Gilbert Tennent, Samuel Blair und Samuel Finley unter den Presbyterianern in den mittelatlantischen Kolonien, James Davenport und Andrew Crosswell neben Jonathan Edwards unter den Kongregationalisten in Neuengland oder der gebürtige Schweizer Heinrich Goetschi (John Henry Goetschius) unter den niederländisch-reformierten Kolonisten in New York und New Jersey. Unter den deutschen Siedlern in Pennsylvania führte die Predigttätigkeit des Führers der Mährischen Brüdergemeine Nikolaus von Zinzendorf, des Lutheraners Heinrich Melchior Mühlenberg und des Reformierten Michael Schlatter ebenfalls zu einer Belebung der Religiosität.

In mehreren Religionsgemeinschaften polarisierte die Erweckungsbewegung die Geistlichen in Befürworter, die darin einen ernsthaften Ansatz zu spiritueller und moralischer Erneuerung und einer Belebung der Religiosität der Kolonisten sahen, und Gegner, die Whitefield und seine Gefolgsleute für Scharlatane hielten. Während Anhänger der Erweckungsbewegung die grenzüberschreitende Tätigkeit der Wanderprediger guthießen und die Wahlfreiheit der Laien in religiösen Fragen forderten, sahen ihre orthodoxen Gegner reisende Erweckungsprediger als Störenfriede und Unruhestifter an, die traditionelle Pfarreigrenzen und die Autorität der Pfarrer untergruben. In der presbyterianischen Kirche, die vor allem in den mittelatlantischen Kolonien stark war, vertiefte das *Great Awakening* die bereits längere Zeit schwelenden Meinungsverschiedenheiten über dogmatische Fragen und die Pfarrerausbildung und führte 1741 zur Spaltung der Synode von Philadelphia in einen konservativ-orthodoxen Zweig (»Old Side«), der das *Great Awakening* ablehnte, und einen progressiven Zweig (»New Side«), der die Erweckungsbewegung befürwortete. »Old Side«- und »New Side«-Presbyterianer bekämpften einander in den folgenden Jahren vehement in Zeitungen und Flugschriften. Die Befürworter des *Great Awakening* gründeten 1745 eine eigene Synode und ein Jahr später das College of New Jersey (Princeton) für die Ausbildung des theologischen Nachwuchses. Eine ähnlich scharfe Auseinandersetzung fand zwischen »Old Lights« und »New Lights« unter den Kongregationalisten Neuenglands statt. Hier beklagten die konservativen »Old Lights« insbesondere die angeblichen Exzesse wie lautes Schreien und Ohnmachtsanfälle, zu denen Prediger wie James Davenport ihr Publikum verleiteten. Sowohl in Neuengland als auch nach 1750 in Virginia verließ eine Minderheit der »Erweckten« die etablierten Kirchen der Kongregationalisten und Anglikaner und wandte sich separatistischen Gruppen, vor allem den Baptisten, zu.

Die Bedeutung dieser Erweckungsbewegung liegt zum einen darin, dass sie die Entscheidungsfreiheit der Kolonisten in religiösen Fragen und damit die Pluralisierung der kolonialen Gesellschaft förderte. In den Auseinandersetzungen mit ihren orthodoxen Gegnern beriefen sich die Befürworter des *Great Awakening* auf Minderheitenrechte und individuelle Gewissensfreiheit und entwickelten damit Argumente, die auch in der späteren Auseinandersetzung der Kolonisten mit Großbritannien eine wichtige Rolle spielen sollten. Überhaupt trugen die heftigen, oft polemisch zugespitzten Debatten um das Für und Wider der Erweckungsbewegung in einer Fülle von Zeitungsartikeln und Flugschriften zur Entstehung einer öffentlichen Diskussionskultur bei. Und obwohl die Protagonisten des *Great Awakening* versuchten, ihre Erfolge dauerhaft zu sichern, indem sie wie die Presbyterianer eigene Synoden bildeten, wurde die Erweckungsbewegung stets auch als Bedrohung traditioneller Ordnungsmuster und Autoritätsstrukturen wahrgenommen. Dies gilt für die Bekehrungserfolge der Baptisten in Neuengland und Virginia ebenso wie für South Carolina, wo die Furcht vor möglichen Auswirkungen auf die Sklavenbevölkerung eine breitere Rezeption des *Great Awakening* verhinderte.

Schließlich ist der phänomenale Erfolg George Whitefields nicht nur auf seine unbestrittene rhetorische Begabung zurückzuführen, sondern auch darauf, dass er sich der Techniken und der Sprache des Theaters und des Marktes bediente, um ein Massenpublikum zu erreichen. Whitefield ließ seine Auftritte vorab in Zeitungsinseraten ankündigen, inszenierte sie äußerst sorgfältig, sorgte für die weite und rasche Verbreitung der Erfolgsmeldungen von seinen Predigten, ließ seine Schriften in verschiedenen Preisklassen drucken und publizierte sogar seine Autobiographie als Fortsetzungsgeschichte. Whitefield führte so gleichsam die »Konsumrevolution« des 18. Jahrhunderts mit der Erweckungsbewegung zusammen und schuf dadurch ein überregionales Publikum für charismatische Erweckungsprediger, die die Notwendigkeit von Bekehrung und Wiedergeburt in einer einfachen, klaren Sprache vermittelten.

Neben »Konsumrevolution« und *Great Awakening* prägte auch der Siebenjährige Krieg, in Nordamerika *French and Indian War* genannt, die gemeinsame Erfahrungswelt der Kolonisten. Während auf dem europäischen Kriegsschauplatz England und das Preußen Friedrichs II. einer Allianz Österreichs mit Frankreich und Russland gegenüberstanden, handelte es sich in Nordamerika um eine Auseinandersetzung zwischen den Kolonialmächten England und Frankreich, in der beide Seiten wie in früheren Kolonialkriegen von indianischen Verbündeten unterstützt wurden. Die *Covenant Chain*, das Bündnissystem der englischen Kolonien mit dem Bund der Irokesen, war um die Mitte des 18. Jahrhunderts brüchig geworden, weil die Irokesen wiederholt eigenmächtig das Land anderer Stämme wie der Delaware und Shawnee an die Kolonien abgetreten hatten, was diese zur Umsiedlung in das Ohiotal zwang. Als sich die Indianer des Ohiotals erneut mit dem Vordringen von Siedlern und Landspekulanten aus Virginia und Pennsylvania konfrontiert sahen, fanden sie Unterstützung bei den Franzosen, für die das Ohiogebiet als Bindeglied zwischen ihren Kolonien in Kanada und im Mississippital wichtig war und die 1752 begannen, diese Verbindung durch die Anlage von Forts militärisch zu sichern. Im Sommer 1754 kam es im Westen Pennsylvanias zu ersten bewaffneten Zusammenstößen der Franzosen und ihrer indianischen Verbündeten mit englischen Kolonialtruppen unter einem jungen Offizier namens George Washington, die mit einer Niederlage der Engländer endeten.

Nahezu gleichzeitig verhandelten 1754 Delegierte der Neuenglandstaaten, New Yorks, Pennsylvanias und Marylands in der Stadt Albany mit Vertretern des Irokesenbundes nochmals über die Neuauflage der *Covenant Chain*. Trotz der auf diesem Kongress zutage tretenden Rivalitäten zwischen den Abgesandten der Kolonien um wirtschaftlichen und politischen Einfluss gewann Benjamin Franklin, der für Pennsylvania an der Konferenz teilnahm, die Zustimmung der anderen Delegierten zu seinem Plan einer Konföderation aller britischen Kolonien in Nordamerika außer Nova Scotia und Georgia. Dieser Konföderation sollte eine gemeinsame Regierung, bestehend aus einem von der Krone ernannten und besoldeten Generalpräsidenten und einem aus Vertretern der Kolonien zusammengesetzten Großen Rat, vorstehen. Generalpräsident und Großer Rat sollten alle Verhandlungen mit indianischen Stämmen führen, über Krieg und Frieden entscheiden, den indianischen Handel regulieren, von den Indianern gekauftes Land außerhalb der Grenzen der bestehenden Kolonien verwalten und zur Besiedlung vorbereiten und für eine gemeinsame Verteidigung sorgen. Um ihre Aufgaben wahrnehmen zu können, sollte die Konföderationsregierung die Macht haben, entsprechende Gesetze zu erlassen sowie Zölle und Steuern zu erheben. Franklins Plan einer Konföderation der britischen Kolonien war seiner Zeit jedoch deutlich voraus und wurde sowohl von den kolonialen Assemblies als auch von der Regierung in London abgelehnt. Die Bedeutung des Unionsplans von Albany liegt darin, dass hier bereits Grundfragen einer Kooperation der nordamerikanischen Kolonien gestellt wurden, die in der Auseinandersetzung zwischen Großbritannien und den Kolonien seit 1763 virulent wurden.

Die ersten Kriegsjahre verliefen für Großbritannien und seine Kolonien infolge mangelnder indianischer Unterstützung und gravierender Fehler der britischen Kommandeure äußerst ungünstig. Britische Truppen unter Generalmajor Edward Braddock wurden 1755 beim Marsch auf das französische Fort Duquesne im Ohiotal von französischen und indianischen Verbänden überrascht und vernichtend geschlagen, und im selben Jahr scheiterten britische Expeditionen gegen die wichtigen französischen Forts Niagara und St. Frédéric (Crown Point). Stattdessen nahm der französische General Montcalm 1756 Fort Oswego, den Hauptstützpunkt der Briten am Ontariosee, und im folgenden Jahr Fort William Henry am Südufer des Lake George ein. Die weitgehend ungeschützten Farmen und Handelsposten an der Siedlungsgrenze Pennsylvanias, Marylands und Virginias wurden in diesen Jahren häufig Ziele französischer und indianischer Angriffe. Infolge dieser Fehlschläge wurden die Oberkommandierenden William Shirley und Lord Loudoun nach England zurückbeordert. Zugleich kam es immer wieder zu Reibereien zwischen den regulären britischen Truppen und amerikanischen Kolonisten, da sich altgediente Kolonialoffiziere weigerten, die Befehle jüngerer und rangniederer britischer Offiziere zu befolgen, und die Kolonialparlamente nicht bereit waren, Gelder für militärische Operationen zu bewilligen, deren Verwendung sie nicht selbst kontrollierten. In mehreren Kolonien kam es wegen der Einquartierung von Soldaten in Privathäusern zu Unruhen.

Zwischen 1758 und 1760 brachten mehrere Entwicklungen die Wende zugunsten Großbritanniens. Unter dem populären Politiker William Pitt, der 1757 zum leitenden Minister berufen wurde, verstärkte Großbritannien seine Kriegsanstrengungen durch die Intensivierung des Seekriegs auf dem Atlantik, die Entsendung neuer Verbände und Subsidienzahlungen an die Kolonialregierungen zur Rekrutierung amerikanischer Truppen. Nicht zuletzt aufgrund dieser Subsidien und der 1758 verfügten Gleichstellung amerikanischer und britischer Offiziere wurde die Bevölkerung Britisch-Nordamerikas in bislang nicht gekannter Größenordnung für den militärischen Einsatz mobilisiert. Neben den Neuengland-Kolonien, die bereits in früheren Kolonialkriegen die Hauptlast der Mobilisierung getragen hatten, stellten nun auch die mittleren und südlichen Kolonien größere Kontingente von Miliztruppen auf. Aufgrund dieser Anstrengungen erreichten die anglo-amerikanischen Einheiten bis 1758 eine Truppenstärke von rund 50000 Mann. Neuenglische Pastoren und Protagonisten des *Great Awakening* wie George Whitefield und Gilbert Tennent unterstützten den Kriegseinsatz mit flammenden patriotischen Predigten, in denen sie die Auseinandersetzung mit den Franzosen und ihren indianischen Verbündeten zum apokalyptischen Kampf mit dem Antichrist stilisierten. Von größerer militärischer Bedeutung war aber sicherlich, dass es mit dem Vertrag von Easton 1758 gelang, die Indianer des Ohiotals aus der Allianz mit den Franzosen herauszulösen, und dass im folgenden Jahr die Irokesen ihre Neutralität aufgaben und wieder an der Seite der Briten kämpften. Die Einnahme der bedeutenden französischen Festung Louisbourg an der kanadischen Atlantikküste, von Fort Frontenac am Ontariosee und Fort Duquesne im Ohiotal 1758, die Eroberung von Fort Niagara und der Fall der Hauptstadt Neu-Frankreichs Quebec 1759, schließlich die Einnahme Montreals durch etwa 11000 reguläre britische Soldaten, 6500 nordamerikanische Soldaten und 700 Irokesenkrieger im September 1760 bildeten die wichtigsten Etappen auf dem Weg zum Sieg der Briten über ihren französischen Erzrivalen in Nordamerika. Abgesehen von South Carolina, wo sich die Cherokee-Indianer 1759 gegen die Briten erhoben hatten, war der Krieg damit 1760 in Nordamerika beendet, und nordamerikanische Kolonialtruppen standen 1762 sogar für die erfolgreiche britische Expedition gegen die spanische Kolonialhauptstadt Havanna auf Kuba zur Verfügung. Im Frieden von Paris trat Frankreich Kanada an Großbritannien und Louisiana an Spanien ab, während Spanien Florida an Großbritannien abtreten musste. Damit war Großbritannien zur dominierenden Kolonialmacht Nordamerikas geworden.

Aus historischer Perspektive ist zwar unverkennbar, dass der britische Sieg auf die gemeinsamen militärischen und finanziellen Anstrengungen von Briten und nordamerikanischen Kolonisten zurückzuführen war. Unter den Zeitgenossen gingen jedoch die Ansichten darüber, wer diesen Sieg errungen hatte, weit auseinander. Während die Kolonisten dem Einsatz ihrer Soldaten und den Steuerleistungen ihrer Bevölkerung einen erheblichen Anteil am militärischen Erfolg zuschrieben, sahen die Briten in den vermehrten Kriegsanstrengungen des Mutterlandes die Hauptursache des Sieges, und die Offiziere der regulären britischen Truppen äußerten sich immer wieder verständnislos und geringschätzig über die scheinbare Disziplinlosigkeit der kolonialen Verbände, das Profitstreben amerikanischer Händler, die die Truppen belieferten, und die mangelnde Kooperationsbereitschaft der eifersüchtig ihre Rechte wahrenden Kolonialparlamente. Da die amerikanischen Offiziere und ihre Soldaten häufig aus denselben Gemeinden kamen, nicht selten sogar miteinander verwandt waren und ihren militärischen Dienst als befristetes Vertragsverhältnis mit der Kolonialregierung interpretierten, waren ihnen umgekehrt die rigide militärische Disziplin der Briten und die soziale Kluft, die adlige britische Offiziere von ihren meist aus den Unterschichten kommenden Untergebenen trennte, zutiefst suspekt. Somit trug der Triumph Großbritanniens auf dem nordamerikanischen Kontinent paradoxerweise dazu bei, dass sich bestehende Meinungsverschiedenheiten und Missverständnisse zwischen Kolonien und Mutterland noch vertieften.

Um 1770 lebten über zwei Millionen Menschen in Britisch-Nordamerika, darunter etwa 450000 Afroamerikaner, die mehrheitlich als Sklaven in den südlichen Kolonien arbeiten mussten. Der weitaus überwiegende Teil der Bevölkerung lebte auf dem Lande, weniger als fünf Prozent in einer der fünf größeren Städte mit 10000 bis 35000 Einwohnern (Philadelphia, New York, Boston, Newport, Charleston). Die meisten europäischen Siedler waren englischer Herkunft, aber die Deutschen, Iren, Schotten und Niederländer stellten in einigen Kolonien namhafte Minderheitengruppen. Die Siedlungsdichte war an der Ostküste am höchsten, doch hatte die europäische Besiedlung am Vorabend der Amerikanischen Revolution in einigen Regionen bereits das Appalachen-Gebirge erreicht. Die Kolonisten erfreuten sich gegen Ende des Siebenjährigen Krieges eines im Vergleich mit dem damaligen Westeuropa hohen Lebensstandards, hatten in der lokalen Selbstverwaltung von *townships*, Counties und Kirchengemeinden erhebliche politische Erfahrung gesammelt und wählten ihre eigenen Abgeordneten in die kolonialen Parlamente. Die Mehrzahl der Kolonien unterstand direkter königlicher Verwaltung, während Pennsylvania und Delaware noch im Besitz der Familie Penn und Maryland im Besitz der Familie Baltimore waren. Wirtschaft und Handel waren durch englische Gesetze wie die *Navigation Acts* und verschiedene Produktionsverbote (zum Beispiel für Eisenwaren und Hüte) sowie durch einen Mangel an Bargeld zwar einigen Einschränkungen unterworfen, hatten dessen ungeachtet aber im 18. Jahrhundert einen gewaltigen Aufschwung erlebt. Die meisten Amerikaner fühlten sich um 1763 primär als Engländer in Übersee, orientierten sich am Vorbild des Mutterlandes und wollten von diesem als gleichberechtigt anerkannt werden. Es war daher für diese Kolonisten ein schwerer Schlag, als Großbritannien ihnen diese Anerkennung verweigerte, die Neuordnung seines Kolonialreichs in Angriff nahm und sich anschickte, den Amerikanern ohne deren Zustimmung neue Steuern und Abgaben aufzuerlegen.

Entstehung und Konsolidierung der amerikanischen Republik

(1763–1800)

Von Mark Häberlein

Epochenüberblick

Nach dem Sieg über Frankreich im Siebenjährigen Krieg versuchte die britische Regierung seit 1763, die nordamerikanischen Kolonien einer stärkeren Kontrolle zu unterwerfen und sie durch Zoll- und Steuergesetze an den Kosten der Verwaltung und Verteidigung des britischen Empire zu beteiligen. Gegen diese neue Politik leisteten die amerikanischen Kolonisten massiven Widerstand, der sich in Petitionen an König und Parlament, Massenprotesten und Boykotten britischer Waren äußerte. Zur Begründung ihres Widerstands führten die Amerikaner an, dass freie Engländer nicht ohne ihre Zustimmung besteuert werden dürften. Nachdem Großbritannien die Krise 1766 und 1770 durch die Rücknahme umstrittener Gesetze noch entschärfen konnte, eskalierte der Konflikt seit 1773, als Kolonisten im Hafen von Boston aus Protest gegen die britische Politik die Teeladung von Schiffen der britischen Ostindienkompanie ins Meer warfen. Großbritannien reagierte darauf mit drakonischen Gesetzen, gegen die sich eine interkoloniale Widerstandsbewegung formierte, die in den folgenden Monaten faktisch die Macht übernahm. Im April 1775 kam es bei Lexington und Concord in Massachusetts zu ersten Gefechten zwischen britischen Truppen und amerikanischen Milizsoldaten.

Der im Mai 1775 zusammentretende Zweite Kontinentalkongress übernahm die Aufgaben einer nationalen Regierung und stellte eine Armee unter dem Oberbefehl George Washingtons auf. Obwohl der Kongress noch über ein Jahr mit der Erklärung der Unabhängigkeit zögerte, machten die Dauer des Krieges, die harte Haltung Großbritanniens und die Notwendigkeit von Bündnisverhandlungen die Loslösung von Großbritannien unausweichlich. Nachdem Thomas Paine in seinem Anfang 1776 veröffentlichten Pamphlet *Common Sense* den König und die britische Verfassung scharf angegriffen und den Gedanken einer unabhängigen Republik populär gemacht hatte, stimmte der Kongress am 4. Juli der von Thomas Jefferson verfassten Unabhängigkeitserklärung zu. Zwischen 1776 und 1780 verabschiedeten die meisten amerikanischen Staaten neue Verfassungen, in denen sie sich eine republikanische Regierungsform gaben und die Rechte der Bürger verbindlich festschrieben. Die nunmehr unabhängigen Staaten schlossen sich zu einer lockeren Konföderation zusammen, die den Einzelstaaten ein hohes Maß an Selbständigkeit beließ.

Die Unabhängigkeit von Großbritannien musste in einem achtjährigen Krieg (1775–1783) erkämpft werden, in dem die Amerikaner nach einigen Rückschlägen im Jahre 1777 bei Saratoga erstmals einen entscheidenden Sieg über ein britisches Heer errangen. Mit dem Kriegseintritt Frankreichs, Spaniens und der Niederlande an der Seite der USA internationalisierte sich der Konflikt, der vor allem in New York und South Carolina nicht nur als konventioneller Krieg, sondern auch als Bürgerkrieg zwischen Revolutionären und königstreuen Amerikanern geführt wurde. Nach der Kapitulation einer zweiten britischen Armee bei Yorktown 1781 nahm Großbritannien Friedensverhandlungen auf und erkannte 1783 im Frieden von Paris die Unabhängigkeit seiner ehemaligen Kolonien an. Außerdem überließen die Briten den USA das Gebiet zwischen dem Appalachen-Gebirge und dem Mississippi. Mit den britischen Truppen verließen auch mehrere Zehntausend amerikanischer Loyalisten das Land.

Trotz des erfolgreichen Kampfes um die Unabhängigkeit machte sich in den USA nach 1783 aufgrund einer wirtschaftlichen Rezession, der zunehmend offenbar werdenden Handlungsunfähigkeit des Kongresses und heftigen Spannungen und Parteienkämpfen in den Einzelstaaten eine Krisenstimmung breit, die den Ruf nach einer Revision der Konföderationsverfassung von 1777 laut werden ließ. Ein aus Delegierten von zwölf Staaten bestehender Konvent, der 1787 in Philadelphia zusammentrat, arbeitete in monatelangen Beratungen eine neue Bundesverfassung aus, die eine Zweikammerlegislative, eine starke Exekutive in Gestalt eines gewählten Präsidenten und eine unabhängige Judikative vorsah. Die Rechte der Bundesregierung wurden darin wesentlich gestärkt, da sie künftig eigene Steuern und Zölle erheben durfte und das Bundesrecht über dem Recht der Einzelstaaten stehen sollte. Nach einer breiten öffentlichen Debatte wurde die neue Verfassung bis 1788 von den meisten Einzelstaaten ratifiziert. 1789 wurde George Washington zum ersten Präsidenten der USA gewählt. Der erste Bundeskongress griff eine wesentliche Anregung der Verfassungskritiker auf und verabschiedete eine Grundrechteerklärung (*Bill of Rights*) in Form von Verfassungszusätzen.

In Washingtons erstem Kabinett traten seit 1790 persönliche und ideologische Gegensätze zwischen Finanzminister Alexander Hamilton und Außenminister Thomas Jefferson zutage. Während Hamilton die Entwicklung der jungen Nation durch eine aktive Wirtschafts- und Finanzpolitik zu fördern und die Handels- und Finanzinteressen in den Küstenstädten an die Bundesregierung zu binden versuchte, setzte sich Jefferson im Interesse der Farmer und Pflanzer des Südens und Westens für niedrige Steuern, eine möglichst gleichmäßige Landverteilung und die

Respektierung der Rechte der Einzelstaaten ein. Sowohl Hamilton als auch Jefferson scharten politische Anhänger um sich, aus denen sich schließlich zwei Parteien, die *Federalists* und die *Republicans*, entwickelten. Die Gegensätze zwischen Federalists und Republicans verschärften sich nach Ausbruch der französischen Revolutionskriege 1793, da Hamilton und die Federalists für eine enge Zusammenarbeit mit Großbritannien plädierten, während Jefferson und die Republicans mit dem revolutionären Frankreich sympathisierten. Als John Jay 1795 im Auftrag Präsident Washingtons einen Handelsvertrag mit Großbritannien vereinbarte, der in einigen Fragen britischen Forderungen nachgab, wurde er von den Republicans, die sich mehr und mehr zu einer nationalen Oppositionspartei entwickelten, dafür heftig angegriffen. Nach Washingtons Amtsverzicht bewarben sich 1796 erstmals mehrere Kandidaten um die Präsidentschaft. John Adams setzte sich als Kandidat der Federalists knapp gegen Thomas Jefferson durch, verlor in den folgenden vier Jahren aber rasch an Popularität und entzweite sich mit anderen führenden Federalists. Nach einer spannungsgeladenen Wahl wurde Thomas Jefferson 1801 dritter Präsident; zum ersten Mal in der Geschichte der USA war es damit zu einem demokratischen Machtwechsel gekommen.

1763	König Georg III. versucht durch eine Proklamationslinie die Westexpansion der Kolonien zu begrenzen.
1764	*American Duties Act* (*Sugar Act*) des Londoner Parlaments.
1765	Das vom britischen Parlament verabschiedete Stempelsteuergesetz (*Stamp Act*) ruft in den Kolonien heftigen Widerstand hervor.
1767	Die Townshend-Zölle führen erneut zu Widerstandsaktionen.

1770	»Massaker« von Boston.
1773	»Boston Tea Party«.
1774	Zwangsgesetze gegen Boston und Massachusetts, Quebec-Gesetz, September – Oktober: Erster Kontinentalkongress.
1775	Beginn des Unabhängigkeitskrieges; Zweiter Kontinentalkongress.
1776	4. Juli: Amerikanische Unabhängigkeitserklärung.
1776/77	Zehn Staaten geben sich neue republikanische Verfassungen.
1777	Erste amerikanische Konföderationsverfassung (*Articles of Confederation*), die aber erst 1781 nach der Ratifizierung durch alle Staaten in Kraft treten kann.
1778	Abschluss eines Bündnisses mit Frankreich.
1781	Entscheidender Sieg französischer und amerikanischer Truppen bei Yorktown.
1783	Friede von Paris: Großbritannien erkennt die Unabhängigkeit der Vereinigten Staaten an und überlässt den USA das Gebiet zwischen Appalachen und Mississippi.
1787	Der Verfassungskonvent von Philadelphia arbeitet eine neue Bundesverfassung aus, die bis 1788 von den meisten Staaten ratifiziert wird.
1789	George Washington wird erster Präsident der USA. Der erste US-Kongress tritt zusammen.
1790/91	Finanzminister Alexander Hamilton legt ein umfassendes Wirtschafts- und Finanzprogramm vor.
1794/95	Jay-Vertrag mit Großbritannien.
1796	John Adams wird zum Nachfolger Washingtons gewählt.
1797–1799	»Quasi-Krieg« mit Frankreich.
1800/01	Die Präsidentenwahl führt zu einer Pattsituation, die erst nach 36 Wahlgängen im Repräsentantenhaus zugunsten von Thomas Jefferson entschieden wird.

Die Krise der britischen Kolonialherrschaft (1763–1775)

Nach dem Rückzug Frankreichs aus Kanada sowie aus dem Ohio- und Mississippital befand sich Großbritannien in Nordamerika auf dem Höhepunkt seiner Macht. Die imperiale Rivalität mit Frankreich und seinen indianischen Verbündeten, die zwischen 1689 und 1763 zu einer ganzen Serie blutiger Kolonialkriege geführt hatte, war beendet. Zugleich hatten die Kriegsausgaben die britische Staatsschuld auf die Rekordhöhe von über 130 Millionen Pfund Sterling anschwellen lassen. In dieser Situation traf Großbritannien zwei folgenschwere Entscheidungen: zum einen sollten die Kontrolle über die nordamerikanischen Erwerbungen verstärkt und die Grenzen des dortigen Kolonialreichs fixiert werden. Zum anderen wollte London nun die Kolonien selbst stärker an den Kosten ihrer Verwaltung und Verteidigung beteiligen. Diese Politik, die steckengebliebene Bestrebungen zur Regulierung der kolonialen Wirtschaft in den Jahren 1748–1754 wieder aufgriff, war das Werk einer neuen Generation britischer Politiker. Nach dem Regierungsantritt Georgs III., der 1760 seinem gleichnamigen Großvater auf dem Thron folgte und gewillt war, stärkeren Einfluss auf die Regierungsgeschäfte zu nehmen als seine Vorgänger, verloren die Architekten des britischen Sieges im Siebenjährigen Krieg, William Pitt und der Herzog von Newcastle, ihren Rückhalt bei der Krone und traten 1761 bzw. 1762 zurück. Der neue König vertraute die Regierungsgeschäfte zunächst seinem Erzieher und engsten Berater Lord Bute an, der sich aber nur kurze Zeit an der Macht halten konnte, so dass die politische Führung am Ende des Siebenjährigen Krieges bei dem Finanzexperten George Grenville und dem erfahrenen Kolonialpolitiker Lord Halifax lag.

Erste Schritte in Richtung einer stärkeren britischen Einflussnahme stellten die Entscheidung, zehntausend Mann britischer Truppen in Nordamerika zu belassen, sowie die königliche Proklamation vom 7. Oktober 1763 dar. Durch die Proklamation wurden vier neue Kolonien – Quebec, Ost- und West-Florida in Nordamerika und die Karibikinsel Grenada – errichtet und eine Westgrenze der amerikanischen Kolonien entlang des Kamms des Appalachen-Gebirges festgelegt. Ziel der Grenzziehung war der Schutz der Indianer vor dem Expansionsdrang der Kolonisten. Zum gleichen Zweck, und um den Prozess der Landnahme und territorialen Expansion in geordnete Bahnen zu lenken, wurde es Privatpersonen untersagt, Land von Indianern zu kaufen; Landabtretungsverträge blieben den Vertretern der Krone vorbehalten. Die Möglichkeiten für Neueinwanderer und landlose Siedler in den dichter bevölkerten küstennahen Gebieten, sich durch Migration an die *Frontier* im Westen als unabhängige Landbesitzer zu etablieren, wurden damit ebenso eingeschränkt wie die Möglichkeiten zu Landspekulation und zur Anlage von großen, mit Sklaven bewirtschafteten Plantagen im Gebiet jenseits der Appalachen. Vielen Kolonisten wollte obendrein nicht einleuchten, dass angeblich »barbarische« Indianer, die zuvor teilweise an der Seite der Franzosen englische Siedlungen überfallen hatten, nun durch königliche Weisung geschützt werden sollten, und die Proklamation wurde in der Folgezeit häufig missachtet. Die andauernde Unruhe jenseits der Appalachen entlud sich in einem großen Aufstand von Indianerstämmen im Gebiet der Großen Seen, der nach dem Ottawa-Häuptling Pontiac als *Pontiac's War* bezeichnet wird, in den Jahren 1763–1765. Die aufständischen Indianer, die zusätzlich durch religiöse Prophezeiungen und den Wunsch nach einer Rückkehr zu traditionellen Lebensformen motiviert waren, zerstörten zahlreiche Forts und Siedlungen im Westen der Kolonien und belagerten monatelang die nunmehr britischen Forts Detroit, Niagara und Pittsburgh.

Um die Einnahmen Großbritanniens aus den Kolonien zu steigern, setzte Finanzminister George Grenville 1764 ein Gesetz (*American Duties Act*) im Parlament durch, das in der Folgezeit als *Sugar Act* bekannt wurde. Der bereits 1733 eingeführte Zoll auf Melasseimporte von westindischen Inseln, die nicht zum britischen Empire gehörten, wurde damit zwar um die Hälfte gesenkt, sollte nun aber wesentlich konsequenter eingetrieben werden als bisher. Zugleich wurden die Zölle auf raffinierten Zucker, Indigo, Kaffee, Madeirawein und Stoffe ausländischer Herkunft deutlich erhöht. Um den weit verbreiteten Schmuggelhandel mit den nicht-britischen Karibikinseln einzudämmen, sollten für solche Delikte künftig Seegerichte (*Vice-Admiralty Courts*) zuständig sein, die ohne Hinzuziehung von Geschworenen urteilten. Mit derselben Zielsetzung wurden die rechtlichen Handlungsmöglichkeiten der königlichen Zollbeamten erweitert. Daneben verabschiedete das britische Parlament ein Währungsgesetz (*Currency Act*), das die Möglichkeiten der Kolonien zur Emission von Papiergeld stark einschränkte, da koloniales Papiergeld künftig nicht mehr zur Tilgung privater Schulden verwendet werden durfte. Diese Maßnahme betraf vor allem die Tabakpflanzer Virginias, die bei britischen Kaufleuten hoch verschuldet waren und denen die Begleichung dieser Verbindlichkeiten in Pfund Sterling wesentlich schwerer fiel als in der gegenüber dem britischen Pfund stark abgewerteten kolonialen Währung.

Diese Gesetze fielen einerseits in eine Zeit, in der die amerikanische Bevölkerung unter einer wirtschaftlichen Nachkriegsrezession zu leiden hatte; andererseits wurde vor allem das Zuckergesetz von vielen Kolonisten als Zeichen eines grundlegenden Wandels der britischen Kolonialpolitik gesehen, die sich bis zum Siebenjährigen Krieg weitgehend an das Prinzip der »wohlwollenden

Vernachlässigung« (*salutary neglect*) gehalten hatte. Im Abgeordnetenhaus von Massachusetts entwarf eine Gruppe radikaler Whig-Politiker um die Anwälte James Otis und Samuel Adams eine Petition an König und Parlament, die das Gesetz als Eingriff in die Rechte der Kolonisten kritisierte, doch gelang es dem stellvertretenden Gouverneur Thomas Hutchinson, die Petition stark abzuschwächen. Hingegen schrieb die New Yorker Assembly in einer Petition an das Unterhaus in London, dass seit 1683 ausschließlich die politischen Institutionen der Kolonie – Gouverneur, Council und Assembly – Steuern in New York erhoben hätten. Die Bewohner New Yorks seien »daher überrascht und bestürzt von der Nachricht, dass neuerdings Pläne geschmiedet werden, das Parlament Großbritanniens dazu zu bringen, die hiesigen Untertanen durch Gesetze zu besteuern, die dort beschlossen werden.« Derartige Neuerungen würden »die Kolonie zu absolutem Ruin führen«. Darüber hinaus formulierte das New Yorker Abgeordnetenhaus eine prinzipielle Rechtfertigung des Widerstands gegen das Gesetz: »Das Recht auf Verweigerung nicht bewilligter, erzwungener Steuern muss das große Prinzip eines jeden freien Staates sein. Ohne ein solches Recht gibt es keine Freiheit, kein Glück und keine Sicherheit. Es lässt sich nicht trennen vom Begriff des Eigentums. Denn wer kann das sein Eigentum nennen, was ihm nach Gutdünken von einem anderen fortgenommen werden kann.« Obwohl New York den Schutz des Eigentums als »natürliches Recht der Menschheit« postulierte, wurde vor allem pragmatisch gegen Steuern protestiert, die ohne Zustimmung der Besteuerten beschlossen wurden, und der enge Zusammenhang von Freiheit und Sicherheit des Eigentums betont. Dies waren keine prinzipiell neuen Argumente, sondern Grundsätze, die aus der jahrzehntelang geübten politischen Praxis in den Kolonialparlamenten abgeleitet werden konnten.

Auch die koloniale Opposition räumte ein, dass dem britischen Parlament das Recht zustehe, den Handel des Empire zum Nutzen des Mutterlandes zu regulieren und Zölle zu erheben. Die interne Besteuerung der Kolonisten war jedoch Sache der Kolonialregierungen. Dieses von den Amerikanern reklamierte Recht, in Fragen der Besteuerung selbst zu entscheiden, war vom britischen Parlament jedoch nie anerkannt worden. In einer 1765 anonym in London publizierten Schrift wies der britische Politiker Thomas Whately die von den Kolonisten getroffene Unterscheidung zwischen Gesetzen zur Regulierung des Handels und Gesetzen zur Erhebung von Steuern zurück und wies darauf hin, dass ähnliche Gesetze bereits früher erlassen worden waren, ohne dass die Amerikaner dagegen protestiert hätten. Whately bekräftigte prinzipiell das Recht der britischen Regierung, die Kolonisten zu den Ausgaben des Empire heranzuziehen, und bestritt energisch, dass die Amerikaner nicht im Parlament vertreten seien, da das Parlament in Westminster per definitionem die Vertretung aller Engländer darstelle.

Trotz der Proteste aus Massachusetts und New York konnte von einer einheitlichen Haltung der nordamerikanischen Kolonien zu diesem Zeitpunkt noch keine Rede sein. Neben einer schweren Wirtschaftskrise, die durch den Nachfragerückgang nach Ende des Siebenjährigen Krieges ausgelöst wurde, und dem Indianerkrieg an der westlichen Siedlungsgrenze zogen territoriale Streitigkeiten zwischen Kolonien und innere Konflikte die Aufmerksamkeit der meisten Amerikaner auf sich. In Pennsylvania beispielsweise hatten schottisch-irische Siedler aus dem Westen, die während *Pontiac's War* unter Indianerangriffen litten, Ende 1763 in einem Racheakt eine Gruppe friedlicher Conestoga-Indianer ermordet und waren zu Beginn des folgenden Jahres auf die Provinzhauptstadt Philadelphia marschiert, um die nach ihrer Ansicht für den fehlenden Schutz der Siedler Verantwortlichen zur

Rechenschaft zu ziehen. Benjamin Franklin und anderen angesehenen Politikern gelang es jedoch, diese »Paxton Boys« zur Umkehr zu bewegen. In den Carolinas bewogen anarchische Zustände an der Siedlungsgrenze und die Korruption von Amtsträgern zahlreiche Siedler, als sogenannte Regulatoren selbst das Gesetz in die Hand zu nehmen, da sie den meist an der Ostküste lebenden Politikern ihrer Kolonien die Durchsetzung von Recht und Ordnung nicht zutrauten. In North Carolina weitete sich der Protest der Regulatoren in den folgenden Jahren zu einem regelrechten Aufstand aus, den der Gouverneur 1771 schließlich gewaltsam niederschlagen ließ. Angesichts der vielfältigen Probleme und komplexen Interessenlagen in den Kolonien erwarteten die britischen Politiker keinen konzertierten Widerstand gegen weitere Gesetze aus London.

Im Frühjahr 1765 verabschiedete das britische Parlament mit großer Mehrheit das Einquartierungsgesetz (*Quartering Act*), das Gemeinden, Gastwirte und Fährleute zu bestimmten Unterstützungsleistungen für britische Truppen verpflichtete, sowie das Stempelsteuergesetz (*Stamp Act*), dem zufolge rechtliche Schriftstücke, Urkunden, Druckerzeugnisse sowie Würfel- und Kartenspiele mit Gebührenmarken bzw. kostenpflichtigen Stempeln zu versehen waren. Zur Eintreibung der Abgaben, die jährlich 60000 Pfund in die britische Staatskasse bringen sollten, wurden eigene Einnehmer in den Kolonien bestimmt. Während man im Falle des *American Duties Act* noch darüber streiten konnte, ob es sich um ein Handels- oder ein Steuergesetz handelte, war die Stempelsteuer unzweifelhaft ein Versuch der direkten Besteuerung der Kolonisten, und die Einnahmen sollten zur Sanierung des britischen Staatshaushalts und zum Unterhalt des britischen Militärs in Amerika verwendet werden. Zudem betraf das Gesetz unterschiedslos alle Kolonisten und war in Pfund Sterling, also in einer Währung zu entrichten, die in den Kolonien rar war. Schließlich sollten Vergehen gegen das Gesetz wiederum vor Vizeadmiralitätsgerichten abgeurteilt werden, so dass die Amerikaner neben dem Prinzip des »no taxation without representation« auch das Recht freier Engländer auf Geschworenengerichte (*trial by jury*) verletzt sahen. Als das Gesetz im Sommer 1765 in den Kolonien bekannt wurde, brach ein Sturm der Entrüstung los, und der Widerstand gegen den *Stamp Act* organisierte sich auf mehreren Ebenen.

Die kolonialen Abgeordnetenhäuser verfassten Petitionen und Protestadressen, wobei den Ende Mai 1765 verabschiedeten *Virginia Resolutions*, die der eloquente junge Anwalt Patrick Henry entworfen hatte, eine Vorbildfunktion zukam. Die koloniale Elite wandte sich mit einer Fülle von Pamphleten und Zeitungsartikeln an die Öffentlichkeit. Ferner kam es jetzt auch zu Protestaktionen der städtischen Mittel- und Unterschichten, durch die massiver Druck auf designierte Stempelsteuereinnehmer ausgeübt wurde. In Boston, Newport, New York und anderen Städten hängten Tausende von Menschen Strohpuppen der Steuereinnehmer und britischen Politiker auf und verbrannten sie, demolierten die Häuser königlicher Beamter und zwangen designierte Steuereinnehmer zum Verzicht auf ihre Ämter. Während sich derartige Massenproteste in der ersten Hälfte des 18. Jahrhunderts zumeist gegen soziale und wirtschaftliche Missstände wie die Ausfuhr von Getreide in Zeiten hoher Brotpreise oder die Zwangsrekrutierung von Seeleuten gerichtet hatten, gewannen sie nach 1760 eine politische Dimension. In Nordamerika geschah dies durch die Stempelsteuer, in England selbst durch den Oppositionspolitiker John Wilkes, der in den Londoner Mittel- und Unterschichten eine massenhafte Anhängerschaft mobilisierte. Bei Teilen der Elite riefen solche Massenproteste die Furcht vor der Anarchie eines durch »Aufwiegler« und »Volksverführer« verblendeten Pöbels hervor. Tatsächlich war die Gewaltanwendung der

Volksmengen in hohem Maße symbolischer Natur und zielgerichtet, und die sozialen und politischen Führungsgruppen bemühten sich nach Kräften, den Protest in geordnete Bahnen zu lenken. Die Einschüchterungsaktionen hatten den Erfolg, dass sämtliche von der britischen Regierung ernannten Einnehmer bereits vor Inkrafttreten des Gesetzes ihre Ämter niederlegten. Doch nicht überall gelang es der kolonialen Elite, den Gang der Ereignisse zu kontrollieren: im New Yorker Hudsontal etwa rebellierten Pächter 1766 gegen die Pachtbedingungen und Abgabenforderungen einiger Großgrundbesitzer.

In zahlreichen Städten bildeten sich während der Stempelsteuerkrise von 1765/66 Vereinigungen, die sich *Sons of Liberty* nannten und sich vor allem aus Vertretern der Mittelschichten (Handwerkern, Ladenbesitzern, Zeitungsdruckern, Gastwirten) zusammensetzten. Häufig gingen diese »Söhne der Freiheit« aus älteren gesellschaftlichen Organisationen wie Clubs oder Feuerwehrkompanien hervor. Ziel dieser Gruppen war es, den Widerstand gegen die verhasste Steuer zu koordinieren und die Durchführung des Gesetzes zu verhindern. Die New Yorker *Sons of Liberty* beispielsweise beschlossen im Januar 1766, dass »jede Person, die irgendein Schriftstück auf besteuertem Papier oder Pergament [...] absendet oder annimmt, sich den höchsten Unmut dieser Vereinigung zuziehen und mit immerwährender Ehrlosigkeit gebrandmarkt werden soll.« Zugleich bestanden die *Sons of Liberty* jedoch auf ihrer Loyalität gegenüber König und Parlament und strebten die Aufrechterhaltung der politischen und sozialen Ordnung an. Beträchtliche Wirkung entfalteten daneben vor allem die Boykottbeschlüsse von Kaufmanns- und Handwerkergruppen. Zweihundert der wichtigsten New Yorker Kaufleute unterzeichneten im Oktober 1765 eine Erklärung, dass sie bis zur Annullierung des *Stamp Act* keine Waren mehr aus England einführen würden; in Boston und Philadelphia wurden ähnliche Resolutionen verabschiedet. Diese Boykottbeschlüsse gewannen vor dem Hintergrund der anglo-amerikanischen »Konsumrevolution« besondere Bedeutung: die Kolonien hatten in den Jahrzehnten vor der Stempelsteuerkrise große Mengen britischer Güter eingeführt, und der expandierende nordamerikanische Markt war für britische Hersteller und Überseekaufleute immer wichtiger geworden. Somit musste ein plötzlicher Importstopp britische Handels- und Gewerbekreise empfindlich treffen.

In die Zeit der Stempelsteuerkrise fallen auch die ersten Bemühungen um eine kolonienübergreifende Zusammenarbeit und Koordination des Widerstands. Auf Initiative von Massachusetts trafen sich im Oktober 1765 in New York City 28 Delegierte aus neun Kolonien. Dieser *Stamp Act*-Kongress, der zwei Wochen lang tagte, sandte Petitionen an den König und die beiden Häuser des britischen Parlaments – deren Annahme in London verweigert wurde – und fasste das Rechts- und Freiheitsverständnis der Kolonisten in einer Grundsatzerklärung zusammen. Darin wird das Prinzip bekräftigt, dass Engländern keine Steuern ohne ihre eigene Zustimmung oder diejenige ihrer Abgeordneten auferlegt werden konnten. Die Kolonisten seien im Londoner Parlament nicht vertreten und könnten daher von diesem nicht besteuert werden. Die Amerikaner sahen – im Gegensatz zu den Engländern – Abgeordnete nicht als Vertreter der gesamten Bevölkerung mit freiem Mandat, sondern als an den Wählerwillen gebundene Delegierte. Da eine tatsächliche Repräsentation aufgrund der geographischen Entfernung vom Mutterland praktisch nicht möglich war, wurde damit dem Parlament generell das Recht abgesprochen, Steuergesetze für die Kolonien zu erlassen.

Insgesamt hatten die Proteste gegen das Stempelsteuergesetz auch nach Meinung von Zeitgenossen einen erheblichen Politisierungsschub breiter Kreise der amerikanischen Bevölkerung bewirkt. Doch bei aller kolonienübergreifenden Solidarität blieben die Amerikaner ihrem Selbstverständnis nach in erster Linie Engländer. George Mason, ein wohlhabender Pflanzer aus Virginia, hatte zweifellos Recht, wenn er im Juni 1766 an ein Komitee von Londoner Kaufleuten schrieb, über neunzig Prozent der amerikanischen Kolonisten seien wie er selbst Bewunderer der britischen Verfassung und treue Untertanen des regierenden Königs, zu dessen Verteidigung sie Leib und Leben opfern würden. Entsprechend groß war auch die Erleichterung in den Kolonien, als das Londoner Parlament im März 1766 das Gesetz zurücknahm. Den Ausschlag hatte einerseits die Tatsache gegeben, dass die Importboykotte Ende 1765 zu greifen begannen und britische Kaufleute und Produzenten, die gravierende Umsatzrückgänge hinnehmen mussten, Petitionen um Aufhebung des *Stamp Act* an das Parlament richteten. Zum anderen hatte der Urheber des Gesetzes, George Grenville, im Sommer einer neuen Regierung von zumeist unerfahrenen Politikern um den Marquis von Rockingham Platz machen müssen, und die Rockingham-Whigs hielten das Gesetz ebenso wie der in die Opposition zurückgekehrte William Pitt für einen schweren Fehler. Im Überschwang des Erfolges wurde in Amerika weitgehend übersehen, dass das britische Parlament zeitgleich mit der Rücknahme des *Stamp Act* eine Grundsatzerklärung (*Declaratory Act*) abgab, in der die Unterordnung der Kolonien unter die Souveränität von Krone und Parlament und das Recht des britischen Parlaments, nach Gutdünken Gesetze für die Kolonien zu erlassen, ausdrücklich bekräftigt wurden.

Bereits im folgenden Jahr 1767 löste eine neuerliche Initiative des Londoner Parlaments, das Townshend-Zollgesetz, eine weitere Krise im Verhältnis zwischen Mutterland und Kolonien aus. Nach einem erneuten Regierungswechsel schlug der neue britische Schatzkanzler Charles Townshend dem Parlament ein Gesetz vor, das durch die Erhebung von Einfuhrzöllen auf Glas, Blei, Farben, Tee und Papier in den Kolonien jährlich 40000 Pfund in die Staatskasse bringen sollte. Das Gesetz, das daraufhin Ende Juni 1767 vom Parlament verabschiedet wurde, sah außerdem weitreichende Vollmachten für die Zollbeamten vor, Durchsuchungen und Beschlagnahmungen vorzunehmen. Die Townshend-Zölle lösten ähnlich wie der *Stamp Act* zwei Jahre zuvor Massenproteste aus. Die Assembly von Massachusetts sandte im Februar 1768 einen Rundbrief an die anderen Kolonialparlamente, in dem die Townshend-Zölle als Verletzung der »natürlichen und verfassungsmäßigen« Eigentumsrechte der Kolonisten kritisiert wurden. Zugleich wiesen die Abgeordneten den Gedanken an eine Unabhängigkeit von Großbritannien weit von sich.

Erneut erwiesen sich die Importboykotte englischer Waren, auf die sich die Kaufleute der großen Hafenstädte 1768/69 einigten, als besonders wirkungsvolles Instrument im Kampf gegen die neuen Zölle. Lokale Gruppen der *Sons of Liberty* überwachten die Einhaltung der Boykottbeschlüsse und übten erheblichen Druck auf Abweichler aus. In diesen zwei Jahren sank der Wert englischer Importe von 2,16 auf 1,34 Millionen Pfund jährlich ab. Im April 1770 hob das britische Parlament daher das Townshend-Gesetz auf und ließ, um seinen prinzipiellen Standpunkt nicht aufzugeben, lediglich die Einfuhrsteuer auf Tee bestehen. Zuvor hatte Westminster allerdings noch versucht, durch die Entsendung von Truppen nach Amerika der Autorität seiner dortigen Beamten Nachdruck zu verleihen. Bereits 1766 war es wegen der Einquartierung von Truppen in New York zu einem heftigen Konflikt zwischen der kolonialen Assembly und der Londoner Regierung gekommen. Nachdem in Boston eine von den örtlichen *Sons of Liberty* zusammengerufene Menschenmenge Zollbeamte bedroht hatte, die ein dem prominenten Kaufmann und Politiker John Hancock gehörendes Schiff wegen Schmuggels aufgebracht hatten, rückten Anfang Oktober 1768 britische Soldaten zum Schutz der Zöllner in die Stadt ein. Die Einquartierung dieser Truppen sorgte immer wieder für Reibereien mit der Bevölkerung. Am 12. März 1770 eskalierte eine derartige Auseinandersetzung zu einer Straßenschlacht, in der fünf Zivilisten starben bzw. tödliche Verletzungen erlitten. Der genaue Tathergang ist ungeklärt; offenbar fühlten sich die Soldaten von einer Menschenmenge bedroht und eröffneten deswegen das Feuer. Diese Auseinandersetzung wurde später propagandistisch zum »Boston Massacre« deklariert, die Toten vom März 1770 zu den ersten Märtyrern der Widerstandsbewegung hochstilisiert. Das »Massaker« verstärkte das ohnehin tief in der anglo-amerikanischen politischen Kultur verankerte Misstrauen gegen stehende Heere als Instrumente der Korruption und Werkzeuge tyrannischer Herrschaft.

Nach der weitgehenden Rücknahme der Townshend-Zölle und dem Abebben der ersten Empörung über die Toten von Boston folgte eine Phase gespannter Ruhe, die vom Sommer 1770 bis zum Spätjahr 1773 währte. Der einzige schwerwiegende Zwischenfall in diesem Zeitraum ereignete sich vor der Küste Rhode Islands, wo 1772 das britische Zollschiff »Gaspé«, das auf Grund gelaufen war, von Unbekannten in Brand gesteckt wurde. Dass es den britischen Behörden nicht gelang, die Schuldigen zur Verantwortung zu ziehen, demonstrierte den Autoritätsverfall der britischen Kolonialherrschaft. Die wichtigste Entwicklung dieser Jahre war die Einrichtung von Korrespondenzausschüssen (*Committees of Correspondence*) zur Verbesserung der Kommunikation zwischen Gemeinden und Assemblies und zur Koordination des kolonialen Widerstands. Auf Gemeindeebene machte Boston im November 1772 den Anfang, und in Massachusetts entstand binnen kurzer Zeit ein praktisch flächendeckendes System von Korrespondenzkomitees. Nachdem auf Provinzebene das Abgeordnetenhaus von Virginia im März 1773 vorangegangen war, richteten bis Februar 1774 alle Kolonien außer Pennsylvania Korrespondenzausschüsse ein. In der Schaffung dieser Komitees spiegelte sich die Erfahrung wider, dass interkoloniale Kommunikation und Abstimmung sich im Widerstand gegen *Stamp Act* und Townshend-Zölle bewährt hatten. Zugleich äußerte sich darin das Misstrauen der Amerikaner gegenüber den weiteren Absichten des britischen Parlaments.

Die Phase relativer Ruhe näherte sich im Mai 1773 ihrem Ende, als das britische Parlament zur Unterstützung der nahezu bankrotten East India Company, deren Erhaltung wegen der territorialen Präsenz der Gesellschaft auf dem indischen Subkontinent im nationalen Interesse zu liegen schien, ein Teegesetz beschloss. Das Gesetz erlaubte der East India Company, ihren Tee durch eigene Handelsagenten unter dem üblichen Preis direkt in Nordamerika zu vermarkten, wo auch der Teezoll zu entrichten war. Der Tee – ein Getränk, das in den Jahrzehnten vor der Revolution von immer breiteren Bevölkerungskreisen konsumiert wurde – wäre damit für die Verbraucher billiger geworden. Zugleich wurden dadurch jedoch die amerikanischen Teehändler, die häufig geschmuggelten niederländischen Tee importierten, aus dem Geschäft gedrängt, und die Eliten in den Küstenstädten verstanden es, massenhafte Proteste gegen diese vermeintliche Zurücksetzung der Kolonisten gegenüber den Interessen einer mächtigen englischen Monopolgesellschaft zu mobilisieren. In Philadelphia fand im Oktober 1773 eine Massenkundgebung statt, auf der die Einfuhr des Tees der East India Company als eine verkappte Form der direkten Besteuerung angeprangert wurde, und in Charleston wurde der Vertrieb des Tees verhindert. Wie bereits die Stempelkommissare im Jahre 1765 wurden nun die Agenten der East India Company gezwungen, ihre Kommissionen niederzulegen. Mit dem Eintreffen dreier Teeschiffe im Hafen von Boston Ende 1773 verlagerte sich das Zentrum des Widerstands jedoch einmal mehr in die Metropole von Massachusetts. In

Boston war die Solidarität zwischen der radikalen Elite um Samuel Adams und den mittleren und unteren Bevölkerungsschichten besonders ausgeprägt, und die aufgebrachte Einwohnerschaft verhinderte die Entladung der Teeschiffe, während Gouverneur Thomas Hutchinson und die Zollbehörde ihrerseits keine Passierscheine für die Rücksendung der Schiffe nach England ausstellten. Ein am 14. Dezember 1773 stattfindendes *town meeting* wurde von schätzungsweise achttausend Menschen – was etwa der Hälfte der damaligen Bevölkerung von Boston entsprach – besucht, und zwei Tage später enterten etwa hundert als Mohawkindianer verkleidete Bostoner die Schiffe und warfen insgesamt 342 Kisten Tee ins Hafenbecken. Die Teilnehmer an dieser »Boston Tea Party« waren, soweit sich dies ermitteln ließ, zumeist Angehörige der Mittelschichten – Handwerker, Kaufleute, Ladenbesitzer, Lehrer, Ärzte – sowie einige Vertreter der Unterschichten, vor allem Seeleute.

Führende Kolonisten wie John Adams sahen die »Boston Tea Party« als entscheidenden Schritt in der Auseinandersetzung zwischen Mutterland und Kolonien an und rechneten fest damit, dass die englische Regierung auf die Bostoner Ereignisse mit scharfen Maßnahmen reagieren würde. Das im März 1774 zusammentretende britische Parlament verabschiedete in der Tat vier Gesetze, die in Amerika als Zwangsgesetze (»Coercive Acts«) oder unerträgliche Gesetze (»Intolerable Acts«) bezeichnet wurden. Vom 1. Juni 1774 an wurde der Hafen von Boston so lange geschlossen, bis der zerstörte Tee bezahlt war. Königliche Beamte konnten künftig nicht mehr von kolonialen Geschworenengerichten für Vergehen belangt werden, die sie sich bei der Ausübung ihres Amtes hatten zuschulden kommen lassen. Ferner wurden die Befugnisse des Gouverneurs in der Regierung und Verwaltung von Massachusetts massiv gestärkt: die Richter und Sheriffs sollten seiner direkten Kontrolle unterstellt werden, die Mitglieder des Gouverneursrats von ihm ernannt und nicht mehr von der Assembly gewählt werden, und *town meetings* nur noch nach vorheriger Genehmigung der Tagesordnung durch den Gouverneur zusammentreten können. Selbst die Schöffen der Geschworenengerichte sollten künftig nicht mehr gewählt, sondern ernannt werden. Damit war die Charter von Massachusetts faktisch außer Kraft gesetzt. Schließlich konnten Soldaten künftig in allen Kolonien in Privathäusern untergebracht werden. Die Aufrufe einiger besonnener Engländer wie des anglikanischen Bischofs Jonathan Shipley, der im Londoner Oberhaus und in einer weit verbreiteten Flugschrift vor den Auswirkungen der »Coercive Acts« warnte, hatten auf die harte Haltung der Regierung unter Lord North keinen Einfluss.

Zusätzlich aufgeladen wurde die Stimmung in den Kolonien durch das im Juni 1774 vom britischen Parlament beschlossene Quebec-Gesetz, das Verwaltung und Rechtssystem der 1763 an Großbritannien gefallenen, ehemals französischen Kolonie neu ordnete. Das Gesetz erkannte die bestehenden Institutionen – einschließlich der katholischen Kirche – an, sah aber kein Repräsentativsystem vor. Außerdem dehnte es das Territorium Quebecs weit nach Süden bis an die Ufer des Ohio und des Mississippi aus. Obwohl die Akzeptanz der französischen Sprache und Kultur und der katholischen Religion in einem von 70000 Franzosen und weniger als tausend Engländern besiedelten Gebiet an sich eine durchaus realistische und weitsichtige Maßnahme war, rief sie in der angespannten Situation des Jahres 1774 tief in der anglo-amerikanischen politischen Kultur wurzelnde Ängste vor einer »papistischen Verschwörung« gegen die »wahre protestantische Religion« wach. Die territoriale Erweiterung Quebecs berührte außerdem unmittelbar die Interessen von Massachusetts, New York, Pennsylvania und Virginia, die ebenfalls Land im Ohiotal beanspruchten.

Der Versuch, mittels der »Coercive Acts« Massachusetts zu isolieren und in die Knie zu zwingen, erwies sich bald als Fehlschlag. Stattdessen kam es überall in Nordamerika zu Solidaritätskundgebungen und neuen Importboykotten. An zahlreichen Orten wurden Freiheitsbäume errichtet, die Zwangsgesetze öffentlich verbrannt und die britische Regierung in Resolutionen angeprangert. In Virginia löste Gouverneur Dunmore das Abgeordnetenhaus auf, weil es einen Fasttag als Sympathiekundgebung für das bedrängte Boston beschlossen hatte. Daraufhin traten die Abgeordneten Anfang August in Williamsburg illegal zusammen und verkündeten einen totalen Importstopp. Zugleich wählten sie sieben Delegierte für einen interkolonialen Kongress in Philadelphia. Auch in anderen Kolonien, in denen die königlichen Gouverneure die Abgeordnetenhäuser aufgelöst hatten, bildeten sich extralegale Komitees und Konvente und bestimmten Abgesandte für diesen Kongress.

Am 5. September 1774 traten in Philadelphia 55 Delegierte, die zwölf Kolonialparlamente repräsentierten, zu einer Versammlung zusammen, die später als erster Kontinentalkongress bezeichnet wurde. In diesem Gremium bildeten sich rasch zwei Gruppen heraus: die Radikalen um Patrick Henry aus Virginia, die für eine kompromisslose Haltung gegenüber Großbritannien eintraten, und die Gemäßigten, die nach Möglichkeiten suchten, die Kluft zwischen Mutterland und Kolonien noch zu überwinden. Die am 1. Oktober 1774 vom Kontinentalkongress verabschiedete Erklärung der Rechte der Kolonisten, die von allen zwölf Delegationen gebilligt wurde, stellte einen Sieg der Radikalen dar und nimmt in mancher Hinsicht die spätere Unabhängigkeitserklärung vorweg. Zu den Rechten der Amerikaner gehörten nach Auffassung des Kongresses vor allem Leben, Freiheit und Eigentum; die Kolonisten hätten »niemals irgendeiner fremden Macht ein Recht darauf abgetreten, ohne ihre Zustimmung über eines dieser drei Güter zu verfügen.« Da die amerikanischen Kolonisten im Londoner Parlament nicht vertreten waren, seien sie »zu freier und ausschließlicher gesetzgebender Gewalt in ihren verschiedenen Provinzkörperschaften berechtigt, wo ihr Recht auf Vertretung allein bewahrt werden kann, und zwar in allen Fällen von Besteuerung und innerer Verwaltung.« Der Versuch des gemäßigten Delegierten Joseph Galloway aus Pennsylvania, den Konflikt durch seinen Plan einer Union der Kolonien mit Großbritannien nach dem Vorbild des Albany-Plans seines politischen Mentors Benjamin Franklin aus dem Jahre 1754 zu entschärfen, fand hingegen im Kontinentalkongress keine Mehrheit. Am 18. Oktober 1774 verpflichteten sich die Delegierten im Namen der Kolonien, die sie repräsentierten, ab 1. Dezember keine Waren aus Großbritannien mehr zu importieren und sich nicht mehr am Sklavenhandel zu beteiligen. Ab 1. März 1775 sollten keine britischen Waren in den Kolonien mehr konsumiert und ab 1. September auch die Exporte nach Großbritannien, Irland und den britischen Kolonien in der Karibik eingestellt werden. Zur Überwachung dieses Handels- und Konsumboykotts (*Continental Association*) sollten in allen Orten Sicherheits- und Inspektionskomitees gebildet werden. Tatsächlich schossen diese Ausschüsse (*Committees of Safety, Committees of Inspection and Observation*) in den folgenden Monaten wie Pilze aus dem Boden und bewirkten einen starken Mobilisierungs- und Politisierungsschub in der amerikanischen Bevölkerung. Der Kontinentalkongress sandte noch eine Petition an den König sowie einen Appell an die britische Bevölkerung, der um Verständnis für den Widerstand der Amerikaner warb, ehe er am 26. Oktober 1774 auseinanderging. Ein weiterer Kontinentalkongress sollte am 10. Mai 1775 zusammentreten.

Mit dem erneuten Handelsboykott setzten die Amerikaner auf eine bereits in früheren Phasen des Konflikts als wirksam erwiesene Waffe. Vor allem hofften sie, dass der

Druck britischer Kaufmannskreise das Parlament in London erneut zum Einlenken bewegen würde. Tatsächlich wurde die kompromisslose Haltung der Regierung North jedoch von einer großen Mehrheit beider Häuser des im November 1774 neu gewählten Parlaments unterstützt. Dennoch gab es auch gewichtige Stimmen, die Verständnis für die amerikanische Haltung zeigten und die eigene Regierung zum Einlenken aufforderten. Im Oberhaus forderte der ehemalige Premierminister William Pitt »Gerechtigkeit« für die amerikanischen Kolonien, die Großbritannien zwar Gehorsam in Handelsfragen schuldig seien, aber über die Besteuerung ihrer Einwohner selbst entscheiden sollten. Eine entsprechende Entschließungsvorlage Pitts wurde jedoch mit ebenso großer Mehrheit abgelehnt wie ein Kompromissvorschlag des gebürtigen Iren Edmund Burke im Unterhaus.

Kurze Zeit nach diesen letzten Kompromissbestrebungen kam es in Massachusetts zu ersten Gefechten. In Boston hatten die britischen Besatzungstruppen seit Herbst 1774 ihre Stellungen ausgebaut, während die kolonialen Milizen in der Umgebung Waffen- und Munitionsdepots anlegten. Das Repräsentantenhaus von Massachusetts hatte sich als extralegale Delegiertenversammlung neu konstituiert, koordinierte die Herstellung und Beschaffung von »kriegswichtigen Gütern« wie Wollstoffen, Stahl, Gewehren und Salpeter, ernannte Milizoffiziere und setzte einen Sicherheitsausschuss unter dem Vorsitz John Hancocks ein. Am 8. April beschloss dieser Ausschuss die Aufstellung einer regulären Armee. Neun Tage später sandte der Oberbefehlshaber der britischen Armee in Massachusetts, General Gage, der zugleich als Gouverneur der Kolonie amtierte, siebenhundert Mann aus, um ein Munitionslager der Milizen bei Concord zwanzig Meilen westlich von Boston auszuheben. Auf dem Weg dorthin wurden die Truppen am 19. April bei Lexington von amerikanischen Milizverbänden gestellt. Ein Soldat, dessen Identität nie geklärt wurde, verlor die Nerven und begann zu schießen; in den folgenden Gefechten wurden über 90 Amerikaner und mehr als 270 Briten getötet, verwundet oder vermisst. Der Unabhängigkeitskrieg war damit de facto eröffnet. Am 5. Juli 1775 sandte der Zweite Kontinentalkongress zwar noch einmal eine Petition – die als »Olivenzweig-Petition« bekannt wurde – an den »gnädigsten Herrscher« Georg III., die in der Sache jedoch kein Nachgeben bedeutete, sondern den König zur Rücknahme der Gesetze aufforderte, die zur Zuspitzung der Krise geführt hatten. Noch bevor die Petition London erreichte, hatte Georg III. dort die Amerikaner am 23. August 1775 zu Rebellen erklärt und alle seine Untertanen zur Verhinderung und Bestrafung von verräterischen und konspirativen Aktionen aufgerufen. Die Dynamik der Ereignisse war fortan nicht mehr zu stoppen.

Die britische Politik der Jahre 1763 bis 1775 kann keineswegs als durchweg repressiv und autoritär bezeichnet werden. Ihre negative Wirkung entfalteten die Maßnahmen der Regierung vor allem deshalb, weil sie von den Amerikanern nicht isoliert, sondern als Bestandteile einer angeblichen Verschwörung gegen die Freiheiten der Kolonisten gesehen wurden. Das Weltbild der Amerikaner war nämlich stark von der politischen Vorstellungswelt der englischen Country-Whigs des 18. Jahrhunderts wie John Trenchard, Thomas Gordon, Benjamin Hoadly und Lord Somers beeinflusst, die ihrerseits in einer von der griechisch-römischen Antike über die italienische Renaissance bis zu radikalen englischen Theoretikern des 17. Jahrhunderts wie James Harrington, John Milton und Algernon Sidney reichenden klassisch-republikanischen Tradition standen. Die oppositionellen Denker des 18. Jahrhunderts sahen sich im Gegensatz zu den machthabenden Politikern im damaligen England als *Real Whigs*, als Bewahrer der echten, unverfälschten Whig-Tradition an. Zentrale Elemente ihres Denkens waren die Gegensätze zwischen

Freiheit und Macht sowie zwischen Tugend und Korruption. Persönliche Freiheit erschien ihnen als höchstes Gut, das am besten aufgehoben war bei wirtschaftlich unabhängigen, tugendhaften, um das Gemeinwohl besorgten Landbesitzern. Allerdings hielten die *Real Whigs* Freiheit für ein stets gefährdetes Gut. Gefahr für die Freiheit ging ihrer Ansicht nach vor allem von den Regierenden aus, da diese stets dazu neigten, ihre Macht zu vergrößern und zu missbrauchen. Die Geschichte früherer Republiken schien diese Annahme zu bestätigen: Als klassischer historischer Präzedenzfall für den Verfall einer tugendhaften Republik wurde das antike Rom angesehen. Daher galt es, stets gegen Machtmissbrauch wachsam zu bleiben und institutionelle Mechanismen zu entwickeln, die die Freiheit schützten – zum Beispiel jährliche Wahlen, Ämterrotation, Pressefreiheit, Geschworenengerichte, die Festschreibung von Freiheitsrechten in Verfassungsdokumenten wie der Habeas-Corpus-Akte und der *Bill of Rights*, oder das Verbot stehender Heere. Während der langen Regierungszeit des britischen Whig-Politikers Robert Walpole (1721–1742) richtete sich die Kritik der Country-Opposition vor allem gegen dessen System der Ämterpatronage, die Vergabe lukrativer Posten an Männer, die dadurch der Regierung verpflichtet und von ihr abhängig wurden. Durch dieses System der »Korruption« wurde nach Auffassung der *Real Whigs* die Unabhängigkeit der Eigentümer und damit die Grundlage politischer Freiheit systematisch untergraben. Die englischen Oppositionellen bejahten zwar den Widerstand gegen eine korrupte Politik und tyrannische Gesetze, hielten den Umsturz der verfassungsmäßigen Ordnung aber nur im äußersten Notfall für gerechtfertigt. Sie sahen sich nicht als Neuerer, sondern vielmehr als Verteidiger der Verfassungsordnung, welche die Glorreiche Revolution von 1688/89 hervorgebracht hatte.

In England repräsentierten die *Real Whigs* nur die Gedanken einer Minderheit, was auch damit zusammenhing, dass sie sozial elitär eingestellt waren, zum »Volk« auf Distanz gingen und ihr Weltbild fortschrittsfeindliche und nostalgische Züge trug. In Amerika hingegen stieß das Gedankengut dieser Männer auf große Resonanz, da die Kolonisten mit der englischen Whig-Opposition das Gefühl teilten, von den Machtzentren am Hof und in der Regierung ausgeschlossen zu sein. Zudem war die amerikanische Gesellschaft noch wesentlich egalitärer und stärker agrarisch geprägt als die britische, so dass der Gedanke, Landbesitz sei die wichtigste Grundlage wirtschaftlicher Unabhängigkeit und politischer Freiheit, hier besonders attraktiv war. Immer wieder kontrastierten die Amerikaner die Einfachheit ihrer Gesellschaft mit der Dekadenz der vermeintlich dem Luxus verfallenen englischen Oberschicht. Zudem schärfte die Institution der Sklaverei das Bewusstsein der Kolonisten für den Gegensatz von Freiheit und Abhängigkeit. In Kolonien wie Virginia und South Carolina hatte das Country-Ideal des unabhängigen, um das Gemeinwohl besorgten Landbesitzers unter der Sklaven besitzenden Oberschicht eine starke Integrationskraft. Schließlich genossen die amerikanischen Kolonisten zwar faktisch große Freiheiten, doch waren diese Freiheiten nie rechtsverbindlich fixiert worden und wurden daher stets als gefährdet angesehen, zumal über die Absichten der Regierung keine Klarheit bestand.

Da Freiheit stets bedroht war und Macht immer zum Missbrauch verleitete, wurden die Maßnahmen der britischen Politik nicht isoliert angesehen, sondern als Bausteine eines umfassenden Planes, die Freiheitsrechte der Kolonisten zu beschneiden. Demnach galt es, den Anfängen zu wehren und jegliche Maßnahme zu verhindern, mittels deren die Rechte der Kolonisten unterminiert werden sollten. Es fiel den Kolonisten leicht, die politischen Initiativen Londons mit den klassischen Mechanismen der Korruption zu identifizieren, die die englische Whig-Opposition immer wieder angeprangert hatte: die Stationierung und Einquartierung regulärer Truppen, die Einschränkung des Rechts auf Verfahren vor Geschworenengerichten oder die Schaffung neuer Ämter, die über ein Patronagesystem vergeben wurden (Steuereinnehmer, Zollbeamte). In die gleiche Richtung deuteten die Versuche, die Exekutive und Judikative in den Kolonien der Kontrolle der Assemblies zu entziehen und sie damit zu wirkungsvolleren Instrumenten der britischen Kolonialpolitik zu machen. Durch die Boykotte britischer Waren schließlich konnten die Amerikaner ihre Bürgertugend demonstrieren und zeigen, dass sie dem Luxus und der Dekadenz noch nicht verfallen waren, die in früheren Republiken zum Verlust der Freiheit geführt hatten.

Im amerikanischen politischen Denken überlagerte sich diese Whig-Ideologie mit anderen Denktraditionen. Das republikanische Tugendideal hatte eine hohe Affinität zu christlichen Tugendvorstellungen, und das *Great Awakening* hatte bereits in den 1740er Jahren traditionelle Autoritätsstrukturen in Frage gestellt und Fragen nach persönlicher Autonomie und Minderheitenrechten aufgeworfen. Die puritanischen Geistlichen in Neuengland, die bereits den Kampf zwischen England und Frankreich im Siebenjährigen Krieg zu einer endzeitlichen Auseinandersetzung zwischen Gut und Böse stilisiert hatten, gaben nun auch dem Konflikt zwischen Großbritannien und den Kolonien eine apokalyptische Dimension, indem sie etwa das Quebec-Gesetz und die Strafgesetze gegen Massachusetts als Werkzeuge des Antichrist geißelten. Daneben war die englische *Common Law*-Tradition von großer Bedeutung. Engländer zu sein war im anglo-amerikanischen Selbstverständnis nicht nur Ausdruck einer nationalen Zugehörigkeit, sondern implizierte den Besitz bestimmter Rechte, vor allem die Sicherheit der Person und des Eigentums. Die »Rechte der Engländer« bildeten ein wichtiges Element in der Legitimation des Widerstands gegen die britische Politik, und *Common Law*-Juristen wie Coke und

Blackstone gehörten zum festen Bildungskanon der kolonialen Elite. Schließlich waren viele Angehörige der kolonialen Elite mit liberalem und aufklärerischem Gedankengut vertraut, mit der naturrechtlichen Begründung von Freiheits- und Eigentumsrechten und der Konzeption des eigenverantwortlichen Individuums. Dabei verstanden sie, in Anlehnung an Locke und die schottische Moralphilosophie der Aufklärung (die durch schottische Gelehrte wie John Witherspoon auch an amerikanischen Colleges gelehrt wurde), das Individuum als geselliges Wesen, das seine eigenen Interessen mit dem Gemeinwohl in Einklang zu bringen vermochte.

Zwischen 1763 und 1775 ist aber auch eine deutliche Radikalisierung des Denkens der Amerikaner feststellbar. Vor 1770 beschränkte sich die politische Publizistik weitgehend auf die Rechtfertigung des Widerstands gegen die britischen Gesetze. Die Kolonisten bemühten sich um eine möglichst präzise Definition der jeweiligen Befugnisse des Londoner Parlaments und ihrer eigenen Assemblies, und sie versuchten darzulegen, welchen Schaden die britischen Maßnahmen den Kolonisten zufügten. John Dickinson, ein wohlhabender Anwalt in Philadelphia und der wohl meistgelesene amerikanische politische Publizist der 1760er Jahre, setzte sich in mehreren Schriften mit den britischen Maßnahmen auseinander, in denen er überwiegend pragmatisch argumentierte und sich um eine sorgfältige Grenzziehung zwischen den Befugnissen des Parlaments und den Rechten der Kolonisten in Fragen der Besteuerung bemühte. In der durch die Townshend-Zölle 1767 ausgelösten Krise verfasste Dickinson vierzehn »Briefe eines Farmers in Pennsylvania«, in denen er zwar die Zugehörigkeit der Kolonien zum Empire, ihre Unterordnung unter König und Parlament und das Recht des Parlaments betonte, den Außenhandel Nordamerikas zu regulieren. Das Parlament habe Dickinson zufolge jedoch noch nie zuvor Steuergesetze für die Kolonien erlassen.

Bei Stempelsteuer und Townshend-Zöllen handelte es sich daher um gefährliche und verfassungswidrige Neuerungen. Mit der neuerlichen Zuspitzung des Konflikts zwischen Mutterland und Kolonien seit der »Boston Tea Party« wurden die zuvor so sorgfältig gezogenen Grenzen zwischen Regulierung des Handels und interner Besteuerung jedoch zunehmend hinfällig. Spätestens seit den Zwangsgesetzen gegen Massachusetts stellte sich für die Kolonisten die grundsätzliche Frage, welche Befugnisse sie dem Parlament noch zuzugestehen bereit waren, und Autoren wie James Wilson aus Pennsylvania und Thomas Jefferson aus Virginia argumentierten nun, dass das Parlament keinerlei Autorität über die Kolonien besitze. Für sie bestand das britische Empire de facto aus unabhängigen politischen Gemeinschaften mit autonomen Legislativen, die nur durch den König als gemeinsames Oberhaupt zusammengehalten wurden.

Für die große Mehrzahl der Politiker und Publizisten in Großbritannien war eine Teilung der Souveränität zwischen Mutterland und Kolonien, wie sie Wilson, Jefferson und andere implizierten, jedoch schlicht undenkbar. Je mehr der Gedanke einer vollständigen inneren Autonomie der Kolonien in Amerika konsensfähig wurde, desto mehr erwiesen sich die Souveränitätsvorstellungen der Briten und der Amerikaner als unvereinbar. Auch bei der britischen Bevölkerung stieß die amerikanische Position auf wenig Sympathie. Während die Amerikaner immer wieder die gleichen Rechte einforderten, die auch die Engländer zu Hause genossen, fühlten sich eben diese Engländer als Angehörige einer überlegenen Kolonialmacht und sahen die Amerikaner bestenfalls als Briten zweiter Klasse an. Dies hatte wiederum zur Folge, dass sich die Amerikaner nach 1770 nicht nur von Parlament und Regierung in London bedroht fühlten, sondern auch ihre affektiven Bindungen an König und Volk in England immer schwächer wurden.

Unabhängigkeitskrieg und Staatenverfassungen (1775–1783)

Als drei Wochen nach den ersten Gefechten bei Lexington und Concord am 10. Mai 1775 der Zweite Kontinentalkongress in Philadelphia zusammentrat, übernahmen die 65 Delegierten faktisch die Aufgaben einer nationalen Regierung: Sie versetzten die dreizehn Kolonien in den Verteidigungszustand, überwachten die Einhaltung der Boykottbeschlüsse gegen Großbritannien und beschlossen die Ausgabe von zwei Millionen Dollar Papiergeld für militärische Zwecke sowie die Aufstellung einer Kontinentalarmee. Diese Armee wurde unter den Oberbefehl George Washingtons gestellt, eines wohlhabenden Pflanzers aus Virginia, der bereits im Siebenjährigen Krieg Miliztruppen seiner Heimatkolonie befehligt hatte. Am 2. Juli 1775 übernahm Washington in Cambridge (Massachusetts) das Kommando über eine 15000 Mann starke Armee von Soldaten aus Neuengland, Pennsylvania, Maryland und Virginia. Der Schwerpunkt des Krieges lag zu dieser Zeit in Neuengland. Bereits im Mai 1775 hatten koloniale Verbände unter Ethan Allen und Benedict Arnold das britische Fort Ticonderoga in New York eingenommen, und zwei Wochen vor Washingtons Übernahme des Oberbefehls hatten sich britische und amerikanische Truppen am Bunker Hill bei Boston heftige Gefechte geliefert, in denen die Briten die amerikanischen Stellungen nur unter schweren Verlusten einnehmen konnten. Die Amerikaner versuchten nun die Initiative zu gewinnen, indem sie Ende Juni Truppen unter dem Kommando von General Philip Schuyler, der aus einer prominenten New Yorker Familie stammte, zur Eroberung Kanadas aussandten. Noch vor Jahresende zeichnete sich das Scheitern dieses Unternehmens ab, das fünftausend Menschenleben kostete, doch im Frühjahr 1776 musste auch Großbritannien einen Rückschlag hinnehmen, als seine Truppen Boston unter dem Druck der amerikanischen Belagerer räumten und sich nach Nova Scotia zurückzogen.

Großbritannien war entschlossen, den Verlust der nordamerikanischen Kolonien auf jeden Fall zu verhindern. Dahinter stand vor allem die Befürchtung, dass die Loslösung Nordamerikas große Nachteile für den englischen Handel mit sich bringen und den ersten Schritt zur Auflösung des britischen Empire bedeuten würde. Daher wurde nun versucht, durch eine Seeblockade und massive Truppenverstärkungen die rebellischen Kolonien militärisch in die Knie zu zwingen. Zu diesem Zweck wurden nicht nur in Großbritannien Truppen rekrutiert, sondern auch in verschiedenen deutschen Staaten rund 30 000 Söldner angeworben. Das größte Söldnerkontingent kam mit rund 20 000 Soldaten aus Hessen-Kassel, weswegen die deutschen Soldaten im Unabhängigkeitskrieg oft als *Hessians* bezeichnet werden. Ende 1775 stimmte der König außerdem dem *Prohibitory Act* zu, einem Gesetz, das amerikanische Schiffe zu feindlichen Prisen erklärte und die Zwangsverpflichtung amerikanischer Seeleute zum Dienst in der Royal Navy vorsah. Unter den Amerikanern steigerten dieses Gesetz und der Einsatz der deutschen Soldtruppen die Empörung über den »tyrannischen« König Georg III. ebenso wie die Versuche der britischen Indianeragenten, die indianischen Stämme auf ihre Seite zu ziehen, und die Aufrufe königstreuer Gouverneure und britischer Offiziere an die Sklavenbevölkerung der südlichen Kolonien, zu den Briten überzulaufen und über den Dienst in britischen Truppenverbänden ihre Freiheit zu erlangen. Für die Amerikaner waren diese Maßnahmen weitere schlagende Beweise für ihre Befürchtung, dass Großbritannien sie zu »versklaven« und in Amerika eine »absolute Despotie« zu errichten gedachte.

Die Eskalation des Krieges und die unnachgiebige Haltung Großbritanniens nötigten den Kontinentalkongress zu einer Klärung der amerikanischen Kriegsziele. Noch 1775 ging es den meisten Kongressdelegierten primär um die Verteidigung der Rechte der Kolonisten und die Aussöhnung mit Großbritannien; nur eine radikale Minderheit dachte damals bereits an Unabhängigkeit. Die konziliante, königstreue Stimmung im Kongress wie in der Bevölkerung geriet jedoch ins Wanken, als der Publizist Thomas Paine, der erst 1774 aus England nach Philadelphia eingewandert war, Anfang 1776 mit der Schrift *Common Sense* eine beißende Attacke auf die Monarchie und ein flammendes Plädoyer für eine unabhängige Republik veröffentlichte. König Georg III. bezeichnete er darin als tyrannischen »Pharao« und »königliches Untier«. Paine verwarf die bei den Kolonisten lange populäre Vorstellung einer gemischten Verfassung, in der sich monarchische, aristokratische und republikanische Kräfte gegenseitig kontrollierten, und plädierte für eine möglichst einfache republikanische Regierungsform, in der allenfalls die Verfassung als König verehrt werden sollte. Amerika sei zur Zufluchtsstätte der Verfolgten Europas geworden und solle nun seine kolonialen Fesseln abstreifen, durch Selbstregierung und freien Handel der Welt und zukünftigen Generationen ein Beispiel geben. Mit einer geschätzten Auflage von 120000 Exemplaren binnen drei Monaten fand *Common Sense* ein enormes Echo in der amerikanischen Öffentlichkeit. Zwischen April und Juli 1776 sprachen sich über neunzig Gemeinden, Counties, Staatenkonvente sowie Miliz- und Handwerkergruppen in Resolutionen und Instruktionen für die Unabhängigkeit aus. Der Provinzialkongress Virginias etwa instruierte im Mai 1776 die Delegierten des Staates, sich für die Loslösung von Großbritannien einzusetzen.

Auch im Kontinentalkongress gewann der Gedanke der Unabhängigkeit nun immer mehr Anhänger. Im Mai empfahl der Kongress den Kolonien, neue Regierungen zu bilden, die dem allgemeinen Wohl und der Sicherheit der Bevölkerung dienten. Die von John Adams entworfene Präambel rief direkt zur Unterdrückung jeglicher Staatsgewalt auf, die von der Krone ausging. Am 10. Juni stellte einer der Delegierten Virginias, Richard Henry Lee, den Antrag, die Kolonien sollten sich zu freien und unabhängigen Staaten und jegliche Verbindung zu Großbritannien für aufgelöst erklären, ausländische Mächte um Beistand ersuchen und eine Konföderation vorbereiten. Knapp einen Monat später, am 2. Juli, wurde Lees Resolution mit den Delegiertenstimmen von zwölf Staaten angenommen. Nur New York enthielt sich, weil seine Delegierten keine Instruktionen erhalten hatten.

Am 11. Juni hatte der Kongress einen fünfköpfigen Ausschuss, dem John Adams und Benjamin Franklin angehörten, mit der Vorbereitung einer Unabhängigkeitserklärung beauftragt. Da die übrigen Ausschussmitglieder mit vielfältigen anderen Aufgaben belastet waren, übertrugen sie die Ausarbeitung des Entwurfs dem 33-jährigen Thomas Jefferson, einem Anwalt und Plantagenbesitzer aus Virginia, der bis dahin im Kongress noch nicht als Redner aufgefallen war, sich aber bereits als politischer Autor einen Namen gemacht hatte. Die am 4. Juli 1776 vom Kongress nach einigen Änderungen – unter anderem der Streichung von Jeffersons Kritik am Sklavenhandel – verabschiedete *Declaration of Independence* bündelte die naturrechtlichen, aufklärerischen und klassisch-republikanischen Traditionsstränge im politischen Denken der Amerikaner und fasste sie in eine klare, elegante und eindringliche Sprache. Die Präambel formulierte auf naturrechtlicher Grundlage das Gleichheitspostulat der amerikanischen Revolutionäre (»all men are created equal«), wobei Gleichheit hier im Sinne der Rechtsgleichheit der Menschen im Naturzustand, nicht im Sinne einer Gleichheit des Besitzes und der Lebensumstände zu verstehen ist. Zu den unveräußerlichen Rechten der Menschen gehörten vorrangig Leben, Freiheit und das Streben nach

Glück (»life, liberty and the pursuit of happiness«). Nach Ansicht mancher Historiker meinte Jefferson mit letzterer Formulierung nicht nur das Recht des Individuums auf Eigentum im Sinne Lockes, sondern vor allem auch das Zusammenleben der Menschen in Gemeinschaft im Sinne der Moralphilosophie der schottischen Aufklärer. Regierungen, so die Unabhängigkeitserklärung weiter, seien geschaffen worden, um diese Grundrechte zu sichern, und sie bezögen ihre Macht aus der Zustimmung der Regierten. Wenn die Regierung dieser Aufgabe zuwiderhandle, sei es das Recht des Volkes, die Regierung abzuschaffen und sie in der Art und Weise neu zu errichten, die ihr Glück und ihre Sicherheit am besten gewährleiste. Die Regierungsgewalt war damit einzig auf das republikanische Prinzip der Volkssouveränität gegründet.

Mindestens ebenso wichtig wie die Erklärung dieser Grundprinzipien war für die amerikanischen Revolutionäre die Begründung ihrer Entscheidung für die Trennung vom Mutterland, die den größeren Teil der Unabhängigkeitserklärung einnahm. Erst wenn eine lange Kette von Missbräuchen und Rechtsbrüchen die Menschen davon überzeugte, dass die Regierung beabsichtige, eine Despotie zu errichten und sie für immer zu versklaven, würden sie das Joch dieser tyrannischen Regierung abschütteln. In genau dieser Lage befänden sich die Amerikaner. Um diese Behauptung zu untermauern, zählte die Unabhängigkeitserklärung – sachlich nicht immer korrekt – die Vergehen auf, die sich der König gegen seine Untertanen zuschulden kommen ließ: von Eingriffen in die Gesetzgebung, die Regierung und das Gerichtssystem der Kolonien über die Entsendung von korrupten Beamten und Truppen nach Amerika bis hin zur Kriegführung gegen seine eigenen Untertanen. Mit dieser Auflistung der tyrannischen Akte eines schlechten Königs gegen seine treuen Untertanen folgte die Unabhängigkeitserklärung einer alten rechtsständischen Tradition. Durch die Erklärung ihrer Unabhängigkeit reklamierten die Vereinigten Staaten für sich zugleich alle Rechte einer souveränen Nation, insbesondere Krieg zu führen, Frieden zu schließen, Allianzen einzugehen und Handel zu treiben. Die Unabhängigkeitserklärung formulierte damit sowohl die gemeinsamen Grundüberzeugungen der Amerikaner als auch den Anspruch eines souveränen Staates auf völkerrechtliche Anerkennung.

Seit Kriegsausbruch war die königliche Autorität in allen Kolonien außerhalb des unmittelbaren Einflussbereichs des britischen Militärs rapide verfallen. Während die vom König ernannten Gouverneure Amerika verließen oder in britischen Forts und auf Kriegsschiffen Zuflucht suchten, übernahmen revolutionäre Konvente und Ausschüsse in den Kolonien, Counties und Gemeinden provisorisch die Regierungsgewalt. Da die verfassungsmäßige Ordnung damit praktisch aufgehoben war, wurde seit Ende 1775 die Frage einer konstitutionellen Neuordnung akut. Noch vor Ende des Jahres empfahl der Kontinentalkongress drei Kolonien – New Hampshire, South Carolina und Virginia – Neuwahlen und die Einführung neuer Verfassungen, und im Mai 1776 erging an die Provinzialkongresse der übrigen Kolonien die Empfehlung, neue Verfassungen einzuführen, »die nach Überzeugung der Repräsentanten des Volkes dem Glück und der Sicherheit ihrer Wähler im besonderen und Amerikas im allgemeinen am dienlichsten sind«. Zwischen Januar 1776 und April 1777 folgten insgesamt zehn Staaten diesen Empfehlungen; Massachusetts verabschiedete erst 1780 eine neue Verfassung, und die Neuenglandstaaten Connecticut und Rhode Island behielten ihre kolonialen Charters weitgehend unverändert bei. Einen Sonderfall bildete die von den übrigen Staaten nicht anerkannte Verfassung, die sich revolutionäre Siedler im Gebiet der Green Mountains, das zwischen New York und New Hampshire umstritten war, im Juli 1777 gaben. Dieses Gebiet wurde erst 1791 formell als Staat Vermont anerkannt und in die Union aufgenommen.

Die meisten Staatenverfassungen der Jahre 1776 bis 1780 stellten einen Kompromiss zwischen revolutionären Prinzipien und den politischen Erfahrungen der Kolonialzeit dar: So hielten sie in der Regel an der Gewaltenteilung zwischen einem Zweikammerparlament (Repräsentantenhaus und Senat) und einem Gouverneur als Chef der Exekutive fest. Das Konzept der Judikative als einer unabhängigen dritten Kraft im Regierungssystem setzte sich nach 1776 erst allmählich durch. Um die Freiheit der Bürger vor Machtmissbrauch zu schützen, begrenzten nahezu alle Staaten die Amtszeiten der Repräsentanten auf ein Jahr, während Senatoren, die ursprünglich als Repräsentanten des »Eigentums«, also der besitzenden Schichten fungieren sollten, je nach Staat für ein bis fünf Jahre gewählt wurden und Gouverneure zwischen einem und drei Jahren amtierten. Während die Gouverneure in Massachusetts und New York direkt vom Volk gewählt wurden und gewisse Mitspracherechte in der Gesetzgebung hatten, wurden sie in den übrigen Staaten von den Parlamenten gewählt und häufig durch einen Exekutivrat zusätzlich kontrolliert. Die Rotation der Amtsträger und die Bindung der Abgeordneten an Instruktionen der Wähler sollten in einigen Staaten die Freiheit der Bürger vor Übergriffen der Regierung garantieren. Da Freiheit im angloamerikanischen politischen Denken eng mit Eigentum und persönlicher Unabhängigkeit verbunden war, hielten die revolutionären Staaten mit Ausnahme von Vermont an einem Zensuswahlrecht fest, das Besitzlose vom Wahlrecht ausschloss. Dennoch erhielt eine deutliche Mehrheit der erwachsenen weißen Männer das aktive Wahlrecht, und die Repräsentation der agrarisch geprägten Regionen im Westen wurde gegenüber der Kolonialzeit in einigen Staaten wesentlich verbessert.

Eine Besonderheit stellte die Entwicklung in Pennsylvania dar, wo die radikalen Handwerkerkomitees der Metropole Philadelphia seit 1774 den Führungsanspruch der gesellschaftlichen Elite zunehmend in Frage stellten und stärkere politische Mitspracherechte forderten. Im Sommer 1776 drängte ein vor allem von Vertretern der handwerklichen Mittelschichten beschickter revolutionärer Provinzialkonvent die gewählte Assembly, die sich gegen die Unabhängigkeit von Großbritannien sträubte, beiseite und machte damit den Weg für die Verabschiedung der radikalsten der revolutionären Staatenverfassungen frei. Die Legislative wurde hier von einem jährlich neu gewählten Einkammerparlament ausgeübt, dem ein Exekutivrat mit stark eingeschränkten Befugnissen gegenüberstand. Für alle politischen Amtsträger galt das Rotationsprinzip. Das Wahlrecht wurde auf alle männlichen Steuerzahler und deren erwachsene Söhne ausgedehnt, und um die Bürger möglichst unmittelbar an der politischen Willensbildung zu beteiligen, sollten Gesetze sogar vor ihrer endgültigen Verabschiedung publiziert werden. Kritiker bemängelten, dass eine solche demokratische Verfassung zu weit vom Grundsatz der Gewaltenteilung abwich. Nach langen Auseinandersetzungen wurde 1790 schließlich eine neue Verfassung verabschiedet, die das Regierungssystem Pennsylvanias dem der anderen Staaten anglich.

Als erster Staat nahm Virginia Ende Juni 1776 eine eigene, von dem Pflanzer George Mason entworfene Grundrechteerklärung in die Verfassung auf, die das souveräne Volk zur alleinigen Quelle legitimer Macht erklärte und elementare staatsbürgerliche Rechte wie Schutz der Person und des Eigentums, Presse- und Gewissensfreiheit festschrieb. Sieben Staaten folgten bis 1780 diesem Vorbild, so dass die Prinzipien der Volkssouveränität, der Verantwortlichkeit gewählter Amtsträger gegenüber den Regierten und der unverletzlichen persönlichen Rechte zu festen Bestandteilen der amerikanischen Verfassungsordnung wurden. Nachdem die Verfassungen der Jahre 1776/77 mehrheitlich von Abgeordnetenhäusern oder Provinzialkonventen verabschiedet worden waren, die auch ›normale‹ Regierungsaufgaben wahrnahmen, beschritt Massachusetts 1779/80 mit der Wahl eines eigenen Verfassungskonvents und der Ratifizierung des aus diesem Konvent hervorgegangenen Verfassungsentwurfs durch das souveräne Volk in den Gemeinden neue Wege.

Angesichts der großen Unterschiede zwischen den Staaten, eines weit verbreiteten Machtmisstrauens, eines noch schwach ausgeprägten Nationalbewusstseins und fehlender Erfahrung mit der republikanischen Regierungsform in einem so großen Territorium waren nach der Unabhängigkeit zunächst nur wenige Amerikaner für einen engen politischen Zusammenschluss und die Bildung einer starken nationalen Regierung zu gewinnen. Die im November 1777 verabschiedete, aber erst 1781 nach erfolgter Zustimmung aller Staaten in Kraft getretene erste amerikanische Verfassung, die *Articles of Confederation*, schuf daher lediglich einen relativ losen Staatenbund und beließ den Einzelstaaten weitgehende Souveränitätsrechte. Oberstes Regierungsorgan war der Kongress, der sich aus Delegationen der Staaten mit jeweils einer Stimme zusammensetzte. Kongressdelegierte mussten gemäß dem Rotationsprinzip nach dreijähriger Amtszeit drei Jahre pausieren. In die Kompetenz des Kongresses fielen die Entscheidung über Krieg und Frieden, der Abschluss von Bündnis- und Handelsverträgen, die Beziehungen zu den indianischen Stämmen, die Aufstellung des Heeres, die Ausrüstung einer Flotte sowie die Schlichtung von Streitigkeiten zwischen Staaten. Das Recht auf die Erhebung eigener Steuern und Einfuhrzölle blieb dem Kongress hingegen verwehrt, so dass er von den finanziellen Beiträgen der Einzelstaaten und Kreditaufnahmen abhängig war. Bei wichtigen Entscheidungen mussten neun der dreizehn Staaten zustimmen, und Änderungen der Konföderationsartikel waren nur mit Zustimmung aller Staaten möglich.

Obwohl die Unabhängigkeitserklärung, die neuen Staatenverfassungen und die Bildung der Konföderation den politisch-konstitutionellen Bruch mit dem Mutterland vollzogen hatten, musste die Loslösung von Großbritannien erst in einem insgesamt acht Jahre währenden Unabhängigkeitskrieg erkämpft werden. Nach dem Rückzug aus Boston 1776 versuchten die britischen Oberbefehlshaber, General William Howe und sein Bruder, Admiral Richard Howe, die Neuengland-Kolonien zu isolieren und Washingtons Kontinentalarmee entscheidend zu schlagen. Im Sommer 1776 landeten die Briten rund 32000 Mann vor New York City, besetzten die Stadt und rückten in Richtung Philadelphia vor. In den Gefechten auf Long Island und Manhattan erwiesen sich die disziplinierten britischen Truppen den amerikanischen Milizionären und den schlecht ausgebildeten Soldaten der Kontinentalarmee als klar überlegen, doch konnten die Briten Washingtons zeitweise auf dreitausend Mann zusammengeschrumpfter Armee keine entscheidende Niederlage beibringen. Dem amerikanischen Oberbefehlshaber gelang es, durch den Rückzug über den Delaware-Fluss seine Armee zu retten, und in kleineren Gefechten bei Trenton und Princeton in New Jersey am 25. Dezember 1776 und 2. Januar 1777 erzielten die Amerikaner psychologisch wichtige Erfolge. Washington hatte sich, nach Beratungen mit seinem Stab, frühzeitig auf eine Defensivstrategie festgelegt, die er im Prinzip bis zum Ende des Krieges durchhielt. Er versuchte dadurch nicht nur die eigene Armee zu sichern und den Gegner zu zermürben, sondern gewann zusätzlich Zeit für die amerikanischen Bündnisverhandlungen in Europa. Dabei kam der amerikanischen Kriegführung zugute, dass die Briten einen Eroberungskrieg auf einem riesigen, ihnen weitgehend unbekannten Territorium führen und extrem lange Nachschublinien aufrechterhalten mussten, was sich trotz der britischen Überlegenheit zur See als zunehmend schwierig erwies.

1777 schlug die britische Armeeführung eine neue Strategie ein und versuchte, die amerikanischen Staaten durch koordinierte Vorstöße von der Chesapeake-Bucht aus nach Norden sowie von Kanada aus durch das Mohawk- und Hudsontal nach Süden in zwei Hälften zu teilen. General Howe gelangen zwar im Herbst 1777 militärische Erfolge bei Brandywine und Germantown und die Einnahme Philadelphias, so dass der Kontinentalkongress nach York im Hinterland von Pennsylvania fliehen musste, doch die Koordination mit der aus Kanada vorrückenden Armee unter General John Burgoyne misslang. Burgoynes Streitmacht wurde im Oktober 1777 bei Saratoga im Staat New York durch zahlenmäßig überlegene amerikanische Verbände unter General Horatio Gates aufgehalten und musste nach schweren Gefechten mit annähernd sechstausend Mann kapitulieren. Der Sieg bei Saratoga gab zugleich den Ausschlag, dass Frankreich, das die Amerikaner bereits seit 1776 inoffiziell durch Waffen- und Munitionslieferungen unterstützt hatte, nun offen an der Seite der USA in den Krieg eintrat. Frankreich erkannte den neuen Staat im Februar 1778 diplomatisch an und schloss mit dem amerikanischen Gesandten in Paris, Benjamin Franklin, einen Bündnisvertrag sowie ein Freundschafts- und Handelsabkommen. Bis 1780 traten auch die Niederlande und Spanien in den Krieg gegen Großbritannien ein, so dass sich der Unabhängigkeitskrieg zu einem Krieg der europäischen Seemächte ausweitete.

Mit dieser internationalen Unterstützung konnten die USA zwar den britischen Truppen standhalten, doch vermochten sie es zwischen 1778 und 1780 nicht, dem Krieg ihrerseits eine entscheidende Wende zu geben. Im Sommer 1778 gaben die Briten Philadelphia wieder auf und beschränkten sich in den mittleren Staaten auf die Sicherung ihrer Stellung in New York City. Der Kriegsschauplatz verlagerte sich nun nach Süden. Britische Truppen unter General Sir Henry Clinton landeten in Georgia, nahmen im Mai 1780 die wichtige Hafenstadt Charleston in South

Carolina ein, wo mehr als dreitausend amerikanische Soldaten in Gefangenschaft gerieten, und rückten nach einem weiteren Sieg über amerikanische Truppen bei Camden im August 1780 nach North Carolina und Virginia vor. Clintons Nachfolger Lord Cornwallis wurde von seinem amerikanischen Gegenspieler, General Nathaniel Greene, jedoch in eine Art Abnützungskrieg verwickelt; nach dem Vorbild Washingtons ging Greene größeren Schlachten konsequent aus dem Wege. Im Sommer 1781 zog Cornwallis seine Truppen an der Chesapeake-Bucht zusammen, wo er den Ort Yorktown befestigte. Dort wurde er von virginischen Milizen, französischen und amerikanischen Armeen unter Rochambeau und Washington sowie einer französischen Flotte unter Admiral de Grasse, die in der Bucht erschien, eingeschlossen und musste nach einem fehlgeschlagenen Entsatzversuch am 19. Oktober 1781 mit rund 10 000 Mann kapitulieren.

Die Niederlage bei Yorktown machte den bereits sechs Jahre währenden kostspieligen Krieg in Großbritannien vollends unpopulär. Im Unterhaus wuchs die Opposition gegen den infolge des Krieges gewachsenen politischen Einfluss der Krone, und der wichtigste Exponent einer harten britischen Haltung gegenüber den USA, Lord North, trat am 20. März 1782 zurück. Diese Entwicklung begünstigte die Aufnahme von Friedensverhandlungen, die im April 1782 in Paris eröffnet wurden und auf amerikanischer Seite von Benjamin Franklin, John Adams und John Jay geführt wurden. Im Frieden von Paris, der am 3. September 1783 unterzeichnet wurde, erkannte Großbritannien die Unabhängigkeit der Vereinigten Staaten formell an, trat ihnen das gesamte Gebiet zwischen den Appalachen und dem Mississippi ab und gewährte den Amerikanern Fischereirechte in den Gewässern vor Neufundland und Neuschottland. Damit waren die zentralen Forderungen der Amerikaner erfüllt. Im gleichzeitigen Friedensschluss mit den gegnerischen europäischen Mächten trat England das 1763 erworbene Florida wieder an Spanien ab; ansonsten wurde im Wesentlichen der Status quo ante festgeschrieben.

Der Unabhängigkeitskrieg trug sowohl Züge eines konventionellen Kriegs zwischen regulären Armeen nach dem Vorbild europäischer Kriege des Ancien Régime als auch Merkmale eines revolutionären Volkskriegs. George Washington bevorzugte wie die britischen Generäle eindeutig einen konventionellen Krieg nach europäischem Muster. Aus der ursprünglich von einer Welle patriotischer Begeisterung getragenen Kontinentalarmee wurde binnen weniger Jahre ein weitgehend professionalisiertes Heer, das seit 1777 von dem preußischen Offizier Friedrich Wilhelm von Steuben einexerziert und gedrillt wurde. Die Durchsetzung militärischer Disziplin unter den selbstbewussten und freiheitsliebenden Soldaten blieb zwar den ganzen Krieg über ein Problem, doch gelangen dem Generalstab mittels einer effektiveren Organisation und der teilweisen Übernahme der drakonischen Militärjustiz europäischer Heere zumindest einige Disziplinierungserfolge. Verpflichteten sich die amerikanischen Soldaten 1775/76 zumeist nur für maximal ein Jahr zum Dienst, wurden dreijährige Dienstzeiten oder Verpflichtungen für die Dauer des Krieges später häufiger. Den Anreiz zu längeren Dienstverpflichtungen boten vom Kongress und den Staatenregierungen in Aussicht gestellte Geldprämien und Landzuteilungen. Die Offiziere schotteten sich zunehmend gegenüber ihren Untergebenen ab, entwickelten einen starken Korpsgeist und kultivierten ein ausgeprägtes Ehrgefühl. Seit 1777 waren die einfachen Soldaten, wie in europäischen Heeren des 18. Jahrhunderts, meist unverheiratet und kamen überwiegend aus den unteren Schichten der Landarbeiter, Knechte, Handwerksgesellen, Lehrlinge und freien Schwarzen. Im weiteren Kriegsverlauf wurden sogar Sklaven rekrutiert. Während des gesamten Unabhängigkeitskriegs kämpften etwa fünftausend Afroamerikaner auf amerikanischer Seite, von denen die meisten aus den nördlichen und mittleren Staaten kamen. Von den südlichen Staaten stellte nur Maryland größere Kontingente an schwarzen Soldaten, während Virginia erst nach langem Zögern einige hundert Afroamerikaner rekrutierte und sich South Carolina der Bewaffnung von Sklaven strikt verweigerte.

Mit einer Maximalstärke von unter 30000 Mann blieb die Kontinentalarmee stets weit hinter den Forderungen des Kongresses und des Oberbefehlshabers zurück, und im Winterlager von Valley Forge in Pennsylvania (1777/78) sank die Truppenstärke infolge von Krankheiten und Desertionen auf weniger als fünftausend Mann ab. Dennoch bereitete die Versorgung dieser Armee während des gesamten Krieges Schwierigkeiten. Die Begeisterung und Opferbereitschaft großer Teile der Bevölkerung in den ersten Kriegsmonaten wichen angesichts militärischer Rückschläge und der langen Dauer des Konflikts einer wachsenden Ernüchterung und Kriegsmüdigkeit. Die zur Verbesserung der Versorgungslage von Staatenregierungen und lokalen Komitees beschlossenen Preiskontrollen und Exportverbote erwiesen sich als wenig wirksam, und kriegswichtige Güter mussten immer wieder zwangsrequiriert werden. Da die Briten Heereslieferungen in harter Währung bezahlen konnten, während die Amerikaner auf ein durch die steigende Inflation ständig an Wert verlierendes Papiergeld angewiesen waren, lieferten viele Händler und Farmer lieber an die britischen Truppen, und Städte wie New York City verzeichneten unter britischer Besatzung genauso hohe Einfuhren britischer Waren wie vor den 1774 verhängten Importboykotten. Neben dem offensichtlichen Opportunismus vieler Amerikaner, die den eigenen Profit dem Einsatz für ein patriotisches Ideal vorzogen, schwächte auch prinzipielles Misstrauen gegen ein stehendes Heer, das der amerikanischen Freiheit selbst bedrohlich werden konnte, die Akzeptanz der Kontinentalarmee bei der Zivilbevölkerung. Festzuhalten bleibt jedenfalls, dass nur eine Minderheit der erwachsenen männlichen Amerikaner – insgesamt schätzungsweise 100000 Mann – aktiv in den Reihen der Kontinentalarmee oder in Milizverbänden für die Unabhängigkeit kämpfte.

Angesichts dieser Probleme setzte sich Washington unentwegt beim Kontinentalkongress für eine bessere Bewaffnung, Ausrüstung und Bezahlung der Armee ein und drängte ihn zur Aufnahme von Anleihen im Ausland. Dass der Kongress diese Forderungen nur unzureichend erfüllte, lag nicht nur an fehlendem Verständnis der Delegierten für die militärischen Notwendigkeiten und Misstrauen gegenüber der Armeeführung, sondern auch an der äußerst prekären Finanzlage des Kongresses. Trotz frustrierender Erfahrungen mit der Ineffizienz der Regierung akzeptierte Washington, der in hohem Maße dem Country-Ideal des tugendhaften und patriotischen militärischen Führers verpflichtet war, stets den Vorrang der zivilen politischen Autorität und gab 1783 den Oberbefehl über die Armee an den Kongress zurück. Die Kontinentalarmee wurde nahezu vollständig abgedankt, und erst seit Ende der 1780er Jahre wurde allmählich wieder ein kleines Berufsheer aufgebaut. Das Verdienst Washingtons bestand aber auch darin, dass es ihm gelang, sich den Respekt der unter ihm dienenden Soldaten zu bewahren und die Armee in schwierigen Situationen zusammenzuhalten. Zudem gehörten seinem Stab ausgesprochen fähige Männer wie sein Adjutant Alexander Hamilton, Friedrich Wilhelm von Steuben und der Marquis de Lafayette an, der bereits vor dem Kriegseintritt Frankreichs aus eigenem Antrieb nach Amerika gekommen war.

Entgegen den Absichten Washingtons und anderer militärischer und politischer Führer nahm der Unabhängigkeitskrieg vor allem im Umland New York Citys und in den südlichen Kolonien auch Formen eines Bürgerkriegs an. Während sich die Briten darauf konzentrierten, von befestigten Bastionen an der Küste aus Vorstöße ins Hinterland zu unternehmen, organisierten sich amerikanische Milizen und Sicherheitskomitees flächendeckend im Hinterland. Die kleinen Miliz- und Guerillaeinheiten erwiesen sich zwar in größeren militärischen Auseinandersetzungen als wenig effektiv, doch destabilisierten sie die britische Position durch Überfälle auf Militärposten, die Plünderung von Warenlagern und Terror gegen Parteigänger der Briten. Königstreue Amerikaner wurden systematisch eingeschüchtert, ausgeraubt, enteignet und vertrieben, neutrale Einwohner mit denselben Methoden zur Parteinahme gezwungen. Auf diese Weise vermochten die Revolutionäre, die 1780 scheinbar unangefochtene britische Position in South Carolina bis 1782 weitgehend auszuhöhlen, da es den Briten nicht gelang, die loyale Bevölkerung ausreichend gegen solche Übergriffe zu schützen. Loyalistische Verbände bekämpften ihre revolutionären Widersacher zwar mit den gleichen Methoden, doch insgesamt weniger erfolgreich – nicht zuletzt deshalb, weil die britischen Befehlshaber die königstreuen Amerikaner in ihren militärischen Planungen zu wenig berücksichtigten.

Wie stark der Unabhängigkeitskrieg die amerikanischen Staaten im Innern polarisierte, zeigt die Tatsache, dass ungefähr ein Drittel der Bevölkerung königstreu gesinnt war. Etwa 20000 Loyalisten kämpften als reguläre Soldaten auf britischer Seite und mindestens ebenso viele in Milizverbänden und Guerillatrupps. Die Motive der königstreuen Amerikaner – von denen viele vor 1775 zu den Kritikern der britischen Politik gehört und die Widerstandsbewegung unterstützt hatten – waren vielfältig und reichten von persönlichem Interesse und Profitdenken über schlechte Erfahrungen mit den revolutionären Ausschüssen und Komitees bis hin zu genuiner politischer Überzeugung. Während bestimmte Gruppen – etwa die Hochlandschotten in North Carolina, hohe Amtsträger der Krone und Pastoren der anglikanischen Kirche – besonders stark zum Loyalismus tendierten und pazifistische religiöse Gemeinschaften wie die Quäker und Mennoniten zumindest neutral zu bleiben versuchten, lässt sich insgesamt kein eindeutiges soziales Profil der Loyalisten zeichnen. Sie kamen aus allen gesellschaftlichen Schichten und Regionen, und nicht selten spaltete die Entscheidung für oder gegen die Revolution einzelne Gemeinden und Familien. Das prominenteste Beispiel für einen solchen innerfamiliären Konflikt sind der berühmte Aufklärer und revolutionäre Staatsmann Benjamin Franklin und sein loyalistischer Sohn William, der letzte königliche Gouverneur von New Jersey.

Nach Kriegsende verließen mindestens 60000, nach manchen Schätzungen sogar 100000 Loyalisten mit den britischen Soldaten das Land und siedelten sich in Kanada, anderen britischen Kolonien oder in Großbritannien an. Etwa 5000 von ihnen – meist wohlhabende Kaufleute, Pflanzer und ehemalige königliche Beamte – suchten bei der Londoner Regierung um eine Entschädigung nach. Obwohl die USA sich im Pariser Friedensvertrag lediglich verpflichteten, den Einzelstaaten die Rückerstattung konfiszierten loyalistischen Eigentums zu »empfehlen«, arrangierten sich Tausende von Loyalisten mit den neuen Machtverhältnissen und gliederten sich wieder in die amerikanische Gesellschaft ein. Den abziehenden Briten schlossen sich bei Kriegsende auch schätzungsweise 15000 bis 20000 Afroamerikaner an. Sie gelangten zumeist nach Florida, Jamaika und in die kanadische Kolonie Nova Scotia, von wo aus etwa 1200 schwarze Loyalisten 1792 auf eigenen Wunsch nach Sierra Leone an der westafrikanischen Küste gebracht wurden.

»Kritische Periode« und Bundesverfassung (1783–1789)

Nach dem Pariser Frieden von 1783 wurde die Euphorie der Amerikaner über die gerade erkämpfte Unabhängigkeit rasch von Gefühlen des Zweifels und der Unsicherheit überlagert, und die Jahre bis 1788 gelten als »kritische Periode« der jungen Nation, in der viele Revolutionäre am Erfolg des republikanischen Experiments zweifelten. Als George Washington nach dem Friedensschluss die Auflösung der Kontinentalarmee vorbereitete, wandte er sich in einem Rundschreiben an die Regierungen der Einzelstaaten, in dem er seiner Sorge um das künftige Schicksal der Union Ausdruck verlieh: »Mir scheint, die Vereinigten Staaten stehen vor einer Alternative, einer Wahl: es hängt von ihrem Verhalten ab, ob sie eine geachtete und reiche oder eine verachtenswerte und armselige Nation sein werden. Dies ist die Zeit ihrer politischen Bewährung; dies ist der Augenblick, in dem die Augen der ganzen Welt auf sie gerichtet sind; dies ist der Augenblick, unsere Eigenschaft als Nation für immer zu begründen oder zu zerstören [...]. Je nach dem politischen System, das die Staaten jetzt annehmen, werden sie entweder stehen oder vergehen, und ihre Entschlossenheit oder Schwäche wird entscheiden, ob die Revolution als eine Segnung oder ein Fluch betrachtet werden muss.« Vor allem drei Umstände stimmten viele Amerikaner pessimistisch. Erstens zeigte sich nun immer deutlicher die Schwäche des Kontinentalkongresses als oberster Bundesgewalt. Zweitens war die Arbeit der Parlamente in den Einzelstaaten von heftigen Parteienkämpfen geprägt. Drittens rutschten die USA nach dem Friedensschluss in eine Rezession, die den Ruf nach einer wirtschafts- und finanzpolitisch handlungsfähigen Regierung laut werden ließ.

Der Kontinentalkongress erbrachte nach Kriegsende einige unbestrittene Leistungen. Er schloss Handelsverträge ab – unter anderem 1785 mit Preußen –, vermittelte bei Grenzstreitigkeiten zwischen Einzelstaaten und schuf in den Jahren 1784 bis 1787 die Grundlagen für die weitere territoriale Expansion der USA. Das Territorium zwischen dem Ohio-Fluss und den Großen Seen wurde zur *national domain* erklärt und unter Bundesverwaltung gestellt. Neue Staaten sollten der *Northwest Ordinance* von 1787 zufolge in die Union aufgenommen werden, wenn sie eine Einwohnerzahl von mindestens 60000 erreicht und eine republikanische Verfassung verabschiedet hatten. Mit der Einrichtung eines landesweiten Postdienstes und mehrerer *executive departments* schuf der Kongress die Grundlagen einer Bundesexekutive und eine rudimentäre Regierungsbürokratie.

Doch trotz dieser Leistungen bot der Kontinentalkongress in den Jahren nach 1780 ein eher trauriges Bild. Da die Konföderationsartikel eine Rotation der Kongressdelegierten vorsahen, fehlte dem Gremium die personelle Kontinuität, und viele der fähigsten Politiker hatten den Kongress bis 1783 wieder verlassen. Wiederholt war der Kongress aufgrund eines fehlenden Quorums handlungsunfähig. Noch schwerer wog, dass er über keine eigenen Steuer- und Zolleinnahmen verfügte. Versäumten die Einzelstaaten die Entrichtung ihrer Beiträge, so fehlte dem Kongress jegliche Handhabe, die Gelder einzutreiben. Aus diesem Grund geriet er an den Rand der Zahlungsunfähigkeit und konnte seine Auslandsschulden gegenüber Frankreich nur durch Anleihen in den Niederlanden, die die US-Gesandten Thomas Jefferson und John Adams unter großen Mühen vermittelten, weiter bedienen. Dass einzelne Staaten sich weigerten, den Bestimmungen des Pariser Friedensvertrags Folge zu leisten und konfisziertes Eigentum der Loyalisten zurückzuerstatten oder die Klagen britischer Gläubiger zuzulassen, nutzte Großbritannien als Vorwand, seine Garnisonen im Nordwesten (Fort Oswego, Niagara, Detroit) nicht wie vereinbart abzuziehen. Schließlich zeigten sich die USA unfähig, auf Handelsrestriktionen europäischer Mächte angemessen zu reagieren, da es sich als unmöglich erwies, die Zoll- und Handelspolitik von dreizehn souveränen Staaten miteinander zu koordinieren.

Diese Missstände hatten bereits seit 1780 eine Gruppe nationalistischer Politiker um Robert Morris, Alexander Hamilton und James Madison veranlasst, sich für eine Stärkung der Zentralgewalt einzusetzen. Die Nationalisten forderten, dass der Kongress das Recht haben solle, den Außen- und Binnenhandel der USA zu regulieren, eigene Steuern und Zölle zu erheben und gegen widerspenstige oder säumige Einzelstaaten notfalls auch mit Zwang vorzugehen. Ein Kernpunkt des Programms von Morris und Hamilton war ferner die Fundierung der Staatsschuld: der Kongress sollte durch eigene Einnahmen die Möglichkeit erhalten, die Gläubiger der öffentlichen Hand in voller Höhe und hartem Geld zu bezahlen und dadurch auch der wirtschaftlichen Entwicklung Impulse zu geben. 1781 errangen die Nationalisten einen Teilerfolg, als der Kontinentalkongress Robert Morris zum Superintendent of Finance mit umfassenden Vollmachten ernannte und einen fünfprozentigen Einfuhrzoll beschloss. Der Plan eines bundesweiten Zolls scheiterte jedoch am Widerstand der Staaten Rhode Island und Virginia, und der selbstherrlich agierende Morris musste 1784 auf Druck seiner Gegner aus dem Amt scheiden. Bis 1786 misslangen alle weiteren Versuche, die Kompetenzen des Kongresses durch Änderungen der Konföderationsartikel zu erweitern, da keine Einstimmigkeit erzielt werden konnte.

Die zwischen 1776 und 1780 verabschiedeten Einzelstaatsverfassungen hatten in den meisten Fällen die Staatenparlamente mit weitreichenden Befugnissen ausgestattet, und das Vorrücken zahlreicher Farmer und Handwerker in die Parlamente hatte die soziale Basis der Abgeordnetenhäuser verbreitert. Dies bedeutete einerseits eine Demokratisierung der Parlamente und eine Verbesserung der Repräsentation des agrarischen Hinterlands, und in manchen Staaten wurden in diesen Jahren wegweisende Gesetze verabschiedet: Virginia etwa nahm eine Reform der Strafgesetze in Angriff und verabschiedete 1786 die von Thomas Jefferson angeregte *Bill for Religious Freedom*, die den Grundsatz der Trennung von Staat und Kirche festschrieb. Andererseits zeichnete sich nach 1780 eine zunehmende Polarisierung zwischen kommerziellen, gewerblichen und agrarischen Interessen ab. In fast allen Staatenparlamenten bildeten sich zwei ziemlich klar umrissene Fraktionen heraus, die als »kommerziell-kosmopolitisch« bzw. »agrarisch-lokalistisch« charakterisiert worden sind. Auf der einen Seite standen die Abgeordneten aus den Küstenstädten und den stärker von Handel und Gewerbe geprägten Gebieten entlang der großen Flussläufe, die in der Regel relativ wohlhabend und gebildet waren und für eine stabile Währung, eine möglichst einheitliche und berechenbare Wirtschafts- und Handelspolitik, die Rückkehr und Wiedereingliederung der Loyalisten sowie staatliches Engagement in der Gewerbeförderung und im Bildungswesen, auch unter Inkaufnahme höherer Steuern, eintraten. Auf der anderen Seite setzten sich die Abgeordneten aus dem agrarisch geprägten Hinterland für die Interessen der Kleinbesitzer und Schuldner, für niedrige Steuern und eine möglichst weitgehende Souveränität der Einzelstaaten ein. Diese Polarisierung stellte längerfristig eine wichtige Etappe auf dem Weg zur Entstehung politischer Parteien dar, doch in der Hitze der politischen Konflikte der 1780er Jahre gewannen viele Vertreter der wohlhabenden Schichten den Eindruck, dass das Pendel zu weit in Richtung Demokratie ausgeschlagen war und zu einer »Tyrannei der Mehrheit« geführt hatte. Insbesondere die Frage von Papiergeldemissionen löste um die Mitte der 1780er Jahre heftige Auseinandersetzungen zwischen den Vertretern agrarischer und kommerzieller Interessen aus.

Diese Konflikte wurden noch durch eine nach Kriegsende einsetzende Rezession verschärft, die durch die negative Handelsbilanz der USA ausgelöst wurde. Die nach dem Pariser Frieden von Großbritannien verhängten Handelsrestriktionen bedeuteten den Ausschluss amerikanischer Schiffe vom Warenverkehr innerhalb des britischen Empire, vor allem von dem zuvor sehr lukrativen Handel mit den britischen Karibikinseln. US-amerikanische Produkte wurden bei der Einfuhr nach Großbritannien oder seinen Kolonien mit hohen Zöllen belegt. Zugleich blockierte Spanien, das den Hafen von New Orleans kontrollierte, zeitweise die amerikanische Schifffahrt auf dem Mississippi und nahm die Handelsprivilegien, die es seinen amerikanischen Verbündeten im Unabhängigkeitskrieg gewährt hatte, 1784/85 wieder zurück. In den südlichen Staaten nährte die Bereitschaft einiger Politiker aus dem Norden, auf Rechte am Mississippigebiet zugunsten eines Handelsvertrags mit Spanien zu verzichten, sogar Sezessionsgerüchte.

Auch Frankreich war nicht bereit, die Beschränkungen des Handels zwischen Nordamerika und den französischen Antillen oder das Monopol auf die Tabakimporte nach Frankreich aufzuheben. Während der amerikanischen Wirtschaft somit aufnahmefähige Exportmärkte fehlten, überschwemmten billige britische Fertigwaren nach 1783 den nordamerikanischen Markt, auf dem kriegsbedingt ein großer Nachholbedarf an Konsumgütern herrschte. Die Folge war eine hohe Verschuldung amerikanischer Importeure bei britischen Kaufleuten, während Ladenbesitzer und Einzelhändler im Hinterland ihrerseits bei den großen Importeuren in den Küstenstädten auf Kredit kauften und damit in Schulden gerieten. Aufgrund des massiven Kapitalabflusses herrschte in den Staaten ein Mangel an hartem Geld, der eine deflationäre

Entwicklung nach sich zog. Der Geldmangel machte es den Schuldnern immer schwerer, ihre Verbindlichkeiten zu begleichen, und eine Serie von Bankrotten und Zwangsversteigerungen war die Folge. Im Westen von Massachusetts löste diese schwierige wirtschaftliche Situation in Verbindung mit einer rigiden Sparpolitik der Staatsregierung eine regelrechte Rebellion aus. Gruppen bewaffneter Farmer verhinderten hier seit Herbst 1786 die Eintreibung von Steuern und die Zwangsversteigerung überschuldeter Farmen, blockierten Gerichtsverhandlungen und versuchten ein staatliches Waffenlager in ihre Hand zu bekommen. Dieser Aufstand, der nach einem seiner Anführer »Shays' Rebellion« genannt wird, konnte zwar mit Hilfe von Miliztruppen bis zum Frühjahr 1787 niedergeschlagen werden, löste aber in der gesamten Konföderation geradezu hysterische Reaktionen aus. Zahlreichen Amerikanern erschien die Rebellion als Beweis dafür, dass die amerikanische Union sich in Chaos und Anarchie aufzulösen drohte.

Auf Initiative Virginias hatten sich im September 1786 Delegierte aus fünf Staaten zu einer Konferenz über Handelsfragen in Annapolis (Maryland) getroffen. Da die Mehrzahl der Staaten fehlte, mussten sich die Delegierten ohne Ergebnis vertagen. Vor ihrem Auseinandergehen verabschiedeten sie jedoch eine von Alexander Hamilton entworfene Resolution, in der sie zu einer weiteren Konferenz aufriefen, die im folgenden Mai in Philadelphia zusammenkommen sollte, »um die Lage der Vereinigten Staaten zu erörtern, und solche zusätzlichen Bestimmungen zu entwerfen, wie sie ihnen nötig erscheinen, um die Verfassung der föderalen Regierung den Erfordernissen der Union angemessen zu gestalten«. Im Februar 1787 beschloss auch der Kontinentalkongress, den Einzelstaaten die Teilnahme an dieser Konferenz zu empfehlen. Am 14. Mai 1787 trat in Philadelphia der Konvent zusammen, aus dessen Arbeit die neue Bundesverfassung hervorgehen sollte. Erst am 25. Mai erreichte die Versammlung jedoch das notwendige Quorum von sieben Staaten, und von den insgesamt 74 gewählten Delegierten der Einzelstaaten nahmen nur 55 am Konvent teil. Der Staat Rhode Island fehlte ganz, und nach der Abreise von zwei der drei New Yorker Delegierten im Juli 1787 verlor dieser Staat das Stimmrecht. Die Konventssitzungen fanden unter Ausschluss der Öffentlichkeit statt, was die Gegner einer Verfassungsreform Schlimmes befürchten ließ. Als der Konvent schließlich am 17. September seine Arbeit beendete, unterzeichneten 39 Delegierte den ausgearbeiteten Verfassungsentwurf, während drei – George Mason und Edmund Randolph aus Virginia sowie Elbridge Gerry aus Massachusetts – ihre Unterschrift verweigerten.

Ein deutliches Übergewicht im Verfassungskonvent hatten die an einer Stärkung der Zentralgewalt interessierten Nationalisten, zu deren prominentesten Vertretern der Konventspräsident George Washington, der ebenfalls aus Virginia kommende James Madison, der New Yorker Anwalt Alexander Hamilton und die Pennsylvanier Robert Morris und James Wilson gehörten. Die Verfechter der Souveränität der Einzelstaaten besaßen nicht zuletzt deshalb ein geringeres Gewicht, weil einige ihrer Wortführer wie Samuel Adams aus Massachusetts und Patrick Henry aus Virginia dem Konvent fernblieben. Dazwischen stand eine dritte Gruppe, die zwischen diesen beiden Polen zu vermitteln suchte. Als prominentester Repräsentant dieser letzteren Gruppierung kann der greise Benjamin Franklin aus Pennsylvania gelten. Bereits frühzeitig fiel die richtungsweisende Entscheidung, die *Articles of Confederation* beiseite zu legen und einen von Grund auf neuen Verfassungsentwurf zu erarbeiten. Am 30. Mai stimmten die Vertreter von sechs der acht anwesenden Staaten dem vor allem von James Madison vorbereiteten Virginia-Plan, der auf eine Stärkung der Zentralgewalt hinauslief, als Grundlage der weiteren Beratungen zu. Ein alternativer Entwurf

– der New-Jersey-Plan, der eine Revision der Konföderationsartikel unter weitgehender Beibehaltung der einzelstaatlichen Souveränität vorsah – fand Mitte Juni hingegen keine Mehrheit.

In der Folgezeit konzentrierten sich die Konventsdebatten auf vier Problemfelder: die Kompetenzverteilung zwischen Bund und Einzelstaaten, die Teilung und Balance der Gewalten innerhalb der Bundesregierung, die Repräsentation von großen und kleinen Staaten im künftigen politischen System und den Interessenausgleich zwischen dem Norden und dem Süden der Union. Dem Verfassungsentwurf zufolge sollte die Bundesregierung künftig eigene Steuern und Importzölle zu Zwecken der Verteidigung und allgemeinen Wohlfahrt erheben können und die Macht haben, den zwischenstaatlichen Handel und den Außenhandel zu regulieren, während den Einzelstaaten die Münzprägung und die Emission von Papiergeld verboten wurde. Die Bundesregierung war ferner befugt, eigene Truppen zu unterhalten und die Milizen der Staaten zu beaufsichtigen; und sie sollte befähigt sein, diejenigen Gesetze zu erlassen, die »notwendig und angemessen« (»necessary and proper«) erschienen, um die ihr zugeteilten Gewalten auszuschöpfen. Schließlich galten Bundesgesetze und -verträge fortan als höchstes Recht des Landes (»supreme law of the land«). Diese letzteren Klauseln waren bewusst vage gehalten und ließen der Ausgestaltung des Regierungssystems beträchtlichen Spielraum.

Hinsichtlich der Machtverteilung innerhalb der Bundesregierung sah der Verfassungsentwurf einerseits eine Stärkung der Exekutive, andererseits ein elaboriertes System der Gewaltenverschränkung (*checks and balances*) vor. An der Spitze der Exekutive sollte ein durch indirekte Volkswahl über ein Wahlmännerkollegium bestimmter Präsident stehen, der den Oberbefehl über Armee und Flotte führte und gegenüber Gesetzesvorlagen ein aufschiebendes Vetorecht hatte. Die Amtszeit des Präsidenten betrug vier Jahre, wobei nach dem Verfassungsentwurf die unbegrenzte Wiederwahl des Amtsinhabers möglich war. Alternativvorschläge wie die von Alexander Hamilton favorisierte Vorstellung eines auf Lebenszeit gewählten Präsidenten oder die Möglichkeit einer einzigen siebenjährigen Amtszeit ohne Wiederwahl fanden keine Mehrheit. Die Beschränkung der Amtszeit auf vier Jahre sollte vor Machtmissbrauch des Präsidenten schützen, während die Option einer Wiederwahl den Präsidenten zu besonderen Anstrengungen für das Gemeinwohl anspornen sollte. Faktisch schuf der erste Präsident George Washington mit seinem Amtsverzicht nach zwei Amtsperioden aber einen Präzedenzfall, an den sich bis 1940 alle seine Nachfolger hielten. Zur Wahl des Präsidenten war die absolute Mehrheit der Wahlmännerstimmen nötig; die Wahlmänner wurden von den Staatenparlamenten bestimmt, wobei jeder Staat so viele Wahlmänner entsandte, wie er Kongressabgeordnete stellte. Jeder Wahlmann hatte zwei Stimmen, von denen er eine für einen Präsidentschaftskandidaten abgeben musste, der nicht aus seinem eigenen Staat stammte. Erhielt kein Kandidat die erforderliche Mehrheit im Wahlmännerkollegium, sollte eine Stichwahl im Repräsentantenhaus stattfinden, wobei jeder Staat – unabhängig von seiner Größe – eine Stimme haben sollte.

Der Präsident vereinte zwar nach der Verfassung eine beträchtliche Machtfülle in seiner Hand, musste aber wichtige Kompetenzen mit dem Kongress teilen. So lag die Ernennung der Minister und der Bundesrichter beim Präsidenten, bedurfte aber der Zustimmung des Senats. Völkerrechtliche Verträge mussten vom Senat mit Zweidrittelmehrheit ratifiziert werden, dem gemeinsam mit dem Repräsentantenhaus auch die Entscheidung über Krieg und Frieden und die militärische Mobilisierung oblag. Ein Veto des Präsidenten gegen Gesetzesvorlagen konnte der Kongress mit Zweidrittelmehrheiten in beiden

Häusern überstimmen. Diese Bestimmungen sollten nicht zu einer gegenseitigen Blockade der Regierungsorgane führen, sondern diese zu konstruktiver Zusammenarbeit und zur Verbesserung ihrer Vorhaben und Entwürfe anspornen. Das Zusammenspiel der legislativen, exekutiven und judikativen Gewalt konkretisierte sich auch im Falle eines Amtsenthebungsverfahrens (*impeachment*), das gegen einen amtierenden Präsidenten im Falle eines Machtmissbrauchs angestrengt werden konnte. Während das Repräsentantenhaus das ausschließliche Recht haben sollte, Anklage gegen den Präsidenten zu erheben, sollte das Amtsenthebungsverfahren vor dem Senat unter Vorsitz des Obersten Bundesrichters stattfinden, wo zu einer Verurteilung des Präsidenten eine Zweidrittelmehrheit erforderlich war. Insgesamt sollte der Oberste Gerichtshof, dessen Mitglieder auf Lebenszeit (*during good behavior*) ernannt wurden, die einheitliche Rechtsprechung und Beachtung der Verfassungsmäßigkeit von Gesetzen im ganzen Bundesgebiet gewährleisten, wobei die konkrete Ausgestaltung seiner Kompetenzen sich erst in der Verfassungspraxis erweisen sollte.

Was die Repräsentation von großen und kleinen Staaten in der Union anbelangt, einigten sich die Delegierten in Philadelphia auf einen Kompromiss zwischen den beiden Optionen der Gleichbehandlung aller Staaten (*equal representation*) und der Vertretung proportional zur Bevölkerungszahl der Staaten. Ihr Verfassungsentwurf sah ein Zweikammerparlament vor, in dessen eine Kammer, den Senat, jeder Staat zwei Abgeordnete entsenden sollte, während für die Sitzverteilung in der anderen Kammer, dem Repräsentantenhaus, die Einwohnerzahl der Staaten maßgeblich sein sollte. Während die Mitglieder des Repräsentantenhauses für zwei Jahre direkt vom Volk gewählt werden sollten, waren die Senatoren für eine Amtszeit von sechs Jahren von den Staatenparlamenten zu wählen. Alle zwei Jahre sollte ein Drittel des Senats erneuert werden, wodurch ein Gleichgewicht zwischen den Prinzipien der Kontinuität und der Kontrolle der Mandatsträger angestrebt wurde.

Der Interessenkonflikt zwischen Norden und Süden schließlich resultierte aus den unterschiedlichen Wirtschaftsstrukturen der beiden Regionen und dem damit eng verknüpften Problem der Sklaverei. Die auf eine agrarische Exportwirtschaft ausgerichteten südlichen Staaten befürchteten, in zentralen Wirtschafts- und Handelsfragen von den bevölkerungsreicheren Nordstaaten überstimmt zu werden, und verlangten daher ein Verbot von Exportzöllen und eine Zweidrittelmehrheit für Handelsgesetze und -verträge. Um die Repräsentation der südlichen Staaten zu verbessern, wurde schließlich die Sklavenbevölkerung zu drei Fünfteln mitgezählt, was etwa für Virginia mit rund 170000 Sklaven fünf zusätzliche Kongressmandate bedeutete. Auch das vom Süden geforderte Verbot von Ausfuhrsteuern wurde in den Entwurf aufgenommen; hingegen sollten für Handelsgesetze und -verträge einfache Kongressmehrheiten ausreichen. Der Sklavenhandel durfte frühestens zwanzig Jahre nach Inkrafttreten der Verfassung verboten, konnte jedoch mit einer Steuer von zehn Dollar pro importierten Sklaven belegt werden. Obwohl der Konvent aufgrund der komplexen Problemlage wiederholt am Rand des Scheiterns stand, setzte sich letztendlich die Bereitschaft der Delegierten zur Verständigung und zum Ausgleich durch.

Um sowohl dem Prinzip der Volkssouveränität als auch dem föderativen Gedanken gerecht zu werden, einigten sich die Delegierten auf eine Ratifizierung des Verfassungsentwurfs durch eigens zu diesem Zweck gewählte Konvente in den Einzelstaaten. Nachdem Ende September 1787 der Kontinentalkongress den Entwurf nach kurzer, aber intensiver Debatte kommentarlos an die Staatenparlamente weitergeleitet hatte, organisierten diese die Wahlen zu den Ratifizierungskonventen und deren Einberufung. Die Wahlen zu den Staatenkonventen und deren Tagungen wurden von einer lebhaften öffentlichen Debatte begleitet, im Zuge deren sich zwei politische Lager, die Federalists und Anti-Federalists, herausbildeten. Vor allem das Zeitungswesen in den USA erlebte während der Verfassungsdebatte einen enormen Aufschwung. Die Zahl der Zeitungen stieg von 35 gegen Ende des Jahres 1783 auf 80 zu Beginn des Jahres 1788. Während die meisten Zeitungen nach wie vor in den städtischen Zentren an der Ostküste gedruckt wurden, entstanden nun auch immer mehr Zeitungen im Hinterland.

Die als Anti-Federalists bezeichneten Gegner des Verfassungsentwurfs sahen sich als die eigentlichen Sachwalter der Errungenschaften der Amerikanischen Revolution. Ihr Ideal war die einfache, überschaubare Republik, in der die Maximen der Bürgerbeteiligung und der Verantwortlichkeit der Regierenden gegenüber dem Volk möglichst weitgehend verwirklicht wurden. In der Tradition der *Real Whigs* waren sie der Auffassung, dass Macht stets korrumpierend wirke und die Bürger daher bereit sein mussten, ihre Freiheit gegen staatliche Übergriffe zu verteidigen. Die Kritik der Anti-Federalists richtete sich sowohl gegen die Art und Weise, wie der Verfassungsentwurf zustande gekommen war, als auch gegen dessen Inhalt. Nach ihrer Ansicht hatten die Delegierten mit der Ausarbeitung einer neuen Verfassung ihre Kompetenzen überschritten und die bestehende Verfassung gebrochen. Inhaltlich sahen sie im Verfassungsentwurf eine Bedrohung des »echten Föderalismus«, der auf der weitgehenden Souveränität der Einzelstaaten und einer wirksamen Kontrolle der Regierung durch das Volk beruhe. In Anlehnung an die Staatslehre Montesquieus gingen sie davon aus, dass eine Republik nur im Rahmen eines kleinen Staatsgebildes überhaupt funktionieren könne. Ein weiterer Kritikpunkt war die nach Ansicht der Anti-Federalists unzureichende Verwirklichung des Repräsentationsprinzips: Aufgrund der Größe der Stimmbezirke und der indirekten Wahl der Senatoren würde die neue Verfassung die Wohlhabenden und Gebildeten gegenüber den bäuerlichen und gewerblichen Schichten bevorzugen. Schließlich betonten sie die Notwendigkeit einer Grundrechteerklärung, um Übergriffen der Staatsgewalt vorzubeugen und die Freiheits- und Eigentumsrechte der Bürger zu schützen. Eine solche Grundrechteerklärung hatte George Mason zwar auf dem Verfassungskonvent in Philadelphia vorgeschlagen, doch war sie von der Mehrzahl der Delegierten nicht für notwendig erachtet worden.

Demgegenüber strichen die Befürworter des Entwurfs die Mängel der bestehenden Konföderationsverfassung heraus und leiteten daraus die Notwendigkeit einer grundlegenden konstitutionellen Neuordnung ab. Sie sahen eine starke Zentralregierung als Voraussetzung für wirtschaftliches Wachstum, die Erschließung des Westens und die Harmonisierung unterschiedlicher regionaler und wirtschaftlicher Interessen an. In den bekanntesten Stellungnahmen für die Verfassung, den zunächst in New Yorker Zeitungen erschienenen 85 mit »Publius« signierten Essays (*Federalist Papers*) von Alexander Hamilton, John Jay und James Madison, argumentierten die Autoren, dass die Schaffung eines Bundesstaats mit starker Zentralgewalt die innere und äußere Sicherheit der Union befördere und große Vorteile für Wirtschaft und Handel mit sich bringe. Montesquieus Postulat, dass eine Republik nur auf einem kleinräumigen Territorium dauerhaft realisierbar sei, war nach Hamilton und Madison auf die USA nicht anwendbar, da der Verfassungsentwurf ein grundlegend neues Staatsmodell konstruierte: ein republikanisches System, das auf einer organischen Mischung aus nationalen und föderalistischen Elementen beruhte. »Die Wissenschaft von der Politik« habe, so Hamilton im 9. »Publius«-Artikel, »wie die meisten anderen Wissenschaften große Fortschritte gemacht.« Dazu zählte Hamilton die »Vergrößerung des Wirkungskreises« der republikanischen Staatsform durch den föderativen Zusammenschluss zuvor selbständiger Staatswesen, wie ihn die neue Bundesverfassung vorsah.

Darüber hinaus leistete James Madison mit seiner Konzeption der ausgedehnten Republik und des Interessenpluralismus einen grundlegenden Beitrag zur politischen Ideengeschichte. Im 10. »Publius«-Essay ging Madison von der Prämisse aus, dass es in jedem Staatswesen naturgemäß unterschiedliche Interessen gebe. Während in einer kleinräumigen Republik eine bestimmte Gruppe die Mehrheit bilden und sich von ihren eigennützigen Interessen und Leidenschaften leiten lassen konnte, war eine solche »Tyrannei der Mehrheit« in einer ausgedehnten Republik mit einem Repräsentativsystem vermeidbar, da sich hier unterschiedliche regionale, soziale und wirtschaftliche Interessen gegenseitig kontrollierten und ausbalancierten. Außerdem sei in einer großen Republik auch die Zahl geeigneter und durch besondere Fähigkeiten ausgewiesener Kandidaten für Regierungsämter größer. »Die Ausdehnung und der richtige Aufbau der Union«, so Madison, »geben uns also ein republikanisches Heilmittel gegen die Schwächen an die Hand, die republikanischen Regierungssystemen am häufigsten eigen sind.« Im Gegensatz zu den Anti-Federalists sahen die Federalists individuelle Freiheit und staatliche Handlungsfähigkeit am besten in einem komplexen, föderativen Regierungssystem gewährleistet, das die Gedanken der Volkssouveränität und Repräsentation mit den richtig verstandenen Interessen der Einzelstaaten und dem politischen Führungsanspruch einer Elite verband.

Ungeachtet einer Vielzahl individueller Faktoren, die bei der Entscheidung für oder gegen die Verfassung relevant waren, erlangte der Aspekt der regionalen Zugehörigkeit bei den Wahlen zu den Ratifizierungskonventen besonderes Gewicht. Im Allgemeinen waren die Wähler in den kommerziell geprägten Regionen an der Ostküste sowie entlang der großen schiffbaren Flüsse mehrheitlich für die Verfassung; im agrarisch geprägten Hinterland dominierten hingegen die Verfassungsgegner. Insgesamt ergaben die Konventswahlen eindeutige Siege der Federalists in sieben Staaten (Pennsylvania, Delaware, Georgia, Connecticut, New Jersey, Maryland und South Carolina), Erfolge der Anti-Federalists in New York und North Carolina und ein ausgeglichenes Verhältnis in Massachusetts, New Hampshire und Virginia. Die insgesamt etwa zweitausend Konventsmitglieder repräsentierten die soziale und politische Führungsschicht der jeweiligen Staaten, wobei vor allem in Neuengland das soziale Gefälle zwischen Delegierten der Federalists und der Anti-Federalists relativ deutlich war. Entsprechend den unterschiedlichen Mehrheitsverhältnissen entwickelte der Ratifizierungsprozess eine eigene Dynamik. Die Staaten mit den klarsten Majoritäten – Delaware, New Jersey und Georgia – ratifizierten besonders schnell, und auch in Pennsylvania drängten die Befürworter auf eine rasche Bestätigung, um damit ein Signal für andere Staaten zu geben. In Massachusetts hingegen fiel die Ratifizierung Anfang Februar 1788 mit 187 gegen 168 Stimmen denkbar knapp aus. Für diesen Erfolg gab vor allem die Kompromissbereitschaft der Federalists den Ausschlag, denn Massachusetts hängte an die Ratifizierungsurkunde neun *Amendment*-Vorschläge an. Die in Massachusetts gefundene Formel der Ratifizierung mit nicht bindenden Verbesserungs- und Ergänzungsempfehlungen machte auch in anderen Staaten wie South Carolina, Virginia und schließlich New York Schule und erleichterte so die Annahme der Verfassung. Ein zentraler Bestandteil der meisten *Amendment*-Forderungen war die Fixierung eines Grundrechtskatalogs, dessen Verabschiedung im ersten Kongress die Federalists auch informell zusagten. Als der New Hampshire-Konvent im Juni 1788 im zweiten Anlauf dem Verfassungsentwurf zustimmte, war die erforderliche Mehrheit von neun Staaten erreicht. Erst mit der Ratifizierung durch die beiden großen Staaten Virginia und New York als 10. und 11. Staat konnte die Union im Juli 1788 jedoch als weitgehend abgeschlossen gelten. Die Nachzügler waren North Carolina, das erst im November 1789 im zweiten Anlauf zustimmte, und Rhode Island, das im Mai 1790 angesichts einer drohenden Wirtschaftsblockade seinen Widerstand gegen die Verfassung schließlich aufgab.

In den Ratifizierungskonventen hatten die Federalists insgesamt ihre organisatorische und taktische Überlegenheit unter Beweis gestellt. Daneben half ihnen ihr Versprechen, eine *Bill of Rights* zu erarbeiten, und die integrierende Persönlichkeit George Washingtons, dessen Popularität weit über seinen Heimatstaat Virginia hinausreichte und der im Februar 1789 von allen 69 Wahlmännern zum ersten Präsidenten des neuen amerikanischen Bundesstaates gewählt wurde. Der symbolischen Demonstration von Einigkeit und Geschlossenheit dienten die in vielen Städten und Gemeinden zur Feier der Verfassung abgehaltenen Bundesparaden, die mit erheblichem Aufwand und häufig mit Tausenden von Mitwirkenden begangen wurden. Die großen *Federal Processions* wurden ein integraler Bestandteil der republikanischen Festkultur der neuen Nation und fanden Eingang in die sich allmählich herausbildende »Zivilreligion« der Amerikaner.

Die Wahlen zum ersten US-Kongress erbrachten 1789 ein klares Übergewicht der Federalists, die 48 der 59 Repräsentanten und 20 der 22 Senatoren stellten. Auf Initiative Madisons, der im Repräsentantenhaus 19 *Amendment*-Vorschläge präsentierte, einigte sich der erste Kongress 1789 auf zwölf Zusatzartikel zur Verfassung, die faktisch auf eine *Bill of Rights* hinausliefen. Zehn Artikel wurden von den Einzelstaaten ratifiziert und erlangten so Ende 1791 Verfassungscharakter. Zu den nunmehr konstitutionell garantierten Rechten gehörten die im ersten Artikel festgelegte Religions-, Rede-, Presse- und Versammlungsfreiheit, der Schutz vor willkürlichen Durchsuchungen und Beschlagnahmungen und bestimmte Rechte von Angeklagten in Strafverfahren. Im zweiten Verfassungszusatz wurde den Bürgern der USA zudem das Recht eingeräumt, Waffen zu besitzen und zu tragen – mit der Begründung, dass »eine gut ausgebildete Miliz für die Sicherheit eines freien Staates erforderlich ist«. Die Verabschiedung der *Bill of Rights* war ein wichtiger Beitrag, um die gemäßigten Anti-Federalists mit der Verfassung auszusöhnen. Tatsächlich akzeptierten die meisten Kritiker die Bundesverfassung erstaunlich rasch als Grundlage der neuen politischen Ordnung, und zahlreiche Anti-Federalists der Jahre 1787 bis 1789 mutierten später sogar zu besonders eifrigen Verteidigern der Verfassung. Insgesamt stellt die Ratifizierungsdebatte ein eindrucksvolles Zeugnis eines demokratischen Willensbildungsprozesses in der jungen Nation dar.

Charakter und Grenzen der Amerikanischen Revolution

Zwischen 1763 und 1789 vollzogen sich vor allem im politisch-konstitutionellen Bereich tiefgreifende Veränderungen. Der Gedanke der Volkssouveränität, geschriebene Verfassungen als höheres Recht auf Bundesebene wie in den Einzelstaaten, die Festschreibung persönlicher Freiheitsrechte in Grundrechteerklärungen, die Gewaltenteilung zwischen den Regierungsorganen sowie zwischen Bund und Einzelstaaten in einem föderalistischen System und schließlich die Herausbildung einer pluralistischen politischen Kultur, in der verschiedene Gruppen auf dem Boden einer gemeinsamen konstitutionellen Ordnung und innerhalb eines fundamentalen Wertekonsenses über bestimmte Sachthemen und politische Konzepte streiten, gehören zu den zentralen Errungenschaften der Amerikanischen Revolution. Die koloniale Gesellschaftsordnung wurde von diesen Veränderungen allerdings kaum berührt. Neben der persönlichen Freiheit hatte die Sicherheit des Eigentums einen überragenden Stellenwert in der politischen Wertehierarchie der großen Mehrzahl der Amerikaner, und abgesehen von der Konfiskation der Besitztümer von Loyalisten, infolge deren schätzungsweise vier Prozent des Gesamtvermögens den Besitzer wechselte, hat die Unabhängigkeitsperiode zu keiner wesentlichen Änderung der bestehenden Eigentumsverhältnisse geführt. Obwohl Reformer wie Thomas Jefferson und Benjamin Rush die Bedeutung von Bildung und Erziehung für die Bewahrung staatsbürgerlicher Tugend betonten, hat die Amerikanische Revolution auch kaum nennenswerte Initiativen im Bildungsbereich hervorgebracht. Überhaupt trat der Staat wie bereits in der Kolonialzeit auch nach der Unabhängigkeit im Leben der meisten Amerikaner kaum in Erscheinung: die Bundesbürokratie sowie Heer und Marine waren zunächst sehr klein, die Steuern niedrig. In den ersten Jahrzehnten ihres Bestehens entsprach die neue amerikanische Nation tatsächlich in vieler Beziehung dem Ideal eines Staates, in dem die Bürger unbehelligt ihre privaten Interessen und Neigungen verfolgen konnten.

Mit der politisch-konstitutionellen Neuordnung ging allerdings auch ein Wandel der sozialen Beziehungen und der Vorstellungswelt der Amerikaner, ihrer Mentalität, einher. Traditionelle hierarchische und patriarchalische Gesellschafts- und Ordnungsvorstellungen wurden durch das Konzept einer egalitären staatsbürgerlichen Gesellschaft abgelöst. An die Stelle älterer Konzeptionen von Gemeinwohl und korporativer Vorstellungen von wirtschaftlicher Ordnung trat zunehmend die Bejahung von individuellem Erfolgsstreben, wirtschaftlicher Konkurrenz und kommerziellen Interessen. Im Bereich der sozialen Beziehungen verschwanden traditionelle Formen von Ehrerbietung, und anstelle von Rangunterschieden wurden nun Gleichheit, Individualität und Privatheit betont. Die Vorstellung, dass Gentlemen von Bildung und Wohlstand eine »natürliche Aristokratie« bildeten, die auch bei der Regierung des Landes eine besondere Rolle spielen sollte, prägte zwar noch viele der Verfassungsväter von 1787, wurde in der Folgezeit aber mehr und mehr von den politischen Gleichheitsforderungen und Partizipationsansprüchen des »gemeinen Mannes« verdrängt. In die Regierungen der Einzelstaaten gelangten zahlreiche »neue Männer«, häufig Farmer und Handwerker aus dem Hinterland, und die alte politische Elite der Kolonialzeit wurde teilweise ersetzt, vor allem aber wesentlich erweitert. Dieser Wandel der sozialen Beziehungen und Einstellungen wurde allerdings durch die ohnehin relativ geringen Besitzunterschiede, das Fehlen einer europäischen Adels- und Kirchenhierarchie, die enorme geographische Mobilität der amerikanischen Bevölkerung und die Mitte des 18. Jahrhunderts einsetzende »Konsumrevolution« zweifellos erleichtert.

Die Grenzen der Revolution zeigen sich vor allem darin, dass im Wesentlichen nur weiße Männer von ihren Errungenschaften profitierten. Die meisten Indianer blieben während des Unabhängigkeitskrieges neutral oder kämpften auf britischer Seite und gaben dadurch deutlich zu erkennen, dass sie sich von der amerikanischen Unabhängigkeit nichts Gutes erwarteten. Der Friede von Paris 1783 erwähnte die Indianer mit keinem Wort, und die amerikanischen Politiker argumentierten und handelten in der Folgezeit, als hätten sie im Unabhängigkeitskrieg auch alles indianische Territorium bis zum Mississippi erobert. Diese Haltung und der Expansionsdrang der Siedler riefen unweigerlich den Widerstand der Indianer hervor, und nach einer kurzen Unterbrechung ging der Krieg an der Westgrenze faktisch bis 1794 weiter. Die amerikanische Politik sah sich dadurch zwar zu einer Kurskorrektur veranlasst und gab in der Folgezeit einer vergleichsweise friedlichen und geordneten Expansionspolitik auf der Grundlage von Landabtretungsverträgen den Vorrang. An der prinzipiellen Auffassung, dass die Expansion der Siedlungsgebiete Vorrang habe und den Indianern nichts anderes übrig bleibe als sich zu assimilieren oder zurückzuweichen, änderte sich jedoch nichts. Unter den weißen Siedlern an der Indianergrenze dominierten ohnehin der Hass auf die »Wilden« und die Verachtung der indianischen Lebensform.

Wie die Indianer blieben auch die meisten schwarzen Sklaven von den Freiheits- und Gleichheitspostulaten der Amerikanischen Revolution ausgeschlossen. Immerhin verbot der revolutionäre Staat Vermont 1777 die Sklaverei, und sämtliche nördlichen Staaten verabschiedeten bis 1804 Emanzipationsgesetze oder beendeten die Sklaverei durch Gerichtsurteile. Viele freie Schwarze zogen in die großen Küstenstädte Boston, New York und Philadelphia, wo sich Kirchengemeinden, Schulen und Selbsthilfevereinigungen zu Kristallisationspunkten afroamerikanischer Nachbarschaften entwickelten. Zahlreiche Sklavenhalter im Norden sowie in Maryland und Virginia ließen in der Revolutionszeit aus eigener Überzeugung ihre Sklaven frei, und Tausende von Afroamerikanern erlangten ihre Freiheit, weil sie auf amerikanischer Seite im Unabhängigkeitskrieg gekämpft hatten. Infolgedessen stieg die Zahl der freien Afroamerikaner von einigen tausend um 1760 auf rund 200 000 nach 1800. Dennoch trug die Revolution insgesamt eher zu einer Zementierung der Sklaverei im Süden bei, da sie mit dem Schutz der Eigentumsrechte auch den Schutz menschlichen Eigentums garantierte. Die Verfassung von 1787 sicherte den Fortbestand des Sklavenhandels bis zum Jahre 1808 und berücksichtigte die Sklavenbevölkerung bei der Repräsentation der südlichen Staaten. Die Südstaaten Georgia und South Carolina nahmen nach dem Unabhängigkeitskrieg den afrikanischen Sklavenhandel wieder auf, und Zehntausende von Sklaven wurden nach Kriegsende aus der Chesapeake-Region in die neu erschlossenen Siedlungsgebiete der späteren Staaten Kentucky, Tennessee und Alabama gebracht. Es kennzeichnet die nach der Revolution wieder verhärtete Haltung der Weißen in den Südstaaten, dass Virginia aus Furcht vor Aufständen 1792 die Sklavengesetzgebung verschärfte und ab 1806 die Freilassung von Sklaven erschwerte.

Vom Gleichheitspostulat der Revolution und den politischen Rechten amerikanischer Staatsbürger blieben auch weiße Frauen zunächst ausgeschlossen. Während der Revolution beteiligten sich Frauen an den Importboykotten, sammelten Geld für die Kontinentalarmee und führten in Vertretung ihrer abwesenden Männer Farmen, Geschäfte und Handwerksbetriebe weiter. Einige führende Vertreter der revolutionären Generation waren zwar bereit, den Frauen als »mothers of the Republic« eine wichtige Rolle bei der Erziehung ihrer Söhne zu guten republikanischen Staatsbürgern einzuräumen; den Frauen selbst politische Freiheitsrechte zuzugestehen schien ihnen jedoch zu weit zu gehen. Allerdings bot die Rhetorik der Revolution Frauen wie Indianern und Schwarzen später immer wieder Anknüpfungspunkte für die Einforderung ihrer eigenen Rechte. Das Postulat der Unabhängigkeitserklärung, dass alle Menschen gleich geschaffen seien, entfaltete somit langfristig auch für diese benachteiligten Gruppen eine befreiende Wirkung.

Die Ära der Federalists (1789–1800)

George Washington holte in sein erstes Kabinett mit Außenminister Thomas Jefferson und Generalstaatsanwalt Edmund Randolph zwei Männer, die wie er selbst aus dem damals bevölkerungsreichsten Staat, aus Virginia, stammten. Jefferson, der die USA zwischen 1784 und 1789 als Gesandter in Paris vertrat, hatte zunächst gezögert, das ihm angetragene Amt anzunehmen. Kriegsminister Henry Knox kam wie Vizepräsident John Adams aus Massachusetts und hatte bereits während der Konföderationsperiode im Kriegsausschuss des Kontinentalkongresses einschlägige Erfahrungen gesammelt. Das Amt des Finanzministers schließlich übertrug Washington seinem ehemaligen Adjutanten Alexander Hamilton.

Bereits nach kurzer Zeit erwies Hamilton sich als die treibende Kraft in Washingtons Kabinett. In den Jahren 1790/91 legte er dem Kongress eine Reihe von Berichten und Memoranden vor, in denen er eine aktive Wirtschafts- und Finanzpolitik propagierte und seine Vision eines ökonomisch starken, gewerblich und kommerziell ausgerichteten amerikanischen Nationalstaats entwarf. Kernpunkte seines Programms waren die Fundierung der Staatsschuld, also die Anerkennung und Rückzahlung der während des Unabhängigkeitskrieges ausgegebenen Staatsanleihen zum Nennwert, die Übernahme der Schulden der Einzelstaaten durch den Bund, die Gründung einer Nationalbank und einer zentralen bundesstaatlichen Münzanstalt und schließlich die Förderung amerikanischer Manufakturen durch eine Schutzzollpolitik. Die Vorzüge dieses Programms waren offensichtlich: die Fundierung der Staatsschuld erhöhte die Kreditwürdigkeit des jungen Staates und verknüpfte die Interessen einflussreicher Gläubiger mit dem Erhalt der Union, die Übernahme der einzelstaatlichen Schulden und die Etablierung einer Nationalbank schufen die Grundlage für eine einheitliche Währungs- und Finanzpolitik, und Hamiltons wirtschaftspolitische Maßnahmen schienen geeignet, die ökonomische Entwicklung der USA zu fördern. Ein wirtschaftlicher Aufschwung und hohe Zolleinnahmen ermöglichten es der Bundesregierung sogar, zunächst auf die Erhebung direkter Steuern zu verzichten.

Dennoch stieß Hamiltons Programm bei zahlreichen Politikern und Teilen der Öffentlichkeit auf Ablehnung. Eine aktive nationale Wirtschafts- und Finanzpolitik und die Übernahme der einzelstaatlichen Schulden schienen die Befürchtungen ehemaliger Verfassungsgegner zu bestätigen, dass die neue Bundesverfassung eine zu starke Zentralisierung der Macht bei der Bundesregierung bedeutete und die Souveränität der Einzelstaaten bedrohte. Außerdem schien das Programm diejenigen Staaten zu bestrafen, die während der Konföderationsperiode die wenigsten Schulden gemacht oder ihre Schulden bereits wieder abgetragen hatten. Die Anerkennung der Staatsschulden zum Nennwert stieß auf Kritik, weil viele staatliche Schuldscheine und Anleihezertifikate sich nicht mehr in den Händen der ursprünglichen Besitzer – häufig ehemalige Soldaten der Kontinentalarmee – befanden, sondern von Spekulanten aufgekauft worden waren, die nun große Profite damit realisierten. Vor allem drohten Hamiltons Maßnahmen nach Ansicht vieler Kritiker der Regierung eine feste Klientel zu verschaffen: Die Spekulanten, Eigentümer von Wertpapieren, Manufakturbesitzer und Kaufleute, die von Hamiltons Programm besonders profitierten, würden aus Eigeninteresse zu Parteigängern der Regierung, während die Interessen der Farmer und Pflanzer kaum berücksichtigt wurden.

Innerhalb von Washingtons Kabinett wandte sich vor allem Außenminister Jefferson gegen Hamiltons Pläne, während im Repräsentantenhaus Hamiltons ehemaliger Mitstreiter in der Ratifizierungsdebatte, James Madison, den Widerstand gegen das Programm des Finanzministers anführte. Jefferson und Madison hatten mit den Farmern und Pflanzern des Südens und Westens nicht nur eine andere Klientel im Auge als Hamilton, sondern sie hegten auch unterschiedliche wirtschaftliche und politische Vorstellungen. Für sie war wirtschaftliche Selbständigkeit die unabdingbare Voraussetzung für politische Unabhängigkeit und damit für die Bewahrung republikanischer Freiheit. Wirtschaftliche Unabhängigkeit sahen Jefferson und Madison vor allem in den kleinen und mittleren Landbesitzern verkörpert, während Lohnarbeiter in den größeren Städten ökonomisch abhängig und damit nach ihrer Auffassung auch politisch korrumpierbar waren. Zur Erhaltung politischer Freiheit und republikanischer Bürgertugend hielten sie es demnach für erforderlich, vorrangig die agrarischen und kleingewerblichen Produzenten zu stärken. Der Handel war nach Jefferson vor allem für die Vermarktung agrarischer Überschüsse und die Einfuhr von Gewerbeerzeugnissen für den täglichen Bedarf notwendig, während er den Import europäischer Luxuswaren mit Argwohn betrachtete.

Damit standen sich zu Beginn der 1790er Jahre zwei konkurrierende Visionen der wirtschaftlichen und politischen Entwicklung der USA gegenüber: die kommerzialisierte Republik Alexander Hamiltons, deren wirtschaftliche Expansion durch eine starke Bundesregierung gefördert wurde, und die agrarisch-kleingewerbliche Republik Jeffersons, die auf der wirtschaftlichen Selbständigkeit der Bevölkerungsmehrheit, einer relativ gleichmäßigen Besitzverteilung, einer an den Interessen der Landbesitzer orientierten Wirtschaftspolitik und der Respektierung der Rechte der Einzelstaaten basierte. Der ideologische Graben zwischen Hamilton und seinen Gegnern wurde noch vertieft durch die bekannten Sympathien des Finanzministers für das politische und wirtschaftliche System der ehemaligen Kolonialmacht Großbritannien. So wie skrupellose Politiker Großbritannien mit einem Netz der Korruption überzogen hätten, so versuchte nach Meinung seiner Kritiker nun angeblich auch Hamilton, die amerikanische Republik zu korrumpieren. Seine Gegner warfen ihm sogar vor, er beabsichtige, in Amerika die Monarchie und erbliche Aristokratie wieder einzuführen.

Dass sich der Prinzipienstreit zwischen den Anhängern

Hamiltons und Jeffersons nach 1790 rasch zuspitzte, lag an der wichtigen Rolle der öffentlichen Meinung sowie an dem zum großen Teil noch vormodernen Parteienverständnis der Amerikaner. Die Zeitungen stürzten sich begierig auf den Konflikt und scheuten sich nicht, auch wilde Gerüchte und abenteuerliche Verschwörungstheorien zu verbreiten. Die Protagonisten des Konflikts förderten ihrerseits die Entwicklung einer parteiischen Presse. Aus den zunächst locker um Hamilton und Jefferson gescharten Gruppen von Anhängern entwickelten sich im Laufe der 1790er Jahre zwei sich allmählich verfestigende Parteien: die Federalists, wie sich die Anhänger der Regierung nannten, und die Republicans als Parteigänger Jeffersons und Madisons. Auch das Abstimmungsverhalten im Repräsentantenhaus folgte zunehmend diesen Parteilinien. Federalists und Republicans sahen die Konkurrenz zwischen Parteien jedoch noch nicht als etwas Normales an, sondern betrachteten sich selbst jeweils als die alleinigen Sachwalter des Republikanismus und Verteidiger der Verfassung, während die Gegenpartei die republikanische Ordnung angeblich zu zerstören drohte. Während Jefferson und Madison den Widerstand gegen Hamiltons Politik im Kongress, in den Staatenparlamenten und in der Presse organisierten, entstanden im ganzen Land seit 1792 mit den *Democratic-Republican Societies* politische Debattierclubs, die vor allem die Mittelschichten ansprachen. Die *Democratic-Republican Societies* verbanden Kritik an der Regierung mit Forderungen nach mehr Bürgerbeteiligung und Verantwortlichkeit der Regierenden gegenüber dem Volk. Diese Vereinigungen wurden zwar von Jefferson und Madison selbst eher mit Misstrauen betrachtet; ihre politischen Sympathien galten jedoch überwiegend den Republicans, denen sie bei Wahlen zahlreiche Wähler zuführten.

Trotz Jeffersons und Madisons Widerstand wurden Hamiltons Fundierungsgesetz, die Übernahme der Schulden durch den Bund und das Bankengesetz vom Kongress gebilligt. Bevor Washington das Gesetz zur Schaffung einer Nationalbank unterzeichnete, bat er seine Kabinettsmitglieder Hamilton, Jefferson und Edmund Randolph um Stellungnahmen zu seiner Verfassungsmäßigkeit. Die Antworten Hamiltons und Jeffersons stehen paradigmatisch für zwei unterschiedliche Arten der Verfassungsinterpretation. Jefferson ging von dem Grundsatz aus, dass alle Macht, die nicht explizit an die Bundesregierung delegiert worden war, bei den Einzelstaaten oder dem Volk verblieb. Jegliche Überschreitung der durch die Verfassung gezogenen Grenzen bundesstaatlicher Kompetenz würde der Machterweiterung durch die Zentralregierung Tür und Tor öffnen. Die beabsichtigte Gründung einer nationalen Bank lag nach seiner Auffassung außerhalb des Kompetenzbereichs der Regierung. Dagegen durfte sich eine souveräne Regierung nach Hamiltons Ansicht sämtlicher Maßnahmen bedienen, die der Verfassung nicht direkt zuwiderliefen. Neben Befugnissen, die der Regierung ausdrücklich durch die Verfassung zugestanden wurden, gab es auch Kompetenzen, die dem Sinn nach in der Verfassung impliziert waren (*implied powers*). Dazu gehörte auch die Befugnis der Regierung, eine ihren Zielen dienliche Korporation wie die geplante Nationalbank zu errichten. Washington ließ sich von Hamiltons Argumentation überzeugen und unterzeichnete das Gesetz, so dass die Bank of the United States 1791 in Philadelphia eröffnet werden konnte. Hamiltons Manufakturprogramm hingegen scheiterte an der wachsenden Opposition im Kongress. Ein Zugeständnis an die Interessen des Südens war zudem die Entscheidung, eine neue Bundeshauptstadt am Potomac-Fluss zwischen Maryland und Virginia unweit von George Washingtons Landsitz Mount Vernon anzulegen. Der französische Architekt und Ingenieur Pierre Charles L'Enfant fertigte 1791/92 die Pläne für die neue Hauptstadt, die freilich wesentlich grandioser ausfielen als die tatsächliche Realisierung. Der Umzug der Bundesregierung, die bis dahin in New York bzw. Philadelphia arbeitete, nach Washington erfolgte Ende des Jahres 1800.

George Washington versuchte zwischen Federalists und Republicans zunächst zu vermitteln, sah sich deswegen aber selbst zunehmenden Angriffen in der Presse ausgesetzt. Im Spätjahr 1793 zog Jefferson schließlich die Konsequenz aus den Differenzen mit Hamilton und trat von seinem Amt als Außenminister zurück. Zu diesem Zeitpunkt war der Streit um die Wirtschafts- und Finanzpolitik bereits von einem neuen Konflikt überlagert worden, denn seit 1792 hatte sich die Französische Revolution mit der Hinrichtung des Königspaars und der Ausrufung der Republik radikalisiert, und 1793 brach der erste Koalitionskrieg zwischen dem revolutionären Frankreich und einer Allianz europäischer Mächte unter Einschluss Großbritanniens und Spaniens aus. Dieser Krieg stellte die Bundesregierung vor ihre erste große äußere Bewährungsprobe und führte zu einem heftigen Richtungsstreit um den außenpolitischen Kurs der jungen Nation.

Die Französische Revolution rief in den USA zunächst nahezu einhellige Begeisterung hervor; kritische Stimmen wie die von Vizepräsident John Adams blieben vereinzelte Ausnahmen. Vielen Amerikanern erschien die Französische Revolution als Bestätigung ihres eigenen republikanischen Experiments und als Beweis dafür, dass nun überall auf der Welt ein Zeitalter der politischen Freiheit und Volkssouveränität anbreche. Schon bald nahm die amerikanische Haltung zur Französischen Revolution allerdings eine parteipolitische Dimension an. Die Republicans waren zuversichtlich, dass die Ereignisse in Frankreich allen Amerikanern zeigten, dass die Zeit monarchischer und aristokratischer Regime endgültig abgelaufen sei. Während Jefferson und seine Anhänger die Entwicklung in Frankreich begrüßten und vor allem die Handelspolitik Großbritanniens als Bedrohung der Unabhängigkeit der

USA wahrnahmen, beobachteten Federalists die Radikalisierung der Französischen Revolution mit wachsender Furcht vor Anarchie und Pöbelherrschaft und setzten ihre innenpolitischen Gegner mit Jakobinern und Sansculotten gleich. Gefahr für die Republik ging nach ihrer Ansicht vor allem von Demagogen aus, die das Volk gegen die Regierung aufhetzten. Den Gegensatz zwischen Großbritannien und Frankreich in Europa interpretierten die Amerikaner damit gleichsam als Spiegelbild ihrer eigenen innenpolitischen Situation.

Obwohl der 1778 mit Frankreich geschlossene Bündnisvertrag noch immer Bestand hatte, entschied sich Washington im April 1793 für eine Neutralitätserklärung, die die USA auf »freundliches und unparteiisches Verhalten« gegenüber allen Kriegsparteien festlegte. Diese Proklamation enttäuschte zwar viele entschiedene Republikaner, war angesichts der innen- und außenpolitischen Konstellationen aber zweifellos die realistischste Option. Zudem schien der Neutralitätskurs den Amerikanern zunächst wirtschaftliche Vorteile zu verschaffen: Frankreich öffnete seine westindischen Häfen für amerikanische Schiffe, und der amerikanische Karibikhandel stieg sprunghaft an. Ebenfalls im April 1793 traf mit Edmond Charles Genêt ein Abgesandter der Französischen Republik in den USA ein, wo ihm ein triumphaler Empfang bereitet wurde. Jefferson konnte durchsetzen, dass die Regierung Genêt empfing und damit ihre Anerkennung der Republik signalisierte. Das eigenmächtige Verhalten des Gesandten, der unter Missachtung der amerikanischen Neutralität Seeleute für französische Kaperschiffe rekrutierte, den Verkauf französischer Prisen organisierte und die öffentliche Meinung für eine militärische Kampagne gegen die spanischen und britischen Besitzungen in Nordamerika zu gewinnen versuchte, brachte Jefferson und die Republikaner jedoch in beträchtliche Verlegenheit und veranlasste die Regierung, seine Abberufung zu fordern.

Die durch die Auseinandersetzungen um die Haltung zur Französischen Revolution und die Affäre um den »Bürger Genêt« bereits angespannte innenpolitische Situation wurde durch eine Revolte von Farmern im Westen Pennsylvanias gegen eine neue Branntweinsteuer der Bundesregierung, die »Whiskey Rebellion«, zusätzlich verschärft. Steuereinnehmer wurden von aufgebrachten Siedlern bedroht, geteert und gefedert, ihre Häuser und Scheunen teilweise niedergerissen. Die Frontierbewohner griffen auf Aktionsformen der Revolutionszeit zurück, indem sie Petitionen an den Kongress sandten, Korrespondenzausschüsse bildeten und Massenversammlungen abhielten. Eine radikale Gruppe der Rebellen fasste sogar den Plan, die Bundesgarnison in Pittsburgh anzugreifen, um sich dort mit Waffen und Munition zu versorgen; gemäßigte Siedler konnten sie nur mit Mühe davon abbringen. Trotzdem weigerte sich Pennsylvanias Gouverneur Thomas Mifflin, der der Washington-Regierung kritisch gegenüberstand, die Miliz des Staates gegen die Rebellen einzusetzen. Schließlich gab Präsident Washington im Herbst 1794 den Befehl zur Aushebung von 15000 Mann Miliztruppen zur Niederschlagung der Rebellion. Die Aufständischen leisteten den Milizen kaum Widerstand, und die Rebellion löste sich rasch auf. In seiner Jahresbotschaft an den Kongress von 1794 machte Washington die *Democratic-Republican Societies* wegen ihrer Kritik an der Regierung für die Rebellion mitverantwortlich. Dadurch verwischte er tendenziell die Grenzen zwischen legitimer und illegitimer Opposition, was ihm in der Presse zum Teil heftigen Widerspruch eintrug.

Auch die außenpolitische Lage spitzte sich im Verlauf des Jahres 1794 weiter zu, als die britische Marine immer mehr amerikanische Handelsschiffe auf dem Atlantik und in der Karibik abfing und US-Seeleute zum Dienst auf britischen Schiffen zwang. Diese Aktionen steigerten den öffentlichen Druck auf die Regierung, Großbritannien nun förmlich den Krieg zu erklären oder ein Handelsembargo gegen die kriegführenden Mächte zu verhängen. Madison brachte im Repräsentantenhaus mehrere Anträge auf Handelssanktionen gegen Großbritannien ein. Washington entsandte stattdessen jedoch den Obersten Bundesrichter John Jay als Sonderbotschafter nach England, der Ende 1794 mit der Londoner Regierung einen Vertrag abschloss, durch den die Streitigkeiten zwischen beiden Staaten beigelegt werden sollten. Großbritannien erklärte sich nun bereit, einige Forts an der Nordwestgrenze der USA zu räumen. Dies war nicht nur für die territoriale Souveränität der USA wichtig, sondern entzog auch einer Konföderation von Indianerstämmen im Gebiet der Großen Seen, die sich bereits seit 1790 im Kriegszustand mit den USA befand, den Rückhalt. Andere strittige Fragen wie der Grenzverlauf zwischen den USA und Britisch-Nordamerika oder gegenseitige Forderungen aus der Zeit des Unabhängigkeitskriegs sollten vor ein Schiedsgericht gebracht werden. Außerdem enthielt Jays Vertrag ein Handelsabkommen, das den USA die Meistbegünstigung und in begrenztem Umfang Zugang zu den britischen Karibikhäfen gewährte. In anderen Punkten, vor allem in den Fragen des Transports von Gütern feindlicher Nationen auf US-Schiffen und der Zwangsrekrutierung amerikanischer Seeleute durch die britische Marine, gab Jay jedoch dem britischen Standpunkt nach.

Als diese Konzessionen in den USA bekannt wurden, brach dort ein Sturm der Entrüstung los. Jay wurde auf politischen Versammlungen und in der republikanischen Presse als Verräter beschimpft, der amerikanische Interessen angeblich ohne Not preisgegeben und den Bündnispartner Frankreich hintergangen habe. Hinter Jays Zugeständnissen witterten die Republicans ein Komplott der englandfreundlichen Kräfte um Hamilton mit der britischen Regierung. Doch ungeachtet aller Kritik ratifizierte der US-Senat den Vertrag mit knapper Mehrheit, und

Washington, der selbst Vorbehalte gegen einige Vertragsbestimmungen hegte, setzte ihn durch seine Unterschrift formell in Kraft. Die republikanische Opposition im Repräsentantenhaus versuchte noch, die Implementierung des Vertrags durch die Verweigerung der dafür benötigten Finanzmittel zu verhindern, aber eine von den Federalists organisierte Petitionskampagne und das Prestige Washingtons sorgten dafür, dass er auch diese Hürde nahm. Während Frankreich aus Protest gegen den Jay-Vertrag die Allianz mit den USA suspendierte, gelang einem anderen US-Sonderbotschafter, Thomas Pinckney, 1795 der Abschluss eines sehr günstigen Vertrags mit Spanien, der den USA die für die Siedler im Westen äußerst wichtige freie Schifffahrt auf dem Mississippi und die Warenausfuhr über New Orleans sicherte und die Grenze zwischen den USA und Spanisch-Florida, wie von den Amerikanern gefordert, auf den 31. Breitengrad fixierte.

Die permanenten politischen Konflikte, die mit der Kontroverse um den Jay-Vertrag einen neuen Höhepunkt erreicht hatten, steigerten auch die Amtsmüdigkeit von Präsident Washington so weit, dass er sich 1796 entschloss, nicht mehr für eine dritte Amtszeit zu kandidieren. In seiner Abschiedsbotschaft, die eine Art politisches Testament darstellt, rief er seine Landsleute eindringlich dazu auf, die nationale Einheit und die Bundesverfassung zu bewahren und lokale und regionale Interessen dem Wohl der gesamten Union unterzuordnen. Nachdrücklich warnte er vor den schädlichen Folgen des Parteiengeistes, die ein republikanisches Gemeinwesen zu zersetzen drohten. Bedeutsam wurde die *Farewell Address* darüber hinaus wegen der außenpolitischen Maximen, die Washington formulierte. Die USA sollten mit Europa zwar Handel treiben, aber nach Möglichkeit keine dauerhaften Bündnisse mit einzelnen Mächten eingehen und sich aus den politischen Konflikten Europas so weit wie möglich heraushalten. Die weite Entfernung von Europa und die künftige Größe der Nation würden die USA praktisch unangreifbar machen, und diese günstige Situation sollte Amerika nutzen, um sich im Inneren zu konsolidieren und in nicht allzu ferner Zukunft selbst als machtvoller Akteur die internationale Bühne betreten zu können. Insofern war Washingtons *Farewell Address* nicht grundsätzlich isolationistisch gemeint, sondern beschrieb einen außenpolitischen Kurs, der die USA auf eine künftige Großmachtrolle vorbereitete.

Überhaupt setzte Washington in seiner Auffassung des Präsidentenamts als treuhänderischen Auftrags, in seinem Selbstverständnis als Bürgerpräsident, das sich auch in zahlreichen Reisen durch das Land äußerte, in seinem Gebrauch des Vetos, in seiner Gestaltung der Außen- und Verteidigungspolitik und schließlich in seinem freiwilligen Amtsverzicht nach zwei Amtsperioden Maßstäbe, die die US-Präsidentschaft das ganze 19. Jahrhundert hindurch prägten. Die Federalists umgaben den Präsidenten mit einem festlichen Zeremoniell, das die Würde des Amtes wirkungsvoll unterstreichen sollte, die republikanische Opposition aber fatal an den Pomp europäischer Höfe erinnerte. Washington war zwar kein origineller politischer Denker oder großer Gestalter, aber eine nationale Integrationsfigur von großer Symbolkraft, deren die USA bis zu seinem Tod 1799 dringend bedurften.

Washingtons Amtsverzicht und die politische Polarisierung bedeuteten, dass die Präsidentenwahl von 1796 zur ersten wirklich kompetitiven Wahl in der Geschichte der USA wurde. Auf Seiten der Federalists kristallisierte sich bereits frühzeitig der amtierende Vizepräsident John Adams als aussichtsreichster Kandidat heraus, obwohl er in seinen politischen Ansichten relativ unabhängig war. Vor allem seine Bewunderung für das britische Regierungssystem und seine unverhohlene Skepsis, ob eine Republik von Dauer sein könne, machten ihn vielen Republikanern suspekt. Als Mitglied des Kontinentalkongresses während der Revolution, langjähriger US-Gesandter in Europa, Mitunterhändler und -unterzeichner des Pariser Friedens von 1783 und politischer Publizist hatte er jedoch unbestreitbare Verdienste. Auf Seiten der Republicans zeichnete sich 1796 eine Kandidatur von Ex-Außenminister Thomas Jefferson ab, obwohl dieser sich 1793 auf seinen Landsitz Monticello zurückgezogen und seither kaum noch aktiv in das politische Geschehen eingegriffen hatte. Viele Federalists sahen in Jefferson einen frankophilen politischen Extremisten, der einseitig die Interessen der Südstaaten repräsentierte. Bei den Wahlen lag Adams mit 71 Wahlmännerstimmen knapp vor Jefferson mit 68. Da es damals noch keine getrennten Wahlen des Präsidenten und Vizepräsidenten gab (die erst mit dem 12. Verfassungszusatz von 1804 eingeführt wurden), wurde Jefferson als Kandidat mit den zweitmeisten Wahlmännerstimmen Vizepräsident. Auffällig war die regionale Polarisierung der Wählerschaft: während Adams sämtliche Wahlmänner Neuenglands, New Yorks und New Jerseys auf sich vereinigte, behielt Jefferson in Pennsylvania und den Südstaaten klar die Oberhand.

Da Adams und Jefferson im Verlauf ihrer Karrieren wiederholt erfolgreich zusammengearbeitet hatten und sich auch gegenseitig respektierten, erschienen die Aussichten auf eine Versöhnung der beiden politischen Lager zunächst nicht ungünstig. Kurz nach Adams' Amtsübernahme verschlechterten sich jedoch die Beziehungen zu Frankreich wegen der Weigerung des Pariser Direktoriums, den neuen US-Gesandten Charles Pinckney zu empfangen, und der französischen Ankündigung, dass Schiffe neutraler Nationen, die britische Güter transportierten, künftig wie Feindesgut betrachtet würden. Der Kongress beschloss im Mai 1797 die Verstärkung der Flotte und der Landtruppen. Präsident Adams entschloss sich jedoch gegen den Widerstand entschiedener Federalists um Hamilton, eine neue dreiköpfige Sonderdelegation nach Paris zu entsenden, um die Streitigkeiten zwischen den beiden Nationen auszuräumen. Als die US-Gesandten in Paris eintrafen, befanden sich die französischen Armeen in Europa unter General Napoleon Bonaparte auf dem Vormarsch, und im Gefühl der Überlegenheit sowie aus Verärgerung über den Jay-Vertrag und die mangelnde Bündnistreue der USA strafte das Direktorium die Gesandten mit Missachtung. Außenminister Talleyrand, der selbst einige Zeit im US-amerikanischen Exil verbracht hatte, weigerte sich, direkt mit den Amerikanern zu verhandeln, und diese mussten mit drei inoffiziellen Vertretern des Ministeriums, die in den Depeschen der Gesandten mit den Buchstaben X, Y und Z gekennzeichnet wurden, konferieren. Außerdem forderte die französische Seite unverhohlen Bestechungsgelder von den Amerikanern. Als Nachrichten über die Behandlung der Delegation nach Amerika gelangten, brach dort über die »XYZ-Affäre« ein ähnlicher Sturm der Entrüstung los wie nach Bekanntwerden des Jay-Vertrags. Auch jetzt kam es wieder zu Demonstrationen, einer Flut von Petitionen an Regierung und Kongress und scharfen Polemiken in der Presse – diesmal allerdings gegen Frankreich und die Republikaner. Adams erwog zwar eine Kriegserklärung, schreckte dann aber doch davor zurück. In der Folgezeit kam es wiederholt zu französischen Übergriffen auf amerikanische Schiffe und kleineren Seegefechten, doch dieser »Quasi-Krieg« blieb unterhalb der Schwelle des offenen militärischen Konflikts.

Die aufgeregte Stimmung in der Bevölkerung und die Attacken der oppositionellen Presse bewogen die Federalists 1798 zu einem Versuch, ihre Machtposition in Regierung und Kongress abzusichern und die Republicans auszuschalten: der Kongress verabschiedete die berüchtigten *Alien and Sedition Acts*. Ein Ausländergesetz, das sich vor allem gegen französische und irische Einwanderer richtete, die sich publizistisch für die Republicans engagierten, richtete ein System der Registrierung und Überwachung von Immigranten ein und gab dem Präsidenten die Handhabe, Ausländer, die den Frieden und die Sicherheit des Landes gefährdeten, deportieren zu lassen. Der *Naturalization Act* erschwerte die Einbürgerung von Ausländern, und der *Sedition Act* bedrohte Personen, die »falsche, skandalöse oder böswillige« Nachrichten über die Regierung verbreiteten, mit Geld- und Gefängnisstrafen. In der Folgezeit wurden rund zwanzig oppositionelle Zeitungsherausgeber unter Anwendung des *Sedition Act* inhaftiert. Die führenden Republicans empfanden diese Gesetze als so bedrohlich, dass sie ihrerseits radikale Gegenmaßnahmen planten. Thomas Jefferson verfasste einen Resolutionsentwurf, in dem er die Gesetze für verfassungswidrig erklärte und den Einzelstaaten das »natürliche Recht« zusprach, sie für null und nichtig zu erklären. Ein Gefolgsmann Jeffersons, John Breckinridge, brachte den Entwurf in das Abgeordnetenhaus von Kentucky (das 1792 als eigener Staat in die Union aufgenommen worden war) ein, wo er in etwas entschärfter Form verabschiedet wurde. Kurze Zeit später verabschiedete das Parlament von Virginia eine ähnliche, von James Madison in Abstimmung mit Jefferson entworfene Resolution. In den nördlichen Staaten stießen diese *Virginia and Kentucky Resolutions* wegen der darin implizierten Sezessionsdrohungen auf heftige Kritik, während sich die übrigen südlichen Staaten mit vergleichbaren Aktivitäten zurückhielten.

Die Beziehungen zwischen Federalists und Republicans blieben in der Folgezeit äußerst gespannt. Eine Rebellion im überwiegend von deutschen Einwanderern besiedelten Nordosten Pennsylvanias gegen eine neue Bundessteuer auf Grund-, Haus- und Sklavenbesitz (»Fries' Rebellion«) Anfang 1799 wurde von den Federalists mit den *Virginia and Kentucky Resolutions* in Verbindung gebracht und als Anzeichen für eine drohende gewaltsame Eskalation des politischen Konflikts gesehen. Vor diesem Hintergrund war die Präsidentschaftswahl von 1800 noch spannungsgeladener als die Wahl von 1796. Auf Seiten der Republicans war bereits frühzeitig klar, dass Vizepräsident Jefferson erneut ins Rennen gehen würde. In Briefen an potentielle Gefolgsleute in Neuengland entwickelte Jefferson 1799 bereits eine Art vorläufiges Regierungsprogramm: er sprach sich für eine Senkung der Staatsausgaben, niedrigere Steuern und einen außenpolitischen Neutralitätskurs aus. Nach einem spektakulären Wahlerfolg der Republicans bei den Wahlen zum Abgeordnetenhaus im Staat New York stellte zudem Aaron Burr seine Fähigkeit als politischer Organisator unter Beweis, so dass die Partei ihn für das Amt des Vizepräsidenten nominierte. Die Federalists zeigten sich hingegen in den Monaten vor der Wahl innerlich zerstritten, und die Flügelkämpfe kulminierten im Herbst 1800 in einem von Hamilton verfassten Pamphlet, in dem er den Charakter und die Regierungsweise von Präsident Adams in beispielloser Schärfe angriff. Adams seinerseits entließ zwei Kabinettsmitglieder, deren Loyalität eher dem Parteistrategen Hamilton als dem Präsidenten galt. Die Chancen auf seine Wiederwahl sanken dadurch erheblich.

Das Resultat der Wahlen von 1800 waren je 73 Wahlmännerstimmen für Jefferson und Aaron Burr, 65 für Adams und 64 für Charles Pinckney. Nach der Verfassung fiel die Entscheidung nun dem Repräsentantenhaus zu. Da die USA damals sechzehn Staaten umfassten, war eine Mehrheit von neun Staaten für die Wahl des neuen Präsidenten erforderlich. Die Republicans kontrollierten im Repräsentantenhaus jedoch nur acht Staaten, während sechs Staaten von Federalists dominiert und zwei gespalten waren. In dieser Situation verfielen die unterlegenen Federalists auf den Plan, Aaron Burr zu unterstützen, um Jefferson zu verhindern. Burr selbst verhielt sich passiv, ließ aber zugleich erkennen, dass er der Wahl zum Präsidenten nicht abgeneigt wäre. Als das Repräsentantenhaus Mitte Februar 1801 zusammentrat, verstrichen über dreißig Wahlgänge, ohne dass einer der Kandidaten die erforderliche Mehrheit erhielt. Da die Amtszeit von Präsident Adams am 4. März auslief, drohte dem Land eine akute Verfassungskrise. Der Durchbruch gelang erst, als die federalistischen Abgeordneten der Staaten Vermont und Maryland dem 36. Wahlgang fernblieben, so dass ihre republikanischen Kollegen für Jefferson stimmen konnten; Delaware und South Carolina, die zuvor für Burr gestimmt hatten, enthielten sich nun, so dass Jefferson im 36. Wahlgang mit zehn der sechzehn Stimmen zum dritten Präsidenten der USA gewählt wurde.

Jefferson sprach später im Rückblick auf den ersten demokratischen Machtwechsel in der Geschichte der USA von der »Revolution von 1800«. Allerdings stellten Federalists und Republicans auch 1800 noch eher regionale als nationale Parteien dar: wie vier Jahre zuvor stimmten die Neuenglandstaaten geschlossen für Adams, der Süden und Westen ganz überwiegend für Jefferson, während New York und Pennsylvania als Zünglein an der Waage den Ausschlag gaben. Die Spannungen der Jahre 1800 und 1801 zeigen, dass ein Machtwechsel noch nicht als etwas Normales empfunden wurde, sondern außergewöhnliche Leidenschaften hervorrief. Bei aller Heftigkeit der politischen Konflikte darf allerdings auch nicht übersehen werden, dass die 1790er Jahre für die USA eine Zeit der Prosperität waren. Aufgrund der französischen Revolutionskriege stiegen in Europa die Getreidepreise, was vor allem den Farmern zugute kam. Zugleich erhöhte die Mechanisierung der Textilindustrie in England die Nachfrage nach Baumwolle, was zusammen mit der Erfindung der Baumwollentkernungsmaschine (*cotton gin*) durch Eli Whitney eine enorme Expansion der Baumwollwirtschaft – und damit auch der Sklaverei – in den Südstaaten nach sich zog. Amerikanische Kaufleute und Reeder schließlich profitierten – trotz der französischen und englischen Übergriffe auf US-Schiffe – von der Öffnung der karibischen Häfen. Die großen Städte, allen voran New York City und Philadelphia, erlebten einen Bauboom, und Hamilton und sein zeitweiliger Stellvertreter Tench Coxe riefen eine *Society for Establishing Useful Manufactures* ins Leben, die technologische Innovationen und die Gründung von Gewerbebetrieben fördern sollte. Im Amerika der 1790er Jahre kam der wirtschaftliche Aufschwung zwar den meisten gesellschaftlichen Gruppen – Kaufleuten, Handwerkern, Gewerbetreibenden, Farmern – zugute, doch schärften die politischen Auseinandersetzungen zwischen Federalists und Republicans zugleich das Bewusstsein für unterschiedliche regionale und ökonomische Interessen.

Die USA im 19. Jahrhundert

Von Michael Wala

Epochenüberblick

Während des 19. Jahrhunderts wurden die USA aus einem lose zusammenhängenden Staatenbund ehemaliger Kolonien zu einer Weltmacht. Die politische Struktur des Landes nahm in dieser Zeit Form an, und es kristallisierte sich das noch heute bestehende Zweiparteiensystem heraus. Entscheidende Weichen für die Partizipation der Bürger am politischen Geschehen wurden in den einhundert Jahren von 1800 bis 1900 gestellt, die der Republik eine demokratische Ausgestaltung gaben. Die friedliche »Revolution« des Übergangs der politischen Macht von den Federalists auf die Republicans unter Führung von Thomas Jefferson und die Verlegung der Hauptstadt in den neu geschaffenen District of Columbia, in das auf dem Reißbrett entstandene Washington, markierten den innenpolitischen Anfang des Jahrhunderts. Die Wahl des Republikaners William McKinley zum Präsidenten und der Zusammenbruch der populistischen Bewegung standen an dessen Ende. Die Republikanische Partei öffnete sich für breitere Interessengruppen und nahm die Rolle eines Vermittlers zwischen Arbeit und Kapital wahr. Dies, und die Wandlung der Democratic Party im Norden des Landes zum Sprachrohr der Reformgruppen, stellte die Weichen für die politischen Grundstrukturen der USA im 20. Jahrhundert.

In dem gleichen Zeitraum wurde aus dem Agrarland USA eines der am höchsten industrialisierten Länder auf dem Globus, mit all den wirtschaftlichen und sozialen

Problemen, die dieser Strukturwandel mit sich brachte. Für Jefferson und viele seiner Zeitgenossen war gerade die Verwurzelung der amerikanischen Bevölkerung im Kleinbauernstand, der die finanzielle und damit politische Unabhängigkeit des Einzelnen garantierte, von zentraler Bedeutung gewesen. Für ihn war dies die notwendige gesellschaftliche Grundlage einer dauerhaften republikanischen Ordnung. Die ab 1815 zunehmende Industrialisierung und die demographischen Veränderungen führten jedoch zu tiefgreifenden Weichenstellungen der amerikanischen Gesellschaft, die sich mit diesem zunehmend anachronistischen Bild der Vereinigten Staaten nicht mehr vereinbaren ließen. Es kam zu gravierenden Konzentrationsprozessen in der Wirtschaft, zur rapiden Urbanisierung, zur Herausbildung einer Arbeiterschicht und zur Festigung der Mittelschicht. Von der Wende zum 19. Jahrhundert an wuchs die Bevölkerung in den folgenden zehn Dekaden von 5,3 Millionen um mehr als das Fünfzehnfache auf 76 Millionen Menschen. Einen gewichtigen Beitrag hierzu leistete die starke Migration aus Europa seit der Jahrhundertmitte (rund zwanzig Millionen Einwanderer), die die demographische Verteilung innerhalb der Union stark beeinflusste. In der amerikanischen Bevölkerung nahm die Anzahl der Geburten zwar stark ab, aber gleichzeitig sank die Mortalitätsrate bei Säuglingen und Kindern, was wesentlich zu dem Bevölkerungsanstieg beitrug, der von Wirtschaft und Gesellschaft absorbiert werden musste.

Die rechtliche Gleichstellung der Frauen sollte zwar noch bis weit in das 20. Jahrhundert hinein ungesichert bleiben, aber in einigen Bundesstaaten wurde bereits zur Mitte des Jahrhunderts ein Wahlrecht eingerichtet. Frauen waren wichtige Trägerinnen der vielfältigen Reformbewegung, und ihnen wurde bald deutlich, dass die Einschränkung ihrer eigenen Rechte in der Gesellschaft und im politischen System nicht mit ihrer zunehmenden und vielschichtigen Bedeutung in Einklang zu bringen war.

Die demographische Ausdehnung ging einher mit einer geographischen Erweiterung des Territoriums der USA. Vernachlässigt man einmal das offizielle Eintrittsdatum einzelner Staaten, die bereits Teil der USA waren, aber der Union erst im 20. Jahrhundert beitraten, dann wurde während des 19. Jahrhunderts auch die territoriale Ausdehnung der USA abgeschlossen: Die dreizehn Gründerkolonien hatten im Friedensvertrag von 1783 ihr Gebiet bis zum Mississippi verdoppelt, mit dem Kauf von Louisiana von Frankreich 1803 vervierfacht, bis zur Jahrhundertmitte über die ganze Breite des nordamerikanischen Kontinents ausgedehnt, und durch den Erwerb von Alaska 1867 und die Annexion Hawaiis kurz vor der Wende zum 20. Jahrhundert hatten die Vereinigten Staaten ihre heutige geographische Größe erreicht. Trotz der häufig George Washington zugeschriebenen Warnung vor einer zu starken Anbindung an die Angelegenheiten anderer Mächte – der vielzitierte Satz von einem »foreign entanglement« stammt jedoch von Thomas Jefferson – ließ sich diese Ausdehnung weder ohne Konflikte mit den auf dem Kontinent beheimateten Nationen der amerikanischen Urbevölkerung noch ohne Zwist mit europäischen Ländern durchsetzen. Außenpolitisch begann das Jahrhundert der Expansion mit dem Kauf des Louisiana-Territoriums und dem Krieg von 1812 und endete mit dem Spanisch-Amerikanischen Krieg von 1898, mit dem für die USA das 20. Jahrhundert und der Aufstieg zur global operierenden Weltmacht begann. Die Vereinigten Staaten behaupteten sich hierbei nicht nur gegenüber so eindrucksvollen Mächten wie Großbritannien und dem kaiserlichen Deutschland, sondern machten auch deutlich, dass sie bereit waren, die bereits 1823 beanspruchte Kontrolle über die keineswegs abschließend definierte westliche Hemisphäre, ein Grundpfeiler ihrer Außenpolitik, auch militärisch durchzusetzen. Wie weit sich die Hemisphäre in den Pazifik oder den Atlantik erstreckte, wurde bewusst unklar gelassen. Der Krieg von 1812, der »Zweite Unabhängigkeitskrieg«, hatte die nicht unerheblichen Zweifel daran beseitigt, dass die USA als Staat dauerhaft auf der weltpolitischen Landkarte etabliert waren. In der Monroe-Doktrin von 1823 war der hegemoniale Anspruch erstmals formuliert worden. Er wurde von vielen Nationen zwar zuerst kaum ernst genommen, aber es war ein Anspruch, den die USA im Verlauf der nächsten Jahrzehnte verteidigten und festigten.

Diese militärischen Konflikte verblassen jedoch gegenüber dem *Civil War* von 1861 bis 1865. Der Bürgerkrieg war, obschon der blutigste Krieg in der bisherigen amerikanischen Geschichte, keine Zäsur, sondern eine Krise, die durch die ungeklärten Grundlagen und den nicht definierten Zusammenhalt der Union entstanden war und in deren Verlauf die nationale Einheit der Vereinigten Staaten von Amerika, trotz eines starken Drangs zur weitgehenden Selbstbestimmung der einzelnen Bundesstaaten, bestätigt wurde. Sezessionsdrohungen aus dem Norden oder aus dem Süden hatte es in der ersten Hälfte des Jahrhunderts mehrfach gegeben, Bedrohungen für den Fortbestand der Union, die abebbten oder durch Kompromisse gemildert werden konnten, jedoch zugleich latent weiterbestanden. Nach dem Bürgerkrieg und der darauf folgenden Zeit der Rekonstruktion waren die USA einen gewaltigen Schritt in der politischen Festigung der Union vorangekommen, aber die soziale und politische Sprengkraft des amerikanischen »Rassenproblems« hatte sich nicht abgeschwächt. Die Sklaverei, an der sich die Auseinanderentwicklung der beiden Regionen Nord und Süd hatte festmachen lassen, war durch die rechtliche Gleichstellung in Zusätzen zur amerikanischen Verfassung zwar endgültig beseitigt worden, aber die Realität strafte das Recht Lügen. Die tatsächliche Ungleichstellung der Afroamerikaner in den USA wurde von der weißen Mehrheit verdrängt und sollte erst nach der Mitte des 20. Jahrhunderts wieder in das Bewusstsein der gesamten Bevölkerung gerückt werden. Sie ist auch im 21. Jahrhundert ein – zuweilen im tatsächlichen Sinne des Wortes – brennendes Problem geblieben.

1800	Washington, D. C. wird Regierungssitz. Wahl Thomas Jeffersons zum Präsidenten.
1801–1805	Krieg gegen die *Barbary States* im Mittelmeer.
1803	*Louisiana Purchase.* Entscheidung des Supreme Court in der Sache »Marbury gegen Madison«. Aufnahme Ohios als Bundesstaat.
1804	12. Verfassungszusatz ändert die Wahl von Präsident und Vizepräsident durch das *Electoral College.* Duell zwischen Alexander Hamilton und Aaron Burr.
1804–1806	Lewis-Clark-Expedition in das Louisiana-Gebiet.
1807	*Embargo Act.* Erstes Dampfschiff auf dem Hudson River.
1808	Wahl James Madisons zum Präsidenten.
1809	*Non-Intercourse Act* ersetzt *Embargo Act.*
1811	Baubeginn der National Road in Cumberland (Maryland).
1812	Kriegserklärung an Großbritannien. Aufnahme Louisianas als Bundesstaat.
1814	*Hartford Convention.* 24. Dezember: Friede von Gent.
1815	8. Januar: Schlacht von New Orleans.
1816	Wahl James Monroes zum Präsidenten. Gründung der American Colonization Society. Aufnahme Indianas als Bundesstaat.
1817	Rush-Bagot-Abkommen mit Großbritannien. Aufnahme Mississippis als Bundesstaat. Baubeginn des Erie-Kanals.
1818	Britisch-amerikanische Konvention von 1818. Aufnahme von Illinois als Bundesstaat.

1819	Adams-Onís-Vertrag mit Spanien. Aufnahme Alabamas als Bundesstaat.
1820	Missouri-Kompromiss. Aufnahme Maines als Bundesstaat.
1821	Aufnahme Missouris als Bundesstaat. Beginn der Migration nach Texas. Beginn des Handels auf dem *Santa Fe Trail.*
1823	Monroe-Doktrin.
1824	Wahl John Quincy Adams' zum Präsidenten. Entscheidung des Supreme Court in der Sache »Gibbons gegen Ogden«.
1825	Eröffnung des Erie-Kanals.
1828	Wahl Andrew Jacksons zum Präsidenten. Schutzzoll von 1828, der sogenannte *Tariff of Abominations.*
1830	*Indian Removal Act.*
1831	Die abolitionistische Zeitung *The Liberator* erscheint.
1832	South Carolina erklärt die Zollgesetze der Union für nichtig.
1836	Wahl Martin van Burens zum Präsidenten. Aufnahme von Arkansas als Bundesstaat.
1837	Aufnahme Michigans als Bundesstaat. Stahlpflug von John Deere.
1838	»Trail of Tears« – Vertreibung von *Native Americans* aus dem Südosten der USA.
1837–1843	Wirtschaftskrise.
1840	Wahl William H. Harrisons zum Präsidenten.
1841	Tod Harrisons; Vizepäsident John Tyler wird Präsident. Beginn der Migration nach Kalifornien.
1843	Beginn der organisierten Migration nach Oregon.
1844	Wahl James K. Polks zum Präsidenten.
1845	Aufnahme Floridas als Bundesstaat. Aufnahme von Texas als Bundesstaat.
1846	Oregon-Vertrag zwischen Großbritannien und USA. Aufnahme Iowas als Bundesstaat.
1846–1848	Krieg mit Mexiko.
1847	Beginn der Migration von Mitgliedern der »Church of Jesus Christ of Latter Day Saints« nach Utah.
1848	Friede von Guadalupe-Hidalgo. *Seneca Falls Convention.*

	Goldfunde in Kalifornien.
	Wahl Zachary Taylors zum Präsidenten.
	Aufnahme Wisconsins als Bundesstaat.
1850	Kompromiss von 1850.
	Tod Taylors; Vizepräsident Millard Fillmore wird Präsident.
	Aufnahme Kaliforniens als Bundesstaat.
1852	*Uncle Tom's Cabin* von Harriet Beecher Stowe erscheint.
	Wahl von Franklin Pierce zum Präsidenten.
1853	*Gadsden Purchase.*
1854	*Kansas-Nebraska Act.*
	Gründung der Republikanischen Partei.
1856	»Bleeding Kansas«.
	Wahl James Buchanans zum Präsidenten.
1857	Entscheidung des Supreme Court in der Sache »Dred Scott gegen Sanford«.
1858	Lincoln-Douglas-Debatten.
	Aufnahme Minnesotas als Bundesstaat.
1859	Aufnahme Oregons als Bundesstaat.
	Überfall John Browns auf das Zeughaus in Harpers Ferry.
1860	Wahl Abraham Lincolns zum Präsidenten.
	South Carolina sagt sich von der Union los.
1861	Aufnahme von Kansas als Bundesstaat.
	Südstaaten bilden die Konföderierten Staaten von Amerika.
1861–1865	Bürgerkrieg zwischen Union und Konföderierten.
1862	*Emancipation Proclamation.*
	Homestead Act.
	Beginn des Baus der Transkontinentalen Eisenbahn.
	Schlacht von Antietam.
1863	Aufnahme West Virginias als Bundesstaat.
	Einnahme von Vicksburg durch General Grant.
	Schlacht bei Gettysburg.
1864	Aufnahme Nevadas als Bundesstaat.
1865	Kapitulation Lees bei Appomattox.
	Ermordung Präsident Lincolns; Vizepräsident Andrew Johnson wird Präsident.
	13. Verfassungszusatz verbietet Sklaverei in den USA.

1865–1890	»Indianerkriege«.
1866	*Civil Rights Act.*
	Gründung der National Labor Union.
1867	*Reconstruction Acts.*
	Kauf Alaskas von Russland.
	Aufnahme Nebraskas als Bundesstaat.
	Gründung der Farmers' Grange.
1868	*Impeachment*-Verfahren gegen Präsident Johnson.
	Wahl Ulysses S. Grants zum Präsidenten.
1869	Fertigstellung der Transkontinentalen Eisenbahn.
	Gründung der Knights of Labor.
1870	15. Verfassungszusatz ratifiziert.
1873–1879	Wirtschaftspanik und Depression.
1876	Schlacht am Little Bighorn.
	Wahl von Rutherford B. Hayes zum Präsidenten.
	Aufnahme Colorados als Bundesstaat.
1877	Kompromiss von 1877 und Ende der Rekonstruktion.
	Streik in der Eisenbahnindustrie.
1878	*Timber and Stone Act.*
1879	Gründung der Carlisle Indian Industrial School.
1880	Wahl James A. Garfields zum Präsidenten.
1881	Ermordung von Präsident Garfield.
1882	*Chinese Exclusion Act.*
1883	*Pendleton Civil Service Reform Act.*
1884	Wahl Grover Clevelands zum Präsidenten.
1886	Ausschreitungen auf dem Hay Market in Chicago.
	Gründung der American Federation of Labor (AFL).
1887	*Interstate Commerce Act.*
	Dawes Severalty Act.
1888	Wahl Benjamin Harrisons zum Präsidenten.
1889	Pan-Amerikanischer Kongress.
	Aufnahme North Dakotas, South Dakotas, Montanas und Washingtons als Bundesstaaten.
1890	*Sherman Antitrust Act.*
	Aufnahme Idahos und Wyomings als Bundesstaaten.
	Ende der *Frontier.*
	Massaker am Wounded Knee.
	Sherman Silver Purchase Act.
1892	Gründung der People's oder Popular Party.
	Wiederwahl Grover Clevelands zum Präsidenten.

1893–1897	Wirtschaftspanik und Depression.
1894	Pullman Streik.
1896	Urteil des Supreme Court in der Sache »Plessy gegen Ferguson«.
	Wahl William McKinleys zum Präsidenten.
	Aufnahme Utahs als Bundesstaat.
1898	Spanisch-Amerikanischer Krieg.

Von der frühen Republik zum Bürgerkrieg (1800–1860)

Die frühe Republik (1800–1824)

Thomas Jefferson, der dritte Präsident der Vereinigten Staaten von Amerika, war der erste Inhaber dieses Amtes, der in der neuen Bundeshauptstadt Washington, im District of Columbia, in sein Amt eingesetzt wurde. Zu diesem Zeitpunkt war Washington kaum mehr als eine kleine Ansammlung von Häusern, die sich um das noch im Bau befindliche Kapitol, das Weiße Haus und die Regierungsgebäude herum gruppierten. Es war auch keine große Parade, die den designierten Präsidenten auf seinem Weg zu Fuß zum Sitz des Parlaments begleitete, wo er seinen Amtseid leisten sollte. Die amerikanischen Präsidenten wurden im 19. Jahrhundert noch Anfang März in ihr Amt eingeführt, das Wetter war demnach erträglich für den kleinen Spaziergang, aber Jefferson wollte auch deutlich machen, dass er ein Mann des Volkes war und auch in seinem hohen Amt die Verbindung zur Bevölkerung nicht zu verlieren gedachte.

In seiner Antrittsansprache am 4. März 1801 machte Jefferson deutlich, dass es ihm darauf ankam, die scharfen Auseinandersetzungen, die es zwischen Federalists und

Republicans gegeben hatte, zu überwinden. Er sprach davon, dass alle Amerikaner »Republicans« seien und alle auch »Federalists«. Zum Ende seiner von Versöhnungsgesten durchzogenen Ansprache stellte er jedoch auch klare Prinzipien auf, die die Richtschnur für seine Präsidentschaft werden sollten: Gleichheit aller Menschen vor dem Gesetz, Frieden und Handel sowie ehrliche Freundschaft mit allen Nationen. Hier wurde auch das Bild von den »entangling alliances«, den einbindenden Allianzen, geprägt, die die USA mit keiner anderen Nation eingehen sollten. Freiheit der Religion, der Presse, der Person und Freiheit der Rechtsprechung durch unparteiliche Geschworene waren die Eckpfeiler seines Selbstverständnisses. Der Versuch, das parteipolitisch zerstrittene Land zu einen, erschöpfte sich zudem nicht nur in Rhetorik. Eine der ersten Amtshandlungen Jeffersons war die Rücknahme der Steuer auf Whiskey, die zu einem Aufstand der Farmer und zum militärischen Eingreifen gegen die eigene Bevölkerung geführt hatten, um die »Whiskey Rebellion« niederzuschlagen. Zudem wurde der *Alien and Sedition Act*, den Jeffersons Amtsvorgänger durch den Kongress gebracht hatte, um Einfluss auf den Ausgang der Wahl zu nehmen, ausgesetzt.

Gleich zu Beginn von Jeffersons Amtszeit zeigte sich auch, dass wichtige Bereiche des Zusammenspiels von Exekutive, Legislative und Judikative noch der Klärung bedurften. Das oberste Gericht, der Supreme Court der Vereinigten Staaten, hatte im Jahr 1803 zu entscheiden, ob William Marbury, der noch von dem scheidenden Präsidenten John Adams zum Friedensrichter im District of Columbia ernannt worden war, Anspruch darauf habe, sein Amt auch tatsächlich anzutreten. Seine Ernennungsurkunde war unter dem scheidenden Präsidenten nicht mehr zugestellt worden, und Jefferson hatte die Übergabe der Urkunde nicht veranlasst. Marbury klagte nun, dass man ihm die Urkunde zustellen müsse. Der

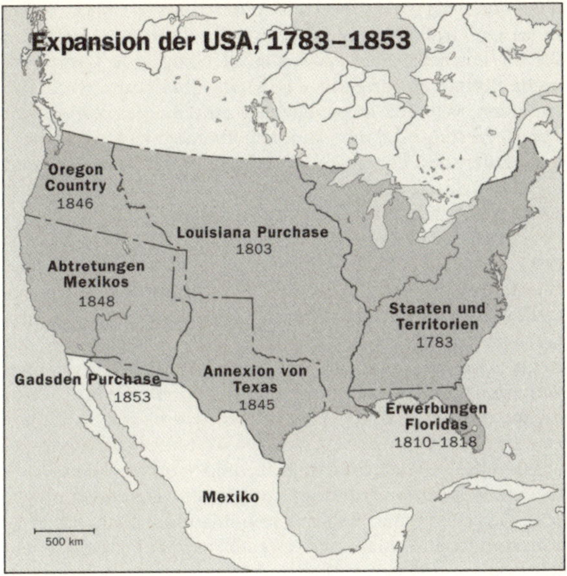

Court entschied, der Kläger habe nach der vorliegenden Gesetzeslage sehr wohl ein Recht darauf, die Bestallung als Friedensrichter zu erhalten. Gleichzeitig aber stellte das Gericht fest, dass es in diesem Fall gar nicht Recht sprechen könne. Die Grundlage hierfür, ein Abschnitt im *Judiciary Act* von 1789, befand der Supreme Court, stehe nicht im Einklang mit der Verfassung, weil der Supreme Court durch das Gesetz von 1789 mit Befugnissen ausgestattet worden sei, die den in Artikel III der Verfassung festgelegten Rahmen überschritten. Das Gesetz sei daher nichtig. Der Oberste Richter John Marshall stellte in seiner Urteilsbegründung fest, die Regierung Jefferson sei im Unrecht, aber indem er den Supreme Court für nicht befugt erklärte, in der Sache überhaupt Recht zu sprechen, vermied er gleichzeitig eine Konfrontation mit der Regierung, die sich möglicherweise nicht an ein anders lautendes Urteil gehalten und damit Ansehen und Gewicht des Gerichts beschädigt hätte. Wichtiger noch als dieses geschickte Taktieren Marshalls ist jedoch, dass das Oberste Gericht durch dieses Urteil einen Präzedenzfall schuf, der festlegte, dass der Supreme Court Bundesgesetze für nichtig erklären konnte, wenn er feststellte, dass diese nicht verfassungskonform waren. Das Gericht maßte sich also ein Kontrollrecht gegenüber der Legislative an, das so in der Verfassung nicht vorgesehen war, und erklärte sich selbst zur letzten Instanz, wenn es um die Frage der Verfassungskonformität von Gesetzen ging.

Die USA, die zu diesem Zeitpunkt noch mit dem Aufbau einer inneren Ordnung, eines funktionierenden politischen Systems und einer Parteienlandschaft beschäftigt waren, blieben deshalb jedoch nicht von außenpolitischen Ereignissen unberührt. Der erste internationale Konflikt, den die USA in ihrer Geschichte mit militärischen Mitteln zu lösen versuchten, ereignete sich zu Beginn des neuen Jahrhunderts, aber er hatte Wurzeln, die bis in die Kolonialzeit zurückreichten. Schon während die dreizehn Staaten noch britische Kolonien waren, wurden Schiffe, die von Nordamerika in das Mittelmeer liefen, um dort Handel zu treiben, des Öfteren von Kriegsschiffen der Herrscher von Tripolis, Marokko, Tunis und Algier – den sogenannten *Barbary States* – aufgebracht. Die Seeleute wurden zumeist gefangen genommen und ihre Freilassung dann gegen ein Lösegeld angeboten. Einige von ihnen waren aber auch, wenn beispielsweise das Lösegeld nicht entrichtet wurde, in die Sklaverei verkauft worden.

Der Handel im Mittelmeer wurde so mit großen Gefahren für Leib und Leben der Seeleute und mit erheblichen wirtschaftlichen Risiken belastet. Da aber mit der Unabhängigkeit von Großbritannien auch eine Loslösung von dem geschlossenen wirtschaftlichen System des Königreichs einherging, mussten die vom Exportgeschäft abhängigen Vereinigten Staaten dringend neue Märkte für jene Produkte finden, die sie vor dem Unabhängigkeitskrieg nach Großbritannien exportiert hatten. Zwar waren die wirtschaftlichen Beziehungen zwischen den Vereinigten Staaten und dem alten Mutterland nach 1783 größtenteils kaum verändert fortgeführt worden – die Vereinigten Staaten lieferten weiterhin Rohstoffe und Halbfertigprodukte an England und erhielten dafür Fertigprodukte –, man wusste allerdings in der amerikanischen Regierung, dass diese wirtschaftliche Abhängigkeit auch gefährlich werden könnte. Eine eigene Industrie, die die britischen Importe ersetzen konnte, war zu diesem Zeitpunkt noch nicht entstanden, und Großbritannien hatte nun keinerlei tiefergehenden Verpflichtungen gegenüber den ehemaligen Landsleuten in Nordamerika mehr, die die Abhängigkeit flankierten und erträglich machten.

Eine Region, in der der Handel trotz aller Gefahren höchst profitabel gewesen war und die sich daher nun als Ersatz für verloren gegangene Märkte anbot, waren die Anrainerstaaten des Mittelmeeres. Die häufigen Übergriffe der Piratenstaaten machten das Risiko jedoch kaum kalkulierbar. Zudem hatten die Nachrichten, dass gefangen genommene Amerikaner als Sklaven nach Afrika verkauft werden würden, die öffentliche Debatte in den USA über die Sklaverei im eigenen Lande weiter angeheizt. Es hatte schon während der Debatte um die Verfassung der Vereinigten Staaten auch einen heftigen Disput darüber gegeben, ob die Sklaverei in der neuen Republik weiter fortbestehen sollte. Nur die Drohung einiger Bundesstaaten, wieder aus der Staatengemeinschaft auszuscheiden, hatte dazu geführt, dass man eine abschließende Diskussion über das Thema vertagte. Jefferson selbst war in der Frage der Sklaverei durchaus ambivalent. Er besaß bis zu zweihundert Sklaven, war aber gleichzeitig ein Gegner der Sklaverei, die er in seinen *Notes on Virginia* als »großes politisches und moralisches Unrecht« bezeichnete. Nichtsdestoweniger ließ er zu seinen Lebzeiten keinen seiner Sklaven frei, mit Ausnahme von vier Kindern, die er mit der Sklavin Sally Hemings hatte. Auch Sally Hemings wurde erst nach Jeffersons Tod von seinen Erben in die Freiheit entlassen.

Jeder Aufschrei gegen die Versklavung von Amerikanern in Nordafrika, die ein elendes Leben unter der Peitsche ihrer Unterdrücker leben mussten, gegen die Inhumanität, dass Menschen wie ein Stück Vieh verkauft und behandelt wurden, musste in Betracht ziehen, dass die Sklaverei in großen Teilen des eigenen Landes existierte. Dort erlitten Afrikaner und Afroamerikaner zu Hunderttausenden genau solch ein Schicksal wie gefangene Seeleute. Legitimiert war dies durch die Verfassung der USA, die geschaffen worden war, die Freiheit der amerikanischen Bürger zu sichern, während sie gleichzeitig die Sklaverei sanktionierte. Es ist kaum erstaunlich, dass Abolitionisten wortstark auf diesen eklatanten Widerspruch hinwiesen. Zu ihnen gesellten sich einige derjenigen, die Gefangene in den *Barbary States* gewesen waren und ihre Gefangenschaft und ihre spätere Freilassung als einen Aufruf für den Kampf gegen die Sklaverei auch in den USA verstanden.

Der Vorwurf der Piraterie, der den Staaten am Mittelmeer in diesem Zusammenhang gemacht wurde, war gleichfalls ein etwas stumpfes Argument. Es war zwar ungewöhnlich für die meisten Staaten, ausländische Schiffe aufzubringen und die Mannschaft gefangen zu nehmen, um sie dann gegen Lösegeld wieder freizugeben, aber die nordafrikanischen Staaten hatten seit Jahrhunderten Zoll oder Wegegeld von Schiffen verlangt, die im Mittelmeerraum Handel trieben. Die Freibeuterei war während aller Kriege eine geschätzte Einkommensmöglichkeit für amerikanische Kapitäne und Schiffseigner gewesen, und während des Unabhängigkeitskrieges setzten die Revolutionäre in Ermangelung einer nennenswerten Seestreitmacht auf Freibeuterei im Kampf gegen Großbritannien. Zudem wurden die *Barbary States* von den europäischen Mächten als eine Art Werkzeug benutzt, um die jeweiligen Gegner militärisch oder wirtschaftlich zu behindern. So erstaunt es auch nicht, dass Großbritannien die *Barbary States* schon bald nach dem Ende des Unabhängigkeitskrieges 1783 wissen ließ, dass die ehemaligen nordamerikanischen Kolonien und Schiffe, die von den dortigen Häfen ausliefen, zukünftig nicht mehr durch Verträge geschützt waren, die England mit Algier, Tripolis, Tunis oder Marokko unterhielt. Die Amerikaner verfügten über eine große Handelsmarine, und nun waren sie Konkurrenten. Allein gegen die *Barbary States* bestehen zu müssen würde den USA zeigen, wie schwierig es war, ohne den Schutz einer Weltmacht im rauen Klima der Weltpolitik zu überleben – möglicherweise würde dies die Amerikaner auch nachträglich noch davon überzeugen, dass es ihnen als Teil des British Empire besser ergehen würde denn als unabhängiger Nation.

Den Vereinigten Staaten von Amerika musste also daran gelegen sein, wollten sie von Frankreich und England als gleichberechtigt angesehen werden, mit den *Barbary States* ein Auskommen zu finden, das auf einer Position der Stärke beruhte. Hätten die USA Tributwünschen der *Barbary States* einfach nachgegeben, dann wäre allen interessierten Parteien deutlich geworden, dass sie bereit waren, sich unter die »schwächeren« Staaten einzureihen. Der Präsident schickte einige Kriegsschiffe in das Mittelmeer, um Politik mit militärischen Mitteln zu betreiben, um deutlich zu machen, dass die Vereinigten Staaten eine aktive Rolle im internationalen Handel und in der Politik zu spielen gedachten. Die militärischen Auseinandersetzungen und Scharmützel im Mittelmeer dauerten mehrere Jahre an, ohne dass es zu einer tatsächlichen Entscheidung gekommen wäre. Es wurde jedoch die Mannschaft eines der amerikanischen Kriegsschiffe, der Fregatte »Philadelphia«, festgesetzt, nachdem das Schiff auf Grund gelaufen war. 1804 gelang es Leutnant Stephen Decatur, sich in den Hafen von Tripolis zu schleichen und das Schiff in Brand zu setzen. Die Symbolik seiner Tat wurde im Heimatland verstanden und aufgegriffen, Decatur wurde als Held gefeiert, und mehrere Orte wurden nach ihm benannt. Der Konflikt mit Tripolis konnte im folgenden Jahr beendet werden, als der dortige Pascha sich bereit erklärte, die Gefangenen für einen Preis von 60000 Dollar freizulassen. An andere nordafrikanische Staaten allerdings zahlten die USA noch bis 1815 Tribut. Es war dennoch deutlich geworden, dass die Vereinigten Staaten den Anspruch erhoben, zu den Weltmächten, wie etwa Frankreich oder Großbritannien, gezählt zu werden.

Durch diese erste kriegerische Auseinandersetzung, die die Vereinigten Staaten von Amerika außerhalb ihres eigenen Territoriums führten, wurde deutlich, wie wichtig Seestreitkräfte als Werkzeug für eine internationale Handels- und Außenpolitik waren, der notfalls mit militärischen Mitteln Nachdruck verliehen werden musste. Die Ereignisse im Mittelmeer zeigten jedoch auch, dass die Vereinigten Staaten zu Beginn des 19. Jahrhunderts sowohl militärisch wie auch politisch noch zu schwach waren, um dauerhaft als internationaler Machtfaktor auftreten und sich gegen die Großmächte Frankreich und Großbritannien durchsetzen zu können.

Während noch der Konflikt mit den *Barbary States* andauerte, deutete sich auf dem amerikanischen Kontinent das wohl wichtigste Ereignis in der Regierungszeit Jeffersons an, durch das das Gebiet der Vereinigten Staaten auf einen Schlag mehr als verdoppelt werden sollte. Die USA waren um die Wende zum 19. Jahrhundert nicht die einzige Nation, die auf dem nordamerikanischen Kontinent Gebiete in Besitz genommen hatte. Sowohl Frankreich wie auch Spanien hatten sich große Teile aus dem Kontinent herausgeschnitten. Nach dem Ende des *French and Indian War* im Jahr 1763 war das Louisiana-Gebiet, in dem Franzosen gesiedelt, Handel mit den Ureinwohnern getrieben und New Orleans zu einem wichtigen Handelszentrum ausgebaut hatten, an Spanien abgetreten worden. Die Grenze zwischen den Vereinigten Staaten und diesem Gebiet war der Mississippi, der sich mit seinen Zuflüssen weit in den Norden, den Westen und auch in das Ohio-Tal erstreckte. Über den Ohio, der in den Mississippi mündet, wurde ein Großteil der Überschussproduktion aus dieser Region in den Süden nach New Orleans transportiert. Dort wurden die Waren gestapelt und dann entweder nach Europa oder in die expandierenden Zentren an der Ostküste der Vereinigten Staaten verschifft. Dieser Transportweg war zwar um ein Vielfaches länger als der Weg über Land, aber zuverlässige Straßensysteme über die Gebirgskette der Appalachians waren zu diesem Zeitpunkt noch nicht vorhanden.

Nachdem Napoleon Bonaparte in Frankreich die Macht übernommen hatte und ein Ausbau der französischen Zuckerinseln in der Karibik in sein Visier geraten war, begann man sich in Paris wieder für das Louisiana-Gebiet zu interessieren. Offensichtlich hat es Hoffnungen gegeben, dort Getreide und andere Nahrungsmittel anbauen zu können, die dann die Versorgung der Sklaven auf den Zuckerinseln ermöglichen würden. Frankreich war somit daran gelegen, das 1763 an Spanien verlorene Territorium zurückzugewinnen. In dem geheimen Vertrag von San Ildefonso wurde das Louisiana-Gebiet im Oktober 1800 von Spanien an Frankreich zurückgegeben, das versprach, das Gebiet nur mit Zustimmung Spaniens weiterzuveräußern. Die beiden

Länder hofften, dass durch die französische Präsenz westlich des Mississippi eine befürchtete weitere Ausdehnung der USA in Richtung des spanischen Besitzes im Westen und Südwesten und damit der angelsächsische Einfluss auf dem nordamerikanischen Kontinent eingedämmt werden könnte.

Als in den USA bekannt wurde, dass das Gebiet westlich des Mississippi an Frankreich zurückgefallen war, wuchsen die Befürchtungen, dass nun die Möglichkeiten, über den Hafen von New Orleans Handel zu treiben und Waren zu verschiffen, behindert oder ganz zunichte gemacht werden könnten. Das gesamte Gebiet westlich der Appalachians, um dessen Besiedlung es nicht nur im *French and Indian War*, sondern auch im Unabhängigkeitskrieg gegangen war, wäre dann von seinem Hauptexporthafen abgeschnitten worden. Jefferson entsandte umgehend Robert R. Livingston mit dem Auftrag nach Paris, die Rechte zur weiteren Nutzung des Hafens an der Mündung des Mississippi zu sichern. Jefferson machte seinem Abgesandten deutlich, dass er gegenüber Frankreich ein vitales Interesse der Vereinigten Staaten von Amerika zu vertreten habe. Sollte Frankreich die Nutzung des Mississippi verhindern, glaubte Jefferson, bliebe den USA nichts anderes übrig, als sich wieder mit Großbritannien zu verbinden. Sehr zum Unmut der Amerikaner zogen sich die Verhandlungen bis in das Jahr 1803 hin, so dass James Monroe nach Europa geschickt wurde, um Livingston in seinen Bemühungen zu unterstützen.

In der Zwischenzeit waren französische Truppen, die entsandt worden waren, um in Santo Domingo auf Haiti einen Sklavenaufstand unter dem Anführer Toussaint L'Ouverture niederzuschlagen, auf heftigeren Widerstand gestoßen als vermutet und zudem durch Gelbfieber dezimiert worden. Es fehlten Napoleon daher die Soldaten, die vorgesehen waren, das neue Gebiet in Nordamerika militärisch zu sichern und für eine mögliche Besiedlung vorzubereiten. Das große Interesse der USA war nur zu deutlich, und man vermutete in Frankreich wohl nicht zu Unrecht, dass die Vereinigten Staaten das Territorium über kurz oder lang vereinnahmen würden, wenn Frankreich dem nichts entgegenzusetzen hätte. Napoleon bot daher den überraschten Vertretern der USA – die darauf vorbereitet waren, zehn Millionen Dollar für New Orleans zu zahlen – das gesamte Louisiana Territory an. Die Unterhändler griffen zu, und in einem Abtretungsvertrag, datiert auf den 30. April 1803, wurde das Gebiet westlich des Mississippi für fünfzehn Millionen Dollar erworben. Dessen Grenzen wurden in dem Vertrag jedoch nur unzureichend definiert; so konnte man beispielsweise in die Texte hineinlesen, dass ein Anspruch auf Texas und das westliche Florida bestehe. Ein Konflikt mit Spanien, an dessen Kolonien die USA nun grenzten, war vorhersehbar.

Der Kauf Louisianas war ohne Rücksprache mit Washington durchgeführt worden, denn eine Rückversicherung beim Präsidenten hätte für die amerikanischen Unterhändler angesichts wochenlanger Reise über den Atlantik bedeutet, dass Monate vergangen wären, bevor sie auf das reizvolle Angebot Frankreichs hätten reagieren können. Der Präsident allerdings sah sich einem Dilemma gegenüber: Er war immer für eine möglichst enge Auslegung der Verfassung eingetreten und wusste, dass sich darin keine Voraussetzungen für den Erwerb von neuem Territorium formuliert fanden. Er ließ sich jedoch überzeugen, dass das in der Verfassung erwähnte Recht, Verträge mit anderen Nationen zu schließen, auch das Recht einschloss, Gebiete zu erwerben. In Neuengland allerdings, der Hochburg der Federalists, befürchtete man, dass durch den Erwerb des neuen Gebiets Jeffersons Republican-Democratic Party, die ihre politische Macht auf die Schicht der Kleinbauern aufbaute, gestärkt werden würde. Nun waren es die Federalists, die auf eine strikte Auslegung der Verfassung pochten, während die Republicans solche

Skrupel beiseite wischten. Am 20. Oktober 1803 wurde der Vertrag mit einer großen Mehrheit der Stimmen des Senats (26 zu 6) ratifiziert. Die Vereinigten Staaten waren damit dem Traum vieler Gründerväter, dass die Republik sich über den gesamten nordamerikanischen Kontinent erstrecken solle, sehr viel näher gekommen. Im Norden gab es mit Kanada zwar immer noch Besitzungen des ehemaligen Mutterlandes, aber von hier war kaum mit einer Bedrohung der USA zu rechnen. Im Westen und Südwesten allerdings, jenseits der nicht genau bestimmten Grenze des Louisiana-Gebietes, waren weiterhin Kolonien des noch mächtigen spanischen Weltreichs.

New Orleans wurde sehr schnell von den Amerikanern übernommen, aber große Teile des neuen Territoriums waren noch weitgehend unerforscht. Schon bevor in Paris die Verhandlungen über den Kauf von Louisiana zum Abschluss gekommen waren, hatte Jefferson mit der Planung einer Expedition in die Gebiete westlich des Mississippi begonnen. Meriwether Lewis, der 29-jährige Privatsekretär des Präsidenten, und William Clark (ein Freund von Lewis aus Armeezeiten) wurden ausgewählt, diese Forschungsreise entlang der Flüsse Missouri und Columbia zu unternehmen und möglichst den Traum vieler Expeditionen, von den ersten Kolonisten in Jamestown an, Wirklichkeit werden zu lassen: eine schiffbare Passage zum Pazifischen Ozean aufzuspüren. Ähnliche Pläne hatte es schon zuvor gegeben, und als Jefferson bereits 1792 eine transkontinentale Entdeckungsreise vorschlug, war Lewis einer der Ersten gewesen, die sich gemeldet hatten. Jefferson griff die Idee als Präsident wieder auf, und erste Vorbereitungen begannen kurz nach seiner Amtseinführung.

Ein Team wurde zusammengestellt, Ausrüstung angeschafft und den Mississippi hinauf nach St. Louis an der Gabelung des Stroms mit dem von Westen her kommenden Missouri transportiert. Im Frühjahr 1804 konnte das *Corps of Discovery* aufbrechen, und im Oktober erreichte die aus etwa fünfzig Mitgliedern bestehende Gruppe ein Dorf der Mandan im heutigen North Dakota. Die Expedition war auf die Hilfe der Ureinwohner angewiesen, die ihnen Essen, häufig Schutz, aber vor allem Auskünfte über den weiteren Weg Richtung Westen geben konnten. Bei den Mandan wurde auch ein Frankokanadier, Toussaint Charbonneau, als Übersetzer eingestellt. Seine Ehefrau, Sacagawea, die dem Stamm der Shoshone angehörte, half dem Team während der Expedition wesentlich dabei, erfolgreich weiter nach Westen vorzudringen. Sie konnte als Übersetzerin bei anderen Stämmen dienen, und allein schon ihre Anwesenheit in der Gruppe überzeugte die Ureinwohner, auf die man traf, davon, dass die Expedition nicht etwa eine Gruppe von Kriegern, sondern tatsächlich eine friedliche Reisegruppe war. Der Weg des Corps führte hinauf über die Wasserscheide des nordamerikanischen Kontinents und entlang der Flüsse Snake und Columbia, bis es nach einer beschwerlichen Reise, die von Hunger und Kälte bestimmt war, Ende 1805 erschöpft den Pazifik erreichte.

Clark und Lewis kehrten auf getrennten Wegen zum Oberlauf des Missouri zurück und erreichten 1806 wieder die Ostküste. Sie glaubten, sie hätten eine begehbare Route für den Handel mit China gefunden, die die gefährliche und lange Schiffsreise um die Spitze Südamerikas herum unnötig machen würde. Ihre Berichte über freundliche Ureinwohner und einen großen Reichtum an Pelztieren, die bildhaften Beschreibungen der Gegend, Geographie, Fauna und Flora, stießen auf großes Interesse im Osten und brachten bald Händler und Trapper in die Region. Eine weitere von Zebulon Pike geleitete Expedition in den Jahren 1805 und 1806 galt dem südwestlichen Teil Louisianas und wurde ähnlich enthusiastisch aufgenommen.

Diese Ereignisse nahmen die Wähler für Jefferson und seine Politik ein. Während der ersten Amtszeit stieß Jefferson zudem nicht nur auf Wohlwollen in seiner eigenen Partei, sondern auch unter denjenigen, die in der Wahl 1800 für John Adams, den Kandidaten der Federalists, gestimmt hatten. Die Unterstützung Jeffersons bei der Wahl für eine zweite Amtszeit war insbesondere im Süden und Westen sehr groß, da man hier die gewaltigen Möglichkeiten der Expansion in das Gebiet westlich des Mississippi honorierte, und er wurde mit über neunzig Prozent der Wahlmännerstimmen erneut zum Präsidenten gewählt.

In Neuengland machte sich indessen ein Gruppe von Federalists unter der Führung von Timothy Pickering daran, die Republicans zumindest auf der lokalen Ebene von der politischen Macht zu verdrängen. Sie gewannen Jeffersons Vizepräsidenten, Aaron Burr, für sich und glaubten, mit seiner Hilfe eine Stärkung Neuenglands oder möglicherweise sogar eine Abspaltung von der Union vorantreiben zu können. Burr bewarb sich, noch während er Vizepräsident war, vergeblich um das Amt des Gouverneurs von New York, allerdings nicht als Republican, sondern als Kandidat der Federalists. Auf Gegenliebe stieß dieses Verhalten unter seinen Parteifreunden nicht, und auch innerhalb der Federalist Party gab es Gegner Burrs. Sein schärfster Widersacher war Alexander Hamilton, der sich für den Gegenkandidaten einsetzte und den Vizepräsidenten in der Presse scharf als einen gefährlichen Mann attackierte, dem man die Regierungsverantwortlichkeit nicht übergeben dürfe. Burr forderte darauf Hamilton zum Duell und tötete ihn im Juli 1804. Duelle waren in den USA verboten, und auf seiner Flucht vor den strafrechtlichen Konsequenzen versuchte Burr, den Gouverneur von Louisiana, James Wilkinson, zu einer Verschwörung zu überreden. Er schlug vor, gemeinsam einen Separatstaat südlich des Ohio zu gründen und darüber hinaus Mexiko zu erobern. Wilkinson ließ sich zum Schein auf diese Pläne ein, informierte aber sogleich den Präsidenten. Dieser ließ Burr 1807 verhaften. Ein Hochverrat – der Supreme Court hatte den Tatbestand des Hochverrats recht eng definiert – war dem ehemaligen Vizepräsidenten jedoch nicht nachzuweisen. Weitere Gerichtsvorladungen befürchtend, floh Burr nach Europa und kehrte erst 1812 wieder in die USA zurück, wo er 1836 verstarb.

Die Vereinigten Staaten hatten allerdings in diesen ersten Jahren des 19. Jahrhunderts kaum Zeit, sich auf die innere Entwicklung und Inbesitznahme der neuen Gebiete zu konzentrieren. Die Auseinandersetzungen zwischen Frankreich und England hatten bereits in der Gründungsphase der Republik ihren Niederschlag in Nordamerika gefunden. Nachdem Napoleons Armeen die russischen und österreichischen Kräfte im Jahr 1805 bei Austerlitz geschlagen hatten, Frankreich also die Kontrolle über das westliche Europa erlangt hatte, und nachdem im gleichen Jahr die britische Flotte in der Schlacht von Trafalgar über die französischen und spanischen Seestreitkräfte siegte, setzte sich der Krieg zwischen England und Frankreich auch auf dem Atlantik mit größerer Schärfe fort.

Das Vereinigte Königreich versuchte in dieser Zeit, Frankreich durch eine Seeblockade zu treffen, und legte dabei den Begriff der Konterbande – Waren, die die Kriegsführung des Gegners unterstützten und damit beschlagnahmt werden konnten – sehr großzügig aus. Die Vereinigten Staaten, die sich nach der Amerikanischen Revolution zu einer bedeutenden Seehandelsnation entwickelt hatten, bestanden auf ihrem Recht als neutrale Nation, alle kriegführenden Parteien mit solchen Gütern zu versorgen, die nicht unmittelbar dem Kriegszweck dienten. Die britische Praktik, nicht nur genau bestimmte Häfen und vereinzelte Bereiche der Küste mit einer Blockade zu belegen und diese durch Blockadeschiffe zu erzwingen, sondern ganze Küstenstriche zu Blockadegebieten zu erklären, schloss die amerikanische Handelsflotte vom europäischen Festland ab und damit vom profitablen Handel aus. Der Grundsatz »free ships make free goods«, auf den die amerikanische Seite zudem bestand, hätte alle französischen Waren auf amerikanischen Schiffen dem Zugriff der britischen Marine entzogen und wurde daher von der britischen Seite nicht beachtet.

Bedeutender und kränkender als diese Meinungsverschiedenheiten waren für das noch junge Staatsgebilde die ständigen Übergriffe der britischen Flotte auf amerikanische Hoheitsrechte bei ihren Versuchen, Konterbande ausfindig zu machen oder Deserteure der Royal Navy zu finden. Britische Offiziere beließen es nicht bei der Überprüfung der Ladepapiere, wie es sich die amerikanischen Kapitäne gewünscht hätten, sondern nahmen sich das Recht heraus, amerikanische Schiffe vom Deck bis zum Kiel zu durchsuchen. Bei den Versuchen, Matrosen aufzuspüren, die den harschen Bedingungen auf britischen Kriegsschiffen entflohen waren, gingen die *press-gangs* alles andere als zimperlich vor: Zwar hatten tatsächlich eine ganze Reihe von britischen Deserteuren Zuflucht auf amerikanischen Schiffen gefunden, aber auch amerikanische Einbürgerungspapiere wurden nicht selten nach dem Grundsatz »once an Englishman, always an Englishman« ignoriert. Dies war ein ständiger Angriff auf die Integrität und Ehre der Vereinigten Staaten und machte deutlich, dass Großbritannien der amerikanischen Souveränität nicht viel Wert beimaß.

Die Ausrufung der britischen Blockade der europäischen Küste von Brest bis zur Elbemündung vom 16. Mai 1806 und Napoleons Berliner Dekret vom 21. November desselben Jahres – das im Gegenzug eine Blockade über die Britischen Inseln verhängte und es Schiffen verbot, in französischen Häfen einzulaufen, wenn sie vorher in britischen Häfen gelegen hatten – trugen kaum zur Entschärfung der Spannungen bei. Großbritanniens Ankündigung, dass neutrale Schiffe, die französische Häfen angelaufen hatten, gekapert werden durften, wenn sie nicht zuvor britische Häfen anliefen, eine Gebühr zahlten und ein

Zertifikat erwarben, und die Antwort Napoleons – das Mailänder Dekret vom 17. Dezember 1807 –, dass alle neutralen Schiffe, die sich den britischen Vorschriften unterwarfen, von französischer Seite aufgebracht würden, brachten die Vereinigten Staaten vollends in eine unhaltbare Situation. Ein Krieg mit Großbritannien schien unausweichlich, als am 22. Juni 1807 ein Schiff der U.S. Navy, die »Chesapeake«, von der britischen Fregatte »Leopard« fast noch in Sichtweite der amerikanischen Küste aufgebracht wurde. Als sich der amerikanische Kapitän weigerte, dem Verlangen seines britischen Gegenüber nachzugeben und das Schiff nach Deserteuren durchsuchen zu lassen, beschoss die »Leopard« das nicht gefechtsbereite amerikanische Kriegsschiff aus allen Rohren. Auf der »Chesapeake« waren binnen kurzer Zeit Tote zu beklagen, und der amerikanische Kapitän musste, nachdem er einen Schuss zur Ehrenrettung abgegeben hatte, ein Prisenkommando an Bord lassen. Mit vier vermeintlichen Deserteuren lief die britische Fregatte in die offene See.

Trotz dieses arroganten Affronts gegen die Souveränität der Vereinigten Staaten versuchte Präsident Jefferson auch weiterhin einen bewaffneten Konflikt zu vermeiden. Er hoffte, dass sich das Vereinigte Königreich durch wirtschaftlichen Druck dazu bewegen lassen würde, die unrechtmäßigen Praktiken zu beenden. Er vermutete, dass die offensichtlichen Verfehlungen der britischen Seite in der »Chesapeake«-Affäre – nur der gravierendste in einer langen Kette von Verstößen gegen die Rechte der USA – die Gegenseite den Argumenten der Amerikaner empfänglicher machen würden. Jefferson hoffte darüber hinaus, dass die Ereignisse auch eine Wirkung im Inneren des Landes entfalten würden. An den Botschafter in London, James Monroe, schrieb er, die Briten hätten den USA schon oft genug Anlass zum Krieg gegeben, aber diese wären nicht von der Art gewesen, die die Nation geeint hätten. Aber nun hätten sie durch ihr Verhalten das Herz jedes einzelnen Amerikaners berührt, nun sei die Zeit, das Alte und das Neue zu klären. Ein einheitlicher, parteipolitische und regionale Unterschiede überwindender Aufschrei der amerikanischen Nation blieb jedoch eine Wunschvorstellung des Präsidenten. Zugleich zeigte sich die britische Seite zwar bereit, Schadenersatz zu leisten, aber im Grunde änderte sich ihre Haltung nicht.

Der hilflos wirkende Versuch Jeffersons, die vermeintlich auf den amerikanischen Handelspartner dringend angewiesenen Franzosen und Briten über ein Embargo des gesamten Außenhandels der USA zur Räson zu bringen, fruchtete nicht. Der *Embargo Act* von 1807 führte hingegen zu einem rapiden und dramatischen wirtschaftlichen Verfall in den Vereinigten Staaten selbst, die auf den transatlantischen Handel weitaus dringender angewiesen waren als die kriegführenden europäischen Nationen. Insbesondere in den von den Einkünften aus der Schifffahrt wirtschaftlich abhängenden Neuenglandstaaten spitzte sich die ökonomische Situation bald zu, und auch die auf den Export angewiesenen Baumwollpflanzer des Südens mussten gravierende Einbußen und einen Preisverfall für ihre Produkte um bis zu fünfzig Prozent hinnehmen. Großbritannien fand für die amerikanischen Produkte bald Ersatzlieferanten in Lateinamerika, und die britische Handelsmarine war gerne bereit, den durch den Ausfall der amerikanischen Handelsschiffe fehlenden Frachtraum zur Verfügung zu stellen. Mehr als 30 000 amerikanische Seeleute verloren so ihre Arbeit. Der einzig positive Aspekt für die USA war, dass nun brachliegende Finanzmittel, die nicht mehr in den Handel investiert werden konnten, in den Aufbau einer heimischen Industrie flossen. Hatte es beispielsweise 1808 noch fünfzehn Spinnereien und Webereien gegeben, so erhöhte sich ihre Anzahl nur ein Jahr später auf 87. Bei den Wahlen 1808 hatte die Partei der Federalists in Neuengland wieder beträchtlichen Zulauf erhalten, denn es blieb der Eindruck bestehen, dass Jefferson mit den Franzosen gegen England im Bunde sei. Das Embargo-Gesetz wurde daher häufig umgangen, und Schmuggel war an der Tagesordnung. Es verfehlte daher seine intendierte Wirkung und musste 1809 wieder zurückgenommen werden. Noch im selben Jahr und nur wenige Tage vor der Amtseinführung von James Madison, Jeffersons Nachfolger im Amt des Präsidenten, wurde es durch den *Non-Intercourse Act* ersetzt, der die Häfen wieder öffnete und den Handel wieder zuließ; ausgenommen hiervon waren aber weiterhin Frankreich und das Vereinigte Königreich.

Während diese Bestimmungen der Bundesregierung zumindest von den Abgeordneten des Südens und Westens – häufig aus Parteiloyalität – generell unterstützt wurden, kam es zu öffentlichen Protesten im Süden und besonders in den Neuenglandstaaten zu scharfer Kritik, Gewalttätigkeiten und im Dezember 1814 während einer Versammlung der Federalists in Hartford (Connecticut) sogar zu Überlegungen über eine mögliche Sezession. Die zu dieser Zeit fehlende nationale Identität in den USA, die Jefferson in seinem Brief an den amerikanischen Botschafter in London beklagt hatte, war daher tatsächlich ein gewichtiger und bedenklicher Aspekt in der Entwicklung der amerikanischen politischen Kultur. Die ständigen Konflikte mit Großbritannien hatten keineswegs, wie von Jefferson erhofft, zu einer inneren Einigkeit geführt, sondern die politischen und regionalen Differenzen noch stärker hervortreten lassen. Dies ließ sich auch nicht durch den *Non-Intercourse Act* heilen. Da Großbritannien der wichtigste Handelspartner der USA gewesen war, verbesserte sich zudem die wirtschaftliche Situation im Landesinneren nach 1809 kaum, und auch der außenpolitische Erfolg war mehr als dürftig. Im folgenden Jahr wurde daher auch diese Bestimmung außer Kraft gesetzt und durch *Macon's Bill No. 2* ersetzt, die den Sinn des *Non-Intercourse Act* allerdings in sein Gegenteil verkehrte: Dieser hatte noch die Neutralität der USA bewahren sollen, aber das neue Gesetz bot demjenigen der europäischen Kontrahenten quasi eine Allianz mit den Vereinigten Staaten an, der die Rechte der Neutralen im Sinne der USA als Erster wiederherstellte.

Frankreich reagierte umgehend auf *Macon's Bill.* Der französische Außenminister Jean-Baptiste Nompère de Champagny, duc de Cadore, ließ dem amerikanischen Botschafter in Paris einen Brief zukommen, in dem er ihn informierte, dass die Berliner und Mailänder Dekrete nichtig seien – allerdings war auch recht deutlich, dass hieran eine Reihe von Bedingungen geknüpft wurden. Möglicherweise um den Druck auf die Briten zu erhöhen, akzeptierte der Präsident das Dokument als vollständiges Entgegenkommen und erklärte, Frankreich habe den Vorschriften des Gesetzes Genüge getan. Dies gab nun Großbritannien bis zum Februar 1811 Zeit, die *Orders in Council* zurückzunehmen. Das Vereinigte Königreich erwies sich als unnachgiebig, und als der Kongress im November wieder zusammentrat, war Madison bereit, die Nation auf Krieg einzustimmen. Es gab eine Reihe von Mitgliedern des Kongresses, die zögerten, der größten Militärmacht auf dem Globus den Krieg zu erklären, aber die Anzahl der Kriegsbefürworter überwog. Die lautstärkste Gruppe, die es auf einen Waffengang mit Großbritannien ankommen lassen oder zumindest eine weit aktivere Außenpolitik betreiben wollte, wurden die »War Hawks« genannt. Sie bestand zu einem großen Teil aus jüngeren Republicans aus dem Westen und dem Süden, die erst kurz zuvor in ihr Amt gewählt worden waren. Unter ihnen waren auch John C. Calhoun aus South Carolina und Henry Clay, der in die einflussreiche Position des Sprechers des Hauses gewählt worden war, obwohl er zuvor noch nie im House of Representatives gesessen hatte und erst 34 Jahre alt war. Er stellte sicher, dass eine Reihe seiner Kollegen, die gleichfalls für einen Krieg gegen Großbritannien eintraten, in wichtigen Komitees des Abgeordnetenhauses vertreten waren.

Die »War Hawks« behaupteten, britische Übergriffe seien nicht allein auf den atlantischen Ozean beschränkt, sondern auch im Westen der USA zu vermelden, wo sich die Briten der Ureinwohner bedienten. An der nordwestlichen *Frontier*, in Ohio, den Territorien von Indiana, Illinois und Michigan, hatten der Shawnee-Prophet Tenskwatawa und sein Bruder Tecumseh, unterstützt durch die Briten in Kanada, dem unaufhörlichen Vordringen der weißen Siedler in ihr Land Einhalt geboten. Tenskwatawa predigte eine Rückkehr zum traditionellen Leben der Ureinwohner, eine Verbrüderung der verschiedenen Indianerstämme und Abkehr vom Alkohol. Er sprach sich scharf gegen die weitreichenden Landabtretungen an die Amerikaner aus, bediente sich anti-weißer Rhetorik und konnte so eine ganze Reihe von jungen Kriegern an sich ziehen. Nach dem Vertrag von Fort Wayne, in dem die Stammesführer, die sich gegen den Propheten gestellt hatten, drei Millionen Acres (etwa 1,2 Millionen Hektar) Land an die USA abgetreten hatten, drohte Tenskwatawa die Besiedlung mit Gewalt zu verhindern. Sein Bruder Tecumseh würde die notwendige militärische und politische Führungsrolle übernehmen.

Die »War Hawks« und mit ihnen viele andere Amerikaner vermuteten, dass die beiden Brüder die Interessen der Briten wahrnahmen, und während Tecumseh in den Süden reiste, um die Unterstützung weiterer Stimmen zu erreichen, ging der Gouverneur von Indiana William H. Harrison gegen die Koalition der Ureinwohner vor. Er zerstörte zwar ihre Stadt am Tippecanoe River, aber er erreichte hierdurch auch, dass die Ureinwohner noch dringlicher die Briten um Hilfe ersuchten. Die Angriffe gegen weiße Siedler hörten nicht auf, und die »War Hawks«, in der Annahme, die Briten seien hierfür verantwortlich, riefen dazu auf, diese aus Nordamerika zu verdrängen und Kanada zu erobern. Dort lockten zudem hohe Profite, die sich nach der Übernahme des britischen Fellhandels ergeben würden. Andere, insbesondere aus dem Südwesten und dem Süden, hielten die angespannte Situation für eine gute Voraussetzung, um Ost- und Westflorida zu erobern. Das Gebiet gehörte zu Spanien, und die Vereinigten Staaten hatten lange behauptet, dass die Regionen Teil des Louisiana-Gebiets seien, das von Frankreich gekauft worden war. Siedler waren zunehmend in die Gebiete vorgedrungen, konnten aber nicht ausreichend geschützt werden.

Diese Beschwerden, Befürchtungen und Ambitionen wurden im Kongress debattiert, aber sie waren als Kriegsgrund allein kaum ausreichend. Einige Mitglieder des Kongresses mögen gehofft haben, Kanada könne in die Union aufgenommen werden, aber die meisten sahen Kanada eher als ein leicht zu eroberndes Ziel, weil Großbritannien zu sehr mit Frankreich beschäftigt war, um Truppen und Waffen zur Verteidigung der Gebiete in Nordamerika abzustellen. Kanada eignete sich zudem potentiell als Verhandlungsmasse, mit der man Großbritannien zwingen könnte, sein Vorgehen auf dem Atlantischen Ozean zu verändern.

In Großbritannien hatte man inzwischen begriffen, dass die Amerikaner es durchaus ernst meinten, und um einen zusätzlichen Konflikt neben dem mit Frankreich zu vermeiden, wurden die *Orders in Council* am 16. Juni 1812 zurückgenommen. In den USA war man über diese Entwicklungen nicht informiert, und nach mehr als einem halben Jahr von Gesprächen und Überzeugungsarbeit erklärte das Abgeordnetenhaus am 18. Juni 1812 mit 79 zu 49 Stimmen dem Vereinigten Königreich den Krieg. Der Senat stimmte der Resolution mit 19 zu 13 Stimmen zu. Die Spaltung des Parlaments war bei dieser Abstimmung deutlich: Kein Mitglied der Federalist Party stimmte der

Kriegsresolution zu. Die pro-britische Einstellung in den Staaten Neuenglands erlitt daher auch nach der Kriegserklärung keinen Abbruch, im Gegenteil. Das einstige Mutterland, dem man Religion, Kultur und Wertesystem verdankte, waren viele Neuengländer auch gegen die eigene Bundesregierung zu verteidigen bereit – zumindest durch passiven Widerstand und aktiven verbalen Widerspruch. Zudem nahmen die Federalists an, dass der Krieg gegen das mächtige British Empire nicht zu gewinnen war, während die Republicans in dem Konflikt eine Möglichkeit sahen, die USA endgültig aus den vielfältigen Verstrickungen mit dem ehemaligen Mutterland zu befreien. Die heute als fast reflexhaft angenommene Bereitschaft, die inneren Differenzen beiseite zu stellen, sobald sich die Vereinigten Staaten im Krieg befanden, war zu Beginn des 19. Jahrhunderts nicht vorhanden; noch fehlte es bei vielen Amerikanern an einer gemeinsamen überregionalen Identität.

Trotz der langen Zeit, die der Kongress über eine Kriegserklärung debattiert hatte, war die Nation kaum darauf eingestellt, tatsächlich einen Krieg zu führen. Die Vorbereitungen für Armee und Marine waren unzureichend und resultierten in schlecht ausgebildeten und zu wenigen Soldaten. Militärische Inkompetenz und fehlerhafte Strategien führten zu einer Reihe von militärischen Desastern, insbesondere während des ersten Kriegsjahres, als amerikanische Truppen versuchten, in Kanada einzumarschieren. Die Armee wurde hierbei zusätzlich durch eine Miliz behindert, die sich als reine Verteidigungsstreitkraft verstand und nicht willens war, an einem Eroberungskrieg teilzunehmen. Darüber hinaus war die Unterstützung des Krieges durch die Staaten in Neuengland, die von Mitgliedern der Federalist Party kontrolliert wurden, unzureichend. Der Schlachtruf hatte zwar »Free Trade and Sailors' Rights« – »Freier Handel und Rechte der Seeleute« – gelautet, aber es war zuvörderst ein Landkrieg, der der amerikanischen Seite zudem in der ersten Zeit eher Niederlagen als Siege einbrachte. General William Hull musste Chicago am 16. August 1812 aufgeben, die Generäle Stephen van Rensselaer und Alexander Smyth wurden im Oktober am Niagara River geschlagen, und General Henry Dearborn brach einen halbherzigen Angriff auf Montreal im Oktober ab. Auf dem Lake Erie erzielten die amerikanischen Streitkräfte im September 1813 dann unter dem Kommando von Oliver H. Perry ihre größten Erfolge. Detroit wurde im folgenden Jahr zurückerobert, und General Harrison schlug die Briten am 5. Oktober 1813 am Thames River. In dieser Schlacht wurde auch Tecumseh getötet, und der Widerstand der amerikanischen Ureinwohner erlahmte.

Das Jahr schloss jedoch mit einem Fehlschlag bei einem erneuten Heereszug gegen Montreal unter dem Kommando von General James Wilkinson am 11. November 1813. Britische Streitkräfte nahmen Fort Niagara in der Nacht zum 19. Dezember 1813 ein, und eine Reihe von Städten, darunter Buffalo im Bundesstaat New York, wurden im gleichen Monat zerstört. Bis zum Sommer 1814 war eine Reihe inkompetenter Offiziere ersetzt worden, das Blatt schien sich zu wenden, und unter dem Kommando der Generäle Jacob Brown und Winfield Scott hielt die nördliche Armee den britischen Angriffen stand. Im September des Jahres brachen die Briten dann einen Angriff ab, obwohl sie den amerikanischen Kräften überlegen waren.

Der Krieg wurde nicht nur im Norden geführt, sondern fand gleichzeitig an mehreren Fronten statt. Nachdem Napoleon im April 1814 abgedankt hatte, war es den Briten möglich, kampferfahrene Truppen von Europa nach Nordamerika zu verlegen und Landeoperationen hoch im Norden in Maine und im Süden, in der Chesapeake Bay, durchzuführen. In Maine waren die Briten bald erfolgreich, und auch im Süden schienen die königlichen Truppen zunächst keinen wirklich bedrohlichen Widerstand fürchten zu müssen. Ein Angriff auf Washington führte zur heillosen Flucht der amerikanischen Truppen und Milizen, die die Hauptstadt verteidigen sollten, bei Bladensburg in Maryland. Im Volksmund wurden diese Ereignisse bald das »Wettrennen von Bladensburg« genannt. Die letzten Verteidigungslinien fielen, so dass Washington nicht mehr verteidigt werden konnte. Eine ganze Reihe von offiziellen Gebäuden, einschließlich des Weißen Hauses und des Kapitols, wurde am 24. und 25. August 1814 in Brand gesetzt. Anfang September wandten sich die britischen Truppen dann Richtung Norden gegen Baltimore, aber hier hielten die Verteidiger stand, und die britischen Belagerer mussten unverrichteter Dinge wieder abziehen. Diese Schlacht inspirierte Francis Scott Key zum Text der amerikanischen Nationalhymne »The Star-Spangled Banner«.

Während der ersten sechs Monate nach der Kriegserklärung hatte sich die britische Marine Zeit gelassen, ihre Übermacht auszuspielen, aber zum Ende des Jahres 1813 unterlag die gesamte amerikanische Ostküste einer Blockade. Nur die Staaten Neuenglands wurden von dieser Kriegsmaßnahme bis Mai 1814 ausgenommen, wenn sie sich gegen den Krieg aussprachen und die Briten in Kanada und auf den Westindischen Inseln mit Lebensmitteln und Rohstoffen versorgten. Der amerikanische Export nahm während der Kriegsjahre rapide ab, und selbst der Küstenhandel wurde zunehmend gefährlicher. Die Hafenstädte waren besonders betroffen, aber auch die Bauern und Plantagenbesitzer im Westen und im Süden hatten unter der Blockade zu leiden. Die meisten amerikanischen Schiffe, Kriegsmarine und Handelsmarine, waren in den Häfen eingeschlossen, und einzelne kleinere Seegefechte konnten die überwältigende Übermacht der britischen Flotte nicht gefährden. Selbst amerikanische Freibeuter, die in den Jahren zuvor auf ihren Kaperfahrten sehr erfolgreich gewesen waren, fanden wenige Möglichkeiten, eine Prise aufzubringen, denn die britischen Schiffe segelten nun meist in Konvois.

Keine der Kriegsparteien war offensichtlich in der Lage, die andere mit militärischen Mitteln in die Knie zu zwingen. Amerikaner wie auch Briten waren in dieser Situation begierig, in Verhandlungen zur Beendigung des Krieges zu treten. Russland stellte sich als Vermittler bereit, und amerikanische und britische Unterhändler trafen sich ab August 1814 in der belgischen Stadt Gent. Die amerikanische Delegation hatte gehofft, dass die Zwangsrekrutierungen vermeintlicher Deserteure von Bord amerikanischer Schiffe in den Dienst der britischen Marine Teil der Verhandlungen werden könnten, aber sie mussten feststellen, dass die Briten sich in dieser Sache nicht bewegen ließen. Um Kanada und ihre indianischen Alliierten zu schützen, forderten die Briten Abtretungen von Gebieten, die Einrichtung eines eigenen Staates für die amerikanischen Ureinwohner – es sollte ein eng mit Kanada verbundener Puffer-Staat werden – und die Demilitarisierung der Großen Seen. Da es aber wenige positive Nachrichten aus Nordamerika gab, war man in London, angesichts einer zunehmenden Opposition in England gegen die Kriegssteuern, bereit, den Krieg auf der Basis eines »Status quo ante bellum« zu beenden. Strittige Fragen wie die britischen Schifffahrtsrechte auf dem Mississippi und die amerikanischen Fischereirechte in kanadischen Gewässern waren eigentlich schon im Pariser Vertrag von 1783 durch Garantie dieser Rechte geklärt worden, und in den Vertrag von Gent, der am 24. Dezember 1814 unterzeichnet wurde und der den Krieg beendete, fanden sie keinen Eingang.

Obwohl die Vereinigten Staaten nichts von dem erreicht hatten, was als Kriegsziel proklamiert worden war, wurden die Nachrichten über das Kriegsende in allen Teilen des Landes mit großer Erleichterung und Freude aufgenommen. Für die USA, so schien es, war es bereits ein großer

Sieg, nicht von den Briten besiegt worden zu sein. Nachrichten über die Schlacht bei New Orleans, die im Rückblick wichtigste Schlacht des Krieges, erreichten die Städte der Ostküste fast gleichzeitig mit der Verkündung des Friedens und trugen zusätzlich dazu bei, den Eindruck zu erwecken, als seien die USA die Gewinner des Krieges. Diesem Eindruck tat es keinerlei Abbruch, dass die Kämpfe bei New Orleans, in denen General Andrew Jackson den britischen Streitkräften am 8. Januar 1815 eine sehr empfindliche Niederlage zugefügt hatte (sie mussten mehr als zweitausend Opfer beklagen, die amerikanischen Verluste waren dagegen mit nur dreizehn Toten erstaunlich gering), erst zwei Wochen nach dem Kriegsende stattgefunden hatten.

Der Friedensvertrag, der vom Senat einstimmig ratifiziert wurde, führte zum endgültigen Niedergang der Federalists und auch der Sezessions-Ideen, die man in Neuengland gehabt haben mochte. Die Jahre nach 1815 sind gekennzeichnet vom Durchbruch zu einer nationalen Identität in den Vereinigten Staaten. Finanzielle Ressourcen, die während des Embargos, der Zeit des *Non-Intercourse* und der Blockade durch die britische Marine brachgelegen hatten, wurden in die Industrie investiert, die sich jetzt langsam stärker entwickelte und durch hohe Zölle geschützt wurde. Durch diesen Krieg wurde zudem deutlich, dass die Milizen kein verlässliches militärisches Instrument waren. Die Armee wurde reorganisiert und sollte in den folgenden Jahren der territorialen Expansion effektiver eingesetzt werden. Der Zweite Unabhängigkeitskrieg, wie der Krieg von 1812 auch genannt wird, schrieb den Namen der USA dauerhaft auf die internationale politische Landkarte, und er bereitete den Boden für den Eintritt der Vereinigten Staaten in die internationale Politik des 19. Jahrhunderts als gleichberechtigte Großmacht.

Expansion (1824–1860)

In den Jahren, die dem Ende des Krieges von 1812 folgten, begannen sich die Vereinigten Staaten von Amerika zu einer eigenständigen Wirtschaftsmacht zu entwickeln, die auf einen immer größer werdenden internen Markt zurückgreifen konnte. Schon vor dem Krieg hatte es Pläne und Überlegungen für die Errichtung von zusätzlichen Straßen und Kanälen gegeben. So war der Finanzminister, der Secretary of the Treasury, Albert Gallatin, bereits 1807 vom Senat beauftragt worden, einen entsprechenden Plan zu entwickeln. Die Auseinandersetzung mit den Ereignissen in Europa hatten die Aufmerksamkeit der Nation jedoch weitgehend absorbiert, und erst nach 1814 konzentrierte man sich dann tatsächlich wieder auf die Ausführung dieser Pläne. Vorläufer für solche Entwicklung und Anstöße hatte es bereits seit 1807 gegeben, als erstmals ein Dampfschiff auf dem Hudson River fuhr. Fünf Jahre später erreichte das erste Schiff dieser Art den Hafen von New Orleans. Die Betreiber der Schifffahrtslinie auf dem Hudson hatten ein Monopol vom Staat New York erhalten, es stellte sich aber schnell heraus, dass dies nicht nur den Wettbewerb behinderte und dadurch die Frachtraten hoch hielt, sondern auch der Ausbreitung der Dampfschifffahrt insgesamt entgegenstand. Da es sich bei dem Fluss um einen Verkehrsweg handelte, der über die Staatengrenzen hinaus reichte und ein Monopol den Handel zwischen den einzelnen Staaten hemmte, stand allein der Bundesregierung und nicht einem einzelnen Staat eine Regelungsbefugnis zu. So hatte der Supreme Court 1824 die Möglichkeit einzugreifen und urteilte im Fall »Gibbons gegen Ogden«, dass die Monopole der Dampfschifffahrtsgesellschaften nichtig seien. In der Folge wurde dieses Transportmittel schnell zu einem wichtigen Instrument der Infrastruktur, insbesondere im Einzugsgebiet des Mississippi.

Im Jahr 1817 existierten schon siebzehn Dampfschiffe, die auf dem Mississippi verkehrten, knapp vierzig Jahre später war diese Zahl auf über siebenhundert angewachsen. Die Frachtraten fielen, und der Transport von Waren wurde nicht nur zunehmend preiswerter, sondern auch sehr viel schneller: Eine Reise von New Orleans nach Louisville (Kentucky), die zuvor drei bis vier Monate gedauert hatte, war nun in weniger als einem Monat möglich. Auch der Straßenbau geriet verstärkt ins Zentrum des Interesses. Um die östlichen mit den westlichen Landesteilen besser zu verbinden, stellte die Bundesregierung 1806 Mittel zur Verfügung, mit denen eine Straße von Maryland über die Appalachians hinweg bis ins heutige Illinois, die Cumberland oder National Road, gebaut werden sollte. Die Arbeiten begannen 1811, und die Straße war sieben Jahre später bis nach West Virginia fertiggestellt. Mehr Siedler konnten nun leichter in den Westen migrieren. Währenddessen nahm die Urbanisierung rapide zu. Die Bevölkerungszahl der großen Städte wie etwa Baltimore und New York hatte sich schon in dem Jahrzehnt vor der Jahrhundertwende verdoppelt, aber im Jahr 1800 lebten in Baltimore dennoch kaum mehr als 26000 Menschen, in New York etwa 60000. Durch den Straßenbau gab es ab 1821 gute Verbindungen zwischen den größeren Städte des Nordens und denen des Südens. Regional sorgte zudem der Bau von Kanälen für eine bessere Anbindung der landwirtschaftlichen Produktion an die Absatzmärkte. Insbesondere der Erie-Kanal, der zwischen 1817 und 1825 zumeist durch irische Einwanderer gebaut wurde und auf einer 363 Meilen langen Strecke die Städte Albany und Buffalo in New York miteinander verband, hatte gravierende Auswirkungen: Hier wurde ein zwar mit zwölf Meter Breite und mit 1,20 Meter Tiefe nicht sehr tiefer und breiter, aber dafür leicht befahrbarer Wasserweg geschaffen (die Boote hatten einen geringen Tiefgang und wurden getreidelt), der den Hudson mit den Großen Seen und den Anrainergebieten verband. Schon kurze Zeit nach der Eröffnung sanken die Frachtraten rapide um neunzig Prozent. Dies trug wesentlich zu einer wirtschaftlichen Entwicklung des Gebietes um die Großen Seen herum bei und führte zu einer verstärkten Integration der nun besser angebundenen Regionen.

Um die sich entwickelnde heimische Industrie, insbesondere in Neuengland, und die Landwirtschaft zu schützen, wurden ab 1828 Einfuhrzölle eingerichtet. Diese Schutzzölle schirmten die aufkeimende Industrielandschaft ab, indem sie die Preise für Fertigwaren im Inland über dem Weltmarktpreis hielten. Den amerikanischen Industriellen erlaubte dies, trotz teurerer Produktion konkurrenzfähig zu bleiben und zugleich höhere Profite zu erwirtschaften, als dies bei einem freien internationalen Handel möglich gewesen wäre. Man erhoffte sich, dass es dadurch einen größeren Anreiz geben würde, das so angesammelte Kapital wieder in Industriebetriebe zu investieren.

Schon zuvor hatte es beispielsweise Eisenverhüttung in Pennsylvania gegeben, aber der hohe Schwefelgehalt der Kohle machte eine Verkokung schwierig, so dass häufig auf teurere Holzkohle zurückgegriffen wurde. Ein großer Teil des Eisenbedarfs wurde daher aus England importiert, wo es preiswerter hergestellt werden konnte. Schon früh war Wasserkraft und ab der Jahrhundertwende auch Dampfkraft eingesetzt worden, und bereits 1803 wurde die erste automatische Getreidemühle errichtet. In den Spinnereien und Webereien wurden ähnliche Techniken angewandt. Ein signifikanter Aufschwung war hier allerdings erst zu verzeichnen, nachdem Francis Cabot Lowell 1813 einen mechanischen Webstuhl nachbaute, den er auf einer Reise in England genauestens studiert hatte. Die Tuchproduktionen in Neuengland entwickelte sich danach rapide: Waren 1815 noch rund zweitausend Yards (ein Yard entspricht etwas mehr als neunzig Zentimeter) Tuch gewebt worden, so stieg die Menge binnen fünf Jahren auf das Doppelte, nach weiteren fünf Jahren auf das Dreißigfache, um dann 1840 das Hundertfünfzigfache zu erreichen. In der Folge sank die Nachfrage nach britischen Tuchen und anderen Produkten, die aus dem ehemaligen Mutterland importiert worden waren.

Allerdings beschworen die für die heimische Industrie hilfreichen Schutzzölle auf der Gegenseite Strafzölle herauf. Hierunter litt die gesamte nicht unwesentliche Ausfuhr der USA nach Großbritannien, insbesondere aber der Export der Baumwolle aus dem Süden der Vereinigten Staaten. In dieser Region hatte es bisher kaum Industrieansiedlung gegeben, eine Substitution der Importe war daher unmöglich, die Fertigwaren mussten nun teurer aus dem Norden oder weiterhin aus England importiert werden. Kaum verwunderlich, stieß daher der Schutzzoll von 1828 im Süden auf wenig Zustimmung, und die Reaktionen der südlichen Staaten deuteten schon die Sezessionskrise zur Mitte des 19. Jahrhunderts an. So drohte South Carolina im Jahr 1832 damit, sich den Bundesgesetzen nicht zu unterwerfen, sie für nichtig zu erklären und die Steuereintreibung für die Schutzzölle auszusetzen. Auch die Argumente, die in dem Diskurs verwandt wurden, erinnern an diejenigen, die knapp dreißig Jahre später benutzt wurden, um den Bruch mit der Union zu legitimieren. Zu Beginn der 1830er Jahre konnte allerdings noch ein Kompromiss gefunden werden: Die Schutzzölle wurden über mehrere Jahre verteilt bis 1842 gesenkt, und South Carolina erklärte sich bereit, die bestehenden Bundesgesetze anzuerkennen und umzusetzen.

Trotz dieses Kompromisses blieben die Zölle hoch genug, um einen Großteil der Nachfrage durch heimische Produkte zu befriedigen, die im internationalen Wettbewerb nicht konkurrenzfähig gewesen wären. Das verfügbare Einkommen der Bevölkerung stieg in der Zeit von der Jahrhundertwende bis zum Bürgerkrieg. Wirtschaft und Gesellschaft schafften es, ein durchschnittliches jährliches Bevölkerungswachstum von 1,5 Prozent zu absorbieren, und die expandierende Wirtschaft führte zu verbesserten Lebensbedingungen in vielen Regionen und Bevölkerungsschichten. Die wirtschaftliche Entwicklung in den USA nach dem zweiten Krieg gegen England war jedoch nicht gleichförmig. Nach 1815 kam es zuerst zu einer leichten wirtschaftlichen Depression, weil sich nun tatsächlich die britische und die amerikanische Wirtschaft voneinander trennten. Jetzt mussten amerikanische Produkte und Dienstleistungen auf den internationalen Märkten mit den britischen Wettbewerbern konkurrieren, die produktiver waren, über weit mehr Erfahrung und Beziehungen verfügten.

Bald jedoch konnte die amerikanische Exportwirtschaft wieder an die alten Verbindungen anknüpfen, und die Ausfuhren nach England stiegen wieder. In die Werften Neuenglands wurde investiert, und amerikanische Schiffe, die einen guten Ruf genossen, fanden einen erfolgreichen Absatz. Während des Jahres 1819 zeigte sich jedoch, dass die Vereinigten Staaten, die auch weiterhin einen Großteil ihres Exportes durch Rohstoffe und Getreide sowie andere Nahrungsmittel bestritten, der Willkür des internationalen Marktes ausgesetzt waren. Gute Ernten in Europa im Jahr 1818 führten zu einem Einbruch der Nachfrage nach amerikanischen landwirtschaftlichen Produkten mit den entsprechenden Auswirkungen in den USA. Zudem wurde deutlich, dass der heimische Markt noch nicht umfangreich genug war, um diesen Einbruch abzufedern. Eine wirtschaftliche Krise in England reduzierte die Nachfrage nach Baumwolle aus dem Süden der USA zusätzlich.

Den weitaus größten Beitrag zur wirtschaftlichen Entwicklung und transregionalen Integration des Landes leisteten in dieser Zeit sicherlich die Eisenbahnen. 1830 war die erste Bahnstrecke, die Ohio and Baltimore Railroad, gebaut worden. Es folgten bis 1840 zusätzliche Streckenführungen, die das Ohio-Tal und die Ostküste der USA miteinander verbanden. In den folgenden zwanzig Jahren führte dann eine rasante Ausdehnung des Eisenbahnnetzes zur Anbindung des Mittleren Westens. Die zuerst mit Eisen beschlagenen Holzschienen wurden durch Stahlschienen ersetzt und förderten so gleichzeitig eine rapide wachsende Stahlindustrie. Bessere Lokomotiven und Eisenbahnwaggons und eine Vereinheitlichung der Spurweite ließen hier, wie schon zuvor bei dem Transport über Flüsse und Kanäle, bis 1860 die Frachtkosten rapide auf die Hälfte sinken. Anders als der Transport zu Wasser und über die Straßen, waren Eisenbahnen viel weniger witterungsabhängig und die Streckenführung mit Hilfe von Tunnel- und Brückenbau fast beliebig. Die Entwicklung der Eisenbahnen stieß die wirtschaftliche Entwicklung auch durch Nebeneffekte an und wurde zu einem *takeoff point* für die Gesamtwirtschaft.

Die Westwärtswanderung der nach 1814 zunehmend in das Land strömenden Einwanderer und die Expansion des landwirtschaftlichen Anbaus in das Gebiet der Great Plains wurde durch diese bessere Infrastrukturanbindung mit Hilfe der Eisenbahnen, aber auch durch eine Reihe von Erfindungen begünstigt. So entwickelte McCormick 1834 ein mechanisches Mähgerät, den *mechanical reaper*, und der von John Deere auf den Markt gebrachte stahlverstärkte Pflug erlaubte es, auch die schweren und mit dichtem Wurzelwerk durchzogenen Böden des Mittleren Westens aufzubrechen. Die Kosten an Kapital und Arbeit, um das Land urbar zu machen, waren anfangs sehr hoch, und es war nur eine sehr geringe Verzinsung zu erreichen. Zumeist waren es nicht gerade erst eingewanderte Europäer, die nach Westen zogen, sondern Menschen, die über Finanzmittel verfügten und häufig auch schon im Osten einen kleinen Bauernhof besessen hatten. Die Einkommensverteilung in dieser Region war zunächst recht gleichmäßig. Es wurden in der Hauptsache Mais und Weizen angebaut, aber auch Schlachtvieh wurde großgezogen. Zudem etablierten sich Eisen-, Kupfer- und Bleiminen. Nun entstanden auch westlich der Appalachians Industrien, insbesondere zur Verarbeitung der landwirtschaftlichen Produkte. In Louisville (Kentucky) wurde Whiskey hergestellt und Tabak für den weiteren Transport vorbereitet. In Cincinnati (Ohio) wurden Schweine zu Nahrungsmitteln weiterverarbeitet, und es siedelten sich eine Reihe von großen Seifensiedern an. In dieser Zeit etablierte sich auch Chicago als wichtigster Transportknotenpunkt im Mittleren Westen und als Zentrum der Fleischverarbeitung – die Stadt erhielt den Ruf, das »Schlachthaus für die Welt«, »slaughterhouse to the world«, zu sein.

Anders als zuerst noch im Gebiet des Ohio-Tals und ganz zu schweigen von den Entwicklungen im Süden, schritt die Industrialisierung insbesondere im Nordosten der Vereinigten Staaten rapide voran. Die Textilindustrie war ein Vorreiter; andere Industrien folgten rasch. Besonders deutlich wird der sich immer deutlicher herauskristallisierende Unterschied zwischen dem Nordosten, dem Westen und den Südstaaten, wenn man die Entwicklung der jeweiligen Beschäftigungszahlen in der Industrie und im landwirtschaftlichen Bereich miteinander vergleicht: Zur Mitte des 19. Jahrhunderts waren im Nordosten der USA rund zwei Drittel der Beschäftigten in der Industrie tätig, in den westlichen Landesteilen waren dies nur zwanzig Prozent und im Süden der USA kaum über zehn Prozent. Da die Fertigungsprozesse im Laufe der Zeit immer komplexer wurden, stieg im Norden auch der Bedarf an besser gebildeten und ausgebildeten Arbeitern. Entsprechend wurde im Norden mehr in Schulen, Bibliotheken usw. investiert als im Süden der USA. Die Bedeutung der Landwirtschaft nahm zwar im Norden immer mehr ab, und Nahrungsmittel mussten aus anderen Landesteilen importiert werden. Jedoch ist auch eine Spezialisierung zu vermerken: Leicht verderbliche Lebensmittel wie etwa Obst und Gemüse wurden auch weiterhin im Nordosten auf expandierenden Anbauflächen angebaut, haltbare Nahrungsmittel, insbesondere Getreide und Fleischprodukte, wurden konserviert aus den westlichen Landesteilen herangeführt.

Zusätzlich nahmen auch die Kommunikationsmöglichkeiten im Lande stark zu und führten zu einer zusätzlichen Integration durch einen stärkeren Austausch von Informationen. Die erste Telegrafenlinie zwischen Baltimore und Washington, D. C. wurde 1843 eingerichtet, und schon 1860 überzogen 50000 Meilen Telegrafendrähte das Land. Im selben Jahr gab es bereits beinahe 30000 Poststellen, und auch beim Postversand waren die Kosten stark gesunken: Hatte es 1816 noch etwa fünfzig Cent gekostet, einen Brief an einen vierhundert Meilen entfernten Ort zu verschicken, so war das Porto für diese Strecke im Jahr 1850 auf drei Cent gesunken. Bis 1815 nahm das Gebiet jenseits der Appalachians nicht regelmäßig am Wirtschaftssystem teil, 1860 war es zu einem der bedeutendsten Produzenten von Weizen und Mais geworden. Die Expansion der heimischen Industrie und der heimischen Märkte wurde zunehmend auch als notwendig erkannt, um die Wagnisse des internationalen Handels abzumildern. Trotz einer vier Jahre andauernden Rezession erfuhren daher der Maschinenbau, die Schuhherstellung und die Lederproduktion einen Aufschwung, der in der Tendenz bis ins Jahr 1837 anhielt.

Für die Ausweitung der Wirtschaftstätigkeit war eine stabile Währung und ein krisenfester Finanzsektor von fundamentaler Bedeutung. Die amerikanische Währung, der Dollar, basierte auf einem Bimetallstandard in Gold und Silber. Die Koppelung der Währung an den Edelmetallgehalt schuf auf der einen Seite eine Preisstabilität, die insbesondere an der Ostküste von abhängig Beschäftigten sehr geschätzt wurde, aber sie beeinträchtigte auch die notwendige Flexibilität, die für eine stark expandierende und auf eine Ausdehnung der Geldmenge mittels preiswerter Kredite hoffende Wirtschaft von großer Bedeutung war. Im Westen wurde daher sehr bald der Ruf nach einer Loslösung vom festen Goldpreis laut. Es bedurfte jedoch erst des Goldrausches in Kalifornien 1849, um zu einer Senkung des Goldpreises und damit zu einer Entspannung auf dem Geldmarkt zu gelangen. Die Anzahl der Banken verdreifachte sich von 1834 bis 1860 auf über 1500. Dies war notwendig, um die zunehmend wichtiger werdenden Geldgeschäfte zu bedienen, aber auch, weil nun Menschen weitere Gegenden im Westen und Südwesten besiedelten, die Amerikaner sich immer mehr über den Kontinent ausdehnten. Die Geldmenge in den USA verdoppelte sich in diesem Zeitraum, allerdings führten Einschränkungen des Kreditgeschäftes in England bereits ab 1839 zu einem Abfluss von Gold nach Großbritannien und in der Folge wieder zu einer Reduktion der Geldmenge in den USA. Als eine große Bank in Pennsylvania sich verspekulierte und ihre Türen schließen musste, folgten eine Bankenpanik und die Schließung von weiteren Banken, die mit einer zu geringen Kapitaldecke ausgestattet gewesen waren. Das Ende des Krimkrieges 1856 in Europa zwischen Russland einerseits und der Türkei, Frankreich, England und Piemont-Sardinien andererseits führte 1857 erneut zu einer Wirtschaftskrise in den USA, denn nun gab es in Europa weniger Nachfrage nach amerikanischem Weizen und nach maritimen Dienstleistungen.

Die demographischen Veränderungen im Lande waren in diesem Zeitraum gewaltig. Zwar blieb die Anzahl der Einwanderer bis 1826 unter 20000 jährlich, aber schon in den folgenden fünf Jahren war ein Anstieg um fünfzig Prozent zu vermerken. Ab 1832 nahm die Zahl der Immigranten nochmals rapide zu und stieg von zuerst 70000 pro Jahr auf über 100000. Viele dieser Einwanderer blieben, zumindest für einige Zeit, in den Städten der Ostküste. Dies führte zu einem Anschwellen der Einwohnerzahl in den Ballungszentren und zu einer Veränderung der Gewichte zwischen urbaner und ländlicher Bevölkerung. So stieg der Anteil der Bewohner, die in den Städten lebten, von unter zehn Prozent noch 1820 auf fast fünfundzwanzig Prozent im Jahr 1860. Da die meisten Einwanderer in den Häfen des Nordosten landeten, dort blieben oder Richtung Westen weiterzogen, verschob sich das Bevölkerungsgewicht stetig zu Ungunsten der Südstaaten. War das Verhältnis zwischen Nordstaaten und Südstaaten zur Jahrhundertwende noch ausgeglichen gewesen, so stellten 1860 die Südstaaten nur noch ein Drittel der Bevölkerung.

Gleichzeitig mit der demographischen und wirtschaftlichen Entwicklung sowie der Verbesserung der Kommunikationsinfrastruktur und des Transportwesens änderte sich auch das soziale Schichtengefüge. Es bildete sich zunehmend eine Mittelschicht heraus, die zu einem großen Teil aus Bauern, Handwerkern und Vertretern erlernter Berufe bestand. Schon Alexis de Tocqueville stellte bei seinen Reisen durch die Vereinigten Staaten fest, dass eine größere Gleichheit unter den Menschen im Lande festzustellen sei als in Europa, es gebe in den USA keine permanente Schicht von Dienern. In Kleidung und Habitus mag der Unterschied im Alltag nicht unbedingt sehr augenfällig gewesen sein, allerdings waren die Unterschiede im Einkommen und in den Besitzverhältnissen nach wie vor gewaltig. So vereinten in Boston nur vier Prozent der Bevölkerung siebzig Prozent des Eigentums auf sich.

Eine ähnliche Entwicklung – Anstieg der industriellen Fertigung, Investitionen in Schule und Bildung sowie die Herausbildung einer Mittelschicht – war im Süden der Vereinigten Staaten nicht zu verzeichnen. Wirtschaft und Gesellschaft wurden weitgehend durch die Plantagenwirtschaft dominiert, mit der die Sklaverei insbesondere seit Beginn des 19. Jahrhunderts einherging. Erst die marktreife Entwicklung der Baumwoll-Entkernungsmaschine durch Eli Whitney hatte den Anbau von kurzfaseriger Baumwolle profitabel gemacht, die in vielen Gegenden des Südens hohe Erträge bringen konnte. Dies wiederum führte zu einem vermehrten Einsatz von Sklaven als Arbeitskräfte. Gleichwohl waren die ökonomischen Unterschiede im Süden der Vereinigten Staaten stärker ausgeprägt als im Nordosten oder Westen. Nur ein Viertel der weißen Bevölkerung besaßen überhaupt Sklaven, und von diesen hatte ein beträchtlicher Anteil nicht mehr als einen Sklaven. Die Sklaverei war schon während der Debatten für die Verfassung auf Widerstand gestoßen, und man hatte sich zu dem Zeitpunkt darauf geeinigt, die Einfuhr von Sklaven ab 1808 zu verbieten. Es wurden zwar auch weiterhin Sklaven ins Land gebracht – bei steigenden Preisen auf dem Sklavenmarkt war der Schmuggel recht profitabel –, aber die Sklavenhalter setzten nun auf einen natürliche Zuwachs der Sklavenpopulation.

Fast die Hälfte der Plantagen im Süden umfasste mehr als zweihundert Hektar. Da die Monokulturen die Böden auslaugten, begann zwischen 1820 und 1860 eine Verlagerung der Plantagen aus dem »alten Süden« (insbesondere South und North Carolina) Richtung Süden nach Georgia und Westen nach Alabama, Mississippi und Louisiana. Der beträchtliche finanzielle Einsatz, der bei der Verlagerung einer Plantage und der Urbarmachung neuer Böden geleistet werden musste, konnte durch höhere Preise, die durch eine zunehmende Nachfrage im Nordosten der USA bewirkt wurden, aufgefangen werden. Dieser Drang, die Plantagen nach Westen verlegen zu müssen, um weiterhin profitabel produzieren zu können, während gleichzeitig eine große Anzahl von landhungrigen Einwanderern in den Häfen des Nordens ankam, führte zu konkurrierenden Entwürfen für die Region westlich des Mississippi. Die Expansion nach Westen machte also indirekt auch eine Entscheidung über die Zukunft der Sklaverei notwendig. Im Jahr 1819 bestand die Union aus elf freien und elf sklavenhaltenden Staaten, und es stellte sich die Frage, wie dieses Gleichgewicht insbesondere im Senat aufrechterhalten werden sollte. Dies war umso wichtiger, als der Norden im Abgeordnetenhaus durch die zunehmende Bevölkerungszahl ein Übergewicht erlangt hatte.

Zuerst allerdings bedurften die noch unsicheren Grenzen der USA einer Absicherung. Der fünfte Präsident der USA, der 1816 gewählte James Monroe, und sein Außenminister John Quincy Adams (der Sohn des zweiten Präsidenten der USA John Adams) machten sich daran, die teilweise noch unklaren Grenzen im Süden und Norden durch diplomatische Verhandlungen und durch Verträge mit den anderen Nationen zu definieren, um so die Besiedelung der neuen Gebiete sicherer zu machen. Mit Großbritannien verhandelte Adams über die Grenze zu Kanada und erreichte 1817 eine Demilitarisierung der Großen Seen und 1818 eine gemeinsame Verwaltung des Oregon-Gebietes, das sich im Nordwesten an das von Frankreich 1803 erworbene Louisiana-Gebiet anschloss. General Andrew Jackson hatte während des ersten Krieges gegen die Seminolen 1817–18 die Grenze zum spanischen Florida nach Belieben überschritten, Militärstützpunkte, ohne provoziert worden zu sein, angegriffen und damit deutlich gemacht, dass Spanien keine Möglichkeit besaß, seinen Anspruch auf Florida gegenüber den USA militärisch erfolgreich zu verteidigen. Spanien willigte daher 1819 in einen Vertrag ein, den *Adams Onís Treaty*, durch den das spanische Florida an die USA fiel und zudem eine klare Westgrenze des Louisiana-Gebietes festgelegt wurde. Einer Konzentration auf die innere Entwicklung stand von da an vorerst kein außenpolitischer Konflikt über die territorialen Ansprüche der USA an europäische Mächte mehr im Wege.

Da aber die europäischen Großmächte Kolonien und Besitzungen in Nord-, Mittel- und Südamerika hatten, blieb eine Abschottung der USA von den Geschehnissen in Europa eine Wunschvorstellung. So erlangten zwischen 1808 und 1822 eine Reihe von ehemaligen spanischen Kolonien in Süd- und Mittelamerika ihre Unabhängigkeit. Darunter war auch Mexiko. Dies war natürlich im Interessenhorizont der USA, die starke europäische Konkurrenten in der westlichen Hemisphäre immer noch fürchten mussten. Die relative Schwäche der neuen Nationen machte diese jedoch auch zu einer möglicherweise leichten Beute für europäische Mächte. Eine Welle von Re-Kolonialisierungen wäre die Folge gewesen; insbesondere befürchtete man eine Ausdehnung des russischen Einflusses, der sich von Alaska her Richtung Süden auch auf das Gebiet Kaliforniens erstrecken könnte. Ein britischer Vorschlag zu einer gemeinsamen Erklärung, die sich gegen eine solche Re-Kolonialisierung stellen würde, wurde von Monroe abgelehnt. Er insistierte darauf, dass die Vereinigten Staaten unabhängig und politisch stark genug seien, um ohne die Unterstützung des ehemaligen Mutterlandes eine eigenständige Politik in Amerika zu betreiben. Monroe machte in seiner von John Quincy Adams entworfenen Ansprache zur Lage der Union 1823, der *State of the Union Address*, deutlich, dass die USA keine neuen europäischen Kolonien in der westlichen Hemisphäre akzeptierten. Im gleichen Atemzug stellte er fest, dass die Vereinigten Staaten sich aus der europäischen Politik heraushalten würden. Diese sogenannte Monroe-Doktrin ist seit dieser Zeit ein wesentlicher Grundpfeiler der amerikanischen Außenpolitik. Gewicht erhielt die unilaterale Ankündigung allerdings nur durch die implizite britische Unterstützung; sie markierte zugleich auch den Beginn der amerikanisch-britischen Zusammenarbeit in der Außenpolitik während der folgenden Jahrzehnte.

So abgesichert, konnten sich die USA der Aufnahme der neuen Gebiete als eigenständiger Staaten in die Union zuwenden. Die Bevölkerung war rapide gewachsen: Lebten 1810 noch 7,2 Millionen Einwohner in den USA, so waren es dreißig Jahre später schon siebzehn Millionen, das entspricht einer Zunahme der Bevölkerung um mehr als dreißig Prozent alle zehn Jahre. Insbesondere im Ohio-Tal konnten sich in rascher Folge mehrere Staaten konstituieren. Schon 1816 war Indiana in die Union aufgenommen worden, es folgten Mississippi 1817, Illinois 1818 und Alabama 1819. Der Antrag von Missouri, einem Staat, der sich im Louisiana-Gebiet gebildet hatte, in die Union aufgenommen zu werden, brachten das fragile Gleichgewicht zwischen sklavenhaltenden und »freien« Staaten jedoch erneut in Gefahr und führte zudem zu hitzigen Debatten über die ethische Zulässigkeit der Sklaverei. Vorschläge wie etwa der, man solle Missouri als einen Staat, in dem die Sklaverei erlaubt werden würde, in die Union aufnehmen, gleichzeitig jedoch eine graduelle Emanzipation der Sklaven festschreiben, forderten die hitzige Gegenwehr der Südstaaten heraus, denn sie sahen hier einen Präzedenzfall, der sich leicht auf alle Staaten in der Union ausdehnen könnte und zum Ende der Sklaverei in der gesamten Nation führen müsste. Es konnte aber 1820 noch ein Kompromiss gefunden werden: Missouri wurde als »Sklavenstaat« aufgenommen, und gleichzeitig trat der Bundesstaat Maine der Union bei, in dem die Sklaverei verboten wurde. Das Gleichgewicht im Senat konnte so erhalten werden. Zudem einigte man sich im sogenannten *Missouri Compromise* darauf, dass in Staaten, die sich nördlich der Südgrenze Missouris (36° 30' nördlicher Breite) konstituierten, die Sklaverei verboten sein würde. Dass der Kompromiss auf Dauer nicht ausreichen würde, um die sich auseinanderentwickelnden Landesteile aneinanderzubinden, zeichnete sich jedoch schon zu diesem Zeitpunkt ab.

Während der ersten Hälfte des 19. Jahrhunderts entwickelte sich auch das politische System der USA weiter und bezog zunehmend größere Teile der Bevölkerung in die politischen Prozesse mit ein. War zuvor das Wahlrecht an

Besitz gebunden gewesen, so wurde diese Voraussetzung nun durch eine *poll tax* ersetzt. Zwar hatte noch nicht jeder Mann, geschweige denn jeder Mensch, das Recht zu wählen, aber eine größere Anzahl von Bürgern konnte von nun an an die Wahlurnen gehen. Zudem setzte sich zunehmend die geheime Abstimmung durch und ersetzte den öffentlichen Ausruf der Wahlentscheidung. Präsidentschaftskandidaten der Parteien wurden nun durch Parteiversammlungen, die *conventions*, ernannt und die Zusammensetzung des Wahlmännergremiums, das wie in der Verfassung vorgesehen den Präsidenten wählte, wurde nicht mehr von den Einzelstaatenparlamenten bestimmt, sondern direkt von den Wählern. Hierdurch wurden die Wahlkampagnen zunehmend aktiver, aber auch populistischer. Die Wahlbeteiligung nahm seit Beginn des 19. Jahrhunderts zu und war generell weitaus höher, als sie es heute in den USA ist.

Während der zweiten Amtszeit von James Monroe gestaltete sich auch die Parteienlandschaft um. Die Partei Jeffersons, die Democrat-Republicans, spalteten sich, weil zu viele ihrer prominenten Mitglieder präsidentielle Ambitionen hatten: Allein drei Mitglieder des Kabinetts – Außenminister John Quincy Adams, Finanzminister William Crawford und Kriegsminister John C. Calhoun – bewarben sich 1824 um das Amt des Präsidenten. Hinzu kamen Henry Clay, Speaker of the House of Representatives, und General Andrew Jackson, der Kriegsheld aus dem Krieg von 1812 bis 1814 gegen England. Ein Parteigremium wählte Crawford als Präsidentschaftskandidaten aus, aber die anderen Kandidaten ignorierten die Entscheidung. Es fanden sich genügend Einzelstaatsparlamente, mit deren Unterstützung alle genannten Bewerber in den Wahlkampf zogen.

Calhoun gab sich nach kurzer Zeit geschlagen und hoffte darauf, dass ein erfolgreicher Bewerber dies honorieren und ihn zum Vizepräsidenten machen würde. Adams,

Crawford, Clay und Jackson stellten sich zur Wahl, jeder mit jeweils regionaler Unterstützung in der Wahlbevölkerung. Jackson konnte zwar bei der Wahl im November 1824 die Mehrheit der Stimmen auf sich vereinen, aber die absolute Mehrheit erreichte er nicht. So musste, wie von der Verfassung vorgeschrieben, der Kongress den Präsidenten wählen. Hier schlug sich schon im Vorfeld der Entscheidung Clay auf die Seite von Adams, dieser wurde Präsident und ernannte Clay prompt zu seinem Außenminister. Das Wort von der »stolen election«, der gestohlenen Wahl, machte die Runde. Jackson fühlte sich um seinen Wahlerfolg betrogen und führte die Opposition an. Er nutzte die folgenden vier Jahre der wenig Aufsehen erregenden Amtszeit von Adams und formierte die Democratic Party zu einer schlagkräftigen Organisation. Mit einem Wahlprogramm, das die Rechte der Einzelstaaten und moderate Schutzzölle befürwortete, trat er vier Jahre später erneut zur Wahl an. Jackson teilte Jeffersons ideelle Vorstellung einer auf Kleinbauern basierenden landwirtschaftlichen und egalitären Gesellschaft, hegte großes Misstrauen gegenüber Machtanhäufung und Reichtum. Eines seiner Wahlkampfversprechen war die Umsiedlung der Ureinwohner, der sogenannten »Fünf Zivilisierten Stämme«, in das Gebiet westlich des Mississippi, um deren Land für die Ansiedelung von Bauern frei zu machen. Entsprechend erhielt er 1828 die größte Unterstützung im Süden von kleineren Farmern, aber auch im Norden von den Immigranten in den Städten, insbesondere in New York. Der Gegenkandidat war der amtierende Präsident, der als Vertreter der National Republicans antrat. Jackson konnte die Wahl mit einem »Erdrutschsieg« für sich entscheiden: Mehr als zwei Drittel aller Wahlmännerstimmen entfielen auf ihn und fast sechzig Prozent der abgegebenen Stimmen.

Jackson stellte sich als einfacher Mann dar, als Durchschnittsbürger, als einen »democratic Washington«, der die Ideale Jeffersons hochhielt. Er erwies sich als bedeutender und durchsetzungsfähiger Präsident, der großen Einfluss auf den Kongress ausübte und auch kaum Bedenken hatte, ein Veto einzusetzen, um ein Gesetz zu verhindern, das er missbilligte.

Jackson wechselte zudem wichtige leitende Mitarbeiter in den einzelnen Departments nach Gutdünken gegen Parteifreunde aus, um sie für ihre Unterstützung in den vergangenen Jahren zu entlohnen. Er löste auch sein Versprechen ein, die Ureinwohner im Süden umzusiedeln, und im Jahr 1830 wurde der *Indian Removal Act* vom Kongress verabschiedet, der den Präsidenten ermächtigte, Verhandlungen über die Umsiedlung aufzunehmen. Die dann folgende, teilweise gewaltsame Vertreibung von über 50000 Creek, Choctaw, Cherokee, Chickasaw und Seminolen endete im »Trail of Tears« nach Westen, bei dem über 10000 Indianer starben. Der bestimmende Führungsanspruch Jacksons und sein häufiger Einsatz des Vetos ließen die Zahl seiner Widersacher ansteigen, und auch sein Vizepräsident Calhoun brach mit ihm, als die Schutzzoll-Debatte die Union an den Rand der Sezession brachte. Jackson galt bald als arrogant und autokratisch.

Eines der zentralen Themen des Wahlkampfes von 1832 war die 1816 gegründete Second Bank of America, deren Charter nach zwanzig Jahren zur Verlängerung anstand und der der amtierende Präsident kritisch gegenüberstand. Es schien wirtschaftlich unvernünftig, diese Institution, die für den nationalen Finanzmarkt unverzichtbar erschien, abzuschaffen. Ein Gesetzentwurf wurde eingebracht und passierte den Kongress, gegen das Jackson ein Veto mit der Begründung einlegte, die Freiheit des amerikanischen Volkes würde durch die Bank gefährdet, die allein die Reichen reicher und die Mächtigen mächtiger mache. Diese populistische Rhetorik traf auf breite Zustimmung unter den Wählern, und die Opposition erwies sich 1832 als nicht ausreichend gut organisiert und zu schwach, um dem Präsidenten eine zweite Amtszeit zu verwehren. Es entstand aber aus dieser Kontroverse eine neue Partei, die Whig Party mit Henry Clay an der Spitze, die das Zweiparteiensystem in den USA wieder aufleben ließ.

Reform, Abolitionismus und Frauenbewegung (1830–1855)

Während der Amtszeit von Jackson begann sich eine zunehmend stärker werdende Anti-Sklaverei-Bewegung, insbesondere im Norden der USA, herauszubilden. Einige der nördlichen Bundesstaaten hatten bereits vor dem Ende des 18. Jahrhunderts die Sklaverei auf ihrem Gebiet verboten, und viele Sklaven im Süden hatten sich auf den Weg gemacht und flohen entweder in diese Staaten oder weiter nach Kanada, wo sie ihre Freiheit erlangen konnten und eine Auslieferung an ihre ehemaligen Herren nicht mehr befürchten mussten. Im Laufe der Jahre etablierten sich eine Reihe von Anlaufpunkten für die Sklaven auf ihrem Weg Richtung Norden, und häufig waren es Quäker, die sich der Flüchtigen annahmen, ihnen Unterschlupf gewährten und ihnen auf ihrem weiteren Weg halfen. Es wird geschätzt, dass in der Zeit zwischen 1793 und 1834, in der diese sogenannte »Underground Railroad« aktiv war, bis zu 40 000 entlaufene Sklaven diese Hilfe auf ihrem Weg nutzten. Die meisten Anti-Sklaverei-Aktivisten waren im Norden zu finden, aber auch in den Südstaaten gab es eine wenn auch kleine Anti-Sklaverei-Bewegung. Dort hatte die Sklavenpopulation stetig zugenommen: 1790 lebten etwa 700 000 Sklaven im Süden der USA, zur Jahrhundertwende waren es 900 000 und zehn Jahre später bereits 1,1 Millionen. In den Südstaaten machten sie etwa die Hälfte der Einwohner aus, aber insgesamt fiel ihr Anteil an der Population der USA von 18 Prozent im Jahr 1790 auf 15,5 Prozent im Jahr 1830 zurück.

Die Anti-Sklaverei-Bewegung war weder im Süden noch im Norden ein monolithischer Block, sondern verschiedenen Gruppen lagen sehr unterschiedliche Motivationen zu Grunde, und oftmals waren weit auseinanderklaffende Strategien und Ziele zu verzeichnen. Nur wenige der Abolitionisten sahen in den versklavten Afroamerikanern ihresgleichen, Menschen wie sie selbst, die Anspruch auf vollständige soziale und politische Gleichstellung hatten. Anti-abolitionistische Vereine etwa ließen selbst freie Afroamerikaner nicht als Mitglieder zu, und vielen war es im Grunde nur daran gelegen, die Sklaverei zu beenden, um dann die ehemaligen Sklaven zurück nach Afrika zu schicken. Ein reibungsfreies, gleichberechtigtes Nebeneinander von ehemaligen Sklaven und Weißen konnten sich nur wenige vorstellen. Deutlich wurde dies auch in den Staaten, in denen die Sklaverei abgeschafft worden war. Bis auf wenige Ausnahmen gehörten hier Afroamerikaner zu den einkommenschwächsten Schichten, waren nur in wenigen Ausnahmefällen als gleichwertige Mitglieder der Gesellschaft akzeptiert und wurden generell von den politischen Prozessen ausgeschlossen. Im Jahr 1860 zählte man etwa 350000 freie Afroamerikaner in den Staaten des Nordens und rund 130000 in den Südstaaten. Viele von ihnen unterstützten abolitionistische Organisationen durch Geldspenden oder durch verhältnismäßig viele Abonnements von abolitionistischen Zeitungen. Afroamerikaner waren zumeist in schwarzen Kirchen und Selbsthilfeorganisationen zusammengeschlossen. Eine erste Zusammenkunft auf nationaler Ebene war die *National Negro Convention* von 1830. Organisationen dieser Art wurden zunehmend wichtiger, als deutlich wurde, dass Abolitionisten durchaus auch Rassisten sein konnten, es also einer eigenständigen, kraftvollen Stimme bedurfte.

Einer, der hierbei besondere Bedeutung erlangte, war der ehemalige Sklave Frederick Douglass. Er war 1818 als

Frederick Augustus Washington Bailey in Tuckahoe, Talbot County, Maryland, zur Welt gekommen. Seine Mutter war eine Sklavin, sein Vater ein Weißer, vermutlich ihr Herr. Seit er acht Jahre alt war, lebte Douglass, der in das Eigentum von Thomas Auld übergegangen war, bei dessen Bruder Hugh und seiner Frau Sophia. Sophia Auld, die ohne Sklaven aufgewachsen war, brachte dem jungen Douglass das Lesen bei, bis ihr Mann dies herausfand. Aus der von vielen in den Südstaaten geteilten Furcht, Sklaven könnten, wenn sie zu viel Wissen erlangten, kaum mehr zu unterdrücken sein und ihr Los abschütteln wollen, verbot er strikt die weitere Ausbildung. Douglass setzte seine Leseübungen heimlich fort und übte sich zudem in Rhetorik. Im Jahr 1836 wagte er einen ersten Fluchtversuch, der aber misslang. Zwei Jahre später, mit den Papieren eines Seemannes ausgestattet, konnte er sich in die Freiheit der Nordstaaten retten. Er trat bei Versammlungen der *Massachusetts Anti-Slavery Society* auf und wurde mit einem der bedeutendsten Abolitionisten, William Lloyd Garrison, bekannt. Die Society stellte ihn als Redner an, was ihm ein Auskommen sicherte. Es folgten Reisen nach Großbritannien, um dort vor Abolitionisten zu sprechen und von seinem Schicksal und dem seiner Leidensgenossen zu berichten. Freunde und Sympathisanten in England sammelten Geld und kauften Douglass 1845 für den Betrag von 711,66 Dollar frei. Nach seiner Rückkehr nach Rochester (New York) im Jahr 1847 erwarb er mit Geld, das er gleichfalls von irischen und britischen Freunden erhalten hatte, eine Druckerpresse und begann die abolitionistische Zeitung *North Star* zu veröffentlichen.

Auch die *American Colonization Society*, die 1817 gegründet wurde, hatte zum Ziel, Afroamerikaner in ihre vermeintlich alte Heimat zurückzubringen. Ihr gehörten Sklavenhalter, prominente Politiker und andere begüterte Bürger an. Unter den Mitgliedern finden sich James Monroe, Andrew Jackson, Francis Scott Key und Henry Clay.

Drei Jahre nach ihrer Gründung erhielt die Gesellschaft vom amerikanischen Kongress die Summe von 100000 Dollar, um freigelassene Sklaven und freie Afroamerikaner in Afrika neu anzusiedeln. Im Januar 1820 wurde ein erstes Schiff ausgerüstet und segelte mit drei Beauftragten der Society und 88 Emigranten nach Afrika. Es wurde Land erworben und 1822 der Staat Liberia gegründet. Allerdings ließen sich in den vierzehn Jahren, in denen die Gesellschaft aktiv war, nur 1420 Siedler nach Liberia bringen. Die Opposition gegen diese Art der Lösung des Sklavereiproblems war unter Afroamerikanern und Abolitionisten fast ungeteilt: Die versklavten Afroamerikaner hatten zwar eine dunkle Hautfarbe, und ihre Vorfahren mochten aus Afrika gekommen sein, aber die große Mehrheit von ihnen war in den USA geboren worden. Afrika war für sie ein fremder Kontinent, die Vereinigten Staaten waren ihre Heimat, und hier wollten sie als freie Bürger leben.

David Walker machte dies in seinem 1829 erschienenen *Appeal to the Coloured Citizens of the World* eindringlich deutlich. Ob man denn wirklich glaube, fragte er dort, freie Afroamerikaner ließen sich aus ihrem Land und aus ihrer Heimat vertreiben, die sie mit ihrem Blut und ihren Tränen angereichert hätten, um dabei Millionen ihrer Brüder in barbarischer Unterdrückung zurückzulassen. William Lloyd Garrison dachte ähnlich. In seinen Texten nannte er Sklavenhalter Unterdrücker, Menschenstehler, Despoten und Tyrannen. Sklaven bezeichnete er als Männer und Brüder, Frauen und Schwestern. Deutlich war er auch in seiner Ablehnung einer graduellen Befreiung der Sklaven. Die vollständige Gleichstellung würde zwar einer gewissen Zeit bedürfen, aber sie müsse sofort beginnen. In seinen Forderungen nahm er keinerlei Rücksicht auf politische, wirtschaftliche und soziale Faktoren, die von einer Emanzipation betroffen sein würden, und verfolgte unduldsam sein Ziel. Sein Antrieb und seine Ausdauer verliehen der in großen Landesteilen unpopulären Reformbewegung jedoch die nötige Schwungkraft, um dauerhaft wirksam sein zu können.

Garrison war nicht nur einer der wichtigsten Vertreter dieser Reformbewegung, sondern auch Herausgeber der Zeitschrift *The Liberator*. In der ersten Ausgabe der Zeitschrift 1831 erklärte er, in der Unabhängigkeitserklärung der Vereinigten Staaten habe es geheißen, dass alle Menschen gleich geschaffen und mit gleichen unveräußerlichen Rechten ausgestattet seien; dies müsse auch für die versklavten Menschen gelten. Er, Garrison, werde sich mit aller Kraft für die sofortige Befreiung der Sklavenbevölkerung und ihrer Einsetzung in die vollen Bürgerrechte verwenden. Zwar hatte diese Zeitschrift nie eine große Auflage, sie setzte sich aber sehr direkt, durchgehend und unnachgiebig gegen die Sklaverei ein. Garrison vertrat allerdings nur einen Teil der gesamten Bandbreite der Sklavereigegner. Die Bewegung war dezentralisiert und wurde von unterschiedlichen Gruppen und Personen getragen. Häufig verliefen Grenzen innerhalb der Organisationen entlang regionaler Unterschiede, Geschlechter- und »Rassen«-Zugehörigkeiten.

Einer der bedeutendsten Afroamerikaner, die sich öffentlich für die Abschaffung der Sklaverei einsetzten, war der bereits genannte David Walker. Er war 1785 als Sohn einer freien Afroamerikanerin und eines Sklaven zur Welt gekommen, und da der Status eines Kindes sich nach dem der Mutter richtete, war er frei. Walker hatte sich eine erstaunliche Bildung angeeignet und war lange durch den Süden der Vereinigten Staaten gereist. Mitte der 1820er Jahre betrieb er im Bostoner Hafengebiet insbesondere für Seeleute ein Geschäft für Kleidung aus zweiter Hand. Er wirkte als Vertreter der afroamerikanischen Wochenzeitung *Freedom's Journal* und trat häufig als militanter Redner gegen die Sklaverei auf. In seinen Ansprachen rief Walker alle Afroamerikaner – Freie und Sklaven – dazu auf, ihr Schicksal selbst in die Hand zu nehmen und gegen ihr Los zu rebellieren. In seinem Buch *Appeal to the Coloured Citizens of the World*, das 1829 herauskam, wurden diese Forderungen in gedruckter Form verbreitet. Leser fanden sich auch im Süden der USA, die das Buch allerdings heimlich erwerben mussten; in Georgia wurde ein Preis auf Walkers Kopf ausgesetzt, nachdem Exemplare seines *Appeal* in Savannah auftauchten. Ein Jahr später, 1830, wurde er tot vor seinem Laden aufgefunden.

Die Angst der weißen Sklavenhalter im Süden vor einem Aufstand ihrer Sklaven war sehr groß. Sie befürchteten, dass jeder Funke, wie der militante Text von Walker oder die abolitionistische Zeitung von Garrison, das Pulverfass der Unterdrückung zur Explosion bringen würde. Dass bei einem allgemeinen Sklavenaufstand Gewalt, Totschlag und Vergewaltigung die Region ins Chaos stürzen würden, wurde von vielen angenommen und wohl auch ernsthaft befürchtet. Als am 21. August 1831 etwa sechzig bis siebzig Sklaven unter der Leitung von Nat Turner einen Aufstand wagten, bei dem fünfzig Weiße starben, war daher die Reaktion entsprechend unnachgiebig. Eine große Anzahl der Sklaven, darunter auch Turner, wurden gehängt, andere waren zuvor schon gelyncht worden. Vor seinem Tod berichtete Turner seinem Anwalt, was ihn zu dem Aufstand bewogen hatte und warum er immer noch von der Richtigkeit seines Tuns überzeugt war – der Bericht wurde 1831 als *Confessions of Nat Turner* veröffentlicht und fand eine breite Leserschaft. Als Reaktion auf den Aufstand wurden im Süden strengere Regeln für die Bewachung von Sklaven eingeführt. Es gab schärfere Bestrafungen bei Vergehen von Afroamerikanern gegen die neuen strikten Regeln, die ihre Freizügigkeit noch weiter einschränkten. Auch die vermeintlich wahren Schuldigen an diesem Aufstand fand man schnell in den Abolitionisten im Norden der USA. Die zuvor nur schwach ausgebildete Anti-Sklaverei-Bewegung im Süden fiel daraufhin in sich zusammen.

Im Norden der USA hatte die Anti-Sklaverei-Bewegung 1832 ihre erste breitere organisatorische Form in der *New England Anti-Slavery Society* erhalten. Diese ging 1833 in der *American Anti-Slavery Society* auf, die durch Lewis Tappan geleitet wurde, der bereits einige Erfahrung mit der Organisation von Wohltätigkeitsverbänden hatte. Um eine möglichst große Breitenwirkung zu erzielen, widmete er sich in seiner Arbeit insbesondere der Publikation von Propagandaschriften, die an Pastoren, Herausgeber von Zeitungen und Zeitschriften, Politiker und an einflussreiche Personen im Süden der USA verschickt wurden. Bis 1838 wurden 750000 Exemplare solcher Druckwerke hergestellt und verteilt. Es wurden zudem Petitionen an den Kongress gestellt, für die 400000 Unterschriften gesammelt werden konnten. Nach fünf Jahren Arbeit hatte die Society etwa 250000 Mitglieder und konnte ihre Wirkung über 1300 regionale Zweigstellen entfalten.

Die Anti-Sklaverei-Bewegung in den USA kann allerdings nicht losgelöst von der ganzen Reihe von Reformanstrengungen verstanden werden, die zum Beginn des 19. Jahrhunderts von der sich konstituierenden weißen Mittelschicht auf vielen Ebenen getragen wurde. Zudem gab es enge Verbindungen zur religiösen Erweckungsbewegung der Zeit, dem »Second Great Awakening«. Diese Erweckungsbewegung, die etwa 1820 begann, bis in die 1840er Jahre hinein andauerte und mit Charles G. Finney als einer zentralen Figur verbunden ist, war eine Reaktion auf die Verunsicherung, die mit der Modernisierung der Nation einherging, und auf den vermeintlichen Werteverlust und die Säkularisierung der Eliten. Im Einzugsgebiet der Appalachians ist diese Bewegung insbesondere durch Versammlungen, sogenannten *camp meetings* gekennzeichnet, die große Mengen von Menschen ansprachen und christlichen Konfessionen wie den Methodisten und Baptisten, die das individuelle Erweckungserlebnis in den

Vordergrund stellten, großen Zulauf bescherten. Es entstanden aber auch eine Reihe von utopischen Gemeinschaften wie beispielsweise die 1825 von Robert Owen in Indiana gegründete *New Harmony*, in der Geld und Privateigentum abgeschafft waren, oder die 1848 von John H. Noyes im Staat New York ins Leben gerufene *Oneida Community*, die einen neuen, perfekten Menschen schaffen wollte. Zudem entstanden neue christliche Gruppen, darunter im westlichen New York die Religionsgemeinschaft der »Kirche Jesu Christi der Heiligen der Letzten Tage«, die häufig mit dem Sammelbegriff »Mormonen« belegt wird.

Der Gründer der Kirche der Heiligen der Letzten Tage, Joseph Smith, Jr., stammte aus dieser Region. Er hatte Visionen und erklärte, ein Engel habe ihm goldene Tafeln gezeigt, die die Geschichte der urchristlichen Stämme in Amerika enthalte. Er diktierte den Text, das *Buch Mormon*, das 1830 veröffentlicht wurde, seiner Frau und ersten Anhängern. Smith fand rasch Jünger, aber die neue Religionsgemeinschaft rief auch starken Widerspruch bei Mitgliedern der etablierten christlichen Kirchen hervor. Smith siedelte mit einer Anzahl seiner Anhänger zuerst von New York nach Ohio um, erlitt dort aber mit einer Bank finanziellen Schiffbruch und war gezwungen 1833 nach Missouri weiterzuziehen. Aber auch hier war Smith nicht lange gelitten, er wurde verhaftet und mit den Mitgliedern der Religionsgemeinschaft aus dem Staat gewiesen. Sie fanden in Illinois Aufnahme und bauten den Ort Nauvoo auf, in dem ein Tempel errichtet und die Missionsarbeit begonnen wurde. Nach einem von Smith befohlenen Übergriff auf eine mormonenkritische Zeitung – die die heimlich praktizierte Polygamie der Kirchenführer öffentlich gemacht hatte – entlud sich der Volkszorn in Übergriffen, die in der Ermordung von Smith im Juni 1844 gipfelten. In dem Nachfolgestreit nach seinem Tod konnte sich einer der Kirchenführer, Brigham Young, durchsetzen, der die Kirchenmitglieder ab 1846 von der Notwendigkeit eines Exodus in die damals noch zu Mexiko gehörenden Rocky Mountains überzeugte. Tausende von Mitgliedern der Kirche folgten ihrem neuen Propheten, auf Wagen, aber auch zu Fuß und mit Handkarren, um nach enormen Strapazen und Mühen in einem etwa zweitausend Kilometer entfernten, unwirtlichen Tal nahe der großen Salzseen im heutigen Staat Utah, fernab von Kritikern und Widersachern, ein selbstbestimmtes Leben führen zu können. Der Plan, einen eigenen Staat zu gründen, zerschlug sich aber schon kurze Zeit nach der Ankunft, als das Gebiet von Mexiko an die USA überging.

Die religiöse Inbrunst bei den Anhängern von Smith und Young war wohl zumeist größer als die der Reformer an der Ostküste der USA, aber auch hier gab es sehr häufig einen frommen Hintergrund, der mit hohen moralischen Ansprüchen einherging. So waren verhältnismäßig viele Kinder von Pastoren oder Quäkern unter ihnen, die die Diskrepanz zwischen ihren religiösen und politischen Idealen und der amerikanischen Wirklichkeit bewusst wahrnahmen und als Fehlentwicklung der amerikanischen Gesellschaft sahen. Diese musste reformiert werden, damit die Vereinigten Staaten den hehren Zielen der Gründerväter gerecht werden konnten. Auf der individuellen Ebene wurde die Entscheidung, sich einer Anti-Sklaverei-Organisation anzuschließen, häufig geprägt durch eine Suche nach Sinn für das eigene Leben, nach Leitlinien und einem Gemeinschaftsgefühl. Mitglieder schlossen sich einer »moralischen Gemeinschaft« in einer Gesellschaft an, die sie als unmoralisch empfanden. Dies wird in den zahlreichen Schriften und Redetexten deutlich, in denen das Sklavereisystem häufig als Lust an der Tyrannei und an der Beherrschung anderer dargestellt wird, dem das Ideal eines selbstbeherrschten Staatsbürgers gegenübergestellt wurde. In der Rhetorik der Abolitionisten war der Süden durchsetzt von Faulheit, Gewalt, Frivolität und gekennzeichnet von einer Abkehr von den Grundwerten der christlichen Religion. Hier werde den Werten, die durch die Familie repräsentiert seien, zu wenig Respekt gezollt und darüber hinaus ehrliche Arbeit – insbesondere im Süden – missachtet. Die Verbindung zur religiösen Erweckungsbewegung wird deutlich, wenn man in diesen Schriften liest, die Gnade Gottes, die sich in materiellem Wohlstand offenbare, könne dem Süden nicht zuteil werden. Die geringe Anzahl an Fabriken, Eisenbahnlinien, öffentlichen Schulen usw. zeige ein beredtes Bild. Dieser moralische Anspruch an ihre Mitmenschen, ein gottgefälliges Leben – so wie es die Mitglieder der abolitionistischen Gemeinschaften verstanden – zu führen, richtete sich aber auch an die Gesellschaft in den Nordstaaten. Hier hatten die zunehmende Urbanisierung und die wirtschaftliche Entwicklung zu massiven sozialen Missständen und einer weit auseinanderklaffenden Lebensqualität der unterschiedlichen Gesellschaftsschichten geführt. Die abolitionistische Bewegung war daher am stärksten in urbanen Zentren vertreten und in Gebieten, in denen die Evangelisierung und die Kommerzialisierung des Lebens einschneidend gewesen waren.

Abolitionisten stellten zwar eine zuweilen lautstarke, aber keineswegs sehr große Minderheit der Gesellschaft dar. Im Süden wie im Norden wurde die Anti-Sklaverei-Bewegung von der Bevölkerungsmehrheit zumeist als Gefahr für den Status quo gesehen. Im Bundesstaat Connecticut beispielsweise war die Einrichtung integrierter Schulen genauso verboten wie öffentliche Vorträge gegen die Sklaverei. Zuweilen wurden Abolitionisten in den Städten des Nordens auch körperlich angegriffen und mussten um ihr Leben fürchten. Dies traf auch William Garrison, der 1835 in Boston von einem Mob mit einem Strick um den Hals durch die Stadt geführt wurde. Zwei Jahre später starb Elijah Lovejoy bei dem Versuch, seine Druckerei, in der abolitionistische Schriften gedruckt worden waren, vor einer aufgebrachten Menge zu schützen. Häufig waren diese Übergriffe durch Honoratioren der Städte angestachelt worden, aber diejenigen, die sich an den Übergriffen beteiligten, waren nicht unbedingt Sklaverei-Sympathisanten. Sie hatten Sorge um den weiteren Bestand der Union und fürchteten die Konsequenzen, wenn die tradierten »rassischen« und damit auch die sozialen Hierarchien aufgebrochen würden. Zudem befürchteten viele Lohnabhängige, dass freigelassene Sklaven auf dem Arbeitsmarkt Konkurrenten würden und die Löhne drücken könnten.

Aktivisten wie Garrison, die als Symbolfiguren für die Anti-Sklaverei-Bewegung verstanden wurden, boten durch ihre häufig wenig diplomatische Art und als zu revolutionär empfundenen Einstellungen eine breite Angriffsfläche für diese Ressentiments und Ängste. Durch einige erratische Entscheidungen Garrisons kam es in den 1840er Jahren auch zu einer Spaltung der Bewegung selbst. Er hatte den Sonntag als »Tag des Herrn« in Frage gestellt und behauptet, Protestanten und Pastoren würden ihre eigenen Interessen über den Kampf gegen die Sklavenbefreiung stellen. Er wurde zudem zu einem Anhänger der anarchistischen *Non-resistance*-Bewegung, die sich gegen alle Art von Gewalt, auch die des Staates, wandte und die Einhaltung von Gesetzen für unnötig erklärte. Damit torpedierte er alle Versuche, die Sklaverei über die Gesetzgebung auszuhebeln. Zugleich trat er Anfang der 1840er Jahre für eine Abspaltung der sklavenfreien Staaten des Nordens von der Union der Vereinigten Staaten ein. Dann würde die Sklaverei in den Südstaaten schnell fallen, argumentierte er, denn ohne die militärische Macht des Nordens, mit deren Hilfe im Süden Sklavenrevolten niedergeschlagen würden, wäre der Fortbestand der Sklaverei nicht zu sichern. Darüber hinaus trat er für die Frauenrechte ein, was zu einer Entfremdung vieler aktiver konservativer Abolitionistinnen führte, die zwar gegen die Sklaverei kämpften; sich aber mit der als zu revolutionär geltenden Frauenrechtsbewegung nicht anfreunden konnten. Widerstand innerhalb der Bewegung regte sich gegen den implizierten Alleinvertretungsanspruch Garrisons und führte zur Gründung einer politischen Partei, der *Liberty Party*, für die James G. Birney 1840 in den Wahlkampf zog. Die American Anti-Slavery Society hatte ein Jahr zuvor schon vor dem Aus gestanden, als dort beschlossen wurde, weibliche Delegierte als gleichberechtigt zuzulassen. Die Umsetzung ein Jahr später durch die Wahl von Abby Kelley in ein vormals nur von Männern besetztes Komitee führte zu Massenaustritten.

Diese Probleme, die mit der Öffnung der American Anti-Slavery Society einhergingen, machten auch deutlich, dass personelle Überschneidungen der Abolitionisten mit der Frauenbewegung, aber auch mit anderen Reformbewegungen – wie etwa zur Verbesserung der Situation in den Gefängnissen, in den Armenhäusern und Einrichtungen für Behinderte, im Schulwesen oder zur Bekämpfung des Alkohols – schon seit langer Zeit bestanden hatten und recht ausgedehnt waren. Zunehmend mehr Frauen teilten die Einsicht von Angelina Grimké, einer Abolitionistin aus dem Süden, die bei ihrer Auseinandersetzung mit den Rechten der Sklaven bemerkt hatte, wie es um ihre eigenen Rechte stand. Macht und Herrschaft, das wurde ihr deutlich, hatten eine »rassische« und eine geschlechtliche Komponente.

Die Frage, welche Rechte Frauen in der amerikanischen Republik genießen sollten, war jedoch keine neue Frage, die erst im 19. Jahrhundert aufgeworfen wurde. Schon bevor die Unabhängigkeitserklärung im Juli 1776 unterzeichnet worden war, hatte Abigail Adams ihrem Mann, dem Revolutionär und späteren Präsidenten, geschrieben, dass man bei den Entscheidungen über die Zukunft der Kolonien die Frauen nicht vergessen solle. Er möge daran denken, dass alle Männer Tyrannen wären, wenn sie könnten, und drohte ihm eine Rebellion der Frauen an, wenn sie keine Stimme in der Gesetzgebung erhielten und in den wichtigen Gremien nicht vertreten wären.

John Adams reagierte belustigt auf diese Androhung, aber er machte in einem Antwortschreiben an seine Frau auch deutlich, dass neben der Amerikanischen Revolution, die die politischen Herrschaftsverhältnisse auf den Kopf stellten, eine soziale Revolution mit ähnlichen Ergebnissen in den Familien nicht zu verkraften sei. Zudem herrschte zum Ende des 18. Jahrhunderts in Amerika und in Europa ein grundsätzlich anderes Verständnis von Frauen, als wir es heute gemeinhin haben, das erst langsam aufgebrochen wurde. In Deutschland wurde beispielsweise sehr ernsthaft ein Diskurs darüber geführt »ob die Weiber Menschen sind«. Dahinter versteckte sich die Frage, wie weit der naturrechtliche Gleichheitsgrundsatz griff, in dem die aufgeklärten Zeitgenossen sich verstanden. Abolitionisten argumentierten, dass auch Sklaven Menschen seien und aus diesem Grunde der Gleichheitsgrundsatz auch für sie gelte. Wenn nun auch Frauen Menschen waren, dann müsste dies auch für sie anzuwenden sein. Rechtlich wirkte das britische *Common Law* weiter und stellte die Frau unter die Obhut des Mannes, ließ sie zum Teil des Mannes werden, überstellte ihr Eigentum – meist die Mitgift – in das Eigentum oder zumindest in die Verfügungsgewalt des Mannes und sprach ihr kein Recht zu, Verträge abzuschließen. Frauen waren sogar strafunmündig, wenn der Ehegatte während eines Verstoßes gegen Gesetze anwesend war oder diesen gebilligt hatte. Frauen hatten zwar Anspruch auf einen Erbteil, aber selbst Witwen konnten kein Testament aufsetzen und über ihre Hinterlassenschaften nicht frei verfügen.

Eine Verfügungsgewalt über Eigentum war jedoch, neben der Bereitschaft, das Leben im Kampf für die Verteidigung der Republik einzusetzen, eine fundamentale Voraussetzung für die Ausübung politischer und bürgerlicher Rechte. Im Kern teilten die meisten Amerikaner des 19. Jahrhunderts noch das Frauenideal, das Rousseau 1762 in *Émile ou de l'éducation* dargelegt hatte: Frauen sollten sich nicht mit den Sorgen der Moderne belasten, sie sollten in einem »goldenen Zeitalter« verharren, nur so könnten sie ihre natürliche Moral beibehalten. Im Kreis der Familie, dem natürlichen Platz der Frau, seien bürgerliche (männliche) Tugenden für sie nicht notwendig. Frauen sollten ihrem Mann helfen, seine Tugenden zu bewahren, die notwendig seien, um als Bürger die Geschicke des Staates mitzubestimmen. Männern wurde gemeinhin naturgegebene körperliche und mentale Stärke zugeschrieben sowie Aggressivität und sexuelle Aktivität. Frauen dagegen galten im 19. Jahrhundert als schwach, passiv, emotional, religiös und züchtig. Hierbei ist allerdings zu beachten, dass weder das eine noch das andere als generell positiv oder als negativ definiert, sondern als komplementäre Teile verstanden wurden, die nur gemeinsam die Fortdauer eines republikanischen Staatswesens sichern konnten. Männer unterstützten ihre Frauen, und diese stellten die den Männern fehlende Sensibilität. Frauen waren vermeintlich konstitutionell nicht für die aggressive Welt des Geschäfts und der Politik geschaffen; hier konnten die Männer ihre ihnen innewohnenden Qualitäten nutzen. Im Haus war die Frau geschützt, ihre Güte konnte erblühen, sie konnte die Härte der Männer mildern und die folgende Generation erziehen.

Im Verlauf des 19. Jahrhunderts wurde nun immer deutlicher, dass dieses Frauenbild an der Lebenswirklichkeit weit vorbeiging. Auf die sozialen und kulturellen Veränderungen, gepaart mit dem Einsatz für die Sklavenbefreiung, folgte fast zwangsläufig ein Erstarken der Frauenrechtsbewegung. Die Teilung der Erlebens- und Handlungswelt in öffentliche und private Sphäre, in Arbeit und Versorgung, hatte mit den Erfahrungen der meisten Menschen wenig gemein. Auf den Bauernhöfen, in der Heimindustrie oder in kleinen Geschäften war die Arbeitsteilung nur selten geschlechtsspezifisch: Männer, Frauen, Alte und Kinder hatten jeweils wichtige, sozial geschätzte Aufgaben, alle halfen mit, das Überleben zu sichern und organisierten Arbeit und Gemeinschaft, ohne dass das Geschlecht von grundsätzlicher Bedeutung war.

Vor diesem Hintergrund begann sich das Beziehungsgeflecht innerhalb von Familien zu verändern. Eine geringere Kindersterblichkeit und die Entstehung von Kleinfamilien führten zu größeren Investitionen in Zuneigung und Emotion. Die familiäre Strenge wich einer neuen Häuslichkeit, die Hingezogenheit und Nachgiebigkeit der Mütter, aber auch der Väter mit einschloss und eine größere Toleranz für individuelles Verhalten ermöglichte. Eine steigende Zahl von Erziehungsratgebern – gerichtet meist noch an die Väter –, die bereits im 18. Jahrhundert eine breite Leserschaft fanden, machte deutlich, dass Kinder zunehmend ihre Zukunft selber in die Hand nahmen. Sie verließen die Familien in größerer Zahl und früher – häufig auch aus Mangel an vererbbarem Land – und forderten größeren Einfluss auf die Wahl zukünftiger Ehepartner. Die Anzahl vorehelicher Schwangerschaften – ein Mittel zur Durchsetzung einer unabhängigen Partnerwahl – nahm stark zu. Zudem eröffnete die wirtschaftliche Entwicklung des Landes nach 1815 mehr Beschäftigungsmöglichkeiten außerhalb der Landwirtschaft und führte zu erhöhter geographischer Mobilität. Die sozialen und politischen Veränderungen allerdings hinterließen nur bei wenigen Frauen direkte Spuren. Denn trotz vereinzelter Veränderungen – wie etwa der zunehmenden Beschäftigung von ledigen Frauen in der Tuchindustrie – blieben Frauen von diesem Teil des öffentlichen Lebens vorerst weitgehend ausgeschlossen. Die zunehmende Trennung von Arbeit und Haushalt und die Herausbildung einer Mittelschicht in den urbanen Zentren führte aber gleichzeitig zu einer Entwertung zuvor positiv beurteilter Arbeit wie Brotbacken,

Kleidungsherstellung, Konservierung von Nahrung usw. Dies wurde in der Mittelschicht zunehmend von Dienstboten übernommen. Sexuelle Zurückhaltung, späte Heirat, Geburten erst zum Ende der dritten Lebensdekade und eine Begrenzung der Kinderzahl führten zu sinkenden Geburtenraten ab der Jahrhundertwende. Dies setzte Kapazitäten frei, die viele Frauen der Mittelschicht dann in die diversen Reformbewegungen einbrachten.

Getrieben war dieser Schritt an die Öffentlichkeit und der Einsatz für soziale Verbesserungen aber auch von der Veränderung der Frauenrolle innerhalb der Familie. Frauen wurden in dem sich herausbildenden »Kult der Häuslichkeit« idealisiert und scheinbar auf eine allein passive Rolle der Hüterin des Heims und der Erzieherin der Kinder reduziert. Ihnen wurde hierdurch zugleich aber auch eine wichtige gesellschaftliche Rolle zugeschrieben. Sie waren es, die für die Heranbildung der nächsten Generation verantwortlich sein sollten, sie waren es, die die vermeintliche Härte und Aggressivität der Männer abzumildern hatten, damit diese verantwortlich und zum Wohle der gesamten Nation handeln konnten. Es waren also Frauen, die durch ihren Einfluss auf Männer und insbesondere auf die Kinder die Zukunft der Republik in ihren Händen hielten. Um der hohen politischen und patriotischen Verantwortung der Erziehung des Nachwuchses zu verantwortlichen Mitgliedern der Gesellschaft gerecht werden zu können, mussten die Frauen selber über politische und patriotische Qualitäten verfügen, sie verstehen und sie pädagogisch umsetzen können. In der historischen Literatur wird diese neue Rollenzuweisung als »republican motherhood« bezeichnet, die zu einem neuen Selbstverständnis geführt und die Notwendigkeit der Gleichstellung von Mann und Frau bereits in sich getragen habe. Zunächst aber wurde vielen Frauen deutlich, dass sie, wenn sie diese gesamtgesellschaftlichen Pflichten erfüllen wollten, kaum Mittel hatten, sich gegen Männer zu wehren, die ihren Anteil an den gemeinsamen Pflichten nicht erfüllten, die ihre Frauen betrogen, die die Familien vernachlässigten und ihren Lohn in den allgegenwärtigen Tavernen vertranken. Viele Frauen der amerikanischen Mittelschicht sahen daher nicht unbedingt die Notwendigkeit, die generellen Rollenannahmen zu hinterfragen, und setzten sich vielmehr dafür ein, dass die Versuchungen des Alkohols und der Prostitution beseitigt würden und dass notfalls Druck oder gar Zwang auf Ehemänner ausgeübt werden konnte.

Darüber hinaus stellten sich viele Frauen die Frage, warum sie diesen Einfluss nicht auch in der Gesamtgesellschaft geltend machen sollten, wenn er doch schon in der Familie und zu Hause so notwendig war und so positiv sein konnte. Soziale Missstände gab es zuhauf, mit der moralischen Konstitution der Republik war es offensichtlich nicht zum Besten bestellt – Verschwendung, Machtgier, Korruption schienen allenthalben zuzunehmen –, und viele zumeist verheiratete Frauen aus der Mittel- und Oberschicht, vornehmlich des Nordens der Republik, schlossen sich den vielfältigen Reformbewegungen an. Kirchengruppen wirkten hierbei sehr häufig als Initiatoren für lokale Gruppen, die offensichtliche Missstände abschaffen wollten. So wurden beispielsweise die Bedingungen in Waisenhäusern verbessert, aber schnell fand sich auch ein Anschluss an die Anti-Alkohol-Bewegung und häufig auch an den Abolitionismus. Im Süden des Landes war die Frauenbewegung wenig populär, gerade weil sich sehr häufig die enge Verbindung mit dem Abolitionismus hergestellt hatte. Zumeist formierten sich zunächst sogenannte *Ladies Chapters* der jeweiligen Assoziationen, aber viele Frauen mussten feststellen, dass ihre Stimme nur wenig Gehör fand. Frauen sprachen fast ausschließlich zu Frauen oder durften den männlichen Mitgliedern zuhören. Sie blieben häufig mit Höflichkeiten bedachtes Beiwerk, das bei Versammlungen für das leibliche Wohl zuständig sein sollte und dessen aufmerksames Interesse die Männer schätzten.

Dies war auch der Weg, den die Schwestern Grimké gegangen waren. Sie hatten gegen die Sklaverei kämpfen wollen, aber als sie begannen, vor »gemischten« Versammlungen zu sprechen, wurden sie von konservativen Frauen und Klerikern scharf angegriffen. Der gedankliche Schritt von der Beschäftigung mit der rechtlosen Situation des Sklaven zu Überlegungen über die Rechte und Möglichkeiten von Frauen war fast vorprogrammiert. In einflussreichen Büchern – Sarah Grimkés *Letters on the Equality of the Sexes and the Condition of Women* (1838) und Angelina Grimkés *Letters to Catherine E. Beecher* (1838) – setzten sie sich mit dieser Erfahrung auseinander und appellierten an ihre konservativen Geschlechtsgenossinnen, sich dem Kampf um Frauenrechte anzuschließen. Sie schrieben über die »moralischen und intellektuellen Kapazitäten« der Frauen, griffen die »Unterordnung unter den Mann« an und mahnten, dass Männer und Frauen die gleichen Rechte und die gleichen Pflichten haben sollten. Dabei waren die beiden Schwestern keineswegs allein. Viele Frauen hatten ähnliche Erfahrungen gemacht. Darunter auch Lydia Maria Child. Sie hatte sich der Anti-Sklaverei-Bewegung um Garrison angeschlossen, eine Reihe von Büchern geschrieben und eine Zeitschrift herausgebracht. Ein Vergleich zwischen Frauen und »Farbigen« würde zu erstaunlichen Übereinstimmungen führen, schrieb sie. Beide tendierten zu gefühlvoller Zuneigung, seien besonders treu und hätten eine Tendenz zur Unterordnung. Daher seien sie durch physische Gewalt unterdrückt worden und würden eher im Lichte von Eigentum gesehen werden denn als Individuen. Von Garrison wandte sie sich ab, als dieser zum Wahlboykott aufrief.

Eine Organisation auf nationaler Ebene erhielt die Frauenbewegung kurz vor der Mitte des 19. Jahrhunderts durch Elizabeth Cady Stanton, Lucretia Coffin Mott und andere Abolitionistinnen, die als amerikanische Delegierte zur Weltversammlung der Anti-Sklaverei-Organisationen 1840 nach London gereist waren. Hier mussten sie allerdings erfahren, dass Frauen zu dieser Versammlung nicht zugelassen wurden. Entrüstet nahmen sich Stanton und Mott vor, nach ihrer Rückkehr eine Versammlung einzuberufen, die eine Bewegung ins Leben rufen sollte, um die Rechte der Frauen zu stärken. Unter den Initiatorinnen befand sich auch Susan B. Anthony, die wohl bekannteste Frauenrechtlerin des 19. Jahrhunderts. Sie war Lehrerin an einer Lehranstalt für Töchter der oberen Mittelschicht oder Oberschicht, einer *female academy* in New York, war in der Anti-Alkohol-Bewegung aktiv, und ihre Bekanntschaft mit Stanton brachte sie 1852 zur Frauenrechtsbewegung.

Der Versammlungsaufruf stieß auf großen Widerhall, so dass an dem Treffen, das Stanton und Mott am 19. und 20. Juli 1848 in Seneca Falls im Staat New York organisierten, mehr als dreihundert Personen teilnahmen, darunter auch vierzig Männer, unter ihnen Frederick Douglass. Die Eröffnungserklärung nahm eine bekannte Form der politischen Kritik auf, indem sie mit den rhetorischen Mustern historischer Artefakte spielte. Sie lehnte sich im Text sehr eng an die fast als Reliquie verehrte Unabhängigkeitserklärung der Vereinigten Staaten von Amerika an. In weiteren Erklärungen, die die Teilnehmer verabschiedeten, wurde die Abschaffung aller Gesetze gefordert, die für Frauen einen niedrigeren Stand vorsahen; die Gleichberechtigung sollte in religiösen Angelegenheiten durchgesetzt werden. Die Teilnehmer bestanden darauf, dass moralische Maßstäbe, die an das Verhalten von Frauen angelegt wurden, gleichermaßen auch für Männer gelten sollten. Weitere ähnliche Versammlungen und Gründungstreffen folgten, zum Beispiel in Salem (Ohio), und 1850 wurde die erste nationale Versammlung der Frauenbewegung in Worcester (Massachusetts) unter der Federführung von William Garrison einberufen. Auch wenn offensichtlich immer noch Männer die führenden Köpfe zu sein schienen, stärkten diese Entwicklungen doch das Selbstbewusstsein vieler Frauen und bereiteten das Fundament für die Frauenrechtsbewegung, die in der zweiten Hälfte des 19. Jahrhunderts aktiver werden sollte. Zunächst aber beanspruchten noch der Kampf vieler Frauen gegen die Sklaverei und ihr Einsatz für die Anti-Alkohol-Bewegung den größten Teil der Energien.

Mehr noch als in der Anti-Sklaverei-Bewegung oder gar der Frauenbewegung konnten im sogenannten *Temperance Movement* auch konservativere Frauen mitwirken. Es ging ihnen hierbei nicht unbedingt um ein Verbot jeglicher Form von Alkohol, sondern anfangs um eine Mäßigung des Konsums, um einen verantwortlichen Umgang mit Alkohol. Sie forderten den Verzicht auf hochprozentige Getränke wie Whiskey oder Rum. Cider (eine Art Apfelwein), Bier oder Wein zu trinken galt nicht als anstößig, solange der Genuss in Maßen stattfand. Es war daher auch durchaus nicht unüblich, dass zu den Versammlungen der Alkoholgegner Wein oder ähnliches Getränk gereicht wurde und man bei einem Trinkspruch gemeinsam das Glas erhob.

Gleichwohl war der Kampf gegen den Alkohol oder auch nur der Einsatz für eine Mäßigung des Konsums eine enorme Aufgabe, die sich gegen große wirtschaftliche Interessen, lange eingeübte kulturelle Traditionen und gegen die wichtige soziale Bedeutung von Alkohol wandte; Alkohol war in der frühen amerikanischen Republik allgegenwärtig und ein Teil des täglichen Lebens. Der Pro-Kopf-Verbrauch war in dieser Zeit etwa dreimal so hoch wie heute. Getrunken wurde insbesondere Cider mit bis zu zehn Prozent Alkoholgehalt. Apfelgärten überzogen Neuengland, gepresster Apfelsaft war nicht lange haltbar, und somit war an Rohstoff für die Vergärung kein Mangel. Der Bierkonsum hatte zu diesem Zeitpunkt nicht den

Umfang, der nach der Mitte des 19. Jahrhunderts zu verzeichnen ist, als durch deutsche Brauer das haltbare Lagerbier eingeführt wurde. Es wurden zwar neben Gerste auch andere Getreidearten zur Bierherstellung genutzt, aber das Gärungsverfahren eignete sich bei dem warmen und schwülen Wetter nicht zur längeren Lagerhaltung. Weine wurden zwar konsumiert, aber da der Weinanbau an der Ostküste nicht vielversprechend gewesen war, musste Wein, zumeist Madeira, importiert werden. Die Preise waren entsprechend höher als bei Bier oder Cider, und der Weinkonsum war Zeichen eines höheren sozialen Status. Gut fundierte Schätzungen gehen allerdings davon aus, dass die Importe von Madeira nur etwa zwanzig Prozent des Konsums abdeckten. Der Wein wurde also häufig mit Wasser gestreckt, die dünne Flüssigkeit sodann mit Tabak gefärbt, der Alkoholgehalt mit Whiskey oder Rum wieder erhöht, und zur Geschmacksbildung nutzten findige Weinpanscher allerlei Gewürze und auch Schießpulver.

Alkoholkonsum war Teil des täglichen Lebens, und viele Amerikaner tranken schon zum Frühstück einen Humpen Cider. In der Armee und in der Schifffahrt wurden täglich Rationen Rum verteilt, Cider oder Bier erfrischten bei der Feldarbeit, und auch in den Werkstätten machte regelmäßig, meist um 11 und um 14 Uhr, ein Schnapskrug die Runde. Dies war nicht unbedingt dazu gedacht, den Durst zu löschen, sondern sollte vielmehr die Monotonie und die Härte der Arbeit ertragen helfen. Tavernen gehörten zum sozialen Mittelpunkt der meisten Gemeinden und kleinen Dörfer, hier trafen sich die Männer abends, um Nachrichten auszutauschen, Angelegenheiten der Gemeinschaft zu besprechen, sich politisch zu betätigen, und sie trafen sich auch, um sich in der Gemeinschaft anderer zu entspannen, und um sich zu betrinken. Kinder wurden früh an Alkohol herangeführt, bekamen Bier oder die Reste von Getränken, die aus Fruchtsäften, hochprozentigem Alkohol und Zucker angerührt wurden – sogenannten *toddies* –, die zumeist von Frauen getrunken wurden, die dem Alkoholgenuss keineswegs entsagten.

Dieses Konsumverhalten hatte eine lange europäische Tradition. Alkohol galt als Muntermacher, wurde aber auch als Ersatz (oder Desinfektionsmittel) für häufig brackiges und selten klares Trinkwasser benutzt. Viele Amerikaner glaubten, dass die alkoholischen Getränke, die sie zu sich nahmen, notwendig seien, um sich ausreichend zu ernähren – ähnlich heutigen Vitaminpillen –, und andere wiederum hätten sicherlich bestritten, dass es sich bei Cider, Bier oder Wein überhaupt um alkoholische Getränke handele. Häufig wurde Alkohol auch zur Behandlung von Krankheiten wie Verdauungsproblemen oder nervöse Beschwerden eingesetzt, oder diese Beschwerden wurden vorgespielt, um den Alkoholgenuss zu legitimieren.

Die Herstellung von Rum war in Neuengland ein wichtiger Wirtschaftszweig. Der Rohstoff, die bei der Zuckerherstellung entstehende Melasse, wurde aus der Karibik geliefert, bis der *Embargo Act* von 1807 und der *Non-Intercourse Act* von 1809 einen großen Teil der Einfuhr verhinderten. Nach der zunehmenden Besiedlung der Region jenseits der Appalachians konnte Rum jedoch schnell durch heimischen Whiskey ersetzt werden. Für die Bauern im Ohio-Tal lohnte sich die Umwandlung ihres überschüssigen Getreides in Whiskey, insbesondere nachdem die üblichen Destillen verbessert worden waren und mit weniger Energie auskamen. Getreide lief bei langer Lagerung Gefahr, von Nagetieren gefressen oder durch deren Kot verschmutzt zu werden. Der Transport über die schlechten Straßen war langsam und teuer, und auch auf dem Weg den Mississippi hinunter und dann mit dem Schiff an die Ostküste oder nach Europa konnte die Ernte schnell verderben. Als Whiskey gebrannt, war das Getreide sozusagen kondensiert und haltbar gemacht. Amerikaner tranken um die Wende zum 19. Jahrhundert durchschnittlich etwa 120 Liter Cider pro Jahr, 26 Liter hochprozentige Getränke und rund zwei Liter Wein. Der Gesamtkonsum nahm zwar in den folgenden Jahrzehnten langsam ab, aber der Gesamtalkoholgehalt pro Kopf stieg, weil zwar weniger Cider, aber dafür mehr Hochprozentiges konsumiert wurde.

Schon vor der Jahrhundertwende hatten insbesondere religiöse Gruppen wie die Quäker auf die Schädlichkeit des Alkohols hingewiesen und versucht, den Konsum einzuschränken. Dr. Benjamin Rush hatte 1790 in Boston seine Schrift *An Inquiry into the Effects of Spirituous Liquors on the Human Body and Mind* veröffentlicht, in der er seine Leser wissen ließ, dass Bier, Wein und Cider gut für das Wohlbefinden und die Gesundheit seien. Destillierter Alkohol hingegen führe zur physischen, mentalen und moralischen Vernichtung. Dies sei, schrieb Rush, nicht nur eine reine Privatangelegenheit, denn ein Volk, das durch starken Alkoholgenuss korrumpiert sei, könne auf Dauer kein freies Volk bleiben. Mäßigung war also im nationalen Interesse der Vereinigten Staaten.

Rush stieß mit seinen Forderungen auf ein zunehmendes Problembewusstsein in der Bevölkerung, sein Büchlein wurde weit rezipiert und hatte bis 1851 eine Auflage von 170000 Exemplaren erreicht. Sein Ziel war es, eine Mäßigungsbewegung ins Leben zu rufen, die erreichen sollte, dass Trunkenheit sozial inakzeptabel würde. Die gesellschaftliche Ächtung sollte dann durch den Konformitätsdruck auf den Einzelnen zu einem Rückgang des Konsums führen. Eine erste Vereinigung hatte sich 1808 in New York gegründet, ihr gehörten zunächst insbesondere Mitglieder der medizinischen Berufe und Kleriker an. Sie schworen dem Genuss destillierter Getränke und des Weines ab, außer wenn diese als Medizin verschrieben oder bei Krankheit notwendig seien. Diese Vereinigung diente als Muster für ähnliche Gruppen, die bald in dem gesamten Gebiet der Vereinigten Staaten gegründet wurden.

In den folgenden Jahren wandten sich, insbesondere in

Neuengland, auch die Kirchen dem Thema der Trunkenheit zu. Hier war eine wichtige Antriebskraft allerdings nicht die Besorgnis von Medizinern um das körperliche Wohlergehen, sondern das Elitedenken der in dieser Region zu diesem Zeitpunkt noch sehr einflussreichen Federalists. Diese glaubten, dass die »einfacheren Bevölkerungsschichten«, zu ihrem eigenen Besten, vom übermäßigen Alkoholkonsum abgebracht werden müssten. Lyman Beecher, ein einflussreicher evangelikaler Pastor in Neuengland, brachte diese paternalistische und stark parteipolitisch gefärbte Überlegung deutlich zum Ausdruck, wenn er davon sprach, dass Republican-Democrats Menschen seien, die den Sabbat brächen und sich als Trinker, untreue Eheleute und insgesamt rohe Menschen zeigten. In Neuengland erwies sich jedoch die enge Anbindung der Anti-Alkohol-Bewegung an die Federalists als ein Hemmschuh, der erst beiseite geräumt werden konnte, nachdem die Partei nach 1817 zunehmend an Einfluss verlor.

Die Forderung nach einer nationalen Bewegung und Organisation wurden jedoch immer lauter und führten zur Gründung der *United Temperance Union* (ab 1836 dann in *American Temperance Union* umbenannt). Die Organisation wurde von dem wohlhabenden Geschäftsmann Stephen van Rensselaer geführt und konnte 1834 bereits fünftausend örtliche Untergruppen aufweisen. Millionen von Drucksachen wurden hergestellt und verteilt, und eine Million Bürger der USA unterschrieben einen »Schwur, dem Alkoholkonsum zu entsagen«. Ende der 1830er Jahre stand der Temperenzbewegung dann eine ausgereifte Organisation zur Verfügung, die nicht nur die Aktivitäten national koordinieren konnte, sondern auch dafür sorgte, dass Sprecher und Pastoren mit gewichtigen Argumentationshilfen für ihre Reden und Predigten versorgt wurden. Die Vorträge folgten landauf, landab einem ähnlichen Muster: Der Heilige Geist, so wurde vielfach von den Kanzeln gepredigt, werde diejenigen meiden, die sich berauschenden Getränken hingäben, sie seien zur ewigen Verdammnis verurteilt, wenn sie nicht vom Alkohol abließen. Alkohol, wurden die Zuhörer gewarnt, führe zu einer anderen Form der Sklaverei, raube dem Trinker die Möglichkeit, selbstverantwortlich und moralisch zu handeln, Familien würden zerstört, weil Kinder und Frauen durch ihre Väter und Männer nicht mehr geschützt seien. Den Argumentationen von Dr. Rush folgend, wurden auch die Gefahren für das politische Wohlergehen und die Zukunft der Republik in düsteren Farben ausgemalt: Trunksüchtige würden denjenigen ihre Stimme verkaufen, die ihnen den meisten Schnaps ausschenkten, und nicht mehr wie rationale Bürger handeln. Den Grundbedingungen einer funktionierenden Republik würde damit der Boden entzogen, Tyrannei würde die Freiheit im »Land der Freien« zerstören.

Nüchternheit, das wurde in den letzten zwei Dekaden vor der Mitte des 19. Jahrhunderts immer deutlicher, war gleichgesetzt mit Fortschritt, Wohlstand und Verantwortlichkeit. Alkohol wurde verbunden mit Regression, Verdammnis und Armut. Hatte sich die Bewegung in den ersten dreißig Jahren des Jahrhunderts noch für eine Mäßigung im Alkoholkonsum eingesetzt, so wurde die Rhetorik nach 1836 schärfer, und vielfach tauchte die Forderung nach totaler Abstinenz auf. Dies führte allerdings zu einem starken Mitgliederschwund in den Vereinigungen der Mäßigungsbewegung, deren Anhänger zwar durchaus eine Abstinenz der arbeitenden Unterschicht forderten, die aber den eigenen mäßigen Alkoholgenuss nie in Frage gestellt hatten. 1840 wurde die *Washington Temperance Society* gegründet, mit einer anderen Führungs- und Mitgliederstruktur, die sich jetzt mehr aus der Mittelschicht und der arbeitenden Unterschicht rekrutierte. Dass in diesen Bevölkerungsschichten ein totales Alkoholverbot auf eine breite Resonanz stieß, konnte man nicht nur an dem regen Zulauf zu den Versammlungen feststellen, sondern auch an der zunehmenden Verbreitung von Schriften, die sich gegen den Alkoholkonsum richteten. Darunter war auch das Buch *Ten Nights in a Bar-Room* von Timothy Shay Arthur, das 1854 erschien und in dem dargestellt wird, wie ein Reisender bei einem Besuch in einer Taverne erleben muss, dass der Alkohol das Leben jener, die er dort an der Bar trifft, zerstört. Ganz offensichtlich traf das Buch den Zeitgeist und wohl auch den Geschmack der nach aufregendem Stoff dürstenden Leser: In den folgenden sechs Jahren wurde das Buch eine Million Mal verkauft, eine höhere Auflage erzielte nur der 1852 erschienene sentimentale Roman *Uncle Tom's Cabin* von Harriet Beecher Stowe, der der Anti-Sklaverei-Bewegung großen Zulauf beschert hatte.

Die Aktivitäten der Anti-Alkohol-Bewegung zeitigten innerhalb weniger Jahre entscheidende Erfolge: Im Bundesstaat Maine wurde 1851 ein Gesetz erlassen, das die Herstellung und den Verkauf alkoholischer Getränke im gesamten Bundesstaat verbot. Innerhalb von weiteren vier Jahren gab es in dreizehn Bundesstaaten ähnliche Gesetze – Neuengland war »trocken«, ebenso wie New York und Teile des Mittleren Westens. Zustimmung hatten diese Gesetze jedoch häufig auch aus Gründen erlangt, die mit den wirklichen oder vermeintlichen Gefahren des Alkoholkonsums unmittelbar nur wenig zu tun hatten. Ein Teil der nativistischen »Know Nothing«-Bewegung (zuerst eine geheime Organisation, deren Mitglieder auf die Frage, welche politischen Ziele sie vertreten, antworten sollten, »sie wüssten von nichts«), die durch die zunehmende Einwanderung aus Irland und Deutschland viele Anhänger gefunden hatte und ihre Ängste vor einer Bedrohung von Arbeitsplätzen und vor Niedriglöhnen in kulturchauvinistische Argumente kleidete, hielt Iren und Deutsche für gefährliche Trinker. Die Iren galten als dem Whiskey zugetan, und auch die Deutschen, die eine Kultur des sonntäglichen Besuchs von Biergärten und den Bierkonsum mit nach Amerika brachten, wurden schnell zu einem Stein des Anstoßes. Sie konnte man in ihre Schranken verweisen, »amerikanisieren« und zu nüchternen Republikanern machen, indem man ihnen den archaischen Rausch und die andersartige Freizeit- und Festkultur nahm. Die Gesetze, die von der Anti-Alkohol-Bewegung als großer Erfolg gefeiert wurden, hatten jedoch nur eine sehr geringe Lebensdauer und wurden von höheren Gerichten aufgehoben, weil sie gegen die jeweiligen Einzelstaatsverfassungen verstießen.

Trotz dieser Rückschläge war der Erfolg insbesondere in den Jahren zwischen 1830 und 1850 beträchtlich. Der Alkoholkonsum ging in dieser Zeit auf einen Wert zurück, der niedriger war, als er heute ist. Es wurde in dieser Zeit erkannt, dass es tatsächlich ein Alkoholproblem gab. Zudem konnte Abstinenz als Symbol für eine aufstrebende Mittelschicht konstruiert werden. Diejenigen, die zu dieser neuen Mittelschicht gehören wollten oder einen sozialen Aufstieg anstrebten, mussten also dem Alkohol entsagen. Verzicht auf Alkohol war zudem ein Tribut an die Industrialisierung des Landes, ein Zeichen von Modernität. Zunehmend waren Maschinen in der industriellen oder halb-industriellen Fertigung eingesetzt worden, und diese erforderte höchste Aufmerksamkeit bei denen, die Maschinen bedienten oder an ihnen arbeiteten. Alkoholisierte Arbeiter, das war schnell deutlich geworden, erlitten häufiger Unfälle als nicht alkoholisierte. Dass Arbeiter nüchtern waren und blieben, war also in ihrem eigenen Interesse, denn Sozialversicherungssysteme, Fortzahlung des Lohns im Krankheitsfall usw. waren zu Beginn des 19. Jahrhunderts in den USA noch unbekannt. Auch der Arbeitgeber profitierte von der Vermeidung von Unfällen, selbst wenn er sich nicht aufgefordert fühlte, für die Versorgung eines verletzten oder erkrankten Arbeiters aufzukommen. Ein Produktionsausfall verursachte zusätzliche Kosten, und der Arbeitgeber musste einen neuen Arbeiter finden und anlernen. Es trafen also in der Anti-Alkohol-Bewegung verschiedene Gruppen zusammen, Arbeiter und Arbeitgeber, Männer und Frauen. Zumeist jedoch wurden die Organisationen von Mitgliedern der Mittelschicht der Ostküste ins Leben gerufen und geleitet.

Der Südwesten und der Ferne Westen (1830–1860)

Im Westen allerdings, in den Gebieten jenseits des Mississippi, waren diese Themen von weniger großer Bedeutung. Siedler strömten zunehmend in das Land, an der Ostküste und zunehmend auch im Ohio-Tal waren die besten Böden schon vergeben, und viele, die ihr Glück dort versucht hatten, zogen weiter nach Westen, auf der Suche nach besseren Ackerflächen oder überhaupt einem Auskommen. Der Hintergrund war der Landhunger der anschwellenden Bevölkerung im Norden, der Drang des Plantagesystems der Südstaaten nach Westen, aber auch eine Ideologie, basierend auf den Hoffnungen der Gründerväter, die die Rhetorik und das Selbstverständnis der Amerikaner zunehmend durchzog, dass das amerikanische Volk ausersehen sei, den gesamten nordamerikanischen Kontinent zu beherrschen. In den späten 1830er und frühen 1840er Jahren wurde daher der Ruf nach weiterer Expansion laut. Die zunehmende Einwanderung, das Wachstum der Bevölkerung, Wirtschaftskrisen und die Suche nach neuen Märkten, aber auch die enttäuschende Erfahrung mit der Unwirtlichkeit von Teilen der Great Plains, ließen die Hoffnung aufkommen, dass die Gebiete weiter im Westen und Südwesten eine Lösung vieler Probleme mit sich bringen würden.

Im Jahr 1845 fasste der Journalist John O'Sullivan diese Stimmung zusammen und prägte den Begriff der *Manifest Destiny* – der seither Eingang in den Sprachgebrauch gefunden hat –, um zu beschreiben, dass er und seine Zeitgenossen in der Expansion der Vereinigten Staaten eine göttliche Vorsehung am Werke sahen. Die Verschränkung mit der Vorstellung, die Vereinigten Staaten seien etwas Außergewöhnliches und hätten eine historische Mission zu erfüllen, um Demokratie und Freiheit zu verbreiten, der Idee des *American Exceptionalism*, ist deutlich. In den 1840er Jahren wandelte sich diese Idee dann zu einem politischen Programm, das eng mit der Democratic Party verbunden war. Damit einher gingen jedoch auch Vorstellungen darüber, dass der protestantische christliche Glaube der wahre Glaube und allen anderen Religion überlegen wäre, dass die Angelsachsen über allen anderen Völkern stünden. Viele Amerikaner glaubten daher, dass die amerikanischen Ureinwohner und auch die Mexikaner einer untergeordneten Menschengattung angehörten. Ihr Anrecht auf Land und Eigentumstitel – und das machte natürlich den großen Reiz dieser rassistischen Ideologie aus – wäre daher nötigenfalls vernachlässigbar, ihr Land konnte entschädigungs- und bedenkenlos vereinnahmt werden.

Ins Blickfeld gerieten daher sehr schnell insbesondere die Gebiete im Südwesten Nordamerikas. Bereits kurz nachdem Mexiko von Spanien unabhängig wurde, waren intensive Handelsbeziehungen aufgenommen worden. Der *Santa Fe Trail*, der eine Strecke von mehr als 1200 Kilometern durchmaß, wurde ab 1822 benutzt. Jeweils im Frühjahr zogen bis zu zweitausend Wagen, aufgeteilt in Karawanen mit etwa je fünfzig Wagen, über das Land und versorgten so die Region des heutigen Südwestens der USA. Diese Handelsbeziehungen waren sehr bald sehr viel intensiver als die, die zwischen der Region und dem mexikanischen Kernland existierten, und schnell geriet daher das Gebiet – und auch das dünn besiedelte Gebiet an der Pazifikküste – ins Blickfeld der Begehrlichkeiten. In New Mexico lebten zu diesem Zeitpunkt kaum mehr als 30000 Mexikaner. In Kalifornien waren es nur dreitausend, die sich in der Hauptsache in den Missionen, welche sich den El Camino Real bis nach San Francisco hinaufzogen, angesiedelt hatten. In Texas lebten etwa viertausend Mexikaner. Die fruchtbaren Böden dieses Landstrichs lockten Siedler, insbesondere Pflanzer aus dem Süden der Vereinigten Staaten mit ihren Sklaven, die sich dort teilweise ohne Siedlungsrecht niederließen und Plantagen einrichteten. Andere kamen auf Einladung der Regierung Mexikos nach Texas und auch nach Kalifornien, die gehofft hatte, dass sie diesen Gebieten zu einem wirtschaftlichen Aufschwung verhelfen würden, zu dem das Land aus eigener Kraft nicht in der Lage war. Schon ein Jahr nach der Unabhängigkeit von Mexiko lebten ungefähr dreitausend Amerikaner in Texas, eine Zahl, die sich innerhalb von sieben Jahren mehr als verdoppelte. Problematisch wurden diese Besiedlung und die Einrichtung von Plantagen, auf denen Sklaven arbeiteten, in dem Moment, als Mexiko 1829 alle Sklaven auf seinem Territorium für frei erklärte. Der Regierung in Mexiko-Stadt war klar, dass die amerikanischen Siedler in Texas ihre Sklaven kaum freilassen würden, und nahm stillschweigend hin, dass die entsprechenden Gesetze hier nicht befolgt wurden. Um aber einem möglichen größeren Konflikt vorzubeugen, verbot Mexiko die weitere Einwanderung von Amerikanern. Dessen ungeachtet schwoll die Migration an, so dass sich die Einwohnerzahl zwischen 1830 und 1834 verdoppelte. Stephen F. Austin, der 1821 die ersten Siedler nach Mexiko geführt hatte und als Vermittler zwischen der mexikanischen Zentralregierung und ihnen diente, konnte 1834 noch einmal erreichen, dass die Einwanderungsbeschränkung aufgehoben wurden. Nachdem im selben Jahr Antonio López de Santa Anna die Macht in Mexiko ergriffen hatte, kam es zu einer Reihe von kleinerer Rebellionen im Lande, die brutal unterdrückt wurden. Dies ließ die Siedler in Texas befürchten, dass ihre relative Autonomie bald ein Ende haben würde.

Als Santa Anna 1835 mit Truppen nach Texas einmarschierte, erklärten die amerikanischen Siedler ihre Unabhängigkeit und wählten Sam Houston zu ihrem Präsidenten und General der Truppen. Houston musste sich zunächst vor der mexikanischen Übermacht zurückziehen und versuchte eine Armee aus Texanern und amerikanischen Freiwilligen aufzubauen. Bei dem Versuch, San Antonio zu verteidigen, starben am 6. März 1836 mehr als zweihundert Texaner in der berühmten Mission von Alamo, einer Schlacht, die unter den Mexikanern 1500 Opfer gefordert hat. Zwei Wochen später ermordeten mexikanische Truppen etwa 350 texanische Gefangene in der Stadt Goliad. Das heldenhafte Beispiel der Verteidiger der Alamo Mission und das Massaker in Goliad wurden mythisch überhöht und stärkten den Kampfeswillen der Armee Houstons. Bei San Jacinto traf die achthundert Mann starke Streitmacht der Texaner am 21. April 1836 auf die zahlenmäßig weitaus überlegenen Truppen Santa Annas, die jedoch vernichtend geschlagen wurden. Santa Anna wurde gefangen genommen und gezwungen, einen Vertrag zu unterzeichnen, in dem er die Unabhängigkeit der Republik Texas – nach ihrer Flagge auch »Lone Star Republic« genannt – anerkannte. Dieser Vertrag wurde allerdings nie von der mexikanischen Regierung ratifiziert.

Die Texaner hatten darauf gehofft, dass die Vereinigten Staaten von Amerika ihre Unabhängigkeit unterstützen würden, und ließen nun deutlich erkennen, dass sie gerne bereit waren, sich von den USA annektieren zu lassen. Da Texas aber ein sklavenhaltender Staat war, wäre eine Aufnahme in die Union politisch nur schwierig durchzusetzen gewesen. Sklavereigegner im Norden der Republik vermuteten, dass eine Annexion von Texas Teil einer Verschwörung der Südstaaten sei, um weiter in das Gebiet von Mexiko, möglicherweise nach Kuba und gar nach Mittelamerika zu expandieren und dabei eine große Zahl von sklavenhaltenden Staaten zu gründen. Tatsächlich dachten diejenigen, die die Annexion unterstützten, daran, vier oder fünf solcher Staaten aus dem Gebiet von Texas herauszuschneiden. Präsident Jackson und andere stellten sich jedoch gegen eine Aufnahme in die Union, so dass das Thema bis in die frühen 1840er Jahre nicht ernsthaft erwogen wurde.

Im gleichen Zeitraum wuchs das Interesse der Amerikaner an Kalifornien, das gleichfalls Mexiko gehörte, aber nur lose mit ihm verbunden war. Amerikanische Händler waren in Kalifornien schon vor Beginn der Jahrhundertwende tätig gewesen und hatten die multi-ethnische Gruppe der *Californios* mit Waren versorgt. In den 1840er Jahren nutzte erstmals eine größere Gruppe von insgesamt etwas mehr als 2500 amerikanischen Siedlern den beschwerlichen Seeweg nach Kalifornien, und in der Zeit zwischen 1842 und 1845 besuchte eine Mission unter Leitung von John C. Frémont die Region, die bereits die militärischen Möglichkeiten dort absteckte.

Auch das Gebiet nördlich Kaliforniens, also das Oregon-Gebiet, das gemeinschaftlich von den Vereinigten Staaten und Großbritannien verwaltet wurde, zog Siedler an. Nach 1841, vor dem Hintergrund der Wirtschaftskrise von 1837, führten sensationelle Zeitungsberichte zu einem wahren Exodus, dem sogenannten »Oregon Fever«. Mehr als 11 000 Siedler wagten den langen und beschwerlichen Weg über die Great Plains und die Rocky Mountains zu den fruchtbaren Gegenden des Willamette River und des Columbia River. Großbritannien konnte diesem Zufluss an Siedlern nichts entgegensetzen, so dass die Region sehr bald unter faktischer amerikanischer Kontrolle stand. Mit der zunehmenden Zahl von Menschen wuchs auch der Bedarf an Autoritäten, die das Zusammenleben regelten, und ungeachtet der britischen Rechte forderten die neuen Siedler die Einsetzung einer amerikanischen Verwaltung und Exekutive.

Die Reise nach Oregon war ein großes Wagnis und

mehr als beschwerlich. Sie dauerte vier bis sechs Monate über schwieriges Gelände, zuerst auf kaum erkennbaren Pfaden, die sich im Laufe der Zeit jedoch zu Hauptreiserouten entwickelten. Zum gegenseitigen Schutz und um einander Hilfe leisten zu können, taten sich viele Siedler zusammen, die den gefährlichen Weg wagten. Flüsse mussten überquert werden, Verletzungsgefahr drohte allenthalben, ohne dass ärztliche Hilfe erwartet werden konnte. Tod oder Verletzung von Zugtieren bedeutete häufig das Aus für den Treck. Die vermeintlich allgegenwärtigen Indianerüberfälle jedoch gehören in den Bereich der Legenden, es kam nur vereinzelt zu Angriffen. Die Ureinwohner waren eher geneigt, von den durchziehenden Siedlern zu profitieren, indem sie ihnen Lebensmittel verkauften oder gar Fähren über Flüsse anlegten, um die Siedler dann gegen ein entsprechendes Entgelt auf die andere Seite zu befördern.

Viele der Siedler konnten auf finanzielle Ressourcen zurückgreifen, hatten eine Farm besessen, die sie verkauft hatten, um sich für den Neuanfang auszurüsten. Ein Wagen musste gekauft werden, Tiere, Lebensmittel für die monatelange Reise, Ausrüstungsgegenstände und Saatgut für den Neubeginn im Westen, und genügend Vorräte, um die Zeit bis zur ersten erfolgreichen Ernte überleben zu können. Die Preise für Ausrüstungsgegenstände und Lebensmittel an den Ausgangsstationen, zum Beispiel in Independence (Missouri), schnellten in die Höhe. Äußerst gefährlich wurde die Reise, wenn sie zu spät im Jahr in Angriff genommen wurde. Die starken Schneefälle in den Rocky Mountains konnten sich schnell als unüberwindliches Hindernis erweisen, wie eine Gruppe von Siedlern, die »Donner Party«, 1846 erfahren musste. Nachdem sie die Berge der Sierra Nevada erreicht hatten, wurden sie von Schnee eingeschlossen, und nachdem ihnen die Nahrungsmittel ausgegangen waren, blieb ihnen nichts anderes übrig, als ihre Toten zu verspeisen.

All diese unterschiedlichen, unkoordinierten Entwicklungen machten deutlich, dass die Frage der Westexpansion, die faktisch schon stattfand, von der Politik nicht weiter ignoriert werden konnte. Dies bedeutete aber auch, dass das Problem, ob diese neuen Territorien sklavenhaltende Staaten oder freie Staaten werden würden, geklärt werden musste. Die Präsidentschaftswahl von 1844 deutete an, dass zumindest die Eingliederung von Texas in die Union kurz bevorstehen könnte. In diesem Jahr hatte sich der für eine Expansion eintretende James K. Polk, ein Mitglied der Democratic Party, gegen den Mitbewerber, Henry Clay von der Whig Party, in einer äußerst knappen Wahl durchgesetzt. Eine Veränderung von nur sechstausend Stimmen im Bundesstaat New York, der 36 Wahlmännerstimmen in die Waagschale legen konnte, hätte zu einem anderen Ausgang der Wahl geführt. Schon bevor der neue Präsident am 4. März 1845 in sein Amt eingesetzt wurde, stimmten beide Häuser des Kongresses in einer gemeinsamen Erklärung für die Aufnahme von Texas in die Union, und nachdem das Parlament von Texas im folgenden Juli zugestimmt hatte, konnte Polk am 29. Dezember 1845 das Gesetz zur Aufnahme der »Lone Star Republic« als 28. Staat in die Union der Vereinigten Staaten von Amerika unterzeichnen.

Vorauszusehen gewesen war, dass dieser Schritt zu dem sofortigen Abbruch der diplomatischen Beziehungen mit Mexiko führen würde, denn dort betrachtete man Texas immer noch als einen Teil der eigenen Nation. Auch in Texas selber stand man inzwischen einer Annexion durch die USA etwas zurückhaltender gegenüber, weil man eine militärische Reaktion aus Mexiko-Stadt fürchtete und sich nicht gewiss war, ob die Vereinigten Staaten die dann notwendige Militärhilfe leisten würden. Um die Texaner von dem guten Willen der Bundesregierung zu überzeugen, unterstützte Polk ihren Anspruch auf das riesige Gebiet zwischen dem Nueces River und dem Rio Grande. Ein

Konflikt, wenn nicht gar eine militärische Auseinandersetzung, mit Mexiko war damit fast vorprogrammiert.

Um das Territorium der USA im Norden abzusichern und zugleich den Druck auf Mexiko zu erhöhen, kündigte der Präsident ungeachtet der sich im Süden entwickelnden gefährlichen Situation im folgenden Jahr den seit 1818 bestehenden Vertrag mit Großbritannien über die gemeinsame Verwaltung des Oregon-Gebietes. Den lautstarken Forderungen nach einer Ausdehnung der USA über das gesamte Gebiet des Territoriums – die in dem Schlachtruf »54°40' or fight!« ihren Ausdruck fanden – widerstand er jedoch. Das Vereinigte Königreich war schnell bereit einzulenken, denn faktisch hatten die USA durch die amerikanischen Siedler bereits die Kontrolle in einem großen Teil der Region gewonnen, der Rest wäre nur mit hohem Aufwand zu verteidigen gewesen. Ein Vertrag, der im Juli 1846 geschlossen wurde, teilte Oregon dann entlang des 49. Breitengrades und legte damit die Nordgrenze der USA fest.

Währenddessen wurde John Slidell nach Mexico entsandt, um die Streitigkeiten mit Mexiko zu lösen. Zugleich sollte er über den Erwerb von New Mexico und Kalifornien verhandeln. Da aber die Beziehungen zwischen Mexiko und den Vereinigten Staaten wegen der Annexion von Texas bereits zerrüttet waren und eine Zustimmung zum Verkauf dieser Gebiete bedeutet hätte, fast die Hälfte des Landes aufzugeben – das wäre einem politischen Selbstmord gleichgekommen –, wurde Slidell in der mexikanischen Hauptstadt nicht empfangen. Verärgert über die Nachrichten, die er von seinem Abgesandten erhielt, schickte Polk im Januar 1846 Truppen unter dem Kommando von General Zachary Taylor in das umstrittene Gebiet zwischen Rio Grande und Nueces River. Dem Präsidenten musste deutlich gewesen sein, dass dies eine Reaktion Mexikos herausfordern würde, denn aus mexikanischer Sicht war dies ein direkter Übergriff auf dessen

Hoheitsgebiet. Es kam zu einem Gefecht, bei dem sechzehn amerikanische Soldaten verwundet oder getötet wurden. Am 11. Mai 1846 schickte der Präsident daraufhin eine Botschaft an den Kongress, in der er verlangte, dass dieser Mexiko den Krieg erkläre, weil mexikanische Truppen amerikanisches Territorium überfallen und amerikanisches Blut vergossen hätten. Er machte zugleich deutlich, dass es ihm in diesem Krieg nicht nur um die Verteidigung amerikanischen Gebietes, sondern vielmehr um die Aneignung von Kalifornien und New Mexico ging. Viele Abgeordnete im Parlament vermuteten hinter diesen Schachzügen eine Verschwörung der Sklaveneigner, um die Sklaverei auszudehnen, und der gerade neu ins Abgeordnetenhaus gewählte Abraham Lincoln legte den Finger auf die Wunde der fadenscheinigen Kriegsgründe, indem er den Präsidenten aufforderte, ihm zu zeigen, an welcher Stelle des amerikanischen Bodens genau denn amerikanisches Blut vergossen worden sei.

Amerikanische Truppen griffen an mehreren Fronten gleichzeitig an. Die Generäle John C. Frémont und Stephen W. Kearny führten den Krieg in Kalifornien und Mexiko relativ schnell zu Ende; es waren kaum mexikanische Truppen vorhanden, die gegenüber der konzertierten amerikanischen Aktion hätten Gegenwehr leisten können. In Kalifornien wurde die »Bear Flag Republic« ausgerufen, die innerhalb kürzester Zeit von den Vereinigten Staaten annektiert wurde. Im nördlichen Teil von Mexiko bewegte sich General Zachary Taylor mit seinen Truppen auf Monterrey zu, und die mexikanischen Einheiten ergaben sich. Regelmäßig siegten amerikanische Streitkräfte, trotz der zahlenmäßigen Überlegenheit der mexikanischen Truppen: Sie konnten die bessere Artillerie, Bewaffnung und Organisation aufweisen, ihre Offiziere waren besser ausgebildet, und eine gut organisierte Logistik sorgte dafür, dass die Truppen ausreichend mit Nachschub versorgt wurden.

Im März 1847 besetzten amerikanische Einheiten die Hafenstadt Veracruz und konnten im September 1847 sogar die Hauptstadt Ciudad de México einnehmen. Der Krieg endete mit der Unterzeichnung des Vertrages von Guadalupe Hidalgo am 2. Februar 1848. Mexiko musste mehr als die Hälfte seines Gebietes an die USA abtreten (das heutige Arizona, Kalifornien, New Mexico, Texas und Teile von Colorado, Nevada und Utah) und erhielt hierfür einen Betrag von fünfzehn Millionen Dollar. Zudem wurden mexikanische Schulden in Höhe von zwei Millionen Dollar übernommen. In dem Krieg starben insgesamt etwa 12000 amerikanische Soldaten, davon etwa 1800 bei Gefechten durch Feindeinwirkung; die anderen starben durch Krankheiten wie das grassierende Gelbfieber. Ungeachtet der Opfer an Menschenleben fand dieser Krieg im Westen der Vereinigten Staaten große Zustimmung und heizte einen beginnenden Nationalismus und ein bereits bestehendes Überlegenheitsgefühl gegenüber Mexikanern und den Ureinwohnern Nordamerikas weiter an. Die Beziehungen zwischen Mexiko und den USA waren durch diese Ereignisse auf lange Zeit zerrüttet; junge Kadetten, die bei der Verteidigung von Mexico-Stadt zu Tode kamen, werden auch heute noch alljährlich am »Día de los Niños Héroes de Chapultepec« geehrt.

Das Problem – das sich auch schon fast unmittelbar nach dem Erwerb des Louisiana-Gebietes gezeigt hatte –, ein Gleichgewicht der sklavenhaltenden und der »freien« Staaten im Kongress zu bewahren, hatte sich mit diesen neu angeeigneten Gebieten natürlich keineswegs erledigt, sondern noch zusätzlich verschärft. Eine Zwischenlösung schien das sogenannte »Wilmot Proviso« zu bieten: es besagte, dass Texas als letzter Sklavenstaat aufgenommen werden sollte, aus den neuen Gebieten dann aber nur noch sklavenfreie Staaten gebildet werden würden. Der Vorschlag wurde im Abgeordnetenhaus angenommen, aber den Senat passierte er nicht. In den Südstaaten war man außer sich: Offensichtlich war man im Abgeordnetenhaus – wo die Mehrheitsverhältnisse immer mehr zu Gunsten des Nordens verschoben worden waren – bereit, rücksichtslos gegen die Interessen der Südstaaten vorzugehen. Im Süden wurde argumentiert, dass Sklaven Eigentum seien, dass Eigentum durch die Verfassung geschützt sei und dass daher auch diese Form des Eigentums nirgendwo in der Union verboten sein dürfe. Mit dieser Argumentation wurde sogar der nur mühsam errungene Missouri-Kompromiss von 1820 wieder in Frage gestellt. Die Wahl von 1848, bei der Polk nicht mehr antrat und die der von der Whig Party nominierte Zachary Taylor (der im Krieg gegen Mexiko berühmt geworden war) für sich gewann, kreiste daher auch um diese Themen.

In der Zwischenzeit war in Kalifornien im Vorgebirge der Sierra Nevada Gold gefunden worden. Im Dezember 1848 erreichte die Neuigkeit die Ostküste der USA und setzte eine beträchtliche Migrationswelle in Richtung Westen in Gang. Auf dem Weg, den zuvor schon Mormonen und Siedler, die nach Oregon und Kalifornien gezogen waren, beschritten hatten, versuchten im Jahr 1850 mehr als 44 000 Menschen die Westküste zu erreichen; zwei Jahre zuvor waren es nur vierhundert gewesen. Weiße Prospektoren, Glücksritter, Mexikaner, freie Afroamerikaner und Sklaven versuchten Gold zu finden. Nur wenigen gelang es, auf sich allein gestellt auf einen großen Goldfund zu stoßen, oft schlossen sich mehrere Goldsucher zusammen und nutzten die gemeinsamen nun größeren Ressourcen. Häufig mussten jedoch Finanziers für die zunehmend kapitalintensiveren Abbaumethoden gefunden werden, nachdem die wenigen leicht zu erreichenden Goldvorkommen in kurzer Zeit erschöpft waren. Es bildeten sich zwar leidlich schnell eigene, teilweise auch demokratische Strukturen heraus, die das Zusammenleben der Goldsucher regelten, aber die Forderung nach einer starken Zivilverwaltung und der schützenden Hand der amerikanischen Regierung, die diesen Ruf gerne aufnahm, wurde schnell laut.

Viele Bürger im Süden des Landes mögen gehofft haben, dass Taylor sich für den Erhalt der Sklaverei einsetzen würde. Für den Präsidenten war jedoch wichtiger, dass Kalifornien und New Mexico möglichst schnell als Staaten Teil der Union werden würden. Dann, so kalkulierte der neue Präsident, hätten sie als Staaten das Recht, die Sklaverei für illegal zu erklären, wie dies allgemein erwartet wurde. Diese Lösung ähnelte einem Vorschlag, der bereits debattiert wurde: man würde es einer Volksabstimmung überlassen, ob die Sklaverei in einem neuen Bundesstaat legal sein sollte oder nicht. In diesem Fall gab es allerdings einen entscheidenden Unterschied: Da New Mexico und Kalifornien nicht erst zu Territorien der USA gemacht würden, sondern gleich als Staaten der Union beitraten, musste der Kongress sich nicht zur Frage der Sklaverei in diesen Gebieten äußern. So, hatte Taylor gehofft, könnte sich eine weitere Kontroverse vermeiden lassen und gleichzeitig das Recht der Einzelstaaten, über Sklaverei oder deren Verbot zu entscheiden, gestärkt werden. Es hätte am Ende aber bedeutet, dass sowohl Kalifornien als auch New Mexico als sklavenfreie Staaten der Union beitreten würden. Im Süden der Republik nährte dies die Furcht, dass die Balance im Senat ins Ungleichgewicht geraten würde. Dann wäre die letzte Barriere gefallen, die die Herrschaft des Nordens über den Süden noch aufhielt, dann würde die Sklaverei möglicherweise alsbald durch den Kongress abgeschafft werden. Als Taylor am 9. August 1850 starb und der Vizepräsident, Millard Fillmore, wie es die Verfassung vorschrieb, sein Amt unmittelbar übernahm, hatte er durch sein Taktieren seinen Einfluss im Kongress zu einem großen Teil verloren.

Es konnte allerdings ein Kompromiss gefunden werden, der die Wogen vorerst zu glätten schien. Henry Clay, der Führer der Whig Party im Kongress, schlug vor, dass Kalifornien als sklavenfreier Staat aufgenommen und der Rest der von Mexiko erhaltenen Gebiete in zwei Territorien, Utah und New Mexico, aufgeteilt würde. Hier sollte die Bevölkerung entscheiden, ob in einem Staat die Sklaverei erlaubt oder verboten sein würde. Darüber hinaus sollte ein Teil des westlichen Texas an New Mexiko abgetreten werden, so dass sich aus dem nun größeren Territorium zwei überlebensfähige Staaten bilden ließen. Im Gegenzug solle der Bund die Schulden von Texas übernehmen. Im District of Columbia, in dem die Hauptstadt Washington lag, könne Sklaverei zwar weiterhin erlaubt sein, aber der Handel mit Sklaven solle verboten werden. Damit wurde dem Argument Rechnung getragen, dass Besucher aus dem Ausland – die meisten anderen Nationen hatten die Sklaverei längst abgeschafft – eine schlechte Meinung von den Vereinigten Staaten bekämen, wenn sie beim Besuch der Hauptstadt erleben müssten, dass auf offener Straße Menschen gekauft und verkauft würden. Im Gegenzug, schlug Clay vor, sollten die Gesetze für die Rückführung entlaufener Sklaven verschärft werden. Ein erster Versuch, diese einzelnen Vorschläge als ein Gesamtpaket durch den Kongress zu bringen, scheiterte, aber nachdem Taylor gestorben war und so ein entschiedener Gegner des Kompromisses ausschied, konnten die Vorschläge, über die mit wechselnden Mehrheiten einzeln abgestimmt wurde, angenommen werden.

Allen Beteiligten war jedoch deutlich, dass hier keine dauerhafte Lösung angeboten wurde, sondern nur ein Aufschub für eine endgültige Klärung erreicht worden war. Insbesondere das Gesetz über die entlaufenen Sklaven, der *Fugitive Slave Act*, wurde in den Nordstaaten vielfach mit Entsetzen aufgenommen. Hier war festgelegt worden, dass es bei Verhandlungen darüber, ob ein Afroamerikaner als entlaufener Sklave betrachtet werden musste, keine Geschworenen mehr geben sollte, dass die vermeintlich entlaufenen Sklaven in dem Verfahren, das über ihr Schicksal entschied, keine Aussagen machen durften, dass über die Verbringung in die Sklaverei also nur auf der Grundlage der Aussage des Anspruchstellers entschieden wurde. Zudem wurden Richter, wenn sie ein Urteil zu Gunsten des Sklavenhalters fällten, mit zehn Dollar entlohnt, wenn sie für den Afroamerikaner entschieden, erhielten sie nur die Hälfte; Richter, die ihr Einkommen im Auge hatten, konnten daher allzu geneigt sein, nicht unparteiisch zu entscheiden. Der Widerstand gegen die Durchsetzung des Gesetzes führte in Neuengland zu Protesten und zu Ausschreitungen. So versuchte beispielsweise eine aufgebrachte Menschenmenge in Boston, Anthony Burns zu befreien, der in die Sklaverei zurückgebracht werden musste. Es war der Einsatz von Bundestruppen notwendig, um einen Aufruhr von 50000 Protestierenden im Zaum zu halten. Das Auftauchen von Sklavenjägern in den Nordstaaten machte nun jedoch erneut und verstärkt deutlich, dass die Sklaverei nicht nur ein Problem des Südens, sondern ein nationales Problem war.

Auch nachdem Franklin Pierce 1852 zum Präsidenten gewählt wurde, nahmen die Spannungen nicht ab. Pierce hatte hinter Versuchen gestanden, Kuba zu annektieren, und man traute ihm offensichtlich zu, auch im fernen Westen sklavenhaltende Staaten zuzulassen. Der sogenannte *Gadsden Purchase*, der Ankauf eines Streifens Land von Mexiko an der Südgrenze der USA, um den möglichen Bau einer Eisenbahnlinie zu erleichtern, wäre 1853 fast nicht ratifiziert worden, weil man eine weitere Verschwörung der Sklavenhalter befürchtete. Im *Kansas-Nebraska Act* von 1854 wurden dann die wesentlichen Elemente des Kompromisses von 1850 wiederaufgenommen: Der Missouri-Kompromiss wurde für nichtig erklärt und die Möglichkeit, dass die Bevölkerung über die Einführung oder das Verbot der Sklaverei entscheiden solle, an seine Stelle gesetzt. Das bis zu diesem Zeitpunkt noch nicht organisierte Territorium wurde in zwei Teile geteilt, das Kansas Territory und das Nebraska Territory. Versuche von Sklavereigegnern und Sklavereibefürwortern, jeweils ihren Willen in Kansas durchzusetzen, führten zu blutigen Auseinandersetzungen wie beispielsweise den Überfällen des militanten Abolitionisten John Brown, der verurteilt und gehängt wurde, nachdem er 1859 das Zeughaus in Harpers Ferry im heutigen West Virginia geplündert hatte. Zwei miteinander konkurrierende Parlamente wurden in dem neu zu konstituierenden Bundesstaat eingerichtet, die beide für sich in Anspruch nahmen, für Kansas und seine Bevölkerung zu sprechen. Im Rückblick mutet die Situation in Kansas, die als »Blutendes Kansas«, »Bleeding Kansas«, in die Geschichte eingegangen ist, wie ein Vorgefecht zu dem Konflikt an, welcher 1861 die Nation teilen und in einen blutigen Bürgerkrieg stürzen sollte, der so viele amerikanische Opfer forderte wie nie zuvor oder seitdem ein Krieg in der amerikanischen Geschichte.

Alles schien auf ein Auseinanderbrechen der Union zuzulaufen. Ähnliche Entwicklungen hatte es schon zuvor gegeben, aber ein endgültiger Bruch konnte jeweils abgewehrt werden. Bereits bei der verfassunggebenden Versammlung von 1787 hatte South Carolina gedroht, die Union zu verlassen, wenn in der neuen Republik die Sklaverei eingeschränkt würde oder wenn die Anzahl der Sklaven nicht zumindest teilweise bei der Einteilung von Wahlbezirken für das Repräsentantenhaus berücksichtigt würde. Während des Krieges von 1812 hatte es Überlegungen in den Staaten Neuenglands gegeben, sich aus dem Verbund der Union zu lösen, und 1832 drohte wieder South Carolina aus dem föderalen System auszuscheren, wenn nicht die hohen Schutzzölle zurückgenommen würden. Kulturelle Unterschiede zwischen Nord und Süd hatten bereits während der Kolonialzeit existiert, waren durch die Revolution und die Schaffung der USA nicht nivelliert worden und vertieften sich während der Dekaden vor dem Bürgerkrieg. Im Norden entwickelte sich eine Industriegesellschaft, die auf Pünktlichkeit, Neugier, Erfindungsgeist, Selbstkontrolle, Glaubenszuversicht und Vorwärtsstreben aufgebaut war. Hunderttausende Einwanderer waren in das Land geströmt und hatten eine multiethnische und multikulturelle Gesellschaft geprägt, die immer mehr das Individuum und das Streben des Einzelnen in den Mittelpunkt stellte. Im Süden hingegen basierten Wirtschaft und soziales System auf der Landwirtschaft und der Sklaverei. Paternalismus, Gastfreundschaft, Respekt vor Höhergestellten, Mut und vor allem die Verteidigung der Ehre prägten den Süden. Zunehmend schwand das Gefühl, dass sich die beiden Teile des Landes noch denselben Zielen verschrieben hatten; die Menschen im Süden misstrauten denen im Norden – und umgekehrt. Die Entwicklungen seit der Jahrhundertwende, forciert durch die Notwendigkeit, die neuen Gebiete in das politische Gleichgewicht zwischen Norden und Süden einzufügen, vergifteten die politische Kultur der Nation, so dass einer »imaginierten Gemeinschaft« zusehends der Boden entzogen wurde.

Ein weiterer Stein in diesem Mosaik der Entfremdung war die Entscheidung des Supreme Court im Fall Dred Scott. Scott war ein Sklave aus Missouri, der eine Weile mit seinem Herrn in Illinois und Wisconsin, also in sklavenfreien Gebieten, gelebt hatte. Er klagte nun, dass sein Herr ihn freigeben müsse, weil er durch den Aufenthalt in diesen Gebieten zu einem freien Mann geworden wäre. Der Supreme Court entschied, den Fall nicht zur Verhandlung anzunehmen. Scott könne das Gericht gar nicht anrufen, weil Afroamerikaner keine Bürger der Vereinigten Staaten von Amerika seien könnten. Sklaven seien als Eigentum zu betrachten, und Eigentum sei durch die Verfassung geschützt. Darüber hinaus urteilte das Gericht, dass sowohl der Missouri-Kompromiss wie auch frühere Entscheidungen des Kongresses, Gebiete als sklavereifrei zu deklarieren, nicht mit der Verfassung konform gingen. Der Kongress habe keine Befugnis, die Sklaverei auf dem Territorium der USA zu verbieten. Abolitionisten stimmten sofort überein, dass die Macht der Sklavenhalter dieses Urteil erzwungen habe. Radikale Südstaatler hingegen waren mit dem Urteil sehr zufrieden, weil hier ihre maximalen Ziele und Ansichten unterstützt wurden. Zugleich aber zerstörte das Urteil des Supreme Court jegliche Chance, einen Kompromiss auszuhandeln, denn selbst die Möglichkeit, dass die Bevölkerung darüber entscheiden könnte, ob ein Staat sklavereifrei oder nicht sein solle, schied nach dem Urteil aus.

Die Debatte über die Zukunft der Sklaverei und damit über die Zukunft der Union hatte damit einen Kulminationspunkt erreicht. Sie machte einen beträchtlichen Teil des teilweise sehr hitzigen öffentlichen Diskurses aus und stand daher im Zentrum vieler Wahlkampfdebatten. Auch bei dem Wettbewerb um den Senatorensitz für den Staat Illinois zwischen Abraham Lincoln und Stephen A. Douglas im Jahre 1858 spielte diese Frage eine zentrale Rolle. Douglas hatte den *Kansas-Nebraska Act* auf den Weg gebracht und glaubte auch nach dem Urteil des Supreme Court im Fall Dred Scott noch, dass Kompromisse möglich seien und die Bevölkerung in den einzelnen Staaten selbst über die Zulassung der Sklaverei entscheiden könne. Lincoln hingegen argumentierte, dass mit der Wahlmöglichkeit der Bevölkerung eine Ausweitung der Sklaverei beabsichtigt sei. Er hielt die Sklaverei für ein moralisches, soziales und politisches Übel und glaubte nicht, dass die Union überdauern könnte, wenn sie geteilt sei in sklavenhaltende und in freie Staaten. Er machte aber gleichzeitig deutlich, dass er sich nicht für die soziale oder politische Gleichstellung weißer und afroamerikanischer Menschen einsetzte.

Lincoln verlor zwar die Wahl zum Senator, aber seine eloquenten Debattenbeiträge machten ihn auf nationaler

Ebene bekannt und bereiteten den Boden für seine Bewerbung um das Amt des Präsidenten der USA. Schon im Vorfeld der Präsidentschaftswahl des Jahres 1860 wurde deutlich, dass eine Entscheidung über die Zukunft der Nation und der Sklaverei unausweichlich geworden war. Die Democratic Party spaltete sich auf in eine Northern Democratic Party, die Stephen A. Douglas nominierte, und eine Southern Democratic Party mit dem Kandidaten John C. Breckenridge, der sich für den Schutz des Sklavereisystems aussprach. Eine kurzlebige Partei mit dem Namen Constitutional Union schickte ebenfalls einen Kandidaten ins Rennen. Die wenige Jahre zuvor gegründete Republican Party – in der sich Teile der nach dem Kompromiss von 1850 zerfallenden Whig Party, der »Free Soil«-Bewegung und der »Know Nothing«-Bewegung sammelten – entsandte als Kandidaten Abraham Lincoln.

Lincoln vermied während des Wahlkampfes jeden Anschein, als wolle er das System der Sklaverei beenden. Das Wahlprogramm seiner Partei machte indes deutlich, dass deren Ausdehnung unterbunden werden sollte, dass die Republicans auf ein langsames Absterben des Sklavensystems setzten. Schutzzölle sollten die Industrie im Nordosten und Norden stärken, Bundeshilfen für die Verbesserung der Infrastruktur im Lande bereitgestellt werden, und jeder Siedler sollte 160 Acres (etwa 65 Hektar) öffentlichen Landes erhalten, wenn er dieses fünf Jahre lang erfolgreich bearbeitete. All diese Punkte waren schon zuvor Steine des Anstoßes zwischen dem Norden und dem Süden gewesen. Eine Sezession des Südens lag in der Luft, sollte Lincoln die Wahl gewinnen. Nachdem das Votum der Wähler deutlich geworden war, wurden die Drohungen in die Tat umgesetzt, und das Parlament des Staates South Carolina entschied am 20. Dezember 1860, aus der Union der Vereinigten Staaten von Amerika auszutreten.

Konsolidierung der Union und Aufstieg zur Industrienation und Weltmacht (1860–1898)

Bürgerkrieg und Rekonstruktion (1860–1877)

Der Sezession South Carolinas folgten in rascher Folge bis zum 1. Februar 1861, also noch bevor Lincoln überhaupt in sein Amt eingesetzt worden war, Alabama, Mississippi, Florida, Georgia, Louisiana und Texas. Am 4. Februar 1861 konstituierten sich diese Staaten zu den *Confederate States of America* und gaben sich eine Verfassung, die sich stark an den *Articles of Confederation* von 1777 orientierte und einen losen Staatenbund mit einer schwachen Zentralregierung vorsah. Jefferson Davis wurde Präsident. Die Südstaaten rechtfertigten ihre Sezession mit dem Argument, dass es sich bei den Vereinigten Staaten von Amerika um einen freiwilligen Zusammenschluss von einzelnen souveränen Staaten handele, die auch das Recht haben müssten, sich wieder aus diesem Verbund zu lösen. Allen Beteiligten war jedoch klar, dass der Rest der Union der Abspaltung nicht tatenlos zusehen würde. Zu diesem Zeitpunkt waren es nur die Staaten des tiefen Südens, die sich aus der Union gelöst hatten. Der obere Süden und die Grenzstaaten zum Norden widerstanden vorerst der Versuchung. Noch schien eine Kompromisslösung und eine Rückkehr in die Union möglich, auch wenn sich bereits andeutete, dass ein militärischer Konflikt möglicherweise unvermeidlich sein würde.

Der Süden war auf einen Krieg denkbar schlecht vorbereitet. Die Ökonomie basierte weitgehend auf der Plantagenwirtschaft, eine industrielle Fertigung, die sich mit dem Potenzial des Nordens hätte vergleichen lassen, war nicht vorhanden. Zudem war die Infrastruktur nur sehr wenig entwickelt. Für die Verschiffung der landwirtschaftlichen Produktion hatten zumeist die Wasserwege ausgereicht, und Eisenbahnlinien waren kaum gebaut worden. Der Bevölkerung von rund sechs Millionen Weißen in den Südstaaten standen 23 Millionen im Norden gegenüber.

Die ersten Schüsse in dem Konflikt fielen am 12. April 1861, als Bundestruppen versuchten, Fort Sumter, das in der Hafeneinfahrt von Charleston (South Carolina) lag, mit Lebensmitteln zu versorgen. Lincoln hatte deutlich gemacht, dass die Union das Fort nicht aufgeben würde, aber auch, dass nur Nahrungsmittel und nicht etwa Munition an die Besatzung des Forts überbracht würden. Der Präsident der *Confederate States* glaubte jedoch, die Souveränität des neuen Staates demonstrieren zu müssen, und ließ Fort Sumter beschießen. Die Garnison ergab sich am folgenden Tag. Auch wenn die militärischen Konsequenzen nicht bedeutend waren, so hatte der Angriff doch enorme politische Bedeutung: Lincoln hatte dem Süden eine Möglichkeit gegeben, die Souveränität des Nordens anzuerkennen und damit den Weg für einen politischen Kompromiss einzuschlagen. Zugleich hatte er dafür gesorgt, dass die aus seiner Sicht abtrünnigen Staaten den ersten Schuss abgaben. Lincolns Reaktion ließ nicht lange auf sich warten. Es wurde sehr schnell deutlich, dass der Präsident die Einheit der Union mit allen Mitteln bewahren wollte. Er erklärte, dass einige der Südstaaten gegen die Union rebelliert hätten, und forderte die verbleibenden Staaten der Union auf, Truppen zu stellen, um die Krise falls nötig mit militärischen Mitteln zu lösen. Daraufhin klärten sich die Fronten weiter: North Carolina, Tennessee und Arkansas schieden aus der Union aus und schlossen sich dem neuen Staatenbund an.

Nun war ein Krieg fast unausweichlich geworden. Keine der beiden Parteien vermutete jedoch, dass dieser Konflikt von langer Dauer sein würde. Im Norden etwa wurden zuerst nur 75000 Mann für einen Zeitraum von neunzig Tagen zu den Waffen gerufen, und auch der Süden stellte sich auf eine kurze Auseinandersetzung ein. Zunehmend setzte sich jedoch die Erkenntnis durch, dass der Süden von der Union erobert werden musste, um die Einheit der Nation wiederherzustellen. Die Südstaaten verfolgten als Kriegsziel die Bewahrung der proklamierten Unabhängigkeit. Dafür war die Verteidigung des eigenen Territoriums unabdingbar, aber auch Hilfe von außen, internationale Anerkennung und Unterstützung, war sehr bedeutsam.

Die militärische Mobilisierung und die Umstellung der Wirtschaft auf einen Krieg gingen auf beiden Seiten nur sehr schleppend voran. Sympathien und Loyalitäten für die eine oder für die andere Seite zogen sich quer durch Familien und Bevölkerungsgruppen. So war der spätere Oberkommandierende der Konföderation, Robert E. Lee, gegen eine Sezession. Er war jedoch zugleich nicht willens, gegen seinen Heimatstaat Virginia zu kämpfen, und verließ die Unionsarmee. Der Oberkommandierende der Unionstruppen, George B. McClellan, hingegen war ein Befürworter der Sklaverei. Auch wenn es im Rückblick den Anschein haben mag, es wäre in dem Konflikt um die Abschaffung der Sklaverei gegangen, so war doch den Zeitgenossen klar, dass der Krieg über die politische, wirtschaftliche und soziale Ausrichtung der USA entscheiden würde, dass die Sklaverei eher Symptom als Anlass war. Es waren unterschiedlich gewachsene gesellschaftliche Kulturen auf dem Boden der USA entstanden, die, wie Lincoln es formulierte, nebeneinander keine Zukunft in einem Staatsgebilde hatten. Und während man im Süden von der friedlichen Koexistenz zweier Nationen träumte, war man in der Union davon überzeugt, dass zwei separate Staaten auf dem nordamerikanischen Kontinent kaum überlebensfähig sein würden.

Den unterschiedlichen Kriegszielen entsprechend wurden Strategien der Kriegführung entworfen. Die Union musste den Kampf auf das Gebiet der Südstaaten tragen und plante, die konföderierten Staaten entlang des Mississippi zu zerschneiden, mit einer Seeblockade dem Süden die wirtschaftliche Grundlage und den Nachschub zu nehmen und ihn dann durch militärischen Druck auf Virginia zum Einlenken zu zwingen. Den *Confederate States* lag es hauptsächlich daran, das eigene Territorium zu verteidigen, aber man stellte sich hierbei auf eine Vorwärtsverteidigung ein: Die Kriegsschauplätze sollten in die nördlichen Randstaaten der Union gelegt werden, nach Maryland und Pennsylvania; das würde das eigene Land vor Verwüstungen bewahren. In den zur Union gehörenden Grenzstaaten, zu denen neben Maryland auch Kentucky, Missouri und Delaware gehörten, und in Teilen Virginias spiegelte sich die Zerrissenheit des Landes deutlich wider. In Maryland wurde der nicht unbeträchtliche Anteil an Sezessionisten unterdrückt, in Kentucky kam es zu schweren internen Kämpfen, in Missouri tobte fast vier Jahre lang ein brutaler Bürgerkrieg, und der Westen Virginias, der nicht bereit gewesen war sich von der Union zu trennen, wurde 1863 zu einem eigenen Staat.

Die Armeen, die auf beiden Seiten der Frontlinie aufgestellt wurden, waren um ein Vielfaches größer, als man es bisher in den USA gekannt hatte. Zu Beginn des Krieges verließ man sich auf beiden Seiten zunächst auf Freiwillige, die lokal organisiert und von eigenen Offizieren geführt wurden. Der Bedarf an Soldaten war jedoch bald im Süden und im Norden um einiges höher als die Anzahl derer, die sich freiwillig gemeldet hatten. Im Jahr 1862 erließen die Südstaaten daher das erste Wehrpflichtgesetz in der Geschichte der Vereinigten Staaten. Der Ausschluss einiger Berufe von dieser Wehrpflicht, die Möglichkeit, Ersatzleute zu stellen, oder die Bestimmung, dass jemand, der mindestens zwanzig Sklaven besaß, keinen Dienst an der Waffe leisten musste, brachte viele Bürger der Südstaaten gegen dieses Gesetz auf. Im Jahr 1863 sah sich auch die Union genötigt, ein Wehrpflichtgesetz einzuführen.

Auch hier führten ein kompliziertes Quotensystem und die Möglichkeit, Ersatzleute zu stellen oder die militärische Pflicht zurückzustellen, zu scharfer Kritik und zu Protesten. In New York und an anderen Orten kam es zu Aufständen und Arbeiterunruhen. Der Volkszorn richtete sich auch gegen die Partei Lincolns. Es wurden die Häuser vermögender Republikaner ausgeraubt, und freie Afroamerikaner, die man für Streikbrecher hielt, wurden gelyncht. Solche Unruhen wurden oft mit Hilfe von Bundestruppen unterdrückt. Insgesamt war jedoch der Anteil der Wehrpflichtigen, die tatsächlich in den Streitkräften kämpften, eher gering.

Da für die Nordstaaten der wichtige heimische Markt in den Südstaaten nach 1861 wegfiel, kam es im Norden am Anfang des Krieges zu einer wirtschaftlichen Depression, die aber durch die Militärausgaben der Union und durch eine enge Zusammenarbeit zwischen Bundesregierung und Wirtschaft recht schnell überwunden werden konnte. Insbesondere die Eisenbahnen und die Schwerindustrie profitierten in dieser Zeit, und Männer wie Jay Gould, John M. Forbes und John D. Rockefeller häuften Vermögen an. Regulierungen der Bundesregierung, wie beispielsweise die Standardisierung der Spurweite, halfen dem Norden bei der Kriegführung, denn so konnten Truppen leichter verlegt und der Nachschub einfacher herangebracht werden. Diese Regelungen führten zu einer Modernisierung der Wirtschaft im Norden. Sie halfen den Krieg zu führen und waren nach dem Ende des Bürgerkrieges die Grundlage für das rapide Wirtschaftswachstum nach 1870.

Trotz der relativen Überlegenheit des Nordens konnten die Unionstruppen in den ersten Kriegsjahren keinen entscheidenden Vorteil erringen. Schon bei der ersten Schlacht bei Bull Run im Juli 1861 mussten die Offiziere der Unionsarmee feststellen, dass der Gegner eine schlagkräftige Streitmacht aus kampfeswilligen Soldaten aufgestellt hatte, in der Lage war, strategisch klug zu operieren und die Truppen zu verstärken. Der erwartete leichte Sieg wurde nach einem anfänglichen Erfolg ins Gegenteil verkehrt, und die Streitkräfte der Union wurden zurückgedrängt. Viele Schaulustige aus der Hauptstadt, die in offenen Kutschen zum Schlachtfeld angereist waren, in der Vermutung, sie würden einer schnellen Niederlage der Südstaaten beiwohnen, wurden eines Besseren belehrt und mussten mit den Soldaten der Union in Richtung Norden fliehen.

Obwohl es Fortschritte in der Waffentechnik gegeben hatte – so wurden beispielsweise Revolver benutzt, einige Soldaten waren mit Repetiergewehren ausgerüstet, Patronen wurden eingeführt, und gezogene Läufe erhöhten die Schießgenauigkeit –, hatte dies kaum Einfluss auf das Kriegsgeschehen. Die grundlegende militärische Taktik glich der des Unabhängigkeitskrieges und setzte weiterhin auf massive Angriffe von Reihen von Soldaten, die sich aufeinander zu bewegten, in mehreren Reihen schossen und luden, und sich zurückzogen oder flohen, wenn es zu viele Opfer gegeben hatten oder die Offiziere ihre Mannschaften nicht mehr aufhalten konnten. Die Verbindung zwischen besseren und schnelleren Waffen und dieser Taktik erklärt die sehr hohen Opferzahlen in den einzelnen Schlachten des Bürgerkrieges.

Die erste massive Kampagne, die *Peninsula Campaign*, die den Krieg in den Süden trug, führte zur Belagerung von Yorktown in Virginia und zum Angriff auf Richmond in South Carolina durch Unionstruppen von April bis Juli 1862. Auch die Südstaaten-Armee hatte bei Cedar Mountain, bei Bull Run und dann im September bei Antietam Erfolge zu verbuchen. Ein Grund dafür, dass die Union in dieser Zeit offensichtlich nicht in der Lage war, ihre Überlegenheit auszuspielen, waren zögerlich agierende Generäle. Präsident Lincoln, nach der Verfassung der Oberkommandierende der Streitkräfte, forderte seine Offiziere immer wieder zu aktiverem Vorgehen auf und wechselte mehrmals Kommandeure aus. Auch McClellan, der innerhalb kurzer Zeit immerhin eine disziplinierte Armee aus den unterschiedlichsten Freiwilligenverbänden geschaffen hatte, taktierte vorsichtig und brachte nicht die Siege, die Lincoln forderte.

Eine Offensive der konföderierten Truppen bei Antietam konnte nur knapp aufgehalten werden. Ein Sieg der Union wäre möglich gewesen, hätte McClellan alle Kräfte in den Kampf geworfen; trotzdem starben in dieser Schlacht mehr Soldaten als im gesamten Krieg gegen Mexiko. In den westlichen Landesteilen verlief der Krieg eher zu Gunsten der Union. New Orleans wurde von der See her eingenommen, und Truppen konnten mississippiaufwärts entsandt werden, während andere Verbände das westliche Kentucky und Tennessee eroberten und von dort, in dem Versuch, die westlich des Mississippi gelegenen Teile der Konföderation von den östlichen abzuschneiden, den Mississippi hinab vordrangen.

Um ihren andauernden Kampf international zu legitimieren und dann eventuell auf die Unterstützung anderer Nationen zurückgreifen zu können, hatten die Südstaaten auf eine schnelle Anerkennung der neuen Republik durch Frankreich und Großbritannien gehofft. Großbritannien versuchte man mit dem vermeintlichen Faustpfand Baumwolle für sich zu gewinnen: Der Export von Baumwolle, von der die Konföderation annahm, dass Großbritannien sie für die Tuchindustrien Großbritanniens dringend benötigte, wurde mittels der Seeblockade durch die Nordstaaten verhindert. Das Vereinigte Königreich, das über eine überwältigende Seestreitmacht verfügte, würde sich daher, um die Versorgung mit Baumwolle zu sichern, auf die Seite der Südstaaten stellen und die Seeblockade der Union zerschlagen. Diese Hoffnung wurde zeitweise genährt, als ein Kriegsschiff der Union ein britisches Schiff aufbrachte, auf dem sich Abgesandte der Südstaaten auf dem Weg nach England befanden. Der Vorfall ereignete sich auf hoher See und konterkarierte die stetige Forderung der Vereinigten Staaten nach Neutralität der Schifffahrt in internationalen Gewässern. Die Proteste Großbritanniens waren vehement, und die Abgeordneten wurden bald wieder freigelassen. Zusätzlich belastet wurden die Beziehungen zwischen Großbritannien und der Union durch britische Pläne, zwei eisenbeschlagene Schiffe an die Konföderation zu verkaufen. Ein Erfolg der sogenannten »Baumwoll-Diplomatie« wäre eventuell möglich gewesen, hätten nicht die guten Baumwollernten der vergangenen Jahre zu vollen Lagern im Königreich geführt. Zudem konnten die Einfuhrausfälle durch Lieferungen aus Indien und Ägypten ausgeglichen werden, die nun hochwertiges Rohmaterial an die Spinnereien und Webereien im Königreich sandten.

Obwohl es im Bürgerkrieg nicht um die Befreiung der Sklaven, sondern im Kern um den Erhalt der Union oder um das Recht, aus dieser austreten zu können, gegangen war, rückte die Sklaverei zunehmend in das Zentrum auch bei der Kriegführung. Im August 1861 erließ die Union den *Confiscation Act*, der Sklaven zur Konterbande erklärte. Eine Befreiung war dies nicht, denn das Gesetz maß den Sklaven im Gegenteil die Eigenschaft von kriegswichtigen Waren wie etwa Schießpulver oder Uniformen zu. Im Sommer 1862 folgte ein zweites, gleichnamiges Gesetz, das bestimmte, dass Sklaven, die hinter die Linien der Union gelangten, »für ewig frei« sein sollten. Aber hier ging es der Union nicht unmittelbar um die Befreiung der Sklaven, sondern darum, den Gegner zu schwächen. Das Versprechen, dass Sklaven frei würden, wenn sie flohen, führte zu einer erheblichen Störung der Wirtschaft in den Südstaaten. Die Nachricht von diesem Gesetz verbreitete sich über die informellen Kommunikationswege der Sklaven, und viele versuchten, ihren Herren hinter die Linien der Unionstruppen zu entkommen. Auf vielen Plantagen und Farmen führte dies zu Arbeitskräftemangel. Mehr weiße Männer, die eigentlich als Soldaten gebraucht wurden, mussten eingesetzt werden, um die Sklaven zu bewachen. Nur einige Monate später, am 22. September 1862, erließ Präsident Lincoln dann die *Emancipation Proclamation*. Dort hieß es, dass ab dem 1. Januar des folgenden Jahres alle Menschen, welche als Sklaven in Staaten gehalten würden, die sich noch im Kriegszustand mit der Union befänden, frei seien. Aber selbst diese Proklamation bedeutete noch immer nicht eine generelle Sklavenemanzipation, was bis heute oft missverstanden wird: Sklaven, die in den Grenzstaaten und in den bereits besetzten Gebieten lebten, fielen nicht unter diese Regelung. Zugleich aber erhob die Proklamation die Sklavenbefreiung zum Kriegsziel und kennzeichnete den Moment, in dem das unwiederbringliche Ende der Sklaverei in den USA bevorstand. Sklaven in den Südstaaten hatten nun einen weiteren Anlass, ihren Herren zu entfliehen, oder konnten nun selbst auch auf andere Weise, durch Arbeitsverweigerung und Sabotage in der eigenen Region, zu ihrer eigenen Befreiung beitragen. Das Ende der *Confederate States of America* war gleichbedeutend mit dem Ende der Sklaverei geworden. Alle Hoffnungen, die in den Südstaaten noch gehegt worden sein mochten, potente internationale Unterstützung aus Europa zu erlangen, zerschlugen sich nun. Großbritannien und Frankreich, die die Sklaverei längst abgeschafft hatten, war es nach der Proklamation unmöglich geworden, die Südstaaten diplomatisch anzuerkennen, weil sie damit zugleich das System der Sklaverei sanktioniert hätten.

Trotz dieser Anreize gab es in den Südstaaten bis zum Ende des Bürgerkrieges 1865 keine flächendeckende Revolte der Sklaven gegen ihre Herren, obwohl bei einem Verhältnis von sechs Millionen Weißen gegenüber drei Millionen Sklaven ein solcher Aufstand durchaus erfolgversprechend gewesen wäre. Sklaven hatten leidvolle Erfahrungen mit gebrochenen Versprechen und der brutalen Niederschlagung von Aufständen gemacht, suchten ihre Freiheit eher im passiven Widerstand und in der Flucht als im bewaffneten Aufstand; etwa 500000 von ihnen entkamen bis 1865 in den Norden. Sie trafen dort jedoch auf eine Gesellschaft, die nicht unbedingt antirassistisch war oder sie gar mit offenen Armen aufnahm. Obwohl 186000 Afroamerikaner in der Nordstaatenarmee Dienst taten und sich im Kampf bewiesen, war Rassismus auch hier allgegenwärtig. Integrierte Einheiten gab es nicht, und afroamerikanische Soldaten wurden von weißen Offizieren geführt. Schwarze Regimenter wurden teilweise in besonders prekären Situationen eingesetzt und hatten hohe Verluste zu verzeichnen. Afroamerikaner in den Diensten der Unionstruppen gingen zudem ein besonderes Risiko ein: wurden sie gefangen genommen, so behandelte man sie nicht etwa wie normale Kriegsgefangene, sondern sie wurden (teilweise wieder) in die Sklaverei geschickt oder auch gleich exekutiert. Dass der Präsident der Konföderation 1864 vorschlug, Sklaven als Soldaten in die Reihen der Armee aufzunehmen, war ein Zeichen des verzweifelten Mangels an Soldaten in der Südstaaten-Armee. Und obwohl den Sklaven, sollten sie den Krieg überleben, die Freiheit versprochen wurde, war dies keineswegs ein Zeichen für das Abrücken von der Sklaverei. Die Vorstellung, eine größere Anzahl von Sklaven zu bewaffnen, war in den Südstaaten selbst in der prekären Situation der drohenden Niederlage mit so vielen rationalen und irrationalen Befürchtungen verbunden, dass der *Confederate Congress* erst 1865 einer Bewaffnung von 200000 Sklaven zustimmte. Wirksam wurde dieser Akt der Verzweiflung jedoch vor Ende des Krieges nicht mehr.

Erst zwei Jahre nach Beginn des Krieges, im Jahr 1863, konnte die Union erste Erfolge erzielen. Bei Chancellorsville (Virginia) siegte die Südstaaten-Armee unter Lees Kommando und stieß dann gegen Maryland und später

Pennsylvania vor. Bei Gettysburg in Pennsylvania kam es in den ersten drei Tagen des Monats Juli zur entscheidenden Schlacht. Unter der Führung von George G. Meade konnten die Unionstruppen Lees Armee zurückwerfen. Die Schlacht forderte in diesen drei Tagen fast 50 000 Tote, Verletzte und Vermisste auf beiden Seiten. Lee verlor etwa ein Drittel seiner Armee und war nach seinem Rückzug in der Defensive. Das Schlachtfeld von Gettysburg wurde noch im November 1863 von Präsident Lincoln besucht. Dort hielt er eine kurze, eindrucksvolle Rede, die in die Annalen der politischen Rhetorik der USA eingegangen ist und in der er sagte, dass die USA eine Neugeburt der Freiheit erleben würden und dass die Regierung des Volkes, durch das Volk, für das Volk nicht vom Erdball verschwinden würde.

Fast gleichzeitig mit dem Rückzug Lees konnten Unionstruppen unter dem Kommando des Generals Ulysses S. Grant die Stadt Vicksburg (Mississippi) einnehmen und somit die Kontrolle über den Mississippi übernehmen. Grant erkannte, dass nur unablässige Offensiven die Armee der Konföderation in die Knie zwingen konnten. Massive Angriffe in Virginia, die mit hohen Opferzahlen einhergingen, zwangen Lee schließlich zum Rückzug in das befestigte Petersburg. Gleichzeitig hatte General William T. Sherman die konföderierten Truppen in Georgia von Tennessee her angegriffen und Atlanta im September 1864 eingenommen. In dem dann folgenden »Marsch zum Meer« versuchte Sherman die Moral des Südens zu brechen, indem seine Armee eine Spur der verbrannten Erde, der weitreichenden Zerstörung des Eisenbahnnetzes, der Farmen und Plantagen hinterließ und die Sklaven befreite. Er erreichte Savannah im Dezember und wandte sich nach Norden. Währenddessen setzte Grant seine Belagerung von Petersburg fort. Erst nach fast einem Jahr, Anfang April 1865, gelang es seinen Truppen schließlich, die Stadt einzunehmen. Lee konnte noch einmal Richtung Westen ausweichen, musste sich aber am 9. April 1865 in Appomattox (Virginia) ergeben. Bis zum Juni hatten alle Soldaten der Konföderierten Staaten von Amerika ihre Waffen niedergelegt.

Präsident Lincoln erlebte zwar noch die Kapitulation der Südstaaten-Armee, aber es war ihm nicht vergönnt, das Ende des Krieges zu feiern. Am 14. April, während einer Theatervorstellung in Washington, wurde er von dem arbeitslosen Schauspieler John Wilkes Booth, einem Anhänger der Konföderierten, in den Kopf geschossen. Am folgenden Tag erlag er seinen schweren Verletzungen. Lincolns Vizepräsident, Andrew Johnson, übernahm entsprechend den Vorschriften der amerikanischen Verfassung die Präsidentschaft. Ihm fiel die schwere Aufgabe zu, das Land nach diesem Bruderkrieg wieder zu einen und die sozialen, wirtschaftlichen und politischen Veränderungen so zu gestalten, dass die tiefen Wunden, die der Konflikt gerissen hatte, wieder verheilen würden.

Alle Faktoren, die bei einer modernen Kriegführung ausschlaggebend sein können – Bevölkerungszahl, Industrialisierungsgrad, Infrastruktur –, hatten gegen den Süden gestanden; dazu kam die Überlegenheit der Kriegsmarine der Union. Die Blockade der Südstaatenhäfen durch die Nordstaaten hatte kostspieligen Schmuggel oder Blockadebruch notwendig gemacht, um kriegswichtige Rohstoffe und Produkte zu bekommen. Insgesamt hatte es in diesem Krieg mit über 600 000 Toten mehr Opfer gegeben als in allen anderen Kriegen, an denen die Vereinigten Staaten beteiligt waren. Auf der Seite der Union hatte es zwar etwa 100 000 Tote mehr gegeben als im Süden, aber dass die Armee der konföderierten Staaten der Union so lange hatte widerstehen können, ist in Anbetracht der kriegsentscheidenden Faktoren erstaunlich und hatte nicht unmaßgeblich damit zu tun, dass Soldaten der Südstaaten auf eigenem Territorium glaubten, ihre Freiheit verteidigen zu müssen.

Der Süden war durch den Krieg wirtschaftlich zerstört, seine soziale Ordnung konnte nach dem Ende des Krieges nicht fortbestehen, und die politischen Institutionen mussten erneuert werden. Zusammen mit der Befreiung der Sklaven, die nach dem Ende des Krieges in einem Verfassungszusatz verankert wurde, erwies sich dieser Heilungsprozess als extrem schwierig, und noch heute sind die Wunden des Krieges in der historischen Erinnerung in den USA und in der Identität des Südens zu spüren.

Bereits Präsident Lincoln hatte Pläne für die Rekonstruktion der Südstaaten. Zwei Jahre vor dem Ende des Krieges, 1863, legte er eine Vorgehensweise fest, nach der eine neue Regierung in den jeweiligen Staaten der ehemaligen Konföderation eingesetzt werden sollte, wenn zehn Prozent der weißen Bevölkerung einen Loyalitätseid geleistet hätten. Nur die höchsten Offiziere der Armee der Konföderation würden von politischen Ämtern ausgeschlossen. Allerdings hatte es schon während des Bürgerkrieges Widerstände in Lincolns eigener Partei gegeben, die ein solches Vorgehen für zu nachgiebig hielten. Radikale Republikaner verlangten, dass fünfzig Prozent der Bevölkerung einen Treueeid schwören sollten und dass nicht nur die höchsten, sondern die meisten Offiziere und Politiker der Südstaaten-Armee nach dem Krieg von Ämtern ausgeschlossen würden. Entsprechende Gesetzesvorlagen waren von Lincoln ignoriert worden, aber im Gegenzug weigerte sich der Kongress, die neuen Regierungen von Virginia, Tennessee und Louisiana, die sich nach Lincolns Vorschlägen gebildet hatten, anzuerkennen; Kongress und Präsident blockierten einander gegenseitig.

Eine Zusammenarbeit zwischen der Exekutive und der Legislative gab es jedoch bei der Durchsetzung des 13. Verfassungszusatzes im Januar 1865, der die Sklaverei aufhob, und bei der Einrichtung des *Freedmen's Bureau.* Diese Stelle sollte sich um die Eingliederung der befreiten Sklaven kümmern, Nahrungsmittel und medizinische

Versorgung bereitstellen, für eine Ausbildung sorgen, Arbeitsplätze finden und die Landverwaltung übernehmen. Das Büro arbeitete über einen Zeitraum von vier Jahren und sorgte für die Einrichtung von Tausenden von Grundschulen; mehr als 600000 Afroamerikaner erhielten hier Grundkenntnisse im Lesen, Schreiben und Rechnen, die ihnen zuvor verwehrt worden waren; aber trotz dieser Erfolge war die Behörde sehr umstritten. Erste höhere Bildungseinrichtungen wurden eingerichtet, jedoch wurde die tief verwurzelte Segregation zwischen Schwarz und Weiß nicht aufgehoben, sondern als gegeben hingenommen.

Während Präsident Lincoln noch eine ›milde‹ politische Rekonstruktion der Südstaaten vorgesehen hatte, war sein Nachfolger den Wünschen der radikalen Republikaner im Kongress gegenüber etwas aufgeschlossener. Er hegte eine starke Abneigung gegen die Pflanzeraristokratie des Südens und fasste eine restriktivere Politik ins Auge. Die Bundesstaaten des Südens sollten den 13. Verfassungszusatz ratifizieren, die Sezession für illegal erklären und eine Bezahlung der Kriegsschulden der Konföderation ablehnen; das würde all diejenigen strafen, die den Süden einst unterstützt hatten. Die ehemals machtvollen politischen und wirtschaftlichen Eliten des Südens sollten aus dem politischen Prozess ausgeschlossen bleiben, so dass die Kleinbauern mehr Einfluss gewinnen würden. Der neue Präsident hintertrieb jedoch selber seine scheinbar entschlossene Politik durch großzügige Begnadigungen und Ausnahmeregelungen, vermutlich, um sich schon im Vorfeld möglichst breite Unterstützung für die nächste Präsidentschaftswahl zu sichern.

Johnson hatte die entsprechenden Pläne in der Sitzungspause des Kongresses verkündet, um dessen Gesetzgebungskompetenz zu umgehen, und im Sommer 1865 hatten bereits sieben Staaten eine neue Regierung gebildet, die diesen Vorgaben entsprach. Zugleich wurden dort allerdings auch sogenannte *Black Codes* verabschiedet, die die Bürgerrechte der Afroamerikaner wesentlich einschränkten und die in ihrem Wesensgehalt den Vorschriften entsprachen, denen zuvor die Sklaven unterlegen waren. Als Senatoren und Abgeordnete der neuen Staaten nach Washington entsandt wurden, weigerten sich entrüstete radikale, aber auch moderatere Republikaner im Kongress, diese Parlamentarier in ihren Reihen aufzunehmen, und wiesen insbesondere die *Black Codes* zurück. Sie formulierten eine eigene Rekonstruktionspolitik, die sie auch gegen den Präsidenten durchzusetzen versuchten. Ein weiterer Zusatz zur Verfassung, der 14., wurde 1866 eingebracht, der festhielt, dass alle in den Vereinigten Staaten geborenen Personen Staatsbürger der USA seien und dass die Gleichheit vor dem Gesetz für alle Bürger in allen Staaten gelte. Die wesentlichen Inhalte des *Civil Rights Act* von 1866, der gegen das Veto von Präsident Johnson durchgesetzt wurde, sollten so Verfassungsrang erhalten. Ein Wahlrecht für Afroamerikaner wurde im 1868 ratifizierten Verfassungszusatz jedoch nicht explizit vorgeschrieben. Die Offiziere der konföderierten Armee und die politischen Führer der abtrünnigen Südstaaten wurden von politischen Ämtern ausgeschlossen, die Schulden der Konföderation wurden für nichtig erklärt.

Zudem wurde die sogenannte Drei-Fünftel-Klausel der Verfassung aufgehoben. Diese Klausel hatte vor dem Bürgerkrieg dafür gesorgt, dass die Anzahl der Abgeordneten aus sklavenhaltenden Staaten nicht nur nach der Zahl der weißen Bewohner bemessen wurde, sondern dass jeder Afroamerikaner mit einem Gewicht von drei Fünftel eines Weißen in diese Berechnung einging. Wenn also nun in den Staaten, die der Rekonstruktion unterlagen, Afroamerikaner von der Wahlbeteiligung ausgeschlossen würden, hätte dies direkte Konsequenzen für die Anzahl der Vertreter, die ein solcher Staat in den Kongress entsenden konnte. Trotzdem fand sich mit Ausnahme von Tennessee kein Staat im Süden der Vereinigten Staaten, der bereit war, diesen Verfassungszusatz zu ratifizieren. Es wurde deutlich, dass sich eine sinnvolle Rekonstruktion im Süden nur durchführen lassen würde, wenn die Republikanische Partei dort an die Macht käme. Um dies möglich zu machen, musste das Wahlrecht für die ehemaligen Sklaven durchgesetzt werden, denn von ihnen erwartete man, dass sie die Kandidaten der Partei Lincolns scharenweise wählen würden.

Im Norden der Union entwickelte sich im ersten Jahr nach dem Bürgerkrieg eine politische Stimmung, die für harte Sanktionen gegenüber den ehemaligen konföderierten Staaten im Süden eintrat. In der Zwischenwahl von 1866 konnte daher die Republikanische Partei eine Zweidrittel-Mehrheit im Abgeordnetenhaus und im Senat sicherstellen. Die nun verstärkte Gruppe der Republikaner konnte weitere legislative Schritte auf dem Weg zu einer harten Rekonstruktionspolitik, wie den *Reconstruction Act* von 1867, möglich machen. Mit diesem Gesetz wurden alle Regierungen in den südlichen Staaten, mit Ausnahme von Tennessee, aufgelöst und das Kriegsrecht wiedereingeführt. Das Wahlrecht für die ehemaligen Sklaven wurde festgelegt, es wurden neue Verfassungen gefordert, die durch von weißen und von schwarzen Wählern gewählten Versammlungen legitimiert werden sollten. Ebenso wurden die Parlamente der einzelnen Staaten angewiesen, den 14. Verfassungszusatz zu ratifizieren. Erst nach einer Überprüfung durch den Kongress konnten diese Staaten dann wieder der Union beitreten. Eine Verteilung von Land an die ehemaligen Sklaven, die von einer Reihe von Radikalen Republikanern unter dem Motto »Vierzig Acres Land und einen Maulesel« gefordert worden war, wurde jedoch nicht durchgesetzt.

Durch die Einführung des Gesetzes verschlechterten sich die Beziehungen zwischen Kongress und dem Präsidenten rapide, und Johnson weigerte sich, das Gesetz auszuführen. Mehrere Gesetze wurden verabschiedet, die den Präsidenten dazu zwingen sollten, dem Willen des Kongresses entsprechend zu handeln. Darunter war auch der *Tenure of Office Act*, welcher es dem Präsidenten verbieten sollte, seinen Kriegsminister Edwin Stanton zu entlassen, der den Kongress in der Frage der Rekonstruktion unterstützte. Als der Präsident seinen Kriegsminister trotzdem absetzte, wurde ein Amtsenthebungsverfahren gegen ihn eingeleitet. Es handelte sich bei der Missachtung des *Tenure of Office*-Gesetzes zwar um eine politische und nicht um eine kriminelle Verfehlung – und nur für solche Verfehlungen, Verrat und andere schwere Verbrechen, war das Verfahren von den Verfassungsvätern ersonnen worden –, aber trotzdem scheiterte eine Verurteilung des Präsidenten im Senat nur knapp.

Obwohl die Rekonstruktion einen Großteil der politischen Energien und der öffentlichen Aufmerksamkeit verschlang, gab es außenpolitische Entwicklungen, die zumindest im Nachhinein als Erfolg der Regierung Johnson zu werten sind. Die kontinentale Expansion der Vereinigten Staaten schien zwar bereits nach dem Krieg gegen Mexiko zur Mitte des 19. Jahrhunderts abgeschlossen, aber als im März 1867 Russland den USA Alaska zum Kauf anbot, nahm Johnson das Angebot an. Erste Gespräche hatte es schon 1843 gegeben, aber erst der für das Zarenreich verlustreiche Krimkrieg brachte eine entscheidende Wende, der der realen Situation, nämlich der bereits weit fortgeschrittenen wirtschaftlichen Abhängigkeit der russischen Kolonien in Nordamerika von amerikanischen Händlern, Rechnung trug. Der russische Botschafter in Washington, Eduard von Stoeckl, traf sich zu Verhandlungen mit dem amerikanischen Außenminister William H. Seward, und für den Preis von 7,2 Millionen Dollar wechselte das mehr als 1,5 Millionen Quadratkilometer große Gebiet den Eigentümer. Es gab einige Kritiker, die sich laut darüber wunderten, warum das weit entfernte Gebiet für einen so hohen Preis gekauft wurde, und nannten Alaska »Sewards Kühlschrank«. Spätestens die Goldfunde im Jahr 1896 machten jedoch deutlich, dass der Kauf eine gute Investition gewesen war.

Im Wahljahr 1869 wurde auch der Bau der transkontinentalen Eisenbahn beendet, der schon mehr als dreißig Jahre zuvor vorgeschlagen und während des Bürgerkrieges, 1862, begonnen worden war. Die hauptsächlich von irischen, mexikanischen und chinesischen Arbeitern errichtete Eisenbahnstrecke sollte die neu erworbenen Landesteile im Westen mit dem Osten verbinden und dadurch absichern sowie die immer noch anhaltende Migration nach Kalifornien erleichtern.

Trotz dieser Erfolge war die politische Zukunft von Präsident Johnson nach dem Amtsenthebungsverfahren besiegelt, auf die Unterstützung durch seine Partei konnte er nicht zählen. Für die Wahl von 1868 stellten die Republikaner den Bürgerkriegsgeneral Ulysses S. Grant auf, der Sympathien für die Rekonstruktionspläne des Kongresses gezeigt hatte. Er konnte zwar einen Großteil der Wahlmännerstimmen auf sich vereinigen, aber gemessen an den Einzelstimmen fiel die Wahl mit etwa 53 Prozent für ihn recht knapp aus. Die Rekonstruktion blieb auch in der Präsidentschaft Grant ein schweres Erbe des Bürgerkrieges. Der 15. Verfassungszusatz legte nach seiner Ratifizierung im Februar 1870 endgültig ein verfassungsmäßiges Wahlrecht für Afroamerikaner im Süden, den sogenannten Grenzstaaten und im Norden der Union fest (sehr zur Enttäuschung vieler Frauen, die in der Anti-Sklaverei-Bewegung mitgewirkt hatten und gleichzeitig für Frauenrechte eingetreten waren, blieben die Frauen aber auch weiterhin von einer vollen politischen Partizipation in allen Teilen der Union ausgeschlossen). Die politischen und sozialen Strukturen, die vor dem Bürgerkrieg im Süden existiert hatten, schliffen sich dennoch sehr schnell wieder ein.

Dabei waren die Voraussetzungen für eine größere Beteiligung von Afroamerikanern an den politischen Prozessen durchaus gegeben. Knapp fünfzehn Prozent der möglichen weißen Wähler waren während der Zeit der Rekonstruktion von den Wahlen ausgeschlossen, und etwa 700 000 befreite Afroamerikaner, 100 000 mehr als wahlberechtigte Weiße, hätten zu den Wahlurnen gehen können. In sechs der südlichen Staaten der Union bildeten sie die Mehrheit, und tatsächlich entfielen acht von zehn abgegebenen Stimmen der Afroamerikaner auf die Republikanische Partei. Diese kümmerte sich jedoch kaum um ihren neuen Wähler, sondern versuchte, allerdings recht erfolglos, wieder für Weiße attraktiv zu werden. In den Jahren nach 1868 war wieder eine stetige Zunahme von Mitgliedern der Demokratischen Partei in der Legislative und in den Ämtern zu verzeichnen. Nur eines von fünf wählbaren Ämtern war mit Afroamerikanern besetzt, und nur in der Legislative von South Carolina bildeten sie eine Mehrheit.

Während es im politischen Bereich also zumindest Teilerfolge bei der Integration der ehemaligen Sklaven gab, so fand diese im sozialen Bereich kaum statt. Lebensbereiche wie Schulen und öffentliche Einrichtungen waren weiterhin getrennt, und obwohl es unter Afroamerikanern Versuche zur Zusammenarbeit mit Weißen gegeben hat, war dies kaum von Erfolg gekrönt. Überlegungen, eine Landreform durchzuführen, die den ehemaligen Sklaven die wirtschaftliche Unabhängigkeit auf einem kleinen Bauernhof ermöglicht hätte, scheiterten auch an der mangelnden Unterstützung durch weiße Republikaner. Überdies nahmen in dieser Zeit die Versuche zu, Afroamerikaner mit terroristischen Mitteln von der Ausübung ihrer Bürgerrechte abzuhalten. Der Ku Klux Klan wurde im Winter 1865 von Veteranen der konföderierten Armee gegründet und terrorisierte neben offiziellen Vertretern der Union auch wohlhabende Afroamerikaner und solche, die ihr

Wahlrecht ausüben wollten. Zwar wurde der Klan Anfang der 1870er Jahre aufgelöst, aber dies bedeutete nicht das Ende von Repressionen gegenüber Afroamerikanern. Insbesondere in Zeiten wirtschaftlicher Krisen kam es vermehrt zu *lynchings* von Afroamerikanern, und in den Gerichten des Südens erhielten angeklagte Schwarze bei weißen Richtern und Geschworenen nur selten einen fairen Prozess. Verurteilte mussten ihre Strafen oft in Arbeitslagern verbüßen, wurden mit Fußketten aneinandergefesselt und als sogenannte *chain gangs* bei schwersten Arbeiten in Minen, in der Landwirtschaft oder im Straßenbau eingesetzt; Tausende überlebten ihre Haft nicht.

Es wurde schnell deutlich, dass die Rechte der Afroamerikaner im Süden auf lange Zeit durch Instanzen hätten geschützt werden müssen, die von den Einzelstaaten unabhängig waren, aber eine enge Verfassungsauslegung durch den Supreme Court konterkarierte die Bemühungen des Bundes. Insbesondere der 15. Verfassungszusatz wurde durch die Entscheidung »U.S. gegen Reese« im Jahr 1875 entwertet, da in diesem Urteil das Recht der Einzelstaaten bestätigt wurde, Lesetests, Wahlsteuern und sogenannte Großvaterklauseln – die das Wahlrecht davon abhängig machten, dass auch schon der jeweilige Großvater hatte wählen dürfen – zur Voraussetzung für die Wahrnehmung des Wahlrechts zu machen. Afroamerikaner wurden von dieser Zeit an zunehmend von den Wahlurnen ferngehalten – 1880 hatten in South Carolina noch achtzig Prozent der wahlberechtigten Afroamerikaner ihre Stimme abgegeben, zur Jahrhundertwende waren es kaum mehr als zehn Prozent –, und es begann eine Ausweitung der Segregation, die noch bis in die sechziger Jahre des 20. Jahrhunderts fortdauerte. Verordnungen und Gesetze zur Rassentrennung – nach einer schwarz geschminkten Varietéfigur »Jim Crow«-Gesetze genannt – wurden erlassen. Sie sahen die physische Trennung von Weißen und Afroamerikanern in Schulen, öffentlichen

Nahverkehrsmitteln, Eisenbahnen, Krankenhäusern, Gerichtssälen, Restaurants, Toiletten, Schwimmbädern usw. vor. Jeweils unterschiedliche Einrichtungen waren Weißen oder Afroamerikanern vorbehalten, wobei sich Afroamerikaner mit entschieden schlechterer Qualität und Ausstattung zufrieden geben mussten. Die Legitimität dieser Rassentrennung wurde in dem Urteil des Obersten Gerichtshofs in der Sache »Plessy gegen Ferguson« von 1896 bestätigt, dessen Kernsatz lautete, dass eine Rassentrennung dann mit der Verfassung vereinbar sei, wenn gleiche Möglichkeiten für Afroamerikaner und für Weiße gegeben seien; über die ungleiche Qualität dieser unterschiedlichen Möglichkeiten und die daraus resultierende Ungleichbehandlung traf der Supreme Court keine Aussage.

Die Afroamerikaner im Süden der USA standen der Beschneidung ihrer politischen Rechte zumeist hilflos gegenüber, weil ihnen die wirtschaftliche Grundlage für ein selbstbestimmtes Leben fehlte. Arbeitsverträge, die ab 1865 abgeschlossen wurden, waren trotz des Einsatzes des Freedmen's Bureau wenig günstig für die ehemaligen Sklaven und kaum geeignet, einen sicheren Lebensunterhalt zu erzielen. Oft erhielten sie kaum mehr als Kleidung, Unterkunft, Verpflegung und einen Lohn, der häufig als ein Achtel der Ernte in Naturalien ausbezahlt wurde. Zunehmend verpachteten die ehemaligen Sklavenbesitzer auch kleinere Flächen Land, fünfzehn bis zwanzig Hektar, an Afroamerikaner, die dort dann mit meist rudimentären Mitteln Landwirtschaft betrieben. Da sie kaum Geld besaßen, konnten sie nur unzureichende Werkzeuge anschaffen und mussten häufig das Saatgut gegen Kredit von dem Landeigentümer kaufen; Zinssätze von fünfzig Prozent waren nicht unüblich, als Sicherheit diente die Ernte. Die Möglichkeiten, aus einem Kreislauf von Verschuldung und Abhängigkeit auszubrechen, waren in einem solchen *sharecropping* genannten System gering. Trotzdem zog es nur wenige Afroamerikaner bis zur Jahrhundertwende in einige der Städte des Südens, um dort nach besseren Lebensbedingungen zu suchen. Aber auch hier – in Baltimore in Maryland, Atlanta in Georgia oder Birmingham in Alabama – trafen sie auf ein rassistisches Umfeld. Weitgehend von der Arbeit in der industriellen Produktion ausgeschlossen, fanden sie auch in nördlichen Städten wie New York City, Cleveland (Ohio) oder Chicago meist nur schlecht bezahlte Arbeit im Dienstleistungsbereich. In den nördlichen Bundesstaaten wurden Afroamerikaner zwar nicht wie im Süden von den Wahlurnen abgehalten, aber sie hatten nur sehr geringes politisches Gewicht. Die Trennung der Wohnbezirke nach Weißen und Schwarzen führte dazu, dass afroamerikanische Kinder auch hier zumeist segregierte und schlechtere Schulen besuchten. Schlechte Ausbildung, geringe Chancen auf dem Arbeitsmarkt, Armut und Gewalt wurden ein Teufelskreis, der nur selten durchbrochen werden konnte. Mittel- oder gar langfristig änderte an dieser Entwicklung auch der Einsatz von Präsident Grant für eine radikale Rekonstruktion der Union nichts.

Die Amtszeit von Grant war zudem von einer Vielzahl von Skandalen durchzogen. So war Vizepräsident Schuyler Colfax in einen Kreditskandal um Anteile an einer Baugesellschaft für die transkontinentale Eisenbahn verwickelt, und der Privatsekretär Grants nahm Bestechungsgelder von Lobbyisten an, die eine Erhöhung der Steuer auf Whiskey – gedacht zur Verringerung der finanziellen Lasten aus dem Bürgerkrieg – verhindern wollten. William M. Tweed, der Führer der Demokratischen Partei in New York, dessen Name bald fast zu einem Synonym für Korruption wurde, erhielt in dieser Zeit Bestechungsgelder in Höhe von zweihundert Millionen Dollar, und Grants Kriegsminister, William W. Belknap, nahm Bestechungsgelder von Firmen an, die in den Reservationen der amerikanischen Ureinwohner Handel treiben und dort hohe Profite erwirtschaften wollten.

Die Phase der Rekonstruktion des Südens wurde erst unter Grants Nachfolger beendet. Dies allerdings nicht etwa, weil die politischen und sozialen Aufgaben in den Staaten der ehemaligen Konföderation nun abgeschlossen gewesen wären, sondern weil man einen politischen Handel über das Ergebnis der Präsidentschaftswahl von 1876 schloss, der mit den Unregelmäßigkeiten bei der Wahl von 1824 gleichgesetzt wurde. Angetreten war 1876 für die Republikaner Rutherford B. Hayes, für die Demokraten Samuel J. Tilden. Tilden konnte die Mehrheit der Einzelstimmen auf sich vereinigen, aber es fehlte ihm eine der notwendigen 185 Stimmen im Wahlmännergremium. Hayes kam hier auf weniger Stimmen, und von diesen wurden zudem einige angezweifelt, weil sie aus Staaten stammten, in denen es zu Wahlfälschungen und Wahlbehinderungen durch Vertreter der beiden großen Parteien gekommen war. Der Kongress setzte ein Komitee ein, das diese Unregelmäßigkeiten untersuchen sollte, um dann den rechtmäßigen Gewinner der Wahl festzustellen. Vertreter der Südstaaten in diesem Gremium konnten gewonnen werden, für Hayes zu stimmen. Allerdings taten sie dies nicht, weil sie von der Rechtmäßigkeit seiner Wahl überzeugt waren, sondern im Tausch gegen das Versprechen, die verbleibenden Bundestruppen aus den Südstaaten abzuziehen, und auch gegen die Zusage, Leistungen für den Wiederaufbau, insbesondere Bundeshilfen für den Eisenbahnbau, zu erhalten. Im Gegenzug versicherte man Hayes, die ehemaligen Sklaven würden fair behandelt und ihre Rechte gewährleist werden. Zusammen mit der Rechtsprechung des Supreme Court konnten so in den folgenden Jahren die alten politischen und wirtschaftlichen Eliten des Südens ihre Machtpositionen wieder einnehmen, eine segregierte und rassendiskriminierende Gesellschaft konnte trotz der vermeintlich eindeutigen Zusätze zur amerikanischen Verfassung wieder neu etabliert werden.

Zeitlich parallel zu diesen politischen Entwicklungen wurde die Infrastruktur des Landes rapide ausgebaut. Jährlich wurde das Eisenbahnnetz um Tausende von Kilometern Schienenstrecke erweitert. Dies betraf zuerst den Nordosten und das Ohio-Gebiet bis in den nördlichen Mittleren Westen hinein, aber durch die Verbindung mit der Kontinentalen Eisenbahn erweiterte sich das Schienennetz zunehmend auch in Richtung des Fernen Westens. Die schachbrettartige Landvergabe entlang der Strecke an die beiden großen Gesellschaften, die den Auftrag zum Bau der Linie jeweils von Osten nach Westen und von Westen nach Osten erhalten hatten, die Union Pacific und die Central Pacific Railroad, führte zu Ansiedlungsmöglichkeiten für Farmer, die die Eisenbahn für den Transport ihrer Getreideüberschussproduktion und von Rindern zu den Märkten im Osten und später auch im Westen nutzen konnten. Der Infrastrukturausbau förderte auch die Ausbeutung von Bodenschätzen in den Minen in Kalifornien, Nevada, Idaho, Montana, Utah, Colorado, New Mexico und Arizona. Vorkommen an Gold, Silber, Blei, Zink, Zinn und Kupfer führten zum teilweise nur kurzlebigen Aufblühen von Minenstädten. Einzelne Prospektoren und Goldsucher fanden jedoch, entgegen vielen Mythen, nur selten ihr Glück. Die Ausbeutung der Vorkommen machte häufig einen hohen Kapitaleinsatz notwendig, für den zunehmend Investitionen durch finanzkräftige Konsortien sorgten, die in den Finanzzentren an der Ostküste ansässig waren.

Technologien wurden eingesetzt, wie die umweltzerstörende hydraulische Förderung, der Tagebau und die Verwendung von Quecksilber bei der Extraktion der Edelmetalle. Befördert durch den *Timber and Stone Act* von 1878, erlebte zudem auch die Holzindustrie einen Aufschwung. Die Rinderzucht im Südwesten der Vereinigten Staaten, die schon während der spanischen Kolonialzeit wichtig gewesen war, erlebte in den 1860er und 1870er Jahren einen enormen Aufschwung. Rinder wurden insbesondere in Texas gezüchtet und dann nach Norden zu den Endpunkten der Eisenbahnlinien, nach Abilene in Kansas und Independence in Missouri, getrieben. In Waggons verladen, traten sie ihren Weg zu den Schlachthöfen in Chicago an, um dann als konservierte Nahrungsmittel weiter an die Ostküste transportiert zu werden. Die extensive Rinderzucht auf weiten, offenen Flächen geriet aber bereits nach kurzer Zeit um die Mitte der 1870er Jahre zunehmend in Konkurrenz mit Farmern und mit Schafzüchtern; der seit 1873 im Westen eingeführte Stacheldraht grenzte immer mehr Gebiete voneinander ab, so dass die eigentlich harte, langweilige, gefährliche und schlecht bezahlte Arbeit der Cowboys – die erst durch Film und Fernsehen zu einem abenteuerlichen und freien Leben verfremdet wurde – sich immer schwieriger gestaltete.

Die Bevölkerung im Westen der USA blieb, insbesondere auf ehemals durch Spanien erobertem Gebiet, sehr diversifiziert: Hier lebten neben Europäern auch Hispanics, Afroamerikaner und natürlich die amerikanischen Ureinwohner. Der Eisenbahnbau sorgte zudem für einen starken Zustrom von Chinesen, die sich insbesondere in Kalifornien niederließen. Wie in anderen Landesteilen der USA kam es auch im Westen häufig zu Diskriminierungen von Menschen, die nicht europäischer Herkunft waren. Für sie war es schwierig, Landbesitz zu erwerben oder Geschäfte zu betreiben, und viele von ihnen waren zur Annahme häufig schlecht bezahlter Arbeitsstellen gezwungen. Ein anfangs hoher Männerüberschuss unter den weißen Siedlern führte jedoch auch teilweise zu einer Integration der verschiedenen Ethnien, insbesondere in Arizona und New Mexico, und zu einer nicht unbeträchtlichen Anzahl von Eheschließungen der sogenannten Anglos mit Hispanas und Frauen der Ureinwohner.

Die geringe Anzahl von Siedlern machte es jedoch nicht leicht, die in der *Northwest Ordinance* von 1787 geforderte Bedingung von mindestens 60000 ansässigen Siedlern zu erfüllen, bevor ein Territorium sich eine Verfassung geben und als Staat in die Union aufgenommen werden konnte. Kalifornien und Oregon wurden zwar bereits vor dem Bürgerkrieg als Staaten anerkannt, und zudem bis 1876 Kansas, Nevada, Nebraska und Colorado, aber weitere Staaten folgten erst zum Ende des Jahrhunderts. Die Aufnahme von Utah verzögerte sich bis 1896, aber nicht etwa weil es an Einwohnern mangelte, sondern weil die in diesem Gebiet politisch und sozial dominierenden Mitglieder der Kirche Jesu Christi der Heiligen der Letzten Tage, die sogenannten Mormonen, die in den Vereinigten Staaten verbotene Polygamie noch bis 1890 offiziell praktizierten. Drei der heutigen Bundesstaaten im Südwesten der Vereinigten Staaten, Oklahoma (1907), New Mexico und Arizona (beide 1912), wurden sogar erst nach der Jahrhundertwende in die Union aufgenommen.

Bis zur Mitte des 19. Jahrhunderts lebten in diesem Gebiet, das nun zunehmend von Westen her von den europäischen Einwanderern in Besitz genommen und besiedelt wurde, etwa 360000 amerikanische Ureinwohner in sehr unterschiedlichen Sprachgruppen und Kulturen: Jäger und Sammler, Schafhirten und Bauern, migrierende Gruppen und solche, die in festen Dörfern mit Lehmhäusern lebten. In den nördlichen Plains waren dies insbesondere die Sioux, Cheyenne und Crow, die teils, wie etwa die Dakota Sioux, von der Jagd und Feldarbeit lebten, während andere, wie die Lakota Sioux, den Büffelherden folgten und zusätzliche Nahrung sammelten. Auf den südlichen Plains lebten Pawnee, wandernde Comanche und Kiowa, und in Oklahoma lebten die sogenannten Fünf Stämme (Iroquois-sprachige Cherokee, Muskogan-sprachige Chickasaw, Choctaw, Creek und Seminole), die nach dem *Indian Removal Act* in den 1830er Jahren aus weiter östlichen

Gebieten in diesen teilweise unwirtlichen Landstrich vertrieben worden waren. Die Einwohner, die heute häufig unter dem Oberbegriff »Indianer« subsumiert werden, hatten viele verschiedene Sprachen, Kulturen und Religionen. Sie waren durch Handelsnetzwerke untereinander verbunden, aber zwischen einigen Gruppen gab es auch Feindschaften, die eine lange Tradition hatten und zu brutalen Überfällen und Kämpfen führten. Gerade ihre Heterogenität machte es den Ureinwohnern schwer, in Fragen des Landeigentums der Bundesregierung als gleichgewichtige oder zumindest bedeutsame Verhandlungspartner gegenüberzutreten. Noch bis zur Mitte des 19. Jahrhunderts hatte man in Washington die Gebiete westlich des Mississippi als Region betrachtet, in die die Ureinwohner umgesiedelt werden sollten, um dort ein selbstbestimmtes Leben fernab von dem zunehmenden Bevölkerungsdruck im Osten führen zu können. Schon während des Bürgerkrieges allerdings nahm der Siedlungsdruck immer mehr zu, und die vermeintlich riesigen und fruchtbaren Gebiete, die den Ureinwohnern gehörten, weckten Begehrlichkeiten. Die Flächen, die man den Ureinwohnern zugestand, wurden kontinuierlich unter Bruch von Verträgen oder anderen Zusagen verkleinert, Gruppen immer wieder aus zugewiesenen oder angestammten Gebieten vertrieben oder in Reservaten zwangsangesiedelt.

Während einige Stämme, wie etwa die Pueblos und die Crow, die Entwicklungen akzeptierten, sträubten sich andere, darunter die Navajos und die Dakota Sioux, allerdings erfolglos. Die Western Sioux, die Cheyenne, Arapaho, Kiowa, Comanches auf den Great Plains, die Nez Percés und Bannocks in den nördlichen Rocky Mountains und die Apachen im Südwesten wehrten sich mit Gewalt gegen ihre Verdrängung, Vertreibung und Entrechtung. In den Jahren nach dem Bürgerkrieg kam es daher immer wieder zu Konflikten zwischen den Ureinwohnern und amerikanischen Streitkräften, die die europäischen Siedler schützen, die Entscheidungen der amerikanischen Regierung durchsetzen oder die Ureinwohner in Reservate umsiedeln sollten.

Der bekannteste dieser von etwa 1865 bis 1890 währenden sogenannten »Indianerkriege« war die Schlacht am Little Bighorn, in der Lieutenant Colonel George A. Custer mit der 7. Kavallerie der US Army eine vernichtende Niederlage gegen Lakota Sioux und Nördliche Cheyenne erlitt. Hintergrund war ein Konflikt mit den Sioux in South Dakota, die sich weigerten, sich in die ihnen zugewiesenen Reservate zurückzuziehen und das ihnen heilige Land in den Black Hills aufzugeben. Verhandlungen führten zu keiner Annäherung, und Präsident Grant erteilte den Befehl, die Sioux zwangsweise umzusiedeln. Beauftragt wurde hiermit Custer, dessen Truppen am 25. und 26. Juni 1876 von weit überlegenen Kräften unter der Führung von Rain in the Face, Sitting Bull und Crazy Horse komplett aufgerieben wurden. Diese Niederlage der US Army führte zu einer drastischen Ausweitung der militärischen Anstrengungen im Westen. Nur wenige Jahre später mussten sich die ausgehungerten Sioux ergeben. Obwohl es die ständige Verfolgung durch das amerikanische Militär schwierig machte, ein selbstbestimmtes Leben auf den Great Plains zu führen, waren es eher Hungersnöte – hervorgerufen durch die Dezimierung der Büffel und die Überfischung der lachsreichen Flüsse in Folge des industriellen Fischfangs im Nordwesten – und die Zerstörungen durch die U. S. Army, die die Ureinwohner dazu zwangen, ihren Widerstand aufzugeben.

Den amerikanischen Regierungen ging es nicht etwa um eine Vernichtung der Ureinwohner, sondern eher um ihre Verdrängung aus Landesteilen, die von Europäern besiedelt werden sollten; dass dies zu einem dramatischen Bevölkerungsschwund und einer Verelendung der Ureinwohner führte, wurde oft als unausweichlich in Kauf genommen. In den Ministerien an der Ostküste drängten aber auch gutmeinende Reformer auf eine »Zivilisierung« der Ureinwohner, um diese vor ihrem eigenen Untergang zu bewahren. Das Weltbild und die Kultur der Ureinwohner blieben den meisten Politikern und Beamten von der Ostküste der Vereinigten Staaten jedoch verschlossen. Zumeist und im besten Fall wurden sie als rückständig betrachtet, die, Kindern gleich, langsam an ein Leben in einer modernen Gesellschaft herangeführt werden müssten. So wurde versucht, aus den gemeinschaftlich lebenden, das Überlebensnotwendige teilenden und nicht auf Privateigentum oder individuellen Erfolg pochenden Ureinwohnern Kleinbauern nach dem Vorbild der amerikanischen Siedler zu machen, die es durch erdverbundene Strebsamkeit zu einem selbstbestimmten Leben bringen könnten. Der *Dawes Severalty Act* von 1887, der diesem Gedankengang folgte, teilte die Reservation auf und vergab jeweils 160 Acres (etwa 65 Hektar) Land an einzelne Ureinwohner. Man stellte sich offensichtlich vor, dass die Ureinwohner nun versuchen würden, durch fleißige Arbeit, sparsames Wirtschaften und durch den Verkauf ihrer Überschussproduktion Gewinne zu erzielen, zu sparen und dann ihren Kindern ein besseres Leben zu ermöglichen – ein Prozess der Metamorphose, der ihnen nach einiger Zeit auch eine gleichberechtigte Zukunft in der Gemeinschaft der Bürger der Vereinigten Staaten von Amerika sichern würde.

An Ort und Stelle jedoch, in den Reservaten, wurde schnell deutlich, dass die Ureinwohner häufig das schlechteste Land zugewiesen bekamen. Das nach der Aufteilung der Reservationen verbleibende Gebiet konnte dann an europäische Siedler oder Spekulanten verkauft werden. Zwar gab es treuhänderische Schutzvorschriften, die es den *Natives* verboten, ihr Land gleich wieder zu verkaufen, aber auch dies ließ sich umgehen. Wie im Westen geriet auch Oklahoma auf diese Weise nach dem *Oklahoma Land Rush* von 1889 bis 1906 schnell unter Kontrolle weißer Siedler. Der koloniale Paternalismus gegenüber den Ureinwohnern stieß schnell an seine Grenzen: Die Ureinwohner wollten häufig nicht »zivilisiert« werden, hatten durchaus den Eindruck, dass ihre Kultur wertvoll war, und versanken, nachdem jeder Versuch der Gegenwehr gegen die erdrückende Übermacht der Europäer sinnlos geworden war, häufig in Lethargie oder gaben sich dem Alkoholismus hin. Von Reformeifer erfüllte Beamte, Lehrer oder Missionare ließen sich jedoch nicht davon abbringen, den Ureinwohnern die vermeintlichen Segnungen der amerikanischen Mehrheitsgesellschaft nötigenfalls auch mit Gewalt nahezubringen. Wenn man auch die Erwachsenen ›aufgeben‹ musste, so glaubte man, dass zumindest die Kinder der Ureinwohner vor einer dem Untergang geweihten Kultur und der auf den meisten Reservationen grassierenden bitteren Not gerettet werden müssten. Einer der ersten Versuche dieser Art war die 1879 gegründete *Carlisle Indian Industrial School* in Carlisle (Pennsylvania), die viele Nachahmungen im ganzen Lande fand. Kinder wurden in Reservationen aufgelesen und in Internaten, weit entfernt von ihren Eltern und Verwandten, eingeschult. Mit kurz geschnittenen Haaren und in neue europäische Kleidung gesteckt, erhielten sie »amerikanische« Namen, durften bei Strafe weder ihre Sprache sprechen noch alten Riten folgen. Heimweh, Vernachlässigung, Ausbeutung und Unterernährung in diesen Schulen führten in nicht wenigen Fällen zu Selbstmorden und zur Flucht. Entgegen den Intentionen der Betreiber entstand hier durch das Beieinander von Kindern und Jugendlichen aus unterschiedlichen Sprachgruppen und Kulturen der Ureinwohner und durch das miteinander geteilte Leid der Entfremdung und Dekulturierung der Grundstein für eine pan-indianische Identität, die es zuvor nicht gegeben hatte.

Viele der Ureinwohner fügten sich zwar in ihr Schicksal oder suchten in ihrer Verzweiflung Zuflucht im Alkohol, aber es gab auch immer wieder Bewegungen, die die Rückbesinnung auf die alten Traditionen in den Mittelpunkt stellten. Als in den 1880er Jahren die Situation in den Reservationen unerträglich wurde, schlossen sich viele der Ureinwohner einem Propheten mit dem Namen Wovoka und seiner *Ghost Dance*-Bewegung an. Wovoka prophezeite, dass die Büffel zurückkehren und die Europäer verschwinden würden. Von den Anhängern Wovokas wurden Heilige Hemden für den Geistertanz angefertigt, die als kugelsicher galten. Diese Erweckungsbewegung fand im gesamten Westen der USA viele Anhänger, insbesondere unter solchen Ureinwohnern, die erst kurz zuvor den Widerstand aufgegeben hatten und nun die schmerzliche und erniedrigende Situation der Entbehrungen und des Hungers in den Reservationen erdulden mussten.

Die Bewegung fand besonders starken Zulauf in den Reservationen Standing Rock and Cheyenne River in South Dakota. Aus der Sicht des Reservationsagenten in Standing Rock schien die Bewegung außer Kontrolle zu geraten, und er befahl der Reservationspolizei, den vermeintlichen Anführer der Bewegung, Sitting Bull, zu verhaften. Es kam zu einem Handgemenge, und Sitting Bull, ein »Heiliger Mensch« und eine Integrationsfigur, unter dessen Führung sich die Lakota im Widerstand vereint hatten, wurde getötet. Chaos und Gewalt folgten, und ein Teil der Lakota der Standing Rock Reservation floh in die nicht weit entfernte Cheyenne River Reservation. Der dort lebende Stammesführer der Minniconjou-Gruppe, Big Foot, ahnte, dass weitere Gewalt zu befürchten war, und versuchte sich, an Lungenentzündung erkrankt, mit seinen Stammesmitgliedern Richtung Süden aus der Gefahrenzone zu retten. Zwei Wochen später, am 29. Dezember 1890, stellte die herbeigerufene Kavallerie die fast vierhundert hungernden und halb erfrorenen Ureinwohner bei Wounded Knee. In einem Handgemenge löste sich ein Schuss, worauf die gut positionierten Soldaten mit

Maschinengewehren das Feuer auf die Menge eröffneten. Fast 360 der Lakota Sioux, Männer, Frauen und Kinder, fanden ebenso den Tod wie mehr als zwanzig Soldaten, die von den Kugeln ihrer wahllos in die Menge schießenden Kameraden getroffen worden waren. Dieses Massaker beendete auch die letzten Reste eines Widerstandes der Ureinwohner gegen ihre Entrechtung, aber es hatte einen großen symbolischen Wert, der bis weit in das 20. Jahrhundert hinein bedeutsam war.

Krieg, Hunger und Krankheiten hatten die Anzahl der Ureinwohner westlich des Mississippi auf etwa 100000 reduziert. Viele von ihnen lebten in Armut und Abhängigkeit von der Nahrungsmittelverteilung der Regierung in Reservationen, die häufig keine Möglichkeit boten, ein selbstbestimmtes Dasein zu führen. Erst nach der Wende ins 20. Jahrhundert stieg die Bevölkerungszahl wieder an. Hierbei sind aber auch große Unterschiede zu vermerken, die häufig mit der Lebensweise der einzelnen Gruppen in engem Zusammenhang stehen. Die als Nomaden lebenden Sioux waren vergleichsweise hart betroffen, weil ihnen die Parzellierung des Landes und die dramatische Reduzierung der Büffelherden – durch Überjagung durch Weiße und durch die Ureinwohner selbst, durch Trockenperioden und Krankheiten – die Lebensgrundlage raubten. Die Navajos hingegen konnten bis zur Jahrhundertwende ihr Land verdreifachen, ihre Schaf- und Ziegenherden wuchsen. Auch heute noch hält die Navajo Nation das größte geschlossene Siedlungsgebiet der Ureinwohner.

Nachdem der letzte Widerstand der Ureinwohner gebrochen und der Mittlere Westen und der Westen weitgehend besiedelt waren, erklärte das Bureau of the Census im Jahr 1890 die *Frontier*, die Besiedlungsgrenze der Vereinigten Staaten, für geschlossen. Große, »freie« Landflächen standen nicht mehr zur Verfügung. Anlässlich der Weltausstellung von 1893 in Chicago, drei Jahre später, nutzte der Historiker Frederick Jackson Turner diese Erklärung zu der Hypothese, dass es die Erfahrung der *Frontier* gewesen sei, die sich ständig wiederholende, wellenartige Inbesitznahme »freien« Landes, und nicht der europäische Hintergrund der Einwanderer, der den amerikanischen Volkscharakter ausmache. Heute wird diese These von den meisten Historikern als zu simpel verworfen. Schon allein das Konzept eines freien Landes, das die Siedler sich aneigneten, widerspricht der historischen Realität einer vorhergehenden Besiedlung dieser Regionen durch die Ureinwohner. Dennoch hat diese These das Selbstverständnis der amerikanischen Nation und auch unseren Mythos vom »Wilden Westen« als einer Zeit und Region stark geprägt, in der Einwanderer sich im Kampf gegen die Natur und widerspenstige Indianer »jungfräuliches« Land angeeignet, es urbar gemacht, ein freies und menschengerechtes Leben geführt und damit den uramerikanischen Menschheitstraum von der Verwirklichung des Individuums als freie und tapfere Bürger erfüllt hätten.

Einwanderung, Industrialisierung und ihre Auswirkungen (1870–1895)

Ein Grund für den ansteigenden demographischen Druck auf die Ureinwohner Nordamerikas war die Zunahme der bereits ansässigen europäischen Siedler durch geringere Sterblichkeit und noch immer hohe Geburtenzahlen. Dieser Effekt wurde durch die seit Beginn des 19. Jahrhunderts begonnene Masseneinwanderung, die ab den 1840er Jahren sehr stark anschwoll und kurz vor dem Bürgerkrieg einen ersten Höhepunkt verzeichnete, noch weiter erhöht. In dieser ersten Welle, mit in der Spitze fast einer halben Million Einwanderern jährlich, machten die einer Hungersnot im eigenen Land entfliehenden Iren einen großen Teil der Migranten aus. Zu Beginn des Bürgerkrieges nahm die Zahl der Einwanderer um vier Fünftel ab, aber schon 1863 verdoppelte sich ihre Anzahl wieder. Offensichtlich ließen sich die Menschen auch durch einen der bisher blutigsten Kriege in der Geschichte der Menschheit nicht davon abschrecken, in den USA ein besseres Leben zu suchen. Zur Anziehungskraft für die Einwanderer hat vermutlich auch der *Homestead Act* von 1862 beigetragen, der jedem Haushaltsvorstand 160 Acres Land versprach, wenn er eine Anmeldegebühr von achtzehn Dollar bezahlte, auf dem zugewiesenen Land fünf Jahre lang lebte und dieses bearbeitete. Die Nachricht, dass vermeintlich »freies« Land in den USA fast verschenkt wurde, verbreitete sich insbesondere in Westeuropa rasch.

Auch Schiffskapitäne und Reeder, die Migranten warben, benutzten dies als Argument, um die durch Beginn des Bürgerkrieges entstandenen Überkapazitäten bei den Auswandererschiffen abzubauen. Zur Mitte des Jahrhunderts waren die langsamen Segelschiffe – eine Überfahrt dauerte zumeist vier bis sechs Wochen – zunehmend durch Dampfschiffe ersetzt worden, die die Passage in der Hälfte der Zeit bewältigten. Als Ausreisehäfen etablierten sich Liverpool, Antwerpen, Le Havre und, insbesondere für die deutsche und später die osteuropäische Auswanderung, die Häfen von Bremen und Hamburg. Hier waren die Reedereien Hapag und der Norddeutsche Lloyd gegründet worden, die den Waren-, aber auch den Auswanderertransport dominierten. Die Reisebedingungen, durch Vorschriften seit den 1830er Jahren geregelt, wurden erträglicher, auch wenn das beengte Zwischendeck für die meisten Auswanderer die einzige bezahlbare Passage blieb.

Die bis in die 1870er Jahre hinein westeuropäisch dominierte Einwanderung in die USA wurde danach sukzessive von Migranten aus Südosteuropa und Osteuropa abgelöst. Waren die katholischen Iren bei der bereits eingesessenen zumeist protestantisch geprägten Bevölkerung in den USA vor dem Bürgerkrieg häufig ein Stein des Anstoßes gewesen und hatten die Deutschen mit ihrer trinkfreudigen und lautstarken Freizeitkultur zuweilen negative Reaktionen hervorgerufen, so ließ die nun zunehmende Einwanderung von katholischen Italienern oder jüdischen Polen und Russen alte Ressentiments erneut aufbrechen. Arbeitnehmer fürchteten um die Höhe ihrer Löhne und um ihre Arbeitsplätze, und Mitglieder der zunehmend stärker werdenden amerikanischen Mittelschicht sorgten sich um die Assimilierung der Neueinwanderer aus Ost- und Südosteuropa. Einige von ihnen mögen gehofft haben, dass die Vereinigten Staaten tatsächlich zu einem Schmelztiegel der verschiedenen ethnischen und kulturellen Hintergründe werden würden, wie es Israel Zangwill dann 1908 in einer Adaption von *Romeo und Julia* ausdrückte, oder dass ein »neuer Mensch« entstehen würde, von dem der amerikanische Essayist St. John de Crèvecœur Ende des 18. Jahrhunderts geschrieben hatte.

Aber die ethnischen Kulturen und Hintergründe, die die neuen Einwanderer mitgebracht hatten, ließen sich nicht schmelzen und mit anderen spurlos zu etwas Neuem vermengen. Einwanderer der ersten Generation und häufig auch der zweiten Generation bewahrten Sprache und Kultur als Teil ihrer Identität. Gleichzeitig passten sie sich an die Mehrheitskultur an, erwarben deren Sprache und Gewohnheiten, um sich im täglichen Leben zurechtzufinden. Bei der zweiten Generation schliff sich dieser Hintergrund durch Schulbesuch und das Zusammenleben und -arbeiten mit anderen Amerikanern zunehmend mehr ab. In der dritten Generation sprachen die Enkel häufig kaum mehr die Sprache ihrer Großeltern; am längsten hielt sich in den Familien die Erinnerung an eine besondere Esskultur und an die ethnische Küche. Hierbei gab es jedoch signifikante Unterschiede, die davon abhingen, wie lange schon und wo sich eine ethnische Gruppe in den USA aufhielt, wie erfolgreich sie wirtschaftlich war und welche Gründe es für ihre Auswanderung gegeben hatte. So trugen Einwanderer zur Herausbildung von unterschiedlichen regionalen Mehrheitskulturen bei, während gleichzeitig auch bei ihren Nachkommen zumindest Rudimente der Ursprungskultur zu finden sind. Deutsche Einwanderer gingen relativ schnell in der Mehrheitsgesellschaft auf und erlangten kaum politischen Einfluss als geschlossene ethnische Gruppe, während die Iren, durch die britische Unterdrückung in ihrem Heimatland geprägt, schneller bereit waren, gemeinsam politische Ziele durchzusetzen. Bei ethnischen Gruppen, die sich durch äußere Merkmale von der weißen, angelsächsischen oder westeuropäischen Mehrheitsgesellschaft unterschieden, war dieser Integrationsprozess jedoch weitaus schwieriger und ist bis heute nicht abgeschlossen.

Durch die Einwanderer änderte sich auch die religiöse Landschaft in den Vereinigten Staaten. Es hatten sich zwar eine Reihe von protestantischen Konfessionen in den USA herausgebildet, aber die neueren Einwanderer waren zumeist Katholiken, orthodoxe Christen oder Juden. Auch innerhalb dieser Religionsgemeinschaften wurden Unterschiede deutlich: polnische Katholiken waren selten zufrieden, wenn ihrer Gemeinde ein Priester mit deutschem oder irischem Hintergrund zugeteilt wurde, polnische oder russische Juden waren nicht bereit, sich dem Reformjudentum anzuschließen, sondern blieben zumeist ihrer Ausrichtung des Glaubens verhaftet.

Die meisten Einwanderer ließen sich dort nieder, wo schon Landsleute lebten oder wo sie Glaubensgenossen fanden. Zu einem Teil war dies das Resultat von sogenannten Kettenwanderungen, bei denen Freunde, Verwandte und Bekannte aus einem Dorf oder einer Region einem bereits in die USA Ausgewanderten nachfolgten. In den Städten dominierten daher ethnische Gruppen teilweise ganze Stadtteile. Die Bezeichnungen *Chinatown*,

Little Italy oder *Little Germany*, die sich auch heute noch in großen Städten an der Ost- und an der Westküste der Vereinigten Staaten finden lassen, wo sie zuweilen aus touristischen Gründen weiterhin für die Stadtteile gelten, machen dies deutlich. Hier konnten Sprache und Kultur des Herkunftslandes erhalten werden, hier fanden Neuankömmlinge Sicherheit und auch Rat für das Leben in einer Gesellschaft, die sie erst zu verstehen beginnen mussten. Die Lebensbedingungen waren jedoch, insbesondere in den ärmsten Stadtteilen, häufig katastrophal. Zumeist waren diese ethnischen Nachbarschaften auf engem Raum zusammengedrängt, in einem System von Wohnungen in Hinterhöfen, wo selten das Tageslicht in die Behausungen hineinschien, die Belüftung schlecht war und die sanitären Anlagen unzureichend.

Diese Gemeinschaften boten den Neuankömmlingen jedoch auch Sicherheit, ein Netzwerk von Unterstützungen und Möglichkeiten, Arbeit zu finden, ohne die englische Sprache zu beherrschen oder Kultur und Gesellschaft in den USA zu verstehen. Verschiedene ethnische Gruppen bildeten hierbei unterschiedliche Unterstützungssysteme aus: in den *Chinatowns* in New York City und San Francisco waren dies beispielsweise die *Tongs*, für die Iren spielten politische Organisationen wie *Tammany Hall* eine Rolle, für die deutschen Einwanderer Krankenkassen und andere Hilfsorganisationen, die sie sich schufen. So war es beispielsweise durchaus üblich, dass italienische Vorarbeiter solche Arbeiter bevorzugten und anstellten, die ihrem eigenen ethnischen Hintergrund entsprachen. Verwandte oder Neuankömmlinge aus dem gleichen Dorf und der gleichen Region fanden so relativ schnell Zugang zum Arbeitsmarkt. Deutsche und Iren, die in großer Zahl bereits vor dem Bürgerkrieg in die Vereinigten Staaten eingewandert waren, hatten bereits wichtige Schaltstellen in städtischen Institutionen und in den Zünften besetzt, hatten Selbsthilfeorganisationen, Krankenversicherungen und Sterbekassen gegründet. Konfliktfrei war das enge Zusammenleben der verschiedenen ethnischen Gruppen in den Städten der Ostküste und der Westküste jedoch nicht, sondern führte auch zu Reibungen und zu Auseinandersetzungen.

Der Großteil der europäischen Einwanderer reiste über die Häfen der Ostküste und insbesondere über New York (zuerst ab 1855 über Castle Garden auf Manhattan und dann, nach 1892, über Ellis Island in der Mündung des Hudson River) ein, nur wenige verschlug es in die Häfen des Südens oder nach New Orleans. Für die pazifische Immigration war zumeist San Francisco der Anlaufpunkt, ein vergleichbares Einwanderungszentrum wurde jedoch erst 1910 auf Angel Island eingerichtet. Gesetzliche Vorschriften, die die Einwanderung reglementierten, wurden erstmals 1875 erlassen. Der sogenannte *Page Act* sollte die Einwanderung von Kriminellen verhindern und war zudem gegen die zuvor häufige Verschleppung von chinesischen Prostituierten an die amerikanische Westküste gerichtet; er machte es aber auch, durchaus intendiert, für alle anderen chinesischen Frauen schwieriger, in die USA einzuwandern. Sieben Jahre später wurde die Einwanderung von Geisteskranken und Sträflingen verboten, und im gleichen Jahr folgte der *Chinese Immigration Act*, der die Einwanderung von Chinesen verbot. Der Hintergrund dieses ersten Einwanderungsgesetzes, das allein eine ethnische Gruppe betraf, war eine Wirtschaftskrise in den 1870er Jahren in Kalifornien, während deren die Forderung erhoben worden war, die Konkurrenz der Chinesen auf dem Arbeitsmarkt einzudämmen. Das Gesetz, wie ähnliche Gesetze in der Zukunft auch, war also nicht so sehr von Rassismus geprägt, sondern zollte vielmehr zuvörderst den populistischen Forderungen aus den Reihen der Lohnabhängigen Tribut. In den folgenden Jahren wurden diese Instrumente zur Kontrolle der Einwanderung weiter ausgebaut: 1891 wurde ein Gesetz erlassen, das Polygamisten und Migranten mit ansteckenden Krankheiten die Einwanderung verbot. Kurz nach der Jahrhundertwende, 1903, wurde dieses Verbot dann auch auf Anarchisten, Prostituierte, Saboteure und Bettler ausgedehnt.

Vorangetrieben wurden Einwanderungsbeschränkungen auch von Gruppierungen ähnlich der »Know Nothing«-Bewegung der 1840er Jahre: Von der *American Patriotic League*, der *American League* oder dem *Grand Order of the Republic*, die das protestantische und demokratische Amerika vor negativen Einflüssen einer vermeintlich kulturell weniger hoch stehenden, fauleren, »rassisch« minderwertigen und politisch gefährlichen Gruppe von Einwanderern schützen wollten. Im Hintergrund stand bei diesen Bewegungen, wie so häufig bei nativistischen Wellen in den USA, die Sorge um Arbeitsplätze in wirtschaftlichen Krisenzeiten. Bei einer Knappheit von Arbeitsplätzen und zunehmenden Anzahl von arbeitswilligen Neuankömmlingen konnte das Lohnniveau bedrohlich sinken. Zudem wurden die Möglichkeiten, durch Arbeitskämpfe Lohnstabilität zu sichern, durch Neuankömmlinge untergraben, die sich in Unkenntnis von Sprache und Gepflogenheiten als Streikbrecher in der sich rapide entwickelnden Industrielandschaft der USA einsetzen ließen.

Die zunehmende Industrialisierung insbesondere im Nordosten der USA hatte in den Jahren nach der Rekonstruktion der Union zu einem rapiden wirtschaftlichen Aufschwung geführt. Zwischen dem Ende des Krieges von 1812 und dem Bürgerkrieg hatte es in dieser Region zwar bereits eine Zunahme industrieller Fertigung gegeben, aber die USA reichten in der Kapazität und Produktivität ihrer Industrien und der Qualität der Produkte bei weitem nicht an Großbritannien und Deutschland heran. Noch in den 1870er Jahren waren die Vereinigten Staaten in der Hauptsache eine landwirtschaftlich geprägte Gesellschaft. Innerhalb von nur drei Jahrzehnten entwickelten sich die Vereinigten Staaten dann jedoch zu einer führenden Industriemacht und erlebten eine bisher noch nie dagewesene Einwanderungswelle, die mit einer zunehmenden Landflucht einherging. Diese Veränderungen trugen sich in einem verglichen mit anderen Industrienationen sehr kurzen Zeitraum zu und hatten Auswirkungen auf alle Bereiche des sozialen, politischen und kulturellen Lebens.

Schon vor dem Beginn des Bürgerkrieges hatte es in den USA eine ausgedehnte industrielle Fertigung von Schuhen und von Textilien gegeben. Diese Art der Produktion weitete sich nach 1870 rapide aus. Den hierfür notwendigen Schub in der Produktivität lieferte der Einsatz von Maschinen und ein neuartiges Produktionssystem. Durch Fortschritte in der Metallhärtung und Werkzeugherstellung wurde es möglich, die einzelnen Teile, aus denen ein Produkt zusammengesetzt wurde, so präzise zu arbeiten, dass sie austauschbar waren und nicht, wie zuvor, individuell an jedes einzelne Stück angepasst werden mussten. Neue Technologien und Produkte wurden entwickelt, effektivere Produktionsmethoden ausprobiert. Hierbei ersetzte die Elektrizität zunehmend Dampf als Antrieb für die Maschinen. Ein Fabriksystem wurde eingerichtet, in dem die Arbeitsprozesse in einzelne Schritte aufgeteilt wurden. Trotz einer zunehmenden Spezialisierung und Mechanisierung in der industriellen Fertigung blieben andere Produktionsmethoden erhalten oder entwickelten sich parallel weiter. Vorangetrieben wurde diese Entwicklung durch Ingenieure wie etwa Frederick Winslow Taylor, der sich seit den 1880er Jahren mit Metallhärtung und der effektiven Ausnutzung der menschlichen Arbeitskraft durch die Optimierung von Werkzeugen oder Arbeitsabläufen beschäftigt hatte. Seine Studien bildeten die Grundlage für die Fließbandarbeit, die im großen Stil erstmals 1913 durch die Ford Motor Company eingeführt wurde.

Zunehmend bekamen Arbeiter in der industriellen Fertigung Aufgaben zugewiesen, die keine besondere Ausbildung voraussetzten. Sie konnten schnell angelernt werden, hatten häufig nur einfache Arbeitsgänge zu erledigen, die sie immer wieder möglichst gleichförmig wiederholen mussten, um sicherzustellen, dass ein fertiges Produkt dem anderen möglichst exakt entsprach. Zwar fanden nun auch ungelernte Arbeiter leichter eine Anstellung und lange Lehrzeiten erübrigten sich, aber diese Produktionsweise führte auch zu einer »Entfremdung« der Arbeiter von dem, was sie herstellten. Häufig war ihnen nicht bekannt, welche Arbeitsgänge vor ihnen an einem Produkt erledigt wurden, welche nach ihnen folgten, und im Extremfall wussten sie nicht, wie das fertige Produkt aussah, an dem sie mitgewirkt hatten. Der Stolz von Handwerkern auf ein fertiges und gelungenes Ergebnis ihrer Arbeit war bei der kleinteiligen Aufspaltung von Arbeitsschritten zu einem Fremdwort geworden. Voraussetzung für ein Funktionieren dieser arbeitsteiligen Produktion war eine strikte Zeitdisziplin. Obwohl in einigen der so mechanisierten Fabriken vergleichsweise hohe Löhne gezahlt wurden, war die Fluktuation der Beschäftigten hoch. Viele vermochten mit der steigenden Arbeitsgeschwindigkeit nicht Schritt zu halten oder konnten die Monotonie der gleichförmigen Arbeit auf Dauer nicht ertragen. Für die Arbeitgeber hatte dieses System jedoch eine Reihe von wichtigen Vorteilen: Die Kontrolle der Arbeitszeit und der Arbeitsgeschwindigkeit, die ausgebildete Handwerker und Mechaniker zuvor ausüben konnten, wurde durch diese Arbeitsteilung und Mechanisierung umgangen. Zudem konnten ungelernte Arbeiter angestellt werden, einschließlich von Einwanderern, die der englischen Sprache kaum mächtig waren, und von Frauen und Kindern, denen weitaus niedrigere Löhne bezahlt werden konnten als ausgebildeten Arbeitskräften.

Der Großteil der industriellen Zentren in den USA lag im Norden oder in den Zentralstaaten südlich der Großen Seen. Der Süden der Vereinigten Staaten konnte mit dieser rasanten Entwicklung nicht mithalten, trotz einiger kleinerer lokaler Zentren wie etwa der Eisen- und Stahlproduktion in Birmingham, Alabama. Die Wirtschaft beruhte weiterhin in der Hauptsache auf der Produktion von landwirtschaftlichen Gütern, darunter insbesondere der Anbau von Baumwolle und Tabak für den nationalen und internationalen Markt. Mit Verzögerung bildete sich auch in Kalifornien eine industrielle Produktion heraus.

Trotz der zunehmenden Mechanisierung waren für die industrielle Produktion große Mengen an Arbeitskräften notwendig. Daher wurden Fabriken in großen Ballungszentren angesiedelt, wobei die Zunahme von Arbeitsmöglichkeiten wiederum zu stärkerer Urbanisierung führte. Die Städte entwickelten sich zu Informationszentren, zu Zentren des Transports und zu wichtigen Märkten. Dies wiederum machte sie für die Ansiedlung von Industrien attraktiv, Einwanderer und Arbeitssuchende aus dem Umland stellten die nötigen Arbeitskraft zur Verfügung und sorgten für ein stetiges Anwachsen der Städte zu Metropolen, die sich nicht nur in der Einwohnerzahl, sondern auch in der Fläche ausdehnten. Ein städtisches Transportsystem musste entwickelt werden, das Wohngebiete mit Arbeitsstätten und Einkaufsmöglichkeiten verband. In den 1870er und 1880er Jahren wurden die ersten Netze für den öffentlichen Nahverkehr entwickelt, bei denen Schienenfahrzeuge von unterirdisch verlegten Kabeln gezogen wurden – noch heute funktioniert dieses System (und ist nicht nur Touristenattraktion) in San Francisco. In den folgenden zwei Jahrzehnten und mit der Ausweitung der Nutzung von elektrischer Energie etablierten sich Straßenbahnen, die mit Elektrizität betrieben wurden, und nach der Jahrhundertwende wurden die ersten Untergrundbahnen oder Hochbahnen, beispielsweise in New York City und Chicago, eingerichtet. Über diese komfortableren und schnelleren Systeme des öffentlichen Nahverkehrs war es nun zumindest einer aufstrebenden Mittelschicht möglich, auch in Vorstädten zu siedeln, die fernab der Fabriken und der Arbeiterquartiere eine bessere Lebensqualität versprachen. Die Städte veränderten sich in dieser Zeit entsprechend: Es bildeten sich Zentren heraus, die zunehmend von Geschäftshäusern, großen Warenhäusern, Banken und kulturellen Einrichtungen wie Theatern oder Opernhäusern dominiert wurden. Arbeiter, für die häufig die Kosten des öffentlichen Nahverkehrs zu hoch waren, siedelten sich in der Nähe der Fabriken an, und es kam zu einer zunehmenden Aufteilung der verschiedenen Wohnbezirke nach Einkommen und Ethnizität.

Das Anwachsen der Städte führte bei einer in viele Einzelbezirke unterteilten städtischen Verwaltung zu großen Problemen. Die Forderung nach einer gesicherten Wasser- und Abwasserversorgung, nach Brandschutz und einer verlässlichen, überparteilichen Polizei führte in vielen Städten zur Erhöhung von lokalen Steuern und zum Aufbau einer größeren Anzahl von städtischen Einrichtungen. Steuermittel mussten verteilt und Posten besetzt werden, und die Versuchungen und auch die Möglichkeiten, in die eigene Tasche zu wirtschaften, die sich durch die Beherrschung eines Teils dieser Institutionen ergaben, führten in vielen Städten zu korrupten Parteiorganisationen, den sogenannten »Parteimaschinen«.

Die bekannteste dieser Parteimaschinen war die bereits kurz erwähnte Tammany Hall in New York City. In den späten 1780er Jahren gegründet, war sie eine Organisation der Demokratischen Partei, versorgte insbesondere irische Einwanderer mit sozialen Wohltaten und Arbeitsplätzen und erhielt im Gegenzug deren politische Unterstützung. Der bekannteste »Boss« von Tammany Hall war William M. Tweed, dem es in den 1860er Jahren gelang, die Stadt und sogar Teile des Parlaments des Staates New York durch seine Parteimaschine zu kontrollieren. Durch überzogene Preise für städtische Aufträge, bei denen ein Teil der Beträge über die Auftraggeber direkt in Tweeds Taschen zurückflossen, und durch Bestechungen wurden Steuergelder unterschlagen. Nachdem die *New York Times* dieses System 1871 aufdeckte, trat Tweed zwar in den Hintergrund, aber Tammany Hall konnte unter anderer Führung weiterhin massiven Einfluss ausüben, bis 1894 die Republikanische Partei die Macht in der Stadt übernahm. Trotz Korruption und Verschwendung von Steuergeldern halfen die Parteimaschinen häufig, in den Städten öffentliche Einrichtungen, Polizei und Feuerwehr aufzubauen. Zudem stellten sie teilweise eine notdürftige soziale Sicherung für Einwanderer zur Verfügung; allerdings geschah dies immer als Gegenleistung für deren Unterstützung bei Wahlen. Häufig, aber nicht ausschließlich, waren diese Organisationen mit der Demokratischen Partei verbunden, die eine breite Wählerbasis unter jenen Einwanderern hatte, die sich in Städten niederließen.

Hohe Profite wurden nicht nur durch Korruption abgeschöpft, sondern auch durch Ausnutzung von Marktmacht erzielt. Dies war die Zeit, in der große Vermögen durch häufig despektierlich »Robber Barons« – »Räuberbarone« – genannte Industrielle angehäuft wurden: Jay Gould und Cornelius Vanderbilt erwarben beispielsweise Reichtümer mit ihren Eisenbahngesellschaften. Eisenbahnstrecken waren in dieser Zeit weiter massiv ausgebaut worden, und im Nordosten der USA und im Gebiet südlich der Großen Seen kam es schon recht bald zu einem Wettbewerb der verschiedenen Eisenbahngesellschaften um Kunden. Hohe Rabatte wurden für Großkunden insbesondere auf solchen Strecken eingeräumt, auf denen es mehrere Anbieter gab. Die verloren gegangenen Profite versuchten diese Gesellschaften dann auf den Nebenstrecken und bei weniger potenten Kunden wieder einzuholen. Da sich die Nutzung der Eisenbahnlinien für den Transport von landwirtschaftlichen Produkten als unverzichtbar erwiesen hatte, waren die kleineren Landwirte stark benachteiligt. Auf den Great Plains und im Mittleren

Westen entstand 1867 vor diesem Hintergrund ein Zusammenschluss von Farmern, die *Grange*-Bewegung. Bis 1875 wurden mehr als 20000 lokale Zweigstellen eingerichtet, und eine Million Farmer wurden Mitglieder.

Die *Grange* war ein sozialer Sammelpunkt und ein Ort, wo ein Austausch über neue landwirtschaftliche Produktionsmethoden stattfinden konnte. Die Mechanisierung der Landwirtschaft war nach dem Bürgerkrieg weiter fortgeschritten und dadurch kapitalintensiver geworden. Der Anbau, insbesondere auf den Great Plains, konnte sehr ertragreich und profitabel sein, barg aber auch große Risiken, weil Wirbelstürme oder große Trockenheit ganze Ernten vernichten konnten. Da die Farmer häufig von Weltmarktpreisen, Groß- oder Zwischenhändlern und Frachtpreisen abhingen, waren viele von ihnen verschuldet. Die *Grange*-Bewegung versuchte, durch einen Zusammenschluss als Einkaufs- und Verkaufskooperative bessere Preise bei den Anbietern von landwirtschaftlichen Maschinen zu erreichen, als dies einzelne Bauern gekonnt hätten. Zugleich wurden höhere Preise für die Produkte erzielt, weil Zwischenhändler ausgeschlossen werden konnten. Die *Grange* erreichte zudem in vielen einzelnen Staaten, dass Gesetze verabschiedet wurden, die zu einer Senkung der Frachtraten führten. Insgesamt änderte dies aber an der wirtschaftlichen Situation der einzelnen Farmer wenig, und als die politischen Parteien Forderungen der *Grange* in ihr Programm aufnahmen, wurde sie zum Ende der 1870er Jahre zunehmend bedeutungsloser.

Regulierungen und Gesetze der Einzelstaaten konnten zwar fairere Frachtraten und einen Teil des Missbrauchs der Marktmacht der Eisenbahnlinien einschränken, aber da die Gesetzgebungskompetenz für den Handel, der Staatsgrenzen überschritt, in den Händen der Bundesregierung lag, bedurfte es einer Gesetzesinitiative im Kongress, um eine tiefergreifende Lösung zu erzielen. 1887 wurde so die *Interstate Commerce Commission* gegründet, die Frachtraten der Eisenbahngesellschaften untersuchen und Missbrauch abstellen sollte. Die Kommission hatte zwar keine direkten Durchsetzungsmöglichkeiten, und der Supreme Court schränkte das Recht der Kommission, Frachtraten festzusetzen, ein, aber es war zumindest ein Instrumentarium geschaffen worden, das dem gröbsten Missbrauch Schranken setzen konnte. Die Frachtraten sanken, und die Lieferung der Produkte zu den Absatzmärkten wurde verlässlicher und schneller. Die Eisenbahn übernahm in dieser Zeit auch einen gewichtigen Teil des Personenverkehrs, der zuvor bei den weiten Strecken von der Ostküste bis in den Mittleren Westen über die schlechten Straßen und die langsamen Wasserwege sehr beschwerlich gewesen war. Die Fahrt mit der Eisenbahn war jetzt komfortabler, die Waggons besser ausgestattet, und die ersten von George Pullman gebauten Schlafwagen wurden auf den Langstrecken eingesetzt.

John D. Rockefeller, ein anderes Beispiel für einen Industriellen, der in dieser Zeit zu enormem Reichtum gelangte, konnte durch den Verkauf von Erdölprodukten, zuerst für die Beleuchtung und als Schmiermittel, später dann als Treibstoff, mit seiner 1870 gegründeten Standard Oil Company zuvor ungeahnte Vermögenswerte aufhäufen. Die Lebensmittel verarbeitende Industrie, insbesondere um die riesigen Schlachthöfe in Chicago herum, und auch die Eisen- und Stahlindustrie erlebten einen rapiden Aufschwung. Hiervon profitierte beispielsweise Andrew Carnegie, der 1848 als Kind mit seinen Eltern in die USA gekommen war. Er gehörte zum Ende des Jahrhunderts zu den reichsten Männern seiner Zeit. Insbesondere in den Städten wurde zunehmend elektrische Energie eingesetzt, von der Thomas A. Edison profitieren konnte, der 1878 seine Edison Electric Light Company gründete. George Westinghouse, ein Konkurrent von Edison, setzte die Wechselstromspannung durch und erreichte durch die elektrische Ausstattung der Weltausstellung von 1893 in

Chicago großes Ansehen. Obwohl es nur wenige Menschen gegeben hat, die den sprichwörtlichen Sprung vom Tellerwäscher zum Millionär schafften, sind Namen wie Rockefeller oder Carnegie fest mit dem immer noch existierenden Mythos des amerikanischen Traums vom sozialen Aufstieg verbunden. Diejenigen, die enorme Reichtümer angehäuft hatten, indem sie harte Arbeit, Energie und Visionen mit Rücksichtslosigkeit gegenüber ihren Arbeitern, Konkurrenten und teilweise auch den Gesetzen verbanden, fühlten sich dennoch der Gesamtgesellschaft gegenüber verbunden und stifteten große Teile ihres Vermögens für gemeinnützige Zwecke. Sie nahmen häufig für sich das Recht in Anspruch, besser als die Arbeiter selbst zu wissen, was gut für diese sei. Generell hielten sie die industriellen Gewerkschaften für unnötig und schädlich. Sie waren Paternalisten, die für ihre Arbeiter sorgten, aber gleichzeitig von ihnen erwarteten, dass diese sich nach ihrem Willen richteten. So baute beispielsweise Pullman komfortable Wohnsiedlungen für seine Arbeiter, bestand aber auf unbedingter Unterordnung und auch auf der Bezahlung der Miete, wenn er die Löhne in Krisenzeiten kürzte.

In allen Bereichen der amerikanischen Wirtschaft wurde versucht, kleinere Firmen aufzukaufen oder aus dem Markt zu drängen, um den Wettbewerb zwischen den Anbietern von Dienstleistungen oder Produkten so gering wie möglich zu halten und um damit eine Maximierung von Profiten zu erzielen. Hierbei wurden unterschiedliche Strategien eingeschlagen: horizontale Integration, in der versucht wurde, einen möglichst großen Teil des Angebots unter einem Dach zu vereinen, oder vertikale Integration, in der möglichst alle Bereiche eines Produkts, von den Rohstoffen über die Produktion bis zum Verkauf, in eine Hand gebracht wurden. Im Idealfall entstanden so Monopole, die die Preise diktieren konnten. Diejenigen, die solche Produkte erwerben wollten oder gar mussten, waren die Leidtragenden. Sie mussten Preise bezahlen, die um ein Vielfaches über denen eines funktionierenden Marktes lagen. Dies führte nicht nur zu Wettbewerbsverzerrungen und enormen Profiten, sondern wurde auch als Hemmschuh für die wirtschaftliche Entwicklung der Vereinigten Staaten erkannt. Gesetze wie der *Interstate Commerce Act* von 1887, der den negativen Effekten der Konzentration bei den Eisenbahnen entgegenwirken sollte, und der *Sherman Antitrust Act* von 1890 waren erste Versuche, der Marktmacht dieser großen Zusammenschlüsse entgegenzutreten. Insbesondere der *Sherman Antitrust Act* sollte Wirtschaftszusammenschlüsse und Kartelle verhindern, aber die teilweise vagen Formulierungen des Gesetzestextes ließen den Gerichten viel Spielraum zur Interpretation. Zumeist fielen juristische Entscheidungen zu Gunsten der Geschäftswelt aus, und die erwünschte Wirkung auf die Trusts blieb gering. Das Gesetz wurde aber auch als Mittel im Kampf gegen Gewerkschaften und Streiks angewendet – Gerichte sahen hier Trusts der Arbeitnehmer am Werke, die gegenüber den Arbeitgebern ungebührliche Macht ausübten – und waren ein nicht selten sehr effektives Mittel, um Arbeitskämpfe zu beenden.

Die Industrialisierung führte zu einem enormen Wirtschaftsaufschwung, der Millionen von Arbeitsplätzen schuf. Gleichzeitig führten höhere Produktivität und – beim funktionierenden Markt – der Wettbewerb zwischen verschiedenen Produzenten zu fallenden Preisen, so dass Konsumgüter für einen immer größeren Kreis von Menschen in den USA erschwinglich wurden. Was kurze Zeit zuvor noch als Luxus gegolten hatte, fand sich nun in vielen Haushalten. Diese Entwicklung verlief jedoch nicht ohne Krisen: zwischen 1873 und 1878 sowie zwischen 1893 und 1897 kam es zu massiven Konjunktureinbrüchen. Die Produzenten versuchten in solchen Zeiten die Kosten zu senken, indem sie den meist wehrlosen Arbeitnehmern, die ihren Lebensunterhalt verdienen mussten und kaum Ausweichmöglichkeiten hatten, niedrigere Löhne diktierten. Zwar gab es auch saisonal bedingte Arbeitslosigkeit, aber in diesen Krisenzeiten verloren sehr viele Menschen ihre Beschäftigung und damit ihr Einkommen. Dies traf insbesondere ungelernte Arbeiter.

Die Arbeitstage waren lang: Zwölfstundentage und eine Arbeitswoche, die sechs Tage umfasste, waren keineswegs ungewöhnlich. Arbeit zu finden hing zu einem großen Maß von den Vorarbeitern ab, die oft darüber entscheiden konnten, wer entlassen wurde und wer Arbeit bekam. Arbeitsunfälle waren an der Tagesordnung, denn Arbeitsplatzsicherheit wie auch Entschädigungen nach Arbeitsunfällen oder bei Arbeitsunfähigkeit wurden von vielen Arbeitgebern als zu kostspielig abgelehnt. Ein staatliches Sozialversicherungssystem, das in solchen Fällen oder bei Krankheiten eintrat, war so gut wie unbekannt. Einwanderer bildeten zunehmend das Rückgrat dieser ungelernten Arbeiterschaft. Bei sinkenden Löhnen traten zudem mehr Frauen in das Arbeitsleben ein, obwohl nach der damals gängigen Ideologie der Platz einer Frau im Heim, in der Kirche und bei den Kindern sein sollte. Die Doktrin separater Sphären für Männer und Frauen – hier das öffentliche Leben, die Wirtschaft und die Politik mit Brutalität und der Notwendigkeit, sich durchzusetzen; dort das Heim, die Unterstützung des Ehemannes und die Erziehung der Kinder, die der moralischen Reinheit, kultureller Bildung und der Nachgiebigkeit bedurften – hatte nur für die sich herausbildende Mittelschicht und die Oberschicht eine Bedeutung. Sie diente sowohl der Abgrenzung von der Unterschicht und den Einwanderern als auch zur Herausbildung einer gesellschaftlich konstruierten Identität von Frauen als nützlichen und patriotischen Mitgliedern der Gesellschaft.

Mit der Realität der meisten Frauen hatte diese Ideologie jedoch kaum etwas gemein: Gingen 1870 noch dreizehn Prozent der arbeitsfähigen Frauen einer Beschäftigung nach, so wuchs dieser Anteil zur Jahrhundertwende auf dreißig Prozent. Frauen aus der Mittelschicht und der Oberschicht strebten zunehmend eine höhere Bildung an. Die höheren Bildungsinstitutionen reagierten auf diesen Trend: 1880 nahmen nur knapp ein Drittel der Colleges Frauen auf, bis zur Jahrhundertwende stieg diese Zahl auf mehr als siebzig Prozent, und der Anteil der weiblichen Studenten lag im Jahr 1900 bei dreißig Prozent. Diese Entwicklungen waren ein Zeichen für eine sich allmählich verändernde Rollenzuweisung für Frauen und Männer, die sich auch darin ausdrückte, dass Scheidungen üblicher wurden. Häufig gaben Frauen, die die Scheidung beantragten, an, ihr Ehemann habe sich nicht verantwortungsvoll verhalten oder ihre Selbständigkeit nicht respektiert.

Eheschließungen und Geburten wurden zunehmend sorgfältiger geplant als noch zu Beginn des Jahrhunderts, denn der Aufbau einer Karriere vor der Eheschließung und die Begrenzung der Kinderzahl konnte in sozialen Aufstieg umgemünzt werden. Ehen wurden daher später geschlossen, und die Geburtenrate nahm ab. Die Anzahl der Frauen, die eine Arbeit als Dienstmädchen, Hausmädchen oder Köchin annahmen, verringerte sich in diesem Zeitraum, während mehr und mehr Einwanderinnen in der industriellen Produktion tätig waren. Andere, zumeist in den USA geborene junge Frauen fanden in Büroberufen eine Anstellung oder, wenn sie eine höhere Bildung genossen hatten, wurden nicht selten Lehrerinnen. Da man generell davon ausging, dass Frauen nur so lange einer Beschäftigung nachgehen würden, bis sie heirateten, glaubte man, ihnen weniger als den Männern für die gleiche Arbeit zahlen zu müssen. Zumeist standen Frauen dieser Ungleichbehandlung hilflos gegenüber, eine starke gewerkschaftliche Vertretung von Frauen entwickelte sich erst im 20. Jahrhundert. Frauen hatten zwar aktiv an Arbeitskämpfen mitgewirkt, und einige Gewerkschaften nahmen auch weibliche Mitglieder auf, aber generell wurden Frauen von ihren männlichen Kollegen als Konkurrenten um Arbeitsplätze wahrgenommen.

Männliche Arbeiter hatten sich bereits vor dem Bürgerkrieg zu Handwerkergewerkschaften zusammengeschlossen, aber eine nationale Gewerkschaft wurde erst 1866 durch William H. Sylvis gegründet. Die *National Labor Union* hatte bald mehr als eine halbe Million Mitglieder und setzte sich für den Achtstundentag ein, für Vermittlungen in Arbeitskämpfen und für eine Verbesserung der Lebensbedingungen der Arbeiter. Nach dem Tod von Sylvis jedoch zerfiel die Gewerkschaft während der Wirtschaftskrise von 1873 bis 1878.

In der Eisenbahnindustrie kam es 1877 zu einem Streik der Arbeiter der Baltimore und Ohio Railroad in Martinsburg in West Virginia, deren Löhne innerhalb eines Jahres zum zweiten Mal gekürzt worden waren. Der Gouverneur beorderte die Miliz von West Virginia, den Streik aufzulösen, aber die Soldaten weigerten sich, mit Gewalt gegen die Streikenden vorzugehen. Zum ersten Mal seit dem Bürgerkrieg mussten Bundestruppen eingreifen, die den Streik auflösten. In der Zwischenzeit hatten sich die Arbeitskämpfe bis nach Baltimore in Maryland ausgedehnt. Dort kam es zu blutigen Auseinandersetzungen, bei denen zehn Menschen ihr Leben ließen. In Pittsburgh in Pennsylvania erging es dem dortigen Gouverneur ähnlich wie dem in West Virginia. Selbst von außerhalb herangebrachte Soldaten wurden in diesem Fall aus der Stadt vertrieben. Der Streik weitete sich bis in den Mittleren Westen aus, und erst der massive Einsatz von Bundestruppen konnte ihn nach einigen Wochen beenden.

Die *Knights of Labor* waren die einzige Gewerkschaft, die sowohl die wirtschaftliche Krise wie auch die Niederschlagung der Arbeitskämpfe überstand. Sie war 1869 durch Uriah H. Stephens in Philadelphia als eine Art Geheimbund ähnlich den Freimaurern gegründet worden. Afroamerikaner und Frauen wurden als Mitglied aufgenommen, und die Gewerkschaft setzte sich für gleiche Löhne für Frauen, ein Ende der Kinderarbeit, Einwanderungsbeschränkung und eine progressive Einkommenssteuer ein. Bis 1886 war die Zahl der Mitglieder auf mehr als 700 000 angeschwollen.

Das Bild von Gewerkschaften als anarchistisch und gewaltbereit, das sich während der chaotischen wilden Streiks von 1877 in der amerikanischen Mittelschicht geformt hatte, wurde durch die Arbeiterproteste für einen Achtstundentag im Mai 1886 in Chicago zusätzlich bestärkt. Am 3. Mai war es zwischen ausgesperrten und streikenden Arbeitern und der Polizei zu einem Handgemenge gekommen, bei dem zwei Arbeiter von der Polizei erschossen wurden. Am folgenden Tag fand man sich auf dem Chicagoer Haymarket zusammen, um gegen das Vorgehen der Polizei zu protestieren. Die Protestversammlung war fast beendet, als sie von der Polizei aufgelöst wurde. In diesem Moment wurde eine Bombe in die Reihen der Polizisten geworfen, diese antworteten mit Pistolen- und Gewehrschüssen. Mehr als sechzig Polizisten und eine unbekannte Anzahl von protestierenden Arbeitern wurden verletzt, mindestens sieben Polizisten und vier Demonstranten fanden den Tod. Als Schuldige wurden schnell deutsche anarchistische Emigranten ausgemacht. Acht von ihnen wurden angeklagt und verurteilt, vier von ihnen gehenkt, obwohl keinerlei Beweise vorgebracht werden konnten, die eine direkte Verbindung zwischen ihnen und der Bombe herstellten. Die Feindseligkeiten gegenüber Gewerkschaften und Immigranten nahmen nach diesen Ereignissen zu, und zusammen mit Misserfolgen bei Arbeitskämpfen sank der Einfluss der Knights of Labor und ihre Mitgliederzahl.

Im Jahr der Ausschreitungen in Chicago gründete Samuel Gompers die *American Federation of Labor*, eine Zunftgewerkschaft, die sich politischer Aktivitäten enthielt, sich auf die unmittelbaren Interessen der Arbeiter an besseren Löhnen und erträglicheren Arbeitsbedingungen konzentrierte und daher auch für solche Arbeiter ein Anlaufpunkt wurde, die von der Radikalisierung der Arbeitskämpfe abgeschreckt worden waren. Die AFL nahm nur ausgebildete männliche Arbeiter auf und absorbierte einen Teil der ehemaligen Mitglieder der Knights of Labor. Unter Gompers, der mit Ausnahme eines Jahres bis zu seinem Tode 1924 Präsident der AFL blieb, lagen dieser Gewerkschaft gesellschaftsverändernde oder gar umstürzlerische Aktivitäten fern. Gerade aber weil die AFL die radikaleren ungelernten Arbeiter aus ihren Reihen ausschloss, war sie unter ausgebildeten Arbeitern sehr erfolgreich.

Dass Arbeitnehmervertretungen jedoch zumeist selbst moderate Ziele nicht durchsetzen konnten, zeigte sich spätestens 1894, als die Eisenbahnwaggonfabrik Pullman bestreikt wurde. Pullman hatte während der Wirtschaftskrise, die 1893 begann, die Löhne seiner Arbeiter herabgesetzt, aber die Mieten der Häuser, in denen sie lebten, wurden nicht entsprechend angepasst. Die Arbeiter waren kaum noch in der Lage, ihre Mieten zu bezahlen, und wandten sich an die von Eugene V. Debs geführte *American Railway Union*, um einen Streik zu organisieren. Der Ausstand führte zu einer Aussperrung, und überall im Lande kam es zu Sympathiekundgebungen der Eisenbahnarbeiter, die sich weigerten, Pullman-Waggons an die Züge anzukoppeln. Eine weitere Eskalation ähnlich der im Jahr 1877 befürchtend, befahl Präsident Grover Cleveland den Streik durch U. S. Marshalls und mehr als zweitausend Mann der U. S. Army aufzulösen. Als Legitimation für das Eingreifen des Bundes wurde angegeben, dass die Zustellung der Post – und diese fiel in den Zuständigkeitsbereich der Bundesregierung – nicht mehr gewährleistet sei. Während der gewaltsamen Beendigung des Streiks wurden 13 Arbeiter getötet und 57 verwundet. Eugene V. Debs, der wegen Störung der Postzustellung zu einer Gefängnisstrafe verurteilt wurde, wurde nach seiner

Entlassung 1895 zu einem der führenden Sozialisten in den USA und trat 1900 zum ersten Mal als Kandidat der Sozialistischen Partei der USA für das Amt des amerikanischen Präsidenten an.

Die Gewerkschaftsbewegung in den Vereinigten Staaten scheiterte jedoch alles in allem an den ethnischen und religiösen Gegensätzen innerhalb der Arbeiterschaft, an der Aufspaltung in ungelernte und gelernte Arbeiter, und weil sie zwischen männlichen und weiblichen Gewerkschaftsmitgliedern unterschied. Der sehr flexible amerikanische Arbeitsmarkt, der im gesamten 19. Jahrhundert ständig durch neue Einwanderer bereichert wurde und diese außer in Krisenzeiten absorbierte, erlaubte es den Gewerkschaften nicht, Arbeitskraft als ein knappes Gut darzustellen. Streikbrecher ließen sich unter arbeitslosen Neueinwanderern, die noch keinen Zugang zur politischen Welt in den USA gefunden hatten, leicht finden. Zudem lehnten die Einzelstaatenregierungen und die Bundesregierung die Arbeit der Gewerkschaften ab, verfolgten deren Führer und sandten Bundestruppen, um Streiks niederzuschlagen. Eine Gesetzgebung wie in der *New Deal*-Zeit des 20. Jahrhunderts, die es den Gewerkschaften erlaubte, als Verhandlungspartner der Arbeitnehmer Anerkennung zu finden, gab es im 19. Jahrhundert noch nicht.

Es waren jedoch nicht nur die Gewerkschaften und die anderen Vertreter von Arbeitnehmerinteressen, denen das zunehmende Elend von großen Teilen der Bevölkerung insbesondere in den Städten auffiel und die sich für Veränderungen einsetzten. Getragen von einer breiten Mittelschicht und Teilen der Oberschicht, entstand eine Bewegung zur Verbesserung der Lebenssituation der Unterschicht, die an die Reformströmungen des Abolitionismus und der Anti-Alkohol-Bewegung anknüpfen konnte. Zusätzlichen Schwung erhielt diese Bewegung, die die desolaten innerstädtischen Strukturen als Wurzel des Übels erkannte, durch die Auseinandersetzung mit den »Parteimaschinen«, deren Korruption und Machtmissbrauch zunehmend in das Rampenlicht der Öffentlichkeit gelangt war. Einige der Reformer versuchten, ihre Ziele direkt umzusetzen, und bewarben sich, wie etwa Samuel M. Jones, um das Amt des Bürgermeisters ihrer Stadt. Jones hatte in Toledo (Ohio) schon seine Arbeiter an den Gewinnen seiner eigenen Firma beteiligt, wurde 1897 zum Bürgermeister gewählt und ließ Spielplätze, Kindergärten und Unterkünfte für Wohnungslose bauen, führte den Achtstundentag für städtische Arbeiter ein und reformierte die Stadtverwaltung. Er glaubte, dass Parteipolitik der Stadtverwaltung nur zum Schaden gereiche, und setzte auf überparteiliche Zusammenschlüsse bei der städtischen Reform. Ein Problem in den großen Städten, das besonders ins Auge stach, waren die überfüllten, häufig baufälligen und teilweise gesundheitsgefährdenden Mietskasernen, die *tenaments*, in denen ein großer Teil der armen städtischen Bevölkerung leben musste. Wie Jones glaubten auch viele andere Reformer, dass die Stadtverwaltungen nicht durch Politiker, sondern durch Experten und Technokraten geführt werden sollten. Anders als die Politiker würden diese nicht ihre eigenen Interessen verfolgen oder die einer Partei, sondern dafür sorgen, dass eine Stadt wie eine Firma geleitet würde: effektiv, Verschwendung und Korruption vermeidend und darauf bedacht, die Kosten und damit die Steuern zu senken. Einige der Reformer gingen so weit, die Überführung der privaten Strom-, Gas- und Wasserwerke in die öffentliche Hand und die Professionalisierung der städtischen Polizei zu fordern.

Obwohl es einige Versuche gab, den größten Missständen in den Mietskasernen durch bauliche Verordnungen entgegenzuwirken, wurde eine grundlegende Veränderung durch unzureichende Kontrollen, das Bestreben der Hausbesitzer, ihre Profite zu maximieren, und durch den Unwillen der Verwaltungen und Behörden, in die Mechanismen des Marktes einzugreifen, behindert. Technische

Entwicklungen wie die Verlegung der sanitären Anlagen in die Wohnungen, Zentral- und Gasheizungen oder elektrisches Licht, die zuerst in den Wohnungen der Mittelschicht eingeführt wurden, dann aber auch in den Behausungen der Unterschicht Einzug hielten, verbesserten die Lebensqualität. Der Einsatz neuer Technologien im Hausbau führte zu höheren und sichereren Wohnhäusern und den ersten Hochhäusern. Gepflasterte Straßen und Straßenbeleuchtung, die bis zum Ende des 19. Jahrhunderts in vielen Städten Einzug hielten, machten das Leben sicherer. Allmählich setzte sich auch die Erkenntnis durch, dass Krankheiten durch Bakterien übertragen wurden und daher eine Verbesserung in den sanitären Anlagen und in der Abfallbeseitigung den Ausbruch von Krankheiten und Epidemien verhindern konnte.

Die Bemühungen der Reformer aus der Mittel- und Oberschicht gingen einher mit der Auffassung, dass die Unterschicht zumindest teilweise selbst für ihr Elend verantwortlich sei. Fehlende Selbstdisziplin und widrige Angewohnheiten und Laster, wie etwa der Alkoholgenuss, seien mit schuld an den schlechten Lebensbedingungen. Diese Vorstellung und die Ansicht, dass es nur etwas Selbstbeherrschung bedürfe, um den sozialen Aufstieg möglich zu machen, folgten den konventionellen Denkmustern der viktorianischen Zeit, dass vermeintlich höherstehende, zivilisierte Völker diejenigen, die ähnliche Zivilisationsleistungen noch nicht erbracht hatten, an die Hand nehmen und ihnen großzügig helfen sollten. Die fortgeschrittenere Gesellschaft sollte Lösungen für die Probleme der »unterentwickelten« Völker anbieten und sich als ein Vorbild präsentieren, dem es nachzueifern galt. Es bedurfte, so glaubten viele der Mitglieder dieser Reformbewegung, einer moralischen Entscheidung des Einzelnen, um seine Situation zu verbessern. Nicht strukturelle Probleme außerhalb ihres Einflussbereichs, ein kapitalistisches Wirtschaftssystem, das keine sozialen Netze für Notsituationen bereithielt, waren für ihre elenden Lebenssituationen verantwortlich, sondern zuerst sie selbst.

Viele der Reformer waren davon überzeugt, dass insbesondere das Freizeitverhalten der Unterschichten zu ihrer Misere beitrug. Saloonbesuche etwa, tatsächlich häufig ein Pfeiler des sozialen Lebens, waren verpönt, weil es hier nicht um eine Verbesserung des Individuums ging, sondern um unproduktives, geselliges Beisammensein, um Gemeinschaft und natürlich um Alkohol. Besuche von Boxveranstaltungen, die in den 1880er Jahren populär wurden, schienen Ausdruck eines unzivilisierten, animalischen Verhaltens, das unterdrückt werden musste, wenn der Einzelne in der Gesellschaft erfolgreich werden wollte. Ein ständiger Stein des Anstoßes waren darüber hinaus die Vergnügungsparks. Vor den Toren von New York City beispielsweise waren nach dem Ende des Bürgerkrieges auf Coney Island Restaurants entstanden, die sich nach dem Anschluss an das lokale Eisenbahnnetz schnell zu einem Vergnügungspark ausweiteten; an den Wochenenden zog er Tausende von Besuchern an, die sich bei Tanz, in den Riesenrädern und in den ersten Achterbahnen vergnügten.

Reformer versuchten, die Menschen von diesen vermeintlich ungesunden und »das Blut über Gebühr erhitzenden« Aufregungen fernzuhalten. Als Alternative wurden öffentliche Lesehallen und Bibliotheken angeboten, die von Stiftern eingerichtet worden waren: Wer sich von den Vergnügungssüchten des Alltags und der Freizeit lossagte und seine Zeit mit dem Studium »guter« Literatur verbrachte, enthaltsam lebte und seine körperlichen Gelüste bezwang, der würde von selbst den sozialen Aufstieg schaffen. Deutlich wird dies auch in der Ablehnung der ersten Filmvorführmöglichkeiten. Den *nickelodeons*, die zuerst häufig in Billardhallen aufgestellt wurden und die es für eine Fünf-Cent-Münze erlaubten, einen kurzen Film anzuschauen, folgten kleine Kinos, in denen die Filme an eine Leinwand projiziert wurden. Mitglieder der Reformbewegung glaubten, dass hier die Sinne übermäßig angesprochen würden, und zudem ermöglichte das Halbdunkel der Kinos Kontakte zwischen den Geschlechtern, die in der Öffentlichkeit und bei Tageslicht geächtet waren. Zugleich gab es auch Bestrebungen, die Städte durch die Anlage von Parks, Bebauungen und die Einrichtung von kulturellen Institutionen lebenswerter zu machen. In diesem Sinne schuf Frederick Law Olmsted den Central Park in New York City und wurde die Back Bay in Boston aufgefüllt und angelegt. In Chicago wurde der Wiederaufbau des Innenstadtbereichs nach einer Feuersbrunst im Jahr 1871 – bei der große Teile der Stadt niederbrannten, insgesamt dreihundert Menschen ums Leben kamen und fast 100 000 ihr Obdach verloren – strukturiert geplant. Die Reformer hofften, dass so die Lebensqualität in der Stadt zunehmen und sich die Bedingungen für die Geschäftswelt verbessern würden. Aber sie hofften auch, dass sich die städtischen Unterschichten durch eine Verschönerung der Stadt angespornt fühlen würden, sich selbst aus ihrem Elend zu befreien.

Ihren stärksten Ausdruck fand diese »koloniale« Einstellung in der *Settlement House*-Bewegung, die in den Vereinigten Staaten maßgeblich von Jane Addams vorangetrieben wurde. Addams entstammte einer wohlhabenden Familie aus dem Mittleren Westen. Der Vater betrieb Getreidemühlen, wurde zum Senator im Staat Illinois gewählt und vertrat seinen Wahlbezirk im Abgeordnetenhaus. Jane Addams besuchte das Rockford Female Seminary, eine höhere Bildungseinrichtung für Töchter wohlhabender Familien. Nach ihrem Abschluss bereiste sie mit ihrer Gefährtin Ellen Gates Starr Europa und lernte in London die 1884 gegründete Toynbee Hall kennen, eine Einrichtung inmitten der Slums der Metropole. Ziel dieser Institution war es, Akademiker, die zukünftige Elite des Landes, mit Arbeitern und anderen Mitgliedern der Unterschicht zusammenzubringen, damit sie voneinander lernen konnten. Zumeist waren es Männer, die sich einige Zeit in Toynbee Hall niederließen. Darunter waren später einflussreiche Politiker wie etwa Clement Attlee, der spätere britische Premierminister, oder William Beveridge, auf dessen Vorschläge hin Attlee 1948 das nationale Gesundheitssystems in Großbritannien einführte.

Nachdem Addams und Starr in die Vereinigten Staaten zurückgekehrt waren, schmiedeten sie Pläne für eine ähnliche Einrichtung in Chicago. Während allerdings Toynbee Hall in der Hauptsache von Männern bewohnt war, sollten hier Frauen wie sie in die Slums der Großstadt ziehen. Im Jahr 1889 erwarben sie ein 1856 von Charles J. Hull erbautes Haus in der Halstead Street, im heruntergekommenen 19. Bezirk von Chicago. Hier lebten Einwanderer aus Italien, Irland, Griechenland und Polen unter erbärmlichen Verhältnissen. Verschmutzte Straßen, fehlende Anbindung an ein Abwassersystem, unzureichende Straßenbeleuchtung und kaum Kindergärten oder Schulen in erreichbarer Nähe führten zu Krankheiten, Kriminalität, schlechter Ausbildung, Vernachlässigung und Arbeitslosigkeit. Hull House, wie die von Addams und Starr gegründete Einrichtung genannt wurde, war der erste Versuch, Toynbee Hall im Mittleren Westen nachzueifern. Bereits zwei Jahre zuvor hatte an der Ostküste das Smith College eine *Settlement Association* gegründet, andere Universitäten und Colleges hatten nachgezogen, und in der Rivington Street in New York City existierte bereits ein *settlement house* mit sieben Bewohnerinnen.

Addams und Starr luden Freundinnen und Bekannte ein, mit ihnen gemeinsam in Hull House zu leben, und am 18. September 1889 zogen sie in das große Haus ein. Dass sie nach einer kurzen Eingewöhnungszeit die Bewohner des 19. Bezirks zu Literaturlesungen einluden und zu Vorführungen von Lichtbildern von Gemälden und Statuen, die sie in Europa bewundert hatten, macht ihre anfängliche Naivität, ihren guten Willen, aber auch ihre paternalistische Haltung gegenüber den Anwohnern deutlich. Schon in den ersten Gesprächen wurde Addams und Starr jedoch deutlich gemacht, dass das Verlangen nach Dichterlesungen und der Auseinandersetzung mit europäischen Malern recht gering war, sehr groß aber der Bedarf an konkreten Hilfen wie etwa der Kinderunterbringung und an Möglichkeiten, sich untereinander über die Sorgen und Nöte des Lebens im 19. Bezirk auszutauschen. Addams und Starr erwiesen sich als lernfähig und flexibel: Eine Freundin wurde überredet, eine Kinderkrippe in Hull House zu eröffnen, und innerhalb von drei Wochen standen 24 Plätze für die Kinderunterbringung zur Verfügung; die Warteliste umfasste innerhalb kürzester Zeit siebzig weitere Kinder.

Hull House war ein Element des sogenannten *Progressive Movement*, das auf die ungezügelte Industrialisierung und ihre sozialen Effekte reagierte, die sich durch die anschwellende Einwanderung, das Anwachsen der Städte, die Wirtschaftskonzentrationen und die zunehmenden Schichtenunterschiede noch verstärkt hatten. Frauen spielten hier, wie auch in den anderen Reformbewegungen, neben Wirtschaftsführern, Technokraten und Experten, Historikern, Journalisten und Geistlichen eine tragende Rolle. Neben der Verbesserung der innerstädtischen Situation setzten sich viele von ihnen auch für eine Beschränkung der Arbeitszeit für Frauen und ein Verbot der Kinderarbeit ein, um dem Raubbau an den Schwächsten Einhalt zu gebieten. Der Anteil der Kinderarbeit wuchs bis zur Jahrhundertwende, nahm dann allerdings langsam ab, als man begann, Gesetze zum Schutz der Kinder vor den teilweise verheerenden Arbeitsbedingungen zu erlassen, und als sich die Produktion zunehmend mechanisierte. Generell mussten Kinder Arbeiten übernehmen, für die die niedrigsten Löhne gezahlt wurden, aber häufig war es ihr Einkommen, welches das Überleben der gesamten Familie sicherte. Durchgreifende Erfolge bei den Arbeitsschutzbestimmungen für Frauen und Kinder wurden erst nach der Jahrhundertwende erzielt: 1903 wurde im Staat Oregon die Arbeitszeit für Frauen auf zehn Stunden beschränkt, und vier Jahre später war die Kinderarbeit in dreißig Staaten der Union verboten. Forderungen wie höhere Investitionen in Arbeitsplatzsicherheit, Sozialprogramme, Erwerbsunfähigkeitsversicherungen nach Arbeitsunfällen oder die Möglichkeit eines Schwangerschaftsurlaubes konnten gleichfalls bis zum Ende des 19. Jahrhunderts nur in Ansätzen erfüllt werden.

In dieser Zeit zum Ende des 19. Jahrhunderts setzten auch Überlegungen zu einer grundlegenden Reform des amerikanischen Schulsystems ein, die eng mit dem Namen John Dewey verbunden sind. Er hatte 1896 gleichfalls in Chicago eine Versuchsschule gegründet und glaubte, dass das Schulsystem der Schlüssel zur Demokratisierung der Gesellschaft sei. Die zuvor strikte Ordnung in den Klassenzimmern, ein Frontalunterricht, der für Interaktionen zwischen Schülern und Lehrern keinen Platz ließ, wich einem System des Dialogs, in dem sich die Werte von Demokratie und Kooperation widerspiegeln sollten. Die enge Verknüpfung zwischen gesellschaftlichen Gegebenheiten und Veränderungen und den Ordnungs- und Herrschaftssystemen der amerikanischen Gesellschaft, die sich in Deweys pädagogischem Ansatz abzeichnet, fand auch im Rechtswesen ihre Entsprechung. Der spätere Richter am Supreme Court Oliver Wendell Holmes, Jr. postulierte 1881, dass es die menschliche Erfahrung sei und nicht eine abstrakte Logik, die der Rechtsprechung das Leben einhauche. Mit seiner Einsicht, dass Arbeiter das Recht hätten, sich in Gewerkschaften zu organisieren, war er, wie viele andere Mitglieder der Reformbewegung auch, der Zeit voraus.

Parteien und Politik (1877–1898)

Der Gedanke der Reform hielt auch Einzug in den politischen Parteien, deren Rolle sich nach dem Bürgerkrieg gefestigt hatte. Die 1854 entstandene Republican Party hatte sich nach dem Bürgerkrieg dauerhaft etabliert und sowohl auf der Einzelstaatenebene wie auf der Bundesebene Erfolge erzielt. Für die amerikanischen Bürger war die Politik des Bundes in der zweiten Hälfte des 19. Jahrhunderts jedoch von weniger großer Bedeutung als die ihrer Gemeinden oder des einzelnen Bundesstaates. Die Wahlbeteiligung war recht hoch: 80 bis 90 Prozent der Wahlberechtigten nahmen regelmäßig an den politischen Entscheidungen teil. Parteiversammlungen und Wahlen waren nicht nur politische, sondern auch kulturelle Ereignisse, die mit großer Aufmerksamkeit beobachtet wurden. Wer sich zur Wahl stellte, versuchte seine Wähler durch seine rednerischen Fähigkeiten, aber auch durch Wahlversprechen und Wahlgeschenke zu gewinnen. Das Wahlrecht wurde zu dieser Zeit nur weißen Männern und Neueinwanderern zuerkannt; weder die Frauen noch die meisten Afroamerikaner oder die Ureinwohner konnten an der Wahlurne mit über die Politik des Landes entscheiden.

Die Republikaner fanden ihre Wähler zum Ende des 19. Jahrhunderts zumeist in den nördlichen Bundesstaaten unter den in den USA geborenen Einwohnern. Eine Kernforderung dieser Wählerschichten war die Aufrechterhaltung der vermeintlich moralischen und protestantischen Werte, die ihren Ausdruck etwa in der Sonntagsruhe oder in der Mäßigung beim Alkoholkonsum fanden. Die Partei setzte sich für eine staatsbürgerliche Erziehung in öffentlichen Schulen ein und unterhielt gute Beziehungen zur Geschäftswelt. Die Republikaner unterstützten hohe Schutzzölle, um der heimischen Industrie einen Kostenvorteil gegenüber importierten Produkten zu verschaffen. Kurzfristig führte dies zwar zu höheren Preisen und zu schlechteren Produkten auf dem heimischen Markt, aber es schützte die amerikanische Wirtschaft vor der internationalen Konkurrenz, insbesondere England und Deutschland, die mit einer größeren Produktivität aufwarten und häufig qualitativ höherwertige Waren herstellen konnten.

Die Demokratische Partei hatte ihre Basis unter den weißen Wählern im Süden der Union und unter Einwanderern, einschließlich Katholiken und Juden, im Norden. Ihnen war wichtig, dass die persönlichen Freiheitsrechte und die freie Ausübung der jeweiligen Religionen nicht eingeschränkt wurden. Dies, glaubten sie, könne über eine Stärkung der Kompetenzen der einzelnen Staaten besser erreicht werden als über bundesstaatliche Regulierungen. Demokraten setzten sich generell für Freihandel ein und argumentierten, dass die durch Schutzzölle künstlich überhöhten Preise im Inland insbesondere die Landwirte und die Plantagenbesitzer benachteiligten, weil diese kaum von der geschützten Industrie profitierten, sondern für ihre Produkte auf dem Weltmarkt niedrigere Preise erzielten, da die Handelspartner der USA gleichfalls Schutzzölle eingeführt hätten. Obwohl auch die Republikanische Partei in verschiedene Fraktionen zerfiel, welche unterschiedliche Prioritäten verfolgten, war eine solche innere Vielfalt in der Demokratischen Partei besonders augenfällig. Sie vereinte neben urbanen Immigranten und Politikern, die die Parteienmaschinen für wichtig hielten, auch Anhänger von niedrigen Zöllen sowie weiße Rassisten in den Südstaaten.

Die Präsidenten aus beiden Parteien waren – verglichen mit denen des 20. Jahrhunderts – verhältnismäßig schwach. Nur wenige von ihnen konnten auf eine Mehrheit ihrer Partei im Kongress bauen, und selbst wenn dies der Fall war, mussten sie unter ihren Parteifreunden häufig um Stimmen für Gesetzesvorhaben werben. Rutherford B. Hayes, der von 1877 bis 1881 regierte, tat viel, um den schlechten Ruf, den das Präsidentenamt durch seinen Vorgänger Grant und die Skandale während dessen Amtszeit erlangt hatte, wieder zu verbessern. Dazu gehörte auch, dass seine Ehefrau, die First Lady, bei Empfängen im Weißen Haus keinen Alkohol mehr ausschenken ließ. Seinem Nachfolger James A. Garfield war nur eine sehr kurze Amtszeit beschieden, bevor er ermordet wurde. Er hatte versucht, die Republikanische Partei zu erneuern und die Korruption und Ämterpatronage einzudämmen. Ein Berufsbeamtentum, wie es in Europa bekannt war, gab es in den Vereinigten Staaten im 19. Jahrhundert nicht. Erfolgreiche Kandidaten in nationalen, bundesstaatlichen oder lokalen Wahlen entlohnten ihre Unterstützer mit gut bezahlten Posten, von denen diejenigen, die durch den jeweiligen Amtsvorgänger auf den Posten gehoben worden waren, wieder entfernt wurden. Zwar konnte dieses System auch die Schichtenmobilität befördern, aber nicht immer waren die dergestalt Bedachten auch tatsächlich geeignet, ihre Positionen auszufüllen. Dieses ineffiziente Verwaltungssystem führte zudem vielfach zu Korruption. Wer beispielsweise einem Förderer, einem Freund oder Verwandten einen Posten verschafft hatte, erhielt von diesem nicht selten regelmäßig einen Teil seines Lohnes als Dank.

Gelegenheit, die Reformen tatsächlich in Angriff zu nehmen, sollte dem Präsidenten nicht beschieden sein: Sechs Monate nach seiner Amtseinführung im März 1881 wurde Garfield von einem enttäuschten Stellenanwärter tödlich verletzt. Vizepräsident Chester A. Arthur, der ihm ins Amt folgte, versuchte Garfields Reformpolitik fortzusetzen. Er fand Unterstützung in der *National Civil Service Reform League*, die 1881 von dem ehemaligen Innenminister unter Präsident Hayes, Carl Schurz – der nach der gescheiterten deutschen Revolution von 1848 in die USA geflohen war –, und anderen gegründet worden war. Garfield wurde von der Service Reform League als Märtyrer dargestellt, als ein Opfer der Ämterpatronage. Zwei Jahre später, 1883, wurde der *Pendleton Civil Service Reform Act* ins Leben gerufen, der Befähigungsprüfungen und allgemeine Standards für eine große Anzahl von Stellen in der Verwaltung des Bundes vorbereitete. Anfangs war nur etwa ein Achtel aller Posten im Bereich des Bundes durch dieses Gesetz geregelt, aber zunehmend wurde das System ausgeweitet. Dies betraf jedoch nur den Bund; in den einzelnen Bundesstaaten und in den Gemeinden wurden keine vergleichbaren Regelungen eingeführt.

Der Demokrat Grover Cleveland, der 1884 zum ersten Mal gewählt wurde und mit einer Unterbrechung von vier Jahren – währenddessen übte der Republikaner Benjamin Harrison das Amt aus – bis 1897 Präsident der Vereinigten Staaten war, setzte die Reform der Verwaltung weiter fort und ließ darüber hinaus auch Pensionsansprüche von Veteranen des Bürgerkriegs untersuchen. Diese Pensionen machten einen Großteil der Ausgaben des Bundes aus und wurden an versehrte Veteranen und Kriegerwitwen gezahlt. Zu Beginn der 1880er Jahre waren weit verbreitete Pensionsbetrügereien bekannt geworden und hatten sich zu einem öffentlichen Skandal entwickelt. Der Veteranenverband der Union, die *Grand Army of the Republic*, eine machtvolle Lobby-Organisation, die mit der Republikanischen Partei verbunden war, hatte dazu aufgerufen, Pensionsansprüche geltend zu machen, die dann zumeist ohne Überprüfung bewilligt wurden. Die Regierung Cleveland begann diese Ansprüche genauer zu untersuchen und lehnte viele von ihnen ab. Zum Ärger des Veteranenverbandes legte Cleveland außerdem sein Veto gegen ein Gesetz ein, das den Kreis der Pensionsberechtigten erweitert hätte. Als sich Cleveland 1888 erneut um das Amt des Präsidenten bewarb, griff die Grand Army of the Republic massiv in den Wahlkampf ein und erreichte, dass der amtierende Präsident in der Wahl unterlag. Cleveland erhielt zwar etwa 90000 Einzelstimmen mehr als sein Gegner, aber die Anzahl der Wahlmännerstimmen fiel eindeutig gegen ihn aus.

Es ist daher nicht verwunderlich, dass unter dem Präsidenten Benjamin Harrison die Anzahl der pensionsberechtigten Bürgerkriegs-Veteranen sehr stark zunahm. Nun wurden neben den Witwen auch die Eltern und Kinder der Veteranen bedacht. Zum ersten Mal nach dem Bürgerkrieg erreichten die Ausgaben des Bundes wieder die damals schwindelerregende Höhe von einer Milliarde Dollar. Unterstützung für Infrastrukturmaßnahmen und Dampfschifflinien wurden bewilligt, und die Kriegsmarine wurde ausgebaut. Harrison betrieb zudem eine offensivere Außenpolitik als seine Vorgänger und lud beispielsweise 1889 zu einem Pan-Amerikanischen Kongress nach Washington, D. C. ein, aus dem später die Pan-Amerikanische Union hervorging. Zum Ende seiner Amtszeit legte der Präsident dann dem Kongress sogar einen Vertrag vor, mit dem die Inselgruppe von Hawaii annektiert werden würde. Harrisons expansive Außenpolitik hatte nicht nur Befürworter, und seine außenpolitischen Aktivitäten halfen dem Präsidenten bei der nächsten Wahl nur wenig. Es zeichnete sich eine Konjunkturabschwächung ab, und bereits bei den Zwischenwahlen zum Kongress konnten die Demokraten große Zugewinne im Abgeordnetenhaus verzeichnen. Die Republikanische Partei zögerte lange, bevor sie den amtierenden Präsidenten wieder als Kandidaten aufstellte.

Die Wahl im Jahr 1892, die einzige in der Geschichte der Vereinigten Staaten, in der ein ehemaliger Präsident sich wieder zur Wahl stellte und diese auch gewann, stand im Zeichen der Auseinandersetzung über die Schutzzölle und die Geldpolitik der USA. Eine restriktive monetäre Politik hatte seit dem Ende des Bürgerkriegs für eine generell deflationäre Tendenz in den USA gesorgt, weil die vorhandene Geldmenge mit der zunehmenden Produktivität nicht mehr Schritt halten konnte. Investoren, Banken und andere Kreditgeber sowie Firmenbesitzer und auch die Arbeitnehmer in den Städten favorisierten eine restriktive Geldmengenpolitik: Der Wert des Geldes, des Ersparten und der Löhne blieb stabil oder stieg, Profite ließen sich ausbauen, und Investitionen lohnten sich, weil die Zinsen hoch blieben. Schuldner hingegen, insbesondere Landwirte, forderten eine Politik, die für einen gewissen Grad an Inflation Platz ließ. So wäre die Schuldenlast geringer und nicht höher geworden, Kredite – die viele verschuldete Farmer benötigten, um beispielsweise Saatgut zu kaufen – wären leichter und zu geringeren Zinssätzen zu erhalten gewesen, und die Preise wären gestiegen und hätten die Rückzahlung leichter gemacht. Die *Greenback Party* – benannt nach der grünen Rückseite der amerikanischen Papierwährung, die während des Bürgerkrieges gedruckt worden war –, die für eine Ausweitung des Papiergeldes eintrat, gewann bei den Kongresswahlen von 1878 sogar dreizehn Sitze im House of Representatives.

Eines der Haupthindernisse für eine Ausweitung der umlaufenden Geldmenge war die enge Koppelung an die Goldvorräte der USA. Dies hielt die Währung zwar stabil, aber da die Mittel fehlten, um beliebig viel Gold anzukaufen und einzulagern, war die Ausgabe neuer Münzen und Noten, bei unbedingten Möglichkeiten des Eintauschs in Gold, stark eingeschränkt. Eine zumindest teilweise Umstellung der Sicherheiten auf Silber war im Interesse derjenigen, die eine Ausweitung der Geldmenge forderten, und wurde auch von den Bergleuten der Silberminen unterstützt. Allerdings konnte die Umstellung auf der Grundlage des *Bland-Allison Act* von 1878 und des *Sherman Silver Purchase Act* von 1890, in denen der Aufkauf von Silber und die Prägung von Silberdollar vorgesehen waren, nur halbherzig vollzogen werden. In der einsetzenden Wirtschaftskrise von 1893 wurden US-Dollar dann nicht in Silber, das einen Teil seines Wertes durch die Intervention des Bundes verloren hatte, sondern in Gold eingetauscht.

Die Goldreserven der USA schmolzen bedrohlich ab, so dass Präsident Cleveland in einer Sondersitzung des Kongresses die Aufhebung der Gesetze durchsetzte. Die Geldpolitik des Bundes und die Geldknappheit wurden jedoch auch weiterhin scharf diskutiert und gehörten in der Wahl von 1896 zu den zentralen Themen des Wahlkampfes. Die Demokratische Partei hatte William Jennings Bryan nominiert, der in feurigen Reden für die uneingeschränkte Prägung von Silbermünzen plädierte. Plakative Metaphern prägten seine moralisierende Rhetorik. Er sprach davon, dass man die Menschheit nicht auf einem Kreuz aus Gold opfern solle, und stellte die Silberprägung fast wie ein Allheilmittel für alle wirtschaftlichen Übel dar, welche die Nation befallen hätten. Der Kandidat der Republican Party, William McKinley, war hingegen ein Vertreter des Goldstandards, der sich schon vor seiner Kandidatur durch den nach ihm benannten *McKinley Tariff* von 1890 als Verfechter hoher Schutzzölle einen Namen gemacht hatte.

Bryan wurde nicht nur von seiner eigenen Partei, sondern auch von der *People's* oder *Populist Party* unterstützt, die 1891 aus einem Zusammenschluss der Knights of Labor und der *Farmers' Alliance* – einer linksgerichteten Organisation von Kleinbauern – entstanden war. In der Zwischenwahl von 1894 konnte die Partei einige Senatoren und Abgeordnete nach Washington entsenden, aber bei der Präsidentenwahl 1896 entschied man sich, den Demokraten Bryan zu unterstützen, der viele der Ziele der Populist Party verfolgte. Allerdings fand Bryan weder in der Mittelschicht noch in der Arbeiterschaft eine größere Anzahl von Wählern, die der uneingeschränkten Silberprägung und damit höheren Preisen für landwirtschaftliche Produkte etwas Positives abgewinnen konnten. Seine Rhetorik, die im Süden und im Mittleren Westen Zuspruch fand, stieß zudem mit ihrem moralisierenden Predigtcharakter viele städtische Immigranten ab.

McKinley gewann die Wahl mit einer bequemen Mehrheit. Sein politischer Erfolg machte deutlich, dass die bevölkerungsreichen Staaten im Norden, südlich der Großen Seen und auch der Staaten an der Pazifikküste die Republikanische Partei unterstützten. Die Democratic Party konnte zwar auch weiterhin die meisten Wähler im Süden gewinnen, aber die städtische Bevölkerung, die stark zugenommen hatte, mochte sich nicht für Bryan und seine politischen Ziele begeistern. McKinleys Wahlkampfteam nutzte 1896 zudem erstmals auch moderne Wahlkampfstrategien, investierte hohe Summen in den Wahlkampf und wusste die Printmedien geschickt zu nutzen. Die Wirtschaftskrise endete im Jahr nach der Wahl McKinleys, und in der folgenden Zeit der Prosperität konnte die noch während des Wahlkampfes hitzig zwischen McKinley und seinem Kontrahenten debattierte Goldbindung des US-Dollar durch den *Gold Standard Act* von 1900 wieder vollständig hergestellt werden.

Anders als Bryan, der sich später vehement gegen eine imperialistische Außenpolitik der USA aussprach, war McKinley bereit, die expansionistische Politik der Vereinigten Staaten weiterzuführen. Größtenteils konzentrierte sich diese Politik während des 19. Jahrhunderts auf den nordamerikanischen Kontinent. Aber bereits 1866 hatte der Druck, den die USA auf Frankreich ausüben mussten, damit der mit französischer Unterstützung als Kaiser von Mexiko installierte Maximilian wieder fallengelassen wurde, gezeigt, dass auch eine auf die westliche Hemisphäre konzentrierte Politik eine europäische Komponente hatte. Der Blick der USA war zu dieser Zeit allerdings nicht so sehr auf Europa als vielmehr Richtung Osten, auf den pazifischen Raum, gerichtet. Es ging in der Hauptsache um sichere Kohlebunker-Stationen für die Marine und die Handelsflotte, die bei einem expandierenden Handel mit den Pazifik-Anrainerstaaten eingerichtet werden mussten. Versuche, die Virgin Islands von Dänemark zu kaufen, schlugen fehl. Aber 1867 annektierten die USA die wenige Jahre zuvor entdeckten Midway Islands. Angetrieben wurde die Suche nach sicheren Basen im Pazifik nicht unwesentlich durch den Mythos des vermeintlich riesigen Absatz- und Rohstoffmarktes in China. Eine Rolle spielte hierbei aber auch das hochgepriesene Buch *The Influence of Sea Power upon History* des amerikanischen Konteradmirals Alfred Thayer Mahan, das die Bedeutung einer Kriegsmarine für eine wirtschaftlich expandierende Nation anhand von historischen Beispielen hervorhob. Allerdings eignete sich die von Riffen umgebene Inselgruppe der Midways nicht wie erhofft als Kohlestation, mit der man die hohen Preise für die Kohlebunkerung auf den nahegelegenen Inseln von Hawaii umgehen konnte.

Auf Hawaii waren in den 1860er Jahren von Amerikanern große Zuckerplantagen angelegt und japanische sowie chinesische Arbeiter angeworben worden. Innerhalb von zwei Jahrzehnten dominierten die wirtschaftlichen Interessen der Plantagenbesitzer das politische Leben auf den Inseln. Es gelang ihnen, dem hawaiischen Königshaus 1887 eine Verfassung aufzuoktroyieren. Dadurch war das Königshaus praktisch entmachtet und das Wahlrecht auf die wohlhabende, fast ausschließlich europäische Bevölkerung beschränkt. Im gleichen Jahr schon pachtete die amerikanische Kriegsmarine den natürlichen Hafen Pearl Harbor auf Oahu, um dort eine Flottenbasis einzurichten. Nach der Einführung hoher Schutzzölle durch Präsident McKinley, die mit einer Aufhebung der Zollfreiheit für hawaiischen Zucker einherging, um den heimischen Zuckerproduzenten einen Wettbewerbsvorteil zu verschaffen, wuchs unter den weißen Plantagenbesitzern der Ruf nach der Annexion Hawaiis durch die USA. McKinley stand einer solchen durchaus offen gegenüber und unterstützte eine nach Beginn des Spanisch-Amerikanischen Krieges im April 1898 im Kongress eingebrachte Resolution zur Annexion der Inselgruppe, die im Juli 1898 durch den Senat gebilligt wurde.

Zum Ende des 19. Jahrhunderts waren die Vereinigten Staaten zu einer potenten, innerlich weitgehend wieder geeinten Nation geworden, die selbstbewusst in die Zukunft blickte. Die Industrialisierung hatte ein enormes Potential bewiesen, und die Wirtschaftskraft der USA schien ungebändigt. Millionen von Einwanderern waren vom Arbeitsmarkt absorbiert worden und hatten mit ihren ethnischen und kulturellen Hintergründen eine auch demographisch junge, multikulturelle Nation entstehen lassen, die, trotz aller innenpolitischen Auseinandersetzungen, von der großen Klammer einer freiheitlichen politischen Kultur zusammengehalten wurde. Auf dieser Grundlage formierte sich zum Ende des Jahrhunderts eine selbstbewusste nationale Identität und das Gefühl, die Vereinigten Staaten von Amerika müssten auch auf der internationalen Bühne eine entscheidende Rolle spielen.

Die USA, im Unabhängigkeitskrieg aus Kolonien entstanden, waren im 19. Jahrhundert selbst zu einer Kolonialmacht geworden. Sie hatten Texas und Hawaii annektiert, sich riesige Gebiete der *domestic dependent nations*, der Ureinwohner, und Inseln wie Guam, American Samoa oder Puerto Rico einverleibt. Über denen wehte zwar die amerikanische Flagge, aber die Verfassung galt nur bedingt. Viele in den Südstaaten hingen der Idee des *lost cause* an, einer Vorstellung, der zufolge die Konföderation eine Regierung edler Männer war, die versuchte, eine agrarische Lebensweise gegen rohe Industrielle aus dem Norden zu bewahren. Noch der spätere Präsident Woodrow Wilson war Anhänger dieser Idee. Trotz der Verfassungszusätze stand auch die Gewährung der Bürgerrechte für Afroamerikaner zumeist nur auf dem Papier und wurde bis weit über die Mitte des 20. Jahrhundert hinaus massiv hintertrieben. Rassismus ist bis heute im ökonomischen, politischen und sozialen System der USA tief verankert.

Die USA im 20. und 21. Jahrhundert

Von Philipp Gassert

Epochenüberblick

Das 20. Jahrhundert wird das »amerikanische Jahrhundert« genannt, weil sich die USA seit 1900 zur kulturellen, wirtschaftlichen, militärischen und politischen Vormacht entwickelten. In dieser Hinsicht lösten sie frühere Hegemonialmächte wie Spanien im 16. Jahrhundert, Frankreich im 17. und 18. Jahrhundert und Großbritannien im 19. Jahrhundert ab. Im 19. Jahrhundert hatten die USA ihre einzigartige politische Kultur ausgeprägt, ihren institutionellen Ausbau vorangetrieben und ihre endgültige territoriale Gestalt gewonnen. Sie hatten, anfangs noch geprägt von europäischen Gebräuchen, Institutionen, Menschen und Einflüssen, eine eigene soziale und kulturelle Identität entwickelt; sie hatten sich von Europa abgenabelt und im Inneren »amerikanisiert«. Im 20. Jahrhundert setzten sich diese Prozesse amerikanischer Selbstfindung fort. Zugleich aber begannen die ökonomisch und politisch mächtig gewordenen USA ihrerseits stark in die Welt hinaus zu wirken. Vielen Nichtamerikanern erschien der amerikanische Weg als Modell der Zukunft, das sie kopierten, anpassten oder bekämpften; seit der Jahrhundertwende war Amerika zu einer Ikone der Moderne geworden.

In den äußeren Beziehungen war die erste Hälfte des 20. Jahrhunderts vom Aufstieg der USA von der Großmacht 1898 zur Weltmacht 1917 und zur Supermacht 1945 geprägt. Mit dem Spanisch-Amerikanischen Krieg setzten sich die USA als Kolonialmacht außerhalb der westlichen

Hemisphäre auf den Philippinen fest. Dieser Schritt wurde von außenpolitischen Traditionalisten, den sogenannten Anti-Imperialisten, kritisiert. Auch im Ersten Weltkrieg, in den die USA erst mit Verzögerung 1917 eintraten, wurden Ziele und Mittel der amerikanischen Außenpolitik heftig diskutiert. Zum militärischen Ausgang dieses Krieges leisteten die USA den entscheidenden Beitrag. Mit dem im fortschrittsorientierten Ordnungs- und Effizienzgedanken gründenden Wilsonianismus, der mit dem Selbstbestimmungsrecht der Völker, Freihandel und kollektiver Sicherheit seinen bedeutendsten Ausdruck in Wilsons »Vierzehn Punkten« und der Völkerbundssatzung fand, begann im Ersten Weltkrieg die aktive demokratische Missionsidee erstmals zu dominieren. Nach einer Phase relativer außenpolitischer Isolation in der Zwischenkriegszeit, in der die USA auch keine ihrer Stellung entsprechende Verantwortung für die Weltwirtschaft zu übernehmen bereit waren, wurde der demokratische Internationalismus zur ideologischen Grundlage des Eingreifens im Zweiten Weltkrieg.

Innenpolitisch verlagerten sich aufgrund des außenpolitischen Aktivismus und wegen der zunehmenden Reformbemühungen der Bundesregierung im politischen System die Gewichte vom Kongress zum Weißen Haus. Der Staat spielte seit der Jahrhundertwende eine bedeutendere Rolle. In der progressivistischen (s. S. 373) Reformära traten mit Theodore Roosevelt, William Howard Taft und Woodrow Wilson auf dem Gebiet der Wirtschaft aktive Präsidenten auf, die sich vor dem Hintergrund der »sozialen Frage« eine Regulierung der bisher nur wenig reglementierten privaten Wirtschaftstätigkeit vor allem durch ein Vorgehen gegen Trusts und Monopole zur Aufgabe machten. In den von republikanischen Regierungen geprägten 1920er Jahren erlahmte dieser Reformimpuls, um in der Weltwirtschaftskrise, beginnend mit Herbert Hoover, wieder an Fahrt zu gewinnen. Der *New Deal* unter Franklin D.

Roosevelt brachte ab Mitte der 1930er Jahre einen amerikanischen Wohlfahrtsstaat hervor. Vor allem schmiedete Roosevelt unter dem Dach der Demokratischen Partei eine neue politische Koalition. Zu dieser gehörten neben traditionellen Südstaaten-Demokraten Gewerkschaften, Katholiken, Minoritäten wie Juden und Afroamerikaner sowie die Farmer des Mittleren Westens. Innenpolitisch blieb diese Konstellation bis in die 1960er Jahre dominant, zum Teil auch darüber hinaus wirkmächtig.

Kulturell setzte sich in der ersten Hälfte des 20. Jahrhunderts die Demokratisierung der Gesellschaft fort. Eine bedeutende Ausweitung der Partizipationschancen wurde durch die Ratifizierung des 19. Verfassungszusatzes 1920 mit dem Frauenwahlrecht erreicht. Die Diskriminierung ethnischer Minoritäten, vor allem der Afroamerikaner, verschärfte sich jedoch zugleich. Basierend auf sozialdarwinistischen Ideologemen, suchte die progressivistische Reformbewegung eine anglo-protestantische Mittelklassenmoral als Leitkultur verbindlich zu gestalten. Diese Tendenzen kulminierten im Ersten Weltkrieg, als ein staatlich forcierter, aber gesellschaftlich gegründeter Patriotismus zielstrebig auf die Assimilation ethnischer Minoritäten hinarbeitete. In den Amerikanisierungskampagnen des Ersten Weltkrieges und im »Red Scare« der Nachkriegszeit wurden aus minoritären Milieus entstammende dissidente Stimmen oft als »unamerikanisch« verfolgt und verfemt. In den 1920er Jahren festigte sich die Bilder- und Formensprache der modernen Populärkultur, die stets auch eine ethnisch und religiös heterogene Gruppen integrierende Funktion besaß. Wenn auch der Durchbruch zur Konsumgesellschaft auf sich warten ließ und die Weltwirtschaftskrise einen empfindlichen Rückschritt für den Kult der Prosperität bedeutete, wurde die neue Gesellschaft doch in den 1920er Jahren in der Werbung und in den Medien vorgebildet. Konsum wurde zum nationalen Stil. Im Zeichen der »Amerikanismusdebatte« der 1920er Jahre wurde dieser auch internationalisiert.

Der Zweite Weltkrieg stellte in jeder Hinsicht das entscheidende Ereignis in der Geschichte der USA im 20. Jahrhundert dar. Zwischen 1937 und 1941 verabschiedeten sich die Vereinigten Staaten endgültig von ihrer traditionellen Haltung bündnispolitischer Abstinenz. Zugleich gingen sie mit dem Sieg über das nationalsozialistische Deutschland und Japan als einzige Weltmacht aus diesem sechsjährigen Ringen nicht nur militärisch und politisch, sondern auch wirtschaftlich, kulturell, sozial und in ihrem Selbstverständnis deutlich gefestigt hervor. Die USA drückten daher der Nachkriegswelt ihren Stempel auf. Westdeutschland und Japan wurden demokratisiert, die kapitalistische Weltwirtschaft wurde bis Ende der 1960er Jahre von den USA dominiert und nach ihren Vorstellungen geordnet. Im Kontrast zur ersten Nachkriegszeit nach dem Ersten Weltkrieg hielten die USA ihr weltpolitisches Engagement aufrecht. Der liberale Internationalismus, der mit der Gründung der Vereinten Nationen und dann der NATO institutionell festgeschrieben wurde, war zur außenpolitisch dominanten Ideologie geworden. Er wurde nach dem Sieg über Faschismus und Nationalsozialismus nun antikommunistisch zugespitzt. Die zweite Hälfte des »amerikanischen Jahrhunderts« steht daher innen- und außenpolitisch im Zeichen des Kalten Krieges, der nach dem Fall der Berliner Mauer durch die Auflösung der UdSSR mit ihrem ostmitteleuropäischen und zentralasiatischen Imperium 1990/91 als Epoche sein Ende fand. Die neue Weltordnung seit 1990 steht unter der doppelten Herausforderung der inneren und äußeren Globalisierung, die Chancen, aber auch erhebliche Risiken birgt, wie die Anschläge islamistischer Terroristen auf das World Trade Center in New York vom 11. September 2001 deutlich machten.

Der Ost-West-Gegensatz als die außenpolitisch dominante Konfliktlinie der Jahrzehnte nach 1945 begann sich nach einer kurzen Inkubationsphase schon wenige Jahre nach dem Ende des Zweiten Weltkrieges herauszukristallisieren. Entscheidende Wegmarken stellen die Truman-Doktrin 1947 und die Gründung der NATO 1949 dar. Erstmals seit 1778 gingen die USA wieder ein »verstrickendes« Bündnis ein. Mit dem Ausbruch des Koreakrieges spitzte sich der Antikommunismus als McCarthyismus zur Hexenjagd zu. Wie bereits mehrfach im 20. Jahrhundert war Amerika mit der Frage konfrontiert, bis zu welchem Grade angesichts äußerer Bedrohungen kultureller und politischer Dissens toleriert werden konnte. Das antikommunistische Feindbild, gekoppelt mit einem politisch instrumentalisierbaren Glaubwürdigkeitskomplex sowie dem selbstgestellten Anspruch der außenpolitischen Eliten, einer totalitären Herausforderung anders als in den 1930er Jahren kraftvoll entgegenzutreten, waren ursächlich auch für den Vietnamkrieg. Von 1965 bis 1968 war das amerikanische Engagement in Vietnam auf dem Höhepunkt. Nach 1968 zogen sich die USA in einem bis 1973 andauernden, schmerzlichen Prozess aus Südostasien zurück. Der Verlust an Glaubwürdigkeit, den die Supermacht USA erlitten hatte, wurde im amerikanischen Selbstverständnis erst in den 1980er Jahren wettgemacht, als die USA unter Ronald Reagan auf einen betont antikommunistischen Kurs zurückschwenkten. Beflügelt von dem »Neuen Denken« in der Sowjetunion, kehrten die beiden Supermächte Ende der 1980er Jahre zur Entspannungspolitik zurück und überwanden 1989/90 den Kalten Krieg.

Im Inneren lassen sich nach 1945 drei Phasen unterscheiden: Eine erste Phase bis Ende der 1960er Jahre, in der der vom *New Deal* geschaffene Wohlfahrtsstaat im Zeichen eines liberalen Konsenses auch von konservativen Regierungen weiter ausgebaut wurde. Der Höhepunkt dieser Entwicklung war mit dem Bündel der inneren Reformen, die unter dem Schlagwort der *Great Society* von

Präsident Johnson firmierten, erreicht. Diese wurden von seinem republikanischen Nachfolger Nixon noch fortgesetzt. Gegen das hohe Konsensstreben der 1950er Jahre, das Politik und Medien systematisch einforderten, meldeten sich Kritiker der »nivellierten Mittelklassegesellschaft« zu Wort, denen jedoch die beträchtliche kulturelle Unzufriedenheit und auch die gravierenden Ungleichheiten in der amerikanischen Gesellschaft entgingen. Angestoßen durch eine rebellische Jugendkultur und den sich intensivierenden Kampf um die Bürgerrechte, formierte sich in einer zweiten, bereits in den späten 1950er Jahren einsetzenden Phase eine »Gegenkultur«. Diese kündigte den liberalen Konsens auf. Der studentische Protest, die Aufmerksamkeit erregende Drogenkultur, die bewussten, medial geschickt inszenierten Provokationen riefen Mitte der 1960er Jahre eine von konservativen Politikern geschickt instrumentalisierte Gegen-Revolte einer »schweigenden Mehrheit« hervor, die für die dritte Phase, die konservative Tendenzwende, politisch und kulturell bestimmend wurde. Diese war von einer Rückkehr fundamentalistischer Religiosität und der Formulierung eines neokonservativen politischen Programms gekennzeichnet, das mit der Wahl Reagans einen ersten, wenn auch noch keinen entscheidenden Durchbruch erzielte. Erst mit den Kongresswahlen des Jahres 1994 errang der Neokonservatismus eine politisch dominierende Position.

Gesellschaftlich und kulturell setzten sich die Haupttrends des 20. Jahrhunderts fort: Seit 1945 entwickelten sich die USA von einer industriellen zu einer postindustriellen Gesellschaft, in der der Dienstleistungssektor dominiert. Das Bildungsniveau der Bevölkerung stieg, die Beschäftigung von Frauen außerhalb des Haushaltes nahm kontinuierlich zu. Die Geburtenrate fiel. Mit den Bürgerrechtsgesetzen Mitte der 1960er Jahre wurden die legale Diskriminierung von rassischen Minoritäten beseitigt und auch die Möglichkeiten geschlechtsspezifischer Benachteiligung eingedämmt. Kulturell demokratisierte sich Amerika weiter, verschwammen die Unterschiede zwischen Populär- und Elitenkultur, entwickelte sich Amerika zu einer postmodernen Gesellschaft, in der trotz einer hohen Persistenz sozialer Ungleichheit, ja einer Tendenz zur Verschärfung der Gegensätze von Arm und Reich, nicht mehr sozialer Status und Bindungen an bestimmte Milieus die Hauptkonfliktlinien bestimmen. Vielmehr werden gesellschaftliche Debatten durch Wertfragen wie die Einstellung zu Familie und Religion, zu Abtreibung und Todesstrafe, zum privaten Waffenbesitz und zur Rolle des Staats in den Mittelpunkt gestellt. Die meisten dieser Themen sind seit den 1980er Jahren konservativ besetzt.

Seit den Terroranschlägen des 11. September 2001 vertieften sich die inneren Spaltungen der USA. Außenpolitisch erlitt das Land im »Krieg gegen den Terror« (Zweiter Irakkrieg, Afghanistan) einen massiven Ansehensverlust. Diese Kriege wurden, nach einer vorübergehenden Aufwallung des Patriotismus in der Abwehr des islamistischen Terrors, auch innenpolitisch höchst unpopulär und förderten »isolationistische« Stimmungen in der amerikanischen Gesellschaft. Dies zeigte sich in den Präsidentschaftswahlen 2016, die Donald Trump auch mit der in den 1930er Jahren gemünzten Parole des »America First« gewann. Trump will die Verstrickungen der USA in das von seinen Vorgängern seit 1945 an vorderster Stelle mitgeschaffene Geflecht der internationalen Organisationen, Bündnisse und Verträge lockern. Trumps Vorgänger Barack Obama hatte eine behutsame Neuorientierung nach Asien eingeleitet, wo den USA mit der Volksrepublik China zum ersten Mal seit dem Ende des Kalten Krieges wieder ein geopolitischer Konkurrent gegenübersteht, der jedoch anders als die Sowjetunion auch im Bereich der Wirtschaft mithalten kann. Seit 2016 ist China nach Kaufkraftparitäten (wenn auch nicht nominell) die weltweit größte Wirtschaftsmacht. Die USA blieben jedoch in den

Sektoren vor allem der digitalen Wirtschaft weltweiter Vorreiter und auch kultureller Trendsetter einer sich globalisierenden Welt.

Die Wahl Barack Obamas zum ersten schwarzen Präsidenten der USA (2008) stellte einen wichtigen symbolischen Einschnitt dar. Mit einer Botschaft der Einheit weckte Obama große Hoffnungen. Dennoch ist der gesellschaftliche Zusammenhalt seit Beginn des 21. Jahrhunderts weiter zerfasert. Während Teile der USA (vor allem die prosperierenden Küstenregionen) von der Globalisierung der Weltwirtschaft und der Digitalisierung enorm profitieren, ziehen andere Teile der USA wenig Nutzen aus den dadurch erzielten Wohlfahrtszuwächsen. Trotz andauerndem Rassismus in der Gesellschaft und großer Fremdenfeindlichkeit breiter Schichten sind die gesellschaftlichen Hauptscheidelinien in den USA wieder stärker vom sozioökonomischen Status geprägt als von der ethnischen und rassischen Herkunft. Diese soziale Spaltung in Kombination mit der digitalen Revolution und der negativen gesellschaftlichen Rückwirkungen des »Kriegs gegen den Terror« hat den Aufstieg des rechten Populismus gefördert und den Weg zur Präsidentschaft Trumps geebnet. Trump schrieb Geschichte, weil er seine Abwahl im November 2020 nicht anerkannte. Unter dessen Nachfolger Biden bleibt Amerika ein gespaltenes Land.

1898	Spanisch-Amerikanischer Krieg.
1899	*Open Door Notes.*
1900	Beginn der Fließbandproduktion bei Ford.
1901	Ermordung von Präsident William McKinley, Nachfolger wird Theodore Roosevelt.
1903	Panama-Kanal-Vertrag.
1904	*Roosevelt Corollary* zur Monroe-Doktrin.
1905	Friede von Portsmouth (Vermittlung durch Theodore Roosevelt).

1909	Gründung der National Association for the Advancement of Colored People (NAACP).
1913	Gründung eines Zentralbanksystems durch den *Federal Reserve Act.*
	Federal Trade Commission.
1914	Beginn des Ersten Weltkrieges, Proklamation der amerikanischen Neutralität.
1915	Versenkung der »Lusitania« durch ein deutsches U-Boot.
1917	Amerikanische Kriegserklärung an das Deutsche Reich, erstmalige Einführung der Wehrpflicht.
1918	8. Januar: Wilsons Vierzehn Punkte.
	11. November: Waffenstillstand mit Deutschland.
1919	18. Verfassungszusatz: Prohibition.
	Ablehnung des Versailler Vertrages durch den Senat.
1920	19. Verfassungszusatz: Frauenwahlrecht.
	Wahl Warren G. Hardings zum Präsidenten.
	Beginn kommerzieller Radiosendungen.
1921	Separatfrieden mit Deutschland.
1921/22	Washingtoner Flottenkonferenz.
1924	Dawes-Plan.
	National Origins Act (Quotensystem für Einwanderung).
1925	*Scopes Trial* (»Affenprozess«) in Dayton (Tennessee).
1927	Erster Tonfilm.
	Charles Lindbergh überquert den Atlantik im Alleinflug.
1928	Wahl Herbert Hoovers zum Präsidenten.
1929	Young-Plan.
	»Schwarzer Freitag«, Beginn der Weltwirtschaftskrise.
1932	Gründung der Reconstruction Finance Corporation.
1933	Amtsantritt Franklin D. Roosevelts.
	Beginn des *New Deal.*
	21. Verfassungszusatz: Aufhebung der Prohibition.
	Aufnahme diplomatischer Beziehungen zur Sowjetunion.
1935	*Social Security Act.*
	Gründung des Congress of Industrial Organization (CIO).
	Neutralitätsgesetze.

1937	Beginn des japanischen Vormarsches in China.
	Quarantäne-Rede Roosevelts.
1939	Beginn des Zweiten Weltkrieges.
1941	*Lend-Lease Act.*
	Atlantik-Charta.
	Japanischer Überfall auf Pearl Harbor.
	Deutsche Kriegserklärung an die USA.
1943	Konferenz von Casablanca (»unconditional surrender«).
	Konferenz von Teheran.
1944	Landung der Westalliierten in der Normandie.
	Konferenz von Bretton Woods.
1945	Konferenz von Jalta.
	Tod Roosevelts, Nachfolger wird Harry S. Truman.
	Konferenz von San Francisco (Gründung der Vereinten Nationen).
	Kapitulation des Deutschen Reiches.
	Konferenz von Potsdam.
	Atombomben auf Hiroshima und Nagasaki.
	Kapitulation des Japanischen Reiches.
1946	»Langes Telegramm« von George F. Kennan.
1947	Truman-Doktrin.
	National Security Act: Gründung der CIA.
	Das 1938 gegründete House Un-American Activities Committee nimmt Untersuchungen gegen mutmaßliche Kommunisten auf.
	Marshall-Plan.
1948	Luftbrücke in Berlin, Gründung Israels.
1949	Gründung der NATO, Gründung der Bundesrepublik Deutschland.
1950	Beginn des Koreakrieges.
1952	Wahl Dwight D. Eisenhowers zum Präsidenten.
1954	Urteil des Supreme Court in der Sache »Brown gegen Topeka Board of Education«.
	Indochina-Konferenz in Genf.
1955/56	Busboykott in Montgomery (Alabama).
1956	*Interstate Highway Act.*
	Southern Christian Leadership Conference gegründet.
1957	Integration der Central High School in Little Rock (Arkansas).

	»Sputnik-Schock«.
	»Baby-Boom« auf dem Höhepunkt.
1960	Student Non-Violent Coordinating Committee (SNCC) gegründet.
	Wahl John F. Kennedys zum Präsidenten.
1961	»Freedom rides«.
	Bau der Berliner Mauer.
1962	Kuba-Krise.
	Port Huron Statement.
1963	Atomwaffenteststoppvertrag.
	Martin Luther Kings Rede »I have a dream«.
	Ermordung Kennedys; Lyndon B. Johnson wird Präsident.
1964	*Civil Rights Act*, 24. Verfassungszusatz.
	Golf of Tonkin Resolution.
	Free Speech Movement an der University of California at Berkeley.
1965	*Voting Rights Act.*
	Militärische Eskalation in Vietnam beginnt.
1966	Gründung der National Organization for Women (NOW).
1967	*March on the Pentagon*, Antikriegsbewegung.
1968	Tet-Offensive in Vietnam, Höhepunkt des amerikanischen militärischen Engagements in Vietnam.
	Atomwaffensperrvertrag.
	Ermordung Martin Luther Kings (4. April) und Robert F. Kennedys (5. Juni).
	Außerparlamentarische Proteste und Unruhen.
	Wahl Richard Nixons zum Präsidenten.
1969	Erste Mondlandung.
1970	Gründung der Environmental Protection Agency (EPA).
	Kent State Shootings.
1972	Besuch Nixons in der Volksrepublik China.
	Erster Vertrag im Rahmen der Verhandlungen über die Begrenzung strategischer Waffen (Strategic Arms Limitation Talks) unterzeichnet (SALT I).
	Wiederwahl Nixons.
1973	Beginn der Watergate-Hearings.
	Waffenstillstand von Paris (Rückzug der USA aus Vietnam).

	Urteil des Supreme Court in der Sache »Roe gegen Wade« (Legalisierung der Abtreibung).
	»Ölpreis-Schock«.
1974	Rücktritt Nixons; Gerald Ford Präsident.
1975	Fall Saigons, Ende des Vietnamkrieges.
	Schlussakte der Konferenz für Sicherheit und Zusammenarbeit in Europa (KSZE) in Helsinki unterzeichnet.
1976	Wahl Jimmy Carters zum Präsidenten.
1977	Der erste *personal computer* kommt auf den Markt.
1978	Abkommen von Camp David.
1979	NATO-Doppelbeschluss.
	Iranische Revolution, Geiselnahme in der US-Botschaft.
	Zwischenfall im Atomkraftwerk Three Mile Island (Harrisburg, Pennsylvania).
1980	Wahl Ronald Reagans zum Präsidenten.
1982	Friedensdemonstrationen in New York.
1986	»Iran-Contra-Affäre«.
1988	Washingtoner Konferenz: Doppelte Null-Lösung.
1989	Fall der Berliner Mauer, Ende des Kalten Krieges.
1991	Erster Irakkrieg.
1992	Rassenunruhen in Los Angeles.
	Wahl Bill Clintons zum Präsidenten.
1993	Ratifizierung des North American Free Trade Agreement (NAFTA).
1994	Republikaner werden zur Mehrheitspartei im Kongress.
1995	Friedensvertrag von Dayton, Ende des Bosnien-Kriegs.
1998/99	Amtsenthebungsverfahren gegen Präsident Clinton.
1999	NATO-Intervention im Kosovo.
2000	Wahl George W. Bushs zum Präsidenten.
2001	Angriffe islamistischer Terroristen auf das World Trade Center und das Pentagon (11. September), Beginn des »Kriegs gegen den Terror«; Einmarsch der USA in Afghanistan.
2003	Beginn des Zweiten Irakkriegs.
	Latinos zweitgrößte ethnische Gruppe vor Afroamerikanern.
2004	Gründung von Facebook, Aufstieg der sozialen Medien, digitale Revolution.

2006	US-Bevölkerung erreicht 300 Millionen.
2007	Einführung des iPhone.
	Beginn der Immobilien- und Weltfinanzkrise.
2008	Wahl Barack Obamas zum ersten schwarzen Präsidenten der USA.
2010	*Patient Protection and Affordable Care Act* (»Obamacare«).
	Entscheidung des Supreme Court in der Sache »Citizens United gegen Federal Election Commission«.
2011	»Occupy«-Proteste.
2015	Entscheidung des Supreme Court in der Sache »Obergefell gegen Hodges«.
	Atomabkommen mit dem Iran.
	Opioid epidemic.
2016	Pariser Klimaabkommen.
	Wahl Donald Trumps zum Präsidenten.
2020	Beginn der Covid-19 Pandemie.
	Black-Lives-Matter-Proteste.
	Wahl von Joseph R. Biden zum Präsidenten.
2021	»Marsch auf das Kapitol« der Trump-Anhänger, Höhepunkt der Spaltung der US-Gesellschaft.

Der Aufstieg der USA zur Weltmacht (1898–1918)

Die Anfänge des amerikanischen Jahrhunderts

Mit dem Spanisch-Amerikanischen Krieg von 1898 traten die USA in den Kreis der imperialen Großmächte ein. Bis zu diesem Zeitpunkt hatte sich ihr territoriales Expansionsstreben auf die Landnahme westlich des Mississippi beschränkt, dessen Hauptopfer neben den indianischen Ureinwohnern vor allem die Mexikaner waren. Die Konflikte um die kanadische Grenze hingegen waren beigelegt worden, ohne dass die radikalen Expansionisten ihre Ziele in vollem Umfang hätten verwirklichen können. Nun aber, mit dem Sieg über Spanien und dem Erwerb eines Kolonialreiches in der Karibik, im Pazifik und in Ostasien, schlossen die USA zu den führenden europäischen Großmächten auf. Die europäischen Gesandten in der Hauptstadt Washington, das im 19. Jahrhundert als diplomatischer Außenposten wenig geschätzt worden war, wurden in den Rang von Botschaftern erhoben. Mit dieser symbolischen Anerkennung waren die Vereinigten Staaten zur Weltmacht unter Weltmächten geworden.

Die inneren Voraussetzungen für den Aufstieg zur Weltmacht hatte Amerika mit dem Ausbau seines Territoriums und der raschen Industrialisierung seit dem Bürgerkrieg geschaffen. Hohe Geburtenüberschüsse und massive Zuwanderung, die im ersten Jahrzehnt des 20. Jahrhunderts mit fast neun Millionen Menschen einen historischen Höchststand erreichte, machten die USA zum nach China bevölkerungsreichsten Land der Erde. Die Bevölkerung stieg von knapp 76 Millionen (1900) auf 91,9 Millionen (1910) und schließlich auf 105,7 Millionen (1920) an. Damit hatten die USA den zweitgrößten Industriestaat, das Deutsche Reich (1910: 64,9 Millionen), schon im ausgehenden Drittel des 19. Jahrhunderts überflügelt. Auch als Produzent von Gütern und Dienstleistungen schoben sich die USA an die Spitze. 1900 betrug ihr Anteil an der Weltindustrieproduktion 23,6 Prozent, am Vorabend des Ersten Weltkrieges 32 Prozent (1913), so dass die USA deutlich vor dem Deutschen Reich (14,8 %) und Großbritannien (13,6 %) lagen.

Es mag im Rückblick so wirken, als ob der enorme innere Aufschwung fast automatisch ein aktiveres Auftreten der USA in der internationalen Arena mit sich gebracht hätte. Tatsächlich sprachen zeitgenössische europäische Beobachter schon um die Jahrhundertwende von einer drohenden »Amerikanisierung« der Welt. Dennoch beteiligten sich die USA nur zögerlich am imperialen Wettlauf um Kolonien und übten vor 1898 in der Karibik, im Pazifik und an der kanadischen Grenze nur einen informellen Einfluss aus. Damit ist nicht gesagt, dass der Imperialismus in den USA keine Anhänger besessen hätte. Im Gegenteil: Im ausgehenden 19. Jahrhundert erstarkten Chauvinismus und Nationalismus, auch weil sie die inneren Widersprüche seit dem Bürgerkrieg überdeckten. Zeitgenössischer Ausdruck dieses neuen Nationalismus waren populäre Ikonen wie die Figur des »Uncle Sam«, die um diese Zeit erfunden wurde. Angesichts des Schließens der Westgrenze, das der Zensus von 1890 offiziell konstatiert hatte, begannen nicht wenige Amerikaner ihre Energien auf die Gebiete jenseits der »natürlichen Grenzen« der kontinentalen USA zu lenken. Ältere Vorstellungen einer *Manifest Destiny* wurden global und sozialdarwinistisch umgedeutet. Protestantische Geistliche und Sozialreformer wie zum Beispiel Josiah Strong sprachen von einer amerikanischen Mission, die sie auf eine angebliche Überlegenheit der angelsächsischen Rasse gründeten – was im inneramerikanischen Kontext stets auch gegen rassische und ethnische Minoritäten gerichtet war.

Hatte sich Amerika im 19. Jahrhundert weitgehend als

»Leuchtturm der Freiheit« verstanden, so brach sich mit Beginn des Jahrhunderts der aktive außenpolitische Missionsgedanke Bahn. Europäische Rivalitäten um die letzten weißen Flecken auf der Weltkarte heizten eine Publizistik zusätzlich an, die ein kraftvolleres Auftreten ihres Landes forderte. Zu den führenden Theoretikern dieses imperialen Machtstrebens gehörte der Marineoffizier Alfred T. Mahan, dessen klassisches Werk *The Influence of Sea Power upon History* (1890) Seemacht als Voraussetzung nationaler Größe definierte. Aus seinem Studium der britischen Geschichte leitete er die Schlussfolgerung ab, dass die USA in einem weltweiten darwinistischen Kampf um Einfluss und Märkte nur dann erfolgreich würden bestehen können, wenn sie einer starken Handelsmarine eine starke Kriegsflotte an die Seite stellten, deren Agieren wiederum den Erwerb überseeischer Stützpunkte voraussetzte. Nur so könne der für die innere Prosperität notwendige Export aufrechterhalten werden. Mahans Thesen fielen auf fruchtbaren Boden. Einflussreiche Politiker wie der republikanische Senator Henry Cabot Lodge und Theodore Roosevelt wurden auf der Basis von Mahans Programm aktiv, wobei Roosevelt erst als Historiker, dann als Assistant Secretary of the Navy und schließlich als Präsident (1901–1909) der prominenteste Verfechter dieses sogenannten Navalismus wurde.

Den Auftakt zum »amerikanischen Jahrhundert« bildete der Spanisch-Amerikanische Krieg. Den Anlass stellten interne Konflikte innerhalb des spanischen Kolonialreiches dar, die Anfang 1895 in eine neuerliche Rebellion kubanischer Patrioten mündeten. Die harsche spanische Politik der »Rekonzentration«, die hohe Opfer unter der Zivilbevölkerung forderte, weckte in den USA Erinnerungen an den eigenen Freiheitskampf. Angeheizt von der Konkurrenz zweier politisch ehrgeiziger und auch kommerziell höchst erfolgreicher Publizisten – Joseph Pulitzer, Herausgeber der *New York World*, und William Randolph

Hearst, Herausgeber des *New York Journal* –, erreichte das antispanische Ressentiment in den Jahren 1897/98 den Siedepunkt. Dennoch erlegte sich der zur Fraktion der Imperialisten zählende Präsident William McKinley (1897–1901) anfangs Zurückhaltung auf. Wie viele Amerikaner fürchtete er, kriegerische Verwicklungen könnten den 1897 einsetzenden Wirtschaftsaufschwung gefährden.

Ein dramatisches Ereignis zwang McKinley zum Handeln. Aus nie völlig geklärten Ursachen explodierte im Hafen von Havanna am 15. Februar 1898 das amerikanische Kriegsschiff »Maine«. 250 amerikanische Matrosen fanden den Tod. Spanien wurde eines Terroraktes beschuldigt. Nachdem letzte Verhandlungen fehlschlugen, weil Spanien die massiven Eingriffe in seine Souveränität nicht akzeptieren wollte und der Insel Kuba nur Autonomie und nicht Unabhängigkeit zugestand, schickte McKinley unter starkem öffentlichen Applaus eine Kriegsbotschaft an den Kongress. Diese wurde am 20. April überwältigend gebilligt, nachdem ein Zusatz des anti-imperialistischen Senators Henry M. Teller (*Teller Amendment*) klargestellt hatte, dass eine Annexion Kubas durch die USA ausgeschlossen sei. Die USA sollten sich danach von den Europäern unterscheiden, weil ihr Kriegseintritt aus idealistischen Motiven heraus erfolgt sei und keinesfalls aus niedrigen territorialen Expansionsgelüsten.

Der nach einem Wort von Außenminister John Hay »glänzende kleine Krieg« (»splendid little war«) erwies sich als Farce. Die veraltete spanische Armada war der modernen amerikanischen Kriegsflotte hoffnungslos unterlegen. Vor Manila und Santiago de Cuba wurde sie nach kurzen Seegefechten vernichtend geschlagen. Die schlecht ausgerüstete amerikanische Armee, die mehr Soldaten durch Seuchen als durch feindliche Einwirkung verlor, besiegte mit viel Glück den spanischen Gegner, ohne dass es auf Kuba zu größeren Kämpfen gekommen wäre. Signifikant war die medienwirksame Beteiligung zahlreicher Kriegsfreiwilliger. Deren berühmtestes Kontingent war eine aus Harvard-Absolventen und jungen Wallstreet-Bankern zusammengewürfelte Herrenreitertruppe, die *Rough Riders*. An deren Spitze stand der zum Oberstleutnant ernannte Theodore Roosevelt, der dank guter Pressekontakte seine Heldentaten gebührend feiern ließ. Die Freiwilligen suchten die männliche Bewährung der weißen Rasse im Krieg. Ungeachtet deutlicher Klassengegensätze, die sich etwa in der Ausrüstung und den spezifischen Aufgaben der Kriegsteilnehmer zeigten, bei denen nur oberflächlich betrachtet Cowboys und Kapitalisten zu gleichen Bedingungen kämpften, sollte die amerikanische Zivilisation durch das Kriegserlebnis neu begründet werden. Insgesamt meldeten sich über 200000 Freiwillige (gegenüber 28000 Soldaten der regulären Armee).

Nach nur vier Monaten verständigten sich Spanien und die USA auf einen Waffenstillstand. Dieser nahm die Ergebnisse des Friedens von Paris vorweg, der am 12. Dezember 1898 unterzeichnet wurde: Kuba wurde souverän – allerdings durch das *Platt Amendment*, das den USA Flottenstützpunkte (Guantánamo Bay) und ein Vetorecht über dessen Außenpolitik einräumte, unter amerikanische Kuratel gestellt. Puerto Rico und Guam wurden abgetreten, die Philippinen für zwanzig Millionen Dollar gekauft, das schon länger unter amerikanischer Schutzherrschaft stehende Hawaii en passant annektiert. In Bezug auf die Philippinen hatten sich die Kriegsziele noch während der Verhandlungen verschoben. Auch die schärfsten Imperialisten hatten nicht im Traum daran gedacht, ein asiatisches Territorium mit acht bis neun Millionen Einwohnern für die USA zu erwerben. Doch weil Unabhängigkeit für die nach amerikanischer Auffassung zur Selbstregierung unfähigen Philippinen ausgeschlossen war und man koloniale Begehrlichkeiten Frankreichs und Deutschlands fürchtete, rang sich McKinley, dem, nach eigener Aussage, nach nächtelangem Beten Gott die Erleuchtung brachte, zu der Einsicht durch, dass es das Beste wäre, die Philippinen zu annektieren, sie zu zivilisieren und christlich zu missionieren.

Dem militärischen Spaziergang folgte die wesentlich problematischere innenpolitische Kontroverse. Denn der Erwerb der Philippinen stieß unter den außenpolitischen Traditionalisten, den sogenannten Anti-Imperialisten, auf massive Kritik. Die Debatte über die Ratifikation des spanischen Friedensvertrages artete zu einer der heftigsten in der amerikanischen Geschichte aus. Die Gegner der Annexion, zu denen die Ex-Präsidenten Harrison und Cleveland sowie der bekannteste Deutsch-Amerikaner, Carl Schurz, gehörten, setzten sich gegen den Traditionsbruch zur Wehr: Noch nie sei ein Territorium in die USA inkorporiert worden, das nicht nach dem bis dahin üblichen Verfahren als neuer Staat in die Union aufgenommen werden könne und das nicht den zivilisatorischen Standards der USA entsprach: »Bananen und Selbstregierung wachsen nicht auf demselben Stück Land«, schleuderte einer der Kritiker McKinley entgegen. Amerikas reichster Mann, der Stahlindustrielle und Philanthrop Andrew Carnegie, bot zwanzig Millionen Dollar aus eigener Tasche für die philippinische Unabhängigkeit. Doch die Anti-Imperialisten unterlagen knapp: Mit einer Stimme Mehrheit wurde der Friedensvertrag vom Senat Anfang 1899 ratifiziert – was der überwiegend annexionistisch gesonnenen öffentlichen Meinung entsprach.

Zum Zweiten aber begann auf den Philippinen ein Drama, das sich in der Geschichte amerikanischer Militärinterventionen noch mehrfach wiederholen sollte: Wie die Kritiker befürchtet hatten, sollte Amerika als Kolonialmacht seine Unschuld schnell verlieren. Viele Filipinos und Filipinas fanden sich, nachdem sie glücklich der spanischen Knute entronnen waren, mit einer amerikanischen Fremdherrschaft nicht ab. Unter der Führung des Exilpolitikers Emilio Aguinaldo, den die Amerikaner ursprünglich nach Manila gebracht hatten, um einen Aufstand gegen die Spanier loszutreten, lehnten sich die philippinischen Patrioten gegen die neuen Kolonialherren auf. Dieser erste Guerillakrieg des 20. Jahrhunderts zog sich mehr als zwei Jahre hin. Er forderte Zehntausende Opfer auf philippinischer Seite und 4200 amerikanische Tote – deutlich mehr als zuvor der konventionelle Krieg gegen Spanien. Mit einer feindlich gesonnenen Zivilbevölkerung konfrontiert, griff das amerikanische Militär auf dieselben Rekonzentrationsmethoden zurück, die kurz zuvor noch den Spaniern zum Vorwurf gemacht worden waren. Der grausame Dschungelkrieg hielt die amerikanische Öffentlichkeit jahrelang in Atem, zumal Foltervorwürfe und Massaker an Zivilisten langwierige Untersuchungen des Kongresses nach sich zogen.

Nachdem 1898 der Bann gebrochen und die innenpolitischen Beharrungskräfte überwunden worden waren, standen die USA als imperiale Macht nicht länger abseits. Während Roosevelts Präsidentschaft wurde die amerikanische Flotte zur zweitgrößten der Welt ausgebaut. Durch den Bau des Panama-Kanals (1901) sowie wachsende Interventionsfreude im »Vorgarten« der USA (Außenminister Elihu Root) wurde die Karibik quasi amerikanisches Protektorat. Roosevelt revidierte die Monroe-Doktrin (*Roosevelt Corollary*), wonach die USA sich nun als ›Polizist‹ der westlichen Hemisphäre verstanden. Bis 1924 machten sie insgesamt neunmal von diesem sich selbst gewährten Interventionsrecht in der Karibik Gebrauch, wo kommerzielle Interessen wie die der United Fruit Company von Roosevelts Nachfolger William Howard Taft im Zeichen der »Dollar-Diplomatie« militärisch geschützt wurden (Intervention in Nicaragua 1912). Unter Tafts Nachfolger Woodrow Wilson (1913–1921) griffen die USA direkt in die Mexikanische Revolution ein, während sie schon zuvor in Ostasien im Boxer-Aufstand gemeinsame Sache mit den Europäern gemacht hatten, auch um eine Aufteilung Chinas zu verhindern (*Open Door Notes* 1899). Im Verhältnis zu Europa sah das frühe 20. Jahrhundert eine folgenreiche Akzentverschiebung: Die Erbfeindschaft mit Großbritannien wurde überwunden (*Hay-Paunceforte Agreement* 1901), während sich die deutsch-amerikanischen Beziehungen im Venezuela-Konflikt (1902/03) und aufgrund von Roosevelts Vermittlungsbemühungen im Russisch-Japanischen Krieg (Vertrag von Portsmouth 1905) sowie in der Marokko-Krise (Konferenz von Algeciras 1906) verschlechterten.

Innere Reformen im Zeichen des Progressivismus

Das neue Jahrhundert stand auch in den USA im Zeichen großer Erwartungen, mit denen sich große Nervosität und Zukunftsangst paarten. Explosionsartiges Anwachsen der Immigration, der Bevölkerung, der Wirtschaft, der Städte und der sozialen Probleme verwandelten das Land. Die umstürzende industrielle Dynamik ließ Amerika von der verklärten agrarischen Republik der Gründerväter endgültig Abschied nehmen – wenn diese als mythisches Leitbild auch bis heute identitätsstiftend wirkt. Die USA wuchsen zur urbanen Industriegesellschaft heran. New York City zum Beispiel vervierfachte seine Einwohnerzahl zwischen 1880 und 1910 von 1,2 auf 4,7 Millionen. Im Süden und Westen blühten aus dem Nichts Birmingham (Alabama), Omaha (Nebraska) und Los Angeles (Kalifornien) auf. Die großen Städte schoben sich in ein durch Vorortbahnen erschlossenes suburbanes Umland hinaus, wo eine wachsende Mittelschicht eine ländliche Illusion rekonstruierte. In Zentren wie Chicago und New York strebten die ersten Wolkenkratzer in den Himmel, Hoch- und Untergrundbahnen (Boston, 1897; New York, 1904) suchten das Verkehrschaos einzudämmen. Brücken überspannten als Ikonen amerikanischen Fortschritts und amerikanischer Ingenieurkunst die Flüsse. Die urbane Formensprache des

20. Jahrhunderts bildete sich in der neuen Welt erstmals aus. Das neue Lebensgefühl wurde von Schriftstellern wie Upton Sinclair und Theodore Dreiser literarisch verarbeitet, während europäische Reisende teils erschreckt, teils fasziniert Amerika als Leitbild der Moderne entdeckten.

Die »neue Immigration« seit den 1880er Jahren veränderte die ethnische Zusammensetzung der Gesellschaft: Ein wachsender Anteil der Einwanderer stammte aus Süd- und Osteuropa, Italiener, Polen, Ungarn, Kroaten, Griechen, Russen und russische Juden ersetzten als Neuankömmlinge die bisher dominierenden Deutschen und Iren, die zum Teil in den *mainstream* kooptiert worden waren. Die neuen Einwanderer siedelten hauptsächlich in den Städten, wo der Anteil der im Ausland geborenen Einwohner auf ein Drittel hochschnellte. 1915 hatte New York 1,4 Millionen jüdischer Einwohner, in Kalifornien, wo die chinesische Einwanderung gestoppt worden war, trafen mehr als 200000 Japaner ein. Die Immigranten drängten sich auf engstem Raum, zum Teil in gigantischen Wohnblöcken (*tenements*), und oft unter menschenunwürdigen Bedingungen, die als Brutstätten von Armut und Kriminalität das Augenmerk von Sozialreformern auf sich zogen. Gleichzeitig lebten in den USA so viele Millionäre wie nie zuvor, die ihren (meist ererbten) Reichtum ostentativ zur Schau trugen. Dies hat seither viele Beobachter zu der von Werner Sombart klassisch gestellten Frage verleitet, warum es in den USA keinen Sozialismus gibt. Denn wachsende Ungleichheit brachte auch in den USA in Ansätzen eine Klassengesellschaft hervor – ohne dass sich wie in Europa ein ausgeprägtes Klassenbewusstsein formiert hätte. Die Arbeiterschaft war durch ethnische und konfessionelle Linien durchbrochen.

Die gesellschaftlichen Umbrüche riefen Gegenbewegungen hervor: Ethnischer Hass und Fremdenfeindlichkeit grassierten. Achtbare Sozialwissenschaftler malten das Menetekel einer Verwässerung des puren angelsächsischen

Blutes durch Südeuropäer und Juden an die Wand, die als rassisch minderwertig galten. Vor allem richtete sich dieser im sozialdarwinistischen Gewand wissenschaftlich daherkommende Rassenglaube gegen die aufgrund der Rechtsprechung des Obersten Gerichtshofs legal diskriminierten Afroamerikaner. Im Süden und Westen wurde die von den Behörden tolerierte Praxis des Lynchens endemisch – mit durchschnittlich 75 Lynchmorden pro Jahr zwischen 1900 und 1920. Dies ließ den Kampf um die Bürgerrechte wiederaufleben. An dessen Spitze stand der damals führende schwarze Intellektuelle der USA, W. E. B. DuBois (*Niagara Movement* 1906). Im Verein mit (meist jüdischen) weißen Reformern und Anti-Rassisten gründeten diese Aktivisten 1909 die bis heute wichtigste Bürgerrechtsorganisation der USA, die *National Association for the Advancement of Colored People* (NAACP). Umgekehrt war gerade der auf rassische und ethnische Reinheit der Nation zielende Diskurs eng mit sozialen Reformanliegen verknüpft.

Amerikas Antwort auf die Verwerfungen der frühen Moderne wird unter dem Begriff des »Progressivismus (*progressivism*) zusammengefasst. Diesem fehlt ein klares (auch begriffliches) Pendant in der europäischen Geschichte. Schematisch werden manchmal die soziale Bewegung eines (frühen), stärker gesellschaftlichen Progressivismus »von unten« und eines (späteren), stärker staatlichen Progressivismus »von oben« unterschieden – wobei Letzterer auf nationaler Ebene vor allem mit den Regierungen der Republikaner Roosevelt und Taft sowie des Demokraten Wilson in Verbindung gebracht wird. Damit ist deutlich, dass der Progressivismus anders als die europäische Sozialdemokratie erstens parteipolitisch nicht eindeutig zuzuordnen ist. Zweitens waren *progressives* pragmatische Reformer, keine Radikalen, die sich auf eine revolutionäre Ideologie oder eine mächtige Geschichtsteleologie stützten wie der gleichzeitige europäische Marxismus. Zum Dritten handelte es sich keinesfalls um eine einheitliche Bewegung im engeren Sinne, sondern um ein schillerndes Reformbestreben, das weite Kreise der politischen und intellektuellen Eliten erfasste. Zum Vierten waren die Quellen des Progressivismus äußerst heterogen und teilweise widersprüchlich: Religiöse Erneuerungsbestrebungen flossen mit sozialwissenschaftlichen Neuansätzen zusammen, die zum Beispiel in der Philosophie des Pragmatismus ihren »typisch amerikanischen« Ausdruck fanden (William James: »Wahr ist, was funktioniert«) bzw. im *social gospel* sich zu einem Amalgam aus christlicher Sozialreform und wissenschaftlicher Weltbemächtigung verdichteten. Überhaupt unterscheidet die starke religiöse Färbung den Progressivismus von den dominierenden kontinentaleuropäischen Versuchen, die durch die Industrialisierung hervorgerufenen Missstände zu bekämpfen.

Fasst das Etikett des Progressivismus auch ein heterogenes Bündel reformistischer Ansätze zusammen, die von der Verbesserung der Lebensverhältnisse der Arbeiter und der städtischen Unterschichten über den Kampf gegen die Monopole und Trusts, die Reform der korrupten Stadtverwaltungen und des veralteten Bildungswesens bis hin zum Kampf gegen den Alkoholmissbrauch (Prohibition) und für das Frauenwahlrecht reichten, so war diesen noch ein Weiteres gemeinsam: Sie hatten ihre Basis in der urbanen Mittelklasse, waren in ihrem Fortschritts- und Technikglauben überaus modern im Sinne des 20. Jahrhunderts und bauten wenigstens partiell auf flankierende staatliche Maßnahmen, um das Chaos und die Kosten des Laissez-faire-Kapitalismus einzudämmen. Hier setzte der Progressivismus einen folgenschweren neuen Akzent, indem er – in deutlicher Abkehr vom hegemonialen wirtschaftsliberalen Dogma – den ungehinderten Wettbewerb nicht länger als die effizienteste Organisationsform der Märkte begriff. Damit klingen Schlüsselbegriffe und gedankliche Oppositionen an, die nicht nur den progressivistischen Denkstil prägten, sondern stilbildend für Reform im 20. Jahrhundert wurden: »Chaos« auf der einen und »Ordnung« bzw. »Stabilität« auf der anderen Seite – »Verschwendung« und »Effizienz« – »Individualisierung« und »soziale Kohärenz«. Das alles war tief durchdrungen von einem wissenschaftlich begründeten Effizienzgedanken. Der Experte, nicht der Politiker war die Leitfigur der *progressives*. So hat der Progressivismus cum grano salis auch die »Politikverdrossenheit« begründet.

Öffentliche Schützenhilfe erhielt der Progressivismus von einer aggressiven Publizistik, die ostentativ Reformen forderte, ohne konkrete Verbesserungsvorschläge zu entwickeln. Die bevorzugten Zielscheiben dieser sogenannten *muck rackers* (den Schmutz hervorkehrende Journalisten) waren Industriemagnaten wie John D. Rockefeller und vor allem die städtischen Parteipolitiker, deren korrupte *urban machines* die ursprünglichen republikanischen Ideale verraten hätten. Oft bedienten sich die Kritiker, die auch über ihre eigenen Druckschriften und lokalen Kommunikationskanäle verfügten, einer religiös gefärbten Sprache, die an die reformerischen Traditionen des amerikanischen Protestantismus anknüpfte. Hier wirkte die hohe Wettbewerbsorientierung der Boulevardpresse verstärkend, die seit den 1880er Jahren zu neuen Methoden in der Berichterstattung übergegangen war und auf Sensationen und Sozialkritik als Teil ihrer kommerziellen Strategie setzte. Sicher zu Recht wurden Zustände in städtischen Mietskasernen angeprangert, polizeiliche Übergriffe bloßgestellt und untragbare Verhältnisse am Arbeitsplatz beschrieben. Mit Blick auf ein weibliches Lesepublikum fanden auch Journalistinnen in den Zeitungsimperien Anstellung.

Ausgehend von diesem publizistischen Druck, der sich ostentativ parteiunabhängig gab (und deshalb öffentlich erfolgreich wirkte), brachen reformerische Ansätze zunächst in den Städten durch und arbeiteten sich über die

Einzelstaaten bis nach Washington hoch. Die Politik erhielt dadurch einen neuen Stil. Die Speerspitze der Reform war jahrelang der Staat Wisconsin unter seinem progressiven Gouverneur Robert LaFollette (1900–1906), der, mit Unterstützung der Experten der University of Wisconsin, ein Bündel von Reformmaßnahmen durchsetzte, die von einer Regulierung der Eisenbahnen und Banken über Arbeitszeitbeschränkungen für Frauen und Kinder bis hin zur Einführung einer Einkommenssteuer und von Vorwahlen (*primaries*) reichten. Diesem Vorbild eiferte dann Theodore Roosevelt nach, der nach der Ermordung McKinleys im September 1901 überraschend Präsident geworden war und der dank seiner Popularität als Reformer 1904 überzeugend wiedergewählt wurde. Als Vermittler in einem Streik von Bergarbeitern 1902 gewann er an Statur. Er nutzte die Bestimmungen des *Sherman Antitrust Act* (1890), als er den gigantischen Eisenbahntrust der Northern Securities Company vor Gericht frontal angriff – sehr zum Erstaunen der Anteilseigner J. P. Morgan, James J. Hill und E. H. Harriman. Diese hatten geglaubt, die Sache würde sich im Hinterzimmer schon lösen lassen. Roosevelt setzte insgesamt 44 solcher Anti-Trust-Verfahren durch, die sich zum Teil gegen die größten (und unpopulärsten) Konzerne wie Du Pont und Standard Oil (Rockefeller) richteten.

Roosevelt machte sich nicht allein als *trust buster* einen Namen. Der junge, energische Präsident übersah nicht, dass Reformen die Machtstellung der Bundesexekutive gegen Kongress und Einzelstaaten auszuweiten geeignet waren. Auch in dieser Hinsicht war sein der Bundesregierung neue Kompetenzen bringendes Engagement für den Naturschutz, mit dem sich sein Name bis heute verbindet, folgenreich. Mit seinem dem progressivistischen Mantra der Effizienz entspringenden Gedanken des Landschaftsschutzes setzte er einen bleibenden Akzent. Unterstützt von seinem »Chef-Förster« Gifford Pinchot, der modernes Waldmanagement in Europa studiert hatte, wurden im Westen Millionen Hektar Land privater Nutzung entzogen und neue Nationalparks und Schutzgebiete eingerichtet. Im Unterschied zu den mit Roosevelt partiell kooperierenden, radikalen »präservationistischen« Umweltschützern um John Muir (Sierra Club 1892) ging es Pinchot und Roosevelt um den Erhalt der Natur (*conservation*), um diese effizienter nutzen zu können.

Unter Roosevelts republikanischem Nachfolger William Howard Taft (1909–1913) wurden die Anti-Trust-Aktivitäten noch gesteigert. Die Regierung ging gegen Industriegiganten wie General Electric, U.S. Steel und International Harvester vor. Taft unterstützte auch den 16. und 17. Verfassungszusatz, der eine Bundeseinkommenssteuer bzw. die Direktwahl der Senatoren einführte. Doch aufgrund der politischen Führungsschwäche des Präsidenten – ihn zog es auf den Stuhl des Obersten Richters, wohin er 1921 tatsächlich gelangte – gewann unter den Republikanern eine konservative Gegenbewegung die Oberhand. Der progressivistische Konsens zerbrach. Das motivierte Roosevelt, der 1909 freiwillig aus dem Amt geschieden war, weil er mit der von Washington begründeten Tradition der nur einmaligen Wiederwahl nicht hatte brechen wollen, unter den Fahnen der Progressive Party erneut für das Weiße Haus zu kandidieren. Angesichts der Spaltung des republikanischen Wählerpotentials setzte sich in der vierseitigen Wahl 1912 Woodrow Wilson, ein ehemaliger Universitätsprofessor aus Princeton und reformorientierter demokratischer Gouverneur von New Jersey, mit nur 41,9 Prozent der Wählerstimmen gegen Taft, Roosevelt und den ewigen Kandidaten der Sozialisten, Eugene V. Debs, durch. Unter Wilsons Präsidentschaft (1913–1921) stand der staatliche Progressivismus dann im Zenit. Mit der *Federal Trade Commission* wurde eine Regulierungsbehörde zur Unterbindung unfairer Geschäftspraktiken geschaffen. Wilsons wichtigster innenpolitischer Erfolg war die Gründung des *Federal Reserve Board*. Erstmals seit Andrew Jackson und den Bankkriegen der 1830er Jahre erhielten die USA wieder ein – wenn auch in zwölf Regionalbanken aufgesplittetes – Zentralbanksystem.

Parallel zu den staatlichen Reformen lief der außerstaatliche Progressivismus einher. Hier spielten Reformerinnen eine zentrale Rolle. Deren bekannteste Vertreterin ist Jane Addams, die gestützt auf britische Vorbilder 1889 mit Hull House in Chicago eine städtische Sozialstation gründete (*settlement house*), das zum Nukleus einer in das ganze Land ausstrahlenden Bewegung wurde. 1910 existierten mehr als vierhundert solcher *settlement houses*. Als Zentrum und soziale Anlaufstation für die umliegende Gemeinde vor allem von Immigranten versprachen die Settlements nicht nur erste soziale Hilfe, sondern suchten mit Bibliotheken und Klubräumen für Kinder und Erwachsene ein modernes Erziehungsideal zu verwirklichen und gleichzeitig die Einwanderer zu »amerikanisieren«. Addams und ihre Kolleginnen setzten dabei in ihrem Maternalismus bewusst bei den Kindern an. Sie schickten Sozialarbeiterinnen und Sozialarbeiter (vierzig Prozent waren Männer) direkt in die Familien und trugen damit auch zu einer Professionalisierung der Sozialarbeit bei – wie überhaupt sich Berufe im frühen 20. Jahrhundert professionalisierten. Von Rechtsanwälten, Ärzten, Lehrern und Ingenieuren wurden nun Hochschulabschlüsse erwartet, die auf den nach deutschen Vorbildern reformierten Universitäten erworben werden konnten. Von neuen Berufschancen profitierten in begrenztem Umfang auch Frauen der Mittelklasse, vor allem als Lehrerinnen. Arbeiterfrauen hatten demgegenüber seit eh und je außerhalb des Haushaltes gearbeitet.

Zu den erfolgreichsten Reformbewegungen im Umfeld des Progressivismus gehört der Kampf um das Frauenwahlrecht. Dessen Wurzeln gingen ins 19. Jahrhundert zurück. 1890 war mit der *National American Woman Suf-*

frage Association (NAWSA) eine schlagkräftige Organisation gegründet worden, die bis 1917 zu einer Massenbewegung mit über zwei Millionen Mitgliedern anwuchs. Außerhalb des Westens, wo bis 1914 insgesamt elf Staaten das Frauenwahlrecht eingeführt hatten, errang die Bewegung zunächst nur wenige Erfolge. Erst als einige der Befürworterinnen wie Alice Paul, die 1916 die *National Woman's Party* gründete, inspiriert von britischen Vorbildern zu radikaleren Protesttaktiken griffen wie Belagerungen des Weißen Hauses, gewann die Sache der Befürworterinnen des Frauenwahlrechts Schwung. Den Durchbruch brachte der Erste Weltkrieg, als die NAWSA sich hinter die Regierung Wilson stellte und Frauen unentbehrlich für die Wirtschaft wurden. 1919 verabschiedete der Kongress den 19. Verfassungszusatz. Es dauerte noch bis zum August 1920, bis er von genügend Staaten ratifiziert worden und damit das Frauenwahlrecht auf nationaler Ebene verwirklicht war.

Die USA im Ersten Weltkrieg

Die Julikrise 1914 und der Ausbruch des militärischen Konflikts in Europa im August wirkten unmittelbar auf die Vereinigten Staaten zurück, wenn auch das Land – dank der von Washington und Jefferson begründeten Tradition des außenpolitischen Isolationismus – mit keiner der Krieg führenden Mächte in einer bündnispolitischen Beziehung stand. Doch wurde amerikanische Unparteilichkeit durch mehrere Faktoren erschwert: Zum einen lebten in den USA Millionen zum Teil noch in Europa geborener Menschen, die völlig legal mit ihrer alten Heimat sympathisierten und dies ostentativ zur Schau trugen. Zum Zweiten geriet die amerikanische Wirtschaft in den unwiderstehlichen Sog des europäischen Krieges. Dank der gestiegenen Auslandsnachfrage erholten sich die USA rasch von einer Wirtschaftsdepression, in der das Land 1914 steckte. Und drittens sahen sich Präsident und Kongress mit dem dornigen Problem konfrontiert, wie angesichts des europäischen Kriegs und der auf Amerika und die amerikanische Öffentlichkeit bewusst abzielenden Schachzüge der europäischen Mächte die Politik der Nichteinmischung würde aufrechterhalten werden können, ohne dass die Sicherheitslage außer Acht gelassen und die Interessen der USA verraten worden wären.

Am Anfang stand die strikte amerikanische Neutralität. Diese wurde in Einklang mit der Tradition von Präsident Wilson am 4. August 1914 offiziell proklamiert. Zwei Wochen später erläuterte er in einer Kongressbotschaft, was er darunter verstand: Er appellierte an seine Landsleute, im Sinne wahrer Neutralität zu handeln und zu sprechen, fair und freundlich gegenüber allen zu sein. Die Amerikaner, deren Wurzeln in vielen Nationen lägen, müssten ihre persönlichen Sympathien und Wünsche hintanstellen. Niemand dürfe für die eine oder andere Seite Partei ergreifen: »Wir müssen neutral sein in Gedanken wie in Taten.« Wilson, dessen persönliche Sympathien und kulturelle Affinitäten wie die der tonangebenden Ostküsten-Elite und des überwiegenden Teils der englischsprachigen Presse auf alliierter Seite lagen, war über die Auswirkungen des europäischen Krieges auf die innere Kohäsion der amerikanischen Gesellschaft zutiefst besorgt.

Der Präsident hatte Anlass zur Sorge: Das selbstbewusste Deutsch-Amerikanertum, die größte ethnische Gruppe der USA überhaupt, hielt sich mit öffentlichen Gebärden keineswegs zurück, feierte die deutschen Siege überschwänglich, trat offensiv entstellenden, britisch inspirierten Presseberichten entgegen, organisierte Wohltätigkeitsveranstaltungen zugunsten deutscher Kriegsopfer und kaufte deutsche Kriegsanleihen. Vor diesem Hintergrund wird deutlich, warum die von Wilson unterstützte, aus dem progressivistischen Reformgedanken hervorgehende Amerikanisierungsbewegung im Ersten Weltkrieg an Fahrt gewann. Amerikaner sollten ihren alten ethnischen Loyalitäten entsagen und sich anglo-protestantischen Mittelklassewerten entsprechend in die Nation assimilieren. Die Einbürgerung, die früher oft unter erniedrigenden Umständen vor sich gegangen war, wurde nun mit Reden, Gesängen und Flaggenparaden ritualisiert. Weniger aus außenpolitischem Expansionismus als um der inneren Einheit des amerikanischen Volkes willen wurde die besondere Sendungsidee der USA öffentlich stärker betont.

Die britische Blockade der Seewege nach Deutschland machte Wilsons gute Vorsätze einer unparteiischen Neutralität schnell zunichte. Die USA protestierten äußerst verhalten. Die Einbußen amerikanischer Exporteure aufgrund der britischen Kriegführung wurden durch den gestiegenen Bedarf der Briten und Franzosen an amerikanischen Gütern schnell wettgemacht. Auch taten die Briten alles, um wichtige Lobbys der USA nicht zu verärgern: Als die Baumwollproduzenten Anfang 1915 aufgrund des Wegfalls deutscher Importe auf einem Teil ihrer Ernte sitzen zu bleiben drohten, kaufte England genügend Baumwolle auf, um die Preise zu stabilisieren. So wurde Amerika zum Arsenal und bald auch zum Finanzier der Entente. Deutschland hingegen, das auf die britische Blockade mit dem U-Boot-Krieg reagierte, sah sich schärfsten Protesten seitens der Regierung Wilson ausgesetzt. In der Sache nicht mehr oder weniger völkerrechtswidrig als das britische Vorgehen, brachte die Versenkung des britischen Passagierschiffs »Lusitania« (7. Mai 1915), die 1198 Menschen, darunter 128 Amerikaner, das Leben kostete, die öffentliche Meinung der USA endgültig gegen Deutschland auf. Dennoch hielt Wilson dem öffentlichen Druck stand und sah noch keinen Anlass zu einem Kriegseintritt. Er folgte aber auch nicht dem Rat von Außenminister William Jennings Bryan, Bürgern der USA das Reisen auf Schiffen kriegführender Staaten zu verbieten und einen ebenso harschen Protest gegen die britische Blockadepolitik zu formulieren. Bryan trat zurück und wurde durch den probritischen Robert Lansing ersetzt.

Nach weiteren Versenkungen lenkte die deutsche Reichsleitung ein. Sie versprach, den U-Boot-Krieg nach den Seekriegsregeln zu führen (*Sussex-Pledge* 1916), was aber aufgrund der technischen Gegebenheiten des U-Boot-Krieges schwierig war. Wilson, der sich mit einer starken Friedensbewegung im eigenen Lande konfrontiert sah, wurde 1916 für weitere vier Amtsjahre vor allem aufgrund seiner innenpolitischen Reformerfolge, aber doch auch mit dem Slogan »He kept us out of war« wiedergewählt. Am 22. Januar 1917, nachdem mehrere Vermittlungsversuche des Präsidenten fehlgeschlagen waren, appellierte er an die Weltöffentlichkeit, einen »Frieden ohne Sieg« zu akzeptieren. In dieser den liberalen Internationalismus gültig formulierenden Rede skizzierte Wilson eine künftige Weltordnung, die auf Demokratie, Freiheit der Meere, Gleichheit und Selbständigkeit der Nationen, dem Ende der verstrickenden Bündnisse und der traditionellen geheimen Macht- und Gleichgewichtspolitik sowie allgemeiner Abrüstung gründete: Eine Monroe-Doktrin für die Welt, in der die Nationen einander kollektiv Sicherheit garantierten. Diese Prinzipien, so der an Taft und Roosevelt anknüpfende Wilson, seien »amerikanische Prinzipien«, aber zugleich überall in der Welt Prinzipien des Fortschritts. Für das 20. Jahrhundert besitzt diese den amerikanischen Traum universalisierende Rede »Schlüsselbedeutung« (Klaus Schwabe). Der später so genannte Wilsonianismus wurde programmatisch begründet, nämlich: eine neue Tradition der US-Außenpolitik, wonach Amerika nicht nur vorbildlich leuchten, sondern weltweit aktiv für Freiheit, Demokratie und Menschenrechte handeln müsse.

Dass Wilson tatsächlich in die Lage versetzt wurde, diese nur vage theoretisch formulierten Ansprüche in der

Praxis zu erproben, verdankte er der unklugen Politik der deutschen Regierung. Diese nahm in einem »Akt monumentaler und selbstmörderischer Dummheit« (Detlef Junker) am 31. Januar 1917 den uneingeschränkten U-Boot-Krieg wieder auf und nahm damit das Risiko eines amerikanischen Kriegseintritts in Kauf. Am 3. Februar brach Wilson die diplomatischen Beziehungen zu Deutschland ab. Als Ende Februar 1917 das nach dem deutschen Staatssekretär im Auswärtigen Amt benannte »Zimmermann-Telegramm« ruchbar wurde, das Mexiko im Falle eines Kriegseintritts auf deutscher Seite die Rückgewinnung der 1848 verlorenen Gebiete in Aussicht stellte, kippte die Stimmung in den überwiegend isolationistisch gesonnenen westlichen US-Staaten. Nachdem im März 1917 deutsche U-Boote weitere amerikanische Schiffe versenkt hatten, erklärten die USA am 2. April 1917 dem Deutschen Reich den Krieg. In seiner Kriegsbotschaft listete Wilson nicht nur das deutsche Sündenregister auf. Vielmehr machte er sich erneut zum Sprecher eines universalen, auch göttlich geoffenbarten Anspruchs: Dieser Krieg, der für die Beendigung aller Kriege geführt werde, sei ein gerechter Krieg, in dem Amerika nicht für territoriale Ziele oder materielle Vorteile fechte, sondern für allgemeine Menschheitsideale: Die Welt müsse sicher für die Demokratie gemacht werden (»must be made safe for democracy«).

Die risikoreiche deutsche Politik zahlte sich nicht aus. Obwohl Frankreich und Großbritannien am Rand einer Katastrophe standen, als im März 1918 Russland den karthagischen Frieden von Brest-Litowsk akzeptierte, senkte Amerika in dem ergebnislosen Ringen der europäischen Völker die Waagschale zugunsten der Alliierten. Nach längeren Anlaufschwierigkeiten konnten die USA den entscheidenden Beitrag für den Sieg der alliierten und assoziierten Mächte – auf diese terminologische Unterscheidung hatte Wilson als Ausdruck der formellen Bündnislosigkeit der USA Wert gelegt – leisten. Seit der ersten Jahreshälfte 1918 strömten amerikanische Truppen und Militärgüter weitgehend ungehindert von deutschen U-Booten nach Europa, so dass bei Ende der Kampfhandlungen zwei Millionen amerikanische Soldaten in Frankreich standen. Das Vabanquespiel der deutschen Frühjahrsoffensive 1918 endete auch deshalb im Debakel, weil die Ankunft frischer amerikanischer Truppen unter General John Pershing die Moral der Alliierten erhöhte und die Front in mehreren Gegenoffensiven weit nach Belgien hinein zurückgedrängt werden konnte. Am 11. November 1918 wurde der Waffenstillstand unterzeichnet.

Im Vergleich zu Europa wirkte sich der Krieg auf das innere Gefüge der USA weniger stark aus. Dennoch verwandelte er das Land. Die Bevölkerung wurde durch eine aufwendige Propagandakampagne mit staatlich verordnetem Patriotismus mobilisiert. Das *Committee on Public Information* (CPI) zeichnete mit Filmen, Broschüren und Reden den deutschen Gegner in schwärzesten Farben. Hexenjagden und Spionage-Verdächtigungen richteten sich hauptsächlich gegen Deutsch-Amerikaner, darüber hinaus aber auch gegen jegliche tatsächliche oder vermeintliche Gegner des Krieges. Vor allem die Arbeiterbewegung wurde von der Kriegshysterie stark in Mitleidenschaft gezogen. Die Führer der als radikal geltenden Gewerkschaft der *International Workers of the World* (IWW) wurden auf der Grundlage der 1917 und 1918 erlassenen Hochverratsgesetze von selbsternannten Bürgerwehren und der Polizei systematisch verfolgt. Im Juli 1917 kam es während eines Streiks in den Kupferminen von Bisbee in Arizona zu der bis dahin massivsten Verletzung amerikanischer Bürgerrechte. Etwa 1200 Männer, darunter auch mit den streikenden Arbeitern sympathisierende Kaufleute und Rechtsanwälte, wurden zusammengetrieben und in einem Zug ohne Wasser und Nahrung in der Wüste abgestellt.

Der Krieg wirkte sich für die durch das *War Industries Board* unter Bernard Baruch staatlich regulierte Wirtschaft segensreich aus. Ihre Effizienz wurde gesteigert, Gewinne und Löhne stiegen stark an. Frauen und Afroamerikaner, die in Rekordzahlen nach Norden wanderten, waren als Arbeitskräfte gesucht. Sie machten sich Hoffnung auf mehr Gleichberechtigung. Die anhaltende Diskriminierung schwarzer Veteranen, die in segregierten Einheiten des Militärs gekämpft hatten, gab der Bürgerrechtsbewegung einen wichtigen Impuls, wie auch das Frauenwahlrecht entscheidend vorankam. Auch anderen Reformanliegen verhalf der Krieg zum Durchbruch – vor allem der Prohibition, die mit dem 18. Verfassungszusatz 1920 in Kraft trat. Und vor allem standen die USA bei Kriegsende als wirtschaftlich und militärisch stärkste Macht der Erde da, von der alle anderen finanziell abhängig waren und deren Präsident selbstbewusst davon ausging, dass er den Frieden in hohem Maße nach amerikanischen Vorstellungen würde gestalten können.

Die Zwischenkriegszeit (1918–1933)

Versailler Frieden und internationale Beziehungen

Im Ersten Weltkrieg formierte sich mit dem aktiv auf Demokratisierung, Liberalisierung und Pazifizierung abzielenden liberalen Internationalismus (oder Wilsonianismus) ein neuer, nach 1941 dann dominant werdender außenpolitischer Denkstil der USA. Dieser brach mit der traditionellen bündnispolitischen Abstinenz. Letztere wird missverständlich als Isolationismus bezeichnet; dabei stellte sie eine ökonomische, kulturelle und auch politische Teilhabe der USA an den internationalen Beziehungen keineswegs in Abrede. Die geistigen Wurzeln des liberalen Internationalismus, dessen wirkmächtigster Fürsprecher und Namensgeber Wilson war, liegen in dem progressivistischen Reformglauben, Fortschrittsoptimismus und Idealismus der Jahrhundertwende. Angesichts der Herausforderungen eines revolutionären Zeitalters suchte der liberale Internationalist Wilson den Ordnungs- und Effizienzgedanken auf die von einer anarchischen Konkurrenz der Nationalstaaten geprägte internationale Arena zu übertragen. Sein wichtigstes Instrument – zugleich die Krone des Versailler Friedensvertrages – wurde der Völkerbund.

Die Eckpunkte des liberalen Internationalismus lagen seit Wilsons wegweisenden Reden des Jahres 1917 fest. Sie wurden von ihm am 8. Januar 1918 in den berühmten »Vierzehn Punkten« wirkmächtig präzisiert. Mit diesen übertrug Wilson den amerikanischen *way of life* quasi auf die zwischenstaatliche Ebene, sprach aber auch konkret Probleme der Nachkriegsordnung an: In acht der vierzehn Punkte ging es um territoriale Fragen wie Räumung der von deutschen und österreichischen Truppen besetzten Gebiete, Gründung eines unabhängigen Polens sowie Autonomie für die Völker der Habsburger Monarchie und des Osmanischen Reiches. Fünf betrafen generelle, »amerikanische« Prinzipien: Freiheit der Meere, Verbot der Geheimdiplomatie, Abbau unfairer Handelshemmnisse, Abrüstung und kolonialer Interessenausgleich. Der vierzehnte Punkt forderte den allgemeinen Zusammenschluss der Völker: In diesem Völkerbund würden sich die Nationen ihre Unabhängigkeit und Sicherheit gegenseitig garantieren und den Frieden so dauerhaft sichern können. Vor Augen hatte Wilson eine auf freiwilliger Assoziation beruhende Schlichtungsstelle, eine Art Federal Trade Commission für die Welt (James Henretta). In der Tat: Wilsons Programm fand weltweit Anklang – selbst im feindlichen Deutschland, das, auch um Schlimmeres zu vermeiden, auf der Grundlage der Vierzehn Punkte im November 1918 um einen Waffenstillstand nachsuchte.

Die europäische Wirklichkeit machte den großen Plan partiell zunichte. Wie Franklin D. Roosevelt im Zweiten Weltkrieg erlebte auch Wilson, dass die Alliierten die amerikanische Hilfe zwar gern akzeptiert hatten, seine Pläne für eine neue Weltordnung jedoch keinesfalls ungeschmälert teilten: Das geschwächte Frankreich, aber auch Großbritannien kamen mit hohen Reparationsforderungen den Erwartungen ihrer eigenen Völker entgegen – und führten damit Wilsons ursprüngliche Hoffnung auf einen »Frieden ohne Kontributionen« ad absurdum. Als Kolonialmächte waren sie nicht daran interessiert, zugunsten des freien Welthandels und der freien Seefahrt auf ihre Präferenzsysteme zu verzichten. Auch von dem Verbot der Geheimdiplomatie blieb nicht viel übrig: Die besiegten Staaten, die um der Legitimität der neuen Weltordnung willen in diese hätten integriert werden müssen, waren ausgeschlossen bzw. als Verhandlungspartner ebenso wenig gleichberechtigt wie die als Asiaten diskriminierten Japaner. Letztlich musste Wilson, der sich in einem präzedenzlosen Schritt persönlich zu den Verhandlungen nach Paris aufgemacht hatte und auf einer Rundreise durch Europa wie ein neuer Messias empfangen worden war, um des für ihn zentralen Völkerbundgedankens willen, in dem er (völlig zu Recht) ein progressives Element einer allmählichen Verbesserung selbst einer fehlerhaften Friedensordnung sah, einschneidende Kompromisse akzeptieren. Sein ursprüngliches Ziel eines dauerhaften, auf Konsens angelegten Friedens wurde so unterminiert.

Der Versailler Friedensvertrag, der der heutigen Forschung insgesamt in einem freundlicheren Licht erscheint als in vom Weimarer Revisionismus noch beeinflussten älteren Darstellungen, war bei nüchterner Betrachtung kein schlechter Kompromiss: Die ostmitteleuropäischen Länder erhielten die Freiheit, wenn auch in einigen, vor allem Deutschland gravierend betreffenden Fällen (Ostoberschlesien, Österreich) gegen das Prinzip der Selbstbestimmung massiv verstoßen wurde. Deutschland wurde nicht amputiert, wie es Clemenceau angestrebt und Wilson verhindert hatte. Es kehrte nach einer gewissen, von Wilson mit dem Gedanken christlicher Buße verbrämten Frist in den Kreis der Großmächte zurück: Angesichts der Zurückdrängung Russlands hatte es seine strategische Stellung sogar verbessert. Ungeachtet der viel diskutierten Ehrenfragen wie des berüchtigten Kriegsschuldparagraphen (Art. 231) – der entgegen den ursprünglichen Verlautbarungen Wilsons nicht die deutschen Autokraten allein, sondern schließlich doch das deutsche Volk, ungeachtet seiner inzwischen vollzogenen demokratischen Wandlung, in toto haftbar machte – und der äußerst erniedrigenden Umstände der Unterzeichnung waren Revisionen möglich. Dies zeigt etwa das Schicksal der ökonomisch höchst fragwürdigen Reparationen, die mit dem Hoover-Moratorium 1932 endgültig ad acta gelegt werden sollten. Auch in Bezug auf die deutsch-französischen Beziehungen und die Frage des ostpreußischen Korridors deutete sich in den 1920er Jahren ein Ausgleich an. Dass Hitlers Weg zur Macht durch den Versailler Vertrag vorgezeichnet worden wäre – und Wilson so indirekt Schuld für die deutsche Katastrophe im Zweiten Weltkrieg träfe –, ist eine Geschichtslegende.

Zu einem wesentlichen Teil ergaben sich die Strukturmängel der Versailler Friedensordnung aus der Inkongruenz der amerikanischen Position, die auch Folge eines politischen Gezeitenwechsels im Inneren war. Zu den Verhandlungen war Wilson angeschlagen aufgebrochen, weil die Zwischenwahlen vom November 1918, von denen er sich ein Mandat für seine Friedenspläne versprochen hatte, beiden Häusern des Kongresses republikanische Mehrheiten bescherten. Die Opposition, allen voran der mächtige Vorsitzende des Auswärtigen Senatsausschusses, Henry Cabot Lodge, wurde von Wilson nicht ausreichend integriert. Auch wenn der Kampf um den Völkerbund partiell parteipolitischen Charakter hatte, so stellte Artikel X der Völkerbundssatzung Amerika gleichwohl vor eine Grundsatzfrage, die in den kommenden zwanzig Jahren hoch umstritten blieb und der Wilson in seinem Werben um die Zustimmung zum Pariser Vertragswerk nicht ausreichend Rechnung trug: Bis zu welchem Grade waren die Vereinigten Staaten bereit, sich in internationale Bündnissysteme zu integrieren? Aus Sicht der Kritiker brach Wilson mit der unilateralen Tradition. Versailles hätte Amerika in ein Netz multilateraler Abhängigkeiten eingesponnen. Das alte Grundprinzip, von bindenden Allianzen Abstand zu halten, wurde verlassen. Denn das dem Völkerbund zugrunde liegende Prinzip der kollektiven Sicherheit verlangte, dass die Nationen sich im Falle einer äußeren Aggression gegenseitig ihre Unabhängigkeit garantierten. Würden sich die USA durch den Völkerbund die Hände binden lassen?

Für sein Engagement für den Völkerbund hat Wilson mit seiner Gesundheit und seinem Leben bezahlt. Unwillig Kompromissvorschläge abwehrend, appellierte der schon als Universitätspräsident und Gouverneur mit seinem Starrsinn angeeckte Wilson direkt an das amerikanische Volk. Um die Stimmung zu wenden, legte er im September 1919 mit dem Zug zehntausend Meilen kreuz und quer durch die USA zurück. Bei drückender Hitze sprach er vor Tausenden von Menschen. Viele waren von seiner emotionalen Verteidigung einer neuen, letztlich auf amerikanische Ideale gegründeten Weltordnung zu Tränen gerührt. Doch die Anstrengung überforderte den 62-jährigen. Anfang Oktober brach er bei einer Rede in Pueblo (Colorado) zusammen. Nach seiner eiligen Rückkehr nach Washington erlitt er einen schweren Schlaganfall. Für den Rest seiner Amtszeit war Wilson praktisch regierungsunfähig. Durch First Lady Edith Wilson von seinen Beratern, dem politischen Establishment und von der Öffentlichkeit abgeschirmt, versteifte er sich auf problematische Maximalpositionen, so dass das Vertragswerk in zwei Anläufen im November 1919 und im März 1920 im Senat die zur Ratifikation notwendige Zweidrittelmehrheit nicht erreichte. Wilsons republikanischer Nachfolger Warren G. Harding (1921–1923) interpretierte seinen erdrutschartigen Wahlsieg denn auch als Referendum gegen den Versailler Vertrag. Er schloss 1921 mit Deutschland einen Separatfrieden, während er mit der Konferenz von Washington 1921/22, die unter anderem auch die Flottenrüstung begrenzte, den Status quo in Ostasien akzeptierte.

Völlig vergebens war Wilsons Kampf indes nicht: Im Gewand der Vereinten Nationen kehrte der Völkerbundgedanke am Ende des Zweiten Weltkrieges in die praktische Politik zurück. Dennoch hat das Scheitern des Friedensnobelpreisträgers von 1919 der Welt eine schwere Hypothek hinterlassen, weil ein von Amerika sich verlassen fühlendes Frankreich aus seinem Sicherheitskomplex heraus umso unnachgiebiger gegenüber Deutschland und dessen nicht minder problematischen Revisionskomplex auftrat. Zugleich stellten die Vereinigten Staaten als das mächtigste und wirtschaftlich dynamischste Land zwar das Rückgrat der Finanzmärkte und des Welthandelssystems der Zwischenkriegszeit dar. Vor dem Hintergrund der im besten Falle ambivalent bewerteten Erfahrungen des Ersten Weltkrieges waren die USA jedoch nicht bereit, außenpolitisch Verantwortung zu übernehmen. Gegenüber dem Universalismus Wilsons triumphierten »Exzeptionalismus« und Isolationismus, wurde der Kriegseintritt im Nachhinein als Fehler gedeutet – der Amerika nach Ansicht radikaler Isolationisten von geldgierigen »Kaufleuten des Todes« und Kapitalisten wie dem Kriegsfinanzier J. P. Morgan eingebrockt worden war. Diese in den 1930er Jahren weit verbreitete Unlust, sich erneut in »europäische Händel« einzumischen, zeitigte katastrophale Folgen, als aufgrund der deutsch-japanisch-italienischen Aggression Mitte der 1930er Jahre der Weltfrieden erneut auf der Kippe stand.

In der Zwischenkriegszeit setzte die amerikanische Außenpolitik überwiegend auf informelle Instrumente. Die Stabilisierung der deutschen Währung und die vorläufige Regelung der Reparationsproblematik durch den Dawes-Plan (1924), dem dann die endgültige Fixierung durch den Young-Plan (1929) folgte, wurden Experten überlassen, wenn diese auch auf Rechnung von und in faktisch enger Abstimmung mit Washington handelten. Flankiert wurde diese ökonomische Stabilisierungspolitik von einer problematischen Außenhandelspolitik. Zwar ging nach 1924 nach einem häufig bemühten Bonmot die »Dollarsonne« über Deutschland auf. Doch nach dem Schwarzen Freitag 1929 zogen die amerikanischen Geldgeber ihre Kredite zurück, mit denen Deutschland die Zahlung der Reparationen überhaupt erst ermöglicht wurde. Das absurde Schulden-Reparationen-Karussell fiel wie ein Kartenhaus in sich zusammen. Die Wirtschaftskrise wurde verschärft. Zugleich aber hatten die USA eine Gesundung der Weltwirtschaft durch ihre asymmetrische, wenig aufgeklärte Außenhandelspolitik erschwert, weil sie ihre Exporte erhöhten, ohne die eigenen Märkte rigoros dem Welthandel für Güter ihrer Schuldner zu öffnen oder deren Schulden zu erlassen.

Die USA waren als stärkste wirtschaftliche, militärische und kulturelle Macht aus dem Ersten Weltkrieg hervorgegangen. Sie hatten als international größte Gläubigernation Großbritannien beerbt. Und sie standen an vorderster Front einer neuen Globalisierungswelle: Ihr Anteil an der Weltindustrieproduktion stieg auf 39,3 % (1928), an den Exporten von 13,4 % (1913) auf 16,2 % (1926), der der Importe jedoch nur von 9,1 auf 14,2 %. Die Direktinvestitionen ins Ausland verdoppelten sich zwischen 1919 und 1930. Am Ende der Dekade hatten US-Firmen weltweit mehr als fünfzehn Milliarden Dollar investiert. Der Löwenanteil ging nach Europa, wo Firmen wie General Motors und Standard Oil die scheinbar unwiderstehliche

Macht des »Dollar-Imperialismus« mit Unternehmensaufkäufen (zum Beispiel Opel) verkörperten. Zur Leitfigur des Amerikanismus, wie als »typisch« amerikanisch wahrgenommene Organisationsformen und Verhaltensweisen in Europa bezeichnet wurden, wurde Henry Ford stilisiert. Dieser schien das Ei des Kolumbus gefunden zu haben: Seine Wirtschaftsphilosophie versprach nicht allein fabelhafte Produktionserfolge und Gewinne, sondern hatte mit hohen Löhnen quasi en passant die soziale Frage gelöst. Da sich gleichzeitig kulturelle Einflüsse der USA deutlich bemerkbar machten, war Amerika, auch dank der gestiegenen Filmexporte, im Europa der Zwischenkriegszeit in aller Munde. Die das amerikanische Jahrhundert wie ein Schatten begleitende Amerikanismusdebatte erreichte ihren ersten Höhepunkt. Dennoch zogen die USA, anders als nach 1945, politisch vorerst keine Konsequenzen aus ihrer neuen Rolle. Ihr Blick ging in einer Phase hektischer Modernisierung nach innen.

Kultur und Gesellschaft der 1920er Jahre

Warren G. Harding (1921–1923) hatte die Präsidentschaftswahlen 1920 mit dem Slogan gewonnen, er werde Amerika zur Normalität zurückführen (»back to normalcy«). Schon in den Zwischenwahlen 1918 hatten die Republikaner, die strukturelle Mehrheitspartei seit dem Bürgerkrieg, die Majorität im Kongress zurückerobert, bevor sie dieser mit der Weltwirtschaftskrise 1929 mit nur kurzen Unterbrechungen bis zum Jahr 1994 endgültig verlustig gingen. Dem aufgewühlten Land versprach der simpel gestrickte Harding »Rekonstruktion, Wiederanpassung, Restauration«. Das traf die generelle Stimmung gut. Amerika sehnte sich nach einer guten alten Zeit zurück: Der Krieg hatte Volk und Heimat aufgewühlt. Die psychologische Mobilmachung einschließlich der Hexenjagden gegen

Deutsch-Amerikaner, Gewerkschaften und »Linke« hatte den sozialen Frieden gestört. 1917 war es in Städten wie Philadelphia und Houston zu gewalttätigen Konflikten zwischen Schwarzen und Weißen gekommen. Chicago, das während des Krieges 50000 afroamerikanische Migranten absorbiert hatte, wurde nach der Ermordung eines schwarzen Jugendlichen, der auf dem für Weiße reservierten Teil des Strandes am Lake Michigan gebadet hatte, im Juli 1919 von fünftägigen Rassenkrawallen erschüttert. Gleichzeitig wurden große Teile der amerikanischen Industrie durch eine Streikwelle paralysiert.

Vor diesem Hintergrund und angesichts der erfolgreichen Machtergreifung der Bolschewiki in Russland ging die antideutsche Hysterie des Krieges fast nahtlos in den »Red Scare«, die große »rote Furcht«, der Nachkriegszeit über (was sich mit dem McCarthyismus in den 1950er Jahren noch einmal wiederholen sollte). Noch unter Wilsons Justizminister A. Mitchell Palmer stattete die Regierung das *Bureau of Investigation* (BOI, seit 1935 FBI), an dessen Spitze bald ein junger Staatsanwalt namens J. Edgar Hoover stand, mit einem durch den *Espionage Act* (1917) und den *Sedition Act* (1918) legitimierten Überwachungs- und Repressionsapparat aus, der radikale Dissidenten ausspionieren und auch unschädlich machen sollte. Während der sogenannten »Palmer Raids« wurden Tausende von Mitgliedern anarchistischer und kommunistischer Organisationen verhaftet und zum Teil gewaltsam in die Sowjetunion deportiert. Viele der Verhafteten waren allein deshalb suspekt, weil sie als Immigranten scheinbar leicht durch dissidente Ideologien verführbar waren und daher als »un-amerikanisch« und nicht amerikanisierbar erschienen. Der wohl dramatischste Vorfall in diesem Zusammenhang war die Verhaftung zweier italienischer Handwerker und bekennender Anarchisten, Nicola Sacco und Bartolomeo Vanzetti. Sie wurden durch ein Gericht in Massachusetts für einen Mord zum Tode verurteilt, von dem nie einwandfrei geklärt werden konnte, ob sie ihn tatsächlich begangen hatten. Beide bekamen kein faires Verfahren in einem sensationellen, durch das neue Medium Radio weit verbreiteten Prozess.

Für die von Harding versprochene Normalisierung zahlte Amerika einen Preis: Neben der einseitig unternehmerfreundlichen Politik der von massiven Korruptionsskandalen wie dem »Teapot Dome Scandal« geplagten Regierung Harding, die eine die sozialen Gegensätze verschärfende Steuerpolitik zugunsten der Besserverdienenden machte, schotteten sich die USA angesichts wachsender Fremdenfeindlichkeit auch nach außen ab. 1921 wurde die Einwanderung durch ein Quotensystem beschränkt, 1924 mit dem bis 1965 im Wesentlichen gültigen *National Origins Act* die Einwanderung auf zwei Prozent der jeweiligen nationalen Ursprünge im Jahr 1890 eingefroren – das heißt auf dem Stand vor Einsetzen der massiven Einwanderung aus Süd- und Osteuropa. Während die asiatische Einwanderung völlig zum Erliegen kam, war Lateinamerika vom Quotensystem ausgenommen: Die Farmer und Unternehmer des Südwestens der USA waren auf billige mexikanische Arbeitskräfte angewiesen.

Xenophobie und Rassismus spiegelten sich auch im Wiederaufstieg des (zweiten) Ku Klux Klans wider, der nicht nur gegen Schwarze und Juden, sondern auch gegen Katholiken, Ausländer und alles, was er als unamerikanisch verstand – Alkohol, Tanzen und kurze Röcke – agitierte. Seine Hochburgen hatte der Klan nicht mehr im Süden, sondern in rasch expandierenden Metropolregionen wie denen von Dallas, Detroit, Indianapolis und Los Angeles. Während einige Mitglieder des Klans sich krimineller Handlungen schuldig machten und in Lynchmorde und andere Verbrechen verwickelt waren, war der zweite Klan doch überwiegend ein Sammelbecken für Millionen Amerikaner, die verunsichert auf die Modernisierung und den dynamischen Wandel der Gesellschaft reagierten. Für seinen Untergang sorgte der Klan übrigens selbst, weil 1925 in einem mit Sex-and-Crime-Geschichten gespickten Skandal das Gebaren der Klan-Oberen ruchbar wurde, die alles andere als nach den Grundsätzen religiöser, moralischer und politischer Reinheit gelebt hatten.

Wie alle kulturellen Transformations- und Krisenphasen brachte auch die klassische Moderne der 1920er Jahre einen starken Aufschwung des religiösen Fundamentalismus hervor. Wie zweimal zuvor in ihrer Geschichte und wie erneut seit den 1960er Jahren erlebten die USA ein religiöses Wiedererwachen (*Reawakening*). Auf dem Land und im Mittleren Westen und Süden, dort wo auch der Klan seine Schwerpunkte besaß, wurde der christliche Fundamentalismus dominierend. Während der liberale Mainstream-Protestantismus, vom Progressivismus angesteckt, sich auf soziale Aufgaben konzentrierte und in sein religiöses Verständnis die naturwissenschaftlichen Lehren inkorporiert hatte, formierte sich eine an der wörtlichen Auslegung der Bibel orientierte Gegenbewegung. Diese bezog ihren Namen aus einer Serie von Pamphleten, die unter dem Titel *The Fundamentals* publiziert worden waren. Symbolisch machte sich diese Haltung an dem Streit um die Evolutionslehre fest, deren Vermittlung im Schulunterricht in zwanzig Bundesstaaten untersagt worden war. Dramatischer Höhepunkt war der »Affenprozess« von Dayton in Tennessee im Juli 1925, wo der Lehrer John T. Scopes bewusst gegen die Anti-Evolutionsparagraphen verstoßen hatte. Bei diesem nationalen Medienereignis gelang es den säkularen Kräften, obwohl sie den Prozess selbst verloren (der Lehrer wurde zu einer Geldstrafe verurteilt), die Fundamentalisten lächerlich zu machen. Deren Vertreter, der Ex-Außenminister und dreimalige demokratische Präsidentschaftskandidat William Jennings Bryan, hatte auf dem Wortlaut der Bibel bestanden, sich jedoch im Kreuzverhör aufgrund seiner Unkenntnis der Heiligen Schrift in Widersprüche verwickelt. Das fragliche Gesetz wurde erst in den 1960er Jahren vom Obersten Gerichtshof aufgehoben. Als eine intellektuell die Eliten prägende Kraft hatte der Fundamentalismus vorerst ausgespielt, blieb allerdings in weiten Bereichen der Gesellschaft virulent.

Das kulturell am stärksten polarisierende Thema war zweifellos die Prohibition. Sie war eines der großen Reformziele des Progressivismus gewesen. Doch das Alkoholverbot ließ sich nicht aufrechterhalten. Es zeigte, dass in einer Demokratie Verhaltensmaßregeln nicht durchgesetzt werden können, wenn sich ihnen eine Mehrheit der Bevölkerung entzieht, zumal Einzelstaaten wie New York schon kurz, nachdem das 18. *Amendment* in Kraft getreten war, sich weigerten, das Verbot zu überwachen. Daher profitierten von der Prohibition vor allem Kriminelle wie der berühmt gewordene Chicagoer Mafioso Al Capone, der sich, darin durchaus heutigen Drogenbossen vergleichbar, mit seinen Rivalen blutige Schlachten um das illegale Geschäft mit Hochprozentigem lieferte und Politik und Sicherheitskräfte korrumpierte. Die Reform hatte das genaue Gegenteil dessen erreicht, was sie ursprünglich angestrebt hatte. Auch spaltete der Kulturkrieg zwischen »Trockenen«, die sich überwiegend aus dem Stamm einheimischer Protestanten rekrutierten, und »Nassen«, das heißt den Liberalen, Intellektuellen und Einwanderergruppen der großen Städte, die Gesellschaft. Auch dieses Thema hatte klare ethnische bzw. rassische Konnotationen. 1928 war es zentrales Problem des Wahlkampfes, als der siegreiche republikanische Kandidat, Herbert Hoover, sich für die Prohibition, der Gegner, der irischstämmige, katholische Demokrat Al Smith aus New York sich dagegen erklärte. Angesichts des faktischen Scheiterns wurde die Prohibition mit dem 21. Verfassungszusatz 1933 aufgehoben.

Die restriktive Handhabung des Alkoholkonsums war auch deshalb eine Anomalie, weil die *Roaring Twenties* eine kulturell ungewöhnlich fruchtbare Periode in der Geschichte der Vereinigten Staaten darstellen. Das Amerika des *Jazz Age* stand in voller Blüte. Musik, Malerei, Literatur reiften zu einem eigenständigen amerikanischen Stil heran, der angesichts des gewaltig gestiegenen internationalen Prestiges der USA weit über die Grenzen des Landes ausstrahlte. Von den Künsten wurden die Verwerfungen der Moderne klassisch reflektiert, etwa in den Gemälden von Edward Hopper (1882–1967), der die Einsamkeit der Menschen in der Großstadt und die Auflösung von Milieubindungen zum Thema seiner Bilder machte – das heißt eine grundsätzliche Erfahrung des 20. Jahrhunderts. Das andere, traditionale Amerika wurde in Grant Woods Gemälde »American Gothic« (1930) ambivalent porträtiert: Ein Paar, das den Fleiß, die Bescheidenheit, die Zielstrebigkeit, aber auch die schmallippige Enge und Intoleranz des protestantischen, ländlichen Amerika repräsentierte, das verunsichert in die Zukunft blickt und doch fest entschlossen an den Gewissheiten einer älteren Epoche festzuhalten scheint.

Atemberaubend war die nationale und internationale Erfolgsgeschichte der amerikanischen Populärkultur. Mehr Geld und mehr Freizeit – was der im weltweiten Vergleich einzigartige Wohlstand der USA mit sich brachte – ermöglichten nicht nur den wachsenden Mittelschichten, sondern gerade auch der Arbeiterklasse mehr Vergnügen: Baseball, Football und Boxkämpfe zogen enorme Zuschauermassen an. Der Gang ins Kino, dessen Aufstieg durch die Propagandakampagnen des Ersten Weltkrieges gefördert worden war, wurde zu einer wichtigen Freizeitbeschäftigung. 1927 wurde mit *The Jazz Singer* der erste Tonfilm aufgeführt, der die Gewinne eines kleinen, unbekannten Hollywoodstudios – Warner Brothers – in astronomische Höhen katapultierte. Die in der Stummfilmära führenden Studios, United Artists, Paramount und Metro-Goldwyn-Mayer (MGM), die überwiegend von osteuropäischen, jüdischen Emigranten aufgebaut und durch die Wallstreet finanziert worden waren, zogen schnell nach. Bereits 1929 waren 75 Prozent aller Filme *talkies*. Der erstaunliche Erfolg Hollywoods, wie der amerikanischer Populärkultur überhaupt, erklärte sich aus den spezifischen Bedingungen einer von Marktschranken, hochkulturellen Sagbarkeitsregeln und milieuspezifischen Rezeptionsgrenzen wenig limitierten Kulturindustrie (Horkheimer/Adorno), die auf die Geschmäcker eines multikulturellen Publikums Rücksicht zu nehmen hatte und das schon in der Verfassung der USA angelegte Versprechen grenzenlosen Vergnügens in die werdende Konsumgesellschaft trug.

Die amerikanischen *Twenties* waren das große Laboratorium der Konsumgesellschaft. Hier bahnte sich an, was nach dem Zweiten Weltkrieg auf breiter Basis durchbrach: Die Massenmobilisierung kam schon über die ersten Ansätze hinaus: Die Anzahl der Autos stieg von neun Millionen (1920) auf 27 Millionen (1929) an. Neue Konsumgüter – vor allem arbeitssparende Haushaltsgeräte, aber auch Radioapparate – fanden reißenden Absatz. Demgegenüber schlug sich die in den Medien damals viel beschworene und angeblich vom Konsumismus ausgelöste Revolte gegen viktorianische Moralvorstellungen nur begrenzt im tatsächlichen Heirats- und Sexualverhalten nieder. Die Make-up tragende *flapper* mit ihrer schlanken, eher jungenhaften Figur und dem modischen Bubikopf, die junge, werktätige Frau, die das Geld besaß, die massenhaft produzierte Konfektionsware, Kleider und Kosmetika zu erwerben, die in Filmen eine attraktive, erotische Präsenz entfaltete, war nicht Repräsentantin einer neuen Promiskuität, sondern fand sich am Ende meist glücklich verheiratet in den Armen des männlichen Hauptdarstellers wieder. Insofern hat die ostentative Sexualität der *flappers* eher zur Festigung traditioneller Familien- und Geschlechterverhältnisse geführt – ungeachtet der Tatsache, dass Informationen über Geburtenkontrolle öffentlich erstmals besser zugänglich wurden und die Geburtenrate von 27,7 Promille (1920) auf 21,3 (1930) stark zurückging (bei gleichzeitig langsam ansteigender Scheidungsrate). Letztlich wurden im Bild der »neuen Frau« Geschlechterrollen auf eher konservative Weise an die Bedürfnisse der Konsumgesellschaft angepasst, während in der Arbeitswelt weitgehend alles beim Alten blieb. In der Breite verbesserte sich der soziale Status von Frauen keineswegs: Der Anteil berufstätiger Frauen verharrte auf niedrigem Niveau und sollte erst in der Großen Depression ab 1929 signifikant ansteigen.

Auch aus Sicht der Sozialstatistik war die neue Gesellschaft mehr imaginierte als gelebte Realität. Nur eine Minderheit selbst der weißen, Englisch sprechenden Amerikaner, von unterdrückten Minoritäten wie Afroamerikanern und Indianern ganz zu schweigen, konnte in den 1920er Jahren die durch eine den Kinderschuhen allmählich entwachsende Werbeindustrie stark angepriesenen Segnungen der Konsumgesellschaft in vollem Umfang genießen. Aufgrund der wirtschaftsfreundlichen Politik der Regierungen von Harding und dessen Nachfolger Calvin Coolidge (1923–1929) – der mit Parolen wie »the business of America is business« das hegemoniale Laissez-faire wirkungsvoll verkörperte – wurde die soziale Ungleichheit massiv verschärft. In der Tendenz wurden Einkommen von unten nach oben umverteilt. Auch gab es trotz eines generellen Aufwärtstrends und statistischer Vollbeschäftigung weiterhin regional, auch sektoral, nach Klassen- und Rassengesichtspunkten zu differenzierende Armut. Große Teile der Landwirtschaft erholten sich während der 1920er Jahre nicht von der Nachkriegsdepression. In Teilen des Westens, entlegenen Bergregionen wie den südlichen Appalachen, den Bergbaugebieten West Virginias und Landschaften mit textilverarbeitender Monokultur wie zum Beispiel in Neuengland bildeten sich dauerhafte Armutskerne heraus. Insgesamt fiel der Anstieg der Löhne deutlich geringer aus als der der Produktivität. Das heißt, das beachtliche Wirtschaftswachstum und der Anstieg der Pro-Kopf-Einkommen kamen nur einem kleinen Segment der amerikanischen Bevölkerung zugute. 0,1 Prozent der Familien am oberen Ende der Einkommensskala verfügten 1929 über ebenso viel Vermögen wie die untersten 42 Prozent. 1929 wurde das statistische Existenzminimum von zweitausend Dollar von sechzig Prozent aller Familien unterschritten. Insofern waren die 1920er Jahre tatsächlich »golden« – aber nur für eine privilegierte Schicht, wie der Historiker Irving Bernstein einmal treffend bemerkte.

Die Bilder einer neuen, auf Konsum gründenden Gesellschaft waren also partiell eine mediale Fiktion: Sie spiegelte die sozioökonomische Realität nicht wider. Andererseits wurde in den 1920er Jahren das, was Amerika ausmachte, neu definiert: Die neuen Ikonen des Fortschritts – das »Model T« von Ford, das Empire State Building in New York, der von der Filmschauspielerin Clara Bow verkörperte Frauentyp der *flapper* und der Eisschrank von General Electric – verfehlten ihren Eindruck auf das nationale Selbstverständnis nicht. Amerika stand unter dem Eindruck des »Kults der Prosperität«, Konsum wurde zum permanenten Richtmittel der Selbstidentifikation. Dazu trug bei, dass die neuen Medien, die als Werbeträger wesentlich zu der konsumistischen Neudeutung Amerikas beitrugen, so etwas wie eine nationale Kommunikationssphäre überhaupt erst schufen, war doch die amerikanische Presse regional sehr viel stärker zersplittert als ihre europäischen Pendants. Eine Vorreiterrolle spielte dabei das Radio, das mit kommerziellen Sendungen am 2. November 1920 auf Sendung ging und über die sich rasch entfaltenden Netzwerke (CBS, NBC, ab 1944 auch ABC) vor allem das ländliche Amerika erstmals in nationale kulturelle und politische Diskussionszusammenhänge integrierte. Dass Amerika anders als gleichzeitig Europa bei der Einführung des Radios einem marktorientierten Ansatz folgte, verlieh der Entwicklung in den USA eine hohe Dynamik. 1927 standen achtzig Prozent aller Radiogeräte weltweit in amerikanischen Haushalten. Mitte der 1930er Jahre waren bereits mehr als neunzig Prozent aller städtischen Haushalte mit einem Radiogerät versorgt und der Durchschnittsamerikaner vier Stunden täglich »am Empfänger«.

Als das Laboratorium der Moderne und der Inkubator der Konsumgesellschaft wurde das Amerika der 1920er Jahre weltweit zum Vorreiter, und zwar über die Populärkultur hinaus. Der Jazz verließ die Ghettos und wurde durch weiße (auch jüdische) Musiker wie Benny Goodman für den Geschmack der Mittelklasse-Bürger im Swing »zivilisiert« und zu einem nationalen musikalischen Idiom. Mit dieser tief im afroamerikanischen Erbe der USA gründenden Musik emanzipierten sich die USA musikalisch endgültig vom alten Europa, dessen klassische Tradition das normative Musikverständnis auch in den USA lange geprägt hatte. Parallel erlebte Afroamerika in den 1920er Jahren mit der *Harlem Renaissance* seine eigene Blüte. Auch die kritische Reflexion über die neue Gesellschaft erhielt nun von den USA die wichtigsten Impulse: Sinclair Lewis ironisierte die bornierte Business-Mentalität der amerikanischen Kleinstädte. Theodore Dreiser hinterfragte sozialkritisch den Mythos vom amerikanischen Traum. H. L. Mencken schrieb seine ätzenden Kolumnen. John Dos Passos, Ernest Hemingway, F. Scott Fitzgerald und Gertrude Stein setzten sich mit dem Konformitätsdruck einer als oberflächlich empfundenen Konsumentenkultur auseinander. Diese *Lost Generation* suchte sich vor dem angepassten, antiintellektuellen Klima in den Vereinigten Staaten vorzugsweise in Paris, aber auch in Berlin in Sicherheit zu bringen, die mit New York um den Titel des Mekkas der klassischen Moderne konkurrierten.

Die Große Depression (Weltwirtschaftskrise)

Im historischen Rückblick geht von der klassischen Moderne der 1920er Jahre auch deshalb eine starke Faszination aus, weil sie etwas von dem sprichwörtlichen Tanz auf dem Vulkan besitzt: Auf die entfesselte Dynamik des Kulturschaffens und der Märkte folgte der jähe Absturz in die Weltwirtschaftskrise. Und dieser bildete wiederum nur den Auftakt zu der tiefsten Katastrophe der westlichen Zivilisation im Zweiten Weltkrieg. Davon allerdings ahnte 1928 niemand etwas, als mit Herbert Hoover (1929–1933) ein Mann zum Präsidenten gewählt wurde, der als Secretary of Commerce in den Kabinetten der schwachen Präsidenten Harding und Coolidge acht Jahre lang eine dominierende Rolle gespielt hatte und dem nun die lang andauernde Prosperität einen überwältigenden Wahlsieg sicherte. In Amerika, so ließ er sich im Wahlkampf vernehmen, werde es bald keine Armut mehr geben.

Der Selfmademan Hoover, der sich aus bescheidenen Verhältnissen zum Millionär hochgearbeitet hatte, erwarb sein Vermögen im Bergbau in Australien und China. Er war ein erfolgreicher Manager und international gefragter Experte und besaß als Leiter humanitärer Aktionen im Ersten Weltkrieg in Belgien und Russland einen Ruf als Philanthrop und moderater Progressiver. Als aktiver, kompetenter, reformorientierter Konservativer war er die herausragende politische Gestalt in der Ära Coolidge gewesen. Er hatte sich für die informelle Zusammenarbeit von Unternehmen und Gewerkschaften eingesetzt und einen beeindruckenden Statistik- und Forschungsapparat aufgebaut. Dieser diente der besseren analytischen Durchdringung von Marktineffizienzen. Der Kapitalismus sollte krisensicher gemacht werden. Hoover wäre ein bedeutender Präsident geworden, hätte er nicht das Pech gehabt, zu Beginn der Großen Depression an der Spitze des Landes zu stehen.

Der Urknall ereignete sich in New York am »Schwarzen Donnerstag«, dem 24. Oktober 1929 – in Deutschland wird vom »Schwarzen Freitag« gesprochen, weil aufgrund der Zeitverschiebung die Berliner Börse erst am nächsten Tag kollabierte. In den folgenden Tagen gingen die Aktienpreise an der Wall Street dramatisch zurück. Am »Schwarzen Dienstag«, dem 29. Oktober 1929, suchten sechzehn Millionen Aktien innerhalb kürzester Zeit Käufer. Hoch verschuldete Investoren, die auf Kredit spekuliert hatten, sahen sich urplötzlich in tief roten Zahlen. Durch Panikverkäufe wurde der Papierwert der wichtigsten Aktien um mehr als ein Drittel reduziert. Dieser harsche und von den meisten völlig unerwartete Einbruch setzte einem beispiellosen Spekulationsfieber ein jähes Ende. Viele Händler standen mit leeren Händen da. Manche stürzten sich zu Tode; Ansammlungen Schaulustiger wurden von der Polizei auseinandergetrieben. Nur einige wenige hatten rechtzeitig auf fallende Märkte gesetzt und wurden nun reich.

Der Zusammenbruch der Börse setzte eine historisch beispiellose Abwärtsspirale in Gang, die im Kern erst von der Kriegsprosperität der 1940er Jahre überwunden wurde. Alle gängigen Indikatoren wiesen nach unten: Das reale Volkseinkommen fiel innerhalb eines Jahres von 104,4 Milliarden Dollar (1929) auf 95,1 (1930). An seinem Tiefpunkt 1933 erreichte es 74,2 Milliarden. In allen Staaten der Welt ging die Industrieproduktion stark zurück, aber nirgendwo so weit wie in den USA, wo die Produktion 1932 nur noch 55 Prozent der von 1929 betrug (in Deutschland 59 %; Frankreich mit 74 % und Großbritannien mit 89 % hielten sich relativ gut). Spiegelbildlich wuchs die Zahl der Arbeitslosen in ungeahnte Höhen. Sie erreichte 1930 8,9 % und 1933 25,2 % (37,6 % aller außerhalb der Landwirtschaft Beschäftigten). Fünfzehn Millionen Amerikaner – ein Viertel aller Beschäftigten – waren im Juli 1932 ohne Arbeit. Neuntausend Banken schlossen ihre Türen, mehr als hunderttausend Unternehmen machten Bankrott.

Die nackten Zahlen geben keinen annähernden Begriff von dem dahinterstehenden Leid. Zum Sinnbild der Depression wurde die *breadline*: Die langen Reihen wartender Männer (nur selten Frauen), die vor Suppenküchen anstanden oder die durch den Verkauf von Äpfeln versuchten, sich über Wasser zu halten. In einer Gesellschaft, in der sich persönlicher Status nach wirtschaftlichem Erfolg bemisst, in der Menschen noch puritanische Werte pflegten und Betteln Gefühle der Scham und der Schande regte, wollten vor allem Frauen ihre Armut nicht zeigen, sondern blieben lieber zu Hause: »Ich lebte in verschiedenen Städten viele Monate lang, ohne Hilfe, und doch zu scheu, um mich bei einer Suppenküche anzustellen«, erinnerte sich die Autorin Meridel Le Sueur: »Ich kannte viele Frauen, die so lebten wie ich, bis sie plötzlich ausgehungert auf der Straße umfielen; ohne ein Wort zu irgendjemanden zu sagen. Eine Frau wird sich so lange einschließen in ihrem Zimmer, bis es ihr weggenommen wird; sie wird jeden Tag einen Cracker essen und still sein wie eine Maus.«

Auch um zu überleben, gaukelten die Menschen sich und ihren Nachbarn einen normalen Alltag vor. Viele taten, als habe sich nichts geändert. Das war für Männer schwierig, die ihren Stolz aus ihrem beruflichen Erfolg als Ernährer der Familie bezogen. Frauen hingegen gewannen an Bedeutung und Selbstbewusstsein, da sie durch sparsames Wirtschaften die Familie über Wasser hielten oder sogar zur Ernährerin wurden, weil typische Frauenberufe nicht in der gleichen Weise von der Krise in Mitleidenschaft gezogen wurden. Statistisch gesehen nahm die Anzahl der berufstätigen, verheirateten Frauen auf fünfzig Prozent zu. Allerdings regte sich angesichts hoher Männerarbeitslosigkeit Widerstand gegen die Beschäftigung von Frauen. Noch deutlicher werden die sozialen Härten, wenn man die Geburtenrate betrachtet, die innerhalb von nur drei Jahren um 14 Prozent fiel, während die Anzahl der Eheschließungen von 10,14 auf tausend Personen auf 7,87 sank. Gleichzeitig nahm die Zahl der Abtreibungen zu, während Geburtenkontrolle bzw. die Weitergabe entsprechender Informationen erstmals zu einem akzeptablen Thema der Medizin wurde, über das öffentlich geschrieben und gesprochen werden konnte. Frauen sahen das nun in hohem Maße als existentiell für das eigene Überleben an, weil (zu viele) Kinder ein wichtiger Armutsgrund waren.

Was waren die tieferen Ursachen der Großen Depression? Die Meinungen gehen weit auseinander. Später wurden die Erklärungsansätze grob in zwei Denkschulen zusammengefasst: Die Keynesianer hoben auf die strukturellen Schwächen der Prosperität der 1920er Jahre ab, die nicht alle Sektoren gleichmäßig erfasst hatte. Die Landwirtschaft, aber auch die Textilindustrie und verschiedene Grundstoffindustrien wie der Bergbau hatten sich von der Nachkriegsdepression niemals erholt. Die Hochkonjunktur war hauptsächlich vom Automobilsektor und der Bauindustrie ausgegangen, die angesichts einer sich einstellenden Marktsättigung schon vor Oktober 1929 Rückgänge zu verzeichnen gehabt hatten. Hinzu kam die erwähnte wachsende Ungleichverteilung der Einkommen, die die Konsumentennachfrage bremste, weil die Löhne mit den Gewinnen nicht Schritt halten konnten. Drittens, dies betonen die Erklärungsansätze der Monetaristen, trug die Schwäche des schlecht regulierten Bankensektors zur Verschärfung der Krise bei. Durch eine restriktive Geldpolitik der Zentralbank wurde sie zusätzlich angeheizt. Viertens wirkten sich die weltwirtschaftlichen Ungleichgewichte aus, die die Stabilisierungspolitik der 1920er Jahre hinterlassen hatte und die sich durch eine Erhöhung der US-Zölle (*Smoot-Hawley Act*, 1930) noch verschlimmerte. Dass sich der Börsencrash – eine notwendig zyklische

Anpassung angesichts der Überspekulation – zur Großen Depression und Weltwirtschaftskrise vertiefte, hatte viel mit einem verkehrten Krisenmanagement der Regierungen in den USA und Europa zu tun, die ihr Heil in unorthodoxen Alleingängen suchten.

Hier war in erster Linie Hoover gefragt, dem es, obwohl er durchaus mit unkonventionellen Maßnahmen experimentierte und nicht ganz so hilflos handelte, wie lange Zeit behauptet worden ist, an psychologischem Geschick und Einfühlungsvermögen fehlte, um dem Volk wieder Vertrauen einzuflößen (wie es später Roosevelt tat). Seine Behauptung, dass es sich um eine zyklische Anpassungskrise handele, dass der Wirtschaftsaufschwung quasi um die Ecke wartete, wurde angesichts der unhaltbaren Zustände immer weniger geglaubt. Er setzte auf freiwillige Absprachen, die nichts mehr fruchteten. Erst spät begann er ein substantielles Arbeitsbeschaffungsprogramm aufzulegen. 1932 wurde die *Reconstruction Finance Corporation* (RFC) gegründet, die in Not geratene Banken unterstützte. Diese präzedenzlosen Schritte kamen zu spät. Hoover wurde zur Hassfigur, gegen die sich die Wut der Arbeitslosen auch persönlich richtete. Die einstige Symbolfigur der Prosperität wurde zum Sündenbock der Arbeitslosigkeit. Neue Begriffe wurden in das Vokabular aufgenommen: »Hoovervilles« (das heißt Slums), »Hoover flags« (nach außen gekehrte leere Hosentaschen) und »Hoover blankets« (Zeitungen, mit denen sich Obdachlose bedeckten). Als Hoover 1932 eine Armee hungernder Veteranen in Washington durch General Douglas MacArthur gewaltsam auseinandertreiben ließ, hatte er jeglichen Kredit verspielt. Angesichts abwiegelnder Interviews, in denen er zum Beispiel behauptete, niemand müsse in den USA verhungern (was offensichtlich unrichtig war), schien der Präsident den Kontakt zur Realität verloren zu haben.

New Deal und Zweiter Weltkrieg (1933–1945)

Franklin D. Roosevelt und der *New Deal*

Anders als in Deutschland und vielen kontinentaleuropäischen Ländern setzten sich in den USA keine autoritären Strategien zur Lösung der Weltwirtschaftskrise durch. Das hatte viel mit der politischen Kultur, dem Selbstverständnis und dem gewachsenen, in Krisen erprobten politischen System der USA zu tun; ein wenig aber auch mit dem Mann, der in den Wahlen 1932 eine glaubwürdige Alternative zu dem gescheiterten Hoover verkörperte: dem New Yorker Patrizier Franklin D. Roosevelt, der als der bedeutendste Präsident (1933–1945) des 20. Jahrhunderts in die Geschichte eingegangen ist. Dem Vorbild seines (republikanischen) Vetters Theodore nacheifernd, war er vom New Yorker Senat über das Amt des Assistant Secretary of the Navy unter Wilson zum Vizepräsidentschaftskandidaten in den für einen Demokraten chancenlosen Wahlen 1920 aufgestiegen. 1928 wurde er zum Gouverneur des Staates New York gewählt. Wie Wilson war er gemäßigter Progressiver; wie dieser liberaler Internationalist und Anhänger des Völkerbundes; wie Theodore Roosevelt glühender Navalist, der tatkräftig den Ausbau der US-Flotte zur weltweit größten vorantrieb. Eine persönliche Tragik überschattete seine Karriere, weil er sich im Sommer 1921 beim Baden eine seltene, der Kinderlähmung verwandte Erkrankung zuzog. Fortan war er an den Rollstuhl gefesselt.

Auf Roosevelt wurde das Bonmot gemünzt, er sei ein zweitklassiger Intellekt und ein erstklassiges Temperament gewesen. Das war nicht abwertend gemeint, denn seit Platons Zeiten haben meist nicht die großen Denker und Philosophen, sondern die großen Charaktere Weltgeschichte geschrieben. Roosevelts Charisma wurde durch unzählige

Fotografien geschickt eingefangen, auf denen sein Rollstuhl nie zu sehen war. Wie kein zweiter Politiker seiner Generation war er ein großer Kommunikator: Er verfügte brillant über das damals modernste Medium, das Radio, dessen Möglichkeiten er voll ausnutzte, als er als Präsident in seinen »Gesprächen am Kamin« (»fireside chats«) das Publikum ohne Umschweife unmittelbar persönlich in seinen Bann zu ziehen verstand. Hunderttausende antworteten in Briefen. Auch machte er sich die Journalisten zu Komplizen: Gegen alle bisherigen Gepflogenheiten lud er die Reporter direkt ins Oval Office ein; Fragen wurden nun spontan beantwortet, während sie bis dahin vorab schriftlich eingereicht worden waren.

1932 war Roosevelt von den Demokraten als Präsidentschaftskandidat nominiert worden. In seiner Dankesrede verwendete er eher beiläufig den aus der Pokersprache entlehnten Begriff, der dann für sein innenpolitisches Reformprogramm stand. Er versprach dem amerikanischen Volk einen Neuanfang: einen »new deal«. Was sich dahinter verbarg, wurde im Wahlkampf nicht deutlich. Ja, Roosevelt wirkte fast noch konservativer als Hoover, dessen vorsichtiges *deficit spending* er scharf angriff. Roosevelt konzentrierte sich darauf, die Fehler Hoovers anzuprangern und sich mit seiner tatkräftigen, selbstsicheren Persönlichkeit von seinem furchtsam wirkenden Gegner abzugrenzen. So bot er anfangs eher eine persönliche als eine programmatische Alternative, was sich nach seinem erdrutschartigen Wahlsieg (mit 22,8 gegenüber 15,7 Millionen Stimmen) auch in den ersten Maßnahmen der Regierung Roosevelt zeigte, vor allem dem konservativ gestrickten Bankengesetz (1933), das noch von der Regierung Hoover vorbereitet worden war.

Den Unterschied machte die Psychologie, die Fähigkeit Roosevelts, in Ansprachen an die Nation, in denen er mit seiner warmen Tenorstimme in Formulierungen wie »my fellow Americans« und »my friends« den unmittelbaren

Rapport zu den Hörern herstellte. Noch war das Radio neu: Aus unzähligen Briefen wird deutlich, dass die Menschen mit dem Präsidenten persönlich am Kamin zu sitzen glaubten. Es war, als würde er jedem Einzelnen persönlich ins Gewissen reden, Ruhe zu bewahren und nicht mit Panik zu reagieren. Mochte Roosevelt im Wahlkampf gegen den glücklosen Hoover auch relativ leichtes Spiel gehabt haben, so meisterte er die Herausforderung der Krise doch so überzeugend, dass er 1936 haushoch wiedergewählt und dann als Kriegspräsident noch zweimal 1940 und 1944 für präzedenzlose vier Amtszeiten bestätigt wurde. Das veranlasste den Kongress, mit dem 22. Verfassungszusatz (1951) die Möglichkeit der Wiederwahl zu begrenzen.

Zu Roosevelts Erfolg trug auch die Flut der Notstandsmaßnahmen bei, die sich in den ersten einhundert Tagen seiner Regierung aus dem Weißen Haus ergoss. Diese sollten, wie alle weiteren Aktionen des *New Deal*, das liberalkapitalistische System keineswegs sprengen. Vielmehr suchte der *New Deal*, das Vertrauen in Demokratie und Marktwirtschaft wiederherzustellen. Er zielte darauf ab, die privatwirtschaftliche Komponente zu kräftigen und krisensicher zu machen. So wurden die ein bedrohliches Ausmaß annehmenden Bankenpleiten durch den *Emergency Bank Act* und den kurz darauf folgenden *Glass-Steagall Act* (1933) eingedämmt, indem die Regierung durch die *Federal Deposit Insurance Corporation* (FDIC) die Guthaben von Kleinsparern bis zur Höhe von 2500 Dollar gegen einen Bankrott ihrer Hausbank versicherte. Die *Home Owners Loan Corporation* vergab Kredite an private Hausbesitzer, deren Eigentum wegen ausbleibender Zinszahlungen von den Gläubigern beschlagnahmt zu werden drohte. Ein Fünftel aller Hausbesitzer machte bis 1936 davon Gebrauch. Die *Federal Housing Administration* (FHA), deren Ursprünge ebenfalls auf Hoover zurückgehen, sicherte langfristige Kredite gegen Risiken ab, so dass die Bundesregierung unter dem *New Deal* eine dominierende Stellung im Hypothekengeschäft errang. Die der Börsenaufsicht dienende *Securities Exchange Commission* (SEC) brach das Informationsmonopol der großen Bankhäuser und beseitigte damit gravierende Missstände, die den Erdrutsch vom Oktober 1929 mit verursacht hatten.

Zu den viel öffentliches Aufsehen erregenden frühen Maßnahmen gehörte das *Civilian Conservation Corps* (CCC), das 250000 arbeitslose junge Männer von der Straße holte. Sie wurden in Nationalparks und Wäldern mit der Wiederaufforstung und Verbesserung der Infrastruktur beschäftigt, was Naturschützer durchaus nicht nur erfreute. Von langfristig enormer Bedeutung für die amerikanische Wirtschaft war der *Agricultural Adjustment Act* (AAA). Dieser hat in der Landwirtschaft ein nach wie vor existierendes groteskes Subventionsregime geschaffen – und eine entsprechende Lobby hochgezüchtet. Im Endeffekt profitierten vom AAA vor allem Großgrundbesitzer, während kleinere Bauern, im Süden vor allem schwarze Pächter, das Nachsehen hatten: Sie wurden von ihrem Land vertrieben. Ebenso ambivalent waren die Resultate der *National Recovery Administration* (NRA), die ebenfalls Hoovers Freiwilligkeitsprinzip verpflichtet blieb. Angelehnt an das War Industries Board des Ersten Weltkrieges sollten Unternehmen durch Verhaltensregeln (*codes*) auf einen fairen Wettbewerb verpflichtet und der ruinöse Teufelskreis fallender Preise und wachsender Arbeitslosigkeit durchbrochen werden. Vom Chef der NRA, General Hugh Johnson, wurde eine enorme Publizitätskampagne entfaltet. Die Menschen sollten nur dort kaufen, wo der blaue NRA-Adler prangte, der aus dem öffentlichen Raum bald nicht mehr wegzudenken war. Doch die NRA tat nur wenig, um die Massenkonsumtion zu stimulieren. Zum Glück für Roosevelt wurde sie 1935 vom Obersten Gerichtshof im Fall »Schechter gegen die Vereinigten Staaten« als mit der Verfassung unvereinbar erklärt.

Der *New Deal* hat die Arbeitslosigkeit nicht beseitigt. Mit Notstandsmaßnahmen wie der *Federal Emergency Relief Agency* (FERA), die unter ihrem Direktor Harry Hopkins in den ersten beiden Jahren des *New Deal* ein System der Arbeitslosenunterstützung schuf, und dann im Krisenwinter 1933/34 mit der *Civil Works Administration* (CWA), wurden Millionen vorübergehend in Lohn und Brot gebracht. Die *Public Works Administration* (PWA) unter Innenminister Harold Ickes hingegen schritt bedächtiger zur Tat und investierte viel Geld in die Verbesserung der Infrastruktur. Auch die *Tennessee Valley Authority* (TVA) leistete mit Dammbauten einen entscheidenden Beitrag zur Elektrifizierung des ländlichen Raums und zur Verbesserung der Lebensverhältnisse im Süden. Allen Notstandsarbeiten lag der Gedanke zugrunde, dass nicht einfach durch finanzielle Transfers geholfen werden sollte. »Nicht Almosen, sondern Arbeit« lautete die Devise, um dem Selbstbewusstsein der Menschen aufzuhelfen und sie mit Trainingsprogrammen für eine bessere Zukunft zu qualifizieren. Von dem enormen, vor allem auch psychologischen Erfolg dieses Ansatzes zeugen die 651 087 Meilen Straßen, 124 087 Brücken, 125 110 öffentlichen Gebäude, 8192 Parks und 853 Flugplätze, die allein durch die *Works Progress Administration* (WPA) unter Hopkins zwischen 1935 und 1943 von insgesamt 8,5 Millionen über kürzere oder längere Zeit beschäftigten Amerikanern gebaut wurden.

Es konnte nicht ausbleiben, dass ein derartiger Aktivismus der Bundesregierung, die unter Roosevelt mit Volldampf in das *relief business* einstieg, heftige Kritik von Gralshütern des *American way of Life* provozierte. Dabei kam der *New Deal* von zwei Seiten unter Beschuss: Zum einen von rechts, wo mit finanzieller Unterstützung der Industriellenfamilie DuPont im August 1934 die *American Liberty League* gegründet wurde. Von links traten populistische Kritiker, von denen einige merkwürdige, zum Teil sektenhafte Züge entwickelten, gegen die Regierung an. Einer dieser selbsternannten Wunderpropheten, der ein unschlagbares Patentrezept zur Lösung der Wirtschaftskrise gefunden zu haben glaubte, war der pensionierte kalifornische Arzt Francis Townsend, der allen Amerikanern über Sechzig einen Betrag von zweihundert Dollar pro Monat versprach, sofern sie dieses Geld zur Stimulierung der Nachfrage sofort ausgeben würden. Wie Pilze schossen »Townsend Clubs« aus dem Boden, die die kalifornische Kongressdelegation fast komplett unterwanderten. Mit Father Charles E. Coughlin erwuchs Roosevelt ein zweiter populistischer Kritiker, der als Radiopriester ein Millionenpublikum erreichte und dessen Anhängerschaft mit der katholischen unteren Mittelschicht ein kritisches Wählersegment betraf. Am bedrohlichsten aber war der Gouverneur und spätere Senator von Louisiana, Huey Long, dessen *Share Our Wealth Society* jedem Bürger das Doppelte des damaligen Durchschnittseinkommens in Aussicht stellte. Ein begnadeter Redner, erhielt der als »Kingfish« titulierte schillernde Politiker enormen Zuspruch und drohte, da er dem Südstaaten-Establishment entstammte, die Demokratische Partei zu spalten. Er wurde jedoch im September 1935 ermordet. Hingegen blieb die sich in intellektuellen Kreisen eines gewissen Zulaufs erfreuende Kommunistische Partei ein Fremdkörper. Verwurzelt in Immigrantenmilieus, schien sie nicht für die Realitäten der amerikanischen Politik gemacht, ebenso wenig übrigens wie der von Berlin aus gesteuerte faschistische »Bund der Freunde des Neuen Deutschlands«.

Diese populistischen Herausforderungen und der deutliche Linksrutsch im Kongress 1934 nötigten Roosevelt zu einem Kurswechsel, weshalb gerne von einem »zweiten *New Deal*« ab 1935 gesprochen wird. Dieser war weniger von vorübergehenden Notstandsmaßnahmen geprägt als von dem langfristigen Aufbau eines amerikanischen Wohlfahrtsstaats. Sicher, es hatte schon vor 1933 vor allem auf einzelstaatlicher Ebene und dank der Pensionen für die Veteranen des Bürgerkrieges und des Ersten Weltkrieges auch auf Bundesebene eine spezifisch amerikanische Variante der sozialen Fürsorge gegeben, die einen hohen Anteil der Bevölkerung erfasste. Doch mit dem *Social Security Act* (SSA) von 1935, der von einem Komitee unter der Leitung der Secretary of Labor Frances Perkins – der ersten Frau an der Spitze eines Regierungsressorts in den USA – erarbeitet worden war, wurde ein anteilig von Arbeitnehmern und Arbeitgebern finanziertes System von Renten und Arbeitslosenunterstützung geschaffen. Da nicht fest angestellte Personen nicht erfasst wurden, half der SSA gerade nicht den Bedürftigsten, sondern privilegierte die weiße Mittelschicht. Die ursprünglich ebenfalls vorgesehene nationale Krankenversicherung scheiterte und wurde erst in den 1960er Jahren unter Präsident Johnson durch eine Krankenversicherung für Alte und Bedürftige partiell ergänzt. Parallel erhielt mit dem *National Labor Relations Act* (NLRA) die Bundesregierung Kompetenzen zur Schlichtung von Arbeitskämpfen, was die Gewerkschaften stärkte.

Mit dieser relativ arbeitnehmerfreundlichen Politik, die der populistischen Revolte von links das Wasser abgrub, hatte Roosevelt die Grundlage für seinen überzeugenden Wahlsieg 1936 gelegt. Der selbst in überaus komfortablen Verhältnissen lebende Präsident war sich dabei nicht zu fein, mit harter klassenkämpferischer Rhetorik gegen seinen republikanischen Gegenkandidaten Alf Landon zu wettern und sich als Opfer einer Verschwörung der Reichen und Mächtigen darzustellen. Roosevelts Anhänger wussten, was sie ihrem Präsidenten verdankten: Er fuhr mit 60,8 gegen 36,5 Prozent den höchsten Wahlsieg seit 1820 ein. Mit dieser Richtungswahl wurde die Position der Demokraten als dominierende politische Kraft im Kongress bis fast ans Ende des Jahrhunderts zementiert.

Roosevelt hat eine neue, später nach ihm benannte,

wenn auch äußerst heterogene politische Koalition geschmiedet. Neben der traditionell demokratisch stimmenden Klientel wie städtischen Immigrantenschichten, Katholiken und vor allem dem solide demokratischen weißen Süden zählten nun auch die Farmer des Mittleren Westens, Juden und städtische Afroamerikaner im Norden, gewerkschaftstreue Arbeiter und tendenziell auch Frauen dazu. Die Afroamerikaner hatten schon 1932 der Partei Lincolns, der sie die Emanzipation verdankten, den Rücken gekehrt und stimmten nun für die Demokraten. Viele von ihnen waren in Arbeitsbeschaffungsmaßnahmen untergekommen, wenngleich der *New Deal* die Rassendiskriminierung keineswegs beseitigte – sondern diese im Süden sogar zum Teil noch verschärfte – und der um seine politische Mehrheit fürchtende Roosevelt den Anti-Lynch- und Anti-Diskriminierungs-Kampagnen der NAACP durchaus distanziert, teilweise ablehnend gegenüberstand. Hier bildete sich eine informelle Arbeitsteilung mit seiner Frau, First Lady Eleanor Roosevelt, heraus. Diese hielt den Kontakt zu führenden Afroamerikanern und band diese wichtige Gruppe mit symbolischer Politik an den Präsidenten.

Mit dem wichtigen Wahlsieg 1936 hatte der *New Deal* seinen Zenit überschritten. Zum Hauptproblem wurden nicht der Kongress und die außerparlamentarischen Kritiker, sondern der Oberste Gerichtshof. Dieser wurde von einer Majorität erzkonservativer Richter dominiert, darunter vier eingefleischte Gegner des *New Deal*, die zum Teil seit dreißig Jahren amtierten. Nachdem wichtige Reformprojekte für verfassungswidrig erklärt worden waren, beging Roosevelt den großen Fehler, den Supreme Court reformieren zu wollen. Er wollte für jeden Richter über Siebzig einen weiteren Richter ernennen (wobei die geheiligte Zahl Neun der Obersten Richter tatsächlich reines Gewohnheitsrecht ist). Dieser »court packing plan« weckte auch bei Roosevelts Anhängern Bedenken. Das althergebrachte System der *checks and balances* schien bedroht. Der Plan ging schief, aber die von Roosevelt so bekämpften Richter traten bald zurück. So konnte er zwischen 1937 und 1939 vier neue Richter ernennen. Die neue, liberale Mehrheit im Obersten Gericht war sehr viel offener gegenüber einer weiten Auslegung der Verfassung zugunsten der Kompetenzen der Bundesregierung und sollte die Rechtsprechung noch lange nach Roosevelts Abtritt prägen.

Indes war Roosevelt auch zu optimistisch geworden, was die Erholung der Wirtschaft betraf. Er hatte 1938 die Steuern erhöht und die Arbeitsbeschaffungsmaßnahmen beschnitten – weshalb die Wirtschaft auf den Stand von 1934 zurücksackte. Diese *Roosevelt Recession* zeigte, dass das Wachstum sich noch nicht selbst trug. Roosevelt war am Ende seiner Weisheiten angekommen. Dem *New Deal* ging der Dampf aus. Doch angesichts der bedrohlichen Entwicklung in den internationalen Beziehungen kam auf Roosevelt ohnehin eine neue Aufgabe zu: Aus »Dr. New Deal« wurde »Dr. Win the War«. Letzterer hat Ersterem mit der endgültigen Überwindung der Großen Depression geholfen. Daher wäre die Bilanz des *New Deal* negativ, würde die Wirtschaftsbelebung zum ausschließlichen Kriterium der Beurteilung gemacht. Doch das Hauptziel war nicht der Wirtschaftsaufschwung gewesen, sondern eine Strukturreform des Kapitalismus. Zugleich hatte der *New Deal*, anders als die mit diktatorischen Mitteln ermöglichte Wiederbelebung der Wirtschaft in Deutschland, die verfassungsmäßige Ordnung nicht durchbrochen, sondern die vom Kongress und Obersten Gerichtshof gesetzten Schranken akzeptiert. Freilich um den Preis eines enormen Wachstums der Bürokratie wurde das liberal-kapitalistische System durch den *New Deal* tatsächlich krisenfester gemacht. Mehr Stabilität hieß in der Summe, dass mehr Menschen an den Segnungen des amerikanischen Traumes teilhaben konnten.

Nach den kulturellen Aufbrüchen der 1920er Jahre atmeten die darauf folgenden anderthalb Krisenjahrzehnte nicht den gleichen experimentellen Geist. Sie waren auf (verhalten kritische) nationale Affirmation gerichtet. Sicher wuchsen unter einigen Schriftstellern und Künstlern in den frühen 1930er Jahren die Sympathien für den Kommunismus an, der als Partei mit Verbindungen bis in die Gewerkschaften dennoch eine Splittergruppe blieb. In Büchern wie John Dos Passos' *42nd Parallel* wurde grundsätzliche Kritik geübt. Charakteristischer aber waren Erzählungen wie die von John Steinbeck (*Grapes of Wrath*), der mit dem Schicksal der kleinen Leute sympathisierte – ohne sich dezidiert vom »American Creed« abzuwenden. Der wohl bedeutendste Schriftsteller der 1930er Jahre, William Faulkner, zog sich in übertragenem Sinne in seinem Roman *Absalom, Absalom!* in die kleinstädtische Welt vor dem Bürgerkrieg zurück. Eskapistische Stoffe und historische Romane wie Margaret Mitchells *Gone with the Wind* wurden große Publikumserfolge. Amerika suchte nach Orientierung in seiner Vergangenheit. In der Malerei dominierten denn auch Regionalisten und Realisten wie Thomas Hart Benton, der auf holzschnittartige Weise eine verlorene Welt »unmissverständlich amerikanisch« darstellte.

Diese Ende der 1930er Jahre stark ausgeprägte Kultur der nationalen Affirmation wurde vom *New Deal* mit eigenen Notstandsprojekten für Intellektuelle und Künstler gefördert, die auch der Pflege des Patrimoniums dienten. Das *Federal Writers' Project* hielt lokale Gebräuche und Traditionen fest. Es sicherte und katalogisierte Archivbestände. Das *Federal Art Project* für Künstler wandte sich bevorzugt historischen Stoffen zu. Mit Wandgemälden wurden Postfilialen, Gerichtsgebäude und andere öffentliche Einrichtungen ausstaffiert. Damit einher ging ein

Boom der Museen und ein wachsendes Interesse an der Volkskultur. Von der Rockefeller-Stiftung wurde Colonial Williamsburg restauriert, während Henry Ford mit Greenfield Village bei Detroit die amerikanische Vergangenheit der Farmer, Siedler und Handwerker rekonstruierte. Auch das *Federal Music Project*, das bis zu 15 000 Musiker beschäftigte, hob auf amerikanische Themen ab. Die Kompositionen beispielsweise von Aron Copland verarbeiteten Volkserzählungen aus dem Westen wie *Billy the Kid* (1938).

Der historisierende Blick, der eine als spezifisch amerikanisch wahrgenommene Erfahrung in Gegenwart und Vergangenheit zu dokumentieren suchte, ist auch der künstlerisch höchst innovativen Fotografie der 1930er Jahre eigentümlich. Diese verzichtete in der *straight photography* von Walker Evans bewusst auf an die Malerei angelehnte Stilmittel. Objekte wurden von Evans in der Frontalperspektive plastisch herausgearbeitet. Für diesen »amerikanischen«, realistischen, sachlichen Stil stand auch Dorothea Lange, die als Sozialfotografin für die *Farm Security Administration* mit Aufnahmen des ländlichen Amerika das Leiden der Menschen auf der untersten Stufe der Gesellschaft eindrücklich porträtierte. Mit der individuellen Leidens- und Überlebensfähigkeit wurde den Amerikanern zugleich die Stärke und die Güte ihrer Menschen vor Augen geführt. Das gilt auch für das Kino, das mit Klassikern wie *Mr. Smith Goes to Washington* (Frank Capra, 1939) zwar die Korruption der Eliten anprangerte, aber zugleich Wege zur Erneuerung der amerikanischen politischen Kultur aus dem Volk heraus zeichnete. Überhaupt war Hollywood, das 1930 am Rande des Bankrotts gestanden hatte, dann aber zu einer fabelhaften wirtschaftlichen Erfolgsgeschichte ansetzte, in den 1930er Jahren nicht auf Sozialkritik gestimmt. Vielmehr stellten die reißenden Anklang findenden Gangsterfilme und der sich langsam zu cineastischer Reife entwickelnde Western

(*Stagecoach*, John Ford, 1939) auf individuelle Selbsterneuerung, (oft gewalttätige) Problemlösungen und ein *happy end* ab.

Mit dieser bewussten Affirmation nationaler Einheit auf kultureller Ebene, die Roosevelt in der Politik auf seine Weise rhetorisch meisterhaft zum Ausdruck brachte, gingen massive soziale Konflikte und Umbrüche einher. Die Weltwirtschaftskrise und der *New Deal* waren das goldene Zeitalter der amerikanischen Gewerkschaften. Vor dem Hintergrund des gewerkschaftlichen Aktivismus spaltete sich die bisher Berufsgruppen repräsentierende American Federation of Labor (AFL) auf. Im November 1935 gründeten John L. Lewis von der Minenarbeitergewerkschaft und Sidney Hillman der die Textilarbeiter repräsentierte, das *Committee for Industrial Organization* (CIO), das Arbeiter im Unterschied zur AFL unabhängig von Qualifikation, Geschlecht und rassischer Zugehörigkeit nach Betrieben organisierte. So sollte eine geschlossene Front gegen die Arbeitgeber aufgestellt werden. Als besonders militant taten sich die Automobilarbeiter unter der Führung von Walter Reuther hervor, die 1936/37 in den Fabriken von General Motors in Flint (Michigan) mit Sitzstreiks (*sit-downs*) die Fließbänder lahmlegten. Um den Einsatz von Streikbrechern zu verhindern, wurden Betriebe von Ford und GM wochenlang besetzt. Es kam zu blutigen Auseinandersetzungen zwischen streikenden Arbeitern und Sicherheitskräften. Die Streiks, auch in der Stahlindustrie, hatten im Großen und Ganzen Erfolg. Die Gewerkschaften erhielten starken Zulauf. Im Laufe des Jahrzehnts verdreifachte sich ihre Mitgliederzahl auf neun Millionen.

Frauen spielten in Streiks eine wichtige Rolle. Sie blieben zwar den Sitzstreiks fern (um keine Gerüchte aufkommen zu lassen), blockierten aber von außen die Firmen, richteten Suppenküchen ein und demonstrierten vor öffentlichen Gebäuden. An der in der Krise allgemein angewachsenen Ablehnung der Frauenbeschäftigung änderte dies allerdings nichts. Nach einer Gallup-Umfrage von 1936 waren 82 Prozent aller Amerikaner (einschließlich der Frauen) der Ansicht, dass eine Frau nicht arbeiten solle, wenn ihr Mann Arbeit habe. Sie nähme sonst anderen Familienvätern die Arbeit weg. So waren die 1930er Jahre schlecht für die Frauenbewegung, deren Fürsprecherin in der Regierung, Eleanor Roosevelt, geschlechtsspezifisch diskriminierende Praktiken bei der Vergabe von Notstandsarbeiten nicht verhindern konnte. Paradoxerweise stellten sich unter ungünstigen Bedingungen reale Fortschritte in der Beschäftigung von Frauen ein, deren Anteil an der Arbeitnehmerschaft zwar nur langsam wuchs (was auch mit dem Gesamtrückgang der Arbeit zu tun hatte). Doch der Anteil der außerhalb des Haushalts lohnabhängig beschäftigten und verheirateten Frauen erhöhte sich zwischen 1930 und 1940 signifikant von 11,7 auf 15,6 Prozent. Unter dem Strich hat die Depression den säkularen Trend zur Berufstätigkeit von Frauen nicht gebremst, sondern verstärkt. Im Zweiten Weltkrieg sollte sich diese Entwicklung dann noch einmal erheblich beschleunigen.

Wie wirkte sich der *New Deal* auf die Afroamerikaner aus? Von der Weltwirtschaftskrise selbst waren diese mit am stärksten in Mitleidenschaft gezogen worden. Dennoch ebbte in den 1930er Jahren die Bürgerrechtsbewegung ab. Auch die meisten *New Deal*-Programme, etwa das CCC, behandelten Weiße und Schwarze unterschiedlich. Selbst die Gewerkschaften vertraten meist nicht die Belange ihrer schwarzen Kollegen. Dennoch profitierten Afroamerikaner von der Bekämpfung der Armut, da zum Beispiel die WPA viel Geld in afroamerikanische Siedlungsgebiete steckte. Diese staatliche Hilfe gewann der Demokratischen Partei ihre treuesten Anhänger. Ähnlich erging es den Indianern. Der *New Deal* beendete den Paternalismus der älteren Indianerpolitik. Den Indianern wurde Autonomie zugestanden (*Indian Reorganization*

Act, 1934). Auch kam es zu einem vom *Bureau of Indian Affairs* geförderten Wiederaufleben traditioneller Bräuche und Lebensweisen. Doch der Zwang, nach demokratischen Prinzipien Lokalregierungen zu wählen, stieß gerade bei indianischen Traditionalisten auf massiven Widerstand. Konfliktstoff boten auch die Dammbauprojekte und Umweltschutzmaßnahmen im Westen, die Landnutzungsrechte der Indianer beeinträchtigten.

Der *New Deal* hat das ländliche Amerika transformiert. Die Bundesregierung dämmte die Umweltzerstörung ein, die weite Teile des Mittleren Westens und Südwestens unfruchtbar gemacht hatte. Eine zu intensive Nutzung der landwirtschaftlichen Anbaufläche hatte den *Dust Bowl* entstehen lassen, ein riesiges Gebiet in Oklahoma und Texas, das zu versteppen und zu verwüsten drohte. Zwischen 1934 und 1936 gaben Zehntausende von Familien ihre Farmen auf. Diese *Okies* zogen nach Kalifornien, wo sie mit mexikanischen Wanderarbeitern um Arbeitsplätze in der Landwirtschaft konkurrierten und ähnlichen Diskriminierungen unterworfen waren. Dieser Exodus hat sich in den Foto-Ikonen von Dorothea Lange und dem Film *Grapes of Wrath* als Manifestation der Krise tief in das amerikanische Gedächtnis eingegraben. Von langfristig großer Tragweite war der Anschluss des platten Landes an die nationale Kultur, wie sie durch von privaten Gesellschaften bisher vermiedene Elektrifizierung des ländlichen Raums ermöglicht wurde. Hier griff die *Rural Electrification Administration* mit Krediten für Kooperativen ein. Der Anteil der Farmen mit Elektrizität stieg auf vierzig Prozent (1940) und schließlich auf neunzig Prozent (1950) an. Diese segensreiche Revolution des Alltags – wenn etwa das Wasser nicht mehr vom Brunnen geholt werden musste – betraf Millionen Menschen.

Ungeachtet der erschütternden menschlichen Einzelschicksale, des Elends, des Hungers und der Armut, welche die Weltwirtschaftskrise mit sich brachte, hat sich in den USA in den 1930er Jahren keine der den Hungerkatastrophen etwa in Irland im 19. Jahrhundert oder in der Sowjetunion in den frühen 1920er Jahren vergleichbare Entwicklung abgespielt. Sicher: Unterernährung war weit verbreitet. Trotzdem ging dank verbesserter medizinischer Versorgung, zu der der *New Deal* einen Beitrag leistete, etwa die Säuglingssterblichkeit zurück. Aufschlussreich als Indikator der Krise ist der relative Fall der Geburtenrate, die trotz einer gewachsenen Anzahl von Frauen im gebärfähigen Alter unter Zwanzig pro Tausend verharrte. Junge Paare stellten die Familiengründung zurück oder bekamen weniger Kinder. Dies und die restriktive Immigrationspolitik – die Einwanderung war niemals niedriger als in den 1930er Jahren – wirkte sich negativ auf das Bevölkerungswachstum aus. Auch die Urbanisierung wurde durch die Weltwirtschaftskrise gebremst, während die Westwanderung weiterging. Unterstützt von massiven Investitionen des Staates in die Infrastruktur verlagerte sich der Schwerpunkt der USA weiter nach Westen. Unter dem Strich verstärkten Weltwirtschaftskrise und *New Deal* säkulare Modernisierungstrends. Vieles, was in den auf kulturelles Experimentieren gepolten 1920er Jahren gedanklich entworfen worden war, brach nun gesellschaftlich durch.

Amerikanische Außenpolitik 1937–1945

Roosevelt hatte sich gemäß der alten Devise Lincolns, dass man stets nur *einen* Krieg führen (und gewinnen) kann, nach seiner Amtseinführung ganz auf die inneren Reformen konzentriert. Im Juni 1933 hatte er die Weltöffentlichkeit schockiert, als er durch einseitige Abwertung des Dollars die Pläne für eine Währungsstabilisierung torpedierte. Seine Versuche, die USA zum Beitritt zum Haager Internationalen Gerichtshof zu bewegen, scheiterten am Senat.

Die Mehrheit der Amerikaner war isolationistisch gestimmt. Sie wurden in dieser Haltung von Kräften wie Father Coughlin bestärkt. Genährt wurde diese Haltung auch durch langwierige Untersuchungen des »Nye-Committee« des Senats über die Rolle der »Todeshändler«, die das ahnungslose Volk aus Profitsucht zur Intervention 1917 verführt hätten. In einem Klima, in dem Bücher und Filme wie Hemingways *A Farewell to Arms* und *All Quiet on the Western Front* eine pazifistische Botschaft aussandten, hatte der Kongress in den Jahren 1935 bis 1937 eine Serie von Neutralitätsgesetzen erlassen, die unter anderem Kredite an kriegführende Nationen und das Reisen auf deren Schiffen verboten. Außenpolitisch konzentrierte sich Roosevelt daher auf die westliche Hemisphäre, wo er die von seinem Vorgänger eingeleitete »Good Neighbor Policy« fortsetzte, und, anders als seine großen Vorbilder Roosevelt und Wilson, auf Interventionen in Lateinamerika verzichtete. Die dort noch verbliebenen Besatzungstruppen wurden zurückgezogen.

Dem Präsidenten waren durch die Neutralitätsgesetze weitgehend die Hände gebunden, als sich Mitte der 1930er Jahre die weltpolitische Situation zuzuspitzen begann. Hinter vorgehaltener Hand, im privaten Kreis, hatte sich Roosevelt schon lange besorgt gezeigt. Doch erst am 5. Oktober 1937, während einer Rede in Chicago, stellte er die ideologische Distanz zwischen Amerika und den diktatorischen Mächten deutlicher heraus. Er forderte die Welt auf, die Rechtsbrecher wie Aussätzige in der Welt zu isolieren (»Quarantäne-Rede«). Die aggressive Reaktion der deutschen und italienischen Presse zeigte, dass er einen Nerv traf. Doch die nicht weniger ablehnende Meinung der isolationistischen Mehrheit im Kongress ließ Roosevelt von weiterem außenpolitischen Aktivismus vorerst Abstand nehmen. Ihm waren auch angesichts der Appeasement-Politik Frankreichs und Großbritanniens in der österreichischen »Anschluss«-Krise und beim Münchener

Abkommen die Hände gebunden. Nur vertraulich konnte er 1939 gegenüber der britischen Regierung erklären, dass sie im Falle eines Krieges mit der wirtschaftlichen Unterstützung der USA rechnen könne, im Falle einer deutschen Invasion auch mit einem militärischen Eingreifen. Ein Versuch, Frankreich leihweise Militärgerät zu überlassen, kam durch einen Flugzeugabsturz ans Licht und löste einen öffentlichen Eklat aus.

Die Jahre 1937 bis 1941 stellen einen entscheidenden Wendepunkt in der Geschichte der Vereinigten Staaten dar. Sie haben den Aufstieg zur Supermacht auch psychologisch vorbereitet. In der Auseinandersetzung zwischen Roosevelt und den Internationalisten einerseits und den Isolationisten andererseits, zu denen etwa der berühmte Atlantikflieger Charles Lindbergh gehörte, wurde um eine Neudefinition des außenpolitischen Interesses der USA gerungen. Mehrheitlich waren die Isolationisten keine Hitler-Freunde. Sie sympathisierten mit Frankreich und England. Sie stellten jedoch in Abrede, dass den Vereinigten Staaten Gefahr drohe, dass es Deutschland und Japan gelingen könne, die zwischen zwei Ozeanen sicher in der westlichen Hemisphäre ruhende, kontinentale Nation ernsthaft militärisch zu gefährden. Als daher Deutschland am 1. September 1939 Polen überfiel, konnte Roosevelt nur ein Waffenembargo verkünden und die Neutralität der USA erklären. Anders als Wilson 1917 forderte er seine Landsleute nicht dazu auf, in Gedanken und Taten neutral zu bleiben. Vielmehr sah er seine Politik einer moralischen Unterstützung der westlichen Alliierten als Garantie dafür, dass Amerika nicht in den Krieg hineingezogen würde. Als Schüler Wilsons verstand er Amerikas Rolle global: Handelspolitisch untergrub das Autarkiestreben der Achse Amerikas Prosperität; sicherheitspolitisch gerieten die USA angesichts der Ausweitung der territorialen Einflusssphären der Aggressoren in Gefahr; ideologisch hielt er die Freiheit für unteilbar in der Welt, stellte er ab auf den Konflikt zwischen Demokratie und Diktatur, zwischen Liberalismus und Autarkie, zwischen Humanität und Barbarei, zwischen der Freiheit der Völker und ihrer Kolonisierung und Unterdrückung.

Stück für Stück hat Roosevelt in den folgenden Jahren die USA an die Seite der Alliierten zu führen gesucht. Dabei blieben ihm Erfolge nicht versagt. Im Dezember 1940 erklärte er die USA zum »Arsenal der Demokratie«, nachdem er kurz zuvor mit der Metapher vom »Gartenschlauch« das Leih- und Pachtgesetz psychologisch gut vorbereitet hatte, das seit dem März 1941 die Lieferung von Kriegsmaterial vor allem an England erlaubte. In seiner *State of the Union Message* im Januar 1941 legte er seine Vision der »vier Freiheiten« als Grundlage einer neuen Weltordnung nach dem Sieg über die Diktaturen dar. Kurz danach landeten US-Truppen auf Island, um zu verhindern, dass die Deutschen sich dort festsetzten. Am 14. August 1941 schließlich demonstrierte Roosevelt hochoffiziell den Schulterschluss mit den Briten, als er sich mit Winston Churchill vor Neufundland traf. Die auf dem Deck eines Kriegsschiffes von beiden Staatsmännern unterzeichnete Atlantik-Charta sollte nach 1945 zum Grundgesetz einer neuen Weltordnung werden. Aufbauend auf Wilsons Vierzehn Punkten und dem Völkerbund, stellten Roosevelt und Churchill fest, keine territorialen Erwerbungen anzustreben, das Selbstbestimmungsrecht, die Freiheit der Meere und des Handels zu achten, die wirtschaftliche Zusammenarbeit zu intensivieren und für die Zeit nach dem Sieg über den Nationalsozialismus alle Völker zum Aufbau eines kollektiven Sicherheitssystems nach dem Vorbild des Völkerbundes aufzufordern. Formal noch neutral, hatten die USA ihre Übereinstimmung mit Großbritannien erklärt, dessen Kriegsziele gegenüber Deutschland sie grundsätzlich teilten.

Dennoch tat Roosevelt den entscheidenden Schritt nicht. Selbst als deutsche U-Boote im Oktober 1941 ein amerikanisches Schiff versenkten, suchte er nicht um eine Kriegserklärung nach. Seine Politik verhielt sich genau spiegelverkehrt zu der Wilsons: Er hatte von vornherein auf die Fiktion eine neutralen Haltung verzichtet. Aber anders als Wilson, der eine solche zunächst eingefordert hatte, konnte Roosevelt den angestrebten Kriegseintritt bis zuletzt nicht erreichen, weil ihm die innenpolitischen Voraussetzungen fehlten. Dieser Verlegenheit wurde er durch den japanischen Angriff auf Pearl Harbor am 7. Dezember 1941 enthoben. Dieser kam zwar für die USA an diesem Ort zu diesem Zeitpunkt unerwartet, war aber durchaus bewusst einkalkuliert worden. Der zweiten Verlegenheit, nun im Pazifik in einen Krieg verwickelt worden zu sein, während Deutschland als der gefährlichere Gegner seine Stellung in Europa ausbauen konnte, war Roosevelt ledig, als Adolf Hitler am 11. Dezember 1941 den USA den Krieg erklärte. Anders als in den Ersten sind die USA in den Zweiten Weltkrieg nicht von sich aus eingetreten – sie wurden angegriffen. Das »amerikanische Jahrhundert«, das der Journalist Henry R. Luce in seinem berühmten *Life*-Leitartikel im Februar 1941 wirkmächtig verkündete, entstand aus einer Defensivposition heraus – auch weil es in den USA bis zuletzt keinen Konsens über den Umgang mit der totalitären Herausforderung gab. Einmal angegriffen, hatte Roosevelt – anders als Wilson 1917 – die überwältigende Mehrheit des amerikanischen Volkes hinter sich. Vom Senat wurde die Kriegserklärung einstimmig ratifiziert, im Repräsentantenhaus stimmte nur eine Abgeordnete dagegen.

Auch im Zweiten Weltkrieg gab das enorme Potential der USA den Ausschlag. Die wirtschaftliche Mobilmachung, die schon vor dem Dezember 1941 eingeleitet worden war, lief auf Hochtouren. Der Krieg machte das keynesianische *deficit spending* akzeptabel, vor dem der *New Deal* noch zurückgeschreckt war. Innerhalb kürzester Zeit vervierfachte sich die Zahl der Mitarbeiter der Bundesregierung auf 3,8 Millionen, während sich der Haushalt verzehnfachte und die Schulden verfünffachten. Erneut setzten die USA nicht auf Dirigismus, sondern auf freiwillige Koordination der Privatwirtschaft. Unternehmerpersönlichkeiten wie Henry J. Kaiser wurden berühmt, weil sie die Prinzipien der Fließbandproduktion auf die Rüstung übertrugen. Kaisers »liberty ships« wurden zuletzt in 4 Tagen, 15 Stunden und 25 Minuten gebaut. Psychologisch wurde die Bevölkerung durch das *Office of War Information* mobilisiert. Hier stieg die Zelluloidbranche mit Filmen wie *The Confession of a Nazi Spy* voll in die Kriegführung ein. Wie der Erste brachte auch der Zweite Weltkrieg Verletzungen von Bürgerrechten mit sich, wenn auch in quantitativ geringerem Ausmaße. Zum Opfer der Kriegshysterie wurden nach dem Angriff auf Pearl Harbor japanischstämmige Amerikaner, die festgenommen und in Internierungslagern in unwirtlichen Gebieten des amerikanischen Westens jahrelang festgehalten wurden.

Anders als der Erste Weltkrieg war der Zweite noch nicht auf dem Höhepunkt, als die USA zum Kriegsteilnehmer wurden. Strategie und Taktik wurden daher stärker zwischen den alliierten Mächten koordiniert, wobei sich vor allem die USA und Großbritannien in der See- und Landkriegführung eng abstimmten. Im Verhältnis zu den Sowjets war das Misstrauen nach wie vor hoch, war doch die UdSSR erst 1933 von den USA diplomatisch anerkannt worden und die Erinnerung an den Hitler-Stalin-Pakt von 1939 noch frisch. Auch zwangen die 1941 katastrophale militärische Lage und eine gegenüber 1917 deutlich schlechtere Ausgangsposition die Verbündeten zur Kooperation. Die Sowjetunion hatte in Europa die Hauptlast des Landkrieges zu tragen und wurde zunächst nur durch Lieferungen von Kriegsmaterial unterstützt. Erst 1943 konnte im Atlantik gegenüber den deutschen U-Booten eine seestrategische Übermacht errungen werden und setzten rund um die Uhr die Bombardierungen deutscher Städte ein. Um die Jahreswende 1942/43 begannen Amerikaner und Briten mit ihrer Gegenoffensive zu Land im Süden, wo das deutsche Afrikakorps im Mai 1943 endgültig kapitulierte. Kurz danach kämpften sich die westlichen Alliierten von Sizilien aus langsam in Italien vor. Im Juni 1944 räumte die Wehrmacht Rom. In Frankreich wurde erst am 6. Juni 1944 (»D-Day«) die lange erwartete zweite Front mit der Invasion in der Normandie eröffnet. Im September 1944 erreichten US-Truppen in der Nähe von Aachen erstmals deutsches Gebiet; Anfang März 1945 überschritten sie den Rhein; am 7. Mai 1945 kapitulierte das Deutsche Reich im Westen, zwei Tage später gegenüber der Roten Armee. Schon zuvor war bei der Befreiung der ersten Konzentrationslager die NS-Vernichtungspolitik mit schrecklichen Bildern schockartig ins Bewusstsein der Weltöffentlichkeit gedrungen.

Weil die Verbündeten ihre Strategie auf eine vorrangige Niederringung Deutschlands abgestimmt hatten, zog sich der Krieg in Ostasien länger hin. Nachdem die Japaner nach ihrem Angriff auf Pearl Harbor ganz Ostasien überrollt hatten und General MacArthur nur mit knapper Not von den Philippinen entkommen war, wurde der japanische Vormarsch in der See- und Luftschlacht von Midway im Juni 1942 gestoppt. Die Gegenoffensive gestaltete sich als ein jahrelanges, verbissenes Ringen von Insel zu Insel (»Inselspringen«). Die Rückeroberung der Philippinen begann erst im Oktober 1944. Im März und April 1945 gelang es amerikanischen Marines, die vorgelagerten japanischen Inseln Okinawa und Iwo Jima unter erheblichen Verlusten unter ihre Kontrolle zu bringen, um Ausgangsbasen für einen Vormarsch auf Zentraljapan zu schaffen. Zwar war die militärische Situation der Japaner hoffnungslos geworden. Doch um eine blutige Invasion der japanischen Hauptinseln zu vermeiden, deren zu erwartende Opfer auf Millionen Soldaten und Zivilisten geschätzt wurden, gab Präsident Truman seine Zustimmung zum

Abwurf der ersten Atombomben auf Hiroshima und Nagasaki am 6. und 9. August 1945. Dieser Schritt galt militärisch als notwendig, ist aber historisch heftig umstritten und läutete das atomare Zeitalter ein. Nur wenige Wochen zuvor, am 16. Juli 1945, war nach drei Jahren Forschung und Entwicklung (unter erheblicher Beteiligung aus Europa geflüchteter Wissenschaftler) die erste erfolgreiche Zündung einer Atombombe in Alamogordo in New Mexico erfolgt. Nachdem die beiden Atombombenabwürfe auf Japan 100000 bzw. 60000 Opfer gefordert hatten, gab das Japanische Kaiserreich auf. Der Tenno wandte sich erstmals in einer Rundfunkansprache an sein Volk. Am 2. September 1945 fand an Bord des Schlachtschiffes »Missouri« mit der Unterzeichnung der Kapitulationsurkunde der letzte Akt des Zweiten Weltkrieges statt.

Auf die Nachkriegszeit hatten sich die USA von langer Hand vorbereitet. Viele Amerikaner akzeptierten, anders als 1919, eine Fortsetzung der Allianz nach dem Krieg. Die Erfahrung zweier desaströser Weltkriege rief nach einer neuen Ordnung der Welt – ohne traditionelle Mächterivalität. Der Internationalismus hatte sich durchgesetzt. Anders als 1918 war der Krieg entsprechend den Vereinbarungen der Konferenz von Casablanca (1943) bis zum bitteren Ende »bedingungsloser Kapitulation« durchgekämpft worden. Die uralten Ideale einer amerikanischen Friedensordnung sollten nun verwirklicht werden. Doch Roosevelt und seine Berater wussten, dass die liberalen Freiheitsrechte, das Selbstbestimmungsrecht und der Freihandel bei ihren Verbündeten in Ost und West nicht ungeteilte Zustimmung fanden. Wie Wilson hatte sich Roosevelt auf den Konferenzen der »Großen Drei« in Teheran (1943) und Jalta (1945) zu Zugeständnissen bereiterklärt. Dem Konzept der »Einen Welt« wurde in der Charta der Vereinten Nationen die Idee der »vier Weltpolizisten« an die Seite gestellt. Die UdSSR, Großbritannien und China wurden als Garanten der neuen Weltordnung ins Boot geholt. Auch wurde von Roosevelt das Sicherheitsbedürfnis der UdSSR grundsätzlich anerkannt. Tendenziell wurde eine sowjetische Hegemonie über Osteuropa akzeptiert. Wie Wilson hoffte Roosevelt, dass die Schwächen einer auf Revision angelegten, progressiven Friedensordnung im Laufe der Zeit würden behoben werden können.

Die USA und der Kalte Krieg (1945–1960)

Die Konfrontation der Supermächte

Die Stellung der USA in der Welt am Ende des Zweiten Weltkrieges war einzigartig. Sie hatten aus diesem Konflikt bei geringsten Kosten den größten Nutzen gezogen. Japan und Deutschland waren als Weltmächte ausgelöscht, ja hatten staatlich zu existieren aufgehört. Die amerikanischen Hauptalliierten Sowjetunion, China, Großbritannien und Frankreich waren ebenso ausgeblutet und zerstört wie die einstigen Gegner. Mit Ausnahme der UdSSR waren sie ohne amerikanische Unterstützung weltpolitisch objektiv handlungsunfähig. Auch hatte Amerika absolut und relativ erstaunlich geringfügige Verluste zu beklagen, vergleicht man die 400000 toten Soldaten und 700000 Verletzten mit den über 620000 toten Soldaten des Amerikanischen Bürgerkriegs, den fünfzehn Millionen toten Sowjetbürgern, sechs Millionen toten Polen, vier Millionen toten Deutschen und zwei Millionen toten Japanern. Insgesamt hatte der Zweite Weltkrieg sechzig Millionen Menschenleben gefordert unter Einschluss der sechs Millionen Opfer des Holocaust.

Anders auch als ihre Gegner und Verbündeten gingen die USA wirtschaftlich gestärkt aus diesem Ringen hervor. Sie waren mit der geringfügigen Ausnahme Hawaiis und der Aleuten weder Kriegsschauplatz noch Opfer von Bombenangriffen geworden. Ihre Infrastruktur war unzerstört, ja ausgebaut worden, die Ökonomie stand in voller Blüte, das amerikanische Volk erfreute sich des höchsten Lebensstandards der Welt. Angesichts des Ausfalls der anderen Länder entfielen mehr als fünfzig Prozent der Weltindustrieproduktion 1945 auf die USA (1953: 44,7 %). Amerika war Exporteur und Importeur Nummer Eins, es herrschte fast konkurrenzlos auf den Märkten. Es war mit der Konferenz von Bretton Woods (1944) noch während des Krieges Anker des Weltwirtschaftssystems geworden. Auch das politische System, die Verfassung von 1787, hatte den Zweiten Weltkrieg unbeeinträchtigt überstanden, keine einzige Wahl hatte kriegsbedingt ausfallen müssen. Ja, die triumphierende amerikanische Demokratie strahlte nun stark in die internationale Arena aus. Und militärisch konnte niemand den USA das Wasser reichen. Sie besaßen eine der größten Armeen der Welt – in der Ausrüstung war sie weltweit die beste – sowie die mächtigsten Luft- und Seeflotten. Als einzige waren sie im Besitz der Atombombe. 1945 erschien Amerika unangreifbar und völlig unangefochten. Vergleiche mit Rom oder dem Spanischen Weltreich wurden angestellt.

Der Zweite Weltkrieg hatte das außenpolitische Selbstverständnis der USA revolutioniert. Auf den verschiedenen Kriegsschauplätzen standen insgesamt 7,5 Millionen amerikanische Soldaten, die in einem ersten isolationistischen Reflex schnell heimgeholt werden sollten. Dennoch würde Amerika vor dem Hintergrund der Erfahrungen der Zwischenkriegszeit der Welt nicht erneut den Rücken kehren. Als intellektuelle Kraft hatte der Isolationismus vorerst ausgedient. Anders als 1919 standen die USA fest zu ihren internationalen Verpflichtungen. Anders als der Völkerbund wurden die Vereinten Nationen – auch wenn sich die in sie gesetzten Hoffnungen nie ganz erfüllten – von der Bevölkerung mehrheitlich begrüßt und vom Senat mit 89 zu 2 Stimmen überwältigend ratifiziert. Die globalisierte Variante des amerikanischen Traums fasste fest Fuß. Amerika wollte nicht mehr nur Vorbild wie in der Tradition von Washington und Jefferson sein, es wollte mit Wilson die Welt sicher für die Demokratie machen. Und es sollte sich dieser Aufgabe nach zwei Weltkriegen nun auch in diesem dritten, »kalten« Weltkrieg mit großer Energie und Zielstrebigkeit widmen.

Die Frage, ob der Ost-West-Konflikt hätte vermieden werden können, hat ganze Heerscharen von Historikern und Historikerinnen beschäftigt: Nach der Auffassung der »realistischen Schule« der amerikanischen Diplomatiegeschichte hatte er sich aufgrund der Neujustierung des Mächtegleichgewichtes und des Auftauchens der UdSSR als neuen Machtzentrums quasi zwangsläufig ergeben; nach Auffassung der »Revisionisten« war er letztlich dem amerikanischen wirtschaftlichen Expansionsstreben geschuldet; nach der der »Post-Revisionisten« waren die Ursachen in der Dynamik von Innen und Außen, der Psychologie der wechselseitigen Bedrohungsszenarien, der Konkurrenz der Ideologien mit universalem Anspruch sowie der »reaktiven Mechanik« der Bündnisverpflichtungen und Glaubwürdigkeitskomplexe beider Seiten zu suchen. Gegenüber diesen strukturellen Erklärungsansätzen greift es zu kurz, in dem plötzlichen Wechsel an der Spitze der amerikanischen Politik ein ausschlaggebendes Moment zu erblicken. Denn mit dem Ableben Roosevelts im April 1945 wurde mit Harry S. Truman ein Politiker Präsident (1945–1953), der als Mann aus der Provinz, überzeugter *New Dealer* und Senator von Missouri außenpolitisch wenig auf sein Amt vorbereitet war. Auch fühlte er sich im Unterschied zu seinem Vorgänger weniger stark persönlich zu einem guten Verhältnis zu Stalin und zur Sowjetunion verpflichtet. Doch ungeachtet dieser individuellen Unterschiede waren die Konfliktlinien im Verhältnis zu Moskau bereits im Krieg angelegt worden.

Schon auf der Konferenz von Jalta (4.–11. Februar 1945) hatte in den neuralgischen Punkten der Behandlung Deutschlands und Osteuropas kein Konsens erzielt werden können. Auf der Konferenz von San Francisco (25. April – 26. Juni 1945) hatte es scharfe Konflikte über die Abstimmungsmodalitäten in den Vereinten Nationen gegeben. Die abrupte Einstellung der amerikanischen Hilfslieferungen an die UdSSR am Tag des Kriegsendes in Europa war in Moskau als unfreundlicher Akt gewertet worden. Als schließlich Truman und Stalin auf der Potsdamer Konferenz (17. Juli – 2. August 1945) zusammentrafen, fühlte Ersterer sich in Bezug auf Polen und die deutschen Ostgrenzen hintergangen, während Letzterer sich in der Frage der Reparationen auf eine Teilung der Reparationsgebiete versteifte, was im Widerspruch zu der Formel stand, Deutschland als wirtschaftliche Einheit zu behandeln. Der in Potsdam auf Vorschlag Trumans geschaffene »Rat der Außenminister« der vier Siegermächte fuhr sich in einer Serie von Konflikten über den Balkan, den Nahen und Mittleren Osten und vor allem die Deutschlandfrage fest. Letztere entpuppte sich als das Kernproblem der Nachkriegsordnung. Das ultimative Scheitern der Zusammenarbeit der Siegermächte lässt sich an den Konferenzen von Moskau und London im März und Dezember 1947 festmachen. Konfrontiert mit mangelnder sowjetischer Kooperationsbereitschaft und den Kosten des Besatzungsregimes sowie aus Furcht vor einem sowjetisierten Gesamtdeutschland stellten Amerikaner und Briten auf die Gründung des bundesdeutschen Weststaates um (Londoner Empfehlungen Juni 1948).

Um diese Zeit hatte sich in den Washingtoner Beraterstäben das Umdenken längst vollzogen. Eine wichtige Rolle spielte das »lange Telegramm« des US-Geschäftsträgers in Moskau, George F. Kennan, vom Februar 1946 (dessen Essenz als »Mister-X-Artikel« in der Zeitschrift *Foreign Affairs* publiziert wurde). Darin wurde vor einem tief in der russischen Seele wurzelnden Bedrohungsgefühl gewarnt, das die eigentliche Ursache des sowjetischen Expansionsstrebens sei. Da die UdSSR nur auf die Sprache der Macht höre, müsse sich Amerika ihr entschieden und fest entgegenstellen. Hier liegen die Ursprünge der Doktrin der Eindämmung (*containment*), die sich angesichts der Erfahrungen der Zwischenkriegszeit – der Lehren vor allem, die man aus dem Appeasement gegenüber Hitler und aus der Münchener Konferenz von 1938 zu ziehen glaubte – in den Köpfen festzusetzen begann. Eine wichtige Rolle spielte dabei Winston Churchills Rede in Fulton (Missouri) 1946, in der er erstmals von einem »Eisernen Vorhang« sprach. Deutlich wurde der Politikwechsel nach außen mit der Truman-Doktrin, die der Präsident am 12. März 1947 verkündete. Mit Blick auf die öffentliche Wahrnehmung ließ er es nicht dabei bewenden, dem Kongress die finanzielle Unterstützung der Türkei und Griechenlands in ihrem Kampf gegen kommunistische Aufständische mit machtpolitischen oder strategischen Argumenten schmackhaft zu machen. Vielmehr hob er auf Empfehlung seiner Berater auf einen Kampf zwischen Freiheit und Tyrannei ab. Der Kongress fand sich hilfsbereiter, sofern die USA aus einem universalen Impuls zur Unterstützung freier Völker handelten.

Über den Marshall-Plan, die westdeutsche Währungsreform und die Gründung der Bundesrepublik Deutschland 1949 auf westlicher Seite, die ungarischen Wahlen 1947, den kommunistischen Coup in Prag 1948 und die Berlin-Blockade 1948, auf die der Westen mit der emotional hoch berührenden Luftbrücke reagierte, schaukelten sich die Gegensätze hoch. Die Gründung der NATO im April 1949 schien durch den »Fall Chinas«, wo Mao Tse-tung die Macht von der korrupten Nationalregierung unter Tschiang Kai-schek eroberte, nachträglich mehr als gerechtfertigt zu werden. Dies und der Ausbruch von Feindseligkeiten in Korea, wo nordkoreanische Truppen

Die Welt im Ost-West-Konflikt nach 1949
San Francisco
1. US-Flotte
ALASKA
VEREINIGTE
STAATEN
KANADA
Nordpol
KUBA
Washington
GRÖNLAND
(DÄN.)
2. US-Flotte
ISLAND
Atlantik
NORWEGEN
1000 km
GB
F
SP
P
USA und Verbündete
Sowjetunion und Verbündete
Kommunistische Staaten in Asien
Konflikte im Kalten Krieg
Strategische US-Flotten

Pazifik
JAPAN
Tokio
7. US-Flotte
PHILIPPINEN
SÜD-
KOREA
NORD-
TAIWAN
Peking
SÜD-
VIETNAM
NORD-
MON-
GOLEI
CHINA
TAILAND
BIRMA
SOWJETUNION
Delhi
FINNLAND
AFGHANISTAN
INDIEN
SCHWEDEN
Moskau
PAKISTAN
R
POL
IRAN
RUM
U
Teheran
TÜRKEI
JUG
BUL
IRAK
I
SAUDI-
ARABIEN
GR
Indischer
Ozean
6. US-Flotte
Kairo
ÄGYPTEN

im Juni 1950 den 38. Breitengrad überschritten, schockierten Amerika. Der Beweis für eine aggressive sowjetische Haltung schien unwiderleglich erbracht. Der NATO wurden vergleichbare verstrickende Bündnisse in Ostasien an die Seite gestellt, wo die USA gegenüber Japan von einer Politik der Bestrafung und Demokratisierung zur privilegierten Partnerschaft übergingen. Ähnlich setzten sie sich für eine Wiederbewaffnung Deutschlands ein, das nach dem Scheitern der Europäischen Verteidigungsgemeinschaft (EVG) 1955 in die NATO aufgenommen wurde und so der sowjetischen Bedrohung seine partielle Souveränität verdankte. In atemberaubender Umkehrung aller bisherigen Wertungen waren aus Hauptfeinden wichtige Verbündete geworden, während die ehemaligen Verbündeten Sowjetunion und China nun als neue Hauptfeinde der USA firmierten.

Die außenpolitische Eskalation hatte tiefe Auswirkungen auf Politik und Gesellschaft. Zum einen verschob sich die Machtbalance weiter vom Kapitol zum Weißen Haus, wo die »imperiale Präsidentschaft« zwischen 1941 und 1968 ihren Höhepunkt erreichte. Die Reaktionen auf die sowjetische Herausforderung, die sich mit dem Zünden der sowjetischen Atombombe (1949), der Niederschlagung des Ost-Berliner Arbeiteraufstands am 17. Juni 1953 und des ungarischen Aufstandes 1956, dem »Sputnik-Schock« (1957) und der Kuba-Krise (1962) aus amerikanischer Sicht sukzessiv verstärkte, ließen den nationalen Sicherheitsstaat krebsartig wuchern. Dieser bedrohte immer wieder jene Freiheiten, für die Amerika unter erheblichen Opfern kämpfte. Dass sich die USA zum »Kasernenstaat« (»garrison state«) hochrüsteten, schien inneramerikanischen Kritikern der Regierungen Truman und Eisenhower in höchstem Maße bedenklich. Auch in den folgenden Jahrzehnten fand sich Amerika in einer permanenten Debatte über seine außenpolitischen Zielvorstellungen, wie sie das Land 1898, 1919 und dann zwischen 1937 und

1941 in Atem gehalten hatten. Andererseits blieben die USA ungeachtet eines kurzen Aufbäumens des Isolationismus im Gefolge des Vietnamkriegs und dann auch in den 1990er Jahren hochgradig einer internationalistischen Politik verpflichtet, die in der Phase von 1945 bis 1990 stark multilateral ausgerichtet war.

Truman war dieser Politik des permanenten Ausnahmezustandes anfangs skeptisch begegnet, hatte sich dann aber doch zielstrebig an den Aufbau eines zivil-militärischen Apparates gemacht. Dieser wurde mit der Unterzeichnung des nationalen Sicherheitsmemorandums *NSC-68* ideologisch auf eine klare Frontstellung justiert. Schon zuvor waren mit dem *National Security Act* (1947) ein integriertes Verteidigungsministerium und der Nationale Sicherheitsrat geschaffen worden. Nachdem die USA noch kurz zuvor das *Office of Strategic Services* (OSS) aufgelöst hatten, entstand mit der *Central Intelligence Agency* (CIA) ein neuer Auslandsgeheimdienst, der neben dem traditionellen Instrument der Diplomatie, dem Department of State, dem Militär und dem *National Security Council* (NSC) zu einer weiteren außenpolitischen Bürokratie heranwuchs. Diese starke Betonung geheimdienstlicher Mittel brach mit der Tradition. Der Kult der Sicherheit, mit immer neuen und aufwendigeren Instrumenten, immer neuen, teureren und »intelligenteren« Waffen, wurde dauerhaft. Er verschwand auch nach dem Ende des Kalten Krieges nicht mehr aus der politischen Landschaft der USA. Zu groß sind die Verknüpfungen dieser Bürokratien mit dem Industriell-Militärischen Komplex geworden (vor dem Eisenhower warnte), mit einflussreichen Lobbys bis hin zu den Millionen Amerikanern, die als Soldaten, Veteranen und Beschäftigte in der Rüstungsindustrie mit ihrem Lebensunterhalt unmittelbar vom nationalen Sicherheitsstaat abhängig sind.

Erneut wurden Volk und Heimat ideologisch mobil gemacht. Wie nach dem Ersten Weltkrieg spielte sich in den

USA ein »Red Scare« ab. Schon 1938 war ein Ausschuss des Repräsentantenhauses gegründet worden, das *House Un-American Activities Committee* (HUAC), damals noch, um subversive Aktionen amerikanischer Nazis zu konterkarieren. Dieser wurde 1947 wiederbelebt. Seine Aktivitäten richteten sich zunächst gegen die Medien. Nicht aussagewillige Zeugen wurden von Persönlichkeiten wie Ronald Reagan unter Druck gesetzt, der als Vorsitzender einer Schauspielergewerkschaft bereitwillig erklärte, dass Hollywood kommunistisch unterwandert sei. Weil Truman Kritik von rechts fürchtete, spielte er die antikommunistische Hysterie hoch, setzte Ausschüsse zur Überprüfung der Loyalität von Mitarbeitern der Regierung ein und ließ das FBI unter J. Edgar Hoover gewähren, das eine Atmosphäre des Misstrauens und der Kommunistenfurcht schuf. So wurde 1950 der *McCarran Internal Security Act* verabschiedet, der die Rüstungsindustrie von Kommunisten säuberte. In Hollywood wurden derweil Persönlichkeiten mit zweifelhafter »unamerikanischer« Vergangenheit (zu denen unter anderem Charlie Chaplin gehörte) mit Hilfe »schwarzer Listen« an den Pranger gestellt.

Einen Höhepunkt erreichte die Kommunistenjagd, als der republikanische Senator Joseph R. McCarthy aus Wisconsin den Antikommunismus als Wahlkampfthema entdeckte. Einem provinziellen Milieu entstammend, richtete sich sein Hass weniger gegen einfache Kommunisten und Arbeiter als besonders gegen »die flotten jungen Männer, die mit Silberlöffeln im Mund auf die Welt kommen«, vor allem Mitarbeiter des Auswärtigen Amtes, von denen er 250 namhaft machte. Zwar konnte er die Anschuldigungen nie belegen, dennoch brachte er ein Ressentiment gegen das elitäre Washington wirkmächtig zum Ausdruck. Vier Jahre lang versetzte er den Senat in Angst und Schrecken. Er wusste wie kein zweiter auf der antikommunistischen Klaviatur zu spielen, zumal die Prozesse gegen

Kommunisten wie Alger Hiss und die 1953 hingerichteten Julius und Ethel Rosenberg, die – wie nach dem Ende des Kalten Krieges zweifelsfrei festgestellt werden konnte – tatsächlich atomare Geheimnisse verraten hatten, seinen Anschuldigungen Glaubwürdigkeit verliehen. Erst als McCarthy 1954 eine Untersuchung gegen die Armee anzettelte und seine rüden Verhörmethoden im Fernsehen öffentlich wurden, hatte er den Bogen überspannt. Seine Kollegen im Senat sprachen eine förmliche Rüge aus (erst das vierte Mal in der Geschichte der USA). Drei Jahre später starb der vom Alkohol gezeichnete McCarthy im Alter von 48 Jahren. Er blieb für immer ein Symbol der untergründigen, ja zerstörerischen Möglichkeiten der Intoleranz und Bigotterie, die der modernen Demokratie innewohnen – und über die etwa Richard Hofstadter in *The Paranoid Style in American Politics* (1964) reflektiert.

Innenpolitik im Zeichen der Normalisierung

Im Unterschied zu seiner im Rückblick meist positiv bewerteten Außenpolitik war Trumans innenpolitisches Wirken von dramatischen Fehlschlägen überschattet. Zunächst brachte die Umstellung von der Kriegs- auf die Friedenswirtschaft reichlich sozialen Konfliktstoff mit sich, der aufgrund der von Kongress und Präsident gewollten raschen Demobilisierung noch verschärft wurde. Truman versuchte mit seiner *Economic Bill of Rights* (1946) kriegsbedingte Wirtschaftskontrollen dauerhaft zu machen. Dies wie die entsprechenden Maßnahmen seiner zweiten Amtszeit, der *Fair Deal*, unter anderem das Projekt einer nationalen Krankenversicherung und die Einführung von Preiskontrollen angesichts einer galoppierenden Inflation, scheiterten am Widerstand des Kongresses, der 1946 vorübergehend republikanisch kontrolliert wurde. Überschattet wurde Trumans erratische Innenpolitik von einer Streikwelle im Herbst und Frühjahr 1945/46. Der Präsident ließ schließlich Bergwerke besetzen, wo die Minenarbeiter unter John L. Lewis die Produktion lahmgelegt hatten. Auch seine Versuche, den Kampf um die Bürgerrechte aufzunehmen, fruchteten mit einer signifikanten Ausnahme nicht: Die Abschaffung der Segregation in der Armee wurde von Truman im Juli 1948 dekretiert. Das Militär hat seither eine Vorreiterrolle beim Abbau von Rassenschranken gespielt.

Ungeachtet der politisch wenig glanzvollen Bilanz seiner ersten Amtszeit sprach für Truman die Wirtschaftsentwicklung: Die befürchtete Nachkriegsdepression blieb aus. Die Wirtschaft setzte zur größten Expansionsphase ihrer Geschichte an, mit zweistelligen Zuwachsraten und einem starken Bevölkerungswachstum. So konnte Truman, obwohl ihn die meisten Kommentatoren bereits abgeschrieben hatten, den von seiner Seite mit harten Bandagen gefochtenen Wahlkampf 1948 überraschend zu seinen Gunsten entscheiden (während Schlagzeilen am Tag nach der Wahl schon den Sieg seines Gegners Thomas E. Dewey verkündeten). Dennoch: Nach einem Vierteljahrhundert immer neuer Krisen und Katastrophen sehnte sich das amerikanische Volk nach Normalisierung und Stabilität. Die Demokraten als traditionelle Kriegs- und Reformpartei taten sich daher schwer. Im November 1952 schickte Amerika den Kandidaten der Republikaner, den populären Kriegshelden und NATO-Oberkommandierenden Dwight D. Eisenhower, mit 55 Prozent ins Weiße Haus. Wie der Wahlkampf-Slogan »I like Ike« ausdrückt, schien der General das Volk mit sich selbst zu versöhnen, wobei ihm sein Status als politischer Amateur zum Vorteil gereichte. Gleichzeitig war, um die politischen Ressentiments des McCarthyismus zu kanalisieren, mit dem kalifornischen Kongressabgeordneten Richard M. Nixon ein reinrassiger Antikommunist als Vizepräsident gewählt worden.

Unter Eisenhower setzte sich der Ausbau des nationalen Sicherheitsstaates fort und erhöhten sich die außenpolitischen Engagements. Diese Politik stützte sich auf einen breiten Konsens gerade auch unter liberalen Intellektuellen. Im Inneren fuhr Eisenhower im Zeichen eines »modernen Republikanismus« und »dynamischen Konservatismus« gleichfalls einen moderaten Mittelkurs: Das heißt, es gab weniger Eingriffe der Bundesregierung in die Wirtschaft und eine gewisse Rückkehr zum Instrument der Regulierung durch Entflechtung und Zerschlagung von Trusts. Auch trat er für Privatisierung (zum Beispiel von Ölvorkommen) und Dezentralisierung ein. Zugleich aber setzte die Regierung Eisenhower die in der weißen Mittelklasse populären wohlfahrtsstaatlichen Programme des *New Deal* fort. Sie sorgte für eine Ausweitung der Arbeitslosenunterstützung und der Sozialversicherung und trat für eine Anhebung der Mindestlöhne ein. Einen von konservativen Gruppierungen sogar bekämpften Akzent setzte er in Zusammenarbeit mit dem wieder demokratisch kontrollierten Kongress mit dem Ausbau der Verkehrssysteme: So wurde der St.-Lorenz-Seeweg von den Großen Seen an den Atlantik gebaut und mit dem *Interstate Highway Act* (1956) ein nationales Netz von Autobahnen geschaffen, das, vergleichbar mit dem Bau der Eisenbahnen im 19. Jahrhundert, Kommunikation und Handel revolutionieren sollte.

Der Kalte Krieg und die Prosperität der 1950er Jahre verliehen dem Bürgerrechtskampf einen neuen Impuls. 1944 hatte der schwedische Ökonom Gunnar Myrdal in seinem Buch *An American Dilemma* nachdrücklich an diese Achillesferse der amerikanischen Demokratie erinnert. Dies betraf nicht nur die Afroamerikaner (mit etwa zehn Prozent der Bevölkerung) sondern auch andere Minoritäten. Am offensichtlichsten aber war die staatlich legitimierte Segregation im Süden der USA, was Amerika in seinem globalen Freiheitskampf zunehmend unglaubwürdig machte. Eingeschlossen in das verfassungsrechtliche Problem war eine soziale Problematik: Die Anzahl der Familien, die unter der Armutsgrenze lebten – nach damaliger Definition eine vierköpfige Familie mit einem Jahreseinkommen von weniger als dreitausend Dollar –, sank zwar von 34 Prozent (1947) auf 22 Prozent (1960). Das heißt umgekehrt, dass ein Fünftel der Nation offiziell als »arm« klassifiziert wurde. Nur ein Drittel der Armen lebte in strukturschwachen ländlichen Gebieten wie den Appalachen, der Rest in den Innenstädten, das heißt, sie waren überwiegend Afroamerikaner oder gehörten ethnischen Minoritäten an (vor allem Latinos). Die *inner city* wurde zum Synonym für »schwarze Armut«, zumal sich in der Hauptstadt Washington, die mit über das höchste Pro-Kopf-Einkommen der USA verfügte, die Slumgebiete in unmittelbarer Sichtweite des Kapitols dehnten.

In ihrem organisatorischen Kern ging die Bürgerrechtsbewegung in das erste Jahrzehnt des 20. Jahrhunderts zurück. Doch erst in den 1950er Jahren errang die NAACP nach jahrelangem Kampf vor Gericht die ersten Durchbrüche. 1954 hob der Oberste Gerichtshof die Doktrin des »separate but equal« in dem Urteil in der Sache »Brown gegen Topeka Board of Education« auf. Einer schwarzen Schülerin wurde Recht gegeben, deren Vater mit Hilfe der NAACP und deren Rechtsanwalts Thurgood Marshall – des später ersten Afroamerikaners im Obersten Gericht – gegen die Schulbehörde von Topeka im Staat Kansas geklagt hatte. Sie hatte mehrere Meilen Schulweg auf sich nehmen müssen, um zu ihrer segregierten »schwarzen« Schule zu gelangen, obwohl es in unmittelbarer Nähe ihres Hauses eine »weiße« Schule gab. Am 1. Dezember 1955 weigerte sich Rosa Parks, eine Näherin und aktives Mitglied der NAACP, in Montgomery (Alabama) ihren Platz in der weißen Sektion eines Busses zu räumen. Sie wurde verhaftet. Aus Protest wurde ein Busboykott organisiert. 381 Tage lang gingen viele Afroamerikaner der Stadt zu Fuß zur Arbeit oder organisierten Mitfahrgelegenheiten, bis ein Urteil des Obersten Gerichtshofes die Stadt zur Desegregation des Bussystems zwang. Als einer der Anführer des Boykotts erlangte ein junger Baptistenpriester erstmals Prominenz, der 27-jährige Theologe Martin Luther King, Jr. Diese Urteile lösten im Kongress starke Empörung unter den Abgeordneten der Südstaaten aus, die dem Gericht Einmischung in einzelstaatliche Angelegenheiten vorwarfen. Im Süden formierte sich in der weißen Bevölkerung eine gewalttätige Gegenbewegung, gegen die sich einige Schwarze ebenfalls mit Waffengewalt verteidigten. Zum Teil herrschten bürgerkriegsähnliche Zustände. Wie wenig die meisten Südstaaten-Politiker sich an die Rechtsprechung zu halten beabsichtigten, wurde im Herbst 1957 deutlich: Ein zögerlicher Eisenhower setzte gegen den Widerstand des Gouverneurs von Arkansas Bundestruppen ein, um die Aufnahme afroamerikanischer Schüler in die Central High School in Little Rock zu ermöglichen. Im folgenden Jahr blieben alle Schulen in Arkansas geschlossen, um eine erzwungene Integration abzuwenden. Erst 1959 wurden sie wieder geöffnet, nicht ohne dass es zu weiteren Gewalttätigkeiten gekommen wäre.

Obwohl die Bürgerrechtsbewegung in den 1950er Jahren Fortschritte hatte erzielen können und mit der von King organisierten *Southern Christian Leadership Conference* (1956), die von ihm auf die Philosophie des gewaltfreien, zivilen Widerstandes in der Nachfolge von Gandhi und Thoreau festgelegt worden war, eine wirksame politische Lobby erhielt, war Amerika am Ende der Ära Eisenhower weit von einem Durchbruch in der Frage der Gleichstellung rassischer Minoritäten entfernt. 1960 trat der Bürgerrechtskampf in eine neue Phase, als vier schwarze Studenten in einem Restaurant in Greensboro (North Carolina) an einer für Weiße vorbehaltenen Theke bedient zu werden wünschten. Dieser »sit-in« machte

Schule und wurde auf zahlreiche andere Städte und Institutionen ausgedehnt. In segregierten Kirchen wurden »knee-ins« veranstaltet, »sleep-ins« in Motels, »wade-ins« an getrennten Badestränden, »watch-ins« in Kinos usw. Die Avantgarde dieser neuen Protesttaktiken waren die Studenten des 1960 gegründeten *Student Non-Violent Coordinating Committee* (SNCC), das ältere Organisationen wie den 1942 gegründeten *Congress for Racial Equality* (CORE) motivierte, zu aggressiveren nicht-gewalttätigen Taktiken überzugehen. CORE organisierte Fahrten in Überlandbussen durch den Süden (»freedom rides«, 1961), die auf das Fortdauern der Rassentrennung aufmerksam machten. Das provozierte gewalttätige Reaktionen, die im Abfackeln eines Busses im Mai 1961 und der Ermordung von Aktivisten kulminierten.

Der Durchbruch zur Konsumgesellschaft

Die Mitte der 1950er Jahre deutlicher vernehmbar werdenden Forderungen nach Verwirklichung individueller und sozialer Freiheits- und Gleichheitsrechte setzten vor dem Hintergrund des großflächigen Durchbruchs einer neuen Gesellschaft ein, die zentral durch Massenkultur und Massenkonsum charakterisiert ist. Ermöglicht wurde diese neue Gesellschaft, die in den 1920er Jahren erahnt und geistig vorbereitet worden war, durch Wachstum: Wachstum der Bevölkerung von 131 (1940) auf 179 Millionen (1960), wobei die 1950er Jahre allein einen Zuwachs von 18,5 Prozent erlebten und die Einwanderung sich von 2,5 Millionen in den 1950er Jahren auf 3,3 Millionen in den 1960er Jahren steigerte; Wachstum der Wirtschaft: das Bruttosozialprodukt verfünffachte sich von 1940 bis 1960 von 100 auf 506 Milliarden Dollar, um sich in der nächsten Dekade erneut zu verdoppeln; Wachstum der Produktivität der Arbeit, die sich dank neuer Technologien – wie die eine Schlüsselrolle erlangende elektronische Datenverarbeitung – Dekade um Dekade verdoppelte; Wachstum des Automobilbestandes von 27 (1940) auf 89 Millionen (1970); Wachstum der urbanen Regionen, wo 1940 noch 56 Prozent und 1970 bereits 73 Prozent der Bevölkerung vorzugsweise in den Vorstädten lebten; Wachstum der Lebenserwartung von 62,9 (1940) auf 70,8 Jahre (1970); Wachstum des Einkommens pro Kopf und des – Essential der Konsumgesellschaft – für nicht lebensnotwendige Güter wie Nahrung, Kleidung und Wohnen frei verfügbaren Einkommens; Wachstum auch des Bildungsniveaus, da nicht mehr nur 16 Prozent eines Jahrganges studierten (1940), sondern 40 Prozent (1970) und die Zahl der Studierenden im gleichen Zeitraum von 1,5 auf 7 Millionen stieg; Wachstum schließlich der Freizeit mit der Einführung der Fünftagewoche und der zweiwöchigen Urlaubszeit.

Das erstaunlichste Wachstumsphänomen der 1950er Jahre war das der jungen Familien. Wie nie zuvor in der amerikanischen Geschichte nahmen der Durchschnittsamerikaner und die Durchschnittsamerikanerin das Mittelklasse-Ideal einer Familie mit zwei oder drei Kindern ernst: Waren im Jahr 1940 noch achtzig Geburten auf tausend Frauen gekommen, so erhöhte sich diese Zahl auf 106 (1950) und 123 (1957), als der »Baby-Boom« seinen Höhepunkt erreichte. In den Jahren zwischen 1948 und 1953 wurden mehr Kinder geboren als in den dreißig Jahren davor zusammengenommen. Zugleich senkten Fortschritte in Medizin und Hygiene die Kindersterblichkeit weiter ab, so dass das Bevölkerungswachstum wieder stärker auf den Geburtenüberschuss als auf die Immigration zurückzuführen war. Dieser »Baby-Boom« stellte eine historische Anomalität dar, weil er die seit dem 19. Jahrhundert kontinuierlich fallende Geburtenrate für knapp zwei Jahrzehnte erneut ansteigen ließ, bevor sie zu Beginn der 1960er Jahre dann wieder zurückging.

Wie erklärt sich dieser plötzliche Anstieg der Geburtenrate? Statistisch gesehen heirateten Amerikaner früher als je zuvor, was die Fruchtbarkeit in einer Gesellschaft automatisch erhöht: 1951 waren ein Drittel aller Frauen mit 19 Jahren verheiratet, 1958 heirateten mehr Frauen zwischen 15 und 19 Jahren als in jeder anderen Altersgruppe. Im Schnitt bekamen sie ihr letztes Kind von statistisch gesehen 3,2 (gegenüber 2,4 Kindern in den 1930er Jahren) bereits mit 26. Erklärungen konzentrieren sich auf sozialpsychologische und kulturelle Faktoren. Depression und Krieg hatten die traditionelle Geschlechterordnung unterminiert, aber auch das Ausleben klassischer Familienmuster unmöglich gemacht. Der gesellschaftliche Wunsch nach Normalität, wie er sich in der Politik der Eisenhower-Ära wiederfand, schlug sich in einer gelebten Rekonstruktion der Kernfamilie durch eine Generation von Menschen nieder, die nichts als Krisen und Katastrophen erlebt hatten. Dem wäre hinzuzufügen, dass die Populärkultur (wie die Politik) stark auf die Familie als Gegenpol zu den Spannungen des Kalten Krieges abhob. Familienbande galten als Absicherung gegen innere und äußere Unwägbarkeiten: Gegen die Modernisierungsverwerfungen der Nachkriegszeit und gegen die atomare Bedrohung wurde bewusst der Kult familiärer Normalisierung gesetzt.

Der »Baby-Boom« fand vor dem Hintergrund zweier weiterer sozialer Revolutionen statt: Die eine betraf das Verschwinden der Bauernschaft und die damit einhergehende Suburbanisierung. Schon um 1910 hatte die städtische die ländliche Bevölkerung übertroffen, wobei als Städte alle Siedlungen über 2500 Einwohner galten, was agrarisch geprägte Landstädtchen einschloss. 1920 hatte noch einer von drei Amerikanern auf dem Land gelebt, 1980 war es nur noch einer von zwanzig. Doch ungeachtet dieses Exodus der Landbevölkerung, der mit dem *New Deal* sich breit durchsetzte – und der in der menschheitsgeschichtlichen *longue durée* nur mit der Sesshaftwerdung in der Jungsteinzeit zu vergleichen ist –, erwirtschaftete die Landwirtschaft mit verbessertem Saatgut sowie dank des Einsatzes von Pestiziden und Düngemitteln mit weniger Bauern immer größeren Überfluss. In die Städte selbst gingen die Landflüchtigen nicht, sondern in die Vorstädte, in denen 1970 erstmals mehr Amerikaner als in den zum Teil erheblich schrumpfenden Kernstädten lebten (mit der Auto-Stadt Detroit als dem markantesten Fall). Zugleich zogen die Amerikaner weiter nach Westen, so dass in den 1960er Jahren Kalifornien New York als bis dahin bevölkerungsreichsten Staat überholte, südwestliche Staaten wie Texas, Arizona und Nevada stark zulegten, während der Alte Süden noch bis in die 1980er Jahre stagnierte. Die alten Industriekerne des Nordostens und Mittleren Westens waren hingegen von dem Verfall der Eisen- und Stahlproduktion gezeichnet. Erschlossen wurde Suburbia, das verkehrstechnisch ganz auf den Individualverkehr setzte, von Autobahnen, entlang deren neue Einkaufszentren (*malls*) entstanden, deren Anzahl von acht (1945) auf viertausend (1960) sprang. Das reduzierte Einkaufsmöglichkeiten in den Innenstädten, während sich gleichzeitig auch die Arbeitsplätze in die Vorstädte und an die Autobahnen verlagerten, fuhren doch bereits 1960 zwei Drittel aller Amerikaner mit dem Auto zur Arbeit.

Die zweite Revolution, die mit dem Durchbruch zur Konsumgesellschaft einherging, betraf den Wandel der Geschlechterverhältnisse: In Vorstädten lebten zahlreiche junge Frauen, die in Rekordzahl Kinder in den neuen Siedlungen (wie den vorfabrizierten, nach einem Bauunternehmer so benannten »Levittowns«) zur Welt brachten, die den amerikanischen Traum im suburbanen Grünen lebten, denen allerhand nützliche Geräte den Alltag spürbar erleichterten, die besser ausgebildet waren als ihre Mütter – und sich doch auf Haushalt und Familie zu konzentrieren hatten. Das Image der glücklichen Vorstadtfamilie, wie es Magazine und Fernsehsendungen popularisierten, entsprach kaum der gelebten Realität. Einerseits stieg die lohnabhängige Beschäftigung von Frauen stark an. 1950 lag der Anteil der Frauen bei 29 % der Beschäftigten, 1960 war er auf 35 % gestiegen und 1970 erreichte er mehr als 40 %. 1960 gingen 40 % aller Frauen einer Beschäftigung außerhalb des Haushaltes nach, darunter 30 % aller verheirateten Frauen. 1970 betrugen diese Werte 47 bzw. 63 %. Die Anzahl der berufstätigen Mütter stieg in den »angepassten fünfziger Jahren« um 400 %. Der Historiker William H. Chafe spricht daher von einer »kulturellen Schizophrenie«, weil medial reproduzierte Einstellungen und tatsächliches Verhalten so weit auseinanderklafften. Ungeachtet dessen, dass in der Nachkriegsnormalisierung die häusliche Frau und Mutter zum Mythos erhoben wurde, traten Frauen in Rekordzahlen in den Arbeitsmarkt ein. Dort allerdings fanden sie Arbeit, die überwiegend schlechter bezahlt war als die der Männer, selbst dann, wenn sie die gleiche Tätigkeit ausübten.

Tatsächlich waren viele der Frauen in den Vorstädten mit ihrem Leben unzufrieden. Der neue Mutter-Kult, den Mediziner wie Dr. Benjamin Spock mit seinem Bestseller *The Common Sense Book of Baby and Child Care* feierten, verhinderte nicht, dass schon 1946 eine erstaunlich hohe Zahl von Frauen in Umfragen antwortete, sie wären lieber Männer geworden. Während der 1950er Jahre stiegen der Alkoholmissbrauch unter Frauen und auch die Scheidungsrate stark an. Beruhigungsmittel und Psychopharmaka fanden ab Mitte der 1950er Jahre aus dem Nichts reißenden Absatz. 1963 brachte es die Journalistin Betty Friedan auf den Punkt: In ihrem Klassiker *The Feminine Mystique* stellte sie die Frustrationen eines trivialen Mittelklasse-Lebens heraus. Sie schrieb über das, was sie das »Problem ohne Namen« nannte: eine eigenartige Unzufriedenheit und Sehnsucht, die Frauen im 20. Jahrhundert mitten im denkbar größten Wohlstand ergriffen hatte. Unglücklich mit ihrem so wenig erfüllenden Leben, fühlten sich diese Frauen schuldig wegen ihrer Gefühle und wagten doch nicht darüber zu sprechen. Friedan forderte mehr als das »komfortable Konzentrationslager« Haushalt. Es wurde der Startschuss der modernen Frauenbewegung.

Hinter der Wohlstandsfassade der 1950er Jahre und der enormen gesellschaftlichen Dynamik lugten wachsende kulturelle Unzufriedenheit und Angst hervor. Der Massenwohlstand war trügerisch, was der Harvard-Ökonom John Kenneth Galbraith in seinem Bestseller *The Affluent Society* (1958) nur andeuten konnte. Besorgt reagierten Sozialwissenschaftler und Pädagogen auf eine neue Jugendkultur, die nur bedingt als konformistische Affirmation weißer Mittelklasse-Werte gelesen werden konnte. Rebellische Teenager wurden zu einem Dauerbrenner von Hollywood. In dem Film *Rebel without a Cause* akzeptierte ein aufmüpfiger James Dean zwar am Ende die Autorität seines Vaters. Der Film löste aber dennoch eine erbitterte Kontroverse aus, wie auch der Film *Blackboard Jungle* (mit Bill Haleys Song »Rock Around the Clock«, 1955), den lokale Stadtverwaltungen zu verbieten suchten – und der vor allem auch im Ausland als skandalös empfunden wurde. Einer, der *Rebel without a Cause* dutzende Mal gesehen hatte, war Elvis Presley, dessen von sexuellen Anspielungen unterlegte Auftritte für handfeste Skandale und Sensationen sorgten. In New York begannen derweil die Poeten der »Beat Generation« wie Jack Kerouac (*On the Road*, 1957) und Allen Ginsberg mit Gedichten wie *Howl* sich widerspenstig gegen den Nachkriegskonformismus aufzulehnen. Sie taten dies auch, indem sie mit Drogen und Narkotika experimentierten, auch mit dem damals noch legalen LSD. Die etablierte Kulturkritik war schockiert und reagierte feindselig. Unter der Oberfläche der Normalität bereitete sich die Gegenkultur der 1960er Jahre vor.

Dennoch: Prosperität war für viele Amerikaner der weißen Mittelklasse erstmals eine Realität. Und sie wurde ungeachtet der sich anbahnenden unterschwelligen Kritik von der Mehrheit der Amerikaner positiv bewertet: Persönliche und auch materielle Entfaltung war seit jeher als Versprechen in der amerikanischen Verfassung angelegt. Nie aber war Konsum so deutlich als Teil der amerikanischen Identität eingefordert worden. Das lässt die »Küchendebatte« (»kitchen debate«) zwischen Vizepräsident Nixon und dem sowjetschen Partei- und Regierungschef Nikita Chruschtschow auf einer amerikanischen Industrieausstellung in Moskau im Juli 1959 schlaglichtartig erkennen: Nicht die als notwendiges Übel nach wie vor massenhaft produzierten Panzer und Raketen machten nach Nixon Amerikas Überlegenheit aus. Es waren die vollautomatischen, mit den neuesten technischen Errungenschaften überladenen Küchen, die das Leben der Frauen einfacher machten und Amerika einen unschlagbaren Vorteil verschafften. Neue Produkte schufen aber auch neue Bedürfnisse, für deren Stimulierung eine eigene Industrie aus dem Boden schoss: die Werbeetats der Unternehmen stiegen von 6,5 (1950) auf 10 Millionen Dollar (1960). Schließlich machte längere Freizeit den Tourismus zum Massenphänomen.

Als wichtigste Freizeitbeschäftigung setzte sich schon Anfang der 1950er Jahre (zehn Jahre früher als in Westeuropa) das Fernsehen durch: Existierten 1947 nur siebentausend Fernsehgeräte in den USA, so sprang deren Zahl bis 1950 auf über sieben Millionen. Mit einem Fernseher gesegnete Amerikaner verbrachten in diesem Jahr im Schnitt bereits vier Stunden und 36 Minuten vor der Mattscheibe, was sich bis 1970 auf knapp sechs Stunden steigerte. Der Anteil der Haushalte mit einem Fernsehgerät stieg von neun Prozent (1950) auf neunzig Prozent (1962) steil an und erreichte damit bereits den Sättigungsgrad, als die meisten europäischen Haushalte noch über kein Fernsehgerät verfügten. Wie das frühe Radio durchlief auch das frühe Fernsehen eine Phase, in der Sendungen überwiegend gemeinsam im familiären Umfeld oder in öffentlichen Räumen wie Hotelbars und Restaurants gesehen wurden. Eine neue Arbeitsteilung innerhalb des Medienensembles bildete sich heraus: Während das Fernsehgerät im Wohnzimmer als Hauptabendunterhaltungsmedium mit familiärem Gemeinschaftsempfang dominierte, wurde Radio tagsüber im Auto und in der Küche gehört. Das Kino hingegen verlegte sich auf technisch aufwendige Spielfilme (*Ben Hur*, 1959). Das Radio öffnete sich für neue Hörergruppen, junge Menschen und rassische Minoritäten. War der Rock 'n' Roll vom »respektablen« Mittelklasse-Radio der Vorfernsehzeit bewusst ignoriert worden, so wurde er nun über diese mediale Nische popularisiert. Das Fernsehen hingegen diente der suburbanen, weißen Leitkultur, deren politische und kulturelle Prädispositionen (Antikommunismus und patriarchalische Rekonstruktion der Kernfamilie) es zu verstärken geeignet war.

Aufgrund seiner raschen Marktdurchdringung und seines Anspruchs, das Publikum visuell authentischer als andere Medien anzusprechen, wurde das Fernsehen zum erstrangigen politischen Machtfaktor. Der Präsidentschaftswahlkampf 1952 stand in den USA erstmals im Banne des Fernsehens, als sich der siegreiche Eisenhower mit Werbespots vermarkten ließ und sein Vizepräsidentschaftskandidat Nixon Korruptionsvorwürfen in einer (als »Checkers-Speech« bekannt gewordenen) Fernsehansprache effektiv begegnete. Zugleich begann die einseitige Berichterstattung über den aus dem Koreakrieg zurückkehrenden, wegen Unbotmäßigkeit von Truman seines Kommandos enthobenen General Douglas MacArthur die Öffentlichkeit für die Gefahren des neuen Mediums zu sensibilisieren. Dass Fernsehauftritte Wahlen entscheiden, gilt seit John F. Kennedys telegenem Auftritt in der von 71 Millionen Zuschauern verfolgten Präsidentschaftsdebatte 1960 als unumstößlich. In den 1960er Jahren entdeckten die Netzwerke dann auch die unterhaltsame Seite der Nachrichtensendungen, in die sie kräftig investierten. Ende 1963 wurden die Hauptnachrichtensendungen von CBS und NBC von fünfzehn auf dreißig Minuten verlängert. 1968 erreichten sie zehn Millionen Zuschauer. Der »Huntley-Brinkley-Report« (NBC) war gegen Ende der Dekade das profitabelste Programm überhaupt.

Obwohl sich das Fernsehen zum erstrangigen Nachrichtenmedium entwickelte, lag seine Hauptbedeutung in seiner Qualität als unerschöpfliche Quelle der Unterhaltung sowie als Eisbrecher für die Populär- bzw. Massenkultur – die bis dahin auch in den USA in Intellektuellenkreisen keineswegs hoffähig gewesen war. Hier hat das Fernsehen in weitaus höherem Maße zum Entstehen einer nationalen Konsumentenkultur beitragen können, als es das Radio je vermocht hatte. Zweifellos wurde in populären Fernsehserien wie *I Love Lucy* ein problematisches Bild der Frau als Mutter, Hausfrau, Gastgeberin und *home manager* gezeichnet, das, wie auch in der Darstellung von Minoritäten und Rassen, Ungleichheiten festschrieb. Zugleich aber wurden Geschmacksmuster etabliert, die demokratisierend wirkten. Eine massenmedial vermittelte Populärkultur drang in die Mitte der Gesellschaft vor. In der Sozialstatistik weiter fortbestehende Klassenunterschiede wurden mediatisiert. Die »Kultur der Massen« verlor sukzessive ihre Anrüchigkeit, auch wenn die »feinen Unterschiede« (Pierre Bourdieu) nicht völlig eingeebnet wurden – Hochkultur war und blieb Domäne und Distinktionsmerkmal der Besitzenden und Gebildeten. Insgesamt aber etablierte sich in den 1950er Jahren eine gesellschaftlich nüchternere Sicht im Umgang mit dem »grenzenlosen Vergnügen« (Kaspar Maase), das summa summarum mehr Partizipationschancen eröffnete als verbaute. Hier eilte Amerika in den 1950er Jahren weit voraus. Die neue Gesellschaft, die im Banne des Konsums stand, setzte sich in den USA erstmals durch. Sie nahm daher weltweit ein amerikanisches Gesicht an. Die Kehrseite war, dass ausländische Kritiker in immer neuen Amerikanisierungsdebatten die kulturelle Ablehnung der Konsumgesellschaft mit dem Verweis auf die USA externalisierten.

Im Schatten von Vietnam: Die 1960er Jahre

Große Erwartungen: Kennedy und Johnson

Angesichts der spektakulären Prosperität der *Fifties*, deren psychologische Bedeutung für den Einzelnen und die Gesellschaft sich nur vor dem Hintergrund der multiplen Krisen der vorangegangenen und nachfolgenden Jahrzehnte erschließt und die deshalb als »goldenes Zeitalter« auch so verklärt worden sind, wird der erstaunliche Optimismus verständlich, der Anfang der 1960er Jahre Politik und Gesellschaft durchwehte. Diese Aufbruchstimmung wurde von John F. Kennedy personifiziert. An dessen Erfolg hatte ursprünglich niemand geglaubt, als er im Januar 1960 erklärte, er werde die Nominierung der Demokratischen Partei für die Präsidentschaftswahlen dieses Jahres anstreben. Außer einer hübschen Frau, seinem Status als Kriegsheld, seinem ererbten großen Vermögen und seinem Pulitzer-Preis für ein Buch, das ein anderer geschrieben hatte, sprach nur wenig für ihn. Mit 43 Jahren schien der Senator aus Massachusetts zu jung für die Präsidentschaft; er war überdies katholisch – was stets für das Präsidentenamt disqualifiziert hatte. Überhaupt sah es dank der Popularität Eisenhowers nach keinem guten Jahr für die Demokraten aus. Ein glatter Sieg Vizepräsident Nixons wurde erwartet.

Es war seine Jugendlichkeit, die für Kennedy sprach

und die er in einer außerordentlich kinderreichen und jungen Gesellschaft für sich arbeiten ließ. Im Wahlkampf entpuppte er sich als kreativer Politiker, der mit den Medien souverän umzugehen verstand und der zum Beispiel damit Aufsehen erregte, dass er mit einem Privatflugzeug reiste. Tatsächlich wurde Kennedy von einem Parteikongress nominiert, der erstmals ausdrücklich für das Fernsehen organisiert worden war. So wurde Kennedy zum Pionier des Politiker-Starkults, weil er als Erster das Spiel mit dem neuen Medium Fernsehen perfekt beherrschte – dem sich Eisenhower noch zögerlich und eher als Getriebener des Apparats zugewandt hatte. Vergleichbar den *progressives* der Jahrhundertwende, appellierte »JFK« direkt an das Volk, nicht an die Parteimaschine, wie dies sein Hauptkonkurrent, der texanische Mehrheitsführer der Demokraten im Senat, Lyndon B. Johnson, tat.

Dass Kennedy Politik und Präsidentschaft an die Bedingungen des Fernsehzeitalters anpasste, war eine kreative und für den weiteren Gang der amerikanischen Politik bedeutende Leistung. Das wurde offenkundig während der vier Debatten, die er sich mit Nixon lieferte. Waren Radiohörer der Meinung, dass Nixon dabei gewonnen hatte, so fiel das Verdikt der durch Bilder beeinflussten Zuschauer eindeutig zugunsten Kennedys aus, der gepflegt, eloquent und telegen einen schlecht angezogenen, schlecht geschminkten und nicht sauber rasierten Nixon in der entscheidenden ersten Debatte auf die Plätze verwies. Trotzdem war der Sieg Kennedys mit 100000 Stimmen knapp, wobei in Illinois Vorwürfe wegen Wahlmanipulation laut wurden. Später war deshalb oft die Rede davon, die Kennedys hätten »die Wahlen gestohlen«. Ungeachtet dieses Schönheitsfehlers gelang es Kennedy, mit seiner berühmten Antrittsrede vom 20. Januar 1961 das Land zu elektrisieren. Er etablierte sich als Sprecher aller Amerikaner, an deren Opfermut er appellierte, keine Kosten und Mühen zu scheuen, den Vormarsch der Freiheit weltweit zu unterstützen. Nicht die Bürger sollten ihr Land fragen, was dieses für den Einzelnen tun könne; vielmehr sollten alle Amerikaner gemeinsam fragen, was sie für die Freiheit tun könnten. Es war der Gipfel des liberalen Konsenses. Kennedy hat sich mit dieser Rede als würdiger Nachfolger Jeffersons, Lincolns und Roosevelts im nationalen Gedächtnis verankert. Nach wenigen Monaten erhielt er eine Zustimmung von über neunzig Prozent.

Mit Kennedy war erstmals ein Mitglied der Kriegsgeneration des Zweiten Weltkrieges an die Spitze des Landes getreten, deren einschneidende Erfahrung der Kampf gegen die beiden Totalitarismen des 20. Jahrhunderts war. Innenpolitisch hat er in den tausend Tagen seiner Präsidentschaft nur wenig bewegt, weil er administrativ zu den schwachen Präsidenten gehörte und es ihm trotz des direkt aus Harvard rekrutierten, imponierenden Beraterstabs der »best and brightest« an politischem Durchsetzungsvermögen mangelte. Dieses Manko wog Johnsons Nominierung für die Vizepräsidentschaft nur partiell auf, da der Texaner in der Tradition dieses Amtes dort kaltgestellt wurde. Auch wurden Kennedys Energien durch die Außenpolitik absorbiert. Die ersten Schritte seiner Regierung erwiesen sich jedoch als Desaster, als ein unter Eisenhower von der CIA gemeinsam mit Exilkubanern ausgeheckter Plan zum Sturz des kubanischen Revolutionsführers Fidel Castro mit der Invasion in der Schweinebucht kläglich scheiterte.

Kennedys zweiter außenpolitischer Test war die Doppelkrise um Kuba und Berlin, in der er sich – wie wir dank der Tonbandprotokolle aus dem Oval Office inzwischen wissen – als ein besonnener Politiker erwies. Chruschtschow unterschätzte Kennedy, dem er mit dem Bau der Berliner Mauer im August 1961 einen propagandistischen Trumpf in die Hand spielte. Auch wenn Kennedy wie die deutsche Bundesregierung es in Berlin bei Protesten beließ, wurde die Stadt, wie schon einmal während der Luftbrücke, zum Testfall für die westliche Glaubwürdigkeit. Den Kampf um die Herzen entschied Kennedy zugunsten der USA, als er auf Staatsbesuch in der Bundesrepublik und in West-Berlin im Juni 1963 die Deutschen mit dem berühmten Satz »Ich bin ein Berliner« zu stürmischem Beifall hinriss. Kurz zuvor war die gefährlichste Krise des Kalten Krieges überwunden worden. Die Sowjets hatten fast gleichzeitig mit der Eskalation in Berlin auf Kuba Mittelstreckenraketen stationiert. Gegen den Rat hoher Militärs und der antikommunistischen Hardliner unterließ Kennedy eine militärische Intervention auf Kuba und verfügte stattdessen eine Seeblockade. Er wandte sich im Oktober 1962 in einer dramatischen Ansprache an den sowjetischen Premier und an das amerikanische Volk. Die sowjetischen Schiffe drehten ab, wobei erst nach dem Ende des Kalten Krieges bekannt wurde, dass die UdSSR schon zuvor taktische Nuklearwaffen nach Kuba gebracht hatten und diese im Falle einer amerikanischen Invasion wohl auch eingesetzt hätten. Nur knapp entrann die Welt 1962 einer Katastrophe.

Dass der Ernstfall nur um Haaresbreite vermieden worden war, führte in den folgenden Jahren zum Umdenken in der Politik der Abschreckung. Die USA formulierten ihre neue Sicherheitsdoktrin der *Flexible Response*, die abgestuft nach dem Ausmaß der Attacke eine Reaktion versprach und nicht wie zuvor für jeglichen Fall mit einem »massiven Gegenschlag« drohte. Kennedy und Chruschtschow richteten den »heißen Draht« ein, eine direkte Telefonverbindung zwischen Kreml und Weißem Haus. Zugleich wurden noch unter Kennedy beginnend, dann unter seinen Nachfolgern Johnson und Nixon forciert, Schritte zur Rüstungsbegrenzung und zur Entspannung unternommen. Im Juni 1963 wurde der Atomwaffenteststoppvertrag unterzeichnet, der Nukleartests in der Atmosphäre, unter Wasser und im Weltraum verbot, allerdings nicht unter der Erde, wo die Tests weitergingen. Andererseits erhöhte das Scheitern in Kuba den Druck auf die Sowjetunion, bei den strategischen Nuklearwaffen mit den USA gleichzuziehen. Ende der 1960er Jahre erreichte die UdSSR nukleare Parität. Das atomare Wettrennen setzte sich fort, obwohl zunächst der Atomwaffensperrvertrag (1968) und dann, als Ergebnis der Verhandlungen über die Begrenzung strategischer Waffen (*Strategic Arms Limitation Talks*), die SALT-Verträge (1972, 1979) die Aufrüstung konkret einschränkten. Innerhalb der westlichen Allianz sorgte die Entspannung für erhebliche Reibungen, weil viele Europäer, vor allem die Westdeutschen, eine Abkopplung der USA von ihren europäischen Verpflichtungen befürchteten.

Am 22. November 1963 wurde Kennedy bei einem Besuch in Dallas (Texas) ermordet. Der Täter Lee Harvey Oswald war, wenn dies auch bis heute nicht zweifelsfrei feststeht, vermutlich ein verwirrter Einzelgänger. Für die seither zirkulierenden Verschwörungstheorien gibt es keine handfesten Beweise. Kennedys dramatischer Tod vor laufenden Kameras, der in einer von einer Fernsehwirklichkeit geprägten Gesellschaft von vielen Menschen als persönlicher Verlust empfunden wurde, hat, zusammen mit der geschickten Inszenierung seiner Trauerfeier, dazu geführt, dass dieser »gefallene Führer« zu einer heroisch überhöhten Figur stilisiert worden ist. Im Rückblick machen viele Menschen an Kennedys Tod die entscheidende Wende fest, die in die großen Enttäuschungen nach den großen Erwartungen der 1960er Jahre führte. So hat sich das Bild der Dekade zu einer dramatischen Gesamtschau verdichtet, wonach mit dem »Verlust der Unschuld« in Dallas und dann in Saigon die 1960er Jahre eine Ära unerfüllter Hoffnungen und Träume geblieben seien. Wie tief derartige Vorstellungen kulturell verankert sind, zeigen Filme wie *JFK* (Oliver Stone, 1991). Dieser geht davon aus, dass Kennedy sowohl die Eskalation in Vietnam vermieden hätte als auch das Abgleiten des Bürgerrechtskampfes in gewalttätige soziale Konflikte.

Mit einem verstärkten Engagement in Vietnam – Kennedy hatte erstmals in größerem Umfang Berater nach Saigon geschickt – und der Bürgerrechtsfrage trat Kennedys Vize und Nachfolger Lyndon B. Johnson kein leichtes Erbe an. Dieser wurde noch auf dem Flugfeld in Dallas in der Präsidentenmaschine *Air Force One* von einer örtlichen Richterin vereidigt. Er hatte großen Wert darauf gelegt, dass Jackie Kennedy noch mit ihrem vom Attentat blutverschmierten Kostüm an seiner Seite stand, um die Kontinuität in der Übernahme der Macht darzustellen und auch das symbolische Kapital des ermordeten Präsidenten für sich zu nutzen. Mit Johnson zog eine schillernde Figur ins Oval Office ein, ein Mann, der nicht wie Kennedy aus der Oberschicht, sondern aus kleinbürgerlichen Verhältnissen stammte. Der glühende *New Dealer* hatte sich in der Nachkriegszeit zum führenden Senator hochgearbeitet und gilt bis heute als einer der erfolgreichsten Parlamentarier der amerikanischen Geschichte. Wie kein Zweiter verstand er Kompromisse zu schmieden und diese dank der schieren Macht seiner Physis und seines Temperaments (das berühmte »Johnson Treatment«) auch durchzusetzen. Seine erste Regierungserklärung am 8. Januar 1964 stand in Kontrast zu der von Kennedy ganz im Zeichen der Innenpolitik. Er versprach einen bedingungslosen Krieg gegen die Armut und leitete mit dem Konzept der *Great Society* ein ehrgeiziges sozialpolitisches Reformprogramm ein, das den *New Deal* noch übertreffen sollte.

Johnsons größtes Verdienst liegt in der Beendigung der förmlichen Rassendiskriminierung. Die Bürgerrechtsbewegung hatte seit den frühen sechziger Jahren an Kraft gewonnen. 1962/63 begannen SNCC und CORE unter führender Beteiligung von Aktivistinnen wie Ella Baker und Fannie Lou Hammer mit der Registrierung schwarzer

Wähler, was den gewalttätigen Widerstand der Segregationisten anheizte. Da die Kennedy-Regierung mit Ausnahme des Schutzes der »freedom riders« in der Bürgerrechtsproblematik hinhaltend taktierte, um die Unterstützung der weißen Südstaatendemokraten nicht zu verlieren, verstärkte sich nun der Druck der Bürgerrechtler. Als Ort einer Entscheidung wählten Martin Luther King und seine Kollegen Birmingham in Alabama, die mit am stärksten segregierte Stadt der USA. Dort kam es regelmäßig zu Terrorakten gegen Schwarze. Ihr Gegenspieler war der Polizeichef Eugene (»Bull«) Connor. Dieser schreckte nicht davor zurück, mit Hunden und Feuerwehrschläuchen gegen friedliche Demonstranten, darunter auch kleine Kinder im Sonntagsstaat, vorzugehen, von denen er neunhundert vorübergehend inhaftieren ließ. King wusste um die Wirkung dieser Bilder auf die Kennedy-Regierung und die liberale Öffentlichkeit. Der Protest kulminierte symbolisch im Sommer 1963, als das SCLC unter King, die NAACP unter Roy Wilkins und die *Urban League* unter Whitney Young zu einem Sternmarsch nach Washington aufriefen. Mehr als 250000 schwarze und weiße Demonstranten versammelten sich am 28. August 1963 vor dem Lincoln Memorial zu der bis dahin größten Protestveranstaltung in der amerikanischen Geschichte. King hielt im Stil der schwarzen evangelikalen Prediger seine berühmte Rede »I have a dream«. Darin erinnerte er Amerika an die Grundsätze seiner Verfassung und forderte Gerechtigkeit und Freiheit für alle sowie die Zusammenarbeit aller Rassen.

Der Pragmatiker Johnson griff diesen Impuls 1963/64 auf. Er ging mit King eine Allianz ein, auch wenn er 1964 auf dem Wahlparteitag der Demokraten in Atlantic City enttäuschte, weil er die *Mississippi Freedom Democratic Party* der Apartheidgegner zugunsten der Delegation der weißen Segregationisten dieses Staates ausschließen ließ. Während King das akzeptierte, fühlten sich junge Radikale wie Stokely Carmichael von SNCC verraten. Dennoch wurde noch 1964 der *Civil Rights Act* verabschiedet, der rassische Diskriminierungen in Hotels, Restaurants und Vergnügungsstätten verbot, Maßnahmen zur Sicherstellung des Wahlrechts erlaubte und gegen rassische, religiöse und geschlechtsspezifische Diskriminierungen in der Arbeitswelt vorging. Obwohl ursprünglich nicht intendiert, hatte dieses Gesetz seine gesellschaftlich durchschlagendste Wirkung bei der Gleichstellung von Frauen. In Bezug auf die rassische Gleichberechtigung war es das wichtigste Gesetz seit der Sklavenbefreiung durch Lincoln. Der *Civil Rights Act* sowie der 24. Zusatz zur Verfassung von 1964 und der *Voting Rights Act* von 1965 trugen mehr als jedes andere Maßnahmenbündel im 20. Jahrhundert dazu bei, die Ideale der Unabhängigkeitserklärung, Freiheit und Gleichberechtigung für alle, umzusetzen. Damit ist nicht gesagt, dass die tatsächliche gesellschaftliche Diskriminierung über Nacht verschwunden wäre. Diese dauert, ungeachtet des Aufstiegs einer schwarzen Mittelklasse seit den 1970er Jahren, bis heute fort. Man kann es auch als eine Ironie der Geschichte lesen, dass nicht der liberale, weltläufige Kennedy, sondern der ungehobelte Südstaatendemokrat Johnson diese Revolution mit ermöglicht hat. Johnson zahlte wissentlich einen hohen politischen Preis, weil er mit dem *Civil Rights Act* das Schicksal der Demokratischen Partei im Süden besiegelte.

Sicher nutzte Johnson die Gunst der Stunde, weil das nach der Ermordung Kennedys unter tiefem Schock stehende Land zu einer integrativen Geste bereit war. Obwohl er alles andere als ein moderner, medial beschlagener Politiker war, sollte Johnson auch die Wahlen 1964 erdrutschartig gewinnen. Dabei trug ihn auch die Welle der Emotionen in das Weiße Haus zurück, die Kennedys Ermordung ausgelöst hatte. Aber zugleich hatten die Amerikaner, die andernfalls Johnson vielleicht nie gewählt hätten, an seiner zupackenden Art Gefallen gefunden. Johnson versprach nicht nur »action«, sondern er löste dieses Versprechen auch ein. Vor allem aber tat ihm die Republikanische Partei den Gefallen, mit Senator Barry Goldwater aus Arizona einen Gegenkandidaten zu nominieren, den Johnson als Rechtsaußen brandmarken konnte. Goldwater, auf den sich die modernen Konservativen der Gegenwart gerne berufen, stieß mit radikalen antikommunistischen Sprüchen und einem kompromisslosen Eintreten für ein Ende aller staatlichen Programme viele Amerikaner vor den Kopf. Auch ermunterte er weiße Suprematisten gezielt mit Kritik an der Bürgerrechtsgesetzgebung. Tatsächlich gewannen die Republikaner in den Wahlen 1964 erstmals flächendeckend den Alten Süden, obwohl Johnson mit 43 gegen 27 Millionen Stimmen einen der höchsten Wahlsiege in der Geschichte der USA erzielte und die Demokraten ihre dominante Stellung im Kongress nochmals ausbauten.

Johnson interpretierte seinen Wahlsieg als klares Mandat für weitere Gesellschaftsreformen im Rahmen der *Great Society*. Damit ging er zu weit und legte eine der Grundlagen für den konservativen Gegenstoß der 1970er und 1980er Jahre. Neue sozialstaatliche Programme sollten diejenigen Amerikaner erreichen, die der *New Deal* noch ausgelassen hatte. Schon 1964 war das Office of Economic Opportunity unter Kennedys Schwager Sargent Shriver gegründet worden. Mit Programmen wie *Head Start* sollte sozial und wirtschaftlich benachteiligten Kindern und Jugendlichen eine bessere Ausbildung ermöglicht werden. Besonders wichtig waren die Gesetze über eine Krankenversicherung für Rentner (*Medicaid*) und Arme (*Medicare*), Subventionen für den Erwerb von Immobilieneigentum durch Familien niederer und mittlerer Einkommen, massive Investitionen in die Bildung, die Abschaffung der Länderquoten durch das neue Einwanderungsgesetz, Gesetze zum Verbraucherschutz sowie Maßnahmen zum Erhalt der natürlichen Lebensgrundlagen und eine Ausweisung neuer Schutzgebiete und Nationalparks im Westen. Als konservativer *New Dealer* war Johnson kein Freund von Almosen, sondern suchte über Ausbildungs- und Trainingsprogramme die Situation der Armen dauerhaft zu verbessern. Hier stieß die *Great Society* nur zu oft auf den (auch rassistisch motivierten) Widerstand lokaler Politiker. Richtig erfolgreich waren daher vor allem diejenigen Maßnahmen, die wie *Medicaid* wichtige Lobbys wie Ärzte und Rentner kooptierten und die auch unter künftigen republikanischen Regierungen weitere Ausweitungen erfuhren (zuletzt unter George W. Bush). Schließlich aber waren die Erfolge der *Great Society* auch deshalb begrenzt, weil sich Johnson ab 1965/66 zunehmend dem Vietnamkrieg zuwenden musste.

Vietnam und die Krise der imperialen Präsidentschaft

Wie hing der »War on poverty«, den Johnson und der frühere Peace-Corps-Direktor Sargent Shriver entfesselten, mit dem Krieg gegen einen äußeren Feind in einem Land im Fernen Osten zusammen, von dem die wenigsten Amerikaner bis Anfang der 1960er Jahre je den Namen gehört hatten? Wie kam es, dass liberale, reformorientierte Präsidenten wie Kennedy und vor allem Johnson, der erhebliches politisches Kapital in soziale Zwecke und die Bürgerrechtsgesetzgebung investiert hatte, sich auf ein militärisches Abenteuer einließen, das die heimische Reform-Agenda zerstörte, Amerika im Inneren zutiefst verwundete und das internationale Ansehen der USA wie kein zweiter Krieg im 20. Jahrhundert beschädigt hat?

Das hatte erstens mit den wechselseitigen Wahrnehmungen im Kalten Krieg zu tun. Der »Sputnik-Schock« 1957 hatte viele Wissenschaftler und Publizisten davon überzeugt, dass das vorherrschende Bild der Sowjetunion als einer primitiven und ineffizienten Wirtschaft nicht stimmte. Die liberale Agenda, die dank keynesianischer Globalsteuerung auf permanentes Wirtschaftswachstum und endgültige Beseitigung der Armut zielte, war also auch als flankierende Maßnahme zur Eindämmung der Sowjetunion gedacht. Die *Great Society* sollte Amerika effizienter für die Systemkonkurrenz mit dem Osten machen. Johnson wollte »Kanonen *und* Butter« (»guns *and* butter«), um gegenüber antikommunistischen Hardlinern nicht als verweichlicht zu erscheinen. Zweitens übertrug das Engagement in Vietnam den *New Deal* quasi auf die internationale Arena, da Kennedys *Counter-Insurgency*-Programm der ökonomischen und sozialen Pazifizierung diente – wie überhaupt die Entwicklungspolitik vom Ost-West-Konflikt nicht unabhängig gesehen werden kann. Drittens aber war die Frage amerikanischer »Glaubwürdigkeit« berührt. Kennedy, Johnson und ihre Berater zogen die viel beschworenen »Lehren von München«: Diktaturen müsse man nicht mit Appeasement, sondern mit entschlossenem Widerstand entgegentreten.

Von den führenden Politikern der USA – aber auch den außenpolitischen und intellektuellen Eliten anderer westlicher Länder – wurde der Vietnamkrieg mit seinen komplexen Wurzeln nicht als Folge der Entkolonialisierung gesehen, sondern allein durch die antikommunistische Brille. Dabei hatte Ho Chi Minh, der führende Kopf des vietnamesischen Widerstandes zunächst gegen die japanische Besatzung und dann gegen die französische Rekolonisierung nach 1945, im Zweiten Weltkrieg eng mit amerikanischen Geheimdienstlern zusammengearbeitet. In der vietnamesischen Unabhängigkeitserklärung 1945 hatte er sich ausdrücklich auf das Vorbild der USA von 1776 bezogen. Doch die Chinesische Revolution 1949 wertete Indochina im Kampf gegen den Kommunismus strategisch auf, nachdem die USA schon zuvor Frankreich mit Krediten unterstützt hatten – unter anderem wurden Marshallplan-Gelder für Vietnam abgezweigt. Bis zur französischen Kapitulation nach der Schlacht von Dien Bien Phu im Mai 1954 wurden für mehr als zwei Milliarden Dollar Kriegsgüter an die französische Armee geliefert. Zwar lehnte Eisenhower amerikanische Luftunterstützung für die eingeschlossenen französischen Truppen ab. Doch bei den Genfer Friedensverhandlungen (Mai bis Juli 1954), an denen die USA nur als Beobachter teilnahmen, waren sie wesentlich für das Endergebnis verantwortlich: Vietnam wurde entlang des 17. Breitengrades in einen »kommunistischen« Norden und einen »freien« Süden geteilt, mit dessen Schicksal die USA ihre außenpolitischen Interessen verknüpften.

Die USA stützten offen und heimlich mit Hilfe der CIA das antikommunistische, autoritäre und in der katholischen Minorität gründende Regime unter Präsident Diem. Dieser führte das Land als korrupten Familienbetrieb und gewann nicht das Vertrauen der Bevölkerung. Amerikanische Mahnungen, durch Landreformen soziale Fortschritte zu erzielen, gingen ins Leere. 1960 war es den nordvietnamesischen Kommunisten gelungen, unter dem Dach der *Front National de Libération* (FNL) eine einheitliche Befreiungsbewegung für Südvietnam zu organisieren, die auch bürgerliche, buddhistische und andere nichtkommunistische Gruppierungen umfasste. Zum Zeitpunkt von Kennedys Amtsantritt hatte sich die Situation beträchtlich verschärft. Während Kennedy vor der Stationierung von Bodentruppen zurückschreckte, stockte er die Militär- und Wirtschaftshilfe kräftig auf, ohne dass Diem die Reformforderungen der Amerikaner umsetzte. Mit der Entsendung einer wachsenden Anzahl von Entwicklungshelfern und Militärberatern wurde eine Eskalationsspirale in Bewegung gesetzt. In der zweiten Jahreshälfte 1963 übernahm die Kennedy-Regierung indirekt die Verantwortung für die Entwicklung in Südvietnam. Nach einem Massaker südvietnamesischer Sicherheitskräfte an buddhistischen Vietnamesen, die in ihrer freien Religionsausübung gehindert worden waren und der die Weltöffentlichkeit aufwühlenden Selbstverbrennung eines Mönches wurde mit Wissen der USA Diem von einer Militärjunta gestürzt und ermordet.

Als Johnson sein Amt antrat, hatte sich die Lage aufgrund wachsender Angriffe der FNL und des Nordens verschärft. Der neue Präsident verglich seine Situation mit der eines großen Fisches, der an einem dicken fetten Wurm angebissen habe, in dem ein scharfer Haken stecke. Entgegen besserer Einsicht sah er keine Alternative zu einem amerikanischen Engagement. Der Kampf »gegen eine von außen vorgenommene und unterstützte kommunistische Konspiration« müsse weitergeführt werden, wie es in einem Memorandum des National Security Council vom November 1963 hieß. Johnson hatte fast alle Kennedy-Berater übernommen, vor allem Verteidigungsminister Robert McNamara, den er Anfang 1964 auf eine *fact finding mission* nach Vietnam schickte. McNamara empfahl eine Aufstockung der Militärhilfe. Anfang August 1964 ergab sich für Johnson die Chance, im Wahlkampf Festigkeit zu zeigen, als im Golf von Tonkin unter nie völlig geklärten Umständen nordvietnamesische Torpedoboote den amerikanischen Zerstörer »Maddox« beschossen. Johnson hatte die Konfrontation zwar nicht direkt gesucht, aber doch auch nicht bewusst vermieden.

Vor allem nutzte der Präsident den Zwischenfall im Golf von Tonkin zu einer politischen Demonstration und ließ eine in den Schubladen schlummernde Resolution durch den Kongress peitschen. Diese gestand dem Präsidenten als Oberkommandierendem zu, nicht nur Angriffe auf amerikanische Streitkräfte zurückzuweisen, sondern alle künftigen Aggressionen zu verhindern. Gegen die Resolution stimmten nur zwei Senatoren. Johnson und sein Nachfolger Nixon stützten das gesamte militärische Engagement der USA in Vietnam auf eine weite Auslegung dieser Blankovollmacht – »so weit wie Großmutters Nachthemd, sie bedeckt alles« (Johnson). Es blieb die einzige formelle Ermächtigung zu einem Krieg, den die USA niemals offiziell erklärten. Der Kongress hatte sich praktisch selbst entmachtet und sein wichtigstes Privileg, die Entscheidung über Krieg und Frieden, auf die imperiale Präsidentschaft übertragen.

Nach seiner triumphalen Wiederwahl im November 1964 verschärfte Johnson die Gangart gegenüber Nordvietnam. Die erste Eskalationsphase begann im März 1965, als die Luft-Operation »Rolling Thunder« begann. Durch Zerstörung der Infrastruktur sollte Hanoi an den Verhandlungstisch gezwungen werden. Zwischen 1965 und 1968 wurden eine Million Tonnen Bomben abgeworfen, achthundert Tonnen pro Tag für dreieinhalb Jahre. Jeder Einsatz eines der großen B-52 Bomber, die von den pazifischen Basen der USA aus aufstiegen, kostete 30000 Dollar. Insgesamt hatten die USA schon Anfang 1966 1,7 Milliarden Dollar für die Bombardements ausgegeben. Besonderes Ziel war der Ho-Chi-Minh-Pfad, auf dem Soldaten und Militärgüter durch den Dschungel nach Süden strömten. Doch die Bombardements hatten keine gravierenden Auswirkungen auf den Nachschub, da Brücken schnell repariert und die Waffenproduktion in den Untergrund verlagert werden konnten. Im Gegenteil, die Bombardements schweißten die Gegner zusammen. Zugleich gingen im März 1965 erstmals amerikanische Bodentruppen an Land – zunächst um amerikanische Basen und Flugplätze zu schützen, doch bald um offensiv zu kämpfen. Im Juni 1965 hatten die USA bereits 75000 Soldaten in Vietnam stationiert, 189000 bei Jahresende 1965, dann 380000 (1966), 485000 (1967) und schließlich 536000 (1968).

Wer waren die Soldaten, die in diesem Krieg kämpften? Wie wirkte sich der Krieg auf sie aus? Insgesamt haben mehr als 2,8 Millionen Amerikaner in Vietnam gedient. Sie waren im Durchschnitt neunzehn Jahre alt und damit acht Jahre jünger als die Soldaten des Zweiten Weltkriegs und des Koreakrieges. Sie besaßen also weder das Wahlrecht – dieses wurde erst 1971 durch den 26. Verfassungszusatz auf achtzehn Jahre heruntergesetzt – noch durften sie Alkohol trinken. Zum Kämpfen aber waren sie alt genug. Anfangs waren viele Freiwillige darunter, die Mehrheit jedoch Wehrdienstleistende. Letztere nahmen mit dem Umfang der Truppen zu, und damit stieg auch ihr Anteil an den Opfern. Zu achtzig Prozent stammten sie aus unteren Einkommensgruppen. Es wurde gesagt, Vietnam sei »ein Krieg der Reichen und ein Kampf der Armen« gewesen. Während Studenten bis Mitte 1968 fast automatisch vom Wehrdienst freigestellt wurden, wurden junge Arbeiter direkt nach dem Schulabschluss eingezogen. Auch waren zu Beginn des Krieges überproportional viele Opfer Afroamerikaner, mit 24 Prozent mehr als doppelt so viele, wie es ihrem Anteil an wehrfähigen jungen Männern entsprochen hätte. Dies hatte offensichtlich mit Diskriminierung zu tun, weil schwarze GIs häufig die schlechtesten und gefährlichsten Aufträge bekamen. Die Armee reagierte auf die alarmierenden Zahlen. Der Anteil afroamerikanischer Opfer ging bis 1968 auf dreizehn Prozent zurück.

Viele dieser jungen Männer zogen anfangs mit echter antikommunistischer und patriotischer Begeisterung in den Krieg. Der Dschungelkampf mit einem schwer zu fassenden Gegner sollte viele von ihnen psychisch stark belasten. Alkohol- und Drogenmissbrauch wurde zu einem vieldiskutierten Problem und diente später dem Drogenkrieg als innenpolitische Rechtfertigung. Entgegen dem populären Mythos bildete sich die übliche Kameraderie nicht heraus. Soldaten wurden für ein Jahr eingezogen und rotierten in die Einheiten hinein und hinaus. Wer nur noch wenige Wochen Dienst vor sich hatte, vermied jegliches Risiko, oft zum Schaden seiner Einheit. Offiziere waren mit nur sechs Monaten Dienstzeit an der Front privilegiert und entwickelten kein enges Verhältnis zu ihren Männern. Auch die überlegene Feuerkraft der amerikanischen Luftwaffe war nicht immer von Vorteil. Nach Schätzungen sollen bis zu zwanzig Prozent der US-Opfer auf versehentliche Beschießung durch die eigenen Leute (*friendly fire*) zurückzuführen sein. Der Dschungel- und Guerillakrieg brutalisierte, weil Soldaten oft nicht zwischen Zivilbevölkerung und Kombattanten unterscheiden konnten. Mit dem Massaker von My Lai (März 1968) erreichte der Krieg gegen Zivilisten einen traurigen Höhepunkt, dessen Bekanntwerden 1971 die amerikanische Öffentlichkeit schockierte.

Seinen Wendepunkt erreichte der Vietnam-Krieg im Jahr 1968. Ende Januar hatte die FNL den Feiertag des vietnamesischen Neujahrsfestes (»Tet«) für eine überraschende Offensive genutzt und dabei für absolut sicher gehaltene Bastionen des US-Militärs in den Städten angegriffen. Einige Kämpfer drangen bis in die amerikanische Botschaft in Saigon vor. Die Tet-Offensive stellte einen Strategiewechsel der Befreiungsfront dar, die im Dschungel nicht die erhofften Erfolge gegen die Amerikaner hatte erzielen können. Nun trug die FNL den Krieg direkt in die Städte. Es kam zu blutigen Auseinandersetzungen in der mit hohem symbolischen Kapital belasteten Kaiserstadt Hué, die von Amerikanern und Südvietnamesen vorübergehend aufgegeben wurde. Zwar erwies sich die Tet-Offensive militärisch gesehen als Misserfolg. Die FNL konnte zurückgedrängt und aufgerieben werden. Fortan war sie nicht stark genug, ihre Rückzugsgebiete auf dem Land zu verteidigen. Die Kriegführung ging auf reguläre nordvietnamesische Truppen über.

Dennoch wurde Tet 1968 zum Wendepunkt des Krieges, weil die Offensive ein politisches Erdbeben in Washington auslöste. Das hatte viel mit der Wahrnehmung dieses, wie er oft genannt wurde, ersten Krieges des Fernsehzeitalters zu tun. Tet war ein Schock, weil die Kämpfe mitten in Saigon so gar nicht zu dem bis dahin konventionellen Bild des Krieges passten, das aus startenden und landenden Hubschraubern in Reisfeldern bestanden hatte. Die verschärften Kämpfe straften die Kampagne der Johnson-Regierung Lügen, wonach der Sieg in greifbare Nähe gerückt sei. Den Eindruck des Scheiterns verfestigten dramatische Bilder wie das der Exekution eines Guerillakämpfers auf offener Straße durch einen hohen südvietnamesischen Polizeioffizier. Die etablierten Medien, die bis dahin die Verlautbarungen der Regierung gestützt hatten, schwenkten auf eine skeptische Berichterstattung um. Der Zweifel von Amerikas damals bekanntestem Fernsehjournalisten, Walter Cronkite, der direkt aus Saigon bohrende Fragen an die amerikanische Führung richtete, überzeugte Johnson davon, dass er den Rückhalt des Volkes verloren hatte. Weiteren Forderungen des Militärs nach mehr Truppen wollte er daraufhin nicht mehr entsprechen.

Tet hatte Johnson auch innerparteilich verwundbar gemacht. Bei den Vorwahlen seiner Partei in New Hampshire erhielt der Friedenskandidat Eugene McCarthy 42 Prozent der Stimmen. Als der Bruder des verstorbenen Präsidenten, Robert Kennedy, ebenfalls seinen Hut in den Ring warf und gleichzeitig mit der Goldkrise des Frühjahrs 1968 deutlich wurde, dass der Krieg die weltwirtschaftliche Stellung der USA unterminierte, gab Johnson auf. In einer dramatischen Ansprache erklärte er am 31. März 1968 den Stopp der Bombardierungen nördlich des 20. Breitengrads, bot Verhandlungen an und erklärte, nicht für eine weitere Amtszeit zur Verfügung zu stehen. Zwei Monate später begannen in Paris die Gespräche mit Hanoi, die bis zum Ende des Wahlkampfes keine konkreten Ergebnisse zeitigten. Gleichzeitig eskalierte der Protest im Inneren, als auf dem demokratischen Wahlkonvent in Chicago im August 1968 Demonstranten unter unschönen Begleitumständen auseinandergetrieben wurden. »The whole world is watching« skandierten die Protestierenden und machten damit deutlich, dass Images entscheidend über den Gehalt der Politik bestimmen.

Der Vietnamkrieg ist also ursächlich für den vorläufigen Gipfel und schließlich auch für den Niedergang der imperialen Präsidentschaft verantwortlich. Johnsons republikanischer Nachfolger Richard M. Nixon (1969–1974), der mit einem nicht-existenten geheimen Friedensplan für Vietnam für sich geworben hatte und Vizepräsident Humphrey im November 1968 knapp besiegte, setzte zunächst die Politik Johnsons fort. Er weitete den Krieg ins neutrale Kambodscha aus, um die Rückzugsgebiete der Nordvietnamesen zu zerstören – mit gravierenden Folgen für dieses Land. Wie Johnson suchte er den Gegner an den Verhandlungstisch zu bombardieren, mit dem gleichen geringen Erfolg. Auch setzte er das schon zuvor begonnene Programm der Vietnamisierung fort. Wie Johnson sah er sich mit einer wachsenden Friedenssehnsucht und einer Antikriegsbewegung konfrontiert. Im Mai 1970 kam es zur schlimmsten Konfrontation, als auf dem Campus der Kent State University in Ohio Nationalgardisten auf Demonstranten feuerten und vier Studierende ums Leben kamen (darunter zwei Unbeteiligte). Im Kongress verhärtete sich die Opposition gegen den Krieg, so dass die *Gulf of Tonkin Resolution* 1970 widerrufen wurde. Gleichzeitig hielt Nixon sein Wahlversprechen und baute die amerikanische Truppenpräsenz ab. Zwei Jahre nach seinem Amtsantritt waren nur noch 334 000 US-Soldaten in Vietnam stationiert, weitere zwei Jahre später 24 200. Als 1972 reguläre nordvietnamesische Truppen über die Nord- und Südvietnam trennende entmilitarisierte Zone angriffen, hielt mit amerikanischer Luftunterstützung die südvietnamesische Armee tapfer stand. Angesichts der bevorstehenden Wahlen und der Kriegsmüdigkeit in Bevölkerung und Kongress sah Nixon jedoch keine Alternative, als die Pariser Verhandlungen fortzusetzen.

Nixon leitete einen Wandel der amerikanischen Strategie ein, weil er im Rahmen der größeren Entspannungspolitik den direkten Kontakt zu Moskau und Peking suchte. Als außenpolitische »Realisten« glaubten er und sein nationaler Sicherheitsberater Henry Kissinger, dass man China als Großmacht, nicht als ideologische Macht behandeln müsse. Das unterschätzte die Selbständigkeit der Nordvietnamesen, die durchaus keine Marionette der kommunistischen Großmächte waren. Die Verhandlungen drohten jedoch nicht an Hanoi, sondern an Saigon zu scheitern, das sich durch Nixons und Kissingers Geheimdiplomatie verraten fühlte. Nach Nixons Wahlsieg 1972, der auch aufgrund der Friedensgerüchte hoch ausfiel, kam ein Kompromiss zustande, in dem die USA kaum mehr ihr Gesicht wahren konnten: Die Kampfhandlungen würden eingestellt, die USA zögen sich innerhalb von sechzig Tagen zurück, nordvietnamesische Truppen konnten im Süden zurückbleiben. Der Status quo war faktisch anerkannt und die Hauptforderung Hanois erfüllt: zweifellos nicht der »ehrenvolle Frieden«, für den Kissinger noch den Nobelpreis erhielt. Die Südvietnam während der Verhandlungen gegebenen Zusagen, es militärisch durch weitere Bombardierungen des Nordens und wirtschaftlich durch Wiederaufbauhilfe zu unterstützen, konnte Nixon nicht einhalten. Der Kongress stoppte nach dem Waffenstillstand von Paris (Januar 1973) die Finanzmittel. Auch kämpfte Nixon aufgrund der schwelenden Watergate-Affäre um sein politisches Überleben. Ohne amerikanische Hilfe war Südvietnam nicht überlebensfähig. Am 1. Mai 1975 zogen nordvietnamesische Truppen in Saigon ein; die letzten Anhänger des Regimes hatten Ende April unter dramatischen Umständen über das Dach der amerikanischen Botschaft die Flucht gesucht. Der nach dem durch die Watergate-Affäre bedingten Rücktritt Nixons mit einen schwachen Mandat ausgestattete Präsident Gerald Ford (1974–1977) hatte jegliche Unterstützung abgelehnt.

Vietnam spielt auch deshalb eine zentrale und bis heute umstrittene Rolle im amerikanischen Selbstverständnis, weil der Krieg mit der großen gesellschaftlichen Kontroverse der 1960er Jahre über das, was Amerika ausmachte, eng verknüpft war. Anfang der 1960er Jahre hatte sich parallel zur Bürgerrechtsbewegung eine studentische Protestbewegung gebildet, die sich gegen bürokratisierte Strukturen und technokratische Modernisierungsideologien wandte und auch die manichäische, schwarz-weiße Weltsicht des Kalten Krieges scharf ablehnte. Sie wurde in ihren Protestformen von der Strategie des gewaltfreien, zivilen Ungehorsams Martin Luther Kings und der Bürgerrechtsbewegung beeinflusst. 1962 hatten die *Students for a Democratic Society* (SDS) im »Port Huron Statement« gegen die Beteiligung der Hochschulen am Militärisch-Industriellen Komplex protestiert und eine partizipatorische Demokratie eingefordert. 1964 hatte dann ein »Free Speech Movement«, das Eintreten für Redefreiheit, auf dem Campus der University of California in Berkeley einen ersten Höhepunkt erreicht. 1965 fand an der University of Michigan in Ann Arbor das erste »teach-in« statt, auf dem Studenten und Professoren tagelang über die moralischen und politischen Folgen von Vietnam diskutierten. Um diese Zeit erreichten die Protestaktivitäten auch in anderen Städten erste Höhepunkte. Gleichzeitig begannen SDS und SNCC Kontakt zur »anderen Seite« aufzunehmen, zur FNL und Nordvietnam, den kubanischen Revolutionären und anderen Befreiungsbewegungen in der »Dritten Welt«.

Einen starken Mobilisierungsschub löste 1966 die Entscheidung aus, Studierende nicht länger automatisch vom Wehrdienst zurückzustellen. Manche ignorierten den Einzugsbefehl und verbrannten ihre Einberufungsbescheide. Eine größere Gruppe setzte sich nach Kanada und Schweden ab. Viele entzogen sich dank medizinischer Gutachten dem Kriegsdienst oder gaben Homosexualität an. Diese Optionen standen meist nur jungen Männern aus sozial besser gestellten Familien zur Verfügung. Der Kampf gegen den Vietnamkrieg erreichte einen ersten Höhepunkt im Oktober 1967, als hunderttausend Demonstranten vor dem amerikanischen Verteidigungsministerium demonstrierten (»March on the Pentagon«). 1968 explodierten dann die Proteste gegen den Krieg, aber auch gegen den Rassismus, wobei es an einzelnen Orten wie an der Columbia University in New York im April 1968 zu gewalttätigen Konflikten kam. Die studentische Radikalisierung erreichte in diesem Jahr ihren Höhepunkt, während gleichzeitig nach der Ermordung Martin Luther Kings am 4. April 1968 rassisch motivierte Aufstände in den Ghettos der großen Städte aufloderten. In Washington wurden das Weiße Haus und das Kapitol von Armeeeinheiten gegen Brandstifter und Plünderer verteidigt, die durch die Straßen der Hauptstadt zogen. Die Aufbrüche und Reformhoffnungen der 1960er Jahre schienen in einem Desaster zu enden.

Der Protest gegen den Vietnamkrieg ist im gesellschaftlichen Kontext einer generellen kulturellen Unzufriedenheit zu sehen, die nach den Aufbrüchen der frühen 1960er Jahre nicht allein junge Menschen erfasste. Langfristig folgenreich war die Revitalisierung der Frauenbewegung, die Menschen weit über die linken Splittergruppen hinaus erfasste. Neben Publikationen wie denen von Betty Friedan leisteten dazu die chauvinistischen Strukturen im Herzen der Revolte einen Beitrag. In den Führungsgremien von SDS und SNCC waren Frauen nicht repräsentiert. Als »Bräute« der Revolution waren Studentinnen überwiegend zum Kaffeekochen und Abtippen von Resolutionen eingeteilt. Auch hatte das zögerliche Vorgehen der durch den *Civil Rights Act* von 1964 geschaffenen *Equal Employment Opportunity Commission* gegen geschlechtsspezifische Diskriminierungen zur Gründung der *National Organization for Women* (NOW) 1966 geführt. Diese setzte nach dem Vorbild der Bürgerrechtsbewegung neben öffentlichem Protest auch auf Muster-Gerichtsverfahren. In seinen linken Ausläufern sah sich der Feminismus als eine soziale Bewegung gegen etablierte Ordnungen, wollte über Diskussionsgruppen Bewusstsein schaffen, wies mit aufsehenerregenden Demonstrationen auf alltägliche Diskriminierungen hin und forderte das Recht auf Abtreibung ein, das der Oberste Gerichtshof mit seinem Urteil in der Sache »Roe gegen Wade« 1973 sanktionierte. Gesetzgeberische Erfolge waren die Ausweitung des Civil Rights Act von 1964 sowie die Verabschiedung eines Equal Rights Amendment (ERA) zur Verfassung, das den Kongress passierte, aber keine ausreichende Ratifikation durch die Bundesstaaten fand.

Der Wandel nicht nur der Frauenrollen, sondern der Geschlechterverhältnisse überhaupt und der Einstellung zur Sexualität ist zu den wirksamsten Folgen der kulturellen Umbrüche der 1950er bis 1970er Jahre zu zählen. Eingebettet war dieser Wandel in eine Jugendbewegung, die wiederum in den starken Geburtsjahrgängen der »baby boomer« gründete. Diese Generation war von der Konsumgesellschaft der 1950er und 1960er Jahre geprägt worden. Sie drängte in Rekordzahlen auf die Universitäten, und sie behauptete stärker als ihre Eltern und Großeltern eine kulturelle Autonomie. Dafür gab es viele äußere Anzeichen: Hatten Anfang der 1960er Jahre die meisten männlichen Studierenden noch Krawatten getragen, so wandelte sich innerhalb weniger Jahre der Kleidungsstil und die Frisuren. Jeans, T-Shirts, Bärte, langes wallendes Haar bestimmten gegen Ende der 1960er Jahre das Bild der Bewegung. Zentrales Element dieser Kulturrevolution im Zeichen der Individualisierung der Lebensstile war die Musik. Anders als über weite Strecken des amerikanischen Jahrhunderts üblich, spielten britische

Rockgruppen den Vorreiter, die allerdings ihrerseits in einer kritischen Phase ihrer Entstehung von amerikanischen Vorbildern beeinflusst worden waren. Sie erzielten als Resonanzboden des Lebensgefühls der *sixties generation* phänomenale Erfolge. Zugleich standen die Beatles oder die Rolling Stones für einen weiteren Aspekt der Gegenkultur: die Drogenerfahrung, deren wachsende Akzeptanz in Liedern wie *Lucy in the Sky with Diamonds* deutlich wurde.

Die Mischung aus Freiheitsstreben, (mehr publizierter als praktizierter) sexueller Libertinage sowie einer aggressiver auftretenden, sich kriminalisierenden Drogenszene löste gegen Ende der 1960er Jahre eine gesellschaftliche Gegenbewegung gegen die Gegenkultur aus. Die Medien spielten hierbei eine entscheidende Rolle. Sie hatten den Protesten zunächst öffentliches Gehör verschafft. Doch die Gewaltexzesse etwa aus Anlass der Proteste in Chicago 1968 oder Happenings der »Hippies« und »Beatniks« in Haight-Ashbury in San Francisco, deren Abdriften in Kriminalität die ursprünglichen Protagonisten nicht hatten verhindern können, zogen kritische Kommentare auf sich. Von vielen Amerikanern wurde die Gegenkultur nicht als Befreiungsbewegung, sondern als moralisches Verfallsphänomen wahrgenommen. Den Protesten gegen den Vietnamkrieg standen patriotische Amerikaner skeptisch bis feindselig gegenüber. Die Demokraten, die den Krieg geführt hatten, wurden angesichts der Proteste nun als »Partei der Unordnung« gebrandmarkt. Ihre traditionelle Klientel in der Arbeiterklasse und unteren Mittelschicht sah sich von den in kulturellen Fragen tendenziell nach links driftenden Führern der Demokratischen Partei nicht mehr repräsentiert.

Rekonstruktionsversuche (1969–1990)

Politik im Schatten von Watergate

Die Opposition gegen die doppelte Umwälzung der 1960er Jahre – die Kulturrevolution und der Ausbau des Wohlfahrtsstaates – machte sich in den Wahlen des Jahres 1968 zum einen der Gouverneur von Alabama, George Wallace, zunutze, der als Drittkandidat populäre Ressentiments mit einer offen rassistischen Botschaft bediente. Zum anderen verstand es Richard Nixon, sich zum Sprecher der missbilligenden »schweigenden Mehrheit« zu machen, die eben nicht protestierte und der er Recht und Ordnung statt Chaos versprach. Die Demonstranten zeichnete er verächtlich als Wohlstandskinder. Von einem Team professioneller Medienberater unterstützt, gab Nixon den für ihn charakteristischen konfrontativen Stil auf. Er inszenierte sich als Friedenskandidat und Protagonist nationaler Versöhnung. Mit 43,3 gegen 42,7 Prozent setzte er sich knapp gegen den demokratischen Kandidaten Hubert Humphrey und gegen Wallace durch. Signifikant war das Faktum, dass die Demokratische Partei, obwohl sie ihre Stellung im Kongress hatte halten können, gegenüber 1964 mehr als zwölf Millionen Stimmen weniger erhielt und zu einer Koalition von Minderheiteninteressen zu verfallen drohte.

Auch Nixons Präsidentschaft stand außenpolitisch im Schatten von Vietnam. Dennoch gelang es Nixon und seinem Sicherheitsberater und späteren Außenminister Kissinger, den durch Vietnam hervorgerufenen weltweiten Glaubwürdigkeitsverlust partiell wettzumachen. Dies geschah im Zeichen eines außenpolitischen Strategiewechsels, der vor allem in Europa meist als Erfolg gewertet wird. Als außenpolitische »Realisten« standen Nixon und Kissinger dem demokratischen Internationalismus distanziert gegenüber, ohne das Pendel zu einem Neo-Isolationismus zurückschwingen zu lassen. Beide sahen in dem Mächtesystem des 19. Jahrhunderts ihr Vorbild. Sie ließen sich von der Idee leiten, dass die Außenpolitik von Machtbalancen bestimmt werde, dass Amerika sich auf seine natürlichen Einflusssphären konzentrieren müsse, ohne in der ganzen Welt das Evangelium der Demokratie zu verkünden. Es wurde zur vielzitierten Ironie, dass der einstige Erz-Antikommunist Nixon nicht nur mit Rot-China, sondern auch mit der Sowjetunion zu einem ausgeglicheneren Verhältnis fand, weil er beide eher als Großmächte und nicht als ideologische Mächte behandelte. Dennoch grenzte es an eine Sensation, dass Nixon sich im Februar 1972 persönlich mit Mao Tse-tung traf, um einen neuen Anfang in den amerikanisch-chinesischen Beziehungen zu suchen.

Nixons vielbeschworener Gang nach Peking hatte seine Bedeutung auch im Verhältnis zu Moskau, dem ebenfalls an einer Abschwächung des ruinösen Rüstungswettlaufes gelegen war. Die UdSSR sollte durch das Spielen der chinesischen Karte unter Druck gesetzt werden. Parallel zur gleichzeitigen deutschen Ostpolitik verhandelten Sowjets und Amerikaner schon seit 1969 über Verträge zur Begrenzung strategischer Nuklearwaffen und des Aufbaus von Raketenabwehrsystemen (SALT I, 1972). Allerdings bremste die Entspannung den Rüstungswettlauf nur vorübergehend ab. Schon im Jom-Kippur-Krieg 1973, in dem die USA Israel und die UdSSR Ägypten stützten, ging der Kampf um Einflusssphären an der Peripherie weiter. Gegenüber Lateinamerika setzten Nixon und Kissinger die alte amerikanische Hegemonialpolitik fort, indem sie den Militärputsch gegen den demokratisch gewählten sozialistischen Präsidenten Chiles, Salvador Allende, unterstützten. Auch das Verhältnis zu Europa war nicht spannungsfrei, vor allem aufgrund der durch die angeschlagene weltwirtschaftliche Stellung der USA ausgelösten Handelskonflikte.

Innenpolitisch überraschte Nixon mit einer moderaten Politik. Der bei weitem liberalste Republikaner im Weißen Haus seit 1945 setzte zum Entsetzen seiner konservativen Klientel den Ausbau des Wohlfahrtsstaates fort. Jedenfalls stellte er sich entsprechenden Gesetzesinitiativen der Demokraten nicht in den Weg und suchte diese zum Teil noch zu übertreffen. 1971 forderte er einen nationalen Krankenversicherungsplan. 1972 unterschrieb er ein Gesetz, das unter anderem geschlechtsspezifische Diskriminierungen im Bildungswesen verbot. Auch die Hilfen für von der Wohlfahrt abhängige Familien und Kinder nahmen zu, die in der öffentlichen Wahrnehmung (schwarzen) Müttern von unehelichen Kindern zugute kamen – in Wahrheit aber eine höhere Zahl von bedürftigen weißen Familien unterstützten. Die Nixon-Regierung experimentierte sogar mit einem Plan, ein Existenzminimum zu garantieren, scheiterte aber damit im Kongress. Auch mit der entstehenden Umweltbewegung ging Nixon eine Allianz ein. Es wurde eine Umweltbehörde des Bundes gegründet, und Gesetze zur Reinhaltung von Luft und Wasser wurden erlassen, deren Kontrolle dem Bund – ungeachtet des Eintretens Nixons für mehr einzelstaatliche Rechte – neue Eingriffsmöglichkeiten vor allem im Westen eröffnete. In der Ära Nixon wurden die Uhren keineswegs zurückgestellt.

Aufgrund seiner innen- und außenpolitischen Erfolge war Nixon die Wiederwahl 1972 sicher, auch weil die Demokraten mit George McGovern einen Kandidaten nominierten, der mit Vorschlägen zur Einkommensumverteilung, zur Legalisierung von Marihuana und zur drastischen Kürzung der Verteidigungsausgaben als ultraliberaler Extremist abgestempelt werden konnte. Doch Nixon verspielte seine Chance, als bedeutender Präsident in die Geschichte einzugehen. Schon vor Beginn des Wahlkampfes hatte er mit legalen und illegalen Mitteln seine Gegner zu bespitzeln und zu delegitimieren gesucht. Zu »schmutzigen Tricks«, wie Amerika in der sich nun anbahnenden »Watergate-Affäre« schmerzlich bewusst wurde, hatten viele Regierungen gegriffen, unabhängig von ihrer Couleur. Nixon aber, dessen Außenseiterkomplex sich seit der Veröffentlichung geheimer Papiere über den Vietnamkrieg (der »Pentagon Papers«) zum paranoiden Verfolgungswahn steigerte, wollte nichts dem Zufall überlassen. Von dem Komitee zur Wiederwahl Nixons (»CREEP«), das unter der Leitung von Ex-Justizminister John Mitchell stand, wurde eine Spionagetruppe, die »Klempner«, ins Leben gerufen, die Mitchell zum Abhören des Wahlkampfhauptquartiers der Demokraten im Watergate-Hotel in Washington ermächtigte. Als sie dort im Juni 1972 »Wanzen« zu installieren versuchten, wurden sie von einem Nachtwächter überrascht. Nixon stritt jegliche Verbindungen zum Weißen Haus ab. Unter der Hand ließ er jedoch das Schweigen der Beteiligten mit hohen Bestechungsgeldern erkaufen und wies die CIA an, aus Gründen der nationalen Sicherheit eine Untersuchung des FBI zu unterbinden.

Im November 1972 wurde Nixon mit 60,7 gegen 37,5 Prozent überwältigend wiedergewählt. Als kurz danach einer der Watergate-Einbrecher vor Gericht gestand, im Auftrag des Weißen Hauses gehandelt zu haben, flogen die geheimen Machenschaften der Regierung Nixon auf. Zwei Reporter der *Washington Post*, Carl Bernstein und Bob Woodward, die durch einen Informanten im FBI auf dem Laufenden gehalten wurden, brachten die Vertuschungsversuche ans Licht. Im Februar 1973 wurde ein Untersuchungsausschuss eingesetzt. Im Sommer 1973 brachten die sich über Wochen hinziehenden Anhörungen im Senat immer neue schockierende Details an den Tag. Als bekannt wurde, dass Mitschnitte der im Oval Office geführten Gespräche existierten, verweigerte Nixon zunächst die Herausgabe. Erst als ihm eine Anklage wegen Hochverrats drohte, gab er Anfang 1974 stark redigierte

Abschriften der Bänder frei. Diese untergruben den letzten Rest moralischer Autorität, den er noch besaß. Im Text waren mit dem Hinweis »Kraftausdrücke gestrichen« (»expletives deleted«) viele Stellen geschwärzt worden, weil sich Nixon dort einer nicht salonfähigen Fäkalsprache bedient hatte. Die Bänder, die er erstaunlicherweise nicht hatte zerstören lassen, bewiesen, dass Nixon wenige Tage nach dem Watergate-Einbruch alles unternommen hatte, um eine Aufklärung durch die Justiz zu behindern. Sein politisches Schicksal war besiegelt. Ende Juli 1974 wurde vom Repräsentantenhaus ein Amtsenthebungsverfahren (*impeachment*) wegen Behinderung der Rechtssprechung, Machtmissbrauchs und Verfassungsbruchs eingeleitet. Am 9. August 1974 kam Nixon durch Rücktritt seiner Amtsenthebung zuvor.

Zum ersten Mal in der amerikanischen Geschichte war ein Präsident von seinem hohen Amt zurückgetreten. Die politische Apathie und den wachsenden Zynismus, die schon seit den späten 1960er Jahren für fallende Wahlbeteiligungen sorgten, bekamen seine Nachfolger nun deutlich zu spüren. Gerald Ford war erst im Oktober 1973 Vizepräsident geworden, nachdem Nixons erster Vizepräsident Spiro T. Agnew wegen einer Korruptionsaffäre ebenfalls hatte zurücktreten müssen. Als Chef der Republikaner im Repräsentantenhaus hatte Ford sich den Ruf eines integren und offenen Politikers erworben. Er verspielte dieses Plus, weil er einen Monat nach seiner Vereidigung Nixon begnadigte. Dieser entging deshalb einer Strafe für Watergate, während 25 Mitglieder seiner Regierung zum Teil mit Gefängnis für ihre Verfehlungen büßten. Die Republikanische Partei wurde von den Wählern in den Zwischenwahlen des Jahres 1974 abgestraft und fiel auf den niedrigsten Stand seit 1936 – in einer Wahl, in der nur 38 Prozent der Wahlberechtigten zur Urne gegangen waren, ein Negativrekord im 20. Jahrhundert. Zum Feiern war wenigen Amerikanern zumute, als die USA im Sommer 1976 das zweihundertste Jubiläum ihrer Unabhängigkeit begingen. Ein gutes Jahr zuvor war Saigon gefallen. Im Watergate-Fall hatten sich die institutionellen *checks and balances* der Verfassung zwar bewährt, jedoch nur um Haaresbreite und unter höchst blamablen Begleitumständen. Die USA waren an einem Tiefpunkt ihrer jüngeren Geschichte angelangt.

Auch mit der Wirtschaft ging es in den 1970er Jahren bergab. Die Automobilindustrie, die als Leitsektor Motor der Prosperität des 20. Jahrhunderts gewesen war, büßte gegenüber der Konkurrenz aus Europa und Japan an Wettbewerbsfähigkeit ein. 1975 erreichte die Arbeitslosenquote elf Prozent, während die Produktion um zehn Prozent fiel. Wie andere westliche Länder litten die USA unter zweistelligen Inflationsraten, die der »Ölpreis-Schock« 1973 verursacht hatte. Doch Amerika wurde von der plötzlichen Vervierfachung des Ölpreises besonders hart getroffen, weil es stärker als alle anderen vom Öl abhängig war, war doch der Anteil importierten Öls am Gesamtenergiebedarf der USA von 5,6 (1956) auf 17,4 Prozent (1972) gestiegen. Da das billige und reichlich verfügbare Öl den Boom der 1950er und 1960er Jahre angeheizt hatte, kam die Erdölkrise als tiefer psychologischer Schock. Über die inflationäre Wirkung hinaus bedrohte sie das Lebensgefühl und den Lebensstandard vieler Amerikaner, obwohl sie in der Sache keine Änderung in der Abhängigkeit der USA von importiertem Öl bewirkte – ja, der Import stieg in den folgenden Jahrzehnten sogar an. Eine in einer ungewöhnlichen Wachstumsphase aufgewachsene Generation machte sich Anfang der 1970er Jahre mit der Vorstellung vertraut, dass ihre Kinder in ökonomisch weniger gesicherten Verhältnissen leben würden als sie selbst.

Vor dem Hintergrund der dreifachen Krise von Watergate, wirtschaftlicher Depression und Vietnam verlor Ford 1976 die Wahlen erstaunlich knapp gegen seinen demokratischen Herausforderer Jimmy Carter. Dieser war 1972 zum Gouverneur seines Heimatstaates Georgia gewählt worden und hatte dort zwar liberal, aber mit Unterstützung der Gegner der Bürgerrechtsbewegung regiert. Darüber hinaus hatte er keine wichtige Rolle in der Politik gespielt. Er stellte sich als Außenseiter dar, der für mehr Ehrlichkeit und Moral in der Politik sorgen würde. Noch in einer zweiten Hinsicht vertrat Carter ein anderes Amerika. Er war nicht nur traditionell religiös, sondern sah sich als »wiedergeborener Christ«, der den Aufstieg der evangelikalen Bewegung und des vierten *Awakenings* repräsentierte. Als Präsident sollte er aber die Erwartungen der sich formierenden religiösen Rechten enttäuschen. Mit einem hemdsärmligen Stil bewegte er sich auch äußerlich weg von der imperialen Präsidentschaft. Moderat wurde der Einfluss der Regierung zurückgeschraubt. Zu seinen bleibenden Erfolgen gehörte die Deregulierung der Luftfahrt und des Verkehrs, während er keine Rezepte gegen die Zwillingsprobleme von Arbeitslosigkeit und Inflation fand. Sein erratischer Führungsstil ließ ihn mehrfach an dem von seiner eigenen Partei mit haushoher Mehrheit kontrollierten Kongress scheitern. Er konnte Steuersenkungen nicht durchsetzen. Hatte er gehofft, das Budgetdefizit abzusenken, erreichten die Staatsschulden nun neue Rekorde.

Im Gedächtnis haften bleibt die Ära Carter wegen mehrerer außenpolitischer Ereignisse. Unter Ford hatte die Entspannungspolitik mit der Schlussakte der Konferenz für Sicherheit und Zusammenarbeit in Europa (KSZE) von Helsinki (1975) ihren Höhepunkt erreicht, war aber im Senat auf wachsende Kritik gestoßen. Carter nutzte die dort verankerten Regelungen für humanitäre Erleichterungen als Ansatzpunkt für eine wieder stärker missionarisch aufgeladene Menschenrechtspolitik. Sein fortgesetztes Bemühen um die Entspannung honorierte die Sowjetunion nicht. Nachdem der SALT-II-Vertrag noch im Juni 1979 unterzeichnet worden war, ließ Moskau um die Jahreswende 1979/80 die Rote Armee in Afghanistan einmarschieren. Die Moskauer Gerontokraten unterschätzten Carter: Er organisierte einen Boykott der Moskauer Olympiade 1980, verhängte einen Weizenexportstopp gegen die UdSSR und unterstützte die afghanischen Rebellen mit Waffen, Geld und geheimdienstlichen Informationen. Zugleich antworteten die USA auf die sowjetische Stationierung Europa bedrohender SS-20-Raketen mit dem Bau neuer Mittelstreckenwaffen und Cruise Missiles. Im Einklang mit den europäischen Verbündeten, auf deren Initiative der NATO-Doppelbeschluss (1979) gefasst worden war, kam eine neue Runde im atomaren Wettrüsten in Gang. Carter, der angetreten war, Amerika von seiner übertriebenen Furcht vor dem Kommunismus zu heilen, verließ Anfang 1981 das Weiße Haus in einer Situation, in der der Kalte Krieg in eine dritte, deutlich verschärfte Phase trat. Der einstige Anhänger einer drastischen Reduzierung der Rüstungsausgaben war von der Taube zum Falken mutiert.

Einen großen Erfolg erzielte Carter mit den Verhandlungen von Camp David, die zu einem Friedensvertrag zwischen Israel und Ägypten im Frühjahr 1979 führten. Überschattet wurden diese Erfolge in der Nahost-Politik von der Iranischen Revolution im Januar 1979. Der Schah wurde gestürzt und ein fundamentalistisches Regime unter Ayatollah Chomeini kam an die Macht. Weil Carter dem Schah die Einreise in die USA erlaubte, reagierten iranische Demonstranten mit der Besetzung der amerikanischen Botschaft. Diese Verletzung der diplomatischen Immunität weitete sich zu einer nationalen Schmach für die Amerikaner aus, die Abend für Abend ihre Diplomaten mit verbundenen Augen von den Kidnappern vorgeführt am Fernsehschirm erlebten. Da Iran Verhandlungen verweigerte, zog sich die Geiselkrise vierzehn Monate hin. Das klägliche Scheitern eines Befreiungsversuchs durch das von Carter begründete mobile Einsatzkorps (*Rapid*

Reaction Force) besiegelte das Schicksal seiner Präsidentschaft. Carter igelte sich im Weißen Haus ein, lehnte es ab, zu den demokratischen Vorwahlen zu kandidieren, und wurde im November 1980 von einem weiteren »Außenseiter«, dem ehemaligen Gouverneur von Kalifornien, Ronald Reagan, mit 50,8 gegen 41 Prozent besiegt. Es war die härteste Niederlage eines amtierenden Präsidenten seit Hoover 1932. Zugleich gewannen die Republikaner erstmals seit 1955 wieder eine Mehrheit im Senat und verbesserten ihre Stellung im Repräsentantenhaus.

Die konservative Tendenzwende

Was hatte Reagans unerwartet hohen Sieg ermöglicht? Nur zum Teil lässt sich dieser mit der Führungsschwäche des Vorgängers erklären und damit, dass Carter mit der Teheraner Geiselkrise schlicht Pech hatte, während der neue Präsident die nach 444 Tagen freigelassenen Geiseln als eine seiner ersten Amtshandlungen zu Hause begrüßen konnte. Zweifellos profitierte Reagan von einer historisch niedrigen Wahlbeteilung von nur 53 Prozent. Gewerkschaftlich organisierte Arbeiter und Geringverdienende, das heißt eine klassisch demokratische Klientel, waren aus Enttäuschung zu Hause geblieben. Zugleich war es der Republikanischen Partei gelungen, unter Ausnutzung der nach Watergate erlassenen Gesetze ihre finanzielle Basis zu verbreitern und mit neuartigen Fernsehspots sowie Postwurfsendungen die Wähler direkt zu erreichen. Auch war der »große Kommunikator« Reagan im Unterschied zu Carter medial beschlagen. Als Schauspieler und Fernsehmoderator verfügte er über viel rhetorisches Geschick. Er verstand es, in einer Phase nationaler Verunsicherung an die »gute alte Moral« der amerikanischen Werte zu appellieren, den Individualismus zu betonen und das Misstrauen gegenüber »big government« in Washington kräftig zu schüren. Im politischen Alltag eher zurückhaltend, versprühte der von seinen Gegnern oft unterschätzte Reagan einen untrüglichen Optimismus. Er gewann das Vertrauen vieler Amerikaner in die Politik und in die Stärke des Landes zurück.

Mit seinem kommunikativen Stil und dem durch Afghanistan und die Teheraner Geiselkrise neu auflebenden Antikommunismus und Patriotismus erreichte er vor allem das überwiegend weiße, protestantische Publikum der suburbanen Mittelschichten und die für Wahlsiege nach wie vor entscheidenden Arbeiter, die als »Reagan Democrats« (darunter viele Katholiken) in nationalen Wahlen zu den Republikanern übergingen. Die Roosevelt-Koalition der 1930er Jahre lag in den letzten Zügen, nur Afroamerikaner erwiesen sich noch als zuverlässig demokratisch. Auch segelte Reagan mit dem Rückenwind einer ideologischen Tendenzwende und des Aufstiegs einer Neuen Rechten. Diese definierte sich zunehmend religiös und extrem konservativ in sozialen Fragen, vor allem bei der Abtreibung, dem Schulgebet und der Todesstrafe. Sozial-moralische Fragen schoben sich vermehrt in den Vordergrund. Sie stellten die neuen Trennungslinien (»wedge issues«) zwischen dem konservativen und dem linksliberalen Lager dar. Handfeste sozioökonomische »Klassen«-Fragen besaßen nun geringere Bedeutung, wenn auch die bisher zur Unterscheidung dienende Einstellung zum interventionistischen Sozialstaat in der politischen Rhetorik nach wie vor eine zentrale Rolle spielte. In der Sache ging die Staatstätigkeit unter Reagan ebenso wenig wie unter seinen beiden Vorgängern zurück.

Die konservative Tendenzwende spielte sich vor dem Hintergrund einer gesellschaftlichen Wendung nach innen, einer Individualisierung, aber gleichzeitig auch Pluralisierung der Lebensstile ab, die durchaus auf einer relativ breiten Akzeptanz nicht-traditioneller Lebensformen und mehr Toleranz zum Beispiel gegenüber Homosexuellen beruhte. Insofern war die Kulturrevolution der 1960er Jahre nicht spurlos an den USA vorübergegangen. Ja, der individualistische Zeitgeist der 1980er Jahre lag in der Konsequenz der vorangegangenen gesellschaftlichen Liberalisierung. Als kulturelle Leitfigur löste der »Yuppie« den »Aktivisten« ab. Konsum, Karriere, körperliche und geistige Gesundheit, der »Kult des Narzissmus« (Christopher Lasch) traten in der »Me-Generation« an die Stelle des sozialen Engagements. Die Beschäftigung mit Lebensstilfragen setzte mit der Sorge um die Umwelt, die auch angesichts der Beinahe-Katastrophe des Atomkraftwerkes von Three Mile Island in Harrisburg (Pennsylvania) viel Aufmerksamkeit fand, viele der in den 1960er Jahren begonnenen Trends fort. Während die Frauenbewegung selbst abebbte, nahm die Berufstätigkeit von Frauen weiter zu und erreichte 1990 sechzig Prozent. Frauen gingen nun besser bezahlten und verantwortungsvolleren Tätigkeiten nach. Sie erwarben vermehrt Hochschulabschlüsse, ihr Anteil etwa im mittleren Management stieg an. Die obersten Führungspositionen blieben ihnen jedoch nach wie vor verschlossen. Auch andere langfristige Trends setzten sich fort: Die Geburtenrate halbierte sich seit den 1960er Jahren und stabilisierte sich in den 1980er Jahren, so dass im Jahr 2000 fast neunzehn Prozent der vierzigjährigen Frauen ohne Kinder blieben (gegenüber 10,2 % 1976). Immer mehr Kinder wuchsen unter nicht-traditionellen Umständen auf, die Scheidungsrate stieg weiter an. Symbolisch lässt sich der Fortschritt an der ersten Nominierung einer Frau für einen Sitz im Obersten Gericht durch Reagan (Sandra Day O'Connor, 1981) und an der ersten Nominierung einer Vizepräsidentschaftskandidatin durch die Demokraten (Geraldine Ferraro, 1984) festmachen.

Auch die ethnische Zusammensetzung der Gesellschaft veränderte sich. Die 1965 unter Johnson verabschiedeten Gesetzesänderungen schlugen durch. Amerika erhielt ein zunehmend multikulturelles Gesicht. Die Bevölkerung wuchs dank steigender Lebenserwartung und einer kräftigen Zunahme der Immigration zwischen 1980 und 1990 um mehr als 22 Millionen Menschen. Mehr als sieben Millionen Einwanderer kamen in den 1980er Jahren, wobei die neuen Immigranten nun überwiegend aus Mexiko, Lateinamerika und Asien stammten. 1950 hatten vier Millionen *Hispanics*, das heißt spanisch sprechende Menschen, in den USA gelebt, 1990 waren es 22,4 Millionen. Diese wohnten nun vermehrt außerhalb ihrer angestammten Siedlungsgebiete im Südwesten der USA und Kaliforniens, vor allem in den urbanen Zentren des Nordostens und Mittleren Westens. Auch die vermehrt einströmenden asiatischen Einwanderer konzentrierten sich auf die Ballungsgebiete vor allem der Westküste. Regional verloren die Afroamerikaner den Status der größten Minderheit. Der traditionelle Schwarz-Weiß-Gegensatz des 20. Jahrhunderts wich einer komplexeren Gemengelage. Überhaupt waren die Afroamerikaner die Verlierergruppe der 1980er Jahre. Einerseits bildete sich eine schwarze Mittelschicht mit einem wachsenden Anteil von Hochschulabsolventen heraus, die sich zunehmend in Führungspositionen fanden. Andererseits ballten sich in den Ghettos der großen Städte die sozialen Probleme. Dort entstand eine schwarze Unterschicht, deren Leben von endemischer Arbeitslosigkeit, zerbrochenen Familien und einer ausufernden Gang- und Drogenkultur gekennzeichnet war. Die Frustration machte sich im April 1992 in den gewalttätigen Aufständen von Los Angeles Luft.

Subkutan blieb bei allem Hang zur *political correctness* durch die 1970er, 1980er und 1990er Jahre die »Rassenfrage« virulent und wurde oft durch notdürftig kaschierte Redewendungen und Codewörter von der Politik instrumentalisiert. Ein enormes Konfliktpotential schufen wohlmeinende Versuche, eine bessere rassische Durchmischung der Schulsysteme zu erreichen, indem Kinder mit Bussen aus segregierten Stadtteilen in die Schulen anderer Stadtteile gefahren wurden. Das *busing* rief massive Konflikte hervor, beispielsweise in Boston in den 1970er Jahren, wo sich irischstämmige katholische Arbeiterfamilien dagegen wehrten, dass afroamerikanische Kinder in eine Schule ihres Bezirks gefahren wurden, während weiße Kinder in hauptsächlich von Schwarzen bewohnte Schuldistrikte verschickt werden sollten. Der Oberste Gerichtshof erklärte derartige Praktiken für verfassungskonform. Doch viele Eltern stimmten mit den Füßen ab: Sie zogen in die Vorstädte oder schickten ihre Kinder auf private Schulen. Im Endeffekt war das Schulsystem vieler Großstädte Ende der 1980er Jahre rassisch weniger ausbalanciert als zuvor. Dieser Versuch eines *social engineering* schlug fehl. Diese und andere Maßnahmen zur Unterstützung rassisch diskriminierter Minderheiten trugen viel zur Erosion der politischen Basis der Demokratischen Partei bei, auch die zur Verbesserung der Bildungs- und Berufschancen von Frauen und Minoritäten eingeleiteten *Affirmative action*-Programme.

Angesichts einer allgemeinen kulturellen Verunsicherung formierte sich die konservative Wende: Es entstand eine heterogene intellektuelle Gegenbewegung gegen den bis dahin tonangebenden Liberalismus. Diese wird oft unter dem weiten Begriff des Neokonservatismus zusammengefasst. Wirtschaftspolitisch stellt dieser sich gegen den staatsinterventionistischen Keynesianismus – nachdem sich Nixon kurz zuvor noch zum Keynesianer erklärt hatte. Anknüpfend an die Überlegungen der ordoliberalen »Freiburger Schule« von Friedrich August von Hayek, wurde von den Chicagoer Monetaristen um Milton Friedman eine angebotsorientierte Wirtschaftspolitik propagiert, die die Regierung Reagan inspirierte. Eine zweite Gruppe berief sich ebenfalls auf einen in Chicago lehrenden deutschen Intellektuellen, den jüdischen Emigranten Leo Strauss. Dieser wirkte über seinen sich aus dem Milieu ursprünglich linksliberaler, jüdischer New

Yorker Intellektueller rekrutierenden Schülerkreis stark in das neokonservative Milieu hinein, das um Zeitschriften wie *Public Interest*, *National Interest* und *Commentary* aufblühte und in konservativen *think tanks* wie der *Heritage Foundation* einen institutionellen Rückhalt fand. Außenpolitisch standen die »neo-cons« für eine verschärfte Konkurrenz mit der UdSSR.

Noch wichtiger als der intellektuelle Umschwung war der Aufstieg der religiösen Rechten zu politischer Respektabilität seit den 1960er Jahren. Zum vierten Mal in ihrer Geschichte erlebten die USA ein religiöses Wiedererwachen. Diese neue Religiosität, die in den 1960er Jahren noch als hinterwäldlerisch abgeschrieben worden war, stellte in der Tradition früherer *Awakenings* auf ein persönliches Bekenntnis- und Konversionserlebnis, auf eine religiöse Wiedergeburt, ab, wie sie etwa Carter oder George W. Bush erlebten. Über das Fernsehen, dessen Einsatz als Bekehrungsmittel der Baptistenprediger Billy Graham perfektionierte, und seit den 1990er Jahren zunehmend in den neuen Mega-Kirchengebäuden der Vorstädte, sprechen die Evangelikalen ein Millionenpublikum an, das sich nicht mehr aus weißen, armen Südstaatlern rekrutiert, sondern weite Kreise wohlhabender Mittelklasse-Amerikaner erreicht. Wie ihre Vorgänger nehmen auch die heutigen Evangelikalen die Bibel wörtlich und halten Familienwerte hoch. Weniger als die auch in den USA niedergehenden traditionellen Kirchen setzen sie auf soziales Engagement. Als »Christian Right« werden sie durch Feindbilder zusammengehalten, die Reagan mobilisieren konnte: in den 1980er Jahren durch eine erneuerte Frontstellung gegen den Kommunismus, den Reagan in biblischer Sprache als »Reich des Bösen« angriff, und durch die Ablehnung kultureller Libertinage.

Ungeachtet der hohen Wertschätzung, die Neokonservative und christliche Rechte gerade dem in religiösen Dingen eher lauen Reagan bis heute entgegenbringen, bewerkstelligte seine Regierung eine konservative Tendenzwende nur in Ansätzen. Mit seiner Antrittsrede wurde Reagan den Erwartungen zunächst gerecht. Er definierte den Staat als das »eigentliche Problem«. Im August 1981 setzte er mit der Hilfe konservativer Südstaaten-Demokraten eine massive Steuerkürzung durch, auf die nach seinem triumphalen Wahlsieg gegen Walter Mondale 1984 eine umfassende Steuerreform folgte. Die Spitzensteuersätze wurden abgesenkt, die unteren Einkommensgruppen fast völlig von der Steuer befreit und durch die Schließung von Steuerlöchern Unternehmen vergleichsweise höher belastet. Anders, als die Anhänger einer angebotsorientierten Politik vorhergesagt hatten, stiegen die Staatseinnahmen durch vermehrte Wirtschaftsaktivität jedoch nicht an. Reagan und seine Berater, die soziale Unterstützungsleistungen für kontraproduktiv hielten, kürzten bei den Sozialprogrammen – verschonten dabei allerdings die wahlentscheidenden Mittelschichten und die gut organisierten Pensionäre. Die eingesparten Mittel wurden in die Aufrüstung gesteckt, so dass unter dem Strich die Staatsausgaben explodierten, die Schulden sich mehr als verfünffachten und die Staatsquote kontinuierlich wuchs. Dieser Rüstungskeynesianismus, eine erfolgreiche Inflationsbekämpfung durch die Zentralbank und die dank technologischer Innovationen rasch wachsende Produktivität heizten die Wirtschaft an, so dass Reagan 1984 und dann 1988 sein Vizepräsident und Nachfolger George H. W. Bush (1989–1993) sicher ins Weiße Haus zurückgetragen wurden.

Wie in den 1920er Jahren profitierten von der Prosperität Besserverdienende, während die unteren vierzig Prozent Einbußen erlitten. Der Börsencrash von 1987 wurde dank der vom *New Deal* geschaffenen institutionellen Absicherungen und der besonnenen Reaktion der Regierung und der Banken aufgefangen. Anders als nach 1929 setzte der Einbruch keine Abwärtsspirale in Gang. Auch die goldenen 1980er Jahre wurden von einer Welle von Skandalen überschattet, etwa dem Sparkassenskandal, der auch die Demokraten stark in Mitleidenschaft zog. Die »Iran-Contra-Affäre« sollte sich dann zum größten Skandal seit Watergate ausweiten. Um drei von der schiitischen Hisbollah-Bewegung im Libanon in Geiselhaft genommene Amerikaner freizubekommen, hatte die Reagan-Regierung 508 panzerbrechende Raketen an das Mullah-Regime in Teheran verkauft. Deshalb war unter anderem Reagans Sicherheitsberater im Mai 1986 nach Teheran geflogen, wo er Ayatollah Chomeini eine von Reagan persönlich signierte Bibel überreichte. Im Mittelpunkt des an bizarren Details reichen Skandals stand Oberst Oliver North, der Einnahmen aus dem Iran-Geschäft für Waffenlieferungen an die gegen die Regierung der Sandinistischen Befreiungsfront kämpfenden »Contra«-Rebellen in Nicaragua zweckentfremdet hatte – gegen den ausdrücklichen Willen des Kongresses. Auch in den folgenden Jahren wurde ein hohes Maß an Korruption bei einigen von Reagans Kabinettsmitgliedern und Beratern deutlich. Das hat Reagans positives Image unter seinen Parteigängern kaum beeinträchtigt. Der »Teflon-Effekt« ließ alle Vorwürfe an Reagan abperlen. Viele Amerikaner waren bereit, ihm für seine Sünden zu vergeben, weil er ihr Selbstbewusstsein gestärkt und die außenpolitische Stärke der nach Vietnam und Watergate angeschlagenen Supermacht hatte wiederherstellen können.

Das Ende des Kalten Krieges

Auch außenpolitisch stellte der Pragmatiker Reagan seine Anpassungsfähigkeit unter Beweis. Nach der monumentalen Moskauer Fehlkalkulation von Kabul, die den Fall des sowjetischen Imperiums beschleunigte, verschärfte er zunächst deutlich den Tonfall und die Gangart gegenüber der UdSSR, um dann in der zweiten Phase seiner Präsidentschaft auf die von dem sowjetischen Generalsekretär Michail Gorbatschow eingeleitete Entspannungspolitik einzugehen, die schließlich den Weg für die friedliche Wiedervereinigung Deutschlands und Europas ebnete. Denn auf den sowjetischen Vormarsch in Afghanistan antworteten die USA mit einer Rückkehr zu einer massiven Politik des *Containment*, ja sogar mit einem *Roll-Back*, indem sie den Einfluss der UdSSR in Lateinamerika, Afrika und Asien systematisch zurückzudrängen versuchten. Durch die CIA unter der Leitung ihres Direktors William Casey wurden überall auf der Welt antisowjetische Guerillabewegungen unterstützt: In Angola, wo die Amerikaner mit dem südafrikanischen Apartheidregime paktierten; am Horn von Afrika, wo Somalia gegen Äthiopien aufgerüstet wurde; im Irak, wo sie mit den Sowjets um die Gunst Saddam Husseins konkurrierten; in ihrem karibischen und lateinamerikanischen Hinterhof, wo Putschisten und Guerillabewegungen unter anderem in Guatemala, El Salvador und Nicaragua unterstützt wurden und im Oktober 1983 mit einer Invasion in Grenada die Machtübernahme einer moskaufreundlichen Regierung vereitelt wurde. Direkt gegen die Sowjetunion richtete sich das amerikanische Engagement in Afghanistan, wo den Taliban Waffen geliefert wurden, die sich nach den Terrorangriffen auf New York und Washington am 11. September 2001 gegen die Amerikaner selbst richteten.

Dies alles geschah im Zeichen der »Reagan-Doktrin«, die im Kontrast zur Politik der Nixon-Regierung den Manichäismus des Kalten Krieges wiederbelebte und die letztlich jedem Unterstützung versprach, der sich dem sowjetischen Expansionsstreben entgegenstellte. Wie in den frühen Nachkriegsjahren betrieben die USA eine durch stramm antikommunistische Feindbilder ideologisch überhöhte Eindämmungspolitik. Sie kooperierten mit Diktaturen und undemokratischen Regimes, sofern diese den amerikanischen Kurs stützten. Dies brachte Reagan mehrfach in öffentliche Erklärungsnot und verwickelte ihn in Schwierigkeiten mit dem Kongress. Die Parlamentarier pochten auf Menschenrechtsfragen und suchten Drittwelt-Abenteuer zu unterbinden, worum sich einige Mitglieder der Regierung nicht scherten, wie die Iran-Contra-Affäre zu Tage brachte. Eloquent verteidigt wurde Reagans kontroverse internationale Politik von der amerikanischen UNO-Botschafterin Jeane J. Kirkpatrick, die in einem berühmten Aufsatz *Dictatorships and Double Standards* einen Zielkonflikt schlichtweg in Abrede stellte und zwischen totalitären Regimes einerseits und autokratischen – und damit potentiell im amerikanischen Sinne reformfähigen – Regimes andererseits unterschied. Die Vordenker dieser neuen, oft national-egoistischen, mit wenig Rücksicht auf die Verbündeten verkündeten Sicherheitsdoktrin, zu denen später wichtig werdende Persönlichkeiten wie Richard Perle und Dick Cheney gehörten, redeten im Zeichen der neokonservativen Tendenzwende einem neuen Unilateralismus das Wort. Sie leiteten damit einen außenpolitischen Richtungswechsel ein, noch bevor der Kalte Krieg zu Ende gegangen war.

Reagan suchte die UdSSR nicht allein mit rhetorischen Breitseiten und der Unterstützung antikommunistischer Befreiungsbewegungen, sondern mit einer massiven Aufrüstung in die Knie zu zwingen. Kurz nach seiner Wahl hatte er den Bau der von Carter nach Protesten gestoppten Neutronenbombe angekündigt. Die Ausweitung der konventionellen und der nuklearen Rüstung, gekoppelt mit Behauptungen von Mitgliedern seiner Regierung, verbesserte Zivilschutzmaßnahmen würden ein Überleben im Falle eines sowjetischen Nuklearschlags erlauben, lösten die größten Friedensdemonstrationen der Nachkriegszeit aus. Im Juni 1982 marschierten 800000 Menschen durch New York, wobei sich der Protest anders als in den 1960er Jahren nicht mit einer gegenkulturellen Botschaft verband. Um dieser Friedensbewegung das Wasser abzugraben, kündigte Reagan im Juni 1983 seine »Strategische Verteidigungsinitiative« (SDI) an. Nach dem Titel eines populären Films kurz »Star Wars« tituliert, sollte ein weltraumgestütztes Raketenabwehrsystem die USA unverwundbar machen. Das sowjetische Abschreckungspotential wäre obsolet, das militärische Patt der Supermächte überwunden worden. Reagans Gegner fürchteten, dass SDI die Welt nicht sicherer, sondern unsicherer machen würde.

Dieser zweite Kalte Krieg entfremdete die USA von ihren engsten Verbündeten. Die bundesdeutschen Regierungen von Schmidt und Kohl stemmten sich dem Trend zur Wiederkehr des Ost-West-Konflikts entgegen. Im deutschen Interesse schien in einer nuklear hochgerüsteten Welt eine Fortsetzung der regionalen Entspannungspolitik geboten. Deutsche in Ost und West fühlten sich von der Hochrüstung beider Supermächte zunehmend bedroht. SDI ließ die alte Furcht wieder hochkommen, die USA würden sich aus ihren europäischen Verpflichtungen lösen. Weiter angeheizt wurde das Misstrauen selbst unter NATO-Befürwortern, als Reagan sich mit dem neuen Generalsekretär der KPdSU, Michail Gorbatschow, in einer Serie von Treffen auf immer neue Abrüstungsschritte verständigte. Die auf dem Washingtoner Gipfel im Dezember 1987 beschlossene »doppelte Null-Lösung«, der selbst die Regierung Kohl/Genscher skeptisch gegenüberstand, schaffte alle Mittelstreckenraketen ab, ließ aber die atomaren Gefechtsfeldwaffen intakt, die aus deutscher Sicht das Horror-Szenario eines regional begrenzten Nuklearkriegs – gleichsam unter der Devise »Je kürzer die Reichweite, desto toter die Deutschen« – heraufbeschworen. Es folgten seit Dezember 1988 weitere Verhandlungen auch über die Interkontinentalraketen (*Strategic Arms Reduction Talks*, START), die nach dem Ende des Kalten Krieges zu einer weiteren drastischen Reduzierung der Atomwaffen führten. Gleichzeitig kündigte die Sowjetunion, in der sich Gorbatschow mit seinem »Neuen Denken« durchgesetzt hatte, eine Reduzierung ihrer konventionellen Truppen an und zog sich aus Afghanistan zurück.

Ungeachtet gewisser Auflösungstendenzen im Ostblock und eines selbständigeren Auftretens der europäischen Verbündeten der USA dauerte der Ost-West-Gegensatz bis in die späten 1980er Jahre an. Erst unter Reagans Nachfolger Bush trat unerwartet ein, was Reagan in einer berühmten Rede am Brandenburger Tor am 12. Juni 1987 gefordert hatte: Am 9. November 1989 fiel die Mauer, öffneten sich die Türen. Die DDR, die aufgrund einer Fluchtbewegung ihrer Bürgern und der Öffnung des »Eisernen Vorhangs« durch Ungarn seit dem Sommer 1989 unter wachsenden Druck geraten war, löste einen Erdrutsch aus, als sie ihren Bürgern plötzlich die Ausreise in den Westen erlaubte. Anders als 1953, 1956, 1968 und 1980 griff die UdSSR nicht ein. Es war ein Glücksfall, dass mit Bush ein gelernter Außenpolitiker an der Spitze der amerikanischen Regierung stand, der als Mitglied des Repräsentantenhauses, Gesandter in Peking, als UNO-Botschafter und als CIA-Direktor über internationale Erfahrung verfügte, zwar weniger instinktgeladen als Reagan reagierte, aber vielleicht gerade deshalb sehr viel überlegter auf die neue Politik der Sowjetunion und die revolutionären Vorgänge in Osteuropa einging. Nach kurzem Zögern erklärte er sich für eine deutsche Wiedervereinigung, und zwar deutlich früher als Frankreich und Großbritannien, wo alte Bedrohungsgefühle noch virulent waren; früher auch, als die meisten Deutschen sich selbst eingestanden, dass die so lange beschworene Lösung der »deutschen Frage« nach vierzig Jahren nun auf der Tagesordnung stand.

Bush handelte im Einklang mit der öffentlichen Meinung der USA, die sich überwältigend für die Wiedervereinigung aussprach. Im Dezember 1989 stellte Bush auf einem NATO-Treffen in Brüssel klar, unter welchen Bedingungen die USA zustimmen würden: freie Wahlen in Ostdeutschland, eine Zusicherung der westdeutschen Regierung, die Ostgrenze nur friedlich verändern zu wollen – das meinte die Akzeptanz der Oder-Neiße-Linie –, und der Verbleib Gesamtdeutschlands in der NATO. Ein neutrales Deutschland in der Mitte des Kontinents, der Albtraum vieler Europäer, sollte vermieden, Deutschland indirekt weiterhin eingedämmt werden. Es war auch dem Einwirken der USA zu verdanken, dass Gorbatschow im Eigeninteresse der UdSSR die deutsche NATO-Mitgliedschaft akzeptierte. Der Zwei-plus-Vier-Vertrag, der am 12. September 1990 in Moskau unterzeichnet wurde und der die äußeren Rahmenbedingungen der deutsch-deutschen Vereinigung am 3. Oktober definierte, setzte den Schlussstrich unter die Potsdamer Nachkriegsordnung. Die Vier-Mächte-Verantwortung fiel, Deutschland wurde voll souverän. Zugleich setzten sich die USA – wie sie es seit 1945 getan hatten – für die Intensivierung der europäischen Integration ein. Der Vertrag von Maastricht, die Gründung der Europäischen Union und die europäische Währungsunion wurden von den USA diplomatisch unterstützt und gefördert.

Amerikanische Politiker sahen in dem letztlich durch Gorbatschow ermöglichten Ende der Ost-West-Konfrontation einen Triumph ihrer Politik. Sie erklärten sich zum Sieger im Kalten Krieg. Aus amerikanischer Sicht hatte sich die »deutsche Frage«, die im Kern zweier Weltkriege und des dritten, kalten Weltkrieges gestanden und wie keine andere zum Aufstieg der USA zur Supermacht beigetragen hatte, erledigt. Mit der Wiedervereinigung ging der Zerfall des sowjetischen Imperiums einher. Ein osteuropäischer ›Dominostein‹ nach dem anderen fiel, die Sowjetunion selbst löste sich im Dezember 1991 auf, die Russen zogen sich aus ihrer osteuropäischen Einflusssphäre fast völlig zurück. Auf Ungarn, Polen, die ČSSR folgten die baltischen Staaten, dann die Ukraine und schließlich

Zentralasien. Russland, das, seit 1922 in der Gestalt der UdSSR, seit 1917 ideologisch und seit 1945 auch militärisch mit den USA um die Weltvorherrschaft konkurriert hatte, fiel territorial auf den Stand vor den polnischen Teilungen Ende des 18. Jahrhunderts zurück. Welche Konturen die neue Weltordnung annehmen würde, von der um das Jahr 1990 viel die Rede war, blieb unter dem älteren Bush ungeklärt. Es war die Besetzung Kuwaits durch den Irak im August 1990, das heißt noch während der europäische Wiedervereinigungsprozess im vollen Gange war, mit der sich das neue Zeitalter ankündigte, das außenpolitisch zunehmend im Zeichen der Konflikte im Nahen Osten stehen sollte.

Die USA im Zeitalter von Globalisierung und Terrorismus (1990–2009)

Das postmoderne Amerika

Amerika spielte einmal mehr die Rolle des Vorbilds und Vorreiters, diesmal aber der neuen postmodernen Gesellschaft, die für das späte 20. und das frühe 21. Jahrhundert prägend wurde. Damit ist eine soziale Formation gemeint, in der nicht mehr überindividuelle Sinnzusammenhänge stiftende Milieus und Großorganisationen dominieren (wie Kirchen, Gewerkschaften und politische Parteien), in der auch nicht mehr allein soziale oder Klassenfragen, das heißt Unterschiede zwischen Arm und Reich, die entscheidende Trennlinie bezeichnen. Stattdessen machen, ungeachtet des Fortdauerns sozialer Ungleichheit, Fragen kultureller Differenz, der Lebensstile und Normen, der Akzeptanz bzw. Nichtakzeptanz pluralistischer Werte den Wesenskern individueller Selbstzuschreibungen aus.

In der multiethnischen Gesellschaft der USA sind derartige Identitätskonflikte seit jeher virulent. Doch sie nahmen mit dem Zerbrechen des liberalen Konsenses seit den 1970er Jahren an Schärfe und Heftigkeit zu. So fasste einerseits die aus dem Bürgerrechtskampf hervorgehende linksliberale Achtung vor kultureller Differenz im akademischen Milieu rasch Fuß. An den Universitäten schossen in den 1970er Jahren Programme wie Pilze aus dem Boden, die geschlechts-, rassisch und ethnisch spezifische Erfahrungen thematisierten. Diese Ansätze wurden unter Zuhilfenahme europäischer (»postmoderner«) geisteswissenschaftlicher Methoden, wie etwa der Dekonstruktion, von linken Intellektuellen radikalisiert. Daran entzündete sich seit den 1980er Jahren eine publizistische Kritik, der »politische Korrektheit« – das heißt die Frage, ob und bis zu welchem Grade bestimmte Redeweisen Minderheiten tatsächlich oder vermeintlich diffamieren – ein Dorn im Auge war. Autoren wie Allan Bloom (*The Closing of the American Mind*, 1987) forderten statt »postmoderner Beliebigkeit« die Rückbesinnung auf einen klassischen Kanon. Gleichzeitig häuften sich Konflikte wie der um die Abtreibung, um die seit 1976 vom Obersten Gericht wieder zugelassene Todesstrafe, um den Umgang mit religiöser und staatlicher Symbolik im öffentlichen Raum sowie um den Wandel der Familie und der Sexualmoral. Widersprüche mehrten sich: Der Betonung konservativer *family values* standen wachsende Scheidungsraten und ansteigende Berufstätigkeit beider Elternteile gegenüber.

Die innere Globalisierung der USA hatte Anteil an diesen Debatten. Als Einwanderungsland bleiben die USA ungeachtet nativistischer Rückfälle bis heute attraktiv. Die Frage, wie Spanisch im Unterricht und in Behörden zu behandeln ist, wird heftig debattiert. Es gab Initiativen, Englisch zur national verbindlichen Sprache zu machen. In Kalifornien schloss 1994 die berüchtigte *Proposition 187* illegale Immigranten vom Besuch öffentlicher Schulen und sogar von Notfallkliniken aus. 1992 suchte Ross Perot als Drittkandidat antihispanische Stimmungen im Wahlkampf zu instrumentalisieren. Eine um das amerikanische Selbstverständnis ringende Publizistik tritt, oft in erstaunlicher Unkenntnis älterer nationaler Debatten, gegen die vielbeschworene Fragmentierung der USA mit der Forderung nach einer Rückbesinnung auf (angelsächsische) Werte und Vorbilder an (Samuel Huntington, *Who Are We?*). Andererseits lässt die Kulturindustrie, die der multiethnischen Gesellschaft seit jeher als populärkulturell einigendes Band diente, nicht darin nach, gegen- und subkulturelle Trends aufzuspüren und zu vermarkten. Hollywood hat längst die Kaufkraft der Latinos entdeckt. Auch Frauen werden in Filmen bewusst in neuem Licht gezeichnet – mit guten betriebswirtschaftlichen Gründen. Während die Superstars im Sport oft afroamerikanischen Ursprungs sind – was eine durchaus ambivalente Botschaft an junge Schwarze schickt –, werden Musik- und Lebensstile, wie die Hip-Hop-Kultur, die in den 1980er Jahren in den innenstädtischen Ghettos von New York und Chicago entstand, von einem schwer zu definierenden Mainstream vereinnahmt und zivilisiert. In Form von kommerzialisiertem Rap und Graffiti wurden sie zum kulturellen Exportschlager.

Tatsächlich fand seit den 1960er Jahren nicht nur eine Pluralisierung der Lebensstile, sondern auch eine erneute Diversifizierung der ethnischen Herkunft der Bevölkerung statt. Nach einer (krisen- und kriegsbedingten) Phase relativer Homogenität in der Mitte des 20. Jahrhunderts entwickelten sich die USA seit den 1960er Jahren zu einem fast so heterogenen Land, wie sie es im 19. Jahrhundert schon einmal gewesen waren. Im Zensus des Jahres 2000 war es den Amerikanern erstmals freigestellt, sich mehr als nur einer rassischen Kategorie zuzuordnen; schon zuvor hatte die Möglichkeit bestanden, auf eine Selbstzuschreibung zu einer Ethnie oder Rasse ganz zu verzichten. Die Zahlen zeigten daraufhin einen kräftigen

Anstieg bei bestimmten rassischen Gruppen. Mehr Menschen als in früheren Volkszählungen gaben sich zum Beispiel als Indianer zu erkennen. Deutlich wurde, dass die (in sich äußerst heterogene) asiatische Einwanderung die höchsten Zuwachsraten besitzt und bereits vier Prozent der Amerikaner asiatischer Herkunft sind. Im Jahr 2003 haben die Latinos die Afroamerikaner als zweitgrößte Gruppe nach den Weißen überholt. Letztere stellen in Kalifornien erstmals seit 1848 weniger als die Hälfte der Bevölkerung. Insgesamt besitzen die USA die fünftgrößte spanischsprechende Population der Welt. Sie haben in dieser Hinsicht wichtige Länder wie Chile und Peru überholt. Im Unterschied zu anderen westlichen Ländern wächst die Bevölkerung der USA kräftig. Im Jahr 2000 betrug die Einwohnerzahl 280 Millionen, eine Steigerung um mehr als 32 Millionen seit 1990; im Jahr 2006 überschritt sie die Dreihundert-Millionen-Schwelle, zehn Jahre später hatten die USA erneut 23 Millionen Einwohner mehr. Kalifornien allein hat fast so viele Einwohner wie Spanien und übertrifft in seiner Wirtschaftskraft Frankreich, Italien und Kanada.

Nach einer harschen Rezession Anfang der 1990er Jahre, die mit regionaler Arbeitslosigkeit von bis zu zehn Prozent den älteren Bush 1992 das Amt kostete, fanden die USA in den 1990er Jahren auch im Wirtschaftswachstum an die Weltspitze zurück. Der Aufschwung wurde von einem massiven Strukturwandel begleitet. Industrielle Arbeitsplätze wurden weiter abgebaut. Das klassisch moderne, »fordistische« Modell mit Massenproduktion und hoher vertikaler Integration wurde, beeinflusst durch entsprechende Entwicklungen in Europa und Japan, durch flexiblere, schlankere Produktionsmethoden ersetzt. Im Zeichen einer allgemeinen Flexibilisierung wurde die Vorproduktion an Subunternehmer ausgelagert (*outsourcing*) und die Arbeit dank höherer Produktivität und technologischen Fortschritts auf weniger Schultern verteilt (*downsizing*). Systematisch wurden Arbeitsplätze nach Übersee oder in Regionen verlagert, in denen die Gewerkschaften einen geringeren Einfluss besitzen als in den alten Industriekernen des Nordostens. Vor allem der Süden erlebte als *New South* einen durch die massenhafte Verfügbarkeit von Klimaanlagen ermöglichten Aufschwung seit den 1980er Jahren. Heute wird der gewerkschaftsfreie Süden von ausländischen (auch deutschen) Investoren bevorzugt. Das wirtschaftliche Schwergewicht der USA verschob sich wie das der Population in den *Sun Belt*, der sich von den Carolinas bis nach Kalifornien zieht. Diese *New Economy* mit ihrer postfordistischen Produktions- und Arbeitsstruktur und einem exponentiell steigenden Bedürfnis nach Handel und Warenaustausch ist ökonomischer Ausdruck der postmodernen Gesellschaft.

Haupttriebfeder jener neuen, postmodernen Wirtschaft war die sich seit den 1970er Jahren in den USA anbahnende dritte industrielle, »digitale« Revolution. 1977 boten zwei junge Hobby-Computerspezialisten, Steve Jobs und Steve Wozniak, mit ihrer Firma Apple den ersten *personal computer* (PC) an, der aus dem Stand ein großer Erfolg wurde. Microsoft, das wie Apple aus der kalifornischen Gegenkultur der 1970er Jahre hervorging, setzte mit seinem MS-DOS-Betriebssystem zu einem Siegeszug an, der sehr viel einem überlegenen Marketing verdankte und den verbleibenden Gründer, Bill Gates, zum reichsten Mann der Welt machte. Silicon Valley, die weltweit größte Agglomeration von Unternehmen der Informationstechnologie in der Nähe von San Francisco, wurde zum Synonym der neuen, postmodernen Wirtschaft, die Hunderttausende beschäftigte und in vielen Zweigen der Wirtschaft enorme Produktivitätszuwächse ermöglichte. Der Mikroprozessor, den die Firma Intel 1970 eingeführt hatte, erlaubte Datenverarbeitung in einem bisher nicht gekannten Ausmaß, wobei sich die Speicherkapazität der gängigsten »Chips« nach »Moore's Law« innerhalb von achtzehn

Monaten jeweils verdoppelte. 1983 machte *Time Magazine* klar, was die Stunde geschlagen hatte: Der PC wurde zur »Maschine des Jahres« erklärt.

Parallel zur Revolution der Informationstechnologie verlief eine Revolution im Medien- und Kommunikationssektor. In den 1990er Jahren brach das Internet zum Massenmedium durch. Im Januar 1995 ging »Thomas«, das neue Informationssystem der Library of Congress, ans Netz, das externen Benutzern den direkten Zugriff auf eine Fülle von Gesetzestexten, Transkripten von Kongressdebatten und anderen politischen und rechtlichen Dokumenten erlaubte. Innerhalb weniger Stunden wurden mehr Anfragen registriert, als die Library of Congress sonst in einer Woche beantworten kann. Obwohl Computer und neue Medien tendenziell Hierarchien verflachen, stellte angesichts der sozial unausgeglichenen Ausstattung von Haushalten und Schulen mit Computern die digitale Revolution in ihrer Frühphase eine Quelle neuer sozialer Ungleichheit dar, weil die verschiedenen Regionen der USA sehr unterschiedlich davon profitierten. Andererseits schuf das Internet völlig neue Konsum-, Arbeits- und Freizeitgewohnheiten, die ein Arbeiten etwa im familiären Umfeld erleichtern. Es wurde im Jahre 2003 täglich von 140 Millionen Amerikanern genutzt. Das Internet wurde eine neue amerikanische Erfolgsgeschichte im 21. Jahrhundert.

Im Bereich der Unterhaltungs- und Nachrichtenmedien war seit den 1980er Jahren eine weitere Fragmentierung der nationalen öffentlichen Sphäre in Teilöffentlichkeiten und mediale Subkulturen zu beobachten. Hier spielte der technologische Fortschritt eine wichtige Rolle, zunächst die Einführung des Videorecorders und die der Nachrichtenberichterstattung rund um die Uhr durch CNN, das im Juni 1980 zu senden begann. Dieser Trend verstärkte sich mit der flächendeckenden Versorgung urbaner und suburbaner Haushalte durch Kabelfernsehen in den

1990er Jahren. Im Wahlkampf des Jahres 2000 wurde die Bedeutung des Internets als politisches Kommunikationsmedium erstmals deutlich sichtbar, 2004 trug die Mobilisierung der republikanischen Basis durch das Internet zum Sieg von George W. Bush entscheidend bei. 2008 setzte sich Barack Obama in den demokratischen Vorwahlen auch deshalb gegen Hillary Clinton durch, weil seine Kampagne konsequent auf das Internet setzte. Die Printmedien sowie die alten Netzwerke von ABC, CBS und NBC, denen durch Fox News ein stramm konservativer Konkurrent erwuchs, verloren Marktanteile an die elektronischen Medien. Im ersten Jahrzehnt des neuen Jahrtausends machte der Qualitätsjournalismus eine tiefe Krise durch, die sich durch den Aufstieg der völlig neuen »sozialen Medien« seit 2007 noch intensivierte. Die Nutzer nabelten sich in ihrem Medienkonsum von traditionellen Bindungen ab. Die Demokratisierung des Medienensembles hat die Hegemonie der etablierten, liberalen Leitmedien beendet und ist mit unter die Voraussetzungen der »republikanischen Gegenrevolution« der 1990er Jahre zu zählen.

Innenpolitik von Bush über Clinton zu Bush

Die Ära Reagan hatte aus Sicht vieler Konservativer nicht gehalten, was sie versprach. Für die 1979 von dem Fernsehprediger Jerry Falwell gegründete »Moral Majority« war Reagans Amtszeit eine Enttäuschung gewesen, hatte er doch nur wenige Evangelikale (darunter Elizabeth Dole) in Führungspositionen berufen. Auch Reagans Vizepräsident und Amtsnachfolger George H. W. Bush (1989–1993) hielt die religiöse Rechte auf Distanz. Als Vertreter des republikanischen Parteiestablishments setzte er sich in den Vorwahlen 1988 unter anderem gegen den Gründer der »Christian Coalition«, Pat Robertson, und gegen den erzkonservativen Isolationisten Pat Buchanan durch. Fiskalisch Konservative enttäuschte die Ära Reagan/Bush, weil der Reagansche »Rüstungs-Keynesianismus« zu einer Ausweitung der Staatstätigkeit und einer Aufblähung des Staatsdefizits führte. Der unter Konservativen eher ungeliebte ältere Bush machte sich als Präsident völlig unglaubwürdig, als er sein wichtigstes Versprechen aus dem Wahlkampf 1988 brach und zur Reduzierung des wachsenden Staatsdefizits die Steuern erhöhte. Auch missglückte eine Wende zu einem konservativ dominierten Obersten Gerichtshof, der in kulturellen Fragen – nicht in sozialen – seine knappe liberale Mehrheit behielt. Selbst die Deregulierung und die Dezentralisierung des föderalen Systems, der schon von Nixon zur zentralen Forderung erhobene »New Federalism«, blieb ungeachtet einiger Anfangserfolge in der Ära Reagan stecken. Bush unterzeichnete 1990 gar ein neues Gesetz zur Gleichstellung von Behinderten. Damit schuf er nicht nur neues Bürgerrecht, sondern zugleich auch neue Eingriffsmöglichkeiten für die Bundesregierung.

Der angesichts der Rezession im Wahljahr 1992 übervorsichtig und hilflos agierende Bush, dem seine außenpolitischen Erfolge bei der Beendigung des Kalten Krieges und des ersten Irakkrieges nichts nützten, verlor die Präsidentschaftswahlen auch deshalb, weil der texanische Milliardär Ross Perot als Drittkandidat ihm die republikanische Wählerbasis abgrub. Zugleich stand der Kandidat der Demokraten, der Gouverneur von Arkansas, William J. (»Bill«) Clinton (1993–2001), für einen neuen Politikertyp. Er war Mitglied der »Baby boomer«-Generation und in kulturellen Fragen linksliberal: Er hatte als junger Mann gegen den Krieg in Vietnam demonstriert und sprach sich unter anderem für die Zulassung Homosexueller zum Militär aus. Als einer der Wortführer der zentristischen »New Democrats« setzte er im Unterschied zu den traditionellen Liberal-Demokraten auf eine moderate

Reform der Wohlfahrtssysteme, forderte mehr Eigenverantwortung, Privatinitiative und die Beschneidung staatlicher Bürokratien und setzte als Präsident einen deutlichen Deregulierungsschub durch. Nicht ohne Erfolg übernahm der Pragmatiker Clinton in seiner Wirtschafts- und Sozialpolitik Teile der konservativen Reformagenda der 1980er Jahre. Progressiv war an Clinton, dass er einen rassisch inklusiven, multikulturellen Ansatz pflegte – was sich zum Beispiel an der Zusammensetzung seines Kabinetts, »so bunt wie Amerika«, zeigte –, und dass er und seine Gattin, First Lady Hillary Clinton, ein partnerschaftliches Verständnis der Ehe repräsentierten und sie für einen modernen, emanzipierten, beruflich erfolgreichen Frauentyp stand. Die Clintons versuchten deshalb – was den Hass konservativer Politiker und Publizisten auf sich zog – das eher dekorative Amt der First Lady mit politischem Inhalt zu füllen.

Clinton konzentrierte sich anfangs ganz auf die Innenpolitik. Er hatte mit dem gravierenden Handicap zu kämpfen, dass seine eigene Partei, die Demokraten, aus den Wahlen 1992 geschwächt hervorgegangen war. Dennoch erreichte er zu Beginn seiner Amtszeit mit traditionell demokratischen Themen wie der Verbesserung des gesetzlichen Urlaubs aus gesundheitlichen und familiären Gründen, einer Reform der Wählerregistrierung und einem Waffenkontrollgesetz rasche Erfolge. 1993/94 scheiterte er jedoch mit seinem wichtigsten Vorhaben, der Reform des Gesundheitswesens. In einem präzedenzlosen Schritt hatte er seine Frau mit der Leitung der zuständigen Kommission beauftragt, versäumte es aber, den Kongress ausreichend zu konsultieren. Der Washingtoner Außenseiter Clinton fand zu keinem Vertrauensverhältnis zu führenden demokratischen Kongressabgeordneten und Senatoren. Da eine Bürokratisierung des Gesundheitswesens drohte und hohe Kosten für Arbeitgeber und Versicherungen befürchtet wurden, liefen die Lobbys Sturm.

Die über den Verlust des Weißen Hauses empörten Republikaner suchten Clinton überdies systematisch zu destabilisieren, indem sie sich auf seine angeblichen ethischen Verfehlungen einschossen. Ein missglücktes Spekulationsgeschäft aus den 1980er Jahren wurde zum »Whitewater«-Skandal hochgespielt und jahrelang in der Öffentlichkeit gehalten.

Die Republikaner nutzten die Anfangsschwierigkeiten der Regierung Clinton zu einer ideologischen Gegenoffensive, um aus der Opposition heraus die uneingelösten Versprechen der 1980er Jahre doch noch zu verwirklichen. Die Zwischenwahlen des Jahres 1994 gerieten zum Referendum über den unpopulären Clinton, der von seinen Gegnern zum Washingtoner Insider und Repräsentanten von »big government« – das heißt eines ineffizienten (Wohlfahrts-)Staates – gestempelt wurde. Unter der Führung des späteren Sprechers des Abgeordnetenhauses, Newt Gingrich, warben die Republikaner für einen »neuen Bund«, einen »Contract with America«, der unter anderem Verfassungszusätze für ein ausgeglichenes Budget und für die Beschränkung der Amtszeiten der Kongressmitglieder forderte sowie drastische Steuersenkungen und den Abbau von Regulierungen in Aussicht stellte. Die neokonservative Agenda hatte im Wahlkampf durchschlagenden Erfolg. Aus den Kongresswahlen 1994 gingen die Republikaner als stärkste Partei in beiden Häusern hervor. Im Repräsentantenhaus stellten sie zum ersten Mal seit vierzig Jahren wieder die Mehrheit. Im Süden, wo Clinton trotz seiner Herkunft besonders unpopulär war, waren die Verluste der Demokratischen Partei empfindlich. Eine mit der Verabschiedung der Bürgerrechtsgesetze der 1960er Jahre in Gang gekommene Entwicklung war abgeschlossen: Die Demokraten, die alte Partei des Südens, gaben die führende Stellung an die Republikaner ab, die nun auch die Mehrheit der Gouverneure stellten.

Der Erdrutsch des Jahres 1994 markiert einen entscheidenden Wendepunkt in der jüngeren amerikanischen Geschichte. Er stellt ein politisches *realignment* von historischem Ausmaß dar. 1994 kam das endgültige Aus für die Roosevelt-Koalition auch auf Kongress-Ebene, nachdem deren Kohäsionskraft schon zuvor nicht mehr für Präsidentenwahlen genügt hatte. Zwar blieben ungeachtet der wohlfahrtsstaatlichen Reformen der kommenden Jahre die wichtigsten Errungenschaften des *New Deal* und der *Great Society* intakt. Als Leitbild hatte der Staatsinterventionismus jedoch endgültig ausgespielt. Die amerikanische Politik steht seither fest im Zeichen des ideologisch, politisch und kulturell dominierenden Neokonservatismus, der wirtschaftspolitisch (im europäischen Sinne) neoliberal agiert. Mehr Amerikaner präferieren heutzutage republikanisch besetzte Themen als demokratische. Wesentlichen Anteil an diesem Gezeitenwechsel hatte die religiöse Rechte, die unter dem tüchtigen Generalsekretär der »Christian Coalition«, Ralph Reed, die Republikanische Partei in den 1990er Jahren systematisch unterwanderte. Auf dem Parteikonvent der Republikaner im Juni 1994 waren siebzig Prozent aller Delegierten Evangelikale oder engere Sympathisanten der Religiösen Rechten, die auch eine hohe Anzahl einzelstaatlicher Parteiorganisationen kontrolliert. Mit der konsequenten Mobilisierung moralischen Protests, unter anderem weil sich das »Clinton White House« hier besonders angreifbar zeigte, wurde von der neuen Rechten der USA die politische Agenda jenseits sozioökonomischer Problemlagen gesetzt. Mit der Wahl des jüngeren Bush zum Präsidenten im Jahr 2000 war die konservative Tendenzwende vollendet. Die Republikaner übten die effektive Kontrolle über alle drei Gewalten – Präsidentschaft, Kongress und Judikative – aus.

Obwohl Clinton 1994 eine herbe Niederlage hatte einstecken müssen und die Republikaner unter ihrem Führer Gingrich zunächst gewähren lassen musste, gewann er in den folgenden Jahren die Initiative zurück. Im Streit um das Budget im Winter 1995/96 spielte er die republikanische Mehrheit taktisch geschickt an die Wand. Da sich Kongress und Präsident gegenseitig blockierten, musste die Regierung alle nicht überlebensnotwendigen Tätigkeiten einstellen. Während der Feiertage wurden die meisten Mitarbeiter staatlicher Institutionen in unbezahlten Urlaub geschickt. Die Schuld an dieser in der Bevölkerung höchst unpopulären Entwicklung wurde von der Öffentlichkeit überwiegend Gingrich und den Republikanern gegeben, die schließlich die meisten von Clintons Forderungen akzeptieren mussten. Die rasche Verbesserung der wirtschaftlichen Lage verlieh Clinton zusätzlichen Rückenwind. Aufgrund wachsender Steuereinnahmen und gesunkener Verteidigungslasten baute seine Regierung das von Reagan und Bush hinterlassene Budgetdefizit von 290 Milliarden Dollar ab. 1998 schrieb die Bundesregierung zum ersten Mal seit den 1960er Jahren wieder schwarze Zahlen. Der Überschuss erreichte am Ende von Clintons Präsidentschaft rekordverdächtige 240 Milliarden Dollar (2000). Insgesamt bekam die Ära Clinton dem Durchschnittswähler nicht schlecht, weil die Armut zurückging, Minoritäten in hohem Maße vom Aufschwung profitierten, die Schere zwischen Arm und Reich sich nicht weiter öffnete und Millionen neuer Arbeitsplätze entstanden. Aufgrund eines Wirtschaftswachstums von durchschnittlich 3,5 Prozent, das der Präsident für sich verbuchen konnte, wurde er 1996 problemlos gegen den republikanischen Kandidaten, Senator Robert Dole, wiedergewählt, ohne dass allerdings die Demokraten im Kongress von Clintons Erfolg profitiert hätten.

Auch aus Verärgerung über ihre überraschende Niederlage in den Präsidentschaftswahlen suchten die Republikaner Clinton nach dessen Wiederwahl mit der Whitewater-Untersuchung persönlich unter Druck zu setzen. Obwohl Clinton und dessen Gattin in einer mehrjährigen, 72 Millionen Dollar verschlingenden Untersuchung eines unabhängigen Sonderermittlers keinerlei illegale Machenschaften nachgewiesen werden konnten, strauchelte er wegen einer in diesem Zusammenhang ans Licht gekommenen privaten Affäre, die nichts mit dem ursprünglichen Untersuchungszweck zu tun hatte. Unter Eid hatte Clinton den Seitensprung abgestritten. Von dem republikanisch dominierten Kongress wurde ein Amtsenthebungsverfahren (*impeachment*) gegen ihn angestrengt – erst das zweite in der US-Geschichte (1869 gegen Andrew Johnson, Nixon war 1974 einem solchen durch Rücktritt zuvorgekommen). Im Januar 1999 wurde er vom Verdacht des Meineids und der Behinderung der Justiz freigesprochen. Die Wähler hatten die parteipolitische Zuspitzung und Vergiftung der politischen Atmosphäre nicht goutiert und die Republikaner schon in den Zwischenwahlen 1998 abgestraft. Über diese an pikanten Details reiche Affäre, die die USA in einer Phase sich überstürzender außenpolitischer Ereignisse monatelang in Atem hielt, strauchelte auch Clintons Hauptgegner Gingrich, der ebenfalls eine außereheliche Affäre eingestehen musste.

Das Amtsenthebungsverfahren gegen Clinton ist Symptom einer gewandelten politischen Kultur und hat das politische Klima in den USA weiter vergiftet. Letztlich unterstreichen die in einer völlig nebensächlichen Sache entfachten Kontroversen um Clintons Privatleben die Moralisierung der Politik vor dem Hintergrund der konservativen Re-Ideologisierung und Re-Christianisierung seit den 1970er Jahren. Hierzu leistete eine neue Medienumwelt einen erheblichen Beitrag, in der mehrere Nachrichtensender rund um die Uhr konkurrierten. Bei der Quotenjagd mussten die Medien sich notwendig auf die unterhaltsame Seite der Politik, das Infotainment, konzentrieren. Die Privatsphäre der Politiker galt nicht mehr als schutzwürdiges Gut, wie sie es noch in den 1960er Jahren gewesen war. Umgekehrt nutzten die Politiker die Tendenz zur Politisierung des Privaten als Quelle eines positiven Images.

Auch Clinton machte mit Privatem Politik, indem er seine Familie oder seine Herkunft bewusst dazu einsetzte, um das Vertrauen seines Publikums zu erwerben.

Auf die religiöse Rechte setzte in den Wahlen des Jahres 2000 insbesondere George W. Bush (2001–2009), der Sohn von Clintons Amtsvorgänger, der seine Vergangenheit als Partylöwe und trinkfestes Studentenvereinigungsmitglied gegen eine Gegenwart und Zukunft als »wiedergeborener Christ« eingetauscht hatte und die republikanischen Vorwahlen überlegen gewann. Anders als Clintons Vizepräsident Al Gore, für den die Hochkonjunktur, seine Erfahrung als Politiker und auch sein Status als Vietnamkriegs-Veteran sprach, verfügte Bush über ausreichend Charisma, um damit – wie seinerzeit Reagan – Mängel in der Sachkompetenz auszugleichen. Gore verlor trotz eines klaren Vorsprungs an Wählerstimmen. In dem den Ausschlag gebenden Bundesstaat Florida, wo Bushs Bruder Jeb als Gouverneur amtierte, setzte sich Bush in einer von grotesken Ungereimtheiten und Vorwürfen der Wahlmanipulation überschatteten Wahl, mit deren Rechtmäßigkeit sich sogar der Oberste Gerichtshof befasste, haarscharf gegen Gore durch und trug damit eine knappe Mehrheit der Wahlmännerstimmen davon. Geschadet hatte Gore, dass der Kandidat der Green Party, Ralph Nader, überraschend gut abschnitt und dem Demokraten Gore die wenigen, vermutlich entscheidenden Stimmen am linken Rand abgenommen hatte.

Die »Millenniumswahl« zeigte, wie sehr die USA eine nach wie vor nach regionalen, rassischen, ethnischen, religiösen, geschlechtsspezifischen Kriterien und Wertfragen wie sexueller Orientierung und/oder Familienstand gespaltene Nation waren. Der Nordosten, der obere Mittlere Westen und die Westküste gingen überwiegend an Gore, der Süden und die Staaten in der Mitte stimmten für Bush. 90 % der Afroamerikaner, 63 % der Latinos und 56 % der Asiaten sprachen sich für Gore aus, 60 % der Weißen für

Bush; 54 % der Frauen für Gore, 58 % der Männer für Bush. Noch deutlicher werden die Trennlinien, wenn man Fragen der religiösen Observanz und des Lebensstils zugrunde legt: Unter Ehepaaren mit Kindern lag Bush gegenüber Gore um mehr als 15 % vorne, unter regelmäßigen Kirchgängern war sein Anteil 17 % höher als der von Gore. Gore hingegen stahl Bush unter berufstätigen Frauen mit 19 % die Schau und mit 29 % bei denjenigen, die nie in die Kirche gehen.

Da Bush kein populäres Mandat besaß, wurde erwartet, er werde von einer moderaten und zentristischen Position aus regieren. Das trat offensichtlich nicht ein: Bush setzte innerhalb weniger Monate entschlossen ein konservatives Programm um, das die Erwartungen selbst eingefleischter »Reaganites« bei weitem übertraf. Die größte Steuerkürzung in der amerikanischen Geschichte wurde durch den Kongress gebracht, dem dank der ungeheuren Popularität Bushs in dem im September 2001 einsetzenden Kampf gegen den Terror weitere Steuerkürzungen in den folgenden Jahren folgten. Ein enormes Anwachsen des Staatsdefizits war die Folge. Zugleich kaufte er den Demokraten den Schneid ab, als er 2003 durch ein mit erheblichen fiskalischen Risiken behaftetes Gesetz für verschreibungspflichtige Medikamente die medizinische Versorgung von Pensionären deutlich verbesserte. Dies stellt die bedeutendste Ausweitung des amerikanischen Sozialstaates seit den 1960er Jahren dar. Dies und der Krieg gegen den Terror halfen Bush, entgegen dem historischen Trend, die Stellung seiner Partei in den Zwischenwahlen des Jahres 2002 zu befestigen. Anders als Clinton hatten er und sein Team unter Vizepräsident Dick Cheney die republikanische Mehrheit fest im Griff. Mit einer scharf antagonistischen Parteipolitik wurde das konservative Lager zusammengeschweißt. Das zahlte sich in den polarisierten Wahlen des Jahres 2004 aus, in denen Bush gegen John Kerry siegte. Angesichts der Unpopularität des Irakkrieges, der Niederlage in den Zwischenwahlen 2006 und der krisenhaften Entwicklung der Wirtschaft seit 2007 konnte Bush sein politisches Langziel einer dauerhaften republikanischen Mehrheit nicht verwirklichen. Das Pendel schlug zu den Demokraten zurück. Dennoch glückte Bush die Verschiebung des politischen Spektrums nach rechts, wie sich während der folgenden Präsidentschaften zeigte.

Globalisierung und der Kampf gegen den Terror

Die »neue Weltordnung«, von der George H. W. Bush gesprochen hatte, stand unter einer doppelten Herausforderung: Einerseits globalisierte sich die Weltwirtschaft, was sich in der wachsenden Attraktivität regionaler Wirtschaftsbündnisse zeigte. Zum anderen aber globalisierten sich die Risiken, wie die Terroranschläge des 11. September 2001 mit einem Schlag ins Bewusstsein rückten. Die Hoffnung, dass sich mit der Überwindung der ideologischen Hauptkonfliktlinie der Moderne, derjenigen zwischen der liberalen Demokratie und dem nach dem Sieg über den Faschismus 1945 allein übrig gebliebenen totalitären Kommunismus, ein postmodernes »Ende der Geschichte« (Francis Fukuyama) einstellen würde, sollte sich bald als Trugbild erweisen. Dem neokonservativen Projekt eines auf unilaterale militärische Überlegenheit bauenden demokratischen Internationalismus, das im Jahrzehnt nach dem Mauerfall in den Denkfabriken Washingtons gedanklich Konturen gewann und das nach dem 11. September 2001 zum politischen Programm erhoben werden sollte, stellten sich enorme Hindernisse in den Weg: In Somalia, Haiti, Zentralafrika und auf dem Balkan waren schon unter Bush (Vater) und Clinton Grenzen und Möglichkeiten eines demokratischen »nation building« deutlich geworden. Bush (Sohn) hatte sich im Wahlkampf 2001 selbst dagegen ausgesprochen.

Während die außenpolitische Elite der USA noch darüber debattierte, wie Frieden, Freiheit und Sicherheit in einer stärker vernetzten Weltordnung auch künftig erhalten werden könnten – und sich dabei anders als 1919 und selbst 1945 kaum Stimmen gegen ein Festhalten an der globalen Verantwortung der »einzig verbliebenen Supermacht« regten –, gönnte sich die Weltpolitik keine Atempause. Mitten in die Zwei-plus-Vier-Verhandlungen platzte der irakische Überfall auf das ölreiche Fürstentum Kuwait am 2. August 1990. Der irakische Diktator Saddam Hussein, den die USA in dem 1988 beendeten Krieg gegen den Iran unterstützt hatten, hoffte auf eine stillschweigende Akzeptanz dieses Fait accompli durch die Regierung Bush senior. Er hatte sich gründlich verspekuliert. Zum einen wegen der strategischen Bedeutung der Ölvorkommen am Golf und zum anderen wegen der Tatsache, dass die völkerrechtswidrige Invasion die eben noch beschworenen Ideale einer auf kollektiver Sicherheit beruhenden neuen Weltordnung in ihren Grundfesten erschütterte, handelte Präsident Bush umgehend: Schon am 7. August wurden Truppen nach Saudi-Arabien verlegt, um eine befürchtete Ausweitung des Krieges durch den Irak zu verhindern.

Es gelang der diplomatisch geschickt agierenden Bush-Regierung innerhalb weniger Wochen, eine weltweite Koalition zu schmieden, an der sich neben 500 000 amerikanischen Soldaten auch 200 000 alliierte Kräfte beteiligten. Selbst Staaten wie Syrien und Ägypten schickten militärische Kontingente. Ein Großteil der Kosten der Operation »Desert Storm« wurde von Verbündeten wie Saudi-Arabien gedeckt. Auch Japan und die Bundesrepublik Deutschland, die anders als Frankreich und Großbritannien keine Truppen schickten, halfen bei der Finanzierung des Krieges mit. Militärisch geriet der erste Golfkrieg zum Spaziergang: Die irakische Armee wurden nach fünfwöchigem Bombardement in einem viertägigen Feldzug besiegt. Zu den bemerkenswerten Details dieses ersten Irakkrieges gehörte, dass drei CNN-Journalisten aus einem Hotel in Bagdad direkt über den Krieg berichteten. Millionen Amerikaner verfolgten in ihren Wohnzimmern gebannt das Geschehen. Zu den politisch langfristig folgenreichen Entscheidungen gehörte der Entschluss von Präsident Bush, nicht auf die Falken unter seinen Beratern zu hören und Saddam Hussein nicht zu stürzen. Dies geschah im Einklang mit der öffentlichen Meinung, den Verbündeten und den meisten sicherheitspolitischen Experten, die für ein Festhalten an den ursprünglich gesetzten Kriegszielen plädierten. Der Vormarsch der amerikanischen Truppen wurde nach der Befreiung Kuwaits gestoppt. Saddam Hussein hielt sich an der Macht. In seinem militärischen und außenpolitischen Spielraum wurde er durch mehrere UN-Resolutionen und »Flugverbotszonen« stark eingeengt und einem internationalen Rüstungskontrollregime unterworfen.

Ungeachtet der patriotischen Ausbrüche, die den ersten Irakkrieg begleiteten und der nach der Ansicht von Präsident Bush die Scharte von Vietnam ausgewetzt hatte, blieben die USA auch unter dessen Nachfolger Clinton eine zögerliche Weltvormacht. Innenpolitisch fehlte ein Konsens für die Entsendung von Truppen. Clinton hatte eine Reihe von Problemfällen geerbt, darunter eine fehlgeschlagene UN-Friedensmission in Somalia, die nach dem Abschuss eines amerikanischen Hubschraubers mit einem abrupten Rückzug endete. Auch deshalb weigerte sich Clinton, während des Genozids in Ruanda zu handeln. Die humanitäre Intervention in Haiti, mit der die USA erstmals auf Grundlage eines UN-Mandats in der westlichen Hemisphäre eingriffen und die die Herrschaft des legitimen Präsidenten Jean-Bertrand Aristide restaurierte, erwies sich als zweifelhafter Erfolg. Auf dem Balkan, wo die jugoslawische Sezessionskrise im Sommer 1991 begann, hatte sich Bush zu keiner klaren Position durchringen können. Da es sich um ein »europäisches Problem«

handelte, ließ Clinton Bosnien zunächst links liegen. Erst als sich 1993/94 auf dem Balkan Gräueltaten häuften, die mit Konzentrationslagern, genozidaler Kriegführung und ethnischen Säuberungen Erinnerungen an den Holocaust wachriefen, sah sich Clinton zum Handeln herausgefordert. Die Bombardements der NATO unter amerikanischer Führung sowie die militärische Unterstützung für Bosnier und Kroaten zwangen Serbien an den Verhandlungstisch. Der Frieden von Dayton (1995) wurde ohne die handlungsunfähigen Europäer von US-Diplomaten ausgehandelt. Auch im Kosovo-Konflikt 1999 waren die Amerikaner die treibende Kraft. Mit europäischer Unterstützung erreichten sie die Autonomie der Albaner und den Rückzug der Serben.

Ausgeglichener waren die Verhältnisse in der Außenhandelspolitik, wo die USA gegenüber Europa und Asien keine dem Militärischen vergleichbare Dominanz besaßen. Hier sahen die 1990er Jahre einen neuen Globalisierungsschub, zumal sich angesichts des Sieges des Kapitalismus im Kalten Krieg 1989/90 Fortschritte in der Liberalisierung des Welthandels einer relativ hohen innenpolitischen Unterstützung erfreuten. Clinton konnte die zum Teil heftigen Widerstände in den Gewerkschaften und in der Demokratischen Partei überwinden. 1993 setzte er im Kongress die Nordamerikanische Freihandelszone (*North American Free Trade Agreement, NAFTA*) durch und nahm auch Verhandlungen über deren Ausweitung auf die gesamte westliche Hemisphäre auf. 1994 wurde die Uruguay-Runde der GATT-Verhandlungen (*General Agreement on Tariffs and Trade*) abgeschlossen und die Welthandelsorganisation (*World Trade Organisation*, WTO) gegründet, die mit ihren Schiedsmechanismen ungeachtet der öffentlichen Streitigkeiten etwa um genmanipulierte Agrarprodukte oder den europäischen Bananen-Protektionismus zu einer erheblichen Versachlichung der europäisch-amerikanischen Handelskonflikte beitrug. Der Liberalisierungsschub bewirkte einen starken Anstieg der Importe und Exporte. So stark wie niemals zuvor in ihrer Geschichte integrierten sich die USA in die Weltmärkte. Gegen die Liberalisierung der Weltwirtschaft regte sich vehement Kritik, die beim WTO-Treffen in Seattle 1999 zu gewalttätigen Ausschreitungen führte. Dieser Protest hatte zum Teil inneramerikanische Wurzeln, obwohl unter den Globalisierungsgegnern amerikanische Unternehmen wie McDonalds als Zielscheibe der Kritik einen hohen Kurswert erzielten.

Aus der weltpolitisch relativ ruhigen Ära Clinton erlebten die USA und der Westen ein böses Erwachen: Am Morgen des 11. September 2001 rasten zwei Flugzeuge, die von islamischen Terroristen entführt worden waren, unvermittelt in die Türme des World Trade Center in New York. Kurz danach stürzte ein drittes Flugzeug auf das Pentagon in Washington, während ein viertes Flugzeug, das vermutlich das Weiße Haus oder das Kapitol im Visier gehabt hatte, von seinen Insassen noch kurz zuvor über Pennsylvania zum Absturz gebracht worden war. Die Terroristen hatten es auf die Symbole amerikanischer Macht abgesehen: Den westlichen Kapitalismus mit den Türmen des New Yorker Welthandelszentrums; die militärische Macht mit dem Angriff auf das Verteidigungsministerium; und das politische Amerika, das gerade noch einmal davongekommen war. Urplötzlich fanden sich die USA mitten im Krieg – so jedenfalls wurden die Ereignisse von Präsident Bush und der amerikanischen Öffentlichkeit spontan interpretiert. Anders als der ebenfalls einen tiefen Schock auslösende Überfall auf Pearl Harbor 1941, mit dem Bush die Attacken vom 11. September verglich, der jedoch auf ein rein militärisches Ziel an der Peripherie erfolgt war, stießen die Angriffe vom 11. September in das symbolische Herz Amerikas vor. Sie forderten knapp dreitausend zivile Opfer – die schlimmste terroristische Attacke in der Geschichte der USA. Es war der erste Angriff auf das amerikanische Festland seit dem Britisch-Amerikanischen Krieg von 1812. Als Urheber der Entführung wurde die militante Organisation Al-Qaida unter der Führung des radikalen saudischen Islamisten Osama bin Laden entlarvt, der schon für die Anschläge auf die amerikanischen Botschaften in Kenia und Tansania im August 1998 verantwortlich gewesen war.

Der Angriff vom 11. September verlieh der Anfang 2001 ohne überzeugendes Mandat an die Macht gekommenen und bis dahin eher glücklos lavierenden Regierung von George W. Bush Richtung und Ziel: Amerika sollte in einem ersten Schritt sicher vor den Angriffen der islamischen Terroristen gemacht werden; in einem zweiten Schritt sollte dann in der Tradition Wilsons die Welt sicher für die Demokratie gemacht werden. In diesem ersten Ziel wussten sich die USA der Unterstützung einer mit Betroffenheit reagierenden Weltöffentlichkeit noch sicher, in dem zweiten Ziel, dem dann der zweite Irakkrieg im Jahr 2003 diente, folgten die übrigen westlichen Länder der amerikanischen Führung nicht mehr uneingeschränkt – ganz zu schweigen von nicht-westlichen Großmächten wie China und Russland. Allerdings ließen Bush und die Mehrheit seiner Berater keinen Zweifel, dass Amerika im Krieg gegen den Terror notfalls auch allein agieren und sich von niemand darin behindern lassen würde. Dennoch geriet der erste Krieg gegen Al-Qaida und die ihnen in Afghanistan Versteck gewährenden Taliban-Miliz zum »Triumph des Multilateralismus« (Klaus Schwabe). Er war Ausdruck der neuen Weltordnung: Die NATO, bisher eine auf Europa und den Nordatlantik beschränkte Allianz, erklärte den Afghanistankrieg zum Bündnisfall. Auch Russland und China, die den islamistischen Terrorismus ebenfalls fürchteten, gaben ihre Einwilligung zu diesem Schritt: Russland erhob kein Veto gegen die Nutzung zentralasiatischer Basen durch das US-Militär und ließ, ebenso wie China, in der UNO die USA gewähren.

Die Allianz im Krieg gegen den Terror zerbrach, als Bush dem Rat der neokonservativen Falken um Vizepräsident Cheney, Verteidigungsminister Rumsfeld und Sicherheitsberaterin Rice folgte und auf einen Regimewechsel im Irak hinzuarbeiten begann. Dagegen sprachen sich vor allem Außenminister Powell und einige hochrangige Mitglieder der Regierung von Bush senior aus, denen die jüngere Entwicklung recht gegeben hat. Angesichts fehlender Verbindungen von Saddam Hussein zu den Terroristen und nicht vorhandener Massenvernichtungswaffen werde ein Krieg im Irak in der Weltöffentlichkeit keine Glaubwürdigkeit finden, sondern von dem eigentlichen Ziel, der Bekämpfung des weltweiten Terrorismus, ablenken. Angesichts des innenpolitischen Aufruhrs, den der 11. September ausgelöst hatte, des breiten Rückhaltes, den der Irakkrieg in den von Patriotismus überschäumenden Medien besaß, und angesichts der Tatsache, dass der Sturz Saddam Husseins die USA militärisch vor keine größere Herausforderung stellte, entschied sich Bush für diesen zweiten Krieg, der im Irak Freiheit und Demokratie mit militärischer Macht Geltung verschaffen sollte. Hier allerdings saßen die neokonservativen Propheten einer neuen Welt einem gründlichen historischen Missverständnis auf: Mit Ausnahme der speziellen Fälle Bundesrepublik Deutschland und Japan hat in der Zeit nach dem Zweiten Weltkrieg kein mit militärischen Mitteln herbeigeführter Regimewechsel zu einer Demokratisierung des betroffenen Landes geführt.

Ungeachtet des Widerstandes auch wichtiger Verbündeter, darunter Frankreichs und Deutschlands, die angesichts massiver Protestdemonstrationen in fast allen europäischen Ländern im Konzert mit China und Russland entsprechende Vorstöße der USA in der UNO blockierten, wurde der Aufmarsch vorbereitet. Die Regierung Bush versicherte sich dabei der Unterstützung militärischer Kontingente auch anderer Staaten wie z. B. Italiens und

Spaniens, die jedoch mit Ausnahme Großbritanniens eher symbolische Bedeutung hatten. Nachdem Saddam Hussein ein letztes Ultimatum hatte verstreichen lassen, schlugen die USA in der Nacht vom 19. auf den 20. März 2003 mit massiven Bombardements los. Schon am 9. April fiel Bagdad, erst im Dezember 2003 wurde Saddam Hussein gefasst. Zu diesem Zeitpunkt sahen sich die USA im Irak längst in einen Guerillakrieg verwickelt, der, wie einst die Kampagne auf den Philippinen, mehr Opfer als die eigentliche Eroberung kostete (insgesamt 4424, und vermutlich Hunderttausende Iraker). Der Konflikt im Irak wurde von einem Bürgerkrieg zwischen der lange dominierenden sunnitischen Minderheit und der neuerdings herrschenden schiitischen Mehrheit überlagert. Dennoch wurde George Bush im November 2004 auch wegen einer zu diesem Zeitpunkt noch relativ positiven Einschätzung des Irakkrieges überzeugend wiedergewählt. Bald nach seiner Amtseinführung Anfang 2005 sackte das Vertrauen der amerikanischen Bevölkerung in die Kriegführung im Irak ab. In den Wahlen 2006 mussten deshalb Bush und die Republikaner eine herbe Niederlage einstecken. Sein Nachfolger Barack Obama (2009–2017) gewann auch deshalb die Wahlen gegen den Kandidaten der Republikaner, den Vietnamveteranen Senator John McCain, weil Obama mit einer klaren Antikriegsbotschaft warb.

Der Krieg im Irak wurde zu einer enormen Belastung des Ansehens der USA. Auch diesbezüglich hätte man sich angesichts des Präzedenzfalls Vietnam besser wappnen können. Denn es kam auch im Irak zu den unvermeidlichen Gräueltaten. Besondere Aufmerksamkeit zogen die harschen Methoden und Folterungen in Gefangenenlagern auf sich. Solche wurden im Rahmen des Kampfes gegen die Terroristen nicht nur im Irak und in Afghanistan, sondern auch an geheim gehaltenen Orten u. a. in Osteuropa sowie auf dem kubanischen Stützpunkt Guantánamo errichtet. Letzteres ist ein dauerhafter internationaler Imageschaden für die USA, zumal es auch Obama nicht gelang, sein Wahlversprechen umzusetzen und das Lager binnen eines Jahres zu schließen. 2004 wurden die Übergriffe im Lager Abu Ghraib im Irak bekannt. Dabei handelte es sich lediglich um die Spitze des Eisbergs. Doch der »Krieg gegen den Terror« hatte damit seine unrühmlichen Ikonen. Als Skandal wurde auch empfunden, dass Rechtsberater der Regierung Folter akzeptierten, wie überhaupt sich Teile der US-Nachrichtendienste in einer Art rechtsfreiem Raum zu bewegen schienen.

Es wäre falsch, die USA als monolithischen Koloss zu sehen, der mit Einheitsmeinung in den Irak einmarschierte. Gleich nach 9/11 erhoben sich selbstkritische Stimmen von bekannten progressiven Intellektuellen wie Susan Sontag; später wandte sich eine breite Koalition von Kritikern gegen den präventiven Gebrauch von militärischer Gewalt, darunter auch die katholischen Bischöfe der USA. Es kam zu zahlreichen Antikriegsdemonstrationen, so etwa im März 2003, als 400 000 Friedensbewegte durch New York marschierten. Veteranen, auch ehemalige Mitglieder des sicherheitspolitischen Establishments wie der Sicherheitsberater des älteren Bush, Brent Scowcroft, warnten vor dem Irakabenteuer, wie überhaupt das Militär dem »Krieg gegen den Terror« skeptisch gegenüberstand. Auch die Popularkultur hat sich des Themas angenommen und macht in Filmen wie *Syriana* (2005) deutlich, wie Demokratie und Freiheit doch immer wieder hinter dem »Kampf ums Öl« und Profitinteressen zurückstehen müssen. Sicher ist diese Perspektive zu eindimensional, wenn auch nicht völlig fiktiv. Der Thriller *Green Zone* (2010) diskutiert die Hintergründe des Kriegs, *In the Valley of Elah* (2007) thematisiert den posttraumatischen Stress der Soldaten. Die Folgen des Krieges waren auch zu Beginn der Amtszeit von Donald Trump 2017 nicht verarbeitet, obwohl Obama das unrühmliche Kapitel Zweiter Irakkrieg zumindest formal mit dem Truppenabzug beendet hatte.

Aufbruch und Spaltung: Amerika seit 2009

Ein zerrissenes Land: Von Obama über Trump zu Biden

Amerikanische Präsidenten sind, wie viele erfolgreiche Politiker, eine »leere Leinwand, auf die Menschen unterschiedlichster politischer Haltungen ihre eigene Sicht projizieren können«. So nahm der spätere Präsident, der damals frisch gewählte Senator Barack Obama (2009–2017) in seiner Autobiographie *The Audacity of Hope* (2006) die zu erwartenden Enttäuschungen einiger seiner künftigen Wähler vorweg. Denn viele setzten ihre Hoffnungen in den jungen Rechtsprofessor und Aktivisten, der als Sohn eines schwarzen Mannes aus Kenia und einer weißen Frau aus Kansas auf Hawaii geboren worden war, an der äußersten Peripherie der USA. Somit stand er einerseits in Distanz zu den etablierten afroamerikanischen Milieus, was seine Wählbarkeit für weiße Amerikaner förderte; andererseits verkörperte er den neuen, multiethnischen Charakter der »transnationalen Nation« USA. Auch war seine ungewöhnliche Herkunftsgeschichte anschlussfähig an überlieferte Narrative eines US-Exzeptionalismus und zivilreligiöser Sendung, wie er es in einer Rede in Philadelphia im März 2008 selbst hervorkehrte: »Solange ich lebe, werde ich niemals vergessen, dass in keinem anderen Land der Erde mein Lebenslauf überhaupt möglich wäre.«

Obamas historischer Wahl zum ersten afroamerikanischen Präsidenten der USA im November 2008 war ein Erdrutschsieg der Demokraten in den Zwischenwahlen zum Kongress 2006 vorausgegangen. Die schier endlos erscheinenden Kriege im Irak und Afghanistan, die sich immer weiter öffnende Schere zwischen Arm und Reich, der massive Einbruch der Wirtschaft 2007/08 sowie die Polarisierung von Politik und Gesellschaft führten zu einer

Wechselstimmung. Diese bediente Obama mit Wahlkampfparolen wie *hope*, *change* und charismatisch übersteigerten Erwartungen (»Yes, we can«). Als »schwarzer Kennedy« und mitreißender Redner wollte er die Spaltung zwischen dem »roten« (republikanischen) und »blauen« (demokratischen) Amerika überwinden und das Land wieder zu »Vereinigten« Staaten machen. Er konnte die Wahlen überzeugend gewinnen, auch weil er einen recht modernen Wahlkampf führte. Schon George W. Bush hatte bei seiner Wiederwahl 2004 erfolgreich auf das Internet zur Mobilisierung gebaut. Obamas Wahlkampfteam setzte dann erstmals ganz konsequent auf die damals noch brandneuen sozialen Medien. Das 2004 von Mark Zuckerberg gegründete »soziale Medium« Facebook war seit 2006 allen Amerikanern über 13 Jahren zugänglich und konnte seit 2009 von privaten Unternehmen genutzt werden.

Obamas eindrucksvolle Rhetorik der Einheit und der Versöhnung historischer Gegensätze stand im auffälligen Kontrast zur politischen und gesellschaftlichen Realität der USA. Noch stärker als andere entwickelte Demokratien sind die USA von paradoxen sozialen und politischen Trends geprägt: Einerseits nehmen Bindungen an Milieus und gesellschaftliche Großorganisationen wie traditionelle *mainline churches* oder Parteien ab, schreitet die radikale Individualisierung in einer Gesellschaft rasch voran, in der die Menschen theoretisch mehr Wahlmöglichkeiten und Partizipationschancen haben als jemals zuvor. Die Befreiungs- und Emanzipationsprozesse der 1960er Jahre sind in der Breite der Gesellschaft angekommen, autoritäre Bastionen wurden geschliffen. Andererseits wächst seit dem Ende des Kalten Kriegs die politische und kulturelle Polarisierung um Fragen von »Identität« und »Herkunft« sowie gleichzeitig die soziale Zersplitterung und Desintegration der Gesellschaft. Viele sind heute schneller bereit, sich eindeutig zu positionieren, hängen simplifizierenden Verschwörungstheorien an, vertreten klare Meinungen gerade wegen wachsender gesellschaftlicher Unsicherheit: Menschen nehmen sich die Freiheit, sich nicht ständig entscheiden zu müssen, zeigen ›klare Kante‹, aber überlassen damit das komplizierte Geschäft der Sachdebatten Populisten, Lobbys und professionellen Politikern, die sie doch gleichzeitig zutiefst verachten. Individualisierung und ideologische Polarisierung sind in den USA keine Gegensätze.

Die soziale Spaltung der USA zeigt sich darin, dass viele Amerikaner heute weniger nach Herkunft und Rasse getrennt leben (obwohl es die innenstädtischen »Ghettos« weiterhin gibt), sondern nach Einkommen. Die entscheidende Trennlinie in den USA verläuft entgegen dem Anschein angesichts der »Black Lives Matter«-Proteste seit 2014 und der verstörenden Aufmärsche weißer Rassisten der jüngsten Zeit heute weniger zwischen »Kasten« als zwischen »Klassen«, das meint den sozioökonomischen Status der Eltern. So argumentierte der Soziologe Robert Putnam in seiner vieldiskutierten Studie *Our Kids: The American Dream in Crisis* (2015), dass Kinder armer wie reicher Familien zunehmend nach Einkommen segregierte Schulen besuchen würden und weniger Berührungspunkte miteinander in Sport und Freizeit hätten als die Generation ihrer Eltern. Ihre Chancen sind daher unterschiedlich hoch, einen der begehrten Plätze in einem hervorragenden College zu ergattern, was wiederum ein gesichertes Auskommen verspricht. Auch bei Heirat und Partnerschaft überwinden Amerikaner seltener Klassengrenzen als früher, sodass viele in einer sozial und ökonomisch segregierten Gesellschaft geboren werden, aufwachsen, zur Schule gehen, studieren, arbeiten, Kinder aufziehen und auch ihre Freizeit gestalten. Dadurch verfestigen sich zunehmend Klassenunterschiede und -gegensätze. Viele Amerikaner wissen immer weniger darüber, wie die »andere Hälfte lebt«, so das geflügelte Wort von Jacob Riis, einem Sozialreformer der 1890er Jahre. Damals wirkten die USA sozial ähnlich zerrissen wie heute.

Die sozioökonomische Polarisierung führte zu einem Schrumpfen der Mittelklasse. Diesen Begriff haben viele Politiker und Sozialforscher inzwischen aus ihrem Vokabular getilgt. Manche sprechen von einer »Aufkündigung des amerikanischen Konsenses«, andere wie der *New-Yorker*-Journalist George Packer nennen es die »Abwicklung« (*The Unwinding*, 2013), ein Lösen der Bande, die Amerika historisch zusammengehalten hätten. Sich in die (heute nicht mehr existente) Mittelschicht hochzuarbeiten, sei einst der »amerikanische Traum« gewesen. Der Fahrstuhleffekt der »goldenen« Nachkriegszeit, als während des großen Booms ganze Kohorten den Sprung in die Mittelschicht schafften, erreicht große Teile der früheren weißen Mehrheitsgesellschaft nicht mehr. Für Mitglieder ethnischer Minoritäten, darunter nicht wenige Afroamerikaner, scheint Schichtenmobilität nach wie vor möglich. Doch vor allem in den von der Republikanischen Partei dominierten »roten« Bundesstaaten, die George W. Bush in den Wahlen 2000 und Donald Trump 2016 gewann, nimmt die generationsübergreifende Aufwärtsmobilität rapide ab. Der *Rust Belt* der deindustrialisierten Zonen an den Großen Seen sowie des Mittleren Westens hinkt wie der Süden den prosperierenden Küstenregionen hinterher. Genau dort, wo die Menschen vermehrt auf Sozialhilfe angewiesen sind, sind die Ressentiments gegen staatliche Bevormundung besonders hoch. Die radikal-konservative, unterschwellig rassistische Protestbewegung der Tea Party, die sich gleich nach Obamas Amtsantritt 2009 bildete, hatte ihre Basis genau an solchen Orten.

Sicher beruht die historisch ja nicht präzedenzlose Jeremiade über das »Ende des amerikanischen Traums« auf einer zu rosigen Sicht der Vergangenheit. Amerika mag in der Mitte des 20. Jahrhunderts statistisch gesehen homogener gewirkt haben als heute. Aber es war auch damals ein sozial, kulturell, religiös, ethnisch und insbesondere rassisch zerklüftetes Land. Erst recht galt dies für das

Amerika um 1900. Neu ist der Zynismus sowie die Perspektivlosigkeit der weißen Arbeiter- und Unterschichten in den alten Industrieregionen des Mittleren Westens, Nordostens sowie den Bergregionen der Appalachen (des sogenannten *White Trash*). Für sie klingt die Rede vom American Dream wie Hohn, für sie repräsentierte der kultivierte, gebildete und erfolgreiche Obama eine Form der Meritokratie, die ihnen keine Zukunft bot, argumentierte J. D. Vance in *Hillbilly Elegy* (2016). Darin ging er selbstkritisch den kulturellen und sozialen Ursachen des rapiden Verfalls ganzer Gemeinschaften und Familien nach. Diese abgehängten Regionen würden vom Verfall familiärer und staatlicher Strukturen, von einer Drogenepidemie und von Gewalt heimgesucht. Der Verlust von Arbeitsplätzen aufgrund der Globalisierung sei dabei nur ein Faktor. Vance diagnostizierte ein kulturelles Trauma, eine Krise vor allem der weißen Männlichkeit, einen Zerfall des Arbeitsethos, einen verbreiteten Unwillen, Fehler auch bei sich selbst zu suchen. In Filmen wie *Winter's Bone* (2010) war die zuvor schon länger in Fernsehserien thematisierte Kulturkrise der weißen Unterschichten seit einem guten Jahrzehnt ein großes Thema. Die Hit-Serien *Breaking Bad* (2008–2013) oder *Ozark* (2017–) diskutieren die sozialen und ökonomischen Folgen der Drogenkultur. Die *opioid epidemic*, die durch eine äußerst liberale Verschreibungspraxis und Profitsucht der Hersteller bei morphinhaltigen Schmerzmitteln ausgelöst worden ist, führt in Teilen der USA zu sozialen Verwüstungen bedrohlichen Ausmaßes. Drogenmissbrauch ist seit 2015 die häufigste Todesursache für Amerikaner unter 50 Jahren. Das mythische amerikanische *Heartland* befindet sich in einer Abwärtsspirale, während andere Teile der USA prosperieren wie nie zuvor.

Populärkultur ist ein Seismograph gesellschaftlicher Krisen. *White Trash* fasziniert auch, weil es dabei um eine Kernwählerschaft von Präsident Donald Trump (2017–2021) geht. Die weiße Arbeiterklasse fühlt sich vom Mainstream ausgeschlossen, so wie Trump, trotz bester Adresse in New York, nicht so richtig »dazugehört«, von den Rändern der tonangebenden Schichten kommt und die Neigungen seiner Wähler teilt. Trump, ein mittelmäßig erfolgreicher Baulöwe ohne vorherige Regierungserfahrung, doch mit großem Ego und einer kulturellen Affinität zu »Trash« gesegnet, war nicht zuletzt aufgrund seiner medialen Präsenz als Reality-TV-Star in der Castingshow *The Apprentice* (2004–2017) den weißen Unterschichten ein Begriff. Trotz seiner Affären, Skandale, Bankrotte und gerade wegen seiner offen nationalistischen, rassistischen und sexistischen, somit für viele erfrischend »unkorrekten« Redeweise setzte er sich als Kandidat der Republikanischen Partei überraschend durch. Dass Trump trotz sexueller Übergriffigkeit reüssierte, war besonders überraschend angesichts der #MeToo-Bewegung im Herbst 2017, die sexuelle Belästigung und Missbrauch zum Thema einer internationalen Debatte machte. Der stets die Grenzen des Sagbaren sprengende Trump meisterte die Kunst der Mobilisierung mittels des Kurznachrichtendienstes *Twitter*, hielt die Öffentlichkeit mit immer neuen Tabubrüchen in Atem und lenkte so die Aufmerksamkeit stets auf sich selbst. Er wurde 2016 gegen die Kandidatin des Establishments, die »Maß und Mitte« verkörpernde ehemalige First Lady und Außenministerin Hillary Clinton, zum Präsidenten gewählt. Clinton ihrerseits hatte nur knapp gegen den linksprogressiven Senator Bernie Sanders (Vermont) gewonnen. Eine politisierte Wählerschaft wollte alles, nur nicht Kontinuität in einer Zeit, in der Politiker, wie in der populären Serie *House of Cards* (2013–2018), als kriminell, korrupt, zynisch und nur auf den eigenen Vorteil bedacht porträtiert werden. Trump war nun genau dies alles, konnte sich aber geschickt zum Außenseiter stilisieren, der versprach, den »Sumpf« trockenzulegen.

Die mediale Revolution des Internets und vor allem der Durchbruch der sozialen Medien hat die gesellschaftliche wie politische Fragmentierung und Polarisierung gefördert. Klassische Nachrichtenmedien dringen zu Teilen der Bevölkerung nicht mehr durch. Medienforscher sprechen von Echokammern. Gemeint ist, dass das Publikum seine Nachrichten unkritisch aus wenigen vertrauten Quellen bezieht, in denen es, wie in politischen Blogs, überwiegend um Meinungsmache geht, nicht um den Austausch von »echten Nachrichten« im Sinne objektivierbarer Informationen. Pionier dieser »Nachrichten als Meinungsmache«, deren Fakten bewusst gefälscht werden (Fake News), war der rechtskonservative Sender Fox News, dem liberale Medien wie MSNBC und CNN gefolgt sind. Bei *New York Times* und *Washington Post* werden vor allem Meinungsseiten gelesen. Auch satirische Nachrichtenformate wie die liberale *Daily Show* mit Jon Stewart (1999–2015) und dessen Nachfolger, dem deutschschweizerischen Südafrikaner Trevor Noah (seit 2015), sind überwiegend Meinungsjournalismus. Zu den erfolgreichsten Netzwerken auf der liberalen Seite gehört der YouTube-Kanal *The Young Turks*, der aktuelle politische Entwicklungen auch detailliert bespricht. Das von Stephen Bannon, dem späteren Chefstrategen Trumps, geleitete, stramm rechtspopulistische bis rechtsradikale Portal *Breitbart News* »mischt rechtslastige Kommentare mit pubertären Pöbeleien und rassistischen Anspielungen«, konstatierte die investigative Journalistin Jane Mayer. Auch der 2018 gegründete konkurrierende Kurznachrichtendienst *Parler* will für das ultrarechte Spektrum Alternativen zum »liberalen Mainstream« schaffen und zieht zahlreiche Trump-Anhänger an. Viele der rechten Populisten ziehen inzwischen von dem ihnen zu gemäßigt erscheinenden Fox News zu neuen Sendern wie OANN und Newsmax weiter. Dass Twitter und Facebook nach dem Sturm von Trump-Anhängern auf das Kapitol im Januar 2021 einigen Nutzern, darunter Trump, den Zugang sperrten, zeigt die uneingeschränkte Macht der hinter den sozialen Netzwerken stehenden

Konzerne über die Möglichkeiten und die Grenzen des öffentlichen Diskurses. Zudem wird die hochprofitable rechtspopulistische Meinungsmache von interessierten aktivistischen Milliardären wie den Brüdern Koch oder der Familie Mercer vorangetrieben. Diese versuchen ihre auf Steuersenkungen und Deregulierung zielende politische Agenda auch durch massive finanzielle Zuwendungen bei Wahlen durchzusetzen. Dabei wirkt sich die Aufhebung der finanziellen Obergrenzen für indirekte Wahlwerbung durch den Obersten Gerichtshof massiv aus (Citizens United v. Federal Election Commission, 2010).

Ungeachtet der aus europäischer Sicht wenig erfreulichen Entwicklung, die mit der Wahl des in Deutschland weit überwiegend negativ bewerteten Trump 2016 kulminierte, sind die USA, gerade aufgrund der extremen Wendungen ihrer politischen Entwicklung seit dem 11. September 2001 weiterhin ein Faszinosum für auswärtige Beobachter. Obwohl der Aufstieg des jüngeren Rechtspopulismus in höchste Regierungsämter auf nationaler Ebene zunächst in Europa erfolgte und nicht in den USA, dient Amerika weiterhin als Anker europäischer Zukunftsdebatten. Die tiefe und präzedenzlos wirkende amerikanische Identitätskrise hat das Interesse an den USA erst recht wieder geweckt, zumal die kulturelle Fragmentierung und Spaltung des Landes und die dortigen harschen Identitätsdebatten Menschen weltweit erlaubt, ihre Zukunft in Anlehnung und Abgrenzung von Amerika zu imaginieren. So findet die im Widerstand gegen rassistische und oft tödliche Polizeigewalt nach den Vorfällen in Ferguson (Missouri) 2014 gegründete Bürgerrechtsbewegung »Black Lives Matter« (BLM) auch in Europa zahlreiche Anhänger. Trumps Wahl und dessen Ermutigung neonazistischer, offen rassistischer Straßenproteste, wie sie in Charlottesville 2017 stattfanden, hat der BLM-Bewegung großen Zulauf erbracht. Vor allem nach der von Trump indirekt gerechtfertigten Ermordung des Afroamerikaners

George Floyd in Minneapolis im Juni 2020 kam es weltweit zu Solidaritätskundgebungen mit BLM. Indes sollte nicht übersehen werden, dass die amerikanische Rechte europäische Neonazis und Rassisten inspiriert, die sich ebenfalls mit Gleichgesinnten transatlantisch vernetzen.

Dessen ungeachtet übt das Land auch weiterhin eine große Anziehungskraft für Migrationswillige aus. In der Dekade bis 2018 wanderten jährlich eine Million Menschen in die USA ein. Fast 15 Prozent, also etwa 45 Millionen Bürger sind nicht in den Vereinigten Staaten geboren worden. Demographisch sind die USA 2020 auch deshalb ein deutlich diverseres Land als 1970. Das zeigte sich in der Besetzung politischer Spitzenpositionen etwa durch die Wahl Obamas 2008, durch die Wahl der afroasiatischen Vizepräsidentin Kamala Harris 2020 sowie in der Besetzung von wichtigen Regierungsämtern durch Präsident Joseph R. Biden (seit 2021), die diese Vielfalt exemplarisch widerspiegelt. Freilich ändert dies nichts daran, dass, wie schon in früheren Phasen der US-Geschichte, kollektive Paniken bezüglich »Rasse« und Immigration gesellschaftliche Spaltung, Angst, Wut und Gewalt sowie tribalistische Politik fördern, worauf der Politikwissenschaftler James Morone in seiner Studie *Republic of Wrath* (2020) aufmerksam macht. Andererseits halten die messerscharfen Identitäts- und Diversitätsdebatten das Interesse an Amerika auf hohem Niveau. Ein Beispiel ist der internationale Sensationserfolg des Broadway-Musicals *Hamilton* (2015), in dem in einer Art umgekehrtem »Blackfacing« nicht-weiße Darsteller die Gründerväter der USA rappend verkörpern. New York, dessen Skyline nach wie vor architektonische Maßstäbe setzt, ist mit seinen Museen, Galerien, Theatern, aber auch durch Broadway und Off-Broadway, Fifth und Madison Avenue sowie die Fashion Week ein Nabel der Weltkultur geblieben; Hollywood produziert zuverlässig Blockbuster wie *Pirates of the Caribbean* (2003), *Avatar* (2009) oder Überraschungserfolge wie *Inception* (2010). Marvel-Verfilmungen und -Computerspiele erreichen weiter ein globales Publikum und schrieben mit den Filmen *Black Panther* (2018) und *Avengers Endgame* (2019) sowie dem Spiel *Marvel's Avengers* (2020) das Superheldengenre für eine ethnisch diverse Gegenwartsgesellschaft fort. Streaming-Dienste wie Netflix, Amazon Prime und Disney+ erfanden in den 2010er Jahren das Fernsehen neu. Sie erleichtern dem US-Publikum zumindest theoretisch den Zugang zu internationalen Inhalten auf völlig neue Weise. Wir leben in einem Zeitalter der Serien, die Menschen in aller Welt sehen und nachahmen. Darunter sind auch viele kritische Perspektiven auf den »Krieg gegen den Terror«, etwa in *Homeland* (2011–2020) und *24* (2001–2010), oder auf Polizeigewalt, Folter und das Abhören von Bürgern im »Drogenkrieg« (*The Wire*, 2002–2008).

Zudem war die Ära Obama das Jahrzehnt, in dem die amerikanischen Hightechgiganten Amazon, Apple, Facebook und Google zu ihrem weltweiten Siegeszug ansetzten, was fast zwingend zu Abwehr vor allem in China, aber auch in Europa führte. Die Digitalisierung von Wirtschaft, Arbeit, Konsum und Freizeit ist in den USA rasant vorangeschritten. Onlinedienste wie der Taxiservice Uber oder Community-Marktplätze wie Ebay oder Airbnb, das anfangs Privatwohnungen, zunehmend jedoch auch kommerzielle Angebote an Touristen vermittelte, wurden häufig zuerst in Kalifornien bzw. im Silicon Valley ausprobiert. Zwar bröckelt die Dominanz der Westküste 2020 sichtbar, da Technologieunternehmen nach Arizona oder Texas weiterziehen. Aber die Digitalwirtschaft fand weltweit Nachahmer, gerade auch in aufstrebenden Ländern wie Südkorea und Indien. Sie alle wie auch die USA werden inzwischen von der Volksrepublik China bei der Reichweite und der Tiefe der Digitalisierung übertroffen, ohne dass sich diese Länder nun im überkommenen Sinne des 20. Jahrhunderts noch »amerikanisieren« würden.

Dennoch hatte die globale, digitale Medienkultur im frühen 21. Jahrhundert noch eine deutlich »amerikanische Handschrift«, selbst wenn das zu einem großen Sprung in Richtung Weltvormacht ansetzende China wie auch Russland, die Türkei oder Iran es zunehmend verstehen, ihre Medienmärkte und kommunikative Infrastruktur gegen US-Einflüsse abzuschotten. Das ursprünglich globale Internet ist um 2020 zunehmend regional segmentiert. Dem entspricht im nationalen Rahmen der USA die dort jedoch freiwillige Aufspaltung der Medienmärkte nach politischen Präferenzen, was sich unter dem polarisierenden »Twitter-Präsidenten« Trump verstärkte. Das historisch massenmediale Ensemble scheint der Vergangenheit anzugehören; Zeitungen, Rundfunk und Fernsehen erreichen nur noch ein Nischenpublikum.

Bleibt Amerika in den Augen der Welt *das* Laboratorium der Moderne, oder ist es nur *eines* unter mehreren? Ein Beispiel für die andauernde Bedeutung der USA ist der breit diskutierte Vormarsch der »E-Mobilität«, die deutsche Autoproduzenten seit 2016 gehörig unter Druck setzt. Sie verdankt viel der Risikobereitschaft sowie der Fantasie von digitalen Entrepreneuren wie dem aus Südafrika eingewanderten Dotcom-Milliardär Elon Musk. Dieser hat sein Vermögen mit dem Onlinebezahldienst PayPal gemacht und fällt durch Gründungen immer neuer, zum Teil fantastisch wirkender Unternehmen auf, darunter auch des auf die Produktion von Elektroautos spezialisierten Herstellers Tesla. In dieser Hinsicht scheint der amerikanische Traum nach wie vor zu funktionieren. Die USA locken nicht zuletzt aufgrund ihrer kulturellen Offenheit und der durch Biden 2021 auch wieder gelockerten, weiterhin relativ offenen Migrationsregimes Talent und Kapital aus aller Welt an. Ihren Konkurrenten Indien und China, aber nach wie vor auch Deutschland, gelingt das aufgrund ihrer fehlenden kulturellen Offenheit bisher oft schlechter. Andererseits finden sich in der gesellschaftlichen Bilanz der USA auch erhebliche Negativa, die das Vorgehen der USA nicht gerade nachahmenswert erscheinen lassen. So forderte die Covid-19-Epidemie seit Anfang 2020 bis zu Bidens Amtsantritt etwa 400 000 Menschenleben. Die USA waren deutlich schlechter für die Pandemie-Bekämpfung gerüstet als andere Länder. Corona legte die strukturellen Schwächen ihres Gesundheitssystems brutal offen. Auch unterstrich die Politisierung des Tragens von Masken erneut die sozialen Spaltungen und politischen Selbstblockaden, die Trumps Amerika als taumelnden Riesen erscheinen ließen.

Innenpolitische Blockaden

Gesellschaftliche Polarisierung hat politische Folgen, wie sich am offensichtlichsten in der überraschenden Wahl und nicht weniger dramatischen Abwahl von Donald Trump zeigte: Verstärkt wurden die langfristigen Trends sozioökonomischer Spaltung der USA durch die Finanz- und Wirtschaftskrise 2007/08, die mit dem Platzen einer gewaltigen Immobilienblase begann und die soziale Ungleichheit verstärkt hat. Obamas Wahl ging der spektakuläre Zusammenbruch der Investmentbank Lehman Brothers im September 2008 direkt voran. Arbeitslosigkeit und Staatsverschuldung stiegen. Obama konnte sich zu Beginn seiner Amtszeit nicht auf »transformative Themen« konzentrieren, sondern betrieb mit seinem Finanzminister, dem Wallstreet-Banker Timothy Geithner, zunächst Krisenmanagement. Banken, Versicherungen und Automobilkonzerne mussten gestützt werden. Ein milliardenschweres Investitionspaket sollte die Wirtschaft wieder ankurbeln und hatte Erfolg. Der Bankensektor wurde erneut reguliert, was die Liberalisierungen der 1990er Jahre teilweise rückgängig machte. Insgesamt konnte Obama am Ende seiner Amtszeit eine positive Wirtschaftsbilanz vorweisen, mit wachsenden Beschäftigungszahlen und einer (vermutlich vorübergehenden) globalen Dominanz der USA in der digitalen Wirtschaft.

Relativ erfolgreich war auch Obamas historisch zu nennender Versuch, das ebenso komplexe wie dysfunktionale amerikanische Gesundheitssystem zu modernisieren, dessen Pro-Kopf-Kosten seit Jahrzehnten deutlich höher lagen als die anderer entwickelter Länder. Obama initiierte ein nationales Krankenversicherungssystem für alle (das heißt nicht nur für Ältere und Bedürftige wie bisher) und schloss damit endlich die *Great-Society*-Reformen der 1960er Jahre ab. Bekanntlich waren zuvor sowohl Nixon als auch Clinton an einem derartigen Projekt gescheitert. Dass seit den 1990er Jahren in den USA die Gesundheitskosten massiv angewachsen waren, hatte auch mit technologischen Innovationen zu tun. Zugleich waren viele Amerikaner unterversichert oder gar nicht krankenversichert. Ein erheblicher Teil der Gesundheitskosten wurde und wird über das Notfallsystem der Allgemeinheit aufgebürdet. Das sehr komplexe Gesetzesvorhaben, der *Patient Protection and Affordable Care Act* (ACA, 2010), umgangssprachlich »Obamacare«, führte eine Versicherungspflicht für alle Amerikaner ein. Die notwendige Reform rief starken politischen Widerstand hervor. Bisher Versicherte mussten zum Teil erheblich höhere Prämien bezahlen. Außerdem widersprach »Obamacare« dem Credo der Eigenverantwortlichkeit. Es wurde jedoch in seinem Kernstück, dem individuellen Versicherungsmandat, vom Obersten Gerichtshof 2012 für verfassungskonform erklärt.

Die Versuche von Präsident Trump, zu dessen Wahlkampfversprechen ein »Abschaffen und Ersetzen« des ACA gehört hatte, scheiterten 2017 im Kongress wenn auch nur knapp am Votum des republikanischen Senators John McCain, eines erbitterten Trump-Gegners. Wie einige wenige republikanische Politiker realisierten, würde vielen ihrer Wähler eine ersatzlose Streichung des ACA erheblich schaden. Außerdem lehnten viele Krankenversicherer, Ärzte und Krankenhausbetreiber die vorgelegten Alternativen ab. Trump konnte zwar die vorgesehenen Strafen für Nichtversicherte 2019 abschaffen. Wesentliche weitere Bestimmungen von Obamacare traten hingegen 2020 in Kraft, wie auch bis dahin 37 Staaten die Ausweitung von Medicaid, des nationalen Programms für die medizinische Versorgung Bedürftiger, übernommen hatten. In der Summe führt ACA zu mehr sozialer Gleichheit, hat umverteilende Tendenzen zugunsten der untersten Einkommensgruppen und hat viele Millionen Bürger erstmals krankenversichert. Dessen ungeachtet waren Ende 2020 noch 31 Millionen Amerikaner ohne Krankenversicherungsschutz.

Obama unterzeichnete das Pariser Klimaabkommen (2016) und stellte per Dekret weite Landstriche im Westen unter Naturschutz. Der den Klimawandel öffentlich leugnende Trump kündigte, kaum im Amt, den Vertrag Anfang Juni 2017 mit großem Aplomb auf. Indes versuchte er vergeblich, den Kohlebergbau und die Erdölindustrie anzukurbeln, weichte aber gezielt Umweltstandards auf. Biden wiederum trat am Tag seiner Inauguration dem Pariser Abkommen wieder bei.

Mit seiner Reform der Einwanderungsgesetze trat Obama teilweise in Bushs Fußstapfen, zumal er die Anzahl der Deportationen illegal Eingewanderter sogar erhöhte. Gleichzeitig nahm er per Dekret die Gruppe der »Dreamer« davon aus, junge Menschen, die als kleine Kinder mit ihren Eltern illegal in die USA eingewandert sind und als sehr gut integriert gelten dürfen (*Deferred Action for Childhood Arrivals*, 2012). Trumps erster Versuch, diesen »Dreamern« den temporären Aufenthaltsstatus zu entziehen, scheiterte. Großflächige Deportationen unterblieben in der chaotisch agierenden Trump-Administration. Doch mit einem Einreiseverbot für Menschen aus überwiegend islamischen Ländern, dem versprochenen Ausbau der

Grenzbefestigungen zu Mexiko sowie der inhumanen Trennung von Eltern und Kindern illegal eingewanderter Familien befriedigte er die xenophoben Bedürfnisse seiner Wähler, zu denen in den Wahlen 2020 übrigens ein Drittel der aus Lateinamerika stammenden Amerikaner zählten.

Charakteristisch für die politischen Verhältnisse in den USA in den ersten Jahrzehnten des 21. Jahrhunderts ist die Hyper-Polarisierung im Kongress. Diese spiegelt die gesellschaftliche Spaltung wider: So gibt es kaum noch Abgeordnete, die einer Gesetzesvorlage der anderen Seite *across the aisle* zustimmen. Selbst die lange Zeit von parteipolitischen Streitigkeiten ausgenommene Außenpolitik ist inzwischen extrem polarisiert. Die Blockaden im Kongress verstärkten sich, nachdem Obama in den Zwischenwahlen 2010 die demokratische Mehrheit im Repräsentantenhaus verlorenging und 2014 die Republikaner auch noch den Senat zurückeroberten. Das gelang ihnen, obwohl Obama 2012, zwar etwas knapper als 2008, doch insgesamt überzeugend wiedergewählt worden war. Sein Gegner war der gemäßigte Republikaner Mitt Romney gewesen, übrigens der erste Mormone, der für eine der beiden großen Parteien kandidierte. Trump wiederum konnte in der ersten Halbzeit seiner Präsidentschaft mit Mehrheiten in beiden Häusern des Kongresses regieren, verlor diese jedoch 2018 und brachte danach nur noch wenig zustande. 2020 verteidigten die Demokraten ihre Mehrheit im Repräsentantenhaus knapp und erreichten in zwei sensationellen Nachwahlen in Georgia Anfang 2021 Parität im Senat. Damit kontrollieren sie in Bidens erster Amtszeit beide Kongresskammern und das Weiße Haus. Von den meisten Beobachtern wird kein Rückgang der parteipolitischen Polarisierung erwartet, obwohl Biden Bereitschaft zur Zusammenarbeit mit den Republikanern signalisiert hat.

Obama griff in seiner zweiten Amtszeit notgedrungen vermehrt auf präsidentielle Verordnungen zurück (*execu-*

tive orders), eine Praxis, die sich Trump mit charakteristisch theatralischer Geste zu eigen machte, zumal Letzterer mit Teilen seiner eigenen republikanischen Kongressfraktion anfangs schlecht auskam. Er agierte weiterhin wie ein oppositioneller Präsident im Wahlkampf und wirkte aufgrund seines Ansatzes, wichtige Entscheidungen ohne Absprache mit Kabinett und Kongress per *Twitter* zu verkünden, auf politische Partner wie Gegner unberechenbar. Wichtige Fortschritte der Ära Obama wie die Legalisierung der gleichgeschlechtlichen Ehe waren der Rechtsprechung des Obersten Gerichtshofes zu verdanken (Obergefell v. Hodges, 2015), für den Obama zwei Oberste Richterinnen durchsetzen konnte, darunter mit Sonia Sotomayor die erste Latina in diesem Amt. Machtlos war Obama gegenüber der Waffenlobby, ungeachtet immer neuer Massaker von Amokläufern, etwa an der Sandy Hook Elementary School 2012, und einer breiten Zustimmung der Bevölkerung für schärfere Waffenkontrollgesetze. Auch musste er mitansehen, wie Polizeigewalt gegen Schwarze weiter eskalierte. Die große Aufmerksamkeit erregenden Vorfälle von Ferguson, Missouri (2014) waren nur der Anfang in einer langen Folge von oft tödlichen, primär anti-schwarzen Einsätzen von Schusswaffen, die vorläufig in der Ermordung von George Floyd in Minneapolis (2020) gipfelten. Kritiker vergleichen die Polizeigewalt mit Lynchjustiz.

Trumps Wahl zum Präsidenten 2016 war für in- und ausländische Beobachter ein Schock. Wie Obama reüssierte Trump mit einer Botschaft des Wandels (»Make America Great Again«). Sein Erfolg war nicht erwartet worden, erklärt sich jedoch mit der Hyper-Polarisierung des Landes sowie den dramatischen medialen Umbrüchen der letzten Jahre. Trump verstand die polarisierenden Mechanismen sozialer Medien besser als seine Gegenkandidaten. Die demokratische Präsidentschaftskandidatin Clinton konnte zwar landesweit drei Millionen Stimmen mehr erzielen als Trump. Letzterer gewann jedoch aufgrund der Eigenart des Mehrheitswahlsystems, das den Wahlausgang durch die Konzentration demokratischer Wähler in bevölkerungsreichen Staaten wie Kalifornien und New York zu seinen Gunsten verschob, da es die Stimmen ländlicher und verlässlich republikanischer Staaten im Süden und vor allem im Westen höher gewichtet. Auch vernachlässigte Clinton im Wahlkampf entscheidende Staaten wie Pennsylvania, Michigan und Wisconsin, die Obama noch gewonnen hatte. Trumps Wahlerfolg erklärt sich aus der radikalen Demokratisierung der öffentlichen Sphäre, auf die sich der etablierte Politikbetrieb mit Verzögerung einstellte, obwohl ja Obama soziale Medien bereits gezielt nutzte. Trump sprach das Volk mit populistisch verkürzten Botschaften direkt an, sein Wahlkampfberater Bannon war Pionier des politischen Direktmarketings. Mittels im Internet gewonnener persönlicher Daten ließen sich nun Wahlpräferenzen sicher erkennen und so Wähler bzw. Wählerinnen auch in Kampagnen von Tür zu Tür gezielter ansprechen. Clinton hingegen investierte altmodisch riesige Summen in die Fernsehwerbung.

Angesichts historischer Erfahrungen und des Erbes von Sklaverei und Rassismus war zu erwarten, dass auf die mit der Wahl Obamas sichtbar gewordenen Fortschritte bei der Gleichstellung von Afroamerikanern und Minoritäten eine Gegenbewegung folgen würde. Trump wurde auch als Anti-Establishment-Kandidat gewählt. Er galt als Förderer einer konservativen Agenda in religiösen Fragen wie der Abtreibung, sodass evangelikale Christen über seinen unmoralischen Lebenswandel großzügig hinwegsehen konnten, solange er konservative Richter ernannte. Gewählt wurde er aber auch wegen seiner klaren Befürwortung eines individuellen Rechts auf unbeschränkten Waffenbesitz und weil er eine erfolgreiche Abwehr der Ansprüche von Minoritäten versprach. Immer wieder bediente er sich kaum verhüllter rassistischer Termini. Trumps Wahl ermutigte prompt neonazistische, radikal nationalistische und für weiße Vorherrschaft eintretende Gruppierungen zu gewalttätigen Straßenprotesten wie in Charlottesville 2017, von denen er sich bewusst nicht distanzierte. Im April 2020 besetzten von Trump angespornte, waffenstarrende, rechtsextreme Milizen das Parlament von Michigan. Eine Entführung der Gouverneurin, einer Demokratin, wurde nur knapp vereitelt. Als skandalöser Anschlag auf die Versammlungsfreiheit galt die von Trump und dessen Justizminister veranlasste brutale Verdrängung friedlicher Demonstrierender von der zur »Black Lives Matter Plaza« umbenannten Straße vor dem Weißen Haus in Washington. Die Aufstände radikaler Trump-Anhänger kulminierten im »Sturm auf das Kapitol« am 6. Januar 2021. Angestachelt durch Trump inszenierte ein rechtsradikaler Mob aus »Oath Keepers«, »Proud Boys« und anderen Gruppen eine Besetzung des Parlaments, um die offizielle Zertifizierung der rechtmäßigen Wahl des 46. Präsidenten Joe Biden zu verhindern.

Trumps Präsidentschaft fiel in jeder Hinsicht aus dem Rahmen. Von Anfang bis Ende hielt er sich nicht an Regeln, verachtete Tradition, Althergebrachtes und Dekorum im politischen Betrieb. Seine Missachtung der Verfassung und der gewählten Institutionen unterstreicht das präzedenzlose zweifache Amtsenthebungsverfahren und die für immer mit Trump verbundene Kapitolsbesetzung. Trump zeigte, dass die *checks and balances* der Verfassung versagen können, sofern es ein Regelbrecher gezielt darauf anlegt, diese zu unterlaufen, und er über eine formale Mehrheit verfügt. Die anfangs erwartete Mäßigung Trumps trat nicht ein. Trump machte sich die Republikaner mittels seiner propagandistischen Fähigkeiten und direktdemokratischer Mittel wie der Nominierung radikal rechter Kandidatinnen und Kandidaten in den Vorwahlen gefügig. Da er verlässlich konservative Richter nominierte und aufgrund glücklicher Umstände während seiner Amtszeit drei neue

Mitglieder des Obersten Gerichtshofs von ihm ernannt werden konnten, sahen ihn auch wertkonservative Republikaner als einen nützlichen Präsidenten, trotz seiner Amoral und chaotischen Amtsführung. Wenig durchdachte Verordnungen wie ein offensichtlich gegen Muslime gerichtetes Einreiseverbot scheiterten zwar an den Gerichten. Auch seine ostentativen Versuche, Obamacare abzuschaffen, lagen quer zur politischen Alltagswirklichkeit. Doch er hielt seine Versprechen zur Deregulierung und massiven Steuersenkungen zugunsten der Superreichen. Sein Erbe ist das eines wachsenden Extremismus in der Politik, der jedoch in praktischen Dingen versagte, wie die Ignorierung der Folgen der Covid-19-Pandemie illustriert. Doch wenn nicht alle Anzeichen trügen, dann hat die Präsidentschaft Trumps die US-Gesellschaft ebenso wenig umgestaltet wie die Präsidentschaft Obamas. Offen ist, wie lange seine Beschädigung der politischen Kultur nachwirken wird.

Trump war ein in vielerlei Hinsicht präzedenzloser Präsident, für den auch bisher gültige Regelungen, etwa bei persönlichen finanziellen Befangenheiten, schlicht nicht von Belang zu sein schienen. Zwar förderten die Untersuchungen, beispielsweise zu den Verbindungen seiner Familie und seines Wahlkampfteams zu Russland, keine Beweise für eine persönliche Zusammenarbeit mit dem Kreml zutage. Das aufgrund der Mehrheitsverhältnisse im Kongress erfolglose erste Impeachment 2019/20 zeigte jedoch, dass Trump sein Amt missbraucht hatte und die Aufklärung der Vorwürfe gegen ihn systematisch behinderte. Ihm hat diese Anklage aber politisch eher genützt. Die Polarisierung führte 2020 zur numerisch höchsten Wahlbeteiligung der US-Geschichte, wobei aufgrund der Pandemie eine Rekordzahl per Briefwahl wählte. Der Herausforderer Biden erhielt sechs Millionen Stimmen mehr als Trump und eine überzeugende Mehrheit im Wahlmännergremium. Trump weigerte sich trotz mehrfacher, sich über Wochen hinziehender Neuauszählungen und Dutzender gescheiterter, völlig haltloser Anfechtungsklagen bis zuletzt, das Wahlergebnis anzuerkennen. Millionen seiner Anhänger folgten ihm sklavisch in der Behauptung, Biden habe die Wahlen »gestohlen«. Die Mär von der »großen Lüge«, die Trump über Twitter seinen Anhängern einhämmerte, endete im schmachvollen Sturm aufs Kapitol, dem fünf Menschen zum Opfer fielen. Zwei Drittel seiner Wähler glaubten auch danach noch an die Propaganda vom »großen Diebstahl«. Trump stiftete nicht nur zu Gewalt an, sondern diskreditierte während seiner Amtszeit systematisch Justiz, Medien und Wahlsystem. Hätten führende Republikaner wie Vizepräsident Mike Pence und der Mehrheitsführer im Senat, Mitch McConnell, nicht in letzter Minute gegengesteuert, wären die USA einer Verfassungskrise und bürgerkriegsähnlichen Verhältnissen entgegengeschlittert.

Die Geschichte der USA von Obama über Trump bis Biden erzählt von immer wieder neuen Hoffnungen, mal des liberalen (2008, 2020), mal des konservativen Amerika (2016), und immer wieder neuen Enttäuschungen. Ob Amerika seine soziale und politische Spaltung wird überwinden können, ist nicht abzusehen. Es wird auch darauf ankommen, wie erfolgreich Biden agiert, der mit 78 Jahren der bei Amtsantritt älteste Präsident der USA war und als ein zwar wenig charismatischer, aber zupackender Landesvater gilt. Er könnte als pragmatischer Vernunftmensch in Kontrast zu den polarisierenden Charismatikern Obama und Trump einen Teil der sich ausgeschlossenen und abgehängt fühlenden Menschen in den politischen Mainstream zurückziehen, sollten diese sich eines Tages ernüchtert von dem irrlichternden Trump abwenden. Offen ist, welche Lehren die Republikaner aus der Trump-Katastrophe ziehen und ob es dem Ex-Präsidenten gelingen wird, sich seine Basis zu erhalten, um seinen Einfluss auf die Partei längerfristig zu zementieren. Obama hat mit dem ACA, der nationalen Krankenversicherung für alle, einen historischen Durchbruch geschafft. Dieser dürfte mit der Rückkehr der Demokraten ins Weiße Haus von Dauer bleiben, während sich die Weichenstellungen in der Einwanderungspolitik an der Zeit vor Trump orientieren. Beides ist, neben der Stabilisierung der Wirtschaft, Obamas bleibendes historisches Verdienst.

Biden wird davon profitieren, dass mit seiner Präsidentschaft die Überwindung der Covid-19-Epidemie verbunden sein wird. Der an Franklin D. Roosevelt erinnernde anpackende und nüchterne Pragmatismus der ersten Tage seiner Präsidentschaft hebt sich aus europäischer Sicht wohltuend von Trump ab. Es dürfte in der langen historischen Perspektive von Vorteil für Obamas und Bidens Ansehen sein, dass für vier lange Jahre ein Autokrat im Weißen Haus saß, der von der Mehrheit der Amerikaner während seiner gesamten Amtszeit abgelehnt wurde und der auch wenig für sein Volk erreicht hat. Die USA entkamen einer politischen Kernschmelze nur knapp. 2018 warnten die Harvard-Politologen Steven Levitsky und Daniel Ziblatt in der vielleicht wichtigsten Analyse der Ära Trump, *How Democracies Die* (2018), vor dem Zusammenbruch der wechselseitigen Toleranz und der systematischen Delegitimierung des politischen Gegners. Dass die »große Lüge« von den gestohlenen Wahlen Millionen Amerikanern bis zuletzt einleuchtete, zeigte die Zerbrechlichkeit der ältesten Demokratie der Welt. Die gute Nachricht lautet: Der skrupellose Trump ist eine verfemte Figur, an die sich Amerika eines Tages mit Schaudern erinnern wird. Letzten Endes ist Trump gescheitert, wenngleich auch das zweite Amtsenthebungsverfahren keine Zweidrittelmehrheit im Senat erreichte und nur von vereinzelten Republikanern Unterstützung fand. Die USA gingen nicht den Weg von Ungarn, Polen, Russland und der Türkei. Am Ende hielten die demokratischen Sicherungen, wenn auch nur knapp.

Obama erbte von seinem Vorgänger Bush zwei unpopuläre Kriege, von denen er den Irakkrieg mit dem Abzug der meisten US-Truppen 2011 beendete, während er den Konflikt in Afghanistan zu seiner eigenen Sache machte. Den Krieg dort weiteten Obama und Trump sogar wieder aus. Erst 2020 schloss die Trump-Administration ein Abkommen mit den Taliban, das den Rückzug der USA vorsieht, wobei Biden wiederum diesen Schritt hinauszuzögern scheint. Auch blieb der Irak ein von Terroranschlägen und Attentaten erschüttertes Land, dessen von Schiiten getragenes, nominell demokratisches Regime wie ein Satellit Teherans agierte und die sunnitische Minderheit unterdrückte, während sich die Kurdengebiete zunehmend abnabelten. Dies sowie der seit 2011 andauernde syrische Bürgerkrieg ermöglichten 2014/15 den Überraschungserfolg der Terrormiliz »Islamischer Staat« (IS), die vorübergehend weite Landstriche im Norden Iraks sowie Syriens unter ihre Kontrolle brachte. Mit US-Luftunterstützung und der Hilfe der anderer NATO-Staaten wie Frankreich wurde der IS von der – von den USA hochgerüsteten – irakischen Armee seit 2016 bis auf wenige Rückzugsgebiete zurückgedrängt (Schlacht um Mossul 2016/17). Die von militanten Islamisten ausgehende Terrorgefahr trifft seit dem 11. September 2001 jedoch mit wenigen Ausnahmen (wie dem Anschlag während des Boston Marathon 2013 oder dem Amoklauf von San Bernadino 2016) überwiegend die europäischen Staaten und nicht die USA. Unter Trump verdrängte ohnehin der heimische rechtsradikale Terror den Islamismus als Hauptquelle von Anschlägen.

Die USA führten den »Krieg gegen den Terror« seit 2010/11 etwa im Jemen vermehrt aus der Luft, mit ferngesteuerten Drohnen, die jedoch häufig zivile sogenannte »Kollateralschäden« verursachen und so antiamerikanisches Misstrauen in den betroffenen Regionen weiter verstärkten. Kampfdrohnen sind relativ preiswert und minimieren amerikanische Opferzahlen. Deshalb sind sie aus innenpolitischer Sicht gewissermaßen ›demokratische Waffen‹. Zugleich schüren sie jedoch den Hass auf die USA erneut. Obama machte sich diesen hochproblematischen Drohnenkrieg sehr zu eigen, obwohl er dadurch die nationale Souveränität auch verbündeter Staaten wie Pakistan verletzt. Vor allem aber verstärkt der Drohnenkrieg die propagandistisch verstärkten Vorstellungen amerikanischer Regellosigkeit und Allmacht. Ein Prestigeerfolg glückte Obama mit der erfolgreichen Jagd auf Osama bin Laden, der im Mai 2011 von einem amerikanischen Militärkommando in Abbottabad in Pakistan aufgespürt und getötet wurde. Allerdings sind dessen Terrororganisation Al-Qaida seither neue und nicht weniger tödliche Konkurrenten entstanden. Obamas große Rede in Kairo an die islamische Welt (4. Juni 2009) wurde als eine Art Ermunterung an die Jugend der arabischen Länder gesehen. Der Arabische Frühling (2011) endete jedoch in Kairo im Chaos und in einer vorübergehenden Herrschaft der Muslimbrüder in Ägypten, außerdem in Libyen und Syrien in Bürgerkrieg und Staatsverfall. Das machte Obama nicht unbedingt beliebter unter den Herrschern der Region, besonders bei den konservativen Saudis und in den Emiraten. Letztere setzten eher auf Trump als Verbündeten im regionalen Konflikt mit dem durch das Atomabkommen (2015) partiell rehabilitierten, aber nur teilweise eingehegten Iran. Globalisierungskritische Proteste, von der Besetzung des Tahrir-Platzes in Kairo inspiriert, schwappten in der Obama-Ära schließlich in die USA selbst hinüber, sodass es im Oktober 2011 zu den »Occupy«-Protesten mit der Besetzung der Wall Street kam. Im Namen der »99 Prozent« wurde mehr soziale Gerechtigkeit in den USA, aber auch weltweit gefordert. Obama wurde seine Nähe zu den Finanzhaien der Wall Street vorgeworfen.

Unter Obama, Trump und vermutlich auch künftig unter Biden setzte sich die spürbare Verlagerung der außenpolitischen Interessen nach Ostasien fort. Die Gründe sind geopolitisch. Es geht um die Eindämmung des wirtschaftlich erstarkten und eine neue weltpolitische Rolle, wenn nicht sogar Dominanz anstrebenden China, das im Südchinesischen Meer mit einem maritimen Festungsbauprogramm seinen regionalen Machtanspruch demonstriert, in Afrika massiv investiert und dort korrupte Regime stützt sowie mit der Initiative einer »neuen Seidenstraße« seinen Anspruch als globale Handelsmacht dokumentiert. Stand unter Bush noch der Nahe und Mittlere Osten im Mittelpunkt der Außenpolitik, so investierte Obama, der aufgrund seines Geburtsorts auch der »erste pazifische Präsident« der USA genannt wurde, gezielt in die militärische Infrastruktur auf Okinawa (Japan) und neue Stützpunkte etwa in Australien. Auch erneuerte er das Bündnis mit den Philippinen und Indonesien. Obama untermauerte die sicherheitspolitische Offensive gen Asien durch die Transpazifische Partnerschaft (TPP), ein Handelsabkommen, das der protektionistische Trump als eine seiner ersten Amtshandlungen aufkündigte.

Dieser für Amerikas Rolle in Asien äußerst kontraproduktive Schritt, mit dem das Heft des Handelns endgültig an China überging, passte weder zu Trumps immer wieder erneuerten Angriffen auf Chinas »unfaire Handelspraktiken« noch zu seiner wachsenden und nicht weniger kontraproduktiven Fixierung auf den »rocket man« Kim Jong-Un sowie die iranischen Mullahs. Wie erfolglos Trumps persönliche Diplomatie war, zeigte das trotz dreimaliger Gipfeltreffen ausbleibende atomare Einlenken der Nordkoreaner. Deutlich günstiger stellte sich die Trump-Präsidentschaft in der Perspektive der arabischen Verbündeten der USA dar. Denn Trump ging mit dem Ausstieg aus dem Atomabkommen mit dem Iran (2018) gezielt auf Konfrontation zu Teheran, aber auch zu Amerikas europäischen

Partnern. Gleichzeitig vermittelte er erfolgreich diplomatische Beziehungen zwischen Israel und arabischen Staaten. Die bisher eher informelle Zusammenarbeit der USA, Israels, der Emirate und Saudi-Arabiens gegen den Iran und seine Stellvertreter wie die Hisbollah-Miliz im Libanon erhielt damit eine neue Qualität. Dem mit seiner Familie eng befreundeten israelischen Premier Benjamin Netanjahu machte Trump die Verlegung der amerikanischen Botschaft von Tel Aviv nach Jerusalem 2018 zum Wahlgeschenk.

Trotz der gezielten Wendung nach Asien blieb Europa unter Obama, wenn auch zum Teil ungewollt, zentraler Schauplatz amerikanischer Weltpolitik. Kritisch wurde das Verhältnis zu Russland, da sich Präsident Putin von Obama missachtet sah. Obamas flapsige Bemerkung, Russland sei nicht mehr als eine Regionalmacht, bekräftigte die dort schon vorhandene Neigung, sich von einer Kooperation mit dem Westen abzuwenden, um innenpolitisches Heil in einer nationalistischen Mobilisierung der russischen Gesellschaft zu suchen. Aus Kreml-Sicht war die ukrainische Maidan-Revolte in Kiew im Winter 2013/14 ein von der CIA gesteuertes Komplott. In der Folge besetzte Russland die Krim und Teile der Ostukraine. Die USA verlegten Truppen ins Baltikum und reaktivierten schon aufgegebene Kasernen in Deutschland. Die NATO blieb unter Obama und wohl auch künftig unter Biden wegen der neuen russischen Herausforderung eine zentrale Säule der US-Sicherheitspolitik, während sich Hoffnungen auf ein Transatlantisches Freihandelsabkommen (TTIP) nicht erfüllten. Dagegen sind die Widerstände in Deutschland und anderen europäischen Ländern sehr hoch, aber auch in den USA selbst, wie der Erfolg der protektionistischen Stimmungsmache durch Trump zeigt, der das Nordamerikanische Freihandelsabkommen (NAFTA) umstrukturierte.

Biden wird daran ebenfalls wenig ändern, selbst wenn er will. Nachdem Obama zunächst eine deutliche atmosphärische Verbesserung der transatlantischen Beziehungen erreicht hatte, wurde das Verhältnis zu Deutschland sowie dessen Kanzlerin Angela Merkel persönlich durch die Abhöraffäre (2013) belastet. Bidens Wahl wiederum wurde von allen europäischen Spitzenpolitikern einhellig begrüßt. Gegen alle bisherigen diplomatischen Gepflogenheiten verhehlten die meisten europäischen Spitzenpolitiker ihre Präferenzen in den US-Wahlen 2020 nicht und begrüßten Bidens Inauguration mit großer Erleichterung.

Unter dem Nationalisten Trump setzte sich ein schon länger anhaltender Trend fort, das traditionelle Instrument der Außenpolitik, das State Department, abzuwerten und stärker auf das Militär zu setzen. Der »ungediente« Zivilist Trump hatte ein Faible für Generäle, die in seiner häufig wechselnden Regierungsmannschaft anfangs eine herausgehobene Position als ›erwachsene Menschen‹ einnehmen konnten. Doch viele gaben innerhalb kürzester Zeit frustriert auf. Auch forderte Trump, wie zuvor Obama und wohl künftig auch Biden, ein stärkeres finanzielles Engagement der NATO-Partner. Trump trug indes auch sachlich gerechtfertigte Punkte in charakteristisch konfrontativer, den guten Ton unter Staats- und Regierungschefs geradezu rüpelhaft verletzender Weise vor. Nach dem atmosphärisch verunglückten G7-Gipfel auf Sizilien sowie Trumps katastrophalem Auftritt vor dem NATO-Gipfel im Mai 2017 zog Bundeskanzlerin Merkel ernüchtert Bilanz: »Die Zeiten, in denen wir uns auf andere völlig verlassen konnten, die sind ein Stück vorbei.« Der transatlantische Austausch lief auf Sparflamme weiter, große Initiativen wurden während der Amtszeit Trumps nicht entwickelt. Im Gegenteil, trotz der Kriege in Europas Nachbarschaft und den katastrophalen Entwicklungen in Syrien fehlte es der NATO an Zusammenhalt. So ordnete Trump noch kurz vor dem Ende seiner Amtszeit einen weiteren Teiltruppenrückzug aus Deutschland an, den ein ausnahmsweise parteiübergreifend agierender Kongress jedoch im Dezember 2020 verhinderte.

Reagierte die Welt (und vor allem Deutschland) mit Begeisterung auf Obama, so reagierte sie auf Trump mit einem voyeuristischen Entsetzen. Die fast messianische Verehrung des ersten schwarzen Präsidenten hat innen- und außenpolitisch zu großen Enttäuschungen geführt. Trump hingegen übertraf die schlimmsten Erwartungen. Aus deutscher Sicht schien er weder vom Temperament her noch fachlich und intellektuell für das nach wie vor wichtigste politische Amt der Welt geeignet zu sein. Die Ablehnung Trumps stieg von Jahr zu Jahr, zumal er sich Diktatoren wie Putin gegenüber als äußerst handzahm erwies und die ihm verhasste EU als einen China vergleichbaren strategischen »Feind« der USA bezeichnete. Indes sind einige der Kontinuitäten von Bush zu Obama und dann zu Trump und wohl auch zu Biden ausgeprägter, als es auf den ersten Blick erscheinen mag. Das betrifft vor allem die Politik gegenüber China, aber auch die alles verzehrende Fokussierung auf den »Krieg« gegen den islamistischen Terrorismus. Für Europa hätte Trumps Wahl ein heilsamer Schock sein können. Jedoch tut sich die »Alte Welt« weiterhin schwer damit, weltpolitisch Verantwortung zu übernehmen, obwohl ein gebremster Rückzug der USA aus Europa auch unter Biden fortgesetzt werden wird. Immerhin führte Trumps Wahl in Kombination mit dem britischen Brexit-Votum dazu, dass radikale rechtspopulistische Positionen in Europa vorübergehend eingehegt werden konnten.

Die USA sind im Laufe ihrer langen Geschichte immer wieder durch Phasen des Nativismus, der Intoleranz sowie eines gesteigerten, auch gewalttätigen Rassismus und Fremdenhasses und der versuchten Abschließung nach außen gegangen. Die jüngste isolationistische und nationalistische Phase eines erneuerten »America First« hat eine lange Vorgeschichte. Diese Formel wurde in Abgrenzung vom demokratischen Internationalismus Roosevelts in den 1930er Jahren geprägt; »America First« setze sich im

McCarthyismus der 1950er Jahre fort; es wurde in den »Drittkandidaturen« von Ross Perot und Patrick Buchanan in den 1990er Jahren beschworen; es mündete seit dem 11. September 2001 in wilde Verschwörungserzählungen. Neu war, dass sich mit Trump ein gewählter Präsident derartige Narrative im vollen Umfang zu eigen machte. Trump ist nicht einfach ein Betriebsunfall der amerikanischen Geschichte. Er hat den mentalen Abstand großer Teile der US-Gesellschaft von der westlichen Welt ans helle Licht gebracht. Zugleich hat seine Präsidentschaft offengelegt, wie prekär der gesellschaftliche Zusammenhalt geworden ist. Er zeigte, wie schwer Amerika der gefühlte Abschied von imperialer Größe und Weltvormacht fällt, obwohl doch viele US-Bürger von der Welt eigentlich nichts mehr wissen wollen. Vielleicht wird man eines Tages Trump als Warnsignal lesen. Seit den Wahlen vom November 2020 steht zu hoffen, dass der 45. Präsident nicht die letzte Antwort Amerikas auf die Globalisierung war und »America First« wieder eingehegt werden kann. Für eine dauerhafte Abschottung ist das Land zu mächtig und zu sehr in globale Zusammenhänge eingebunden. Innenpolitisch wiederum sind die Gegenkräfte der liberalen, auf Öffnung und Gleichstellung von Minoritäten drängenden gesellschaftlichen Akteure zu stark, um sich einfach unterdrücken zu lassen. Dies beweisen nicht zuletzt die BLM-Proteste. Letztlich zeigte sich in den Wahlen vom November 2020 auch, dass die politischen Bindungen durch die Verfassung als Fundament der Demokratie nicht einfach so ausgehebelt werden können.

Trotz allem: Die »Amerikanischen Träume« sind erstaunlich belastbar. Dies illustrierte die Inauguration von Biden. Auch wenn die Feierlichkeiten aufgrund von Covid-19 und der gerade verhinderten Katastrophe des Kapitolsturms zwei Wochen zuvor massiv eingeschränkt waren, wurde der friedliche Machtwechsel als das übliche Hochamt der Demokratie ungestört zelebriert. Trump hatte sich in den frühen Morgenstunden des 20. Januar 2021 davongemacht. Zum ersten Mal seit 150 Jahren nahm damit der scheidende Präsident nicht an der Einführung seines Nachfolgers teil. Aber der Rest der politischen Elite einschließlich der Ex-Präsidenten beider Parteien feierte die friedliche Übergabe der Macht. Der heimliche Star bei der Einführung eines alten, sehr weise wirkenden weißen Mannes als Präsident war die 22-jährige afroamerikanische Lyrikerin Amanda Gorman, die in ihrem Gedicht »The Hill We Climb« die uralten Topoi der amerikanischen Meistererzählung von der immer noch unerreichten Vollendung der Union von Frieden, Freiheit, Demokratie, Bürgerrechten, der persönlichen Glückserfüllung der größtmöglichen Zahl in einer moralisch guten und gerechten Ordnung aktualisierte, indem sie die Einheit der Vielen nun eben in einem diversen Amerika beschwor. Das, was man als Basis des »American Creed« bezeichnen kann, scheint auch weiterhin viele Menschen in den USA und weltweit zu inspirieren, auch wenn Amerikas Ansehen in den letzten Jahren so nachhaltig beschädigt worden ist. Trotz innerer Krisen und Spaltungen: Wie etwa der Aufstieg der digitalen Dotcoms und die damit verbundenen revolutionären Umbrüche in Politik, Kultur, Wirtschaft in unserer zuvörderst medialen Welt zeigen, sind die USA weiter in einer günstigen Ausgangsposition, um global auszustrahlen. Während in fast allen entwickelten Ländern wie auch in China die Bevölkerungsentwicklung stagniert, steigt die Einwohnerzahl der USA weiter. Amerika bleibt ein attraktives Ziel für Einwanderer aus aller Welt.

Wer immer wieder neu über das Ende der Weltmacht USA spekuliert, verwechselt also kurzfristige Entwicklungen mit langfristigen Trends. Schon in den 1980er Jahren konnte man einen Abgesang auf Amerika vernehmen, dann aber waren sich in den 1990er Jahren wieder viele Kommentatoren einig, der Aufstieg der USA zur nicht-integrierbaren Hypermacht sei ein unabänderlicher historischer Trend. Zwanzig Jahre später wirkten derartige Äußerungen vollkommen überholt, es war viel vom »postamerikanischen Zeitalter« und dem »Aufstieg der Anderen« (Fareed Zakaria) die Rede. Der ›Isolationist‹ Trump schien von den Traditionen amerikanischer Weltpolitik wenig zu halten und empfand die von den USA nach 1945 geschaffenen Institutionen internationaler Kooperation wie NATO, UNO und WHO als Bürde. Der Reparaturmeister Biden, der 1973 erstmals in den Senat gewählt wurde, sieht das anders. Doch er wird den von Trump angerichteten Schaden nicht einfach rückgängig machen können, zumal sich die Welt mental weiter von den USA entfernt hat und China, Russland und andere die Gunst der Stunde nutzen konnten. Auch Biden will etwa in Handelsfragen nicht zum Status quo ante zurück. Dennoch wäre es voreilig, vom Untergang der Weltmacht USA zu sprechen und schlichte Analogien zum Zerfall des römischen Imperiums zu ziehen. Zwar hat sich die im 20. Jahrhundert immer wieder neu aufflackernde Furcht vor einer ökonomischen und kulturellen Amerikanisierung der Welt inzwischen gelegt. Doch der Einfluss der USA ist immer noch größer als zu Zeiten des Kalten Krieges, als die halbe Welt durch den »Eisernen Vorhang« von der amerikanischen kulturellen und wirtschaftlichen Macht abgeschirmt war. Mit dem Aufstieg des Internets zum Massenkommunikations- und Informationsmittel nahm Amerikas Sichtbarkeit zu. Millionen in aller Welt folgten Bidens Amtseinführung an ihren Bildschirmen. Die älteste und mächtigste Demokratie der Welt wird uns weiter intensiv beschäftigen.

Literaturhinweise

Allgemein

Berg, Manfred: Geschichte der USA, München 2013.
Boyer, Paul S. [u. a.]: The Enduring Vision. A History of the American People. Boston ^{6}2007.
Depkat, Volker: Geschichte Nordamerikas. Eine Einführung. Köln 2008.
Emmerich, Alexander / Gassert, Philipp: Amerikas Kriege. Darmstadt 2014.
Gassert, Philipp / Mauch, Christof (Hrsg.): Mrs. President. Von Martha Washington bis Hillary Clinton. Stuttgart/München 2000.
Heideking, Jürgen / Mauch, Christof: Geschichte der USA. Tübingen ^{6}2008.
Henretta, James S. [u. a.]: America's History. Boston ^{5}2004.
Isenberg, Nancy: White Trash. The 400-Year Untold History of Class in America. New York 2016.
Jones, Maldwyn A.: The Limits of Liberty. American History 1607–1992. Oxford ^{2}1992.
Lepore, Jill: Diese Wahrheiten. Geschichte der Vereinigten Staaten von Amerika. Übers. von Werner Roller. München 2019.
Mauch, Christof: Die amerikanischen Präsidenten. 45 Porträts von George Washington bis Donald Trump. München 2018.
Raeithel, Gert: Geschichte der nordamerikanischen Kultur. 3 Bde. München ^{2}1992.
Schäfer, Peter: Alltag in den Vereinigten Staaten. Von der Kolonialzeit bis zur Gegenwart. Graz 1998.
White, Richard: »It's Your Misfortune and None of My Own«. A New History of the American West. Norman (Okla.) 1991.

Kolonialzeit

Anderson, Fred: Crucible of War. The Seven Years' War and the Fate of Empire in America, 1754–1766. New York 2000.
Bailyn, Bernard: The Barbarous Years: The Peopling of North

America – The Conflict of Civilizations, 1600–1675. New York 2013.
– / Morgan, Philip D. (Hrsg.): Strangers within the Realm. Cultural Margins of the First British Empire. Chapel Hill 1991.
Breen, Timothy H. / Hall, Timothy D.: Colonial America in an Atlantic World. From Colonies to Revolution. Harlow ²2016.
Butler, Jon: Becoming America. The American Revolution before 1776. Cambridge (Mass.) 2000.
Canny, Nicholas (Hrsg.): The Oxford History of the British Empire. Bd. 1: The Origins of Empire. British Overseas Enterprise to the Close of the Seventeenth Century. Oxford / New York 1998.
– / Morgan, Philip D. (Hrsg.): The Oxford Handbook of the Atlantic World. 1450–1850. Oxford 2011.
Greene, Jack P.: Pursuits of Happiness. The Social Development of Early Modern British Colonies and the Formation of American Culture. Chapel Hill ⁵1992.
Hall, David D.: A Reforming People: Puritanism and the Transformation of Public Life in New England. New York 2011.
Horn, James: Adapting to a New World. English Society in the Seventeenth-Century Chesapeake. Chapel Hill / London 1994.
Kidd, Thomas S.: American Colonial History. Clashing Cultures and Faiths. New Haven / London 2016.
Kupperman, Karen O.: Indians and English. Facing Off in Early America. Ithaca (N. Y.) 2000.
Lambert, Frank: Inventing the »Great Awakening«. Princeton 1999.
McCusker, John J. / Menard, Russell R.: The Economy of British America, 1607–1789. Chapel Hill ²1991.
Middleton, Richard / Lombard, Anne: Colonial America. A History, 1607–1763. Cambridge (Mass.) / Oxford ⁴2011.
Pestana, Carla Gardina: Protestant Empire: Religion and the Making of the British Atlantic World. Philadelphia 2009.
Taylor, Alan: American Colonies. The Settling of North America. New York [u. a.] 2001.
Wellenreuther, Hermann: Niedergang und Aufstieg. Geschichte Nordamerikas vom Beginn der Besiedlung bis zum Ausgang des 17. Jahrhunderts. Münster [u. a.] 2001.
– Ausbildung und Neubildung. Die Geschichte Nordamerikas vom Ausgang des 17. Jahrhunderts bis zum Ausbruch der amerikanischen Revolution 1775. Münster [u. a.] 2001.

Wokeck, Marianne S.: Trade in Strangers. The Beginnings of Mass Migration to North America. University Park (Penn.) 1999.

Amerikanische Revolution

Adams, Angela / Adams, Willi Paul (Hrsg.): Die Amerikanische Revolution und Verfassung 1754–1791. München 1987.
Beeman, Richard R.: Our Lives, Our Fortunes and Our Sacred Honor: The Forging of American Independence, 1774–1776. New York 2013.
Breen, Timothy H.: The Marketplace of Revolution. How Consumer Politics Shaped American Independence. New York [u. a.] 2004.
– American Insurgents, American Patriots: The Revolution of the People. New York 2011.
– The Will of the People. The Revolutionary Birth of America. Cambridge (Mass.) 2019.
Breunig, Marion: Die Amerikanische Revolution als Bürgerkrieg. Münster 1998.
Elkins, Stanley / McKitrick, Eric: The Age of Federalism. New York / Oxford 1993.
Gould, Eliga H.: Empire and Nation: The American Revolution in the Atlantic World. Baltimore/London 2005.
Gray, Edward G. / Kamensky, Jane (Hrsg.): The Oxford Handbook of the American Revolution. Oxford / New York 2013.
Greene, Jack P. (Hrsg.): The American Revolution. Its Character and Limits. New York 1987.
Heideking, Jürgen: Die Verfassung vor dem Richterstuhl. Vorgeschichte und Ratifizierung der Amerikanischen Verfassung, 1787–1791. Berlin / New York 1988.
Hochgeschwender, Michael: Die Amerikanische Revolution. Geburt einer Nation 1763–1815. München 2016.
Lerg, Charlotte: Die Amerikanische Revolution. Tübingen 2010.
Maier, Pauline: American Scripture. Making the Declaration of Independence. New York 1996.
Rakove, Jack N.: Original Meanings. Politics and Ideas in the Making of the Constitution. New York 1996.
Schröder, Hans-Christoph: Die Amerikanische Revolution. Eine Einführung. München 1982.

Sharp, James Roger: American Politics in the Early Republic. The New Nation in Crisis. New Haven / London 1993.
Wellenreuther, Hermann: Von Chaos und Krieg zu Ordnung und Frieden. Der Amerikanischen Revolution erster Teil, 1775–1783. Berlin 2006.
– Von der Konföderation zur Amerikanischen Nation. Der Amerikanischen Revolution zweiter Teil, 1783–1796. Berlin 2016.
Wood, Gordon S.: The Radicalism of the American Revolution. New York 1991.

19. Jahrhundert

Adams, Willi Paul: Die USA vor 1900. München 2000.
Barney, William L.: A Companion to 19th-Century America. Malden (Mass.) / Oxford 2001.
– The Passage of the Republic. An Interdisciplinary History of Nineteenth-Century America. Lexington (Mass.) 1987.
Cogliano, Francis D.: Emperor of Liberty: Thomas Jefferson's Foreign Policy. New Haven 2014.
Cole, Donald B.: The Presidency of Andrew Jackson. Lawrence 1993.
Cott, Nancy F.: No Small Courage. A History of Women in the United States. New York 2004.
Dangerfield, George: The Awakening of American Nationalism. New York 1965.
de Toqueville, Alexis: Über die Demokratie in Amerika. Stuttgart 2003.
Doerries, Reinhard R.: Iren und Deutsche in der Neuen Welt. Akkulturationsprozesse in der amerikanischen Gesellschaft im späten 19. Jahrhundert. Wiesbaden 1986.
Dubofsky, Melvyn / Dulles, Foster Reah: Labor in America. A History. Wheelington (Ill.) ^{7}2004.
Foner, Eric: Reconstruction. America's Unfinished Business, 1863–1877. New York ^{2}1988.
Hebel, Udo: The Construction and Contestation of American Cultures and Identities in the Early Nation Period. Heidelberg 1999.
Helbich, Wolfgang [u. a.]: Briefe aus Amerika. Deutsche Auswanderer schreiben aus der Neuen Welt, 1830–1930. München 1988.

Hickey, Donald: The War of 1812. A Forgotten Conflict. Urbana (Ill.) 1989.
Higham, John: Strangers in the Land: Patterns of American Nativism, 1860–1925. New Brunswick ²1988.
Jaehn, Tomas: Germans in the Southwest, 1850–1920. Albuquerque 2005.
LaFeber, Walter: The New Empire, 1860–1898. Ithaca 1963.
May, Ernest R.: The Making of the Monroe Doctrine. Cambridge (Mass.) 1992.
Murray, Williamson / Hsieh, Wayne Wei-siang: A Savage War. A Military History of the Civil War. Princeton 2016.
Opie, John: Nature's Nation. An Environmental History of the United States. Fort Worth (Tex.) 1998.
Prucha, Francis: The Great Father. The United States Government and the American Indians. Lincoln (Neb.) 1986.
Wächter, Mathias: Die Erfindung des amerikanischen Westens. Die Geschichte der Frontier-Debatte. Freiburg i.Br. 1996.
Waldstreicher, David: In the Midst of Perpetual Fetes: The Making of American Nationalism, 1776–1820. Chapel Hill 1997.
Wehler, Ulrich: Der Aufstieg des amerikanischen Imperialismus. Studien zur Entwicklung des Imperium Americanum, 1865–1900. Göttingen 1974.
Wiebe, Robert: The Search for Order, 1877–1920. New York 1967.
Woodward, C. Vann: The Strange Career of Jim Crow. New York ³2002.

20./21. Jahrhundert

Adams, Willi Paul: Die USA im 20. Jahrhundert. München 2000.
Bacevich, Andrew J.: Grenzen der Macht. Das Ende des amerikanischen Traums? Übers. von Friedrich Griese. Hamburg 2009.
Baughman, James L.: The Republic of Mass Culture. Journalism, Filmmaking, and Broadcasting in America since 1941. Baltimore 1992.
Berg, Manfred: »The Ticket to Freedom«. Die National Association for the Advancement of Colored People und der Kampf für das Wahlrecht der Afroamerikaner. Frankfurt a.M. 2000.
Bierling, Stephan: Geschichte der amerikanischen Außenpolitik. Von 1917 bis zur Gegenwart. München ³2007.

Boyer, Paul S.: When Time Shall Be No More. Prophecy Belief in Modern American Culture. Cambridge (Mass.) 1993.
Chafe, William H.: The American Woman. Her Changing Social, Economic, and Political Roles 1920–1970. New York ²1982.
Endler, Tobias / Thunert, Martin: Entzauberung: Skizzen und Ansichten zu den USA in der Ära Obama. Opladen 2016.
Evans, Sarah: Personal Politics. The Roots of Women's Liberation in the Civil Rights Movement and the New Left. New York 1979.
Finzsch, Norbert [u.a.]: Von Benin nach Baltimore. Die Geschichte der African Americans. Hamburg 1999.
Fraser, Steve / Gary Gerstle (Hrsg.): The Rise and Fall of the New Deal Order. Princeton 1989.
Gamerith, Werner / Gerhard, Ulrike (Hrsg.): Kulturgeographie der USA. Eine Nation begreifen. Berlin/Heidelberg 2017.
Gassert, Philipp / Wala, Michael: Weltmacht USA. Stuttgart 2014.
Gassert, Philipp: Der 11. September 2001. 100 Seiten. Stuttgart 2021.
Hacke, Christian: Zur Weltmacht verdammt. Die amerikanische Außenpolitik von J. F. Kennedy bis zu G. W. Bush. München ²2002.
Hogan, Michael (Hrsg.): The Ambigous Legacy. U. S. Foreign Relations in the »American Century«. Cambridge (Mass.) 1999.
Holtfrerich, Carl-Ludwig (Hrsg.): Wirtschaft USA. Strukturen, Institutionen, Prozesse. München 1991.
Junker, Detlef: Power and Mission. Was Amerika antreibt. Freiburg i.Br. 2003.
– [u.a.] (Hrsg.): Die USA und Deutschland im Zeitalter des Kalten Krieges. Ein Handbuch. 2 Bde. Stuttgart/München 2001.
Katz, Michael B.: In the Shadow of the Poorhouse. A Social History of Welfare in America. New York 1986.
Kennedy, David M.: Freedom from Fear. The American People in Depression and War 1929–1945. Oxford 1999.
Lammert, Christian / Siewert, Markus B. / Vormann, Boris (Hrsg.): Handbuch Politik USA. Wiesbaden 2016.
Nagler, Jörg: Nationale Minoritäten im Krieg. »Feindliche Ausländer« und die amerikanische Heimatfront während des Ersten Weltkrieges. Hamburg 2000.
Patterson, James T.: Grand Expectations. The United States, 1945–1974. Oxford 1996.
– Restless Giant. The United States from Watergate to Bush v. Gore. Oxford 2005.

Prätorius, Rainer: In God We Trust. Politik und Religion in den USA. München 2003.
Schwabe, Klaus: Weltmacht und Weltordnung. Amerikanische Außenpolitik von 1898 bis zur Gegenwart. Paderborn 2006.
Waldschmidt-Nelson, Britta: Gegenspieler: Martin Luther King und Malcolm X. Frankfurt a. M. 2000.

Personenregister

Ortsregister